Richard Nicole
no 2

SUD LOINTAIN

**

LA RIVIÈRE DES PARFUMS

Erwan Bergot est né à Bordeaux en 1930. Après des études secondaires classiques, il est appelé au service militaire. Aspirant de réserve parachutiste, volontaire pour l'Indochine, il débarque à Saigon à l'été de 1951. C'est le coup de foudre. Erwan Bergot va se prendre de passion pour ce Sud grouillant de vie et de couleurs. En compagnie de soldats vietnamiens qu'il découvre courageux, industrieux, fraternels, il va vivre une année durant au cœur d'une plantation qui lui inspirera, plus tard, le décor de Sud lointain, ce grand roman des Français d'Indochine. Le hasard des affectations l'envoie dans le Nord, ce Tonkin froid, austère et rude, ce Laos indolent et pacifique où, en compagnie des paras vietnamiens du bataillon Bigeard, il participe aux grandes opérations de 1952 à 1954. C'est avec d'autres Tonkinois et une poignée de légionnaires qu'Erwan Bergot se trouve plongé dans l'enfer de Diên Biên Phu. Fait prisonnier, il va vivre la terrible Marche à la mort *qui le mènera dans les camps de rééducation de la frontière de Chine. Il en sortira brisé et il lui faudra trente ans pour en écrire le récit, une façon d'exorciser l'horreur.*

La guerre d'Algérie, au cours de laquelle il est grièvement blessé (il restera aveugle de longs mois) n'arrive pas à lui faire oublier cette Indochine qui lui colle à la peau. Ce n'est donc pas par hasard si son premier livre, 2e Classe à Diên Biên Phu, *paru en 1964, hommage rendu aux oubliés de cette bataille, est également l'occasion de revenir par la plume en Extrême-Orient. Une trentaine d'ouvrages suivront, dont plus de la moitié seront prétexte à amasser une abondante documentation historique sur cette Indochine meurtrie qui a sombré dans la nuit en 1975.*

Président de l'Association des Ecrivains Combattants (fondée par Dorgelès, Genevoix et Paulhan à l'issue de la Grande Guerre), Erwan Bergot a reçu le Grand Prix d'Histoire de la ville de Nancy pour sa grande saga « Sud lointain *». Son livre,* Les 170 jours de Diên Biên Phu, *a été couronné par l'Académie française.*

Second volet de la grande saga indochinoise qu'est « *Sud lointain* », *La Rivière des Parfums* nous entraîne, à la suite de ses héros, dans l'Extrême-Orient de la fin des années 30, qui voit s'accumuler les orages dans un ciel jusque-là serein. Tandis qu'en Europe se profile le spectre de la guerre, ce pays est un peu l'oublié de la Métropole. Un danger le guerre pourtant : le Japon, dont les armées se massent à la frontière du Tonkin.

(Suite au verso.)

Pour Francis Mareuil, le courageux planteur, pour sa femme Catherine, pour ses enfants arrivés à l'âge adulte, pour ses amis, l'intrépide pilote de ligne Alban Saint-Réaux, le médecin des lépreux du Laos Ronan Kervizic, va commencer une lente et inexorable descente aux enfers, dont le « coup de force » nippon du 9 mars 1945 et son cortège d'horreurs et de violences ne seront pourtant que le prélude à une guerre de neuf ans, plus terrible encore.

Tous en sortiront meurtris. Quelques-uns y laisseront la vie. Pour les survivants, contraints au départ, ce sera l'exil. Un exil sans amertume, tempéré par l'espoir de voir, un jour, une aube nouvelle se lever sur l'Indochine, aujourd'hui plongée dans sa nuit.

Dans le Livre de Poche :

Sud Lointain : Le Courrier de Saïgon.
La Marche à la mort (Le calvaire des survivants de Diên Biên Phu).

ERWAN BERGOT

Sud Lointain

La Rivière
des Parfums

PRÉSENTÉ PAR JEANNINE BALLAND

PRESSES DE LA CITÉ

© Presses de la Cité 1990.

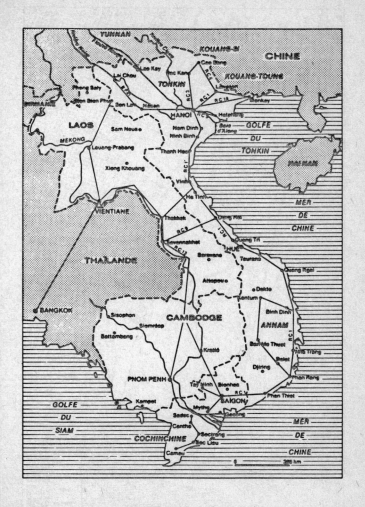

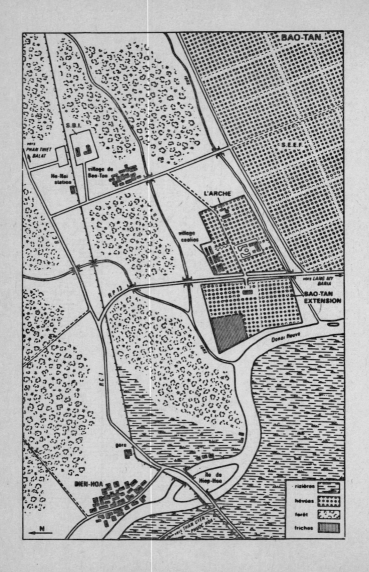

GÉNÉALOGIE DES PERSONNAGES PRINCIPAUX

(1) Francis MAREUIL (*1880) marié (1902) à Madeleine GANERAC (*1882) remarié (1919) à Catherine DUCREST (*1898)

- Cyril (*1903)
  Marié (1933)
  à Charlotte GATHELLIER (*1910)

- Sylvie (*1906)
  Mariée (1928) à Denis LAM THAN (*1901)
  — Matthieu (Hieu) LAM THAN (*1925)

- Bertrand (*1920)
  Marié (1944)
  à Françoise CHEVRIER (*1920)
  — Henri (*1945)

(2) Ronan KERVIZIC (*1873) marié (1904) à Pham Thi Phuoc (*1886)

- Suzanne-Souèn (*1905)
  (1) mariée (1928) à William BOURGERIE (*1894) divorcée (1935) sans enfants
  (2) remariée (1938) à Ho Chan Sang (*1910)
  — Richard (*1935)

- Guillaume (*1904, de père inconnu, adopté)

(3) Alban SAINT-RÉAUX (*1879) marié (1904) à Kim-Anne CHOLLET du TILLY (*1881)

- Lee-Aurore (*1905)
  mariée (1935) à Philippe REGNAULT (*1906)

- Diane (*1940)

* date de naissance.

AVERTISSEMENT

La Rivière des Parfums constitue le tome II de la saga *Sud Lointain*. Il couvre la période allant de 1938 à 1956. Pour plus de détails sur les différents personnages ou sur les événements cités en référence, le lecteur pourra utilement se reporter au tome I, intitulé « Le Courrier de Saïgon », couvrant la période de 1900 à 1934.

Personnages de *Sud Lointain*
Le Courrier de Saïgon
présents dans *La Rivière des Parfums*

Personnages principaux :

Francis MAREUIL. Né en 1880 à Lyon. Arrivé en Indochine en 1900. Fondateur de la plantation de Bao Tan. Marié (1902) à Madeleine Ganerac (née en 1882 à Revignac, Dordogne). Deux enfants : Cyril (né en 1903) et Sylvie (née en 1906). Veuf en 1908. Remarié (1919) à Catherine Ducrest (née en 1898 à Paris). Un enfant, Bertrand, né en 1920.

Cyril MAREUIL. Né en 1903 à Saïgon. Fils de Francis et de Madeleine. Pilote de ligne. L'un des pionniers du Courrier d'Extrême-Orient. Marié (1933) à Charlotte Gathellier (née en 1910 à Metz). Sans enfant.

Sylvie MAREUIL. Née en 1906 à Cholon. Fille de Francis et de Madeleine. Mariée en 1928 à Denis Lam Than. Un enfant, Matthieu, né en 1925 à Hanoï (Tonkin).

Catherine MAREUIL (Catherine Ducrest, née en 1898 à Paris). Seconde épouse de Francis (mariée en 1919). Un fils, Bertrand (né en 1920 à Bien Hoa).

Bertrand MAREUIL. Fils de Francis et de Catherine. Officier de réserve (1940). Marié en 1944 à Françoise Chevrier (née en 1922). Un enfant, « petit Henri », né en juin 1945.

Alban SAINT-RÉAUX. Né en 1879 à Versailles. Débarqué en Indochine en 1900 avec Francis Mareuil. Blessé durant la Grande Guerre, devient député de Cochinchine

(1919). Fondateur de la ligne aérienne d'Extrême-Orient. Marié (1904) à Kim-Anne Chollet du Tilly (née en 1881 à Saïgon). Un enfant, Lee-Aurore (née en 1905).

Kim-Anne SAINT-RÉAUX (Kim-Anne Chollet du Tilly, née en 1881 à Saïgon). Descendante d'un des premiers Français venus en Indochine avec Mgr Pigneau de Béhaine (1789). Apparentée à la famille des empereurs d'Annam.

Lee-Aurore SAINT-RÉAUX. Née en 1905 à Hanoï. Fille d'Alban et de Kim-Anne. D'abord fiancée à Cyril Mareuil, a finalement épousé Philippe Regnault, radio-naviguant à bord de « La Rivière des Parfums », l'un des long-courriers d'Air France. Attachée au cabinet du résident général d'Indochine. Un enfant : Diane, née en 1940.

Ronan KERVIZIC. Né en 1873 à Plabennec (Finistère). Médecin. A débarqué en Indochine en 1900 avec Francis Mareuil et Alban Saint-Réaux. Fondateur de la maternité « indigène » de Cholon. A reconnu et adopté Guillaume (1903), un petit orphelin. Marié à Pham Thi Phuoc (née en 1886). Une fille : Suzanne-Souên, née en 1905. Après le suicide de sa femme, atteinte de la lèpre, Ronan Kervizic s'est exilé à Thomrong (Laos), où il se consacre aux lépreux en compagnie d'un religieux, le père Germain.

Guillaume KERVIZIC. Né en 1903 à Saïgon, fils d'Adèle Boulanger, morte en couches. Adopté et élevé par Ronan Kervizic. Architecte. Ambitieux et intrigant, s'est fait reconnaître par Lucien Ganerac, homme politique français (mort en 1939), père de Madeleine Mareuil. Retourne en Indochine en septembre 1939.

Suzanne-Souên KERVIZIC. Née en 1905 à Cholon. Mariée en premières noces à William Bourgerie, médecin, assistant de son père, a divorcé en 1935. A épousé par la suite (1938) Ho Chan Sang (né en 1910 à Cholon), métis sino-annamite, fils de Wing Kat Chong, un important commerçant chinois, chef de l'une des trois Triades qui régentent Cholon. Ho Chan Sang appartient à la confrérie des Binh Xuyen, anciens pirates reconvertis dans des rackets divers. Un enfant, Richard, né en 1936.

Lam THAN KY. Né en 1870 à Hué. Apparenté à la famille impériale d'Annam. Ancien conseiller de l'empereur Thanh Thaï, a résilié ses fonctions lors de la déposition de son souverain en 1907. S'est reconverti dans les affaires.

Denis LAM THAN. Né en 1901. Avocat. A épousé Sylvie Mareuil en 1928. Un enfant, Matthieu. Ami de l'empereur Bao Daï dont il devient l'un des conseillers privés à son accession au trône (1932). Catholique, ami de Ngô Dinh Diêm, le futur président du Conseil du Viêt-nam en 1955.

Cao VAN MINH. Né en 1901 à Bao Tan. Fils de Cao Van Thuat, le chef (le « caï ») des coolies de la plantation Mareuil. A quitté Bao Tan à seize ans. Rebelle, a milité dans les mouvements nationalistes avant de devenir membre du Parti Communiste Indochinois. Compromis dans des actions terroristes, arrêté, a été défendu par Sylvie Mareuil, avocate. A purgé trois années de bagne à Poulo Condore, où il s'est lié d'amitié avec les futurs leaders révolutionnaires : Le Duc Tho et N'Guyen Binh.

Cao VAN LAM. Frère du précédent. Né en 1906 à Bao Tan.

Ton THAT TOAN. Né en 1876 à Xuan Moc, Cochinchine. Associé de Francis Mareuil, devenu son ami. Haut dignitaire de la secte caodaïste, une religion nouvelle fondée en 1925 à Tay Ninh. Nationaliste modéré.

Personnages secondaires :

Jules SCOTTO, né en 1872, charpentier de marine. Démobilisé en Indochine, a été l'architecte de « L'Arche », la première maison des Mareuil à Bao Tan. A fondé l'*hôtel des Voyageurs* à Dalat.

Théo SCOTTO, né en 1903 à Saïgon. Métis. Après une courte carrière militaire est devenu inspecteur de police. Ami de Cyril Mareuil et de Guillaume Kervizic.

Maurice ROUSSERON. Né en 1894 près de Joigny (Yonne). Mutilé de guerre et envoyé en Indochine en 1918. Entre à Bao Tan en qualité d'assistant de plantation. Prend la succession de Jules Scotto à la direction de la Société des Bois Industriels de Bien Hoa après avoir épousé Sereine, la fille de Scotto.

Chapitre 1

1938

1

A l'orée de la clairière, puits de verdure zébré des lances d'un soleil oblique, tapi au cœur d'un buisson de mimosées sensitives, dont les feuilles rétractiles s'étaient déployées de nouveau, Francis Mareuil tenait l'affût. Un genou en terre, sa Winchester-Express dans la saignée du bras gauche, son chapeau de feutre rabattu au ras des sourcils, il était d'une immobilité de statue. Un peu en retrait, de l'autre côté du layon, Catherine, sa femme, le regardait comme si elle le découvrait pour la première fois. « Comme il est beau ! » songea-t-elle en une bouffée de tendresse. L'attention aiguë, qui sculptait ses traits comme dans la pierre, faisait à Francis un profil d'adolescent, lavé de ses rides. Il allait avoir cinquante-huit ans dans quelques jours et, pourtant, il semblait conserver une jeunesse étonnante. Était-ce sa silhouette mince, sans un pouce de graisse, que soulignait sa tenue de toile verte? Était-ce le hâle léger du visage tendu, et cette fossette au creux des joues? Catherine se dit qu'elle l'aimait, chaque jour, un peu plus. Et sourit en pensant que le moment était mal choisi pour se laisser, ainsi, submerger par ses sentiments. La traque d'un gaur n'était pas une promenade sentimentale.

La veille au soir, S'Raï, l'un des gardiens des chasses de Sa Majesté Bao Daï, était venu les prévenir de la présence de l'animal aux abords du village. L'empereur étant

17

encore en France, il s'était aussitôt proposé comme guide et se tenait là, tout près, entièrement nu à l'exception d'un cache-sexe de coton bleu. Lui aussi surveillait le débouché de la clairière, le carquois de bambou à portée de main, l'arbalète tendue, au bout des bras, comme une offrande.

Catherine bougea, cala ses reins contre la racine d'un banian, aussi confortable qu'un fauteuil, et glissa sa carabine sur ses genoux repliés. En un geste qui lui était familier, elle repoussa une mèche de cheveux sur son front, et chassa une grosse fourmi rouge qui tentait d'escalader l'une de ses bottes de cuir.

Francis tourna son visage dans sa direction, lui sourit, portant deux doigts au bord de son chapeau, en un petit salut affectueux, et lui dédia, du bout des lèvres, un baiser muet. Il songea qu'en dix-huit ans de mariage, jamais une ombre n'avait terni leur union. En dépit des épreuves, elle avait conservé cette merveilleuse faculté de s'éblouir encore de tout ce qui leur arrivait de bon. Son regard, d'un vert lumineux, reflétait toute l'adoration qu'elle lui portait. « Je voudrais ne jamais la perdre. »

Tout cela n'avait duré qu'une fraction de seconde, et pourtant, cela avait été suffisant pour qu'une fois encore, ils échangent, de loin, le plus tendre des messages.

Il y eut, quelque part en arrière, le bruissement furtif d'herbes piétinées. Catherine se retourna vivement, l'index devant la bouche, imposant le silence aux trois garçons qui se trouvaient postés dans le virage de la piste. Par insouciance ou par maladresse, ils étaient bien capables de tout faire échouer, sans parler du danger qu'aurait représenté la charge soudaine de l'animal, rendu furieux par la présence d'intrus sur son territoire. Bertrand, son fils, ébaucha une mine contrite, s'excusa, par gestes, avant d'imposer à ses deux voisins, Patrick Russange et Hervé Puybazet, le silence et le calme.

Bertrand était le plus jeune de la « bande », pourtant, c'était lui qui, d'emblée, en avait pris la tête. Brun comme sa mère, les cheveux fous, le regard vert, tantôt charmeur, tantôt impérieux, il avait, de son père, les attitudes, le ton et les gestes d'une autorité dont il usait, étonné parfois d'être pris au sérieux, tant il était, au fond, encore hésitant sur lui-même, ses qualités, son avenir. Patrick Russange, aussi blond que Bertrand était brun, lunaire et romantique, admirait sans réserve celui dont il enviait à la fois l'apparente fermeté de caractère et les succès qu'il remportait auprès de leurs condisciples féminines du lycée Chasseloup-Laubat. Nés en Indochine tous les deux, ils avaient « adopté » Hervé Puybazet, un « Français de France », dont le père, officier de la Légion, était venu effectuer un séjour réglementaire à la Colonie. Hervé Puybazet ne se faisait que peu d'illusions, son admission au sein de la « bande » ne lui avait été accordée qu'à cause de sa sœur, Marie-Claude, dont Patrick était amoureux. C'était un garçon sans mystères, destiné, dès son plus jeune âge, à suivre la voie paternelle, il préparait avec application et sérieux le concours d'entrée à Saint-Cyr.

Francis Mareuil n'avait toléré leur présence auprès de lui qu'à la condition expresse qu'ils demeurent en retrait et ne participent à l'affût qu'en qualité de spectateurs. Toutefois, par mesure de sécurité, il leur avait confié, à chacun, une carabine chargée, leur recommandant d'éviter de s'en servir, sauf cas d'extrême nécessité.

Francis avait repris sa surveillance. Il se crispa soudain, et, lentement, épaula sa Winchester. Le gaur venait d'apparaître, avec une majestueuse lenteur. C'était une bête superbe, au moins deux mètres au garrot, le poitrail puissant, le poil lustré, d'un fauve ardent, et, aux extrémités des antérieurs, des balzanes blanches qui lui faisaient des guêtres immaculées, accentuant encore la noblesse de son apparence.

Les grands chasseurs affirmaient que le gaur était l'un des deux ou trois plus beaux fleurons de la faune mondiale; à voir celui-ci, Francis partageait cette appréciation. Il récusait, en revanche, la définition ordinaire qui le rabaissait au rang de « buffle sauvage ». Le gaur n'était pas un buffle. Il ne baugeait pas, il ne s'apprivoisait pas, sa silhouette évoquait davantage celle du bison avec un torse large, puissant, et un arrière-train mince et nerveux.

Les Moï, ces montagnards à demi sauvages de la Chaîne annamitique, ne s'y trompaient pas qui le plaçaient dans la hiérarchie des hôtes de la forêt au-dessus de l'éléphant, à parité avec *Ong Cop*, le seigneur Tigre. L'éléphant était gros et sale, c'était un malfaisant, qui détruisait les clôtures, ravageait les plantations de manioc, n'hésitait pas à culbuter une maison. Mais il supportait assez bien le servage alors que jamais le gaur n'avait pu être capturé vivant.

L'animal huma l'air, flairant quelque chose, le mufle haut levé, les cornes renversées, des armes redoutables, longues de près d'un mètre, harmonieusement recourbées, aux pointes acérées comme des javelots.

Mentalement, Francis adressa toutes ses félicitations à S'Raï, le pisteur, qui avait amené le petit groupe exactement sous le vent, de façon à empêcher le gaur de s'apercevoir trop tôt de la présence des chasseurs. Ainsi, il n'aurait d'autre issue que de faire front et de charger. A ce moment seulement, Francis aurait le droit de tirer. Cela faisait partie des règles, on ne tuait pas un gaur au pacage.

Dans son viseur, il apercevait l'animal qui paissait, l'air faussement paisible. Au mouvement de ses oreilles agitées en tous sens, on le devinait sur ses gardes, guettant le moindre bruit, d'où qu'il vienne, ayant appris à en deviner l'origine et la signification.

Et puis, sans que rien, en apparence, ne justifie son attitude, il redressa la tête. Lentement il examina l'orée de la clairière au centre de laquelle il se tenait. Durant quelques secondes, Francis eut l'impression que le gaur le fixait dans le blanc de l'œil, à travers l'œilleton de sa carabine, et il en éprouva comme un malaise.

L'animal secoua sa large encolure, ses naseaux frémirent, exprimèrent un long grondement sourd. Il racla le sol d'un sabot, puis de l'autre, fléchit sur ses pattes arrière, leva la tête, meugla longuement. Et il chargea, exactement dans la direction de Francis, dans une galopade furieuse qui fit trembler le sol. Tête baissée, les cornes horizontales, cette masse de chair et de muscles, précédée du double estoc, fonçait à une vitesse telle qu'il semblait impossible à aucune force au monde de l'arrêter jamais.

Prêt à faire feu, Francis temporisait, sans entendre les

battements de son cœur cognant à tout rompre. Il se savait le plus fort, mais il attendait l'instant le meilleur, celui où tout se jouerait au quart de seconde. Dans son œilleton le gaur grossissait, devenait énorme, gigantesque. Il entendit, affolée, la voix de Catherine qui hurlait, dans son dos :

– Tire, Francis, pour l'amour du Ciel!

Il laissa encore filer le temps, et son index écrasa doucement la détente. Il vit, distinctement, l'impact de la première balle qui ouvrait au milieu du front une grosse fleur rouge.

Le gaur donna l'impression de s'être heurté à un mur. Il boula, dans un épais nuage de poussière, mais il se redressa presque aussitôt, s'ébroua, reprit en divaguant sa progression inexorable, en poussant de petits grognements rauques.

Francis avait réarmé. Il tira de nouveau, presque sans viser, atteignant, cette fois, le défaut de l'épaule. Emporté par son élan et par l'inertie de sa masse de près d'une tonne, le gaur parcourut encore cinq ou six mètres avant de s'écrouler, foudroyé d'un bloc, à quelques pas de Francis qui s'était dressé et semblait défier l'animal vaincu, comme un matador après l'estocade.

Catherine arriva en courant et se jeta dans les bras de son mari.

– Pourquoi as-tu mis autant de temps? J'étais terrifiée.

– Je ne me suis pas rendu compte. C'était si beau, cet animal fonçant sur moi...

– Le sens de l'esthétique te perdra! Je t'imaginais déjà en bouillie! Ne me refais jamais plus une peur pareille.

Il se pencha, déposa un baiser rapide sur son front.

– Je te le promets, souffla-t-il.

Déjà, Bertrand et ses deux amis étaient penchés sur la dépouille du gaur, avec des sifflements admiratifs et prenaient des poses à la Tartarin, tandis que Catherine, en riant, les photographiait. S'Raï, pour sa part, contemplait, approbateur, la trace des impacts.

Surgis de nulle part, alertés sans doute par quelque mystérieux instinct, une vingtaine de Rhadés jaillirent de la forêt et se précipitèrent avec des hurlements de joie vers le cadavre de la bête, sabres dressés, prêts au dépeçage. S'Raï échangea quelques brèves phrases avec eux, puis, en faisant voleter ses mains devant lui, il traduisit :

— Eux, c'est dire « chef blanc au bâton-qui-crache-le-feu beaucoup la chance. Les esprits avoir bien dirigé sa main ».

— Répartis toi-même la viande, mais mets de côté la tête et les cornes, nous devrons les rapporter au garde forestier.

— Bien, patron.

Francis se retourna vers Catherine et les garçons :

— Avant de rentrer à la maison, je vous invite à boire le champagne que j'ai mis au frais dans la glacière du camion. Nous porterons un toast à ce gaur. En trente-huit ans d'Indochine, il m'est arrivé d'en apercevoir quatre ou cinq, mais c'est le premier qu'il m'est donné de tirer.

Cette proposition fut accueillie avec des cris d'enthousiasme. Puis Bertrand lança un défi :

— Au premier qui arrive à la camionnette !

Ils s'élancèrent en courant sur la piste, tandis que Francis, sa carabine à la bretelle, avait pris la main de sa femme et cheminait paisiblement à ses côtés.

— Ils sont jeunes et fous, dit-elle en montrant les garçons qui se bousculaient loin devant eux. Quel avenir les attend ?

— Ils ont le temps d'y penser. Ce sont peut-être leurs dernières vacances de lycéens. Ils ont réussi leur baccalauréat, demain ils entreront dans la vie active. Bertrand a manifesté le désir de me seconder à la plantation de Bao Tan. Patrick Russange va apprendre la comptabilité chez Chevrier & Fils, là où j'ai moi-même débuté voici trente-huit ans. Quant à Hervé Puybazet, il va s'embarquer dans un mois pour la France afin d'y préparer Saint-Cyr à Henri-IV.

— Comme le temps a passé vite, Francis ! Je n'arrive pas à croire que ce sont déjà presque des hommes, qu'ils vont bientôt affronter, seuls, un monde dangereux. Toutes ces guerres...

— Ne crains rien, Catherine. Les hommes ne sont pas fous et leurs dirigeants savent trop le désastre que serait, pour notre planète, un embrasement général. Jusqu'à maintenant, les conflits sont limités. Regarde autour de nous, le Japon s'empêtre dans une conquête de la Chine qu'il ne pourra jamais mener à son terme. Quant à l'Europe, la guerre civile d'Espagne reste un abcès localisé, les nations qui s'y affrontent, par mercenaires interposés, n'ont pas envie d'en découdre directement.

— Je souhaite de tout mon cœur que tu aies raison. Mais j'ai de sombres pressentiments, le bruit des baïonnettes dont nous ne recevons qu'un écho assourdi m'inquiète pourtant.

Francis se pencha, attira Catherine contre lui, la pressa, posa ses lèvres sur les siennes.

— Il ne peut rien nous arriver, tant que nous resterons ensemble.

Ils approchaient de la camionnette, garée à deux cents mètres devant, lorsque, brusquement, le silence s'abattit sur la forêt. L'instant d'avant, la jungle exhalait ses mille rumeurs familières, craquements, frottements, grattements, ronflements, le rire d'un gibbon, le hululement d'un oiseau, le piétinement d'un chevreuil, l'appel rauque d'un tigre attiré par l'odeur du sang, le friselis du vent dans la ramure des grands arbres, le souffle de la brise terrestre entre les hautes herbes ou les touffes gémissantes des bambous.

Tout avait cessé dans l'air immobile.

Intrigué, Francis leva la tête, aperçut une nuée couleur de suie qui montait de l'horizon. Imprévisible quelques minutes plus tôt, l'orage emplit le ciel. Il y eut d'abord l'invasion de gros cumulus qui s'engouffrèrent dans l'azur. Ils se tordaient, se gonflaient, s'étiraient, aspirés par des courants contraires, s'effilochaient en longues traînées alliant toutes les nuances des gris, des roses, des jaunes, des pourpres, des violets. Parfois, un éclat de soleil les traversait, irisant les figures compliquées, fantasmagoriques, dessinant des silhouettes monstrueuses, fleurs, lianes, dragons flamboyants. La forêt changea de couleur, éruption de verts luminescents, d'ocres crêtés d'or, de noirs argentés, de bruns écarlates, des bleus d'acier.

Et l'averse tomba. Un véritable rideau liquide qui frappait le sol avec la violence d'un bombardement, où les gouttes rebondissaient comme des balles. Une marée dévalant comme un barrage ayant rompu ses digues, annihilant le décor. On n'y voyait plus à un mètre.

Francis avait passé son bras sur les épaules de Catherine et prit sa course, l'entraînant avec lui, cherchant au plus vite l'abri de la camionnette dont il ne distinguait même plus la silhouette mais qu'il savait proche, deux cents mètres devant.

Il était trempé jusqu'aux os, sa chemise n'était plus qu'une serpillière, son visage, lavé par la cataracte, ressemblait à celui d'un noyé. Contre lui, Catherine haletait, le souffle coupé, les cheveux collés au front. Ses vêtements de toile épousaient exactement les formes de son corps, révélant le mamelon dressé de ses seins, le renflement de son ventre, l'arrondi de ses cuisses.

Un dernier bond les amena jusqu'à la camionnette U23 Citroën, où s'étaient déjà réfugiés les trois garçons, sous la bâche tendue du plateau arrière. Ils s'esclaffèrent en apercevant Francis et Catherine. Bertrand cria :

— Vous êtes bons à tordre !

A quoi Patrick renchérit :

— Dépêchez-vous vous abriter, sinon vous allez fondre comme des morceaux de sucre !

Francis ouvrit en voltige la portière de droite, propulsa sa femme à l'intérieur. Puis il contourna le capot, et, avant de s'installer derrière le volant, il se déshabilla, balança veste et pantalon derrière son siège. Dans la cabine, devenue étuve, les vitres opaques de vapeur condensée, il souffla un peu.

— Quelle douche ! observa-t-il. (Puis, se tournant vers Catherine :) Tu devrais faire comme moi, il y a des vêtements secs accrochés à ton dossier.

Elle claquait des dents, mais elle secoua la tête, vigoureusement.

— Je ne porte rien en dessous, expliqua-t-elle d'une voix timide. Seulement un slip.

— De quoi as-tu peur ? Personne ne peut te voir !

Elle se résigna, dégrafant ses boutons, un à un, puis, pudique, elle se détourna. Francis lui bouchonna le dos

24

avec une serviette. Elle se laissa faire, mais se rebella quand il lui suggéra d'en faire autant sur sa poitrine.

— Monsieur mon époux, nasilla-t-elle, en annamite, singeant Thi Tu, sa gouvernante, vous êtes un indiscret! A votre âge!

Francis rit franchement. Catherine s'était toujours désespérée de n'avoir presque pas de seins; elle les cachait toujours, comme une infirmité, en dépit des assurances de son mari.

— Nous sommes mariés depuis près de vingt ans! protesta-t-il.

— Cela ne fait rien. Regarde ailleurs, s'il te plaît!

Francis obéit, se cala contre le dossier de son siège, les mains sagement posées à plat contre le volant, tandis que Catherine achevait de se changer. Au-dessus de leur tête, la pluie tambourinait avec moins de violence, comme un tam-tam de brousse exténué. Il observa :

— Sais-tu, Catherine, que je n'ai jamais réussi à être blasé de te contempler? Tu as su rester aussi svelte que la jeune fille qui venait passer ses vacances à Bao Tan. T'en souviens-tu?

— Oui. (Puis, d'un ton de reproche simulé, elle ajouta :) Si je suis restée svelte, je le dois à la vie que tu m'as fait mener! Levée à l'aube, couchée tard! Si j'avais su ce qui m'attendait quand j'ai accepté de t'épouser... cette existence de femme de planteur, moitié amazone, moitié grillon du foyer...

Elle laissa sa phrase en suspens, Francis compléta :

— Tu ne te serais pas laissée embarquer dans cette galère, c'est cela?

Elle se blottit contre lui, caressant du bout des doigts sa peau nue.

— Au contraire. Et pourtant Bao Tan ne nous a pas épargnés. Quand je songe que bien des Français s'imaginent que les plantations d'hévéas sont menées par des satrapes, baignant dans un luxe éhonté, régnant sur un troupeau d'esclaves, je leur souhaite de venir passer une semaine parmi nous!

— Bientôt, Bertrand prendra la relève. Nous pourrons, enfin, penser un peu à nous. Tiens, nous irons faire ce séjour en France dont nous avons toujours rêvé sans jamais nous l'offrir. Il y a toujours eu des empêchements. D'abord ma maladie, puis l'assaut des grandes sociétés caoutchoutières contre Bao Tan. Ces luttes incessantes face aux coups du sort. Et ce quotidien, qui apporte toujours l'imprévu, rarement de bon augure. Vois-tu, nous sommes partis depuis seulement une semaine, je me demande déjà quelle catastrophe nouvelle va nous annoncer ce brave Sylvestre!

— Tu crois que j'ignore tes soucis? Il suffit de regarder parfois cet air traqué qui tend ton visage et rend tes yeux fixes. Dans ces moments-là, je t'en veux; tu oublies que je suis capable de t'aider.

La pluie avait cessé. Derrière, sous la bâche, les garçons avaient entonné une scie à la mode :

— *Tout va très bien, madame la marquise...*

Francis se pencha, embrassa Catherine à l'orée du sillon de sa poitrine et reprit :

— Tout va très bien, tout va très bien!

Le bungalow était adossé à la montagne, et, à travers les fromagers gigantesques qui dressaient leurs troncs verticaux à des hauteurs vertigineuses, le panorama était unique, grandiose. La vue s'étendait, sans limite, bien audelà des collines boisées sur lesquelles était édifiée la ville de Dalat, jusqu'à l'infini d'un horizon incertain, perdu dans le bleu transparent de la brume exhalée par la forêt.

On y accédait par une piste, taillée au flanc de la montagne, qui débouchait, curieusement, à la hauteur du dernier étage où se trouvait l'entrée. Ensuite, le visiteur ne cessait de descendre, jusqu'à la galerie extérieure, posée sur des pilotis qui en faisaient un balcon dominant le vide.

Réalisé par Jules Scotto, un ancien charpentier de marine qui, vingt ans plus tôt, avant de prendre sa retraite comme gérant du *Grand Hôtel*, avait été l'ami et l'assistant de Francis Mareuil au moment de la création de Bao Tan, le bungalow avait calqué son architecture extérieure sur les cases Rhadé, un toit haut, aux larges pans, surmontant une charpente de bois au dessin compliqué, supportant des plans à différents niveaux, reliés entre eux par de brefs escaliers de bois verni.

C'était une maison déconcertante, pleine de recoins, de galeries, de fausses perspectives, isolées par des cloisons légères que Sylvie, la maîtresse de maison, avait prolongées par des tentures de mousseline ou de batik aux motifs indiens.

Il se dégageait de l'ensemble une grande impression d'espace et de liberté, de dépaysement aussi, et ce n'était pas le moindre paradoxe que de pouvoir, à son gré, se retirer dans la solitude, ou, en effectuant quelques pas, se retrouver au milieu des hôtes, dans le grand salon au centre duquel s'élevait une vaste cheminée circulaire, rappelant les foyers qui brûlaient en permanence dans les demeures indigènes. A cette altitude, il n'était pas rare de voir en hiver le thermomètre descendre jusqu'à dix degrés.

Au-dessous, le jardin, un fouillis de verdure et de fleurs, était animé par la captation d'une source qui déroulait ses cascades de terrasse en terrasse, jusqu'à une grande vasque ronde où flottaient des lotus.

Catherine aimait bien la maison de sa belle-fille. Elle y trouvait le calme et l'harmonie, et, surtout, une sensation d'intimité confortable que la maison de Bao Tan était loin de lui apporter.

C'était là qu'ils passaient leurs derniers jours de vacances. En y arrivant, au retour de la chasse, Francis et Catherine furent accueillis par une Sylvie qui éclata de rire en les voyant, encore humides de l'averse, les cheveux dépeignés, les vêtements fripés.

– Vous êtes rentrés à la nage? s'écria-t-elle.

Née du premier mariage de Francis Mareuil, Sylvie était une jeune femme de trente-trois ans, mariée depuis dix ans à Denis Lam Than, un avocat annamite, héritier d'une très ancienne famille mandarinale catholique, apparentée à celle de l'empereur Bao Daï. Voici quelques années, alors qu'il occupait auprès de Sa Majesté le poste de conseiller privé, Denis Lam Than avait brusquement mis fin à ses fonctions, pour protester contre les empiètements de souveraineté provoqués par un résident français,

27

socialiste et républicain, qui considérait rétrograde le titre de « Fils du Ciel » dont se parait, depuis des siècles, le souverain. Il se consacrait, depuis, aux affaires internationales et était sur le point de bâtir une fortune colossale.

Si elle n'avait pas hérité de l'éclatante beauté de sa mère Madeleine, tuée dans de tragiques circonstances alors qu'elle était elle-même tout enfant, Sylvie avait, de Francis, les traits nettement dessinés, et son menton volontaire démentait l'apparence de timidité et d'effacement qu'un examen superficiel aurait pu indiquer. Sous des dehors paisibles, Sylvie cachait un caractère passionné et une obstination peu commune qui auraient pu se résumer dans la boutade qu'elle avait lancée à sa belle-mère Catherine, quelque temps plus tôt :

– Je pardonne beaucoup, mais je n'oublie rien.

Elle n'avait en effet jamais oublié l'ostracisme qui l'avait frappée naguère lorsque, jeune avocate débutante, elle avait osé assurer la défense de Cao Van Minh, un jeune Annamite, son ami d'enfance, accusé d'être un révolutionnaire bolcheviste. Cette exclusion d'un milieu dans lequel elle avait grandi l'avait ulcérée au point qu'elle s'était à peu près complètement retranchée de la communauté des Européens de Saïgon, pour s'intégrer dans le cercle des amis de son mari, cette élite qui envisageait, avec fermeté mais sans prôner la violence, une association avec la France dans le cadre d'un Viêt-nam rétabli dans sa souveraineté. Elle s'était notamment liée d'amitié avec N'Guyen Dé, un ancien ministre de l'empereur, un fin lettré qui avait démissionné, lui aussi, en 1932 en même temps qu'un nommé Ngô Dinh Diêm, aussi farouchement catholique que nationaliste convaincu, qui occupait maintenant les fonctions de mandarin de Hué.

Francis Mareuil avait beaucoup d'affection pour son gendre. S'il appréciait son calme et cette courtoisie sans défaut qui était la marque de sa caste, il n'était pas insensible à l'intransigeance qu'il montrait dans sa vie, à la fidélité inébranlable à ses principes.

Il lui était également reconnaissant d'avoir fait de Sylvie une femme heureuse, associée à la plupart de ses entreprises, libre de mener à son gré la vie domestique.

Et puis il y avait Matthieu, son premier et unique petit-fils, un garçonnet de treize ans vif et drôle, constamment en mouvement, déjà doué d'un caractère aussi affirmé que celui de sa mère. Catherine l'adorait aussi. Il était fin, racé, avec un port de tête de petit aristocrate conscient de la noblesse de sa lignée. Elle l'appelait « mon petit prince » ou, plus simplement « Hieu », le surnom anna-mite dont l'avaient affublé les serviteurs.

Francis était allé prendre une douche et se changer. En attendant qu'il ait libéré la salle de bains, Catherine s'assit en face de sa belle-fille.

— Bertrand m'a demandé la permission d'aller chez les Puybazet qui donnent une soirée pour l'anniversaire de Marie-Claude, dit Sylvie. J'ai cru bien faire de la lui accorder.

— Tu as eu raison, approuva Catherine, qui raconta les péripéties de la journée.

Puis elle s'informa :

— Et toi? Qu'as-tu fait aujourd'hui?

Sylvie sourit, se pencha et, en confidence, à voix basse :

— J'ai décidé d'écrire un roman, mais c'est encore un secret. J'ai déjà trouvé le titre. Il s'appellera *Une vie à moitié*. J'y raconterai les tribulations d'une femme, parta-gée entre deux familles de civilisation et de culture dif-férentes, également conservatrices, qui se refuse pour elle-même et pour son enfant à prendre parti.

— Est-ce une autobiographie?

— Pas vraiment. La famille de Denis est tout à fait tolé-rante. Et, pour ce qui me concerne, toi et mon père...

Elle se tut, Francis arrivait. Il s'enquit de Denis Lam Than.

— Je l'attendais seulement pour le week-end, mais il m'a téléphoné tout à l'heure, juste avant de prendre la route pour venir ici. Je lui ai trouvé une voix bizarre. Il aurait des choses graves à nous apprendre.

Francis fronça les sourcils, intrigué.

— Je n'en sais pas davantage, dit Sylvie. Denis se confie rarement au téléphone.

— La phobie des espions japonais?

— Ne ris pas, c'est très sérieux, papa. Les Japonais

s'intéressent de très près à tout ce qui touche à l'économie du pays. Voici quelques mois, Denis lui-même a reçu des offres de services d'un curieux individu, un nommé Matusita, censé représenter, à Saïgon à et Phnom Penh, plusieurs grandes firmes nippones, Daïnan Koosi, Mitsubishi et Nakajima. Denis m'a affirmé que ces activités servaient de couverture, Matusita est en réalité un agent politique, propagandiste du prince Cuong Dé, ce prétendant au trône d'Annam réfugié à Tokyo depuis le début du siècle et qui sert de caution à toutes les factions nationalistes.

— Qu'a fait Denis?

— La patience n'est pas sa vertu principale. Matusita a été éconduit d'une main ferme.

Francis ébaucha un sourire. Il imaginait ce que signifiait « d'une main ferme ».

Catherine apparut en haut des marches de l'escalier menant à sa chambre. Peignée en un chignon haut dressé sur la nuque, maquillée, elle avait revêtu une robe ivoire qui mettait en valeur son teint hâlé, et paré son cou d'un collier dont l'émeraude centrale était exactement assortie à la couleur de ses yeux. Francis émit un léger sifflement admiratif, Sylvie esquissa une moue émerveillée.

— La noyée de tout à l'heure s'est muée en princesse! Ta robe est magnifique, observa-t-elle. Je suis jalouse; sur toi, le moindre haillon deviendrait brocart!

Matthieu venait d'arriver. Il s'écria avec l'autorité de ses treize ans :

— Ba Trinh est la plus belle!

— Merci pour moi! observa Sylvie.

— Mais toi, tu es ma maman, répliqua-t-il avec une logique toute personnelle.

Depuis sa toute première enfance, Matthieu s'était refusé à appeler « grand-mère » Catherine, qu'il jugeait bien trop jeune pour ce terme. Il avait privilégié « Ba Trinh » que lui avaient attribué les domestiques de Bao Tan, associant le terme de « Ba » qui signifiait « madame » et la dernière syllabe de son prénom. Ce surnom était d'ailleurs passé dans les mœurs, Francis l'utilisait parfois, tendrement moqueur.

30

Denis Lam Than arriva tard dans la soirée. Il avait les traits tirés, la mine fatiguée.

– L'orage a provoqué le débordement de la rivière Lagna. Le pont a failli être emporté, j'ai perdu deux heures à attendre que le niveau des eaux ait suffisamment baissé.

Il s'était laissé tomber sur son fauteuil préféré, devant la cheminée, et accepta, avec empressement, un grand verre de whisky dont il fit lentement tinter les glaçons.

– Que se passe-t-il de si grave que vous ayez abandonné votre bureau? interrogea Francis.

– J'ai reçu, via Hong Kong, des informations alarmantes concernant la situation en Europe. La guerre menacerait.

– La guerre? Mais c'est impossible! protestèrent, en chœur, Catherine et Sylvie. Ce serait trop abominable!

– Hélas non, ce ne serait plus qu'une question d'heures. Hitler se prépare à envahir la Tchécoslovaquie.

– J'ai vaguement suivi l'affaire des Sudètes, intervint Francis. Mais je croyais que Hitler allait se montrer raisonnable, que la prudence l'emporterait. Il n'ignore pas que la Russie ne laissera pas opérer cette invasion sans réagir.

– D'un commun accord, la France et l'Angleterre ont écarté la Russie des négociations tripartites. Les tractations se passent entre Londres, Paris et Berlin. Chamberlain a même effectué deux voyages en Allemagne.

– Mais il y a aussi la Pologne et l'Italie!

– La Pologne? Le chancelier Beck a partie liée avec Hitler. Il va sûrement profiter de l'occasion pour annexer les territoires slovaques! Quant à l'Italie, Mussolini ne bronchera pas, de crainte d'indisposer son compère en dictature.

– Alors, la France et l'Angleterre sont seules?

Denis avala une gorgée de whisky et répondit, avec accablement.

– C'est cela mon information principale. Selon les milieux financiers de Hong Kong, l'Angleterre est sur le point de se retirer, sur la pointe des pieds, et ne semble plus disposée à intervenir. Tout ce qu'elle aurait promis à la France en cas de conflit ouvert serait une division non motorisée et cent cinquante avions.

– Ce serait tout?

– Oui. La mobilisation serait imminente.

Un long silence suivit cette révélation.

– La guerre, reprit Catherine. Quelle horreur...

– Nous sommes le 24 septembre 1938, reprit Denis Lam Than. Retenez bien cette date. Plus rien ne sera désormais comme avant. Nous vivons la fin d'une époque.

Malgré tout Sylvie voulait espérer.

– Pourquoi la guerre serait-elle une fatalité? demanda-t-elle. L'Angleterre est sur le point de se dérober, qui vous permet de dire que la France ne se dérobera pas elle aussi? Ne serait-ce que pour sauver la paix.

Denis hocha la tête :

– Renoncer à tenir ses engagements envers la Tchécoslovaquie serait, pour la France, une catastrophe, non seulement pour elle, mais pour le monde entier. Je rappelle ce que disait Richelieu, reprenant, sous une autre forme, une pensée de Szun Tsu, le stratège chinois : « Pour un État, supporter une injure et n'en point demander raison, équivaut à s'en attirer de plus graves. » Si personne n'a le courage de dissuader Hitler d'annexer la Tchécoslovaquie, qui, après, osera l'empêcher de s'emparer de la Pologne, de la Hongrie? Où s'arrêtera-t-il?

« Et cela risque bien de montrer la voie au Japon, dont l'appétit est grand, lui aussi.

– Je croyais que le prince Konoye était un modéré.

– S'il tient à conserver son poste de Premier ministre Konoye est, comme tous les modérés, contraint à la fuite en avant sous la pression du clan militaire.

Sylvie intervint :

– Ne m'as-tu pas expliqué que les Japonais avaient subi une lourde défaite le mois dernier, à Siu Tchéou? Les Chinois ont fait sauter les digues du Hoang Ho et stoppé, ainsi, la progression des envahisseurs.

– C'est un succès, ce n'est pas une victoire. Sois sûre qu'ils préparent déjà la riposte!

Denis s'était levé. Il arpentait la pièce à grandes enjambées.

— Voyez-vous, dit-il en s'adressant cette fois à Francis, si la France recule, elle perdra la face et, ici, perdre la face équivaut à une irrémédiable défaite. Une France affaiblie signifie, à court terme, la montée en puissance de forces radicalement opposées à sa présence dans la péninsule indochinoise.

— Si la paix est sauvée...

— Ce sera reculer pour mieux sauter. Tôt ou tard, Hitler acculera la France à la guerre. Que cette guerre soit gagnée ou qu'elle soit perdue, elle affaiblira votre pays. Or nous, les Viêtnamiens modérés, avons besoin d'une France forte pour nous permettre de résister aux pressions chinoises, aux ambitions japonaises, aux visées du Siam, en même temps qu'aux assauts des extrémistes, partisans de l'indépendance à n'importe quel prix, fût-il de millions de morts.

— Vous ne voyez donc pas d'issue?

— Il y en avait une, elle semble avoir été négligée, c'était la volonté commune anglo-française de s'opposer aux desseins de Hitler. Il aurait sûrement reculé. Maintenant, c'est trop tard.

Il était un peu plus de minuit quand Bertrand et son ami Patrick rentrèrent de leur soirée chez Hervé et Marie-Claude Puybazet. Ils semblaient tous les deux très excités.

— Nous venons d'écouter le bulletin d'informations de Radio-Saïgon, expliqua Bertrand. La France a décrété la mobilisation; on rappelle les fascicules 2 et 3!

Francis et Denis échangèrent un bref regard d'intelligence. La guerre s'approchait à grands pas.

— En quoi cela vous concerne-t-il? demanda Catherine, d'un ton de reproche.

Elle se souvenait sans doute de la fièvre qui avait enflammé son père, au mois d'août 1914, et de sa mort héroïque, quelques semaines plus tard dans les plaines de la Brie.

— Mais nous sommes concernés, répliqua Bertrand. Avec Hervé, nous avons décidé de nous engager! N'est-ce pas, Hervé?

Hervé approuva. Il approuvait toujours.

Le silence qui suivit cette déclaration décontenança les deux garçons. Francis réagit le premier, il éclata de rire.

— Nous voilà sauvés, laissa-t-il tomber, sarcastique. Hitler n'a qu'à bien se tenir, les renforts arrivent!

Bertrand prit une attitude offensée.

— Pourquoi te moquer de nous, papa? lança-t-il avec brusquerie. T'es-tu moqué de Cyril lorsqu'il t'a annoncé son intention de s'engager?

— Ce n'était pas la même chose. D'ailleurs...

— Ce n'est jamais la même chose quand il s'agit de Cyril! J'ai grandi dans le culte du héros de la famille, mais, quand je souhaite suivre ses traces, on me rit au nez!

Né du premier mariage de Francis, Cyril était de quinze ans l'aîné de Bertrand. C'était un garçon indépendant et volontaire, dont l'enfance avait été marquée par une épouvantable tragédie. A l'âge de dix ans, il avait assisté, terrifié, à la mort de sa mère, poignardée par un dément qu'il avait tué lui-même, quelques instants plus tard, à coups de carabine. Il n'évoquait jamais ce drame, mais cela avait incontestablement pesé sur sa vie. Plus tard, rompant brusquement avec des études qui s'annonçaient pourtant brillantes, il avait choisi de s'engager pour devenir pilote de chasse. C'est ainsi qu'en 1930, à bord de son Potez 25, il avait participé à la répression des mutineries du Tonkin. Abattu, blessé, décoré, il avait par la suite orienté sa carrière vers l'aviation civile. C'était l'un des pionniers de la ligne commerciale régulière Paris-Hanoï, qu'il avait ouverte en franchissant la redoutable Cordillère annamitique, inviolée jusqu'alors.

L'enfance de Bertrand avait été nourrie des exploits de son grand frère. S'il s'était d'abord appliqué à lui ressembler, il avait brusquement choisi de s'éloigner de ce modèle, au point de prendre, systématiquement, le contrepied de tout ce qui pouvait laisser croire qu'il était une pâle copie de celui qu'il avait surnommé « l'inimitable ».

Plus raisonnablement, depuis quelque temps, il essayait avant tout d'être lui-même, ce qui n'était pas facile. Il s'était successivement découvert des talents de peintre cubiste, puis de pianiste de jazz avant de se prendre d'amour pour l'entomologie, qu'il avait très vite abandonnée aussitôt qu'il s'était aperçu de son pouvoir de séduction auprès des jolies lycéennes de Chasseloup-Laubat, passant de l'une à l'autre avant de s'éprendre, sérieusement, de la plus courtisée de toutes, Françoise Chevrier, la fille du plus grand importateur de Saïgon. L'envie de l'éblouir encore davantage n'était d'ailleurs pas étrangère à son désir soudain de s'engager, afin de passer, à ses yeux, pour un héros.

Catherine, qui avait deviné toutes ses raisons, vola au secours de Bertrand et de son camarade Patrick.

— Votre réaction est légitime, dit-elle gentiment. Elle fait honneur à votre sens du devoir. Sans doute est-elle prématurée, tout cela n'est probablement qu'une alerte sans lendemain. C'est ce qu'a essayé de te faire comprendre ton père.

Bertrand accepta ces explications, du bout des lèvres, mais sa soirée était définitivement gâchée, aussi prit-il rapidement congé et monta dans sa chambre, tout en lançant :

— Quand je le verrai, je demanderai à Cyril ce qu'il en pense.

2

Le jour pointait à peine, d'un gris maussade, tout enconné de brume. Sous les ailes du Dewoitine S 338 d'Air France « Rivière des Parfums », assurant la ligne directe Paris-Hanoï, on ne distinguait rien qu'une purée laiteuse, abolissant tout repère. Cyril Mareuil assura ses mains sur les commandes, se cala contre le dossier de son siège. Il allait devoir mobiliser toute son énergie pour effectuer l'ultime étape, en franchissant, aveugle, la Chaîne annamitique. L'examen des fiches météo, ce matin, n'était guère encourageant, il s'attendait au pire.

Depuis le départ de Paris, quatre jours plus tôt, un sort contraire avait accumulé sur sa route tous les obstacles imaginables. Orages en Méditerranée, vent de sable à

Damas, tornade au-dessus des Indes. Comme l'avait dit Chalumard, le navigateur :

— Pour que l'éventail soit complet, il ne manque plus qu'un raz de marée à Rangoon !

Ils avaient atterri, la veille au soir, à Vientiane, sous une pluie battante; ce matin, le brouillard au-dessus du Mékong n'avait consenti à se lever qu'à cinq heures et demie, l'extrême limite de l'horaire fixé pour que le record soit à leur portée.

Maintenant, tout était possible. Dans quelques heures, Cyril serait le premier pilote à avoir réussi l'exploit de mettre Paris à moins de cinq jours de Hanoï.

Le Dewoitine S 338 « Rivière des Parfums » d'Air France était l'un des modèles les plus récents et les plus rapides. Mis en service depuis moins d'un an sur les longs courriers, il pouvait emmener vingt passagers à la vitesse de croisière de trois cents kilomètres à l'heure. Merlin, le pointilleux chef d'escale de Hanoï, avait lui-même désigné Cyril pour tester, en seulement quatre étapes, le nouveau tracé du parcours.

La porte de la cabine s'ouvrit. Alban Saint-Réaux apparut. Tout naturellement, il vint prendre place à côté de Cyril, sur le fauteuil du copilote. Il salua, au passage, Philippe Régnault, son gendre, le radio du bord, qui graphiquait avec frénésie.

— Que dit la météo ? interrogea Saint-Réaux.

— La même chose ! Temps pourri partout ! Couvert à Tourane, couvert à Vinh, couvert à Haïphong. Orages sur Xieng Khouang...

— Tiens bien ton cap, matelot ! répondit Saint-Réaux, s'adressant à Cyril. Je n'ai pas envie de percuter le Phu San !

— Moi non plus, intervint Philippe Régnault, dans l'interphone. Lee-Aurore se retrouverait, d'un seul coup, veuve et orpheline !

Trois ans plus tôt, Régnault avait épousé la jolie Lee-Aurore, la fille d'Alban Saint-Réaux. Pourvus, l'un et l'autre, d'un caractère fantasque et impétueux, ils formaient un de ces couples imprévisibles, dont les ruptures, les réconciliations, également tapageuses, alimentaient la

36

chronique de l'escale de Hanoï. En sa double qualité de chef d'équipage de Philippe, et d'ancien compagnon de Lee-Aurore, Cyril avait, à maintes reprises, usé sa patience et sa diplomatie pour éviter l'irréparable. Alban Saint-Réaux, qui n'ignorait rien des frasques des deux époux, lui savait gré de ses interventions. Il éprouvait pour Cyril une affection quasi paternelle. Arrivé en Indochine trente-huit ans plus tôt sur le même bateau que son père Francis Mareuil, dont il avait été l'ami et le témoin de mariage, Alban Saint-Réaux avait vu naître le jeune homme, il l'avait regardé grandir, il l'avait conseillé quand, après son départ de l'armée, Cyril avait manifesté le désir d'entrer dans l'aviation civile.

Héros de la Grande Guerre, Alban Saint-Réaux assurait, aujourd'hui, les fonctions de directeur commercial d'Air France en Asie.

– Pas de fantaisies, Cyril. Pense aux passagers! reprit Saint-Réaux.

– N'ayez aucune inquiétude, nous ne sommes pas en meeting!

Sceptique Saint-Réaux hocha la tête. Il se rappelait l'exercice d'acrobatie par lequel Cyril avait clôturé le vol d'essai effectué avec ce même Dewoitine « Rivière des Parfums », trois semaines plus tôt, au-dessus du Bourget. La radio de bord venait d'annoncer la signature des accords de Munich entre l'Allemagne, la France et l'Angleterre, qui mettaient fin à une longue semaine de tension internationale. Voyant la foule qui se pressait sur les pistes pour offrir à Daladier un accueil triomphal, manifestant ce « lâche soulagement » que devaient par la suite dépeindre les journaux, Cyril avait éprouvé la plus grande colère de sa vie.

– Comment peut-on applaudir une pareille capitulation? avait-il grogné.

Basculant sur l'aile, il avait plongé vers le sol, ses moteurs rugissants, fondant sur la foule à laquelle il hurlait des injures :

– Bande de larves! Vous serez moins farauds quand vous verrez les Stuka piquer en lâchant leurs bombes!

– Orage! annonça Philippe Régnault, laconique. Je rentre l'antenne!

Cyril serra les dents. Pour une fois, la météo ne s'était pas trompée. Le dernier bulletin annonçait une perturbation au-dessus de Xieng Khouang, il n'aurait jamais imaginé la rencontrer aussi vite. Tournant la tête de gauche à droite, il s'aperçut qu'il ne distinguait même plus l'extrémité des plans. « Pourvu que je ne me trouve pas nez à nez avec le Phu San ! songea Cyril, dont c'était la hantise. Ce serait l'écrasement sans phrases ! » Il appela le navigateur :

— Chalumard ? Trace-moi une route vers le nord !

— O.K. Où veux-tu aller, commandant ? Lao Kay, Pékin ?

— Épargne-moi tes plaisanteries de garçon de bain ! Ça urge !

— Cap au 18 ! Nous passerons à la verticale de Diên Biên Phu et, avec le vent dans le dos, nous dépasserons l'orage.

Cyril opina. La pluie fouettait le pare-brise, entre le va-et-vient des essuie-glace il n'apercevait plus le disque brillant de l'hélice. Il jeta un œil sur le tableau de bord. L'altimètre indiquait 1 800 mètres. « Je dois au moins grimper à 2 000 », se dit-il.

Brusquement, une dépression aspira le Dewoitine, qui plongea. L'altimètre chuta, se stabilisa à 1 400.

— Bon sang ! cria Saint-Réaux, alarmé. Remonte !

Cyril actionna le palonnier, donna la pleine puissance de ses trois moteurs. Le lourd appareil entama une longue et pénible ascension, constamment contrariée par des rabattants.

— On va sacrément se faire allumer par les passagers, observa Saint-Réaux. Ils doivent danser un drôle de lambeth-walk !

— Ils n'avaient qu'à prendre le bateau, ils auraient pu ainsi se plaindre du mal de mer !

Le Dewoitine tanguait, piquait, se redressait, remontait par saccades, gémissait de toutes ses structures malmenées. Cyril était penché en avant, comme s'il voulait devancer le nez de l'appareil, et distinguer, à temps, le sommet calcaire du Phu San. La cabine de pilotage était plongée dans une obscurité glauque et, éclairé d'en bas par les petits voyants verts du tableau de bord, Cyril ressemblait à une apparition d'un autre monde.

Dans une brève déchirure des nuages, Cyril entrevit, à temps, la barrière d'un blanc de craie. Par réflexe, il balança l'appareil sur la tranche, avec l'intention d'entamer une spirale qui lui permettrait de gagner les trois ou quatre cents mètres indispensables pour franchir l'obstacle. Mais, dans cette position, le Dewoitine offrait son ventre aux rafales, qui l'embarquèrent, comme une feuille morte.

— 1 900 mètres! annonça Saint-Réaux, l'œil braqué sur l'altimètre. 2 000! 2 100!

— Gagné, cria Chalumard. On passe!

— 1 800!

— Merde!

— Grimpe, mais grimpe donc, pour l'amour du Ciel! grogna Cyril, qui encaissait, dans ses bras et ses épaules, les hoquets du palonnier.

Le Dewoitine obéissait, vibrant de toutes ses membrures, imprimant aux équipiers des soubresauts qu'ils ressentaient jusqu'au plus profond de leurs os. Le regard fixé sur Cyril, ils suivaient sur son visage tous les épisodes de la lutte qu'il menait.

— On passe! cria Chalumard.

Sous les ailes, on distinguait maintenant le sommet du Phu San, les gros rochers blanchâtres qui le couronnaient. Il semblait même qu'en tendant le bras, on eût pu cueillir ses brins d'herbes.

Cyril poussa un soupir, relâchant la tension nerveuse qui l'habitait. Il laissa redescendre le Dewoitine, comme pour lui permettre de reprendre haleine.

Maintenant, les turbulences étaient moins violentes. L'orage était derrière, butant sur les contreforts de la montagne, montant verticalement comme une vague se brisant sur un récif. Le brouillard était toujours aussi dense, mais Cyril pouvait tenir un cap convenable.

— Vire au 100! annonça Chalumard. Nous sommes au-dessus de la rivière Noire!

— Je préfère remonter vers le nord, décida Cyril. Nous allons suivre la vallée du fleuve Rouge. (Puis, s'adressant au radio :) Philippe? Sors l'antenne, prends contact avec Hanoï et demande la météo sur le Delta!

– Temps bouché sur Hoa Binh! Temps bouché sur Hanoï. Ça se dégage sur Langson!

Une demi-heure durant, le Dewoitine poursuivit sa route en aveugle, suivant, au millième près, le cap imposé par le navigateur qui annonçait, à l'estime :

– Verticale de Bac Quang! Verticale de Bac Kan! Attention! Cap au 135! Gaffe à ne pas passer en Chine!

Brusquement, au débouché des nuages, apparurent les pains de sucre des calcaires de Dong Khé, et, d'un seul coup, le Dewoitine entra dans le soleil.

– Ouf! soupira Saint-Réaux. Hanoï dans quarante minutes!

Cyril avait chaussé ses lunettes fumées. Il naviguait plein sud-est. Déjà, il entrevoyait, quinze cents mètres au-dessous, les méandres argentés du Song Ky Kong folâtrant entre les montagnes de la Moyenne Région. Langson était en vue. Sur sa gauche, perché sur son piton, le petit poste militaire de Dong Dang « Porte-de-Chine », ressemblait à une maison de poupée, toute blanche avec son joli toit de tuiles rouges.

– Qu'est-ce que...?

Chalumard avait crié, montrant, sur la gauche du Dewoitine, deux appareils militaires brutalement jaillis des montagnes. Cyril tourna la tête. Il identifia aussitôt deux chasseurs dont la silhouette profilée, pointue comme un nez de requin, lui était inconnue, de même que la peinture du fuselage, mouchetée de blanc et d'ocre. Il capta enfin, sur le flanc des appareils, un gros disque rouge, l'emblème du Soleil levant.

– Des Japonais! lança-t-il. Que diable viennent-ils faire en Indochine? C'est une violation de territoire!

Les deux chasseurs encadraient maintenant le Dewoitine, calquant leur vitesse sur la sienne. Chalumard feuilletait avec frénésie le carnet de silhouettes. Il annonça :

– Yokosuka D4 Y Suisei. Moteur Mitsubishi-Kinseï de 1 500 chevaux. Envergure...

– Ça suffit, trancha Cyril. Philippe, passe sur la fréquence « interception » et demande à ces pèlerins ce qu'ils viennent fabriquer chez nous!

– Vous êtes en territoire chinois, répliqua une voix rauque, parlant l'anglais avec un fort accent asiatique.

– Vous aussi! renvoya Philippe Régnault.

– Qui êtes-vous?

– Dewoitine « F ARCA » de la Compagnie Air France. Liaison commerciale...

– Destination?

Chalumard se manifesta :

– Réponds-lui que nous sommes la ligne régulière Maubeuge-Romorantin et que nous nous sommes égarés dans le brouillard!

Cyril lui intima le silence, sans ménagement.

– L'accès de Hong Kong est interdit aux vols internationaux! lança la voix gutturale.

Régnault coupa le contact. « Va te faire foutre! » grogna-t-il à l'adresse du pilote japonais, agrémentant son invitation d'un geste du bras parfaitement explicite.

Les deux chasseurs s'éloignèrent, prirent de la hauteur et foncèrent vers le Dewoitine, en un piqué d'intimidation. Puis, satisfaits sans doute de la démonstration de leur vitesse et de leur maîtrise du ciel, ils disparurent, comme ils étaient venus, vers le nord.

– Dois-je rendre compte à Hanoï, commandant? demanda Philippe.

– Non, répondit Saint-Réaux. Tant que nous ne serons pas certains que ces deux avions aient réellement violé la frontière. (Il se tourna vers Chalumard :) Êtes-vous sûr de vos relevés?

L'intéressé se braqua :

– Monsieur le directeur, répondit-il d'un ton outragé, cela fait quinze ans que je survole la région! J'ai commencé en 1925! Je connais chaque caillou de ce coin! Si je vous affirme que jamais nous n'avons franchi le pointillé de la frontière, c'est que nous ne l'avons pas franchi!

Saint-Réaux sourit et fit machine arrière.

– Bien, bien, Chalumard. Je vous crois!

Ils arrivèrent à Hanoï un peu moins de quarante minutes plus tard. Cyril passa au-dessus de la ville, moteurs au ralenti, avec cette impression exaltante d'être, enfin, rentré chez lui. Même si ses obligations familiales

41

lui imposaient d'habiter Saïgon où sa femme Charlotte exerçait son professorat, ses goûts le portaient plus volontiers vers le Tonkin, pays sévère, rude, moins béni des dieux que l'opulente Cochinchine, alanguie de soleil. A l'insolente et pulpeuse Saïgon, il préférait l'austère et prude Hanoï.

Il longea le pont Doumer. Après une large boucle au-dessus du fleuve Rouge, il aborda la piste de Gia Lam. Près de lui, Saint-Réaux avait entamé le compte à rebours. Lorsque les roues touchèrent le sol, il poussa un « hourra ! » victorieux.

— Record battu ! clama-t-il. Nous avons effectué le parcours en quatre jours, vingt-deux heures et trente-sept minutes ! Je paie le champagne !

Cyril coupa les moteurs et demeura à son poste, abruti de fatigue. L'annonce de son record le laissait de marbre, il était trop las et songeait que, même s'il avait échoué, ce qui aurait importé à ses yeux était le combat qu'il avait mené, cinq heures durant, contre les éléments déchaînés.

Par la vitre du cockpit, il aperçut les passagers qui se hâtaient vers les bâtiments de l'aérogare. Ils gesticulaient, probablement en train de vilipender ce pilote qui les avait tellement malmenés, et se remettaient de leurs frayeurs en manifestant leur mauvaise humeur. Il vit aussi Franck Merlin qui arrivait, en courant. Le directeur de l'escale escalada l'échelle de coupée, fit irruption dans la cabine.

— Cyril Mareuil, éructa-t-il, au comble de la fureur, qu'est-ce qu'il t'a pris d'aller faire du tourisme de l'autre côté de la frontière ? Ne savais-tu pas que les Japonais avaient débarqué hier en Chine du Sud ? Ils se sont emparés de Canton sans combats, ils vont entrer, d'une heure à l'autre, à Nan Ning ! Ta démonstration de ce matin a été ressentie comme une provocation. Les télégrammes de protestation affluent déjà chez le résident supérieur. Il y a cinq minutes, je me suis fait incendier par le Cabinet civil !

Cyril n'avait pas bougé. Les mains sur ses commandes, la tête basse, il paraissait ne rien entendre, mais Saint-Réaux, qui le connaissait bien, redoutait l'éclat qui libérerait sa tension nerveuse. Il tenta de s'interposer :

— Comment voulez-vous que nous ayons appris l'attaque japonaise? Nous étions en l'air, quelque part au-dessus de la Malaisie quand elle s'est produite!

Et Chalumard, qui n'en perdait pas une, d'ajouter :

— Moi, je n'écoute la radio que pour avoir le résultat des courses à Auteuil!

— Je ne sais pas ce qui me retient de vous infliger à tous une semaine de mise à pied! reprit Merlin.

Cyril releva le front. D'un ton très calme, mais la voix vibrante, manifestement retenue, il répondit :

— Monsieur Merlin, je viens en effet de m'offrir cinq heures de tourisme, dans la brume, dans le crachin, dans l'orage, avec des vents latéraux de deux cents kilomètres. Je me suis amusé à franchir, pour rigoler, des falaises de deux mille mètres. J'ai ramené, entier, un avion de ligne français, de Paris à Hanoï, en battant un record de vitesse.

Il se retourna et, fixant son supérieur droit dans les yeux, il conclut d'un ton égal :

— Aussi, vos observations, sachez que je m'assois dessus.

— Mareuil, je vous interdis!

— Monsieur Merlin. J'arrive de Paris. J'ai constaté que Daladier ne portait plus de bretelles pour pouvoir baisser plus rapidement son pantalon devant Hitler. Je m'aperçois que la contagion gagne. Dites à monsieur le résident que s'il présente ses excuses à Tokyo pour un incident dont les Japonais portent l'entière responsabilité, je me ferai un plaisir d'aller lui administrer une paire de gifles!

Merlin comprit qu'il était allé trop loin. Il tenta de calmer le jeu.

— Ne nous emballons pas, dit-il, conciliant. Tu vas rédiger un rapport sur cet événement, je le ferai aussitôt parvenir au président, avec une notice explicative de ma main. (Il soupira et avoua :) Je me suis fait un sang d'encre quand la radio a été incapable de prendre contact avec toi, au-dessus de la Chaîne annamitique. Trois heures sans nouvelles, c'est bigrement long!

— Je sais, admit Cyril. Mais j'ai coupé volontairement les communications, je craignais que l'antenne ne fasse

43

paratonnerre! (Il secoua la tête, ébaucha un mince sourire :) Je suis crevé, avoua-t-il.

— Je t'ai réservé une place sur le courrier de Saïgon.
Départ à trois heures de l'après-midi. Ce soir même tu
dormiras chez toi.

Cyril se dégrafa, s'éjecta de son siège, gagna la sortie.
En quittant l'appareil, il croisa l'équipage de relève, qui
examinait le Dewoitine avec suspicion.

— Vous avez peur qu'on vous ait cabossé le coucou?
demanda Chalumard, ironique.

— Avec des dingues dans votre genre, répliqua Dourtal,
le chef pilote, plus rien ne m'étonne! Avez-vous vu la tête
de vos passagers? Ils sont à ramasser à la petite cuillère!

— Il paraît qu'en plus, vous avez entamé un combat
aérien avec des Japonais? ajouta Basselin, un gros pous-
sah qui faisait office de radio. Ma parole, ce n'est plus
« La Rivière des Parfums » que vous pilotez, c'est le
« Vieux Charles »! Guynemer pas mort! Nous allons
devoir débaptiser Air France, et l'appeler « l'escadrille
des Cigognes »!

Chalumard détestait Basselin, autant pour son apparence négligée d'obèse transpirant que pour ses mœurs
contre nature qui le portaient vers les petits garçons. Il
riposta, fielleux :

— Garde ton humour pour tes gitons... ou pour les
samouraï quand ils viendront te brouter les moustaches!

Puis il tourna les talons et alla rejoindre les autres
membres de l'équipage. Philippe Régnault l'appela :

— J'ai invité Cyril et mon beau-père à déjeuner.
Viens-tu avec nous Chalumard?

— Non merci. Ma *Thi Ba* m'attend! J'espère que je ne
serai pas obligé de virer comme la dernière fois le frelu-
quet qui vient s'installer dans mes pantoufles pendant mes
absences!

— Fais comme moi, répondit Philippe, philosophe,
expédie un télégramme précisant le jour et l'heure de ton
retour!

Philippe et sa femme Lee-Aurore habitaient une villa,
juste en face des maisons de style alsacien construites par

les fondateurs des Brasseries d'Indochine qui donnaient à cette partie du boulevard Gambetta l'allure d'un quartier de Strasbourg ou de Colmar.

Lee-Aurore accueillit ses visiteurs avec sa bonne humeur coutumière. Elle se jeta dans les bras de son « papa préféré », en lui assurant qu'il ne vieillissait pas et qu'il restait le plus séduisant des hommes. Ce fut ensuite Philippe qui eut droit aux plus tendres effusions.

— Tu m'as manqué, affirma-t-elle. Je me demandais si tu te déciderais à abandonner Paris ! (Elle se tourna vers Cyril :) A-t-il été sérieux, au moins ?

La main sur le cœur, Cyril jura qu'ils ne s'étaient pas quittés d'une semelle, ajoutant :

— Tu sais bien que je veille sur la vertu de ton cher époux, comme sur la tienne !

— Justement, riposta-t-elle, c'est cela qui m'inquiète !

Cyril l'observa mieux. Elle avait les yeux rouges, sa joie sonnait faux. Tandis qu'Alban Saint-Réaux et son gendre prenaient place sur un canapé, sous le ventilateur du salon, aménagé par Lee-Aurore en bar américain, intime et confortable, il la suivit à l'office. Là, il la prit aux épaules et l'obligea à lui faire face.

— Toi, lui dit-il, tu es en plein drame. Que t'arrive-t-il encore ?

Elle se déroba, butée.

— Rien du tout, je te le jure.

— Allons, ne me raconte pas d'histoires, je te connais trop bien ! Quand te décideras-tu à devenir une grande personne ? Je commence à me fatiguer de recoller les morceaux de ton ménage ! Tu as trente-quatre ans, tu n'es plus une petite fille ! Pense à Philippe, qui t'aime et que tu rends malheureux !

— J'étouffe, Cyril ! Je me sens prisonnière. Jamais je n'aurais dû me marier. Ou alors avec toi.

Cyril secoua la tête.

— Ne remuons pas les cendres du passé, Lee-Aurore ! Nous sommes séparés depuis six ans. Je me souviens qu'à l'époque, tu ne me traitais pas mieux que tu traites Philippe. Veux-tu un conseil ? Demande-lui de te faire un enfant.

Le dialogue fut interrompu par l'intrusion d'Alban Saint-Réaux.

– Avez-vous fini de comploter? Les glaçons sont en train de fondre dans le whisky! Et je meurs de faim...

Bâclé par un *bep* négligent, mal servi par une boyesse malveillante qui passait les plats d'un air dégoûté, le repas ne devait pas laisser dans la mémoire de Cyril un souvenir impérissable. Lee-Aurore ne prononça pas trois mots, Philippe n'émit que des banalités et lui-même se surprit à somnoler, abruti de fatigue. Seul Alban Saint-Réaux dépensa de louables efforts pour animer la tablée, avant d'y renoncer et d'abréger les adieux.

– Notre avion décolle à trois heures, finit-il par constater en consultant sa montre. Auparavant, Cyril, tu dois rédiger le rapport que t'a demandé Merlin sur l'incident de Langson.

Cyril approuva, soulagé d'échapper à cette ambiance qui lui pesait. Il lui tardait maintenant de rentrer chez lui, dans sa villa de Saïgon et d'y retrouver Charlotte, sa femme, dont la vie était simple et droite, sans ces inextricables problèmes sentimentaux dans lesquels se débattait Lee-Aurore.

Franck Merlin les attendait à Gia Lam. Il prit Cyril à part.

– Tu es dispensé de ton rapport. Bon voyage.

– Puis-je tout de même connaître les raisons de ce revirement?

Merlin avait l'air embarrassé. Il grommela, faussement désinvolte :

– Il n'y a jamais eu d'avion japonais. Oublie tout.

– Autrement dit, j'ai eu la berlue?

– Bien sûr que non! Tu es seulement très fatigué. La compagnie t'accorde un congé de deux semaines.

Cyril s'inclina et constata, sarcastique :

– Deux Suisei, deux semaines de congé. Je regrette de ne pas avoir été intercepté par toute une escadrille! (Puis, sérieusement :) Si je comprends bien, on sacrifie la vérité sur l'autel de la concorde?

Merlin lui serra la main et s'éloigna, sans répondre.

– L'aviation japonaise est donc un mythe, observa un

46

peu plus tard Cyril, assis à côté d'Alban Saint-Réaux dans la cabine de l'appareil qui les emmenait vers le Sud. A Hanoï comme à Paris, même consigne, ne rien voir, ne rien entendre, ne rien dire. Il faudra pourtant se réveiller un jour! Et alors, gare aux surprises!

— Le gouvernement est le reflet de l'opinion publique, expliqua Saint-Réaux, qui avait profité de son séjour dans la capitale française pour renouer des liens avec quelques-uns de ses anciens collègues de l'époque où il avait été un éphémère député de Cochinchine. Quelles que soient leurs raisons, les gens ne veulent pas la guerre. Les uns parce qu'ils conservent le souvenir de l'hécatombe de 1914-1918. D'autres croient que Hitler est leur rempart contre l'hydre bolchevique. D'autres, enfin, regardent avec sympathie le redressement économique de l'Allemagne et de l'Italie, sans grèves ni chômeurs, conduites par des hommes d'ordre.

Cyril hocha la tête.

— Je me moque de Hitler et de Mussolini. Ce ne sont pas eux qui menaceront l'Indochine. Mais le Japon.

— Qu'espérais-tu? Que la France allait déclarer la guerre parce que deux chasseurs ont violé nos frontières?

— Non, bien sûr. Mais j'attendais un peu plus de fermeté, comme, par exemple, une demande d'explications, assortie d'exigences d'excuses, ce qui aurait amené Tokyo à peser les conséquences d'une agression contre nous.

Saint-Réaux esquissa une grimace de scepticisme.

— Que pourrait l'Indochine si le Japon décidait d'y pénétrer? J'ai évoqué cette éventualité devant Georges Mandel, notre ministre des Colonies, voici quelques jours. Sais-tu ce qu'il m'a répondu?

— Je ne suis pas certain d'avoir envie de l'entendre.

— Il a, d'abord, tenu son rôle de ministre, parlant de résistance sans esprit de recul. « Avec quoi? » ai-je demandé. Alors, il a eu cette phrase terrible, qui tient en quatre mots : « Vous serez tout seuls. »

— Il est honnête, admit Cyril.

— Cela dit, pas plus Mandel que la plupart des membres du gouvernement ne croient sérieusement à une menace nippone.

47

– Leur horizon se borne au Rhin, ils ne voient pas le Mékong...

– La thèse la plus communément admise, c'est que le Japon est déjà suffisamment empêtré en Chine pour le dissuader de se mettre d'autres ennemis sur le dos! Tout au plus exigera-t-il, de l'Angleterre ou de la France, des garanties de neutralité dans sa guerre contre les troupes de Tchang Kaï Chek, la fermeture de la route de Birmanie, ou celle de notre voie ferrée du Yunnan.

– Reste à espérer qu'il s'en tiendra là, mais je n'y crois guère.

Leurs femmes les attendaient à Tan Son Nhut, entourées d'une poignée de journalistes, qui sollicitèrent des détails « vécus » sur les péripéties de ce vol historique, à l'occasion duquel le record de vitesse entre Paris et Hanoï avait été battu. D'un commun accord, ni Cyril, ni Alban Saint-Réaux ne mentionnèrent la tentative d'interception des chasseurs nippons. Cyril se borna à souligner les conditions particulièrement difficiles qui avaient été affrontées, les orages, les tempêtes de sable, les brouillards, les vents contraires et acheva :

– Un record est toujours provisoire, il ne tardera pas à être battu.

– Par vous?

Cyril sourit :

– J'aimerais bien, naturellement. Mais je suis aux ordres de la compagnie, un peu comme le centurion de l'Évangile : on me dit « va » et je vais, on me dit « viens » et je viens...

Un peu plus tard, blottis dans le spider de la Celta-quatre décapotable de Saint-Réaux, Charlotte se serra contre son mari.

– Il faut que je te dise, souffla-t-elle. J'attends un enfant !

Cyril poussa une brève exclamation de surprise.

– Mais c'est magnifique! s'écria-t-il, transporté. Deux bonheurs en un seul jour! Depuis quand le sais-tu?

– Quinze jours. J'ai attendu d'être sûre.

Cyril lui prit la main et déposa un baiser au creux de sa paume. En relevant la tête, il observa une larme qui perlait au bord de sa paupière.

– Qu'as-tu, Charlotte? N'es-tu pas heureuse?

Elle fit « oui », de la tête, mais le cœur n'y était pas.

– J'ai un mauvais pressentiment, Cyril, finit-elle par avouer, en se jetant dans ses bras et en éclatant en sanglots. Je ne veux pas te perdre!

Décontenancé par cette soudaine détresse, il essaya de réconforter sa femme, caressant ses cheveux, murmurant des mots très tendres.

– Ne crains rien, mon cœur. Je veille sur toi. Si tu le souhaites, je vais demander un congé de longue durée, la compagnie me doit bien cela. De plus, il est à craindre que les vols internationaux soient réduits dans les semaines ou les mois à venir.

– Il y a aussi cet homme en noir, ajouta-t-elle. Je suis terrifiée.

Cyril se força à rire :

– Un homme en noir! Je ne te savais pas superstitieuse! Ce serait un chat noir, je comprendrais, c'est, paraît-il, un signe maléfique. Mais Saïgon est plein d'hommes en noir! Regarde autour de toi!

Elle se rebella.

– Je sais ce que je dis! Je vis ici depuis assez de temps pour faire la différence. L'individu dont je te parle stationne depuis plusieurs jours devant la villa. Il ne se cache même pas. Il est là, le matin, quand je pars donner mes cours au collège Taberd. Il est là, le soir, quand je rentre.

– Pourquoi n'es-tu pas allée lui demander ce qu'il te voulait?

– J'ai tenté de le faire. Il ne s'est pas laissé approcher et s'est éloigné, paisiblement, sans répondre à mes appels.

– J'en conclus que c'est à moi qu'il veut parler, constata Cyril, rassurant. Décris-le-moi, c'est probablement l'un de mes amis.

Elle fit un effort de mémoire.

– Il est plus grand que la moyenne des Annamites. Un visage carré, des épaules larges, des bras très longs avec des mains comme des battoirs.

– Je ne vois pas, répondit Cyril qui avait d'abord songé à Cao Van Minh, le fils du chef des coolies de Bao Tan.

Depuis dix ans il menait l'existence vagabonde et incertaine des clandestins recherchés par toutes les polices d'Indochine, un révolutionnaire, membre du Parti communiste, encore sous le coup d'une condamnation à mort par contumace au moment des mutineries de Yen Bay, huit ans plus tôt. En dépit de l'amnistie prononcée en 1936 à l'avènement du Front populaire, Minh n'avait jamais reparu dans l'entourage de Cyril. Mais il ne correspondait pas à la description qu'en faisait Charlotte.

— J'ai remarqué, ajouta-t-elle, qu'il portait un chapeau de feutre, et pas n'importe lequel, un Mossant gris aux bords roulés.

— Un Mossant, dis-tu? C'est une bonne indication. Notre inconnu n'est donc pas un quelconque *nha-qué* en quête d'un mauvais coup, mais un personnage d'un certain niveau social. Il n'y a que les riches Chinois pour arborer un pareil couvre-chef, ou bien alors, les « affranchis », ces caïds qui règnent sur les bandes organisées des quartiers périphériques, Gia Dinh, Da Kao ou Cholon. Mais, très franchement, je n'ai pas de relations dans ces milieux-là.

Il ébaucha un geste de la main.

— Allons, lança-t-il, s'il est encore là demain, j'irai le trouver. Mais pour l'instant, je ne veux penser qu'à mon fils!

— Qui te permet d'affirmer que je te donnerai un garçon? demanda-t-elle, un peu rassérénée.

— Ce sera un fils, puisque je l'ai décidé! Quel prénom veux-tu pour lui? Edmond, comme ton père et mon parrain? Ou bien Francis, comme mon père?

— Francis Mareuil, je trouve que cela sonne bien.

Cyril se souleva et frappa sur l'épaule d'Alban Saint-Réaux.

— Chauffeur! ordonna-t-il. Au *Continental*! J'offre le champagne, nous allons boire à la santé de mon fils, le jeune Francis Mareuil!

Kim-Anne se retourna, radieuse :

— Je veux être la marraine!

Alban Saint-Réaux se gara devant le théâtre. Ils descendirent de voiture et se dirigèrent vers la terrasse, déjà bondée en cette fin d'après-midi. Après trente ans d'existence, le *Continental*, l'épicentre de la vie saïgonnaise, venait de faire peau neuve sous l'impulsion de son patron le dynamique Matthieu Franchini. Si l'extérieur avait seulement été ravalé et ses peintures rafraîchies, l'intérieur n'avait plus cet aspect un peu compassé qui avait fait sa célébrité et l'avait hissé au rang d'une institution, au contraire. Il avait subi une transformation radicale, due à l'imagination d'Albertini, un jeune décorateur, Corse lui aussi.

La salle de la terrasse avait été conçue comme un grand café-jardin confortable et élégant dont les colonnes qui, jusque-là, lui conféraient la solennité d'une cathédrale ou d'une halle, étaient désormais garnies de treillis de bois peint en vert où s'accrochaient lianes et philodendrons. Bordée d'une haie vive, elle avait un petit air champêtre – un nid à moustiques, affirmaient les traditionalistes déconcertés – censé évoquer, pour ces expatriés qu'étaient les petits Blancs de la Colonie, les bords de la Marne.

Saint-Réaux, Cyril et leurs femmes trouvèrent place autour d'un guéridon écarté, non loin de la table où se tenait Franchini, un point stratégique lui permettant de surveiller tout à la fois la grande salle et la terrasse. Il se leva, et vint s'incliner devant Kim-Anne et Charlotte, avant de serrer la main des hommes.

– Je suis heureux de vous voir, leur dit-il avec son accent rocailleux. Vous avez, paraît-il, réalisé un formidable exploit! Félicitations. (Puis :) Comment va Paris?

– Mal. Après les accords de Munich, les Français sont contents, mais ils ne sont pas fiers.

– Que pensent-ils de la situation en Indochine?

– Rien. Ceux qui connaissent son existence s'en moquent. Ceux qui l'ignorent, les plus nombreux, ne s'encombrent pas de soucis exotiques, ils ont bien assez des leurs, les congés payés, les augmentations de salaires, l'agitation sociale.

Franchini se pencha :

– Croyez-vous que nous aurons la guerre, monsieur le député?

– Je suis comme vous, je ne la souhaite pas, mais elle me paraît inéluctable.

Franchini prit Cyril à témoin :

— La guerre est mauvaise pour les affaires. Mais, si on nous l'impose, nous la ferons, n'est-ce pas ?

— Sûrement. Mais nous partirons avec un sacré handicap. Les Français croient aux vertus de la ligne Maginot, ce qui les a dispensés de tout autre effort, nous n'avons ni avions, ni chars...

Saint-Réaux l'interrompit.

— Assez de pessimisme pour aujourd'hui, Cyril. N'oublie pas que tu fêtes un événement bien plus important, l'annonce de la future naissance de ton fils Francis !

Franchini lui serra la main.

— Vous avez bien raison, monsieur Mareuil. Nous devons déjà préparer l'après-guerre. Ce soir, c'est moi qui offrirai le champagne !

3

Le dos calé contre le fauteuil de moleskine, au fond de l'échoppe de Coh Tiên, le coiffeur de la rue Boresse, Ho Chan Sang avait étendu les jambes devant lui et se laissait aller à l'euphorie du moment, le visage enveloppé de serviettes chaudes, humides et parfumées. Il se sentait heureux, léger, libre. Après deux années d'enfer, passées au bagne de Poulo Condore, il n'avait pas encore épuisé les joies du retour.

Même si c'était du passé, il avait conservé les réflexes acquis au cours de son internement, une façon de parler sans remuer les lèvres, l'attention constamment en éveil, la phobie des mouchards, la crainte des policiers. Il n'y avait qu'ici, chez Coh Tiên, le *hot-toc*, qu'il parvenait à se détendre et à oublier. Il venait de se faire couper les cheveux en une brosse carrée « à la Bressan », et, en artisan consciencieux, le coiffeur avait également épilé le duvet des tempes, rectifié le dessin des sourcils, délicatement ôté les poils des ailes du nez et du menton, et retiré, avec une spatule de bois, le *cut-ray*, l'excrément du ver que tout Annamite portait dans l'oreille.

Il souleva la serviette.

— Quelle heure est-il?

— Bientôt sept heures.

Ho Chan Sang se leva de son siège, et serra la main de Coh Tiên, à la façon des Binh Xuyen, le poignet pris entre l'index et le majeur. Puis il sortit et se fondit dans la foule, non sans avoir vérifié, d'un rapide regard dans la glace en pied du tailleur voisin, que son Mossant à bords roulés était convenablement assuré sur sa tête.

Ce chapeau, sa seule coquetterie, était aussi un talisman, l'insigne de ses fonctions. A son retour de Poulo Condore, Ho Chan Sang avait été intronisé *Anh Chi* * par Ba Duong, le chef de l'Organisation. Il avait désormais autorité sur les hommes de main qui assuraient la « protection » des boutiques acquittant la taxe et qui persuadaient les autres, souvent par la manière forte.

Il avançait droit devant lui sans jamais dévier d'un pouce, balançant ses larges épaules, sûr de sa force et du respect craintif que lui témoignaient les passants, qui, sans le connaître, savaient identifier un *Anh Chi* quand ils en rencontraient un.

D'un geste de la main, il stoppa un pousse et se fit conduire à Tan Dinh, devant la villa qu'il connaissait bien maintenant. Cela faisait près de dix jours qu'il y stationnait, surveillant les activités de la *Ba dam* française qui l'habitait.

Rien encore ne s'était produit de ce qu'il attendait, mais Ho Chan Sang avait appris, longtemps avant son séjour au bagne, les vertus de la patience. Il n'était pas pour rien le fils de Wing Kat Chong, l'un des chefs de la Triade chinoise, et de Thi Sao, sa troisième épouse, une Annamite qui lui avait inculqué les grands préceptes de la philosophie confucéenne. Il avait le temps pour lui.

Appuyé contre un pylône de fer, il s'installa à son poste de veille, alluma une Cotab, ce tabac blond au goût américain, légèrement miellé, la marque préférée des hommes de son rang.

Des automobiles passaient, décapotées, dans un joyeux concert de rires et de chansons. Ce samedi soir, la vie noc-

---

* Littéralement : grand-frère. Dans la hiérarchie Binh Xuyen, un chef.

turne de Saïgon atteignait son paroxysme. Il n'était pas rare de voir, devant le *Perroquet*, le dancing attenant au *Continental*, des boys installer des tréteaux sur le trottoir, pour permettre aux jolies *Ba dam* en robes légères de se livrer aux joies du charleston ou du lambeth-walk au son de l'orchestre philippin.

Ho Chan Sang n'était pas prude, son langage, souvent cru, montrait assez la liberté de ses mœurs. Mais il comprenait mal le plaisir que pouvaient éprouver les femmes françaises à se trémousser ainsi, en riant ou en parlant fort, n'hésitant pas, en virevoltant, à dévoiler leurs jambes bien plus haut que ne le voulaient la décence et la retenue. Il admettait encore moins la passivité des maris qui toléraient que leurs épouses exhibent à tous les regards leurs épaules ou leurs gorges dans des toilettes arachnéennes, passent de danseur en danseur, de main en main. Il pensait que les *T'ays*, ces Européens aux idées larges, avaient des manières bien étranges ; il en concluait, naïvement, que la jalousie était un sentiment exclusivement asiatique.

Il était tellement absorbé dans ses pensées qu'il faillit manquer l'arrivée de la Celtaquatre qui stoppait devant la villa. Mais il se reprit vite, tous ses sens en éveil et il comprit que son attente avait pris fin. La jeune femme qui descendait de la voiture n'était pas seule. Un grand garçon, en uniforme de pilote civil, l'accompagnait. Il y eut quelques échanges, des embrassades. L'automobile repartit, laissant le couple sur le trottoir.

Ho Chan Sang décolla son épaule du pylône. Les mains dans les poches, il fit un pas puis un autre dans la direction des nouveaux arrivants qui ouvraient la grille de leur villa.

— « Il » est là, souffla Charlotte, avec un petit geste de la main vers l'homme en noir qui traversait la chaussée.

— N'aie pas peur, ma chérie. Je vais régler la question une fois pour toutes.

Cyril fit face. Il était sur ses gardes, l'inconnu qui venait à lui était dangereux. Une certaine façon de balancer les épaules, cette démarche à la fois souple et ferme trahissaient l'athlète entraîné au combat à mains nues.

Tout en avançant Cyril pensait à la meilleure façon de l'aborder. Il choisit la méthode directe et, dès qu'il se trouva à portée de voix, il demanda, en annamite :

— Qui es-tu? Et que nous veux-tu?

L'inconnu souriait. Il dégagea ses mains et les ouvrit largement, paumes en avant, en signe de paix.

— Je m'appelle Sang, mais mon nom n'a pas d'importance. Je suis venu en ami.

Ils étaient maintenant face à face. Cyril observa qu'il ne s'agissait pas d'un pur Annamite, mais, plus vraisemblablement, d'un métis chinois. Il avait le faciès large et plat, les pommettes hautes et, dans le regard de ses yeux à peine bridés, la morgue d'un chef habitué à être obéi.

— Ainsi, tu es un ami? Pourquoi alors passes-tu tes journées à essayer d'effrayer ma femme?

— Si je l'ai effrayée je te prie de m'excuser ce n'était pas mon intention. C'est à toi que je voulais parler. Je t'attends depuis dix jours.

— Que me veux-tu? Dépêche-toi, j'ai eu une journée difficile et je suis fatigué.

— Il faut d'abord que tu saches que je suis le mari de Souên.

— Souên? s'étonna Cyril. Ce nom ne me dit rien.

— Autrefois, avant de me connaître, elle s'appelait Suzanne. Elle est la fille du docteur Kervizic.

Cyril poussa une brève exclamation. Le docteur Kervizic! C'était le plus vieux et le plus fidèle ami de son père. Ils étaient arrivés ensemble en Indochine au début du siècle. Kervizic avait créé, à Cholon, une maternité indigène, devenue, depuis, une fondation qui portait son nom. Voici quelques années, sa femme, la douce Phuoc, s'était suicidée, atteinte de la lèpre murmurait-on. Depuis cette époque, Kervizic avait disparu. On le disait au Laos, du côté de Paksavane, où il vivait dans une léproserie.

Il se souvenait aussi de Suzanne-Souên, sa fille. Il l'avait vue grandir, petite métisse vite effarouchée, toujours à la recherche pathétique d'un appui, d'un soutien, d'une amitié.

— J'ai en effet connu Souên. C'est une amie d'enfance de ma sœur Sylvie. Mais il y a quatre ou cinq ans que

nous avons perdu sa trace, juste après l'enterrement de sa
mère. (Il se frappa le front :) Tu affirmes qu'elle est ta
femme? Je la croyais mariée à un médecin, le successeur
de son père!

— Souên est divorcée. Elle m'a donné un fils, Richard,
qui va bientôt avoir quatre ans.

— Félicitations, répondit Cyril, à tout hasard. Mais
pourquoi venir m'en parler maintenant?

— Souên vit avec moi dans ma maison. Je veux l'épouser comme les Français devant monsieur le maire.

— Noble intention. Mais, encore une fois pourquoi...

— Je ne connais rien des coutumes des Français. Mon
avocat m'a affirmé qu'il fallait un témoin pour la cérémonie. Souên aimerait que tu sois ce témoin.

Cyril était abasourdi. Il ne répondit pas, partagé entre
la stupéfaction devant une demande aussi extravagante,
et l'envie de rire.

— Dis-moi que tu acceptes, Souên sera si heureuse.

— Vous avez un enfant de quatre ans. Pourquoi avoir
attendu aussi longtemps pour vous décider?

Sang parut embarrassé. Il esquissa un vague geste de la
main.

— J'étais parti en voyage.

Cyril remarqua alors la cicatrice que Sang portait au
bas du visage. Elle partait de l'attache de l'oreille et se
prolongeait, fine et droite, jusqu'à l'extrémité de la
mâchoire.

— Poulo Condore? interrogea-t-il.

Il capta une lueur inquiétante dans le regard soudain
durci.

— En effet. Poulo Condore. J'ai été condamné à deux
ans pour avoir tué, à mains nues, un homme qui me menaçait d'un couteau. Mais je suis en règle avec la justice.
Acceptes-tu?

Cyril hérita un instant puis sourit :

— Pourquoi pas? Cela me fera plaisir de revoir Souên,
après tant d'années.

Il avait décidé de faire confiance au jeune homme.
Celui-ci lui prit les deux mains et les serra, si fort que
Cyril se dégagea vivement.

– Ho là! s'écria-t-il. J'ai besoin de tous mes doigts!

Sang s'excusa, le buste ployé. Avant de s'éloigner il précisa :

– Je t'enverrai un messager, il te conduira jusqu'à notre maison. Souên te sera reconnaissante de ta visite.

Avant de partir en compagnie de Charlotte passer ses quinze jours de congé à Bao Tan, auprès de son père et de Catherine, Cyril se rendit au commissariat central le lendemain matin, effectuer une visite d'amitié à Théo Scotto. C'était l'un de ses amis d'enfance, le fils de Jules Scotto qui, autrefois, avait été l'un des premiers compagnons de Francis aux débuts de la plantation. Après quinze années passées dans l'armée, Théo était entré dans la Sûreté et venait d'être promu inspecteur.

Théo Scotto était un métis, bâti en force, d'un courage personnel avéré, qui s'était acquis, auprès de la population marginale des grands et petits délinquants, une réputation de justicier intraitable. Mais tous le respectaient et lui reconnaissaient une rigoureuse intégrité.

Après avoir échangé les banalités d'usage et félicité son ami pour l'exploit dont parlaient tous les journaux, Théo demanda :

– Que me vaut l'honneur de ta présence dans nos murs?

Cyril lui raconta, en détail, l'étrange rencontre qu'il avait faite la veille au soir et l'insolite demande de Ho Chan Sang.

– Ho Chan Sang? (Théo hocha la tête, avec une moue admirative.) Tu as bien de la chance. Généralement, il ne se déplace jamais en personne, il envoie plutôt l'un de ses hommes de main.

– C'est donc un gangster?

– Pas dans le sens où tu l'entends. Il appartient à la confrérie des Binh Xuyen.

Comme tout le monde en Cochinchine, Cyril avait entendu parler de cette organisation légendaire, composée de pirates qui hantaient les marécages du Rung Sat, au sud de Cholon, et principalement le village de Binh

Xuyen d'où ils avaient tiré leur nom. Ils rançonnaient surtout les sampaniers transportant le paddy du Delta vers les grandes décortiqueries. Mais il ignorait qu'ils s'étaient implantés à Saïgon.

— C'est l'œuvre de Ba Duong, leur nouveau chef. Si, un jour, il t'arrive de le rencontrer, méfie-t'en comme la peste. C'est un tueur sans pitié. Mais il faut lui reconnaître une grande intelligence et un sens aigu des affaires. Je le soupçonne même d'avoir été en contact avec l'agent japonais Matusita, censé représenter d'importantes firmes de Tokyo, mais plus spécialement chargé d'infiltrer les organisations antifrançaises.

« Ba Duong a, maintenant, la haute main sur le racket à la protection, les jeux clandestins, tu ne peux pas embaucher un docker sur le port de Saïgon, ou un coolie de décortiquerie, sans passer par l'un de ses intermédiaires.

— Et Ho Chan Sang, dans tout cela?

— Ho Chan Sang a commencé sa carrière comme garde du corps de Ba Duong. Un jour, il a été obligé de tuer un homme qui menaçait son chef, ce qui lui a valu deux ans de bagne à Poulo Condore. A sa sortie, Ba Duong l'a récompensé en lui confiant la collecte des fonds payés par les commerçants qui bénéficient de la « protection » de l'Organisation. Mais il ira loin; il est jeune, il est astucieux et c'est un lutteur redoutable.

Théo hocha la tête; et soudain, son visage s'éclaira.

— A quoi penses-tu? demanda Cyril.

— J'imagine la cérémonie du mariage de Sang avec Souên! D'un côté, les représentants de la « bonne société » saïgonnaise, de l'autre, une bande de malfrats avec des têtes pas possibles!

— Comment Souên a-t-elle pu se laisser séduire par un gangster?

— Je n'en sais rien. En tout cas, tu ne la reconnaîtrais pas si tu as conservé, comme moi, le souvenir de « cette pauvre Sou-Sou » dont les malheurs auraient inspiré la comtesse de Ségur! Maintenant, c'est une femme d'affaires qui gère d'une main de fer un salon de thé rue Hamelin et deux boutiques de mode *Au chic parisien*, la première rue d'Espagne, la seconde, rue Catinat, à deux pas des quais.

– Je me demande, dit Cyril pensif, si j'ai bien fait d'accepter d'être le témoin de son mariage officiel. Je ne te cache pas que Ho Chan Sang m'a paru sympathique, mais j'ignorais son appartenance aux Binh Xuyen.

– Tu aurais tort. A leur manière, ce sont des gars réguliers avec leurs amis. Ils obéissent à des règles strictes, et malheur à celui qui les enfreint. S'ils te considèrent comme étant, même un peu, de leur famille, tu pourras te promener à Cholon en pleine nuit, un collier de piastres autour du cou, personne n'aura l'idée de t'en voler une seule.

– Puisque tu le dis...

– Vas-y, ce sera une expérience intéressante!

– D'accord.

Ils se quittèrent sur une ultime poignée de main. Un peu plus tard, dans la matinée, Cyril embarqua Charlotte dans sa voiture, une antique Citroën B14, noire et vaste comme un corbillard, mais à laquelle il avait la faiblesse de tenir pour des raisons strictement sentimentales : il avait effectué, quatre ans plus tôt, à son bord son voyage de noces à Angkor Vat, au Cambodge.

La piste menant à Bao Tan avait été élargie, c'était maintenant presque une vraie route, empierrée, recouverte de sable de latérite qui teintait les bas-côtés de rouge sang. Cyril pilotait lentement, rendant au passage leur salut aux coolies qui rentraient de leur travail. Il les avait presque tous connus, les vieux au moment de leur arrivée ici, les jeunes, au cours des batailles rangées auxquelles ils se livraient au temps de son enfance. Certains lui souriaient, manifestant leur joie de le revoir parmi eux, d'autres, les nouveaux, se bornaient à retirer leur chapeau conique, en une attitude de courtoise déférence.

Cyril saluait chaque visage reconnu :

– Bonjour, Thin, bonjour Sao, bonjour Man...

– *Chau, ong Xy-rinh*, répondaient-ils, joyeux.

Le village, lui aussi, avait bien changé. Au rassemblement anarchique des premiers temps où les paillotes étaient édifiées n'importe comment, entre des venelles nauséabondes où pullulaient les moustiques, avait succédé un hameau ordonné de part et d'autre de chemins larges et droits, bordés de carrés d'herbes, de massifs de fleurs, précédant des jardinets où poussaient des légumes, courgettes, tomates ou salades. Les façades, pour la plupart en planches rabotées, étaient peintes de couleurs tendres, ou, plus simplement, en blanc de chaux, On sentait la marque de Catherine qui avait veillé personnellement au bien-être et à la santé des familles des ouvriers.

Tout au bout, une longue bâtisse en « dur », surmontée d'un drapeau tricolore, abritait tout à la fois l'école et le dispensaire où, deux fois la semaine, un médecin militaire venu de Bien Hoa prodiguait ses soins aux villageois.

Au passage, Charlotte et Cyril captèrent les échos d'une comptine enfantine, nasillée par les écoliers :

— *Savez-vous planter des choux, à la mode, à la mode...*

Charlotte sourit :

— Les enfants adorent chanter en français, surtout s'il y a des gestes pour accompagner les paroles. Moi, je leur ai appris *Alouette, gentille alouette...*

— Dis à Catherine de t'embaucher ! Notre petite école deviendrait un véritable collège !

Ils furent accueillis par Ngoc et sa femme, les vieux domestiques qui se précipitèrent et baisèrent les mains de Cyril, avec des larmes dans les yeux.

Thi Tu, la boyesse, n'aimait pas trop montrer ses sentiments. Elle prit aussitôt un air revêche et constata :

— Toi, Xy-rinh, c'est beaucoup maigre. Boyesse pour toi, c'est pas donner bon manger ! Aujourd'hui, c'est moi dire au *bep* faire pour toi poulet avec riz cantonais !

Cyril lui plaqua deux baisers sonores sur les joues. Thi Tu n'avait pas oublié que c'était son plat préféré. Il ajouta :

— Dis-lui aussi de préparer des *cha-gio* * ! Une douzaine au moins, j'ai une faim de loup.

Ils entrèrent. Charlotte observa, en aparté :

— Ta boyesse est redoutable ! Elle te considère comme

* Petits pâtés chauds de porc, enroulés dans une feuille de bananier.

sa propriété et j'ai senti que ses remarques me visaient indirectement. Mais je n'y suis pour rien si elle te trouve maigre! Tu n'es jamais à la maison!

Charlotte avait raison. Thi Tu se sentait investie d'une mission qu'elle n'aurait, pour un empire, partagé avec personne d'autre, même Catherine avait dû apprendre à composer avec elle, accepter, en particulier, qu'elle l'attende, le soir, pour l'aider à se déshabiller.

De la même façon, quelle que soit l'heure à laquelle Catherine se réveillait, Thi Tu surgissait, le plateau du petit déjeuner à la main.

– Je la soupçonne de coucher devant ma porte, disait-elle en riant, ce qui n'était peut-être pas complètement faux.

Depuis quelque temps cependant, Thi Tu, qui commençait à vieillir, avait accepté la présence, auprès d'elle, d'une jeune orpheline, Simone, qu'elle était allée choisir elle-même à l'orphelinat de Bien Hoa et qu'elle initiait au service de BaTrinh, d'une poigne de fer. Simone était une petite personne frêle et timide, que Catherine avait mis longtemps à apprivoiser tellement la terrible Thi Tu lui avait décrit sa maîtresse comme une personne sur laquelle elle ne devait jamais lever les yeux.

– Elle n'est pas très jolie, expliquait Catherine. Je crois que Thi Tu l'a fait exprès de façon à ne pas donner de mauvaises pensées à Ngoc, son mari! Et, même si le bon Ngoc frise la soixantaine, Thi Tu le surveille, jalouse comme une panthère!

Francis arriva à la nuit tombée. S'il se montra heureux de revoir son fils, son air préoccupé n'échappa pas à Cyril. Il le prit à part.

– Des soucis, papa? demanda-t-il.

– L'ambiance se dégrade sur l'ensemble des plantations. Depuis cette amnistie de 1936, que nous devons au Front populaire, les agitateurs se sont répandus un peu partout. Il y a eu des grèves aux Terres Rouges, et on m'a signalé un enlèvement à Cu Chi. Le troisième en cinq mois.

– Ici, à Bao Tan, nous n'avons rien à craindre, tu connais tous les ouvriers et Thuat ne manquerait pas de te rendre compte de la moindre anomalie.

– Thuat va s'en aller. Il est trop vieux. Pour le remplacer, il m'a suggéré de prendre son fils cadet, Lam. Mais celui-ci est encore en stage chez Michelin et n'arrivera, s'il arrive jamais, que dans six mois. Pour être franc, je n'ai qu'une confiance modérée dans ce garçon. Déjà, son frère...

Cyril opina. Minh, le frère aîné de Lam, avait choisi le camp de la révolution et vivait, disait-on, en Chine, auprès des exilés du Parti communiste.

– Pour tout arranger, ajouta Francis, on me sollicite pour reprendre ma place à la Chambre de commerce de Cochinchine.

– Acceptes-tu ?

– Le moyen de faire autrement ? Si la France entre en guerre, ce que je crois, même si je le redoute, elle aura besoin des matières premières de la Colonie. Mon devoir est de mobiliser tous mes amis, les petits planteurs, pour l'effort de guerre.

– Autrement dit, Catherine va une fois de plus se retrouver seule ici ? Et Bertrand, que fait-il ?

Francis secoua la tête.

– Bertrand a entamé une année de préparation pour présenter un concours d'ingénieur forestier. Mais je le suspecte d'essayer de gagner du temps pour pouvoir s'engager dans l'armée.

Cyril ne répondit pas. Il n'y avait rien à objecter, c'était exactement la voie qu'il avait lui-même suivie, dix-huit ans plus tôt.

– Ce n'est pas à moi de lui faire la leçon, observa-t-il. A son âge, moi aussi, j'avais choisi de prendre dix ans de vacances. La seule différence, c'est que si nous avons la guerre Bertrand risque de vivre une période difficile. (Il ébaucha un petit geste de la main :) Si la France mobilise, Bertrand n'y échapperait pas de toute façon.

– Et toi ? demanda Francis.

– Dans deux ans, je serai mis à la retraite. D'ici là, je continuerai à voler.

Il était mal à l'aise. Il aurait aimé rassurer son père, lui dire qu'il allait prendre la relève à Bao Tan, assurer la conduite de la plantation. « Où est mon devoir ? » se demanda-t-il. Il lui était difficile de répondre. Alors, il composa.

— Sais-tu que Charlotte attend un enfant?

— Félicitations, répondit Francis, sincère.

— Je vais en profiter pour demander à être basé à Saïgon. Ainsi, je pourrai venir plus souvent ici.

— Merci.

Cyril s'approcha, posa sa main sur l'épaule de son père, en un geste affectueux et protecteur.

— Je vais te liver un secret, papa. Quelque chose que je n'ai jamais dit à personne, et que je m'efforçais moi-même d'oublier. Bao Tan est ma maison, c'est même davantage, ma patrie. Mais je ne suis pas arrivé à chasser de ma mémoire la nuit où maman a été assassinée et où j'ai été obligé de tuer un homme. C'est cela qui m'a amené à fuir. Je me suis aperçu, depuis, que j'avais horreur de la mort, de la violence, de la haine. Dans l'armée d'abord, à Air France ensuite, j'ai tenté de montrer que je n'en étais pas moins capable de me dépasser, d'accomplir de grandes choses. Je n'ai plus rien à prouver. Je reviendrai ici, en souvenir de maman, en espérant que je n'aurai pas à affronter de drame. Car j'ignore si j'aurais encore le courage de verser le sang pour défendre notre domaine.

CHAPITRE 2

1939

1

Le mariage civil de Suzanne-Souên et de Ho Chan Sang fut célébré quelques semaines plus tard, au mois de janvier 1939. Au cours de ses escales entre deux liaisons Paris-Saïgon, Cyril avait eu l'occasion de revoir son amie d'enfance et ce qu'il avait vu avait confirmé l'idée que lui en avait donnée Théo Scotto. La jeune femme était maintenant une personne assurée, parfaitement installée dans sa nouvelle vie, ayant définitivement choisi d'être une Viêtnamienne. Elle n'avait pas, pour autant, renié ses origines et avait émis le souhait d'avoir auprès d'elle, à cette occasion, ses vieux amis d'autrefois.

Cyril avait intercédé auprès d'eux. En vain. Le premier, Théo Scotto, avait motivé son refus :

— Je suis flic, mon vieux. Ma présence aux côtés de ces Binh Xuyen pourrait passer, dans le meilleur des cas, pour une provocation, dans le pire pour une preuve de compromission. Embrasse Souên pour moi et transmets-lui mes souhaits de bonheur.

Quant à Sylvie, à peine Cyril avait-il mentionné le nom de Ho Chan Sang, que Denis Lam Than, son mari, opposait, violemment, ce qui n'était pourtant pas dans ses habitudes, un veto formel :

— Ne mêlez pas ma femme à cette farce! s'était-il écrié, sèchement. Si vous voulez cautionner l'existence de cette bande de gangsters, c'est votre affaire! Je vous ferai observer que vous accréditez une bien étrange conception de notre société viêtnamienne!

— Vous savez bien que je n'ai accepté que par amitié pour Suzanne-Souên et par fidélité à nos vieux souvenirs, répondit Cyril, acculé à la défensive.

— En acceptant d'épouser ce voyou, Suzanne-Souên s'est retranchée d'elle-même de la communauté des honnêtes gens! Les Binh Xuyen sont une plaie de notre ville. Qu'attend la police pour balayer cette racaille?

Cyril n'avait pas insisté. Il y avait un abîme entre Denis Lam Than, fils et petit-fils de mandarins riches et respectés, apparentés à la famille impériale, et Ho Chan Sang, un métis sino-annamite, qui avait grandi dans les bas-fonds de Cholon et s'était taillé, à poings nus, une place au soleil. Au fil des rencontres, il avait fini par apprécier les qualités de l'homme et Sang n'en était pas dépourvu. Rigoureux sur ses principes, attaché à son code de l'honneur, il était capable de donner sa vie, sans hésiter, pour l'un de ses frères et, ce qui sauvait tout, il aimait profondément Souên et le fils qu'elle lui avait donné.

Au dernier moment, Charlotte dut renoncer à accompagner son mari à la cérémonie. Sa grossesse s'annonçait difficile, elle était depuis quelques jours astreinte à de longues périodes de repos, étendue sur une chaise longue installée dans le jardin de sa villa, à l'ombre du frangipanier où elle passait ses journées à lire et à broder. Cyril se désolait de la voir devenir un peu plus inquiète, nerveuse, mélancolique. Un signe qui ne trompait pas, Charlotte avait pratiquement cessé de jouer au piano ses morceaux favoris.

Le maire de Cholon n'avait pas cru devoir se déranger pour célébrer un mariage indigène; ce fut un fonctionnaire annamite qui recueillit le consentement des deux époux. Il était intimidé et bredouillant. Peut-être avait-il remarqué les bosses révélatrices qui gonflaient les vestes des trois gardes du corps, plantés de part et d'autre de la porte, avec des visages impassibles de tueurs professionnels. Au moment de signer le registre, le témoin de Sang se présenta à Cyril, brièvement.

— N'guyen Van Tot. Négociant.

Cyril retint un geste de surprise. Théo Scotto l'avait renseigné, l'homme était en réalité un récent évadé de Poulo Condore, de son véritable nom Lê Van Viên. C'était l'un des trois chefs de la confrérie des Binh Xuyen, qui se faisait appeler Bay Viên. L'homme était petit, trapu, mais on lisait dans son regard une détermination et une volonté farouches. Il lui en avait sûrement fallu, pour réussir une pareille évasion, déjà célèbre, qui l'avait obligé à passer près de douze jours en mer, attaché à un radeau de bambous ballotté par la tempête.

Bay Viên était recherché par toutes les polices de Cochinchine; en vain d'ailleurs, c'était l'un des personnages les plus protégés de la pègre et les indicateurs lancés à ses trousses avaient été retrouvés, la gorge tranchée, flottant au gré du courant de l'arroyo chinois. Depuis, les volontaires ne se bousculaient plus guère.

La cérémonie terminée, Bay Viên invita Cyril à monter dans sa voiture, une Packard longue et noire, vaste comme un paquebot, dans laquelle avaient déjà pris place les gardes du corps, la main sur la crosse de leurs colts américains.

— J'ai ma propre voiture.

— Venez, monsieur Mareuil, répliqua Bay Viên d'une voix rauque. Je préfère que vous ignoriez où nous allons. Nous vous ferons raccompagner après le déjeuner.

— Me prenez-vous pour un mouchard?

Bay Viên esquissa un sourire de carnassier.

— Sang m'a affirmé que vous étiez un ami loyal. C'est seulement pour ne pas vous embarrasser lorsque votre ami Théo Scotto vous questionnera.

Cyril prit le parti de rire.

— Je vois que vous êtes bien renseigné. Savez-vous qu'il était invité à cette cérémonie? Il serait venu bien volontiers, mais il a craint de déranger.

A son tour, Bay Viên émit un petit ricanement.

— C'était lui ou moi. Et pourtant, j'ai une grande estime pour cet inspecteur. C'est un adversaire obstiné, patient, réfléchi, honnête. Si je devais être arrêté un jour, j'aimerais que ce soit par lui.

Rideaux tirés, la Packard se faufilait de rue en rue,

sans que Cyril puisse se faire une idée exacte de l'itinéraire suivi. A des odeurs de vase et de saumure, il devina qu'ils se dirigeaient vers le port et le village flottant de l'arroyo chinois, près du fameux « pont en Y ».

— Nous sommes arrivés, dit Bay Viên.

La voiture était arrêtée au fond d'une étroite venelle, dans l'arrière-cour d'un hangar couvert de tôles ondulées, rempli de sacs de charbon. Les gardes du corps s'éjectèrent de leurs strapontins, la main à la ceinture, prêts à dégainer. Ils inspectèrent les abords.

— La voie est libre, dit l'un d'entre eux.

Contournant l'entassement des sacs, Cyril et son hôte finirent par arriver devant une porte de fer à laquelle était adossé un petit homme d'une maigreur effrayante, dont la large bouché édentée s'ouvrit sur ce qui pouvait passer pour un sourire de bienvenue.

— Salut, « La Grenouille », jeta Bay Viên. Tout est en ordre ?

— Oui, *Anh Chi*. Ils sont tous là, ils t'attendent.

La porte s'ouvrit et, l'un suivant l'autre, les deux hommes pénétrèrent dans une grande pièce, toute en longueur, meublée de tables de jeu qui avaient été repoussées le long des murs. Une obscurité à peu près totale y régnait, à peine atténuée par la lueur de petites lampes à huile, posées sur des consoles accrochées aux murs. Une vingtaine de personnes étaient disposées en un demi-cercle au centre duquel, se tenant par le petit doigt, s'étaient placés Ho Chan Sang et Souên.

— Salut, Ba Duong, dit Bay Viên en donnant l'accolade à l'homme qui était venu à leur rencontre.

— Salut, frère Viên.

— Connais-tu M. Mareuil ? C'est le témoin de Souên.

Ba Duong toisa Cyril, et son œil laissa filtrer une petite lueur inquiétante. « Si tu le rencontres, avait prévenu Scotto, méfie-toi de lui. C'est un tueur sans pitié. » Sans tourner la tête, il demanda :

— Pourquoi l'as-tu amené jusqu'ici ? Aucun Blanc n'a le droit d'assister à une de nos cérémonies.

— C'est mon invité, répliqua Bay Viên, d'un ton sans réplique.

67

— Étranger, dit Ba Duong, sache que tu devras garder le silence sur ce que tu auras vu ici. (Il leva l'index et ordonna à l'un de ses voisins :) Traduis !

— Inutile, rétorqua Cyril. J'ai parfaitement compris. Je ne suis pas ici en intrus ou en ennemi. Je suis français, mais je suis né dans ce pays et, à ce titre, je respecte toujours mes hôtes, quels qu'ils soient.

— Souên a voulu un mariage européen. Mais, à mes yeux, cela ne compte pas. C'est maintenant que le mariage va avoir lieu. A notre façon.

Il se détourna, fit face au couple, immobile, manifestement impressionné.

— Moi, Ba Duong, le « Frère aîné », je te demande à toi, Souên, notre petite sœur, si tu acceptes de te conformer, jusqu'à ta mort, aux trois règles qui régissent notre confrérie : concorde, justice et fidélité ?

— Je m'y engage, Grand frère.

Un jeune homme apporta, sur un coussin de velours, un petit poignard effilé. Ba Duong le prit et ouvrit dans chacun des poignets des mariés une plaie dont il recueillit le sang dans une coupelle d'argent. Puis il y ajouta un peu de choum et délaya le liquide.

— Bois ! ordonna-t-il à Souên.

Elle porta la coupe à ses lèvres, puis la passa à son mari, qui l'imita. Ba Duong dit :

— Désormais, vous êtes liés par le sang de la vie qui est plus fort que la chaîne la plus solide. Si l'un de vous vient à manquer à sa parole, qu'il sache que n'importe lequel d'entre nous aura le droit de le tuer, au jour et à l'heure que j'aurai décidés. Es-tu d'accord, Souên ?

— Oui, Grand frère.

En signe de respect, elle inclina la tête et, après avoir trempé son index dans la coupe, Ba Duong en imprima l'empreinte sur son front. Puis la coupe circula de main en main, chacun des assistants répétant, pour son compte, le geste initiatique. Quand Cyril reçut la coupe, il hésita devant la conduite à tenir.

— Je t'en prie, murmura Souên.

— Je ne suis pas des vôtres, tu le sais bien.

— Tu es son témoin, intervint Ba Duong. A ce titre, tu dois prêter le même serment que nous.

Cyril n'obéit pas tout de suite. Il demanda :

— Souên, es-tu sûre de toi?

— Oui, Cyril. Je ne regrette rien. Je suis heureuse.

— N'oublie pas, quoi qu'il arrive, que tu es aussi de notre race.

Elle fit « oui », de la tête sans répondre.

Le repas fut servi dans une pièce attenante et dura jusqu'au soir. Il se composa des trente-deux plats traditionnels, abondamment arrosés de vin de rose et d'alcool de riz. A intervalles réguliers, des jeunes filles au visage fardé de blanc et de noir, le corps moulé dans des tuniques chamarrées, vinrent agrémenter l'ambiance de chants et de danses qui suscitaient de bruyantes démonstrations d'enthousiasme.

Puis, sur un signe de Ba Duong, les assistants se levèrent et prirent congé, escamotés par une porte dérobée. Certains titubaient, l'œil injecté, d'autres chantonnaient, un sourire béat accroché aux lèvres.

Cyril se leva à son tour. Bay Viên le retint par le bras :

— Je vais vous faire reconduire, je ne peux pas prendre le risque de trop me montrer en ville. Vous êtes, m'a-t-on dit, pilote à Air France?

— En effet, je dois m'envoler pour Paris dans une semaine. Pourquoi?

— Cela me ferait plaisir d'aller en France. J'aime votre pays.

— Vraiment? Je me suis pourtant laissé dire que les Binh Xuyen étaient prêts à se ranger aux côtés de ceux qui veulent l'indépendance du Viêt-nam.

Le visage de Bay Viên eut une légère crispation. Il ne s'attendait pas à cette attaque frontale. Il esquiva.

— Certains de mes amis combattent le système colonial. Mais je suis de ceux qui ne combattront pas la France!

— J'aimerais tellement vous croire!

La villa était noire et silencieuse lorsque Cyril y arriva, en fin de soirée. Il entra, saisi d'un pressentiment funeste, et grimpa, aussitôt, jusqu'à la chambre de Charlotte. Elle était vide; le lit défait, les placards ouverts et en désordre indiquaient un départ précipité. Il redescendit, traversa le jardin, courut jusqu'à la boyerie. Kham, la femme de

Tchach Cao, le jardinier cambodgien, vint à sa rencontre, une enveloppe à la main.

— C'est *Ba Dam* Sylvie dire c'est donner pour vous.

Cyril décacheta la lettre, et lut le mot, bref, tracé d'une écriture hâtive :

« Cyril, ne t'inquiète pas. Charlotte a eu un malaise. Elle m'a fait appeler, et, ne sachant où te joindre, nous l'avons conduite à la clinique Pellerin Tout ira bien... Sylvie. »

Cyril fourra le papier dans sa poche. Loin de le rassurer, ce message, par son laconisme même, l'alarmait. Il redouta le pire. Dix minutes après, il stoppa devant la clinique, harcela la réceptionniste de nuit, endormie près de son téléphone. D'une voix ensommeillée, elle lut les indications portées sur le registre d'entrée.

— Mme Mareuil est arrivée ici à 17 h 30. Elle a aussitôt été prise en charge par le docteur William Bourgerie.

« William Bourgerie, songea Cyril. Elle ne pouvait pas tomber plus mal ! » C'était, en effet, le premier mari de Suzanne-Souên.

— Où se trouve ma femme ?

— Chambre 27. Mais vous n'avez pas le droit...

Cyril s'était déjà élancé dans l'escalier. Il galopa dans le couloir, le cœur battant, fou d'angoisse. Devant la porte de la chambre, il vit Sylvie qui bavardait avec le médecin. En apercevant Cyril, ce dernier arbora une mine hostile, et ne prit pas la peine de tendre la main.

— Tout va bien, tenta de dire Sylvie, rassurante. Charlotte dort. Tu ne peux pas la voir pour l'instant.

— Qu'est-il arrivé ?

Du bout des lèvres, Bourgerie consentit à répondre :

— Votre femme a commis une imprudence, monsieur Mareuil. Vous n'auriez pas dû la laisser seule. (Il se fit aigre pour ajouter :) Surtout quand on sait la pantalonnade à laquelle vous vous êtes livré aujourd'hui.

— Foutez-moi la paix, coupa Cyril. Vos appréciations n'ont pas leur place ici. C'est au médecin que je m'adresse et je répète : qu'est-il arrivé ?

— Votre femme a entrepris le nettoyage de votre maison. Elle est tombée d'un escabeau...

– Et alors?

Bourgerie haussa les épaules.

– Elle n'a pas gardé son enfant.

Cyril le regarda bien en face :

– Il n'y avait pas moyen de faire autrement?

Bourgerie se braqua :

– Mettriez-vous en doute ma compétence? répliqua-t-il, acerbe.

– C'était une simple question.

– Je suis formel. Si nous voulions la sauver, il n'y avait aucune autre solution. (Il baissa la voix.) Mais il y a peut-être plus grave. Un examen plus approfondi a montré l'existence d'une caverne importante au poumon droit. A votre place, je la ferais rapatrier de toute urgence sur la France; on y expérimente de nouveaux traitements.

Cyril était abasourdi. En le voyant désemparé, Sylvie intervint.

– J'ai expliqué au docteur Bourgerie que tu étais commandant de bord. Il suggère que tu embarques Charlotte dans ton prochain voyage.

– Ne perdez pas trop de temps, ajouta Bourgerie. Votre femme a subi un traumatisme psychologique important. Soyez extrêmement patient et prévenant envers elle.

Il s'éloignait. Il fit quelques pas, et se retourna :

– Monsieur Mareuil. Je vous prie d'excuser mon mouvement d'humeur de tout à l'heure. Comment va Suzanne-Souên?

– Oubliez-la, monsieur. Ce sera mieux pour tout le monde.

Charlotte se réveilla le lendemain matin vers dix heures. Cyril avait passé la nuit devant la porte de sa chambre, assis sur une chaise ou arpentant le couloir, en brassant des idées sombres. Il entra, bouleversé de voir ses traits tirés, son teint d'une blancheur de cadavre au milieu duquel, cernés de noir, les yeux le fixaient avec une densité poignante. Il s'agenouilla près de son chevet, lui prit doucement la main, qu'il embrassa.

– Oh! Cyril! murmura-t-elle, éperdue. Mon bébé, notre bébé...

71

— Tu es là, Charlotte chérie, cela seul compte. J'ai eu si peur ! Maintenant, tu vas te rétablir et nous n'aurons pas assez de toute notre vie pour savourer notre bonheur retrouvé. Tu auras d'autres enfants, nous en remplirons la maison.

Il mentait, mais, par amour pour elle, il s'obligeait à refouler son propre chagrin, à ne parler que d'avenir, à reconstruire une vie de rêve. Elle fit semblant de le croire, fit « oui » de la tête.

— Rétablis-toi vite, reprit Cyril, très doucement. Dans dix jours, je t'emmènerai avec moi. Nous irons passer de longues vacances sur la Côte d'Azur, nous irons faire du ski à Chamonix. Tu vas reprendre des forces. Et puis ce sera pour toi une occasion de revoir tes parents. Tu oublieras cet accident.

— J'ai cru que j'allais mourir, avoua-t-elle, des larmes plein les yeux. C'était une idée folle qui tournait dans ma tête pendant que Sylvie m'amenait ici. Je ne voulais pas m'en aller sans t'avoir revu, te dire...

Cyril la fit taire, d'un baiser sur le front, à la racine des cheveux.

— Tout cela est du passé, Charlotte. Regarde devant toi.

2

Assis de biais sur sa selle, les pieds posés sur la barre horizontale qui servait de guidon, Cao Van Minh ressemblait à n'importe lequel des cyclo-pousses qui sillonnaient les rues de Saïgon depuis quelques semaines. Il trouvait, chaque jour, un avantage nouveau à cette invention, que certains de ses clients n'hésitaient pas à qualifier de révolutionnaire. Une opinion que Cao Van Minh partageait absolument, non sans quelque ironie. De cet engin, fleuron du colonialisme, il avait fait un véritable outil au service de la révolution.

Tout en lui procurant un camouflage idéal — qui se serait intéressé aux activités d'un obscur coolie-cyclo ? —, ce triporteur à usage humain lui permettait de multiplier ses contacts, d'assurer des liaisons rapides et sûres, de permettre, à l'abri de la capote baissée, de fructueuses rencontres clandestines.

Le cyclo-pousse était d'une présence récente à Saïgon. Œuvre d'un astucieux inventeur charentais, Maurice Coupeaud, il n'avait reçu l'agrément de Georges Mandel, le ministre des Colonies, qu'après avoir été testé dans les allées du bois de Boulogne par deux champions cyclistes, vedettes du Tour de France de 1937, Georges Speicher et Maurice Le Grévès. Une première expérience de mise en circulation avait été tentée l'an passé, à l'automne de 1938, dans les rues de Phnom Penh où la circulation automobile était plus fluide et les artères plus larges qu'à Saïgon. Elle avait été concluante et Coupeaud avait obtenu l'autorisation de s'implanter en Cochinchine.

Quelques semaines plus tard, à la fin de la saison sèche, Coupeaud avait fait son entrée dans la capitale, à l'issue d'une course-marathon mémorable de vingt-sept heures.

Comme toutes les inventions intelligentes, elle était simple. Un cyclo-pousse était un banal triporteur dont le coffre avait été remplacé par une nacelle protégée du soleil ou de la pluie par une capote repliable. Dans l'esprit de l'ingénieur, comme dans celui du ministre, le cyclopoussé constituait un progrès dans le respect de la dignité de l'homme, qui n'était plus, tel l'antique *coolie xé*, attelé comme une bête de somme à ses brancards, mais assis, trônant à l'arrière de l'engin.

La conversion s'était faite peu à peu, et certains conducteurs avaient montré, dans leur adaptation à cette conduite nouvelle, de véritables dons d'acrobates. Ils effectuaient des demi-tours sur place, se faufilaient avec une habileté diabolique entre les pare-chocs des automobiles, se jouant des embouteillages; pour une somme modique, ils amenaient leurs passagers d'un bout à l'autre de la ville dans des délais record.

Minh n'avait pas eu trop de peine à se faire engager. Il lui avait suffi de quelques piastres glissées dans la main du *caï* recruteur. Désormais, sous le matricule 42 et le pseudonyme de Van Cao, il assurait un service permanent entre la banlieue est de Da Kao et le faubourg sud de Khanh Hoa.

Cao Van Minh était un vieux routier de la clandestinité et de l'action révolutionnaire. Né près de Bien Hoa dans la plantation de Bao Tan où son père faisait fonction de *caï-coolies*, il avait, dans sa jeunesse, fréquenté autant les fils des ouvriers que les enfants des patrons. Et quand, en 1924, au début de son action militante, il avait été arrêté, c'était Sylvie Mareuil, son ancienne compagne de jeux, devenue avocate, qui avait plaidé son procès, ce qui lui avait valu une condamnation relativement clémente, trois ans de bagne. Libéré de Poulo Condore en 1927, il avait gagné la Chine et suivi, deux ans durant, les cours du légendaire Mikhail Borodine dans son école des cadres communistes de Whampoa.

Revenu au Tonkin, Minh avait été l'un des instigateurs de la mutinerie de Yen Bay en février 1930 où quelques cadres et tirailleurs de la garnison s'étaient soulevés. A la suite de cette révolte, les mouvements nationalistes avaient été décapités. Nombre de leurs chefs avaient été exécutés ou déportés au bagne, et lui-même n'avait trouvé son salut que dans la fuite.

L'arrivée du Front populaire, en 1936, avait amené une vague de libérations et l'amnistie politique. Cao Van Minh avait eu alors le choix, soit revenir au Tonkin, soit partir pour la Cochinchine. Il avait opté pour la seconde solution. Même si elle était caduque, sa condamnation à mort par contumace prononcée par la Cour martiale de Hanoï, lui aurait sûrement valu des tracasseries sans nombre de la part des agents de la Sûreté. A Saïgon, où il n'avait pas reparu depuis douze ans, il faisait figure d'inconnu. D'ailleurs, le pseudonyme qu'il avait adopté, la prudence dont il ne se départissait jamais lui avaient pour l'instant permis de jouir d'une liberté de circulation totale. Il aurait fallu un extraordinaire concours de malchances pour qu'il y soit identifié.

Certes, l'existence de clandestin qu'il menait depuis si longtemps n'avait pas que des avantages, elle l'obligeait à une vigilance de tous les instants, l'empêchait de coucher deux nuits de suite au même endroit le privant, ainsi, des joies de la vie : un foyer stable, des enfants, une épouse ou, même, une simple et brève aventure. La chasteté à laquelle il était contraint ne lui pesait guère; non qu'il dédaignât les femmes, il se défiait de leurs bavardages.

Minh n'avait pas d'amis, seulement des camarades avec lesquels il communiait dans le même idéal révolutionnaire, et, parmi eux, Lê Hong Phong, le représentant du Komintern pour l'Indochine du Sud, Tran Van Giau, un communiste orthodoxe, grand admirateur de Saint-Just, qui prônait la liquidation physique de ses adversaires, et surtout Duong Bach Maï, qui arrivait de Moscou, se faisait appeler Bourov, et l'impressionnait beaucoup par l'étendue de sa culture et sa vision planétaire de l'expansion du communisme.

Parfois, à voir la foule des Européens qui déambulaient sur les trottoirs ou s'agglutinaient à la devanture des magasins, aux terrasses des cafés, Minh se demandait ce qu'était devenu celui avec lequel il avait grandi, avec lequel il avait échangé des billes et des horions, qui, plus tard, s'était délibérément rangé aux côtés des forces de répression coloniales, Cyril Mareuil. Il éprouvait, à son endroit, des sentiments contradictoires, amour et haine, au nom de concepts également opposés, les sentiments et la raison. Ils s'étaient, un jour, retrouvés face à face, l'arme à la main. Aucun des deux n'avait pu se résoudre à tirer.

« Si j'avais dû avoir un ami, songeait-il les soirs où la solitude était par trop pesante, c'est lui que j'aurais choisi. »

Mais cet aveu n'avait jamais franchi ses lèvres, il équivalait à une condamnation.

La pendule de la cathédrale égrena les notes de son carillon. Il était quatre heures. Cao Van Minh s'impatienta. Il avait rendez-vous, à trois heures, avec Tran Huy Lieu, le responsable de la sécurité intérieure du Parti; il n'était toujours pas là. « Je lui donne encore trois minutes, se dit Minh. Passé ce délai, j'irai me poster devant le *Continental*. Il faut tout de même que je justifie mon emploi. » Tam Bao, le contremaître, n'était pas un philanthrope; il mettait à la porte, sans ménagement, les cyclos qui ne ramenaient pas à la fin de la journée le minimum de piastres requis.

75

De plus, il avait déjà refusé quatre clients ; cela risquait d'attirer l'attention du policier en tenue de toile immaculée qui réglait la circulation au carrefour du boulevard Norodom.

Minh aperçut enfin celui qu'il attendait. Tran Huy Lieu ressemblait à tout, sauf à ce qu'il était vraiment. À le voir ainsi, flottant dans des vêtement usés et rapiécés, d'un gris indéfinissable, un casque de liège posé de guingois sur sa petite tête d'oiseau, on aurait pu le prendre pour un de ces devins qui lisaient dans les lignes de la main ou dans les pattes de poulet, ou bien encore pour un écrivain public, assis au bord du trottoir aux abords du Grand Marché, rédigeant d'une écriture fleurie aussi bien les lettres d'amour que les récriminations administratives. Tran Huy Lieu ne payait pas de mine, pourtant, il était parfaitement capable d'abattre sans sourciller, d'une balle dans la nuque, un traître, un déviationniste ou un dénonciateur. Minh l'avait déjà vu à l'œuvre.

Lieu avait repéré Minh. Il fonça en direction du cyclo, bousculant au passage une vieille femme qui se préparait à y embarquer, se laissa tomber sur les coussins avec un soupir d'aise.

— J'avais peur que tu ne sois parti ! souffla-t-il, sans tourner la tête.

— Il s'en est fallu de peu. Que faisais-tu ? Pourquoi ce retard ?

— Hitler et Staline viennent de signer, à Moscou, un pacte de non-agression !

Surpris par cette soudaine révélation, Cao Van Minh donna un coup de guidon si violent qu'il faillit emboutir une automobile dont le conducteur, furibond, le traita de *boukak !*, l'injure suprême.

— C'est impossible, répondit-il, en s'éloignant à toutes pédales du lieu de l'incident. Absolument contraire à la ligne du Parti ! Nous devons combattre l'impérialisme et le fascisme, pas nous allier avec eux ! Staline est-il devenu fou ?

— Ne redis jamais ça ! Staline a ses raisons que nous ignorons. Reste seulement à savoir la position qu'adopteront en cas de guerre, en France, nos camarades communistes.

— Ils feront comme les socialistes en 1914, ils iront se battre. Et nous?

— Nous devons envoyer de toute urgence un émissaire dans le Nord pour rencontrer le Comité central et définir avec lui la conduite à suivre. Tu as été désigné pour cette mission. Tu pars dès demain, avec Lê Hong Phong.

— Qui paiera le voyage?

— Voilà trente piastres, c'est tout ce que nous avons pu réunir.

Tran Huy Lieu se fit déposer un peu plus loin, au carrefour de la rue Richaud et de l'avenue Mac-Mahon. Cao Van Minh hésita un peu. Puis il décida d'assurer son service jusqu'à la nuit tombée, avant d'aller remiser son cyclo. Cinq ou six piastres ne seraient pas de trop dans son escarcelle.

Il n'alla pas très loin. Trois jeunes gens, qui avaient déjà intercepté deux de ses collègues, l'appelaient à grands cris. Ils embarquèrent. Minh, qui les observait, s'intrigua de leur attitude. Ils semblaient à la fois gais comme des collégiens en rupture de classe, en même temps qu'embarrassés par une liberté dont ils ne savaient trop que faire.

— Où vous c'est aller? demanda-t-il, adoptant l'air à la fois déférent et gouailleur qui était de bon ton dans sa profession.

— Nous ne savons pas encore. Roule tout droit!

Le matin même, Hervé Puybazet avait reçu les résultats du concours d'entrée en corniche de préparation à Saint-Cyr. Il était admis et devait être présent, le 1er octobre prochain, à l'ouverture des cours. Il n'y avait pas une minute à perdre, aussi, usant de son autorité, son père, le commandant, lui avait obtenu une place à bord du *Cap-Saint-Jacques* qui levait l'ancre en fin d'après-midi, le lendemain.

Pour sa dernière soirée saïgonnaise, Hervé Puybazet avait obtenu la permission de minuit, qu'il avait choisi de passer en compagnie de ses deux inséparables copains, Patrick Russange et Bertrand Mareuil. Après bien des hésitations, sous l'impulsion de Bertrand, qui avait, pour la circonstance, tenu le rôle de l'affranchi, ils avaient décidé d'effectuer une visite chez «Madame Raymonde », qui tenait une maison hospitalière non loin de la caserne Martin des Pallières.

— Tu ne peux pas arriver en France sans avoir été avec une femme! avait expliqué Bertrand en montrant une assurance qu'il était loin d'éprouver lui-même.

Mais, maintenant, leur conviction faiblissait, ils se regardaient à la dérobée, d'un cyclo l'autre, attendant du voisin qu'il donne, le premier, l'adresse de Madame Raymonde.

— A toi, Mareuil! lança Hervé.

Bertrand gonfla ses poumons, lança brusquement comme on se jette à l'eau :

— Rue Neuve! Je te dirai où t'arrêter!

Minh avait enregistré, sans rien manifester, le nom de son passager. Ayant deviné les causes de leur timidité il décida de prendre en main la direction des opérations.

— Vous, c'est pas moyen Madame Raymonde, dit-il en confidence. Elle, c'est beaucoup cher.

— Qu'est-ce que cela peut te faire? répliqua vivement Bertrand, en annamite, avant de se reprendre, frappé par la pertinence de la remarque et d'ajouter, plus aimablement : As-tu quelque chose d'autre à nous proposer?

Minh hocha la tête :

— Toi, observa-t-il, c'est connaître bien parler viêtnamien. Où c'est apprendre?

— Chez moi, à Bao Tan, dans la plantation de mes parents!

Minh changea de sujet :

— Moi, c'est emmener vous dans «compartiments fleuris », boulevard Gallieni. Annamites, beaucoup gentilles. C'est moi discuter avec la « maman », vous pas payer cher!

Minh n'avait rien avancé par hasard. L'adresse où il emmena les trois garçons figurait au nombre des refuges qu'il lui était déjà arrivé d'utiliser. Elle présentait l'avantage, non négligeable pour un clandestin, de posséder deux sorties, débouchant dans l'une des venelles qui subsistaient encore derrière les façades modernes au boulevard. De plus, maman Khaï, la patronne, appartenait à son réseau de renseignements.

— Traite-les bien, lui conseilla-t-il. C'est leur première fois...

La fille avait affirmé s'appeler Monique. Elle était mince et gracieuse, avec un petit visage ovale aux grands yeux qui auraient pu passer pour innocents si Bertrand n'avait pas su son métier. Il s'était laissé déshabiller, maintenant, tout nu, il dissimulait son trouble avec ses deux mains, croisées sur son bas-ventre. Il avait brusquement envie d'être ailleurs, se reprochait d'avoir voulu, tout à l'heure, jouer les matamores pour qui les choses de l'amour n'avaient pas de secrets.

— Si nous parlions? suggéra-t-il, timidement.

La fille sourit, posa un doigt sur ses lèvres.

— Pas parler, répondit-elle, gentiment. Laisser moi faire.

Elle s'allongea près de lui, délicatement, passa le bout de ses ongles sur ses joues, sa poitrine, qu'elle picora de petits baisers rapides. Il se cabra lorsqu'elle voulut pousser plus loin ses caresses.

— Chut, souffla-t-elle, en l'obligeant à retirer ses mains.

Bertrand ferma les yeux. Le rouge au front, la honte au cœur, il serrait ses poings, crispés sur le drap, l'estomac contracté, le souffle court. Monique s'en aperçut, remonta jusqu'à lui et lui murmura à l'oreille :

— Pas moyen avoir peur! Moi, c'est connaître bien. Toi c'est bientôt content.

Bertrand fut touché par la douceur apaisante de cette voix et commença de se laisser aller. Nourri de culture classique, il avait longtemps cru que l'amour était un noble sentiment, un lien ténu et matériel tissé entre deux êtres, fondé, par référence à Corneille, sur l'estime, ou bien, par référence à Racine, sur la fatalité de la passion. Il n'avait jamais imaginé que ce pouvait être, bien plus simplement, le plaisir du corps sans retenue ni pudeur.

Il ouvrit les yeux. Monique était à demi couchée sur lui, le caressant de la bouche et des doigts. Elle lui présentait, ainsi, sa croupe d'une blancheur de satin, avec, en son milieu, la coquille mauve et rose de son sexe. Timidement, il avança la main, et ce contact tiède, soyeux, pulpeux, l'électrisa. Il perdit toute notion du lieu et du temps.

La nuit était tombée quand il retrouva ses deux copains, Patrick et Hervé, assis sur les marches de la maison, buvant au goulot en compagnie de Minh, une bière « 33 ». Il avait l'esprit embrumé, les jambes en coton, mais du soleil plein le cœur.

— Alors ? s'enquirent-ils, l'œil égrillard.

— Pas mal, pas mal vraiment, laissa-t-il tomber d'un ton blasé. Et vous ?

— Ouais, fit Hervé, sans conviction.

— J'ai fait l'amour trois fois, ajouta Patrick, fièrement.

Bertrand n'ajouta aucun commentaire. Il n'avait plus qu'une envie maintenant, se retrouver seul, et s'endormir en pensant à cette révélation qu'il avait reçue comme un cadeau insoupçonné.

Minh s'était installé sur sa selle. Il dit :

— Moi c'est beaucoup fatigué. Moyen raccompagner maintenant ?

Arrivés à destination, les trois jeunes gens vidèrent leur porte-monnaie entre les mains de leurs conducteurs, qui les remercièrent, les mains jointes sur la poitrine, des *kamon* plein la bouche.

Minh s'adressa à Bertrand.

— Je peux te souhaiter bonne chance ?

— Bien sûr. Mais pourquoi « bonne chance » ?

— Parce que beaucoup de choses vont changer bientôt.

Sur cette phrase sibylline, il enfourcha son engin et s'éloigna dans le noir, arc-bouté sur ses pédales.

3

L'annonce de la signature du pacte germano-soviétique barrait la première page de *La Petite Gironde*, que Cyril avait acheté, par désœuvrement, en gare de Bordeaux. La veille au soir, il avait fait ses adieux à Charlotte, qu'il avait accompagnée jusqu'au sanatarium de Cambo-les-Bains, au Pays Basque, où elle avait été admise après bien des formalités.

– Je ne veux pas rester en France, lui avait-elle dit, les yeux pleins de larmes. Mon souhait est de mourir en Indochine.

– Qui te parle de mourir ? Tu vas guérir, l'affaire de six mois, affirment les médecins. Ensuite, je te ramènerai à Saïgon. Ce sera le début de la saison sèche, Sylvie nous prêtera sa maison de Dalat, tu auras l'impression d'être à la montagne !

Son congé était terminé. Dans trois jours, il reprendrait son poste de commandant de bord, sur « La Rivière des Parfums » qui devait décoller du Bourget le 26 août prochain.

Cyril était triste et abattu. Si les médecins avaient tenté de rassurer Charlotte afin qu'elle aborde son traitement dans les meilleures conditions psychologiques, ils s'étaient montrés moins optimistes en s'adressant à lui.

– La guérison sera longue. Votre femme a beaucoup souffert du climat de la Colonie. Son organisme est usé. Si elle se rétablit, elle ne devra jamais retourner là-bas.

Cyril songeait que lui-même n'arriverait pas à s'habituer à la France. Durant son séjour de cinq mois, les Français l'avaient déçu. Alors que la guerre arrivait à grands pas, ils en refusaient non seulement l'idée, mais sa réalité. « Mourir pour Dantzig ? » était bien plus qu'un slogan, un état d'esprit, partagé aussi bien par des hommes de gauche parmi les plus extrêmes, que par les disciples de Maurras.

En cet été de 1939, ils semblaient plus passionnés par le lambeth-walk qui faisait fureur sur les plages encombrées, que par la situation à l'Est. Quant à se battre...

– Moi, monsieur, lui avait affirmé un estivant, chapeau de paille et veston d'alpaga, qui siestait dans une chaise longue à côté de la sienne, j'ai fait « l'autre », la Grande. La der des ders. Croyez-moi, plus personne ne veut revoir ça. Surtout pas les Allemands.

– Il y a Hitler...

– Hitler ? Laissez-moi rire ! S'il commettait la folie d'entraîner son pays dans la guerre, ce serait l'émeute, la révolution, la mutinerie ! Il serait balayé en trois jours. Et il le sait bien, allez !

81

— Il y a eu tout de même l'Autriche, la Tchécoslovaquie, et, maintenant ses revendications sur le « corridor de
Dantzig »...

— Tout ça, c'est du bluff! Et puis, entre nous, monsieur, l'Autriche, la Tchécoslovaquie, ce sont des pays qui
ne comptent pas. Tandis que la France et l'Angleterre, ça,
c'est du sérieux! Hitler n'osera pas. (Puis, en confidence :)
Je l'ai lu dans le journal, il n'a même pas assez d'essence
pour approvisionner ses tanks pendant une semaine.
Quant à ses troupes, elles manquent de tout, le beurre, la
viande...

Francis avait abrégé la conversation. Les arguments de
son voisin couraient les rues, les halls d'hôtel. Il observa la
foule qui se pressait sur le quai. Le train à destination de
Paris se formait sur la voie numéro 1.

Il replia son journal, appela le garçon pour régler le
café – une détestable décoction au goût de goudron qui
lui levait le cœur. Et son regard tomba, par hasard, sur un
entrefilet, en page 3 :

« Mort de Lucien Ganerac, ancien député. »

Il se pencha, et lut attentivement l'article.

« On nous prie d'annoncer le décès, à l'âge de quatre-
vingt-trois ans, de M. Lucien Ganerac, ancien député,
ancien résident de France en Indochine, maire de Revignac, une petite localité proche de Périgueux, où il s'était
retiré voici une douzaine d'années... »

Suivait un résumé assez complet de la carrière politique et administrative du défunt, avec ses titres honori-
fiques, et l'inévitable énumération des bienfaits dont il
avait couvert sa commune.

« La Rédaction du journal présente à M. Guillaume
Ganerac, son fils, ses condoléances les plus attristées. Les
obsèques seront célébrées aujourd'hui, 23 août, dans
l'église paroissiale de Revignac. »

Cyril regarda sa montre. Il était sept heures du matin.
Il se leva, courut jusqu'au guichet des renseignements et
demanda l'heure du premier train pour Périgueux.

— Vous avez une micheline dans douze minutes, quai 4,
voie 7.

Cyril avait agi sans réfléchir, et, tandis qu'il se hâtait

vers la micheline, il se demandait ce qu'il allait faire, à cet enterrement qui le concernait si peu. Mais un instinct irraisonné le poussait. Certes, Lucien Ganerac était son grand-père, mais il ne l'avait vu qu'une seule fois, près de trente ans auparavant, au moment de l'inhumation de sa mère, à Bao Tan. Il avait conservé le souvenir d'un colosse barbu, parlant fort, gesticulant comme un moulin à vent et qui s'identifiait parfaitement avec l'ogre des Contes de Perrault. Depuis, Lucien Ganerac s'était peu manifesté sauf, une fois, pour annoncer à Francis la mort de son épouse Mathilde, la mère de Madeleine.

Il sauta en voltige dans le wagon, juste au moment où un contrôleur claquait les portières. Là, seulement, il comprit le sens de sa démarche. Le journal avait fait état du fils du défunt, un certain Guillaume Ganerac, le propre frère de sa mère. Jamais, ni Sylvie ni lui-même n'avaient soupçonné son existence, et, brusquement, Cyril avait eu envie de renouer avec ses racines, cet oncle providentiel surgi du néant.

Il arriva à Périgueux un peu moins de trois heures plus tard, s'engouffra dans le premier taxi venu.

— Revignac? répondit le chauffeur. Pensez si je connais! Pas plus tard qu'il y a une heure, j'y ai déjà conduit deux anciens députés, venus exprès de Paris pour les obsèques! Je les ai directement menés au château.

— J'y vais aussi.

— Vous avez connu Ganerac? Vous êtes pourtant bien jeune! Il y a au moins vingt-cinq ans qu'il ne fait plus de politique! Ah! Vous auriez dû l'entendre parler, c'était un tribun! Un vrai! Maintenant, ils prennent tous un micro et des haut-parleurs, mais Ganerac, lui, n'en avait pas besoin. Quand il apostrophait quelqu'un, on l'entendait jusqu'au bout du canton. Tenez, moi qui vous parle...

Cyril n'écoutait déjà plus. Il profita d'un instant où le chauffeur reprenait son souffle pour s'informer :

— Connaissez-vous son fils?

— Non. Pas du tout. Cela va peut-être vous étonner, mais, depuis près de vingt ans que je conduis M. Lucien Ganerac quand il rentre de voyage, jamais je ne lui ai vu de fils. (Il se retourna :) Pas plus qu'il ne m'a dit en avoir un! C'est drôle, pas vrai?

– Très. Vous a-t-il parlé de sa fille?

Le chauffeur releva sa casquette, se gratta le crâne.

– Sa fille? Peut-être bien. Une fois. Je crois me souvenir qu'elle habitait loin, à la Colonie, en Chine ou quelque chose comme ça.

– C'était ma mère.

Le chauffeur ne répondit pas tout de suite. Peut-être cherchait-il, dans sa mémoire, ce qu'il avait pu dire de désobligeant sur le défunt, la gaffe qu'il aurait pu commettre. Il ne trouva rien et demanda:

– Si je comprends bien, vous allez retrouver votre oncle?

– C'est cela. Mon oncle.

Ils arrivaient. Le taxi franchit une large grille, escalada un raidillon empierré et déboucha sur une esplanade, devant une construction de pierres patinées par le temps, avec une tour carrée en angle et, en façade, des fenêtres à meneaux. Cyril songea que le terme de « château » était peut-être exagéré.

Des voitures étaient garées devant le porche, quelques groupes d'hommes et de femmes, vêtus de noir, devisaient devant le perron. Sa valise à la main, Cyril traversa la cour, ouvrit la porte. Une servante âgée, les yeux rouges sous une coiffe de dentelles, se porta à sa rencontre, d'un air suspicieux, louchant sur le bagage.

– Qui êtes-vous?

– Cyril Mareuil. Je suis le fils de Madeleine, la fille de M. Ganerac.

Elle lui prit sa valise et bougonna, revêche:

– Ça lui fait brusquement beaucoup de famille, à Monsieur! Vous venez d'où?

– D'Indochine.

Elle ouvrit la bouche, la referma.

– Monsieur est dans le grand salon, au fond. Qu'est-ce que je fais de votre valise?

– Rien. Je la reprendrai en partant.

– Vous ne comptez pas rester? Vous venez de si loin...

Elle s'était soudain adoucie, et expliqua:

– C'est vrai que vous lui ressemblez. Tandis que l'autre...

– Vous parlez de son fils?

– Oui. (Elle se pencha et, à voix basse :) Vous ferez bien de vous méfier, c'est un rapace. Je l'ai surpris, ce matin, en train de fouiller dans les tiroirs. Ne vous laissez pas dépouiller. Votre grand-père ne s'était jamais consolé de la mort de sa fille. Il me disait toujours : « Tout cela, ce sera pour mes petits-enfants. » Vous avez bien une sœur?

– Oui. Elle habite Saïgon.

– Tout à l'heure, je vous montrerai le notaire. C'est lui que vous devez voir avant de vous en aller.

Cyril faillit lui répondre qu'il n'était là que par hasard, et que l'héritage lui importait peu. Il préféra se taire, la gouvernante n'aurait pas compris.

– Comment vous appelez-vous?

– Marguerite. Mais, ici, tout le monde dit « La Margot ».

Elle le précéda le long d'un large couloir menant au salon, s'arrêta en chemin, l'index tendu montrant un tableau.

– Votre mère, dit-elle, aimable. La reconnaissez-vous?

Cyril opina, doucement. Sa mère était là, telle que dans ses souvenirs. Le portrait avait été peint à Saïgon, probablement avant son mariage, par un artiste local. Il avait un petit côté exotique, avec des couleurs tendres et un décor de palmes, légères comme un pastel. Madeleine avait l'air un peu hiératique des princesses asiatiques, mais l'artiste avait su rendre l'expression rêveuse du regard, le pli moqueur des lèvres. Elle avait dû beaucoup s'amuser à poser.

Il entra dans le salon, transformé en chapelle ardente. Dans la pénombre, à la lueur des cierges qui faisaient danser sur les murs des ombres fantasmagoriques, il aperçut le cercueil que les croque-morts n'avaient pas encore fermé. Il s'avança, et, du bout des doigts, traça une croix sur le front de son grand-père. Il ne se ressemblait plus. C'était maintenant un petit vieillard chauve, à la barbiche clairsemée, tout ratatiné dans son costume d'alpaga noir. Les muscles de son visage se rétractaient, étirant le coin de la bouche en un sourire vaguement égrillard.

Cet homme, soudain, lui fit pitié, il se reprocha de

n'avoir jamais cherché à le revoir. Il imagina sa solitude, le plaignit. Pour lui, c'était un dernier lien qui venait de se dénouer. Il se recula, heurta un homme qui s'effaça vivement.

— Veuillez m'excuser, fit Cyril.

— Ce n'est rien. Qu'êtes-vous venu faire ici?

Cyril s'attendait si peu à cette question, posée à voix basse mais d'un ton incisif, qu'il fit face avant de répliquer :

— A qui ai-je l'honneur?

— Je suis Guillaume Ganerac. C'est mon père.

La voix était familière, Cyril plissa les yeux, essayant de percer l'obscurité pour reconnaître le visage. Il poussa une brève exclamation.

— N'êtes-vous pas... n'es-tu pas Guillaume Kervizic?

— Kervizic n'était pas mon père.

Guillaume avait répliqué sans réfléchir. A son tour, il reconnut enfin Cyril, son ami d'enfance.

— Pourquoi être venu? demanda-t-il.

— Je passais par Bordeaux. J'ai appris la nouvelle par le journal et j'ai sauté dans le premier train. Après tout, c'était mon grand-père!

— Il ne faut pas compter sur l'héritage. Il n'y a plus rien, que des dettes. Lucien Ganerac était très généreux. Trop sans doute...

Cyril ne se donna pas la peine de répondre; il avait gardé en mémoire les avertissements de la vieille gouvernante. Et, d'ailleurs, la cérémonie commençait.

Pendant toute la durée des obsèques, Cyril fut distrait par une question qui ne cessait de tourner dans sa tête. Par quel cheminement étrange Guillaume était-il parvenu à devenir le fils très officiel de Lucien Ganerac?

Il n'ignorait rien de lui. Enfant naturel d'Adèle Boulanger, morte en couches dans le plus total dénuement à l'hôpital de Saïgon, Guillaume avait été recueilli, puis adopté et élevé par le docteur Kervizic, le père de Suzanne-Souên. Plus tard, à l'issue de ses études au lycée Chasseloup-Laubat, Guillaume était parti pour la France poursuivre ses cours d'architecture. Après avoir renoué avec sa famille maternelle il avait conduit une assez brillante carrière. Comment avait-il fait la connaissance de Ganerac? C'était un mystère.

Et puis, tout d'un coup, Cyril se rappela avoir entendu raconter par son père comment, sur le bateau qui l'amenait en Indochine, puis, plus tard devant le Tout-Saïgon médusé et ricaneur, Lucien Ganerac avait poursuivi de ses bruyantes et ostensibles assiduités la jeune Adèle Boulanger.

« Est-ce en souvenir d'elle? se demanda-t-il. A moins qu'elle n'ait succombé, un soir de lassitude? En tout cas Guillaume a bien joué. »

Et pourtant rien, dans son physique, ne rappelait de quelconque façon ses prétendues ascendances. Cyril aurait plutôt parié pour quelque séducteur corse ou sud-américain. De taille moyenne, maigre « comme un coucou » aurait dit Marguerite, Guillaume avait le profil aigu, le menton accusé, déjà bleu d'une barbe que l'on devinait noire et fournie, l'œil de jais, le cheveu souple, planté bas sur le front, mais soigneusement ramené en arrière, comme le chanteur Tino Rossi.

Il y eut les condoléances, devant le portail du petit cimetière, et Cyril eut la surprise d'entendre l'un des deux ou trois personnages officiels donner à Guillaume le titre de « Monsieur l'Attaché ministériel ». Il s'approcha, à son tour :

— Que deviens-tu? demanda-t-il.

Guillaume redressa le menton.

— Mon cher, laissa-t-il tomber, dédaigneux, nous sommes amis d'enfance, c'est entendu. Ce n'est pas une raison pour verser dans la familiarité. Les vieux souvenirs, les « tu te rappelles, c'était le bon temps », ce n'est pas mon genre. Chacun de nous a mené sa vie et sa carrière comme il l'a voulu. Je vous saurais gré d'en revenir à une conception plus conventionnelle de nos rapports.

Cyril était sidéré. Il pensa : « Pour qui se prend-il? » et fut tenté de l'appeler « tonton » mais songea à la gravité du moment, se bornant à observer :

— Nous reparlerons de tout cela. Je vais profiter de mon passage ici pour m'entretenir avec le notaire chargé de la succession de mon grand-père.

87

Il sentit qu'il avait fait mouche. Guillaume le retint par la manche de son veston.

— Rien ne presse, dit-il, du bout des lèvres. Un déjeuner est prévu au château.

Au cours du repas, Cyril apprit que, grâce aux recommandations de son « père », qui avait conservé des relations haut placées dans les milieux officiels, Guillaume avait été récemment nommé conseiller auprès du ministre des Beaux-Arts pour les questions indochinoises. Il se préparait du reste à s'embarquer pour Angkor dans les jours à venir.

— Peut-être aurai-je le plaisir de vous piloter, dit Cyril. Je dois assurer le prochain vol d'Air France sur la ligne d'Extrême-Orient.

Guillaume ne releva pas, comme si tout ce que disait Cyril n'avait aucune importance. Il n'était en réalité préoccupé que de lui-même et la seule question qu'il posa fut pour demander s'il pouvait compter sur une villa de fonction.

— Cela m'étonnerait, répondit Cyril, perfide. Elles sont rares et généralement réservées aux hauts fonctionnaires.

Guillaume lui adressa un regard glacial et changea de sujet.

Une partie de l'après-midi fut consacrée à l'ouverture et à la lecture du testament. Avec un peu de surprise, songeant aux affirmations de Guillaume tout à l'heure, Cyril apprit que Lucien Ganerac avait minutieusement réparti ses biens, maisons et titres, en deux parts égales. La première, comprenant notamment un appartement sis près du parc Monceau, revenait à son fils, la seconde, dans laquelle étaient inclus le château et les terres attenantes, aux héritiers de Madeleine, Cyril et Sylvie.

— Je vais bientôt repartir pour l'Indochine, dit Cyril. Accepteriez-vous, maître, d'assurer la gestion du patrimoine de ma sœur et de moi et de me trouver un intendant digne de confiance?

— Soyez sans crainte, monsieur Mareuil. Je m'occuperai de tout.

Rassuré, Cyril se fit conduire à Brive, où il attrapa, au vol, le train de nuit pour Paris. Deux jours plus tard, aux commandes de son Dewoitine fétiche, « La Rivière des Parfums », il s'envolait du Bourget à destination de Hanoï.

Chalumard pénétra dans le poste de pilotage, une bouteille de champagne à la main.

— Commandant, dit-il à Cyril, sanglé sur son siège, l'équipage du Dewoitine F ARCA, en route pour l'Extrême-Orient, a l'honneur de t'offrir la coupe de l'amitié.

— Ah bon? Et pourquoi donc?

— C'est notre vingtième liaison Paris-Hanoï. Cela s'arrose.

Cyril grogna de vagues remerciements. Il n'était pas d'humeur à souscrire aux jubilations de son navigateur, ni d'aucun autre de ses équipiers. D'escale en escale, il s'éloignait de Charlotte et avait le pressentiment qu'il ne la reverrait pas. Les dernières nouvelles reçues au moment du décollage du Bourget laissaient présager une guerre imminente, et, dans ce cas, que leur réservait l'avenir? Si le conflit éclatait, les liaisons aériennes risquaient d'être suspendues. C'était la raison pour laquelle le vol de ce jour avait été réquisitionné sur ordre du président du Conseil, pour amener en Indochine le nouveau gouverneur général, un militaire nommé l'avant-veille pour remplacer Jules Brévié, l'actuel titulaire du poste. Brévié était un brave homme mais il avait été jugé trop effacé pour faire face aux événements à venir, tenir tête aux Japonais qui accentuaient leur pression aux frontières ainsi qu'aux fauteurs de troubles internes.

Le nouveau patron, le général Catroux, n'avait rien d'un séducteur. D'une maigreur d'ascète, l'œil aigu et froid, la lèvre mince, le verbe rare et sec, tout indiquait l'homme de caractère. Il s'était embarqué, sans un mot pour l'équipage et, depuis, n'avait exprimé que des exigences auxquelles les passagers ordinaires n'avaient pas préparé le steward, lit confortable aux étapes, boissons fraîches en toute occasion et surtout rapidité d'exécution.

Le général Catroux était entouré d'un état-major que

l'on eût dit coulé dans le même moule. Et, dans le lot, même Guillaume Ganerac ne déparait pas. Il avait superbement ignoré Cyril. S'il lui avait adressé la parole, c'était sur le ton d'un propriétaire jetant ses ordres à un métayer.

Chalumard, qui avait assisté à la scène, en avait été outré :

— Qui est ce guignol ? Le président de la République ? Qu'il ne s'avise pas de jouer ce petit jeu avec moi, ou bien il y aura du sport, c'est moi qui te le dis !

— Laisse, répondit Cyril. Il ne vaut pas la peine de monter sur tes grands chevaux ! Je le connais bien, l'Indochine se chargera de le ramener à une opinion plus modeste de sa personne. Fais confiance à nos braves fonctionnaires, ils auront tôt fait de le remettre à sa place !

Ils se posaient à Karachi. A sa grande surprise, Cyril se vit convié à partager le déjeuner du gouverneur général. Il faisait une chaleur de four que n'atténuaient pas les ventilateurs lancés à leur vitesse maximale, et qui ne faisaient que décoiffer les femmes. Catroux attendit le dessert pour raconter l'entrevue qu'il avait eue avant son départ avec Georges Mandel, le ministre des Colonies.

— Je n'ai même pas pu obtenir ce rendez-vous avec Daladier, le président du Conseil ! observa-t-il, offensé. Ce personnage n'avait pas le temps de me recevoir ! Et savez-vous ce que m'a dit Mandel ? « La guerre est à nos portes et nous ne sommes pas prêts ! » Singulier aveu, ne trouvez-vous pas ?

Puis, s'adressant cette fois directement à Cyril :

— Connaissez-vous bien l'Indochine, commandant ?

— J'y suis né, mon général.

— Moi, je ne connais rien à cette colonie ! Pourtant, je dois la préparer à soutenir l'effort de guerre de la Métropole !

— S'il ne s'agit que de matières premières, le charbon, le ciment, le caoutchouc ou même le riz, cela ne posera que le problème du transport.

— Dans ce cas...

— Ce ne sera pas aussi simple, vous serez dans l'obligation d'utiliser les services des compagnies appartenant à des pays neutres, le Danemark ou la Suède. Et, si j'en crois mon père, qui est membre de la Chambre de commerce de Cochinchine, ces compagnies profiteront de la situation de quasi-monopole pour doubler, au moins, leurs tarifs!

– Nous aviserons. Le plus urgent sera de procéder à la mobilisation des hommes, soldats ou ouvriers.

– Une mobilisation risque d'entraver l'effort de guerre de l'industrie indochinoise, mon général.

– Il y a les militaires!

– Les militaires auront, je le crains, d'autres chats à fouetter! D'après les dernières informations, les Japonais sont arrivés aux frontières du Tonkin. Il sera tentant pour eux d'y pénétrer, ne serait-ce que pour interrompre le trafic ferroviaire entre Haïphong et la Chine du Sud, qui assure le ravitaillement des troupes de Tchang Kaï Chek.

Catroux resta silencieux quelques secondes.

– Nous devons pouvoir négocier, dit-il enfin. Pour ma part, je reste persuadé que le sort de l'Empire se jouera sur les champs de bataille européens.

Ils se posèrent à Hanoï deux jours plus tard, le 29 août. L'aéroport de Gia Lam était rempli d'une foule immense, canalisée par des cordons de sécurité tandis que les troupes rendaient les honneurs, marins, coloniaux, légionnaires et tirailleurs tonkinois.

Au premier rang étaient regroupés les représentants des corps constitués et des divers consulats étrangers. Un canon tira les vingt et un coups de canon réglementaires, la musique joua une *Marseillaise* solennelle.

Des drapeaux flottaient au vent, tandis que, figé au sommet de la passerelle, le général Catroux promenait sur la foule un regard aigu comme s'il prenait possession de son domaine.

Jules Brévié, casquette d'amiral, uniforme chamarré, la poitrine barrée du grand cordon du Dragon d'Annam, vint à la rencontre de son remplaçant, un sourire contraint sur son visage chiffonné. Le séjour l'avait de toute évidence profondément marqué. Il était escorté des trois résidents supérieurs ainsi que des chefs militaires de haut rang, un marin, un aviateur, un biffin.

La foule des civils, européens ou tonkinois, massés au-delà des barrières, applaudissaient à tout rompre. La plupart d'entre eux ignoraient le sens et l'objet de cette grandiose cérémonie, mais ils se doutaient, par son ampleur même, qu'elle devait constituer un événement exceptionnel; on ne déroulait pas le tapis rouge pour le premier venu.

Cyril et l'équipage s'étaient discrètement éclipsés et avaient rejoint devant la tour de contrôle le patron Franck Merlin qui, les mains dans les poches et le visage plus renfrogné que jamais, contemplait son bel aéroport piétiné par une foule en liesse.

— Comment as-tu trouvé le nouveau « Gougal »? demanda-t-il à Cyril.

— Un homme qui semble savoir ce qu'il veut, mais qui n'a encore aucune idée de ce qui l'attend.

— Et toi, sais-tu ce qui t'attend?

Cyril rit.

— Non. Tu vas encore me demander de reprendre le manche?

— En effet. Tu décolles à trois heures. Direction Saïgon où l'on a, paraît-il, le besoin le plus urgent de ta « Rivière des Parfums ». (Il grogna, et ajouta :) Sais-tu ce qui se passe? La France mobilise depuis hier soir, et l'Indochine va suivre! Tu n'y échapperas sans doute pas! Mais, si l'armée me rafle tous mes pilotes, je n'aurai bientôt plus d'autre solution que de mettre la clef sous la porte!

Cyril demeura interdit. Une mobilisation sur place signifiait une rupture totale avec la Métropole, un infranchissable fossé entre Charlotte et lui.

— Tu ne parles pas sérieusement?

— Ai-je une tête à plaisanter? renvoya Merlin, rogue. Je t'ai d'ailleurs gardé le meilleur pour la fin. Air France a décidé d'abandonner la ligne directe Paris-Hanoï. Elle est détournée par Le Caire, Ceylan, Singapour et Saïgon. Le Siam est interdit de survol, et d'ailleurs, depuis deux jours, ce foutu pays a changé de nom, on dit maintenant le Thaïland! Comme si son chef, le dictateur Phibul Songkhram, avait l'idée d'incorporer sous sa bannière l'ensemble des populations de race thaï, Laos et Haut-Tonkin compris!

92

— Qu'est-ce que le Siam? Ou même le Thaïland? Ça ne compte pas?

— A cette différence près que Songkhram a fait alliance avec les Japonais. D'ici qu'ils signent un pacte avec l'Axe, nous serions alors dans de foutus draps!

— Le général Catroux m'a affirmé, hier encore, que le sort de l'Empire se jouerait en Europe! Il va devoir réviser son opinion quand il constatera que l'Indochine française est encerclée!

Le cortège officiel se dirigeait vers le hangar principal où, après les discours de bienvenue, serait servi l'apéritif d'honneur. Merlin frappa sur l'épaule de Cyril:

— Tâche de filer, vieux. Repose-toi un peu avant ton prochain décollage. Moi, je suis de corvée.

Restés seuls, Cyril et Chalumard procédèrent à une rapide toilette et déposèrent, dans leurs vestiaires, leurs combinaisons de vol.

— Déjeunes-tu avec moi? proposa Chalumard.

— Si tu n'as rien de mieux à faire. Je vais aller saluer Lee-Aurore, Philippe Régnault m'a chargé de lui dire qu'il arrivait après-demain. Nous nous retrouverons à une heure à la *Taverne Royale*. D'accord?

— D'accord. J'ai moi-même envie d'aller honorer ma congaï. Une fille superbe, qui est tombée dans ma vie comme un glaçon dans le Pernod! Je te raconterai!

Lee-Aurore était absente, probablement retenue à son bureau par l'arrivée du nouveau gouverneur général. Cyril lui laissa un message, indiquant son passage et la commission dont il était chargé. Puis, à pied, par le boulevard Dong Khan, il gagna le lieu de son rendez-vous. Chalumard l'y attendait déjà, la mine renfrognée.

— Je me suis fait proprement sortir, avoua-t-il, ulcéré.

— Ton « glaçon » n'était pas seul?

— Ne ris pas, ils étaient au moins une demi-douzaine de types avec des têtes incroyables de conspirateurs! Ce n'est pas la première fois qu'une de mes conquêtes me fait cocu, mais, jamais avec autant de monde à la fois! Et dans ma propre maison encore!

Il écumait de fureur.

— Moi qui prenais Duyen pour une fille comme il faut!

93

Te rends-tu compte, elle est professeur au collège indigène Thanh Long.

Cyril fronça les sourcils. Par Lee-Aurore, il connaissait de réputation ce collège. Dirigé par Huyn Thuc Khang, un intellectuel nationaliste proche du Parti communiste, cet établissement passait pour être, en réalité, une école de cadres. Très surveillé par la Sûreté, il avait été fermé dans les années trente après les émeutes de Yen Bay, et n'avait dû sa réouverture qu'à l'amnistie politique du Front populaire.

— Je me demande si ta Duyen n'est pas un petit peu militante nationaliste, dit-il.

— Et alors? Je ne fais pas de politique, moi! Tout ce que je demande à une fille, c'est de bien faire l'amour et, dans ce domaine, elle était imbattable!

— L'un n'empêche pas l'autre!

— Ce qui me navre le plus, c'est qu'elle m'a flanqué à la porte de chez moi, comme un malpropre, et avec des injures encore! Une vraie panthère!

— Tu as sans aucun doute dérangé une réunion clandestine.

Chalumard médita cette observation. Puis il admit:

— Tu as peut-être raison. J'ai encore en mémoire la gueule de ses invités. Tu vois le genre, visage de pierre, œil de feu, voix de sépulcre! Bon sang! Je ne veux pas d'ennuis avec la police! Dès mon retour, je vais faire le ménage! Finies les bachelières, vive les petites poupées fardées du *Bretagne* ou du *Panier fleuri*!

4

L'intrusion inattendue du Français avait causé quelque émoi au sein de la réunion du Comité central clandestin. De sa voix blanche, et sans cesser de sourire, Pham Van Dong reprocha à Duyen d'avoir pris le risque, par ses débordements impudiques, de compromettre la sécurité de tous. Elle se défendit avec âpreté, arguant que c'était tout de même grâce à ce Chalumard, absent les trois quarts du temps, qu'ils avaient tous pu bénéficier d'un asile sûr. La police ne surveillait pas les appartements des Européens.

Lê Hong Phong calma le jeu.

– Nous ne sommes pas ici, dit-il de sa voix rauque de gros fumeur, pour critiquer les initiatives de notre camarade. Elle a cru bien faire. Je rappelle l'objet de notre réunion, définir une stratégie commune en cas de déclaration de guerre de la France.

Il désigna Cao Van Minh, qui se tenait derrière lui, le menton appuyé sur le haut du dossier de la chaise qu'il chevauchait, les jambes écartées.

– Nous avons accompli, mon camarade et moi, un parcours de 1 700 kilomètres en train depuis la Cochinchine pour vous rencontrer. Ne perdons ni notre temps, ni notre énergie.

– Notre camarade Staline a montré la voie en refusant de s'associer aux impérialistes anglais et français, dit Pham Van Dong. Notre action doit donc être orientée vers le sabotage de l'effort auquel l'Indochine sera soumise.

– Songes-tu à déclencher une grève générale? Les forces de répression auront tôt fait de la briser, objecta un petit jeune homme falot, au grand front d'intellectuel.

– Le camarade Vo Giap est pessimiste, répliqua Lê Hong Phong. Mais il n'a pas tort. Il y a d'autres façons de compromettre l'effort de guerre : susciter des désertions au sein des unités militaires qui seront désignées pour l'Europe. Obliger les travailleurs requis à se soustraire au recrutement. Lancer des campagnes d'information auprès des masses paysannes crédules, les persuader que les Allemands sont des mauvais génies qui apporteront la malédiction sur les ouvriers allant travailler en France!

Lê Duan, le premier secrétaire du Parti, intervint à son tour.

– Dans le Sud, vous avez la chance de pouvoir vous appuyer sur des mouvements politiquement engagés dans la lutte contre le colonialisme : les caodaïstes...

– Objectivement tu as raison. Mais ce sont des illuminés qui croient en l'au-delà, en Dieu et à toutes ces fadaises. Ils ne sont pas des alliés solides.

– Il y a les Hoa Hao...

– Des bouddhistes réformés qui se méfient de nous! dit Cao Van Minh.

– Votre travail consiste à les convaincre de marcher avec vous, la main dans la main. L'urgence commande de lutter contre l'impérialisme, il sera toujours temps de parler de tout ce qui vous sépare!

« Pour vous dire à quel point je suis partisan de l'union de toutes les forces anticolonialistes, je suis prêt à m'allier même avec ces sociaux-traîtres du V.N.Q.D.D. *! Même avec les Japonais s'ils peuvent nous aider!

Cao Van Minh quitta Hanoï le lendemain pour Saïgon. En clandestin, il choisit de partir à pied, en utilisant uniquement les moyens de transport de circonstances, cars indigènes, charrettes à buffles, sampans ou même camions des transporteurs chinois. Bien lui en prit. A peine avait-il franchi la frontière d'Annam, dans cette région du Nghé Anh qui, de tout temps, avait été le berceau des révoltes, et qui avait vu naître la plupart des leaders nationalistes, de N'Guyen Aï Quoc à Vo N'guyen Giap, qu'il apprit tout à la fois la déclaration de guerre de la France à l'Allemagne, et l'interdiction du Parti communiste indochinois.

A Phan Thiêt, par un contact, il fut mis au courant de la vague d'arrestations qui déferlait sur l'Indochine.

– Beaucoup de camarades sont en prison : Lê Hong Phong, Lê Duan, Duong Bach Maï à Hanoï, Tran Van Giau dans le Sud! Seuls quelques-uns ont réussi à s'échapper, comme Giap dont nous sommes sans nouvelles. En tout cas, les liaisons sont interrompues. Tu vas te retrouver seul à Saïgon!

Ce n'était pas pour déplaire à Cao Van Minh. Au contraire. Il aurait désormais les mains libres pour organiser et coordonner l'agitation révolutionnaire dans le Sud, sans avoir de comptes à rendre.

Il arriva à Saïgon le 11 septembre et, en dépit de la

---

* Viêt Nam Quoc Dong Dang. Parti des patriotes viêtnamiens. Fondé en 1927, version indochinoise du Kuomintang chinois de Tchang Kaï Chek. Principal rival du Parti communiste, fondé en 1931. Sera annihilé et absorbé à l'intérieur du Viêt-minh en 1945.

guerre, la vie ne luî sembla guère bouleversée, à ce détail près que l'on voyait un peu plus d'uniformes dans les rues. Les Européens avaient simplement troqué leurs vêtements civils pour des effets militaires. Hormis ce détail, il y avait toujours une grande animation dans les artères, certains magasins avaient changé leurs vitrines et proposaient un peu moins d'objets « made in France » pour les remplacer par des produits « made in Singapore » ou « Hong Kong ». En revanche, les Japonais, jusque-là omniprésents, reconnaissables à leurs habits sombres et à leurs chapeaux noirs, se faisaient plus discrets.

Dédaignant de reprendre son ancien métier de cyclopousse qui l'aurait trop accaparé, Minh s'installa d'abord à Da Kao, dans la banlieue est, puis à Khanh Hoï, de l'autre côté de l'arroyo chinois, un conglomérat de paillotes où l'on pouvait plus facilement se fondre dans le paysage. Cela lui rappela les premiers temps de son action militante, quinze années plus tôt.

Il ne perdit pas de temps et renoua bien vite les contacts avec ceux de ses camarades que la grande rafle avait épargnés. Par eux, il obtint de rencontrer les principaux responsables des autres mouvements nationalistes, comme le V.N.Q.D.D. ou les trotskistes, dont le chef, Tha Thu Tau, avait été l'un de ses compagnons de bagne à Poulo Condore.

Il recruta des hommes de main, ce qui lui permit, un peu plus tard, de tenir la dragée haute au représentant des dockers du port de Saïgon, comme au délégué des ouvriers des décortiqueries de Cholon. Son plus bel exploit fut, à la fin du mois de septembre, de remplacer l'adjoint du responsable de la Société d'entraide mutuelle des travailleurs par un homme à lui. Il put, ainsi, se débarrasser des soucis de trésorerie.

Bien évidemment, ces activités fiévreuses n'avaient pas échappé à la Sûreté, qui se mit bientôt à sa poursuite. Mais Minh était un vieux renard, il flairait, littéralement, les pièges. Deux fois de suite, au début du mois d'octobre, son instinct lui dicta de ne pas rentrer à l'adresse où il avait prévu de passer la nuit. Bien lui en prit, il y eut, ces deux soirs-là, une descente de police.

97

Prudemment, il décida d'émigrer et transporta son P.C. au cœur du Delta, près de la ville de My Tho, à une soixantaine de kilomètres au sud de la capitale.

C'est là, dans un hangar appartenant à un prêtre catholique, qu'il organisa la rencontre avec les émissaires des sectes religieuses, les caodaïstes et les Hoa Hao. Au dernier moment, Ba Duong, le chef de la confrérie des Binh Xuyen, circonvenu par son entourage, s'était décommandé.

« Il ne perd rien pour attendre », se promit Minh qui avait la rancune tenace.

Dès les premières interventions, Minh comprit qu'il devrait montrer plus de fermeté que de diplomatie. Il les avait réunis pour arrêter, avec eux, une stratégie commune. En réalité, il s'aperçut rapidement que les caodaïstes, tout comme les Hoa Hao, espéraient seulement mettre à profit les circonstances pour étoffer leurs effectifs et agrandir leur audience.

Un jeune homme, vêtu d'une tenue paramilitaire, armé jusqu'aux dents, qui escortait le représentant du « pape » caodaïste, résuma l'opinion générale :

— Je m'appelle Trinh Minh Té, dit-il. Je n'ai rien de commun avec ces salauds de communistes! Chacun pour soi.

« Si je ne lui rabaisse pas sa morgue, songea Minh, cet imbécile va flanquer toute mon argumentation par terre! » Il dégaina son propre revolver, le posa sur la table, devant lui :

— Je ne sais pas d'où tu sors cet uniforme de gonzesse, dit-il, doucereux. Mais je t'informe que tu jouais encore, le cul nu dans ta rizière, alors que je me battais déjà contre les colonialistes! Maintenant, montre ce que tu sais faire, sors ton pistolet et essaie de me tirer dessus! Moi, je ne te manquerai pas.

Trinh Minh Té pâlit, chercha, des yeux, un appui dans l'assistance, mais n'en trouva point. La détermination de Minh avait porté ses fruits. Il se rassit, sans plus ouvrir la bouche.

Alors, Minh rafla devant lui quelques baguettes, les unes en ébène, les autres en ivoire, la plupart des autres, en bambou taillé. Il les rassembla au creux de sa paume, puis en détacha une, qu'il brisa :

— Livré à ses seules forces, chacun d'entre nous n'a aucune chance de résister à la répression qui s'abattra au premier geste de révolte. Par contre, ajouta-t-il en essayant vainement de briser le faisceau des autres baguettes fermement tenues dans sa main gauche, les colonialistes ne pourront rien si nous restons groupés.

Il jeta le paquet sur la table, où il se dispersa :

— Et cependant, conclut-il, regardez bien : chacune de ces *cai dua* * a conservé son apparence et sa spécificité. L'ébène reste l'ébène, l'ivoire reste l'ivoire, le bambou reste le bambou.

La parabole plut beaucoup, il y eut dans l'assistance quelques murmures d'approbation. Un robuste vieillard au corps noueux, habitué aux travaux de force, déploya sa grande carcasse et prit la parole :

— Je m'appelle Ton That Toàn. Tous ceux qui ont cultivé du riz dans la province de Xuan Môc me connaissent bien, j'ai organisé le commerce du paddy dans la région et grâce aux silos, j'ai pu régulariser les cours et empêcher les Chinois d'imposer leurs tarifs.

— Où veux-tu en venir, *Ong Ba* **?

— A ceci. J'appartiens à la religion caodaïste dont j'ai été, quelque temps, le trésorier. Je réprouve, comme toi, le système colonial, mais à qui allez-vous vous attaquer? Aux symboles du système que sont l'Administration et l'Armée? Ou bien, parce que c'est plus facile et moins dangereux, aux Français qui ont, à nos côtés, contribué à la prospérité du pays? Les planteurs de caoutchouc, les producteurs de riz? Pour ma part, je ne vous suivrai pas dans cette voie. J'ai quelques amis français qui vivent de leur travail, comme nous tous. Tu ne peux pas envisager de t'attaquer à eux!

— Nous sommes en lutte, répliqua Minh. Moi aussi je compte quelques amis français. Mais je n'aurai aucune pitié, au contraire, ce sont eux qui faussent votre jugement! Ils justifient le système!

* Baguette.
** Vieil homme.

Toàn allait protester. Un homme, la trentaine sèche, l'œil allumé, le visage triangulaire prolongé par une mâchoire dont les lèvres n'arrivaient pas à couvrir les dents en entier, se dressa comme un ressort et glapit, brandissant une main dont le troisième doigt était coupé :

— Je m'appelle Lê Quang Vinh ! Je me suis coupé le doigt le jour où j'ai fait le serment de chasser les Français ! Je cesserai le combat le jour où ce doigt aura repoussé !

Minh approuva.

— Très bien, *Ba Cut* *. Es-tu d'accord pour constituer, avec nous, un « Front national uni contre l'impérialisme » ?

— Bien sûr.

— Moi aussi, ajouta le jeune homme en uniforme.

Toàn se leva.

— Je n'ai plus rien à faire ici, dit-il en gagnant la sortie. (Avant de franchir la porte, il se retourna et s'adressa à Minh :) Prends garde ! Tu vas déchaîner des forces que tu ne pourras peut-être plus maîtriser quand elles apporteront le malheur sur nous ! N'oublie jamais ce vieux précepte : celui qui ouvre la digue pour arroser sa rizière risque bien d'inonder le pays tout entier.

Toàn n'était pas un néophyte, ni un irresponsable. Il savait bien que sa prise de position équivalait à une condamnation. Mais, pour l'avoir donnée à ses ennemis, il ne redoutait pas la mort.

« Pour ces excités, songeait-il, la vie humaine n'a aucune valeur. Ils raisonnent en termes généraux de " masses paysannes " ou de " populations ", sans jamais penser aux individus qui les composent. »

Il ne s'attarda pas à My Tho et gagna, au plus vite, son fief de Xuan Môc où il se savait invulnérable, protégé tout à la fois par la complicité des paysans et par les armes de ses gardes du corps. Là, il attendit de pied ferme les tueurs que lui enverrait sûrement Trinh Minh Té.

* Sobriquet : « Troisième doigt coupé ».

Ce jeune illuminé lui posait un problème. Il avait surgi, deux ans plus tôt, harnaché en guerre, culotte de cheval et bottes de cuir, un sabre de samouraï passé dans la ceinturon, affirmant, avec le plus grand sérieux, qu'il allait constituer une brigade d'assaut.

Toàn n'y avait évidemment pas cru, il soupçonnait Trinh Minh Té d'être tout simplement un provocateur stipendié par les Japonais chez lesquels il avait probablement suivi un stage militaire.

« C'est un fou, songeait-il, mais les fous sont parfois dangereux. »

Cela n'avait pas empêché le jeune Té d'en imposer au chef de la secte caodaïste (le *Ho Phap*) Pham Cong Tac et à son coadjuteur, Tran Quan Vinh, le deuxième personnage de la hiérarchie, « l'évêque » de Tay Ninh, la capitale.

Les tueurs arrivèrent une semaine plus tard. Leur progression fut aussitôt signalée et suivie par les paysans, puis par les guetteurs. Lorsqu'ils pénétrèrent dans le hameau où se tenait Ton That Toàn, ils furent capturés, interrogés et, au petit matin, balancés dans le Mékong, les mains liées dans le dos, la gorge ouverte.

Toàn se mit en colère.

— C'est une façon indigne de me remercier de tout ce que j'ai accompli au profit de notre religion, grognait-il. Puisque la guerre est déclarée, je vais la faire, à ma façon !

Le lendemain, il prit le chemin de Saïgon à bord de la grosse Buick blindée qu'il avait rachetée à Lee T'Siao, le chef de l'une des trois triades qui régentaient la communauté chinoise de Cholon. Près de lui, ses gardes du corps montaient la garde, leurs colts à la ceinture, bien décidés à parer à toute éventualité.

Toàn avait soigneusement préparé son voyage. Il savait exactement ce qu'il ferait. Naguère simple pilote du bac à moteur de Hong Nhu, sur le Mékong, il avait été tiré de sa médiocrité par un jeune Français, Francis Mareuil, qui lui avait proposé une association pour la gestion de silos à paddy dans la province de Xuan Môc. Cette association avait été la chance de sa vie. Elle lui avait non seulement

101

permis d'édifier une fortune considérable, mais encore, devenu indépendant, d'accéder aux plus hauts postes de la hiérarchie caodaïste.

L'une des qualités de Toàn, outre sa détermination, était une incontestable fidélité envers ceux qui l'avaient aidé. Francis Mareuil était de ceux-là. Aujourd'hui membre de la Chambre de commerce, il avait la lourde tâche de promouvoir l'effort économique de la Cochinchine au profit de la Métropole en guerre. Ton That Toàn allait, tout simplement, lui apporter son concours, en l'espèce, la promesse d'une livraison de soixante mille tonnes de paddy, entreposées chez lui.

Cela, bien entendu, n'était qu'une entrée en matière, et Toàn était trop avisé pour croire que Francis Mareuil accepterait ce cadeau sans se poser de questions. Des questions auxquelles Toàn avait bien l'intention de répondre. Sans envisager, une seconde, de trahir ceux dont il avait surpris les intentions, il pouvait indirectement mettre en garde son ami contre les risques qu'allaient bientôt encourir ses compatriotes de la part des révolutionnaires.

« Ainsi, songeait-il, j'ai un prétexte, et une vengeance. »

5

Francis Mareuil était d'une humeur de dogue. Tout allait mal. Si l'ensemble des producteurs de Cochinchine, planteurs de caoutchouc, de café, de thé, de coton ou de paddy, négociants en maïs ou en oléagineux, avaient répondu d'enthousiasme aux incitations de la Chambre de commerce, tout cela menaçait d'être gâché par la mauvaise volonté des fonctionnaires des Finances.

Déjà, sur les quais de Saïgon, des tonnes de riz, de céréales ou de balles de latex commençaient à s'abîmer, faute de moyens de transport. En effet, si les navires de commerce battant pavillon français avaient été réquisitionnés, ils n'acheminaient que des personnels, militaires ou civils – cette main-d'œuvre non spécialisée abondamment fournie par la Colonie. Il n'en allait pas de même pour les cargos qui, pour la plupart, appartenaient à des compagnies arborant des drapeaux de pays neutres ou non belligérants, principalement scandinaves.

Ceux-ci bénéficiaient de l'impunité face aux bâtiments de guerre allemands ou italiens, mais ils entendaient bien en retirer de substantiels bénéfices, et leurs tarifs avaient été augmentés dans des proportions sensibles. Certes, ils abusaient de la situation, mais qui, à leur place, n'en eût pas fait autant?

C'était compter sans la toute-puissante administration du Trésor qui n'entendait pas céder à ces exigences et qui refusait tout net d'acquitter les sommes demandées, s'en tenant aux tarifs applicables aux navires français. Du coup, Suédois, Danois ou Norvégiens s'étaient détournés des ports indochinois, Haïphong ou Saïgon, et n'avaient aucune peine à trouver du frat, à Singapour, Manille ou Ceylan.

La situation apparaissait sans issue et c'était en vain que, la veille encore, Francis Mareuil et quelques-uns de ses collègues, dont Joseph Chevrier, l'un des magnats de l'import-export saïgonnais, avaient tenté une ultime démarche auprès des représentants du Trésor et de la Banque d'Indochine.

Francis était furieux, et envisageait même de démissionner de son poste.

— Si nous ne servons à rien, avait-il dit, inutile de gaspiller notre énergie! Je préfère retourner dans ma plantation, là au moins, j'ai l'impression d'être utile à quelque chose.

— Vous devez rester, cher ami, lui répondit Joseph Chevrier. Votre obstination finira par vaincre les obstacles. Et je suis à vos côtés.

Héritier d'une lignée de commerçants installés à Saïgon depuis près de soixante années, Joseph Chevrier était un petit homme rondouillard, d'une exquise cordialité qui s'accordait à son apparence; mais il savait se montrer redoutable en affaires, à l'instar des Chinois qu'il pratiquait depuis des décennies. Ambitieux, travailleur, il avait, en trente ans, agrandi son empire sur l'ensemble du territoire et il n'était pas une épicerie de village, fût-il le

103

plus reculé, qui ne soit sous sa dépendance. L'appui d'un homme tel que Joseph Chevrier, qui passait pour avoir l'oreille du gouverneur général, et dont l'influence s'étendait, disait-on, jusqu'aux milieux officiels parisiens, n'était pas un atout à négliger.

— Je vous remercie, monsieur. Vous savez que je ne me bats pas par ambition personnelle, mais seulement pour servir mon pays.

— Au fait, observa Chevrier, au moment de partir, savez-vous que nos enfants sont très liés?

— Oui, mais ils sont encore bien jeunes. Des camarades de lycée, fit Francis, sur ses gardes, redoutant un veto paternel qui plongerait Bertrand dans le désarroi le plus profond.

— Dieu sait ce que l'avenir nous réserve, cher ami. Pour ma part, je ne suis pas opposé à une union de nos deux familles. Je vous accorde que ma fille Françoise est bien jeune, mais elle est comme moi, elle sait ce qu'elle veut et je la crois sincèrement éprise de votre fils. Si vous le souhaitez, nous pourrions parler de tout cela chez moi où je serais heureux de vous recevoir. Demain soir, si votre emploi du temps vous le permet?

Francis inclina la tête. De la part de Joseph Chevrier, une invitation équivalait à un ordre.

A cet instant Ton That Toàn se fit annoncer. Après les banalités d'usage qui, de tradition, précédaient les véritables discussions, il fit part à Francis de ses propositions, six mille tonnes de riz.

— Je te suis infiniment reconnaissant, Toàn. Malheureusement, je ne suis pas en mesure de les accepter; nous manquons cruellement de bateaux pour acheminer nos marchandises jusqu'en France. J'espère de tout cœur que cette situation est provisoire. Peux-tu conserver tes stocks encore quelque temps?

— Bien sûr, *Ong Pham.*

C'était dit sur un ton tellement détaché que Francis comprit que cette offre n'était qu'un prétexte. Dans le cas contraire, son interlocuteur aurait montré sa déception.

— Qu'y a-t-il d'autre?

Toàn avait horreur des questions directes. Il trouva une échappatoire.

– Es-tu sûr de tes ouvriers?

– Oui, sans doute. Pourquoi cette question?

– Seulement pour savoir. J'ai appris, par hasard, que les révolutionnaires envisageaient des actions de sabotage ici ou là. Peut-être à Bao Tan, peut-être ailleurs? Qui sait?

– Autrement dit, tu me conseilles de me méfier?

– Oui, si mes renseignements sont exacts...

– Et ils le sont généralement, vieux pirate! L'ennui, pour moi, c'est que mes fonctions m'obligent à rester à Saïgon.

Il réfléchissait. Toàn ne parlait jamais pour ne rien dire et il se devait de prendre cette mise en garde très au sérieux.

– Et tes fils?

– Hélas, je ne peux pas compter sur eux. Pas dans l'immédiat en tout cas. Cyril, l'aîné, vient d'être mobilisé comme pilote-observateur. Quant à Bertrand, le cadet, il ne rêve que de s'engager dans l'Armée!

– Ta femme est donc seule à Bao Tan?

– Oui.

Toàn hocha la tête avec componction, et garda le silence.

– Nous n'avons rien à redouter de nos ouvriers, reprit Francis, qui cherchait à se rassurer. Ma femme les connaît aussi bien que moi, elle a beaucoup travaillé pour améliorer leur condition, en créant une école, un dispensaire, en les aidant à assainir leur village...

– C'est une femme, *Ong Pham*. Sait-elle tenir un fusil?

– Naturellement. C'est une des premières choses que je lui ai apprises.

– Osera-t-elle s'en servir contre un homme?

Francis dut admettre qu'il l'ignorait. En fait, il n'en était pas sûr du tout. L'image qu'il avait de la douce Catherine s'accordait mal avec une amazone faisant le coup de feu contre des êtres humains, fussent-ils ses ennemis.

– Quelle est la solution? demanda Francis, désemparé.

– Je vais t'envoyer cinq de mes gardiens. Ils veilleront sur Bao Tan, ta maison et ta femme. Ce sont des hommes

105

sur lesquels tu peux compter, et d'ailleurs, je ne les ai pas choisis au hasard. Ce sont tous des Khmers-krom, ou, si tu préfères, des Cambodgiens de la frontière, dont les villages ont été rattachés à la Cochinchine et qui ont la haine des Annamites.

— Tu es pourtant annamite?

— Je les paie bien. Et ils savent que, s'ils me quittent, leur vie ne vaut plus un sapèque. C'est une garantie de leur loyauté.

— Comment te remercier, Toàn? Tu as toujours été un ami fidèle.

Toàn ébaucha un sourire ambigu.

— Tu n'as pas à me remercier. *Ong Pham*. Au contraire, tu m'as fourni l'occasion de me venger de mes ennemis!

Il se leva, prit congé. Sur le pas de la porte, il se retourna :

— L'horizon est chargé de nuages, *Ong Pham*. Et l'orage n'épargnera personne, ni nos amis, ni nos ennemis. Ni toi, ni moi...

— Tu auras toujours chez moi un endroit où tu seras à l'abri, Toàn.

Assis à la terrasse du *Chalet*, un des restaurants à la mode de la rue Catinat, Francis regardait son fils Bertrand qui achevait de déguster un sorbet à la mangue, l'un de ses desserts préférés. L'application qu'il y mettait le faisait paraître encore plus jeune que ses dix-neuf ans et rappelait à son père l'enfant qu'il était si peu de temps auparavant. Le repas, qui s'achevait, avait été morne, chacun des deux convives étant absorbé par ses propres préoccupations. Aux questions posées par son père concernant la progression de ses études, Bertrand s'était montré évasif.

— Si tu me disais franchement ce qui te tracasse? demanda-t-il enfin.

— Moi?

Bertrand joua la surprise, mais cela ne trompa pas Francis, qui insista.

– Je n'ai pas le cœur à étudier alors que la France est en guerre, finit-il par avouer.

– Et Françoise?

– Françoise n'a rien à voir. C'est une amie, sans plus! protesta Bertrand avec un peu trop de vivacité pour être crédible. J'ai reçu avant hier une lettre d'Hervé Puybazet. Il a lâché sa corniche et s'est engagé pour suivre les cours des officiers de réserve de Saumur. Lui au moins a trouvé sa voie, tandis que moi...

– N'essaie pas de me convaincre, tu n'y arriveras pas. Termine d'abord ton année scolaire, nous aviserons ensuite.

Bertrand releva une mèche de cheveux rebelle qui avait tendance à glisser sur son front, un geste familier exactement comme sa mère lorsqu'elle cherchait une réponse.

– Je vais avoir vingt ans dans six mois, le 6 juin exactement et, à partir de cette date, je serai mobilisable comme simple soldat. Est-ce cela que tu veux?

– Tu obtiendras un sursis, voyons! Et tes diplômes te permettront d'accéder directement à un peloton d'élèves gradés.

– Mais j'aurai perdu six mois. Alors que si je m'engage aujourd'hui, je serai nommé aspirant le jour de mon anniversaire!

– Et Françoise? répéta Francis. J'ai vu son père ce matin et il ne m'a pas semblé opposé à l'idée d'un mariage!

Bertrand poussa un soupir exaspéré. Il appréciait peu de voir sa liaison étalée au grand jour. De mauvais gré, il avoua :

– Françoise est d'accord avec moi, père. Nous en avons encore discuté tout à l'heure, et nous avons décidé de nous fiancer lorsque j'aurai terminé mon peloton.

Francis hocha la tête.

– Si je comprends bien, vous complotez tous les deux et vous nous mettez devant le fait accompli! Je m'étonne encore que tu prennes la peine de m'avertir de tes projets! Au fait, pourquoi n'as-tu pas encore signé ton acte d'engagement puisque c'est cela que tu veux?

Bertrand baissa la tête.

— Parce que je ne suis pas majeur et que j'ai besoin de ta signature.

— Tu l'auras, admit Francis, d'un ton las. Mais, sincèrement, j'avais espéré que tu pourrais passer quelque temps à Bao Tan. Ta mère y est toute seule.

— Demande à Cyril! Je l'ai vu hier, il m'a dit qu'il n'y avait pas suffisamment d'avions pour lui permettre de voler; il attend en vain les fameux Potez 63/11 qui doivent équiper les forces aériennes d'Indochine. Il va sans doute être, comme l'on dit en jargon militaire, « renvoyé provisoirement dans ses foyers » tout en demeurant mobilisé « pour le principe ».

— Que pense-t-il de ta décision?

Une ombre passa sur le visage de Bertrand. Ces références au bon sens de son aîné avaient le don de l'agacer prodigieusement.

— Cyril n'a rien à en penser! C'est de moi qu'il s'agit! Quelques camarades de lycée sont déjà partis faire leur instruction à Tong, au Tonkin et je me fais l'effet d'être un embusqué! Patrick Russange lui-même a obtenu l'autorisation de ses parents!

— C'est donc cela! M. Bertrand Mareuil a peur de passer pour un couard! Quand cesseras-tu de te préoccuper de l'opinion des autres? Ce n'est pas faire preuve de beaucoup de maturité que de calquer son comportement sur celui du plus grand nombre.

Il lui prit les deux mains, l'obligea à lui faire face et là, les yeux dans les yeux :

— Réponds-moi sincèrement, Bertrand. Que veux-tu vraiment?

— Faire mon devoir, père.

— Bien. Où as-tu mis ton formulaire d'engagement?

— Dans mon cartable.

Francis le prit, et le parapha en disant :

— Que Dieu t'accompagne, mon fils.

CHAPITRE 3

1940

1

L'atmosphère était lugubre, pesante, presque funèbre ;
sur les consoles du grand salon, le champagne tiédissait
dans les coupes. Par groupes, les invités devisaient à voix
basse, avec gravité, sans se soucier des invitations à la
danse qu'avec une application louable, Matthieu s'efforçait de susciter, tournant sans répit la manivelle du phonographe. Debout, à l'écart, près de la porte-fenêtre donnant sur le parc illuminé, Bertrand tentait vainement de
distraire Françoise, sa jeune fiancée. C'était en leur honneur qu'avait été donnée, ce soir de juin, cette réception
dans la grande maison de Bao Tan. La cérémonie avait
été organisée à la hâte ; dans quelques jours, une semaine
au plus tard, Bertrand s'embarquerait avec l'un des derniers contingents de renfort pour le Front de France.

Il était superbe, dans son bel uniforme blanc dont la
manche s'ornait du trèfle réglementaire du grade d'aspirant ; tout à l'heure, en les photographiant, Joseph Chevrier, le père de Françoise, lui avait dit :

— Mon cher Bertrand, je vais faire agrandir votre portrait, il fera une très belle affiche de recrutement !

Tous les amis étaient venus, Patrick Russange, l'insépa-
rable camarade de lycée, nommé aspirant lui aussi, sa
fiancée Marie-Claude et le père de celle-ci, le commandant Puybazet ; Alban Saint-Réaux, son parrain,
accompagné de sa femme Kim-Anne, toujours resplendis-

109

sante et sur laquelle les années ne semblaient pas avoir de prise, quelques autres, voisins de la grande plantation de la Société forestière, ou de l'importante scierie de Ho Naï, sans parler des fonctionnaires des Douanes ou de l'Administration, ainsi que des deux médecins militaires de Bien Hoa.

Suzanne-Souên elle-même s'était manifestée en faisant porter un superbe vase chinois « foie-de-bœuf »; Théo Scotto, l'inspecteur de la Sûreté, avait offert, de la part de son père et de la sienne propre, une très belle laque ancienne de Thu Dau Mot.

Sylvie était là également, accompagnée de Denis, son mari, impassible et distant, qui avait peu participé aux agapes, et n'avait parlé qu'à Cyril et avec Joseph Chevrier le temps d'un échange de rendez-vous.

Bertrand aurait dû être heureux et satisfait. Sa vie s'orientait comme il l'avait souhaité. Il était fiancé à celle qu'il aimait, il était officier et, aux yeux de sa mère – et de son père, mais il en était moins sûr –, il était auréolé du prestige du guerrier partant pour la bataille. Il ne pouvait pourtant pas se défendre d'une sourde inquiétude. Comme tous les invités présents ici, il suivait avec anxiété les nouvelles de la Métropole; comme eux, sans bien comprendre comment on avait pu en arriver là en si peu de temps, il était obligé d'admettre que la situation devenait de jour en jour plus catastrophique.

Si Radio-Saïgon se montrait d'une remarquable et prudente discrétion, Radio-Singapour, qui relayait la B.B.C. de Londres et dont les émissions en français étaient parfaitement captées en Cochinchine, n'avait rien celé de l'offensive foudroyante de la Wehrmacht à travers la Belgique, de l'évacuation des troupes franco-britanniques encerclées autour de Dunkerque, puis du rembarquement du Corps expéditionnaire de Norvège.

Le coup le plus sévère avait été asséné quatre jours plus tôt, le 14 juin, lorsque, pétrifiés, ils avaient appris l'entrée des troupes allemandes dans Paris, déclarée « ville ouverte », et la fuite du gouvernement pour Bordeaux.

Qu'avait-il bien pu se passer?

C'était la question que tous se posaient ce soir, avec

110

d'autant plus d'angoisse que, même s'il était atténué par la distance, le brutal passage de la « drôle de guerre » à la débâcle constituait une énigme dont les données échappaient à tous.

Bertrand observa qu'autour de lui tous les invités avaient leurs regards tournés vers le grand poste de T.S.F. qui trônait dans un coin du salon ; personne n'osait l'allumer, même si leur impatience était grande d'apprendre, enfin, le miracle espéré. Ils ne savaient trop quoi, un brusque retournement de situation, la reprise en main de l'armée française, et, pourquoi pas ? une mutinerie des troupes allemandes révoltées contre leur dictateur, ou encore la défection des unités italiennes imprudemment entraînées dans la guerre par un Mussolini irresponsable. Comme tous les Français d'Indochine, ils se raccrochaient au plus petit signe du destin, l'avant-veille encore, malgré la tiédeur de leurs sentiments religieux, ils avaient presque tous assisté à l'office solennel célébré à la cathédrale de Saïgon, où ils avaient lancé au Ciel un appel pathétique pour sauver la France, « fille aînée de l'Église ». Dieu ne pouvait pas rester sourd à ces supplications.

Cyril traversa la pièce, s'approcha du poste après avoir consulté sa montre. Après un bref regard circulaire quêtant une approbation générale qui lui fut donnée, il établit le contact, régla l'antenne orientable, chercha sur le cadran la fréquence de Radio-Singapour.

Un orage sévissait probablement sur le golfe du Siam, l'air s'emplit brusquement de sifflements, de bourdonnements, de crachotis au milieu desquels, comme une vague fluant et refluant, leur parvint la voix du speaker, annonçant le bulletin d'information.

Quelques secondes plus tard, ils apprirent que les troupes de la Wehrmacht avaient fait leur entrée à Caen, que leurs avant-gardes fonçaient vers la Loire, et que le pont de Gien, dernier passage ouvert aux Français en retraite, était en permanence bombardé par la Luftwaffe.

Figés d'abattement, les invités évitaient de se regarder, comme s'ils ne voulaient pas laisser voir leur désespoir. Quelques femmes pleuraient en silence. Francis s'était laissé tomber dans son fauteuil; il fixait le vide d'un air halluciné. Catherine s'était rapprochée et lui avait saisi la main.

Il y eut d'autres parasites, l'écho lointain d'un éclair, puis, plus proche cette fois, l'éclatement d'un coup de tonnerre. L'averse de mousson déferlait maintenant sur le Sud.

« Ne quittez pas l'écoute, reprit la voix impersonnelle du speaker. Depuis Londres, le général de Gaulle vous parle... »

Quelques visages se redressèrent. Intrigué, Joseph Chevrier interrogea du regard le commandant Puybazet, qui secoua la tête avec une moue d'ignorance. Ils tendirent l'oreille. Du haut-parleur s'élevait une voix lente, bien timbrée, qui bémolisait parfois dans les aigus.

« La France a perdu une bataille, mais la France n'a pas perdu la guerre! Des gouvernements de rencontre ont pu capituler, cédant à la panique, oubliant l'honneur, livrant le pays à la servitude... »

Cette voix ferme, les mots prononcés firent aux invités l'effet d'une secousse électrique.

– Tout est fini! souffla Saint-Réaux : ce général parle de capitulation...

Francis releva le front :

– Ce n'est pas possible!

Mais la voix poursuivait, selonnelle maintenant :

« ... Dans l'univers libre, des forces immenses n'ont pas encore donné! Un jour, ces forces écraseront l'ennemi! »

– Si c'est aux Américains que ce de Gaulle fait allusion, observa à mi-voix Joseph Chevrier à l'intention d'Alban Saint-Réaux, il se berce d'illusions! Je sais, de source sûre, que Roosevelt est viscéralement attaché à la neutralité des États-Unis...

Il se tut. De sa place, Françoise le foudroyait du regard.

« Voilà pourquoi, concluait de Gaulle, je convie tous les Français, où qu'ils se trouvent, à s'unir à moi dans l'action, dans le sacrifice et dans l'espérance... »

– Dans l'espérance, grogna Saint-Réaux, accablé. C'est bien tout ce qu'il nous reste quand on ne possède plus rien.

— De Saïgon à Londres, ajouta le commandant Puybazet, la route est longue et le trajet périlleux. Je crains que l'Indochine ne soit pour longtemps une île coupée du monde.

D'un seul élan, Bertrand et Patrick s'approchèrent de lui.

— Alors, demandèrent-ils, nous ne partirons pas?

— Pour aller où? La France est aux mains des Allemands! Même si votre bateau partait demain, il arriverait trop tard. Vous l'avez entendu comme moi, le gouvernement a capitulé!

— Mais il y a ce général de Gaulle...

— Il me paraît bien seul.

— S'il faut poursuivre la guerre aux côtés des Anglais, je suis prêt à endosser l'uniforme britannique, assura Bertrand.

— Noble sentiment, intervint Alban Saint-Réaux. Mais tu devras tenir compte des réalités. Comment comptes-tu aller en Angleterre?

— Singapour n'est qu'à deux jours de mer de Saïgon, répondit Patrick Russange.

Saint-Réaux et Joseph Chevrier échangèrent un rapide regard. Ils devaient admettre que cet argument n'était pas sans valeur. C'est alors que Cyril, qui jusque-là avait gardé le silence, crut bon d'objecter :

— Pourquoi aller chercher en Europe un ennemi qui est déjà à nos frontières? Le Japon...

Bertrand s'était cabré. Il contre-attaqua, avec une virulence qui montrait sa déception de voir ses espoirs anéantis :

— Le Japon? C'est ton idée fixe! Mais ce n'est pas le Japon qui occupe la France, que je sache!

— Cyril n'a pas tort, dit Joseph Chevrier pour calmer le jeu. Le général de Gaulle l'a dit tout à l'heure : cette guerre est une guerre mondiale. Cela veut dire qu'avant peu de temps, deux camps se formeront et, de toute évidence, le Japon se rangera aux côtés de l'Axe.

Bertrand secoua la tête. Il consulta Patrick Russange du regard :

— Viens-tu? demanda-t-il. Nous allons regagner la caserne. Qui sait? Peut-être embarquerons-nous?

113

Ils saluèrent l'assistance. Bertrand avait pris la main de sa fiancée, il y déposa un rapide baiser :

— Ne m'en veux pas, Françoise. Il faut me comprendre. Je me ferais l'effet d'être un lâche si je n'allais pas jusqu'au bout, si je ne tentais pas tout pour servir mon pays.

Françoise opina, sans rien répondre. Elle ouvrit la bouche, la referma et éclata en sanglots.

L'éclat provoqué par Bertrand avait suscité un malaise. Les invités ne tardèrent pas à s'en aller ; brusquement, le salon se vida. Catherine s'excusa et partit se coucher. Francis et Cyril se retrouvèrent face à face. Peut-être, en cet instant où ils se sentaient plus proches qu'ils ne l'avaient été dans le passé, se comprenaient-ils mieux ? Ils se sourirent.

— Un cognac ?

— Merci, papa. Bien volontiers. N'es-tu pas fatigué ?

— Non. Je vais rester ici plusieurs jours ! La maison est tout de même plus confortable que le « compartiment » que j'ai loué à Saïgon ! Et toi ? Que vas-tu faire ?

— Rien. Continuer.

— Es-tu certain de ne rien regretter ?

— Non. D'ailleurs, quelle autre solution choisir ? Je suis toujours mobilisé, même si je bénéficie d'une permission de longue durée. Chacun reste à son poste, tu poursuis ton action au sein de la Chambre de commerce, pour ma part, j'assure la bonne marche de Bao Tan. Tout est bien ainsi.

Ils dégustèrent, à petites gorgées, la fine Napoléon, sans éprouver le besoin de parler. C'était un moment rare, presque euphorique. Autour d'eux, affairés et silencieux, les serviteurs occasionnels, surveillés d'un œil aigu par Thi Tu, la gouvernante, desservaient les tables et emportaient les plateaux, évitant de heurter les verres et les assiettes. Après avoir vidé les cendriers, Simone, la jeune boyesse, passait un chiffon sur les meubles. Elle ébaucha un petit sourire d'excuse en déplaçant un vase posé entre les deux hommes. Cyril, qui l'observait machinalement, s'aperçut qu'ainsi, par l'échancrure de son *cai-hao* largement entrebâillé, elle laissait voir, dans leur totalité, les deux globes ronds de sa poitrine. Elle capta son regard, cilla brièvement, sans esquisser le moindre geste pour les dissimuler.

— La solitude ne te pèse pas trop? demanda Francis.

Cyril émit un rire bref, fit tourner dans son verre le fond de liquide ambré.

— Je manque de temps pour me poser la question!

— As-tu des nouvelles de Charlotte?

— Sa dernière lettre date de la fin du mois de mai. Charlotte espérait quitter Cambo-les-Bains à la fin de l'été et rentrer en Indochine vers octobre ou novembre. Mais, depuis ce soir, je crains une longue séparation. Si j'ai bien compris, il existe aujourd'hui deux France, et, quelle que soit l'attitude de notre gouverneur général, qu'il choisisse de rallier le territoire au général de Gaulle ou qu'il demeure dans la légalité, toutes les deux nous seront interdites.

— Explique-toi?

— Dans le premier cas, c'est la rupture avec la Métropole. Dans le second, c'est la séparation d'avec l'Angleterre, qui nous interdira toute navigation, de l'océan Indien au canal de Suez. Comme l'a résumé tout à l'heure le commandant Puybazet, l'Indochine est une île.

Il reposa son verre, se leva et conclut :

— C'est la raison pour laquelle je resterai ici. Notre devoir est de maintenir l'Indochine dans le meilleur état possible pour la rendre, intacte, à la mère patrie.

Thi Tu commençait à éteindre les lumières et à ranger les meubles. Francis et son fils se donnèrent une dernière accolade avant de se séparer et de gagner leurs chambres respectives.

Sans surprise excessive, Cyril découvrit, dans la sienne, Simone, qui l'attendait, assise sur son lit. Son premier réflexe fut de la mettre à la porte. Mais la curiosité l'emporta :

— C'est Thi Tu qui t'a dit de venir me trouver?

— Elle c'est dire toi beaucoup triste parce que tu n'as pas la femme, et que c'est mauvais quand il n'y a pas la femme...

Cyril admit que Thi Tu était psychologue, mais qu'elle poussait un peu loin la bienveillance. Il dut pourtant

115

admettre qu'elle n'avait pas complètement tort et que la chasteté à laquelle il était astreint lui pesait parfois. Dans ces moments-là, il s'imposait des efforts physiques importants qui le laissaient brisé, les muscles noués, n'aspirant plus qu'au sommeil. Il dut convenir aussi que, tout à l'heure, les seins de Simone, brièvement entrevus, l'avaient troublé. Il n'était pourtant pas question de tomber dans les machinations de sa gouvernante.

— Tu es très gentille, lui dit-il. Mais tu vas t'en aller.

Simone se releva, son visage ingrat tout fripé de déception.

— Thi Tu c'est pas contente, objecta-t-elle. Elle dire moi c'est fille méchante !

— Je lui parlerai.

Elle gagnait la porte ; brusquement, elle se mit à pleurer :

— Moi c'est pas jolie, je sais...

Surpris, Cyril se trouva désarmé face à ce chagrin qui lui semblait sincère. Il s'approcha d'elle, lui releva le menton.

— Tu es mieux que cela, Simone. Je ferais volontiers l'amour avec toi. Mais nous autres, les Français, n'avons qu'une seule femme.

Il avait parlé en viêtnamien, espérant se faire comprendre, et atténuer ainsi tout ce que son refus pouvait avoir de désobligeant.

Les yeux toujours pleins de larmes, elle demanda, timide :

— Peut-être c'est rester ici quand même ? Moi, c'est dormir sur la natte, à côté du lit.

Elle espérait ainsi sauver la face. Cyril céda, attendri, se traitant mentalement d'hypocrite. Il savait parfaitement que Simone, fine mouche, ne se contenterait pas de ce demi-succès et que lui-même...

A son réveil, au petit matin, il s'aperçut que Simone avait quitté la chambre. Sur le traversin il ne restait d'elle qu'un fin cheveu noir.

Après la torpeur de ces derniers mois, ce fut, soudain, comme si le temps prenait sa revanche, s'accélérait. Les journaux, qui jusque-là semblaient avoir du mal à remplir leurs colonnes, regorgeaient brusquement d'informations capitales. Dès le lendemain, 19 juin, à côté du texte du message du général de Gaulle, dont les commentateurs tentaient de cerner la personnalité, ils faisaient état de la décision prise par le gouverneur général Catroux, cédant aux pressions du chargé d'affaires nippon à Hanoï, de fermer la frontière tonkinoise aux approvisionnements en carburant des troupes chinoises de Tchang Kaï Chek qui, depuis la prise du port de Canton, transitaient à partir de Haïphong, par le chemin de fer du Yunnan.

Cette décision fut diversement appréciée. Pour les Français du Nord, placés au contact de la présence aux frontières mêmes des deux divisions japonaises de « l'Armée de Canton », cette concession mineure était sage et donnait au gouverneur général le répit nécessaire pour organiser et étoffer ses forces, qui lui permettraient d'opposer une fin de non-recevoir aux futures exigences de Tokyo.

Pour ceux du Sud, Français ou Chinois – Chinois surtout –, cette mesure fut ressentie comme une capitulation, un gage donné gratuitement et sans contrepartie à un ennemi potentiel. Ils reprochèrent aussi à Catroux de ne s'être pas rallié à de Gaulle, en entraînant à sa suite, dans la dissidence, une Indochine qui avait partie liée avec les Anglais dans l'Asie du Sud-Est.

Les jeunes Saïgonnais se présentèrent aussitôt en masse au consulat britannique de la ville pour y souscrire des engagements. Débordé, le malheureux consul ne pouvait que leur répondre :

– *Wait and see*, gentlemen.

Le 25 juin, les journaux parurent, cernés d'un bandeau noir. Ils annonçaient la signature de l'armistice. La France se retirait, seule et unilatéralement, de la guerre. Les rues se vidèrent aussitôt et Saïgon devint en quelques minutes une cité morte. Les Européens se barricadèrent chez eux pour y cacher leur honte et leur désespoir, les Annamites, désemparés, les imitèrent. Hormis quelques agitateurs révolutionnaires ou nationalistes qui voyaient dans cet effondrement, que rien n'aurait laissé prévoir, une occasion rêvée de secouer la tutelle coloniale, la majorité de la population était partagée entre la tristesse et l'inquiétude. Pour beaucoup, la France était la mère nourricière, et la garante de l'intégrité du territoire face aux visées chinoises ou japonaises.

Alerté par un coup de téléphone d'Alban Saint-Réaux, Cyril était accouru en ville; le spectacle des rues désertes, des volets clos, lui serra le cœur. Il se précipita chez son ami.

— Qu'as-tu l'intention de faire? lui demanda Alban.

— Rien. Je n'ai pas changé d'avis, bien au contraire. C'est maintenant que nous allons devoir serrer les dents! Pour beaucoup d'Asiatiques, la France a perdu la face. A nous de leur montrer que nous, ici, ne baissons pas les bras, que nous continuons à tracer notre route, toute droite, sans dévier d'un pouce.

— Sais-tu que le gouverneur général a refusé d'engager le territoire dans la dissidence aux côtés du général de Gaulle?

— Il a eu raison. L'Indochine ne peut s'articuler sur aucun système de défense, encerclée au nord par les Japonais, à l'ouest, par le Thaïland. Elle ne peut donc bénéficier d'aucune aide militaire alliée. Catroux était conscient de cette réalité; sa décision est sage.

— Il y a pourtant une armée, forte de trente-cinq mille hommes!

— Certes, mais elle est répartie sur l'ensemble du territoire, et n'a été formée, instruite et préparée que pour des missions de maintien de l'ordre interne. Son armement est constitué des rebuts de la Grande Guerre, elle ne possède ni canons, ni blindés. Quant aux avions, autant n'en pas parler! Savez-vous que nous avons conservé les Morane, initialement destinés aux Chinois, mais sans leur armement, qui a été directement livré à Tchang Kaï Tchek!

— Admettons, dit Alban Saint-Réaux. C'est une raison de plus pour partir et gagner l'Angleterre.

Cyril arrondit les yeux :

— C'est pour cela que vous m'avez fait venir?

— Oui. Tu sais peut-être que ton ancien avion, le

118

Dewoitine « La Rivière des Parfums » était ici, en révision à Tan Son Nhut? Il sera prêt dans une dizaine de jours. Avec quelques amis, nous avons décidé, sous le prétexte d'un vol d'essai, de filer jusqu'à Singapour. Veux-tu être des nôtres?

Cyril hésita, pour la première fois, sa résolution faiblit. Où était son devoir?

— Philippe Régnault vient avec nous, ajouta Saint-Réaux.

— Qu'en pense Lee-Aurore?

— J'étais à Hanoï hier pour l'informer de notre départ. Elle n'a émis aucun commentaire. Pour ma part, je crois que c'est mieux ainsi, cela concrétisera une séparation entre elle et Philippe devenue inéluctable. Alors? Que décides-tu?

— Je vous avoue que vous me tentez. C'est vrai que de Gaulle et les Anglais vont avoir besoin de pilotes confirmés. Mais l'Indochine elle aussi aura besoin de la présence française. Si vous partez tous, qui gardera la maison?

Il avait prononcé la dernière phrase avec un petit sourire un peu triste. Il venait de refuser l'aventure et, peut-être, la gloire. Mais la voie qu'il allait suivre, il le pressentait, n'allait pas non plus être exempte d'obstacles. Avec sans doute la gloire en moins.

— Je reste, dit-il.

Il s'interrompit. De la rue, vide l'instant d'avant, leur parvenaient les échos d'une gigantesque manifestation. Ils sortirent du bureau et, depuis le perron de la villa, ils aperçurent une foule en liesse qui déferlait vers le port.

— Un bateau de guerre anglais est arrivé ici! leur lancèrent des passants, excités, brandissant des drapeaux aux couleurs de l'Union Jack.

Cyril et Saint-Réaux se regardèrent, partageant la même opinion. Il était évident que l'arrivée en Cochinchine du *Kanimbla* — qui s'avéra n'être qu'un modeste croiseur auxiliaire — prenait valeur de symbole et apportait l'espoir. L'Indochine allait refuser la défaite et se rangerait bientôt aux côtés de ceux qui poursuivaient le combat.

L'effervescence dura une semaine. Il ne se passait pas de jours sans qu'une manifestation patriotique n'ait lieu au monument aux morts, pavoisé aux couleurs alliées. Les marins britanniques n'avaient pour leur part jamais été à pareille fête, toute la ville se les arrachait.

Et puis, d'un seul coup, tout bascula.

Le 3 juillet, les journaux parurent une fois encore cernés de noir. Ils annonçaient l'attaque de la flotte française ancrée à Mers el-Kébir par la Royal Navy qui avait ouvert le feu sans sommations. On annonçait trois mille morts et blessés.

Ce fut la stupeur. Puis la colère. Le revirement fut instantané. Les drapeaux disparurent des façades et des monuments publics, les marins se virent contraints de regagner leur bord sous les huées. Le *Kanimbla* appareilla aussitôt. Il fut arraisonné au cap Saint-Jacques, par des vedettes de la douane ; avant de repartir, son commandant reçut l'ordre de restituer aux autorités policières les quelques jeunes Français qui s'étaient embarqués clandestinement.

Un instant, Cyril avait redouté que Bertrand et son ami Patrick Russange n'aient fait partie de ces volontaires. Si tel avait été le cas, ils auraient été traduits devant un tribunal militaire pour désertion. Un coup de téléphone, donné à son camarade Théo Scotto, le rassura.

— Ton frère et son copain sont partis avant-hier, par le train, pour le Nord. Ils doivent rejoindre le 3e régiment de tirailleurs tonkinois à Langson.

2

Lentement, rideaux tirés pour cacher aux curieux ou aux mouchards la présence de passagers en situation irrégulière, le Dewoitine S338 « La Rivière des Parfums » quittait son hangar, remorqué par un gros tracteur jaune. Dans quelques minutes, Texier, le pilote, procéderait à l'essai au sol de chacun des trois moteurs avant de gagner le bout de la piste de Tan Son Nhut, d'où il décollerait pour ce qui avait été annoncé comme un vol de confirmation, et qui serait, en réalité, un départ définitif.

Un peu à l'écart, Saint-Réaux, qui avait revêtu une combinaison de mécanicien, et Philippe Régnault, en civil, faisaient leurs adieux à Cyril venu tout exprès leur souhaiter bonne chance.

— Nous te confions nos femmes, dit Alban.

— Kim-Anne sait qu'elle est chez elle à Bao Tan. Pour ce qui est de Lee-Aurore, que puis-je pour elle? Elle est si loin!

Saint-Réaux avait l'air tendu et grave.

— Dieu seul sait combien de temps durera notre absence. Je te souhaite du courage. Il t'en faudra sûrement plus qu'à nous; nous partons vers l'espoir.

Puis, un ton plus bas :

— Ne le répète à personne, mais notre gouverneur général a été relevé de ses fonctions depuis une semaine. La nouvelle ne sera rendue officielle que dans quelques jours. Il est remplacé à son poste par l'amiral Decoux, l'actuel commandant des forces navales d'Indochine.

— Savez-vous la raison de cette disgrâce subite?

— Le gouvernement de Bordeaux lui reproche de n'avoir pas montré assez de fermeté face aux exigences japonaises concernant la fermeture des liaisons ferroviaires avec le Yunnan.

Cyril ricana.

— En matière de fermeté, les gens de Bordeaux sont bien placés pour nous donner des leçons! Que n'en ont-ils fait preuve face aux Allemands!

— Une chose est désormais certaine. Forts de ce premier succès, les Japonais vont accroître leur pression sur les autorités françaises. Et nous ne disposons pas de moyens suffisants pour y faire face. Les Américains, auxquels Catroux avait fait appel pour accélérer la livraison des matériels promis depuis des mois, principalement des Curtiss P36 et des pièces de D.C.A., ont répondu par une fin de non-recevoir. Raison officielle : Roosevelt ne tient pas à entrer en conflit avec le Japon qui verrait d'un mauvais œil l'arrivée de ces matériels en Indochine.

— Merci monsieur Roosevelt!

— Tu ne sais pas tout, la Maison Blanche a conseillé de céder aux nouvelles exigences de Tokyo!

– Et les Anglais dans tout cela?

– Churchill a accepté de fermer au trafic la route de Mandalay qui acheminait à travers la Birmanie les camions, les canons et les munitions destinés aux nationalistes chinois. Tout le monde est en train de lâcher ce malheureux Tchang Kaï Tchek!

– Et nous aussi par la même occasion! Que pense le général Catroux de sa destitution?

– D'après Lee-Aurore, qui gravite dans son entourage, Catroux s'est borné à adresser à Rivière, le nouveau ministre des Colonies, un message assez méprisant dans lequel il dit notamment : « La déchéance dont la capitulation a frappé la France en Asie m'autorise à vous dire que l'heure n'est plus pour nous de parler ferme aux Japonais! Quand on est battus, qu'on a peu d'avions et d'artillerie, pas de sous-marins, on s'efforce de garder son bien en évitant d'avoir à se battre. On négocie. C'est ce que j'ai fait! »

– Nous ne sommes pas au bout de nos peines, conclut Cyril.

Les adieux furent brefs. Saint-Réaux étreignit une dernière fois celui qu'il avait toujours un peu considéré comme son fils. Philippe Régnault dissimula son émotion sous une boutade dont Cyril devait conserver longtemps le souvenir :

– Je suis effrayé par le prix que l'on doit payer lorsque, pour réaliser son destin, il faut sacrifier même ceux que l'on n'aime plus.

Cyril hocha la tête, lui aussi gagné par l'émotion.

– Au revoir, espèce de lâcheur, lui dit-il. Ne t'ennuie pas trop! Tu es le dépositaire de l'honneur de la Colonie. Fais attention aux tempêtes!

Il resta longtemps le regard perdu vers le ciel où, pour donner le change à la tour de contrôle, le Dewoitine effectuait des tours au-dessus de la rizière. Il le suivit des yeux jusqu'à ce que, brusquement, l'appareil prenne de l'altitude en même temps qu'il orientait son vol vers le sud.

« Ai-je eu raison? se demanda Cyril. Ne suis-je pas passé à côté de mon devoir? » Il avait le cœur serré. Son vieux « coucou », cette « Rivière des Parfums » avec laquelle il avait affronté les vents et les orages s'en allait sans lui pour cette mission de la dernière chance. Il regagna sa voiture et prit sans entrain le chemin de Bao Tan. Pour la première fois, la voie qu'il s'était tracée lui sembla bien dérisoire. Il ne lui restait plus qu'à se plonger, comme un dément, dans le travail.

Le lendemain la nouvelle fit la manchette de la première page du *Courrier de Saïgon*. Francis, qui l'avait lue, le fit aussitôt acheminer sur Bao Tan où Cyril en prit connaissance :

« Un avion de ligne français abattu par l'aéronavale japonaise. »

Il s'assit, assommé par le choc, et sa première pensée fut pour ses amis.

« Hier matin, 7 juillet 1940, le Dewoitine " Rivière des Parfums " assurant la liaison régulière Saïgon-Bangkok au profit de la compagnie Air France a été intercepté et abattu par deux appareils de l'aéronavale japonaise. »

Cyril observa que les autorités françaises avaient gardé le silence sur la véritable destination de l'avion, et inventé à son propos une liaison vers le Thaïland, qui n'existait plus depuis six mois au moins. Mais cela ne changeait pas grand-chose.

« Selon une dépêche en provenance de Tokyo, ajoutait le journaliste, le mauvais temps régnant sur le golfe du Siam a rendu difficile l'identification de l'appareil français qui aurait, par ailleurs, refusé d'indiquer sa destination et n'aurait pas répondu aux sommations de la patrouille de reconnaissance.

« Le général Catroux, gouverneur général de l'Indochine, a aussitôt adressé un message de protestation devant ce qu'il a qualifié d'agression délibérée. Le baron Hinama, Premier ministre de Sa Majesté impériale, a présenté les excuses de son gouvernement et assuré qu'une enquête serait immédiatement diligentée pour élucider les circonstances exactes de ce qu'il a appelé " un regrettable incident ". »

Cyril reposa le journal. Désespéré il se reprocha d'avoir décliné l'offre d'Alban Saint-Réaux. « Si j'avais été aux commandes, se dit-il avec amertume, j'aurais sûrement mieux réagi que Texier, qui a dû céder à la panique. J'avais déjà été confronté à une pareille situation et je m'en étais bien tiré... »

Les regrets, tardifs, étaint superflus. La perte de ses deux amis était irremplaçable. « Je suis de plus en plus seul », songea-t-il encore.

– J'imagine le chagrin de Kim-Anne, soupira Catherine. Ce doit être affreux. Que va-t-elle devenir ? Et Lee-Aurore, qui se trouve, en même temps, veuve et orpheline...

Mais, pratique, elle ajouta :

– Je vais préparer les chambres de Bertrand et Sylvie ; Kim-Anne viendra s'y installer quand elle le voudra ! Nous allons partir pour Saïgon tout à l'heure ; elle ne peut pas rester seule, nous la ramènerons ici !

Ni l'épave du Dewoitine, ni les corps des passagers ne furent retrouvés en dépit des patrouilles conjuguées françaises et japonaises qui survolèrent les lieux du drame. Quatre jours plus tard, le 11 juillet 1940, une cérémonie solennelle se déroula à la cathédrale de Saïgon. Présidée par le gouverneur général Catroux, elle rassemblait toutes les autorités françaises civiles et militaires, ainsi qu'une foule nombreuse et recueillie, Français et Viêtnamiens mêlés, communiant dans la même émotion.

Pour preuve de leur sincérité, les Japonais avaient envoyé une délégation composée d'officiers de l'aéronavale conduite par le général Nishihara, le chef de la Commission de contrôle récemment installée au Tonkin pour y constater l'application des accords récents.

Cyril redouta que le climat, d'une extrême tension, n'explose en cris, en sifflets ou en huées. Mais à voir les visages bouleversés des familles des victimes, la foule sut conserver une attitude d'une grande dignité. Kim-Anne attirait les regards ; droite et fière, le visage lisse et l'œil sec, elle avait revêtu une robe blanche, la couleur du deuil en Asie. Sur le parvis de la cathédrale, le général Nishihara s'inclina devant elle.

– Nous nous sommes rencontrés, jadis, à Tokyo, lui rappela-t-il dans un français parfait à l'accent chantant. Je suis profondément affecté du malheur qui vous frappe, madame.

Elle le toisa et répliqua, d'une voix vibrante :

— Mes malheurs ne sont rien en regard de ceux qui fondront sur votre patrie et votre peuple, je vous le prédis!

Franck Merlin avait attiré Cyril à l'écart.

— Dans cette affaire, dit-il, le général Catroux a pris tous les risques. Pas plus que les Japonais, il n'ignorait que l'avion se rendait à Singapour. Je peux te le dire, sous le sceau du secret Saint-Réaux était chargé de négocier le ralliement éventuel de l'actuel gouverneur général.

— Vous plaisantez?

— Pas le moins du monde. Catroux n'est pas gaulliste, mais il se refuse à être traité en accusé par le gouvernement de Bordeaux — qui, d'ailleurs, s'est installé à Vichy.

— Et Lee-Aurore? Pourquoi n'est-elle pas venue? Elle aurait pu tout de même faire le voyage, ne serait-ce que pour être auprès de sa mère!

— Je n'ai pas voulu le dire à sa mère. Lee-Aurore a tenté de se suicider il y a quatre jours. Elle ne pouvait pas supporter la vue des Japonais de la Commission de contrôle, et tout le monde redoutait un esclandre.

— Comment va-t-elle? demanda Cyril, alarmé.

— Elle est hors de danger. Mais (et Merlin baissa la voix :) sais-tu qu'elle attend un enfant?

— Non. Avant leur départ, ni Alban, ni Philippe n'y ont fait allusion; pourtant ils arrivaient tous deux de Hanoï.

— Elle n'aura sans doute pas voulu influer sur leur décision. A moins que....

— Nous pensons la même chose. Qui est le père?

— Tu n'auras qu'à lui poser toi-même la question quand tu la verras. J'ai demandé à ce qu'elle soit mutée ici, à Saïgon. De toute façon, au regard de la loi, son enfant portera le nom de Régnault.

Il allait partir. Il fit volte-face :

— Un jour, j'aurai besoin de toutes les bonnes volontés pour travailler au profit des Alliés. Pourrai-je compter sur toi?

— Était-il nécessaire de le demander?

Il était huit heures du matin. Le caporal Huu Lim roula sur le dos et souffla :

– Ils arrivent !

Un frisson sembla parcourir la ligne des dos et des têtes. Les canons des fusils bougèrent un peu, se figèrent à l'horizontale. Bertrand avait porté ses jumelles à ses yeux. Il aperçut, dans la clarté jaune du petit matin, au débouché de la piste empierrée menant au poste de Dong Dang, la silhouette d'un cavalier qui progressait paisiblement. Bertrand le détailla. L'homme était tassé sur lui-même, épaules rondes supportant une face aplatie de bouledogue. L'ombre de sa casquette pointue masquait le haut du visage mais on le devinait sur ses gardes, une main tenant la bride de son cheval, l'autre posée sur la poignée de son grand sabre courbe fixé en travers de la selle, ne le lâchant que pour chasser les mouches qui l'assaillaient.

– Il a des bottes superbes, murmura Hutin, le sergent adjoint, qui surveillait, lui aussi, l'officier japonais. Mon lieutenant, si je le descends, on partage ? A vous le sabre, à moi les bottes !

– Taisez-vous, répliqua Bertrand sur le même ton. Vous connaissez les consignes : n'ouvrir le feu que si nous sommes menacés, et ensuite, repli sur le poste !

– Ce que j'en disais... fit le sergent avec un petit geste négligent.

Bertrand aimait bien son sous-officier adjoint. Lorsqu'il était arrivé à la compagnie, trois mois plus tôt, après son départ manqué pour la France, jeune officier « tout neuf » selon l'expression consacrée, Bertrand avait été snobé par la plupart des cadres européens, qui l'appelaient « monsieur l'aspirant ». Hutin avait été le seul qui, d'emblée, l'ait adopté comme lieutenant à part entière.

Hutin était un Parisien « pur sang », au langage imagé qui mettait Bertrand en joie. Cette nuit même, alors que son détachement veillait sur les positions avancées du poste de Dich Son, face au débouché de la piste menant à la citadelle de Dong Dang attaquée depuis la veille au soir, Hutin lui avait tenu un long monologue vantant les mérites du XIVe arrondissement de Paris dont il était l'un des fleurons, prétendait-il.

« Tout le monde connaît les Champs-Élysées, Montmartre ou Belleville. Mais le quatorzième ? Personne. Faut dire que chez nous y a rien à voir. Nous faisons tout pour décourager le touriste, nous nous enorgueillissons d'avoir les monuments les plus laids : Saint-Pierre de Montrouge, qui a été construit par l'architecte du Sacré-Cœur. C'est tout dire ! Quant à l'observatoire mauresque du parc de Montsouris, il est si moche qu'il déshonore la capitale ! D'ailleurs, personne ne va le voir. Ce qui fait que nous restons entre nous ! »

En dépit des circonstances dramatiques qu'il était en train de vivre, Bertrand avait été distrait par la faconde de son adjoint. Pourtant, la situation était grave. En quelques heures, la région frontalière à l'est de Langson, calme depuis plusieurs mois, venait de s'embraser d'un seul coup. La veille, 23 septembre 1940, le poste de Dong Dang avait brusquement signalé la présence, devant ses murs, de milliers de soldats japonais prêts à lui donner l'assaut.

Sur ordre du général Mennerat, le commandant de la zone, le colonel Louvet, chef de la garnison de Langson, était parti se rendre compte sur place de la réalité de la menace. Abattu dans son automobile par une rafale de mitrailleuse, il n'avait pu arriver à destination. Un Potez de reconnaissance, aussitôt dépêché sur les lieux, n'avait trouvé son salut que dans la fuite. Poursuivi puis rattrapé par trois chasseurs Suisei, il avait été incendié après s'être posé, en catastrophe, sur la R.C. 4.

Bertrand avait reçu mission d'aller se poster, en sonnette, au débouché de la piste venant de Dong Dang pour signaler les éventuelles infiltrations adverses. Une partie de la nuit, il avait entendu les échos de la canonnade indiquant que le poste se défendait toujours. Vers minuit, le silence était retombé.

Un instant, Bertrand avait espéré que les Japonais avaient finalement renoncé à poursuivre leur attaque. Il y croyait d'autant plus que son copain, Patrick Russange, faisait partie de la garnison. Maintenant, le doute n'était plus permis. Les Japonais avaient conquis Dong Dang et se préparaient à déferler sur toute la zone frontalière. Il ne restait plus aux défenseurs des petits postes échelonnés sur la R.C. 4, de Cao Bang à Langson, qu'à se préparer à bien mourir.

D'autres cavaliers venaient de déboucher du virage, quatre cents mètres en avant. Manœuvrant avec prudence, ils se répartirent dans la plaine. Là, ils s'arrêtèrent; certains mirent pied à terre, d'autres, jumelles aux yeux, examinaient le terrain. Ils ne se pressaient pas comme s'ils avaient l'éternité devant eux.

« Qu'est-ce qu'il foutent ? » se demanda Bertrand, qui sentait une sourde angoisse lui nouer les entrailles.

Tout d'un coup, le temps s'accéléra. En quelques minutes, le paysage se peupla de fantassins qui se répandirent le long de la lisière de la forêt avec une vitesse prodigieuse. Il en sortait de partout, qui trottinaient, le fusil haut prolongé du trait brillant des baïonnettes.

— Des termites, ces gars-là ! souffla Hutin, sidéré.

La comparaison n'était pas fausse. Les Japonais en avaient la rapidité, l'omniprésence et la couleur, ce jaune moutarde de leurs uniformes de toile. L'horizon leur appartenait. Ils avançaient, en ligne de bataillon, puis, sur un ordre lancé de l'arrière, ils s'immobilisèrent, un genou en terre, l'arme pointée à l'horizontale.

Un char déboucha en cahotant, puis un deuxième, un autre encore, finalement, ils furent une trentaine à prendre position derrière la ligne des fantassins, toujours immobiles.

— S'ils cherchent à nous impressionner, commenta Hutin, c'est réussi ! Nous avons l'air de quoi avec nos vingt-cinq pouilleux ?

Parut enfin une automobile découverte dans laquelle se tenait un officier, debout, se cramponnant d'une main au pare-brise auquel avait été accroché un drapeau timbré du disque rouge du Soleil levant. Un hurlement salua son arrivée, une sorte de vocifération sauvage répétée à trois reprises roulant à travers la plaine comme une salve de canon :

128

— *Tenno, heïka banzaï!*

— Cette fois, nous y avons droit, dit Bertrand. N'ouvrez le feu qu'à mon commandement!

Mais rien ne se produisit. L'automobile fit demi-tour, disparut dans le tournant. Le cœur de Bertrand battait à tout rompre. Il avait les mains moites, le souffle court. Il se demanda brièvement si c'était la peur, se rassura en songeant que c'était seulement l'impatience. Les Japonais paraissaient tellement certains de leur victoire qu'ils ne se donnaient même pas la peine de se cacher, ni celle de manœuvrer. Ils paradaient. Combien pouvaient-ils être? Mille? Deux mille? C'était impossible à calculer.

Des rangs ennemis, une silhouette se détacha, suivie d'une seconde portant un drapeau blanc déployé.

— Ils se rendent! dit Hutin.

— Je crois plutôt qu'ils vont nous demander de capituler. Planquez les hommes au maximum, il ne faut pas qu'ils puissent deviner la faiblesse de nos effectifs. Moi, je vais à leur rencontre.

Il se leva, brossa de la paume sa tenue de toile, ajusta son baudrier, vérifia la position de son casque colonial, et grimaça en constatant que ses leggins étaient maculés de boue. Puis il se porta au-devant des parlementaires.

Il fit halte à une quinzaine de pas du Japonais qui s'était arrêté en avant de la ligne de ses fantassins.

— Je suis envoyé par le général Naga, éructa l'officier, dans un anglais rauque et haché. Nous voulons éviter une inutile effusion de sang. Nous vous accordons une demi-heure pour évacuer les lieux et pour vous rassembler, sans armes, le long de la route!

Bertrand encensa du menton pour montrer qu'il avait compris. Puis en français, il répliqua :

— Je ne reçois d'ordres que de mes chefs! Si vos troupes avancent, je serai contraint d'ouvrir le feu!

Le Japonais inclina le buste, aboya une sorte de « Hoya », exécuta un demi-tour d'une raideur d'automate et s'éloigna. Bertrand se sentit brusquement seul, cible immobile de milliers de fusils dont il sentit le poids dans son dos quand il regagna ses positions.

— Bravo, mon lieutenant! Vous avez été superbe!

129

— Merci, Hutin. Mais, maintenant, il va falloir payer pour voir, comme on dit au poker. Il ne s'agit pas seulement de bluffer...

— Nous aurons peut-être la chance de les voir partir?

— N'y comptez pas. (Puis :) Avez-vous peur de mourir, Hutin?

— J'essaie de ne pas y penser, mon lieutenant. Et vous?

— Moi non plus.

Une demi-heure s'écoula ainsi, dans l'attente. Et puis, venu de très loin en arrière des lignes adverses, résonna l'écho lugubre du brame des trompes d'assaut. Les fantassins se redressèrent et entamèrent leur marche en avant, tandis que retentissaient les déflagrations sèches des canons de campagne dont les obus explosèrent une trentaine de mètres devant Bertrand et ses hommes.

— Ne tirez pas! cria-t-il.

Partagés entre l'incertitude et l'impatience les tirailleurs Tho regardaient leurs gradés. Ils guettaient l'ordre qui mettrait fin à cette inaction qui leur pesait. « Encore quelques secondes, songea Bertrand, et ils vont se débander... »

Les assaillants étaient maintenant à bonne portée. Ils avaient pris le petit trot et progressaient, en ligne de front, poussant leur cri de guerre : « *Tenno, heïka, banzaï. Banzaï!* »

— Ouvrez le feu!

Ce commandement libéra enfin les tirailleurs, dont la ligne s'alluma, causant des ravages certains chez les voltigeurs dont les premiers rangs se plaquèrent au sol, ripostant au hasard sur un ennemi qu'ils ne distinguaient pas. De toute évidence, ils n'avaient pas prévu une aussi vive réaction française. Il y eut, chez eux, une période de flottement, que les fusils-mitrailleurs de Bertrand mirent à profit pour réaliser une série de « superbes cartons » comme aurait dit Hutin.

De-ci, de-là, les trompes firent entendre leur barrissement et, par petits paquets, les fantassins décrochèrent sous la protection des chars dont les mitrailleuses crachaient sans arrêt. Un mortier se dévoila, puis deux, puis une dizaine pilonnant avec une diabolique précision les positions ennemies. A côté de Bertrand, une pièce de F.M. fut volatilisée ; il vit le tireur, projeté en l'air, retomber comme un pantin sanglant.

— Mon lieutenant ? appela Hutin, le poste a tiré deux fusées vertes !

— Réponds par une fusée rouge pour dire que nous avons compris et que nous nous replions.

— Dommage, mon lieutenant. Je commençais à bien m'amuser !

— Ne te fais pas de souci, nous aurons bientôt d'autres occasions de rire !

Comme la plupart des postes qui jalonnaient la R.C. 4 tout au long de la frontière, le poste de Dich Son avait été conçu pour affirmer la présence française dans cette zone, et nullement pour soutenir un siège en règle. Édifié sur une éminence rocheuse dominant, d'un côté, le village indigène, de l'autre, le Song Ky Kong qui étirait ses méandres jusqu'à Langson, il avait un air pimpant avec ses petites maisons blanches au toit de tuiles rouges, sa murette crénelée qui n'intimidait guère que les pirates chinois auxquels il arrivait d'effectuer de brèves incursions dans la région.

Bertrand y arriva à midi, en ramenant ses armes et ses blessés ; il constata qu'en son absence le lieutenant Touraine n'avait pas perdu de temps. En quelques heures, il avait fait construire des fortins bardés de sacs de sable, posté à tous les angles des mitrailleuses et même un mortier de 81, reçu l'avant-veille en prévision de l'attaque.

— Pas trop fatigué, Mareuil ?

— Pas trop mon lieutenant. Le moral est bon.

— En prévision de l'attaque japonaise qui ne manquera pas de se produire bientôt, j'aimerais faire occuper le Na Pao. Êtes-vous en état d'assurer cette mission ?

Bertrand regarda dans la direction indiquée, un bloc calcaire qui se dressait, comme une molaire, de l'autre côté de la route, dominant les rizières en gradins.

— Pas de problèmes, mon lieutenant.

— Vous pourrez ainsi appuyer efficacement notre défense, en prenant l'ennemi à revers. Essayez d'arriver discrètement, je ne tiens pas à ce que l'ennemi se doute de votre présence.

Bertrand rassembla aussitôt sa section. Aidé du sergent Hutin, il effectua un tri sévère parmi ses tirailleurs, ne conservant avec lui que ceux dont il était certain qu'ils ne flancheraient pas, une dizaine d'hommes et deux caporaux, Huu Lim et Ly Son, deux Tho impassibles aux têtes inquiétantes de pirates, qu'il avait vus à l'œuvre tout à l'heure face aux Japonais détestés et méprisés.

Ils partirent en milieu d'après-midi au moment où, à l'autre bout du village, les avant-gardes ennemies faisaient leur apparition, aussitôt dispersées par le mortier de 81 du poste, qui enregistra quelques coups au but.

Bertrand avait disposé ses hommes sur le bord de l'arête rocheuse. Il avait fait placer, devant chaque emplacement, un petit tas de grenades :

— Si l'ennemi tente l'escalade, expliqua-t-il à ses tirailleurs, balancez-lui ça sur la gueule !

La nuit tombait. Le village était silencieux. Beaucoup d'habitants avaient fui pour se réfugier dans la montagne ou la jungle ; plus aucune lumière n'était visible, hormis, de temps à autre, le bref éclat d'une lampe de poche, indiquant que les Japonais s'organisaient en vue d'une attaque nocturne.

— Un coup d'Aramon, mon lieutenant ? proposa Hutin, à voix basse.

— Aramon ? s'étonna Bertrand auquel ce terme était inconnu.

Hutin fit entendre un petit rire :

— Du picrate, du pichtegorne, du rouquin, du gros-qui-tache. Du pinard ! Du vin si vous préférez ! J'en ai fauché deux litres à l'ordinaire ; autant que le Mikado n'aura pas !

Bertrand aurait préféré une tasse de thé bien chaud, parfumé au gingembre, comme savait si bien le faire Thi Tu, la gouvernante de Bao Tan. Mais il ne pouvait décemment pas refuser.

— Donnez toujours !

Le vin tiède, âcre, sirupeux, devait titrer au moins treize degrés ; il venait d'Algérie, c'était le seul qui ne soit pas aigri par le climat. L'estomac chaviré, Bertrand rendit le bidon à son adjoint.

— Comment pouvez-vous avaler ça? demanda-t-il.

— Question d'éducation, mon lieutenant. Bien sûr, ça ne vaut pas un petit muscadet bien frais pris au comptoir de *L'Arquebuse*, le petit bistrot de la Porte d'Orléans. Mais ça réveille, c'est ça qui compte!

— A propos de réveil, observa Bertrand, qui ne cessait d'examiner le paysage à la jumelle, je crois bien que les Japonais ne dorment pas. Regardez ces petites lumières qui dansent sur les pentes au pied du poste. On dirait des lucioles.

Hutin ajusta ses jumelles et poussa une brève exclamation.

— Vous avez raison. Les salauds! Ils ont accroché des pastilles phosphorescentes à l'arrière de leurs casques pour ne pas se perdre dans l'obscurité! Et la compagnie qui ne se doute de rien!

Bertrand appela le caporal Huu Lim; en quelques mots, il lui expliqua le danger auquel était exposé Dich Son. Puis :

— Désigne une estafette qui ira, de toute urgence, alerter le lieutenant Touraine. Attention aux Japonais. Tu as bien vu où ils se trouvent?

— Oui, mon z'yeunant. Moi c'est dire chef c'est faire attention.

Une demi-heure passa. Les Japonais semblaient ne vouloir attaquer qu'à coup sûr, quand ils seraient suffisamment près des défenses de la murette pour bénéficier, jusqu'au bout, de l'effet de surprise.

— Pourquoi ne donnez-vous pas l'ordre d'ouvrir le feu? demanda Hutin.

— Parce que les guetteurs de la compagnie ne sauraient pas qui tire, et que l'alerte ne servirait à rien.

A peine avait-il achevé sa phrase que le poste s'embrasa. De toute évidence, l'estafette avait transmis le message; les assaillants se trouvaient maintenant à découvert, sous l'éclairage impitoyable des fusées qui abolissaient la nuit. Bertrand et ses hommes entendirent les hurlements sauvages des Japonais, auxquels se mêlaient les cris et les appels des défenseurs. Le poste tenait bon.

— Maintenant, dit Bertrand, nous pouvons appuyer les copains.

Le combat se poursuivit toute la nuit, avec de longs entractes où l'ennemi reprenait son souffle. Mais, au petit matin, le drapeau tricolore flottait toujours sur Dich Son.

La matinée se passa sans incident. Sur son piton, Bertrand fit le décompte des munitions, organisa, un peu plus tard, une petite corvée de ravataillement. Depuis son observatoire, il avait une vue sur le poste, en partie écroulé, avec de larges brèches dans la murette de protection.

— Croyez-vous qu'ils pourront tenir longtemps? demanda Hutin.

— Je l'ignore. Pour peu que l'artillerie s'en mêle, les copains vont devoir se battre dans des ruines!

Il était un peu plus de midi lorsque le combat se ralluma. Mais, cette fois, Bertrand avait une excellente perspective de la situation; ses fusils-mitrailleurs, bien approvisionnés, causèrent des ravages sanglants chez les assaillants qui se replièrent après une heure de vains efforts pour prendre pied dans les défenses, bientôt relayés par trois ou quatre canons de campagne qui, systématiquement, entreprirent le pilonnage des bâtiments encore debout et des remparts que les Tho étayaient, sous le feu, à l'aide de sacs de sable.

Hutin poussa un cri d'alarme:

— Mon lieutenant! Ils arrivent!

Bertrand se pencha et aperçut, à la base de son piton, les troupes d'assaut qui se pressaient, portant cordes, échelles et grappins. Une seconde, il se remémora son livre d'Histoire, revit une gravure représentant Jeanne d'Arc sur les remparts d'Orléans. Il ne put s'empêcher de lancer:

— Montjoye, Saint-Denis!

Avant de commander: — Faites rouler les grenades!

Il s'aperçut bientôt que, depuis les fortins de Dich Son, les tireurs aux armes automatiques leur rendaient la politesse, prenant pour cible les Japonais qui entamaient l'escalade. Très vite, ces derniers comprirent l'inanité de leurs efforts et abandonnèrent la partie. Un canon essaya bien de bombarder le sommet du Na Pao, mais les obus éclataient contre la paroi, ou bien ils passaient au-dessus, en écrêtant. Au crépuscule, une fusée rouge, tirée depuis le poste, annonça la fin de la mission, invitant Bertrand à regagner Dich Son.

— Vous êtes-vous suffisamment amusé, Hutin?

— Pour ça, oui, mon lieutenant! Mais vous avez raison, il ne faut pas abuser des bonnes choses.

Ils décrochèrent un peu avant le crépuscule. Après avoir effectué un large crochet par l'ouest, vide de Japonais, ils arrivèrent une heure plus tard, sans être inquiétés, devant la chicane sud du poste.

— Le lieutenant veut vous voir tout de suite, dit à Bertrand le sergent-chef Mariani, un petit Corse sec comme un pruneau qui faisait office d'adjudant de compagnie.

— Mission accomplie, déclara Bertrand en pénétrant dans ce qui avait été le P.C. et qui n'était plus qu'un tas de décombres, hâtivement recouvert de toiles de tente, dans lequel se tenait le lieutenant Touraine. Il était allongé sur une civière, une jambe entourée d'un pansement sanglant et portait un bandeau sur le front.

— Est-ce grave, mon lieutenant?

— Suffisamment pour m'empêcher de marcher, Mareuil. C'est la raison pour laquelle je vais vous demander de prendre le commandement des survivants de la compagnie et d'essayer de vous échapper, cette nuit, en traversant le Song Ky Kong.

— Et vous? Faut-il prévoir des brancardiers?

— Inutile. Je reste ici, avec tous les blessés volontaires. J'essaierai de donner le change aux Japonais tandis que vous filerez, le plus discrètement possible.

— Ai-je la possibilité de refuser de partir sans vous emmener?

— C'est un ordre, Mareuil! D'ailleurs, n'ayez aucune inquiétude à mon sujet, j'ai obtenu une liaison graphie avec Langson. L'attaque japonaise serait un malentendu; un cessez-le-feu va intervenir d'une heure à l'autre!

Bertrand esquissa une moue de scepticisme.

— J'ai vu les Japonais à l'œuvre, mon lieutenant. Nous sommes loin du romantisme de Mme Chrysanthème! Ce sont des soldats qui n'ont pas le même sens de l'honneur que le nôtre. Ils ne feront pas de quartier. Une dernière fois, acceptez-vous d'être brancardé?

– Foutez-moi la paix ! Et cessez de discutailler ! Pensez plutôt à organiser le départ sans attirer l'attention de l'ennemi.

Bertrand quitta le P.C. l'âme à la dérive. L'obstination avec laquelle il avait défendu son point de vue n'était, en réalité, que la crainte de ne pas être à la hauteur de la mission que le lieutenant Touraine venait de lui confier. Il se sentait tout d'un coup comme un enfant perdu, écrasé sous cette responsabilité dont il ne voulait pas : conduire une centaine d'hommes sous le feu ennemi et les ramener à bon port.

Il ne pouvait même pas, sous peine de déchoir aux yeux de ses subordonnés, étaler ses scrupules, leur demander conseil. Ils n'attendaient de lui qu'une chose, qu'il les commande.

« Moi aussi, songea-t-il, j'aurais préféré être commandé. »

Il lui restait à obéir. Il fit appeler les sous-officiers, le sergent-chef Mariani qui ne lui avait jamais fait bonne figure, les sergents commandant les autres sections, Di Meglio, Christiani et Belhomme, sans oublier Hutin, son adjoint, son homme de confiance. En quelques mots, il leur résuma les ordres qu'il avait reçus et conclut :

– Départ à onze heures. Mariani ouvrira la marche. Je sortirai le dernier. (Puis, après un instant d'hésitation :) Je compte sur vous, messieurs.

A peine avait-il achevé de parler qu'une salve de canon arriva, en sifflant, s'écrasant exactement au milieu de la cour. D'instinct, tous s'étaient jetés à terre, ce qui ne les empêcha pas d'être criblés de cailloux et de gravats.

– Chacun à son poste, hurla Bertrand. Accélérez les préparatifs !

Une seconde salve explosa peu après, puis le harcèlement se fit plus systématique, chaque pièce, deux ou trois vraisemblablement, tirant à son tour à cadence lente.

L'air était devenu irrespirable, tant la fumée de la poudre, la poussière qui avaient envahi le poste, étaient denses, âcres, avec un goût de cendre et de pourriture. Sous les obus, les tirailleurs couraient, d'un emplacement à l'autre, rassemblant les blessés, essayant d'extraire des ruines ceux de leurs camarades qui s'y trouvaient enseve-lis.

— Mon lieutenant? appela Mariani, la voix nouée, le lieutenant Touraine est mort! Un obus vient d'éclater dans le P.C.

Bertrand retint une exclamation de stupeur et accompagna le sous-officier jusque dans les décombres du P.C. Il se recueillit quelques secondes devant une forme grise, recroquevillée sur elle-même, en laquelle il eut du mal à reconnaître celui qui avait été son chef. Il songea aussi que le temps des hésitations était révolu. Le destin avait tranché.

— Plus rien ne nous retient ici, dit-il. Avez-vous fait le décompte des munitions?

— Oui. Il n'était pas difficile : trois cartouches par fusil, un chargeur presque plein pour les F.M.

— Les blessés?

— Regroupés sur la face nord. Le sergent Christiani, qui vient d'être touché, m'a demandé de rester avec eux sous la protection d'un drapeau à croix rouge.

— O.K. Allons-y!

Bertrand était dans un état second. La fatigue de ces quarante-huit heures, passées sans presque dormir, dans l'attente, puis dans l'excitation du combat, ce bombarde-ment incessant, l'annonce et la vue de tous ces morts, épars dans le poste, tout cela lui donnait le vertige. Il avait l'impression d'être dédoublé, n'entendait le son de sa propre voix que comme si elle avait jailli d'une autre gorge que la sienne.

Il sentit une main le saisir violemment par le bras, tan-dis que Hutin lui cornait aux oreilles :

— Hé, mon lieutenant, restez avec nous!

— Que m'est-il arrivé?

— Je crois que vous vous endormiez debout! Tenez, buvez un petit coup de vin, cela vous remettra!

— Demain, je vous dirai ce que je pense réellement de votre « Aramon »! Vous n'auriez pas plutôt un peu de café?

— C'est moyen le café, souffla Huu Lim en présentant son bidon.

Ils marchaient maintenant depuis une bonne heure. Dans quelques instant, ils atteindraient les berges du Song Ky Kong, qu'il leur faudrait franchir, sur des radeaux de bambou, à moins que les éclaireurs Tho ne découvrent quelques pirogues, cachées sous les *luc binh* qui envahissaient les rives.

Tout à l'heure, dans un embrasement d'apocalypse, les Japonais avaient donné l'assaut dans une débauche de grenades incendiaires et de fusées éclairantes. Ils avaient hurlé leurs cris de guerre, cris qui s'étaient mués en clameurs de désappointement quand ils s'étaient aperçus que le poste était pratiquement vide, à l'exception de quelques blessés, hors d'état de combattre. Le cœur serré, Bertrand s'était demandé le sort qui leur avait été réservé; il redoutait le pire.

Demeuré en bouchon pour enrayer toute velléité de poursuite, Hutin avait rejoint, un peu plus tard, assurant que l'ennemi n'avait pas osé s'engager sur un terrain inconnu.

— Ils se méfient, ils ont raison, avait-il ajouté. Le premier Japonais qui me tombe sous la main passera un sale moment...

Maintenant, devant eux, au-dessous, le Song Ky Kong brassait ses eaux noires. Les hommes s'allongèrent, épuisés, goûtant comme un cadeau inespéré cette halte providentielle. Bertrand lui-même était obligé de lutter de tout ce qui lui restait de volonté pour ne pas céder à la tentation de s'étendre et de dormir.

— Où est le sergent-chef Mariani?

— Parti avec une équipe d'éclaireurs essayer de dégotter des pirogues pour traverser.

— Espérons qu'il y arrivera vite. Passé le fleuve, nous avons encore une dizaine de kilomètres à franchir à découvert avant de trouver un abri dans les calcaires de Diêm Hé!

— Le voici, mon lieutenant!

Une heure après, les rescapés de la compagnie étaient regroupés de l'autre côté du fleuve. Bertrand avait traversé avec le dernier groupe. Quand il prit pied sur la berge, il s'aperçut que les tirailleurs étaient arrêtés, de part et d'autre de la piste. Certains dormaient, d'autres grappillaient leurs boules de riz.

— Mariani? appela-t-il.

— Je suis là!

Le ton du sergent-chef montrait non seulement qu'il était sur ses gardes, mais qu'il cherchait à provoquer un incident. Jamais, depuis l'arrivée de Bertrand à la compagnie, il n'avait accepté l'autorité de celui qu'il se refusait à considérer comme un officier; à plusieurs reprises, excipant de son ancienneté et de l'influence qu'il possédait sur les cadres, il avait donné des ordres différents de ceux qu'avait cherché à imposer l'aspirant.

— Pourquoi vos gens sont-ils arrêtés?

— Parce qu'ils sont crevés, cette blague! Que croyez-vous qu'ils sont? Des buffles ou des robots?

Bertrand était à bout de fatigue, lui aussi. Une seconde, il éprouva l'envie de clore là cette discussion, de laisser faire. L'herbe était douce sous ses semelles, le ciel, d'une pureté de cristal, l'air encore rempli de senteurs de paddy séché. Tout incitait au farniente. Pourtant il se ressaisit et, d'un ton sans réplique :

— Sergent-chef Mariani, mettez-vous au garde-à-vous! (Il attendit que le sous-officier se soit relevé et poursuivit :) Vous avez deux minutes — je dis bien deux minutes! — pour remettre la compagnie en marche!

— C'est un abus d'autorité!

— M'en fous! C'est moi qui suis responsable de la colonne! En route, Mariani. C'est un ordre!

— Comme vous voudrez...

— Comme vous voudrez, *mon lieutenant*! précisa Bertrand, incisif.

— Quoi, *mon lieutenant*?

— Quand vous vous adresserez à moi désormais, vous direz « comme vous voudrez, mon lieutenant ». Vu?

Mariani hésita, puis se rendit.

— Bien compris... mon lieutenant.

Il s'éloigna, passant sa rage sur les voltigeurs, qu'il fit lever à coups de pied, en grommelant des injures. Bertrand entendit, tout près de lui, le commentaire du sergent Hutin :

— Il s'est drôlement fait moucher, l'insulaire! Il va avoir intérêt à raser les murs!

Le jour pointait lorsque les rescapés pénétrèrent dans le labyrinthe des calcaires du Diêm Hé, un fouillis de rochers envahi de broussailles, creusé de grottes et de dolines, ces petites cuvettes circulaires nées de l'effondrement du sous-sol. Il était temps. Une patrouille japonaise de reconnaissance aérienne survolait la région, à basse altitude, cherchant manifestement les fuyards. Mais ceux-ci s'étaient camouflés. Après une demi-heure de vaines prospections, les avions firent demi-tour et repartirent vers le nord.

Bertrand dormit près de cinq heures d'affilée. Vers midi, le corps en repos, les idées claires, il convoqua ses gradés :

— Nous n'avons aucune information sur la situation générale, leur dit-il. Deux solutions s'offrent à nous : ou bien essayer de rejoindre Langson et le gros des forces amies qui s'y sont retranchées, avec le risque d'arriver en pleine bataille. Ou bien poursuivre notre marche vers le sud, hors des grands axes de façon à éviter les unités ennemies, tâcher de prendre contact avec la Légion qui doit, en principe, monter depuis Thaï N'Guyen vers le nord.

« Je ne vous cache pas que mes préférences vont à la seconde formule, qui est, de loin, celle qui imposera l'effort le plus grand. Mais je peux me tromper, aussi je ne voudrais pas entraîner ceux qui ne sont pas de mon avis au-devant d'une catastrophe. Je vous laisse libres de votre décision.

— Autrement dit, constata Hutin, vous nous demandez de voter?

— Nous faisons la guerre, pas la démocratie! S'il y en a parmi vous qui veulent se replier sur Langson, je n'ai pas le droit de m'y opposer. Dans tous les cas de figure, départ général en fin d'après-midi.

Il s'éloigna, refusant de prendre part à la discussion dont il capta quelques échos, assez vifs. Finalement, Mariani vint le voir :

— Nous avons tous décidé de vous faire confiance, mon lieutenant.

C'était une offre de paix déguisée ; malgré l'envie qu'il en avait, Bertrand s'abstint de dire « merci ». Il se borna à dire, d'un ton neutre :

— Je prendrai la tête de la colonne.

Il leur fallut trois nuits de marche pour trouver le contact avec les troupes amies. Le 30 septembre, l'avant-garde de ce qui restait de la compagnie, amputée d'une dizaine de tirailleurs qui avaient choisi de se démobiliser et de rentrer dans leurs villages, rencontra l'élément de tête d'un bataillon du 5e Étranger qui se repliait, en bon ordre, vers sa garnison de Thaï N'Guyen. Bertrand alla se présenter au P.C. du chef de bataillon, lui rendit compte.

— C'est très bien, lieutenant. Vous avez évité à vos gens de tomber dans le piège de Langson. Le cessez-le-feu est effectif depuis le 27 septembre, mais la garnison est maintenue sur place, internée dans ses casernes.

Bertrand se permit un sourire, remercia, mentalement, son ange gardien qui lui avait inspiré la bonne solution.

— Je veillerai personnellement à ce que vous soyez récompensé, ajouta la commandant.

— Je vous en remercie. Mais je n'accepterai pas si mes gradés et mes tirailleurs ne le sont pas, eux aussi. Sans le dévouement de mes sous-officiers, la fidélité, la confiance de mes tirailleurs, rien n'aurait été possible.

4

Depuis le début du mois de novembre, Ton That Toàn se terrait. En dépit des précautions prises depuis des mois pour assurer sa propre sécurité, réseaux d'informateurs implantés dans les hameaux d'alentour, postes de guet placés autour de ses entrepôts, il sentait se resserrer autour de lui le filet patiemment tissé par ses ennemis. Cette fois, c'était sérieux. Il ne s'agissait plus des tueurs de Trinh Minh Té, des amateurs qui s'étaient laissé prendre comme des débutants, mais des fanatiques des « comités d'assassinat » formés et instruits par Cao Van Minh, l'un des chefs du « Front uni contre l'impéria-lisme », chargés de liquider les *Viêt gian*, les traîtres à la

141

cause. Ton That Toàn figurait en bonne place sur la liste des gens à abattre. Cao Van Minh lui imputait en grande partie l'échec de la tentative d'insurrection lancée quelques semaines plus tôt dans toute la Cochinchine.

A la fin du mois de septembre, la déroute des troupes françaises du Tonkin, balayées par les divisions japonaises brutalement surgies de Chine du Sud, avait laissé un vide que les révolutionnaires voulurent mettre à profit pour déclencher à travers le Tonkin émeutes, révoltes, embryons de guérilla. Ils réussirent même un temps à occuper les postes de Chi-Ma, de Dong Khé et de Na Cham, laissés vacants.

Sous l'impulsion de Cao Van Minh et des autres responsables du Front, le Sud avait emboîté le pas. Dans la région de Tay Ninh, le fief des caodaïstes, dans la plaine des Joncs, territoire des Hoa Hao, autour de Bentré, et, plus au nord, dans les plantations de Loc Ninh, de Dong Xoaï, de Long Thanh, des foyers d'insurrection s'étaient brusquement allumés.

Pour faire basculer la population, jusque-là indifférente sinon hostile, les rebelles n'avaient pas hésité à faire assassiner planteurs ou riziculteurs, et également ceux des notables indigènes qui affichaient trop ouvertement leurs sentiments pro-français, ou qui étaient accusés de « tiédeur révolutionnaire ».

La peur régnait.

Au début, ces incidents d'une extrême gravité s'étaient déroulés sous l'œil plutôt amical, sinon complice, des Japonais. Et puis, d'un seul coup, le climat avait évolué. A Hanoï, les protestations énergiques de l'amiral Decoux avaient contraint les divisions nippones d'invasion à repasser la frontière; pour l'exemple, le général Naga qui les commandait avait été publiquement désavoué. On le disait « suicidé ».

Dès lors, libérées de l'internement dont elles faisaient l'objet depuis le début du mois d'octobre 1940, les troupes françaises s'activaient à ramener le calme, ce dont elles s'acquittaient avec rapidité et vigueur.

Dans le Sud, la réaction avait été plus vive encore. Les Japonais n'y étaient guère représentés que par les membres de leurs services spéciaux ou par les officiers de la Kempeïtaï, la redoutable gendarmerie militaire. Ils n'avaient donc pas pu freiner l'action des forces de souveraineté qui avaient rapidement restauré la paix et la sécurité dans les zones troublées. De son côté, la Sûreté française, menée de main ferme par le commissaire Gazin, un vieil Indochinois, avait procédé à de nombreuses arrestations, décapitant les mouvements nationalistes.

La secte caodaïste était interdite, son temple de Tay Ninh fermé et son « pape », le *Ho Phap* Pham Cong Tac, exilé à Nosy Lava dans l'archipel des Comores.

Certains avaient réussi à se réfugier au Thaïland. D'autres encore, comme Huynh Phu So, le « bonze fou », maître de la secte bouddhiste réformée Hoa Hao, avaient été récupérés de justesse par la Kempeïtaï qui leur avait fourni un passeport japonais, les mettant ainsi hors d'atteinte de la police.

Ton That Toàn avait été sollicité pour participer à la révolte. Il avait refusé; depuis, il savait que ses jours étaient comptés. Même s'il était traqué par les Français, Cao Van Minh avait suffisamment d'autorité pour faire exécuter les sentences qu'il avait prononcées depuis sa cachette de My Tho où il avait trouvé refuge, se dissimulant sous la défroque d'un sacristain.

— Vous ne devez pas rester ici, à Xuan Môc, à attendre le couteau des assassins, observa Sù Mat, l'homme de confiance de Toàn.

— D'accord avec toi. Mais où puis-je aller ? Les tueurs de Minh me retrouveront de toute façon.

— Ne m'aviez-vous pas affirmé que vous possédiez des amis français ? Vous les avez aidés, ils peuvent vous secourir à leur tour.

Ton That Toàn réfléchit longtemps, pesant le pour et le contre. Finalement, il répondit :

— Tu as raison. Francis Mareuil est un homme courageux, un ami sûr. Il ne me refusera pas l'hospitalité et Minh n'imaginera jamais que j'aie pu me cacher chez un Français.

– Monsieur Mareuil? Il faut que je vous parle de toute urgence.

Francis coupa le contact de la camionnette U23 Citroën, descendit de son siège. La nuit tombait, il était pressé de rentrer dans sa maison, de prendre une douche pour se débarrasser de la poussière, incrustée sous sa peau.

Depuis six mois maintenant, date à laquelle il avait résigné ses fonctions à la Chambre de commerce, devenue sans objet, il s'était donné pour tâche de redonner une nouvelle jeunesse à Bao Tan, en éliminant les vieux hévéas de plus de trente ans, pour les remplacer par de jeunes plants élevés sous abri.

La journée avait été rude. Il l'avait passée au milieu des défricheurs qui désouchaient les racines, et faisaient place nette. Heureusement, ses voisins de la S.E.E.F. étaient venus à son aide en mettant à sa disposition, aussi longtemps qu'il en aurait besoin, un Caterpillar à chenilles capable d'abattre à lui seul, en une journée, le travail de vingt hommes en une semaine.

Maintenant, le lot 14 était dégagé et ressemblait à un champ dévasté, semé de trous et de bosses comme s'il avait subi un terrible bombardement. Mais un temps précieux avait été gagné; dès demain, les ouvriers pourraient mettre en terre les nouveaux arbres.

– Que voulez-vous, Sylvestre? demanda-t-il en reconnaissant son assistant qui sortait de l'ombre.

– Je ne sais pas si j'ai bien agi, monsieur. Mais en application des consignes de sécurité que vous avez imposées, j'ai intercepté tout à l'heure, sur la piste du chemin de fer, à deux kilomètres d'ici, un Annamite inconnu.

– Vous avez bien fait. Où est le problème?

– Ce type m'a affirmé être un ami à vous. Pourtant, à le voir, on lui donnerait trois sous! Il est habillé comme un vagabond.

Francis réfléchit, s'étonna. Quel pouvait être ce prétendu ami?

– Comment s'appelle-t-il?

– Il a refusé de me donner son nom; il m'a dit que vous

seriez sûrement d'accord pour l'héberger quelque temps. Il a seulement prononcé deux mots : Xuan Môc.

Francis eut un haut-le-corps. Que venait faire Toàn à Bao Tan?

— Où est-il?

— Dans la boyerie abandonnée près de la maison.

Toàn était assis en tailleur sur le bord du bat-flanc de teck, une pipe à long bec entre les dents, le regard perdu dans les volutes du tabac.

— *Ong Pham*, je te remercie de m'abriter. Mais si tu le souhaites, je peux repartir demain.

— Dis-moi plutôt pourquoi tu es venu? Tu peux parler sans crainte, Sylvestre est mon assistant, il saura se taire.

Toàn expliqua les raisons qui l'avaient poussé à fuir Xuan Môc, ajoutant :

— Minh ne me pourchassera pas jusqu'ici, du moins je l'espère. Et je ne voudrais pas être une cause d'ennuis pour toi. Que décides-tu?

— Tu as bien fait de venir ici, répondit Francis. Reste autant que tu veux, tu n'as rien à craindre, personne ne viendra t'importuner.

Il se tourna vers Sylvestre :

— Les ouvriers ne doivent pas savoir qui se cache ici.

Puis, à Toàn :

— Je vais prévenir mon fils Cyril. Il t'enverra l'un des Cambodgiens que tu nous avais confiés, il veillera sur toi. Que puis-je faire d'autre?

Toàn ébaucha un geste de la main, aux doigts déliés.

— M'aider à laisser fuir le temps.

Catherine s'était levée, abandonnant la table de bridge où se disputait une partie acharnée, elle accueillit son mari qu'elle maintint loin d'elle :

— Tu es sale comme un égoutier! dit-elle en riant. Va vite te changer. Je te préparerai un whisky!

— Et Cyril?

— Il n'est pas encore rentré. Il est parti effectuer une ronde de sécurité le long du Donaï. Ses pisteurs ont découvert des traces de sampans et de pieds nus. Il craint une intrusion des rebelles.

145

Francis se pencha, entrouvrit la porte du salon, lança un tonitruant :

– Je salue le « club féminin » !

En effet, jamais Bao Tan n'avait connu une telle affluence. Outre Kim-Anne et Lee-Aurore, Françoise Chevrier était venue passer là ses congés de la Toussaint. Entourés de femmes, Cyril et Francis disaient bien souvent qu'ils se considéraient comme « les gardiens du sérail ».

Bao Tan était devenu une sorte de havre de paix au milieu de la tempête générale, et les nouvelles de l'extérieur n'y arrivaient qu'assourdies, atténuées par la distance. La seule ombre au tableau était l'absence de Bertrand qui, après avoir annoncé son prochain retour en Cochinchine, s'était trouvé bloqué dans la région de Cao Bang par les opérations de maintien de l'ordre contre les bandes armées qui écumaient la Moyenne Région, et ne se manifestait guère.

– Comment s'est passée ta journée ? demanda Catherine.

– Nous avons bien avancé. En fait, le terrain est prêt à recevoir les nouveaux plants. Je commencerai dès demain. Si cela t'amuse, je t'invite. Départ à cinq heures du matin.

Ce n'était pas pour effrayer Catherine. Si ses obligations d'hôtesse lui prenaient une part importante de son temps, elle ne négligeait pas pour autant ses obligations professionnelles, en particulier la surveillance des saigneurs, auxquels il lui arrivait bien souvent d'en remontrer. Au fil des années, elle était devenue une spécialiste et son doigté faisait bien souvent l'admiration des ouvriers.

Bao Tan était plus qu'une passion : l'œuvre de sa vie. Elle y avait imprimé sa marque ; s'il lui arrivait parfois d'être en désaccord avec son mari sur la gestion ou sur l'exploitation, Francis avait presque toujours été obligé d'admettre qu'elle avait raison. Elle possédait en effet des qualités qui complétaient les siennes. Plus pratique, moins rêveuse, elle était capable de faire preuve d'obstination, ne baissait jamais les bras là où, par gentillesse, par lassitude, Francis aurait laissé aller les choses.

Cyril rentra vers huit heures. Après avoir pris une douche et s'être changé, il se préparait à pénétrer dans le grand salon, mais il s'en vit fermement interdire l'entrée par Catherine, en dépit du brouhaha des conversations qui parvenaient jusqu'à lui.

— Va plutôt rejoindre ton père dans son bureau. Je crois qu'il a quelque chose à te dire, lui conseilla-t-elle.

Francis mit brièvement son fils au courant de l'arrivée de Toàn.

— Nous allons bientôt recueillir tous les sans-abris de Cochinchine, commenta Cyril avec un sourire. Mais, pour Toàn, rien à objecter. Il a toujours été un ami loyal et sûr.

— Heureux que tu m'approuves. Il reste à espérer que Minh et ses tueurs ne remonteront pas jusqu'à lui.

— Espérons.

Cyril n'ajouta rien. Pourtant, l'annonce de l'arrivée du fugitif coïncidait avec un certain nombre d'indices qu'il avait relevé pendant la journée, des traces de pirogues sur le débarcadère du Donaï, tout au sud de Bao Tan « extension », et des empreintes de pieds nus sur les pistes extérieures. Il décida de ne pas faire état de ses observations mais d'accroître sa vigilance sur les allées et venues des étrangers à la plantation. « Dès demain matin, se promit-il, j'enverrai Son Ngoc et ses Cambodgiens patrouiller sur les limites... »

Il changea volontairement de sujet, s'informant :

— Sais-tu pourquoi les femmes nous ont expulsés du salon ?

Francis arrondit les yeux.

— Sincèrement, je n'avais pas remarqué, dit-il, ce qui était probablement vrai tant il avait l'habitude, à l'issue d'une journée de travail, d'aller goûter quelques minutes d'isolement et de calme dans son antre, un univers tout à fait masculin, entièrement lambrissé de bois sombre, avec, accrochés au mur, entre deux massacres de cerf-cheval et des râteliers d'armes, les plans de Bao Tan et les projets d'extension. Un fauteuil de cuir, passablement avachi, lui servait, comme il le disait drôlement, de confessionnal où il recueillait, parfois, les confidences, les espoirs et les desiderata de ses ouvriers.

147

— As-tu remarqué combien Lee-Aurore a changé? demanda Francis à brûle-pourpoint.

Cyril hocha la tête, affirmatif. Elle avait mis fin à ses fonctions et en attendant son accouchement, prévu dans les semaines à venir, aux alentours de Noël, la jeune femme se laissait vivre. Après le choc affectif subi à l'annonce de la mort simultanée de son mari et de son père, elle ne quittait sa chambre que pour de brèves apparitions aux heures des repas. Elle dormait le reste de la journée, paraissant perdue en permanence dans son univers clos. A Kim-Anne qui lui avait reproché ce qu'elle appelait son apathie, Lee-Aurore avait répliqué d'une voix lasse :

— Tu sais bien que je n'aime pas attendre. Dormir calme mes impatiences.

Catherine avait une autre explication :

— Elle tente de se reconstruire. C'est une saine réaction. Lee-Aurore reprendra pied dans la réalité au moment où elle se sentira suffisamment solide pour l'affronter.

Catherine parlait avec bon sens. Depuis quelques jours, Lee-Aurore recommençait à participer aux activités de la maison, même si elle se refusait encore à aider sa mère à la confection de la layette du futur bébé.

Cyril la trouvait plus mûre, débarrassée de cette sourde angoisse qui, dans le passé, lui avait trop souvent fait choisir la fuite en avant. Elle s'acceptait enfin telle qu'elle était, sa maternité imminente semblait l'avoir apaisée. Jamais, depuis son arrivée de Hanoï, elle n'avait fait la moindre allusion à son existence d'autrefois, pas plus qu'aux années passées auprès de Cyril. Elle s'était même inquiétée, avec une sollicitude non feinte, de la santé de Charlotte dont la dernière lettre, déjà vieille de quatre mois, ne reflétait plus qu'une immense résignation.

Au reçu de cette lettre, Cyril avait compris qu'il ne reverrait probablement jamais sa femme, mais il n'en parlait guère, s'il lui arrivait d'y penser, le cœur serré, il se plongeait dans une activité débordante qui requérait toutes ses capacités d'attention et de concentration. Il avait toujours refusé les apaisements qu'aurait pu lui fournir l'opium, cette « fée brune » dont Sylvestre, le directeur technique, l'un des vieux compagnons de son père, faisait souvent usage pour atténuer les effets d'une dysenterie amibienne qui lui rongeait les entrailles.

Lui possédait trop le respect de lui-même pour se résoudre à cette solution qui lui apparaissait comme une capitulation de la volonté. Et pourtant à la Colonie où il était vendu dans les bureaux de la Régie, l'opium était d'un usage quotidien, aussi banal que celui du tabac et nombreux étaient les Européens qui s'évadaient ainsi d'un insupportable présent. Il tenait à sa lucidité, fût-elle bien trop souvent source de malaise. De la même façon, il avait, le plus gentiment possible, mis fin à son aventure avec Simone, la boyesse, au moment où il s'était aperçu que son goût pour elle, pour son corps lisse et soyeux, pour ses grâces d'une touchante maladresse, devenait trop vif. Il ne voulait pas d'attache. Il se gardait, il ne savait trop pour quoi ou pour qui, peut-être, seulement, pour pouvoir répondre présent le jour où, comme il le lui avait laissé entendre, son vieil ami Franck Merlin aurait besoin de ses services.

Jouant les distraits sans grande conviction Francis consulta sa montre.

— J'allais oublier, dit-il précipitamment, c'est l'heure ; on nous attend.

Cyril se laissa guider jusque dans le salon, plongé maintenant dans l'obscurité la plus profonde. Il avança de quelques pas, heurta une chaise, s'arrêta. La porte du fond s'ouvrit. Parut un boy, portant sur un plateau un énorme gâteau surmonté de bougies allumées, trente-sept en tout. Une chanson s'éleva :

— *Happy birthday to you*, Cyril, *happy birthday* !

5

— Regardez, patron ! Des traces de pieds ! Au moins quatre bonshommes sont passés là !

Thach Suong était penché sur sa selle, se retenant seulement de la main droite, le visage à quelques centimètres du sol. Il se releva, ramena sur le sommet de son crâne la touffe de cheveux qui avait échappé au *kroma*, ce tissu à carreaux dont les Cambodgiens se servaient pour les usages les plus imprévus et qu'il portait, ce matin, noué autour de la tête, comme un bandeau de pirate. Cyril s'était approché et, à son tour, examinait les empreintes. Le pisteur avait raison, quatre hommes étaient passés là moins d'une heure plus tôt, un peu d'humidité cernait les traces.

— Dans quelle direction sont-ils allés?

Thach Suong désigna la grande piste qui rejoignait directement la route de Long Thanh, coupant la plantation en deux parties.

— C'est peut-être aller à la maison...

Cyril fronça les sourcils. La première pensée qui lui était venue lui faisait redouter que les tueurs de Cao Van Minh aient rapidement décelé la présence de Ton That Toàn à Bao Tan. Il fallait, de toute urgence, assurer sa protection. Il fit faire demi-tour à son cheval et, du bras, invita ses miliciens à le suivre.

Arrivé au bord de la route provinciale n° 13, il stoppa sa patrouille, inspecta les alentours, mais ne remarqua rien d'anormal. Pendant quelques minutes, ses Cambodgiens examinèrent les bas-côtés d'argile rouge, aucune trace de passage n'était visible.

— Nous allons rester ici, en embuscade. Nous verrons bien, décida-t-il.

Au bout d'une heure, il leur fallut se rendre à l'évidence, les inconnus s'étaient évaporés dans la forêt. « Ce n'était sans doute qu'une fausse alerte », songea Cyril, qui ordonna le retour vers l'usine et les dépendances. Tout était calme, la sentinelle qui montait une garde nonchalante devant la cagna de Toàn n'avait rien observé de particulier.

— Dispersez-vous! dit Cyril à ses Cambodgiens, patrouillez en quadrillant la plantation. Retour ici toutes les deux heures pour rendre compte. En cas d'imprévu, tirez un coup de fusil.

La matinée passa ainsi, puis une partie de l'après-midi. Vers quatre heures, l'écho d'un coup de feu se fit entendre assez loin à l'est. Cyril fonça dans la direction signalée. Il y arriva en même temps que Lam Suol, le plus vieux de ses pisteurs. Le spectacle qu'il découvrit lui serra le cœur.

La camionnette U23 de la plantation était arrêtée au milieu de la grande piste menant au fleuve. Elle avait été stoppée par un arbre abattu en travers du chemin; la portière était restée ouverte. Dans la poussière, des empreintes confuses indiquaient clairement qu'une lutte s'était déroulée ici, mais, piètre soulagement, Cyril observa qu'il n'y avait aucune trace de sang. Les Cambodgiens fouillèrent les abords, suivirent, à pied, le sentier de brousse ouvert à la diable par un petit groupe d'hommes, jusqu'au Donaï où ils finirent par découvrir l'endroit où, quelques instants plus tôt, un sampan avait été échoué, puis remis à flot. La poursuite s'arrêta là.

Cyril était atterré. Il aurait voulu s'obliger à espérer que ce n'était pas son père qui se trouvait au volant de la camionnette, mais il savait déjà que c'était croire à l'impossible. Il lui fallut bientôt se rendre à l'évidence, lorsqu'il découvrit, accroché à une branche cassée, le chapeau de feutre délavé que Francis portait depuis des années, sa coiffure fétiche.

— Rentrons, décida-t-il. Il ne nous reste plus qu'à alerter la gendarmerie, en lui demandant de faire effectuer des patrouilles fluviales en aval du Donaï.

Mais un pressentiment lui disait déjà qu'elles ne donneraient aucun résultat.

— Qu'allons-nous devenir? soupira Catherine, lorsque, avec bien des ménagements, Cyril lui eut appris la nouvelle.

— Je retrouverai mon père! Dussé-je fouiller jusqu'au dernier recoin de cette foutue Cochinchine! jura ce dernier, avec une sombre détermination.

— Qui, mais qui donc a pu faire une chose pareille?

— Je l'ignore. Dès demain, j'irai à Saïgon et j'essaierai de voir Ho Chan Sang, le mari de Suzanne-Souên. Si ce sont les Binh Xuyen, tout s'arrangera vite.

En réalité, il n'y croyait guère. Il pensait plutôt qu'il s'agissait d'un acte de représailles envers celui qui avait

151

donné asile à un « traître » en fuite. « Si Cao Van Minh est le responsable, pas de quartier ! » se promit-il.

Tout était allé très vite. Lorsque l'arbre s'était abattu, juste devant le capot de l'U23, Francis avait commis une faute, il avait ouvert sa portière et, en oubliant de prendre sa Winchester, posée à côté de lui, il était descendu voir ce qui se passait. Il avait aussitôt été entouré par quatre hommes armés, vêtus d'un pyjama noir, qui l'avaient mis en joue sans lui permettre d'esquisser le moindre geste pour se défendre.

— Que voulez-vous ?

— Tu verras, lui répondit celui qui semblait être le chef.

Dix secondes plus tard, les bras liés dans le dos, Francis prenait à travers la forêt la piste qui longeait la plantation à l'est et qui filait vers le Dong Naï. Une pirogue l'attendait, lui et ses ravisseurs. Il y fut poussé et, sans perdre un instant, deux des hommes de main la lançaient dans le courant, fort à cette heure de marée basse. Le reste de l'après-midi fut consacré à la navigation à travers le dédale des marigots qui se perdaient au milieu de la mangrove bordant les berges vaseuses. Ce fut seulement à la tombée de la nuit qu'ils mirent pied à terre et s'engagèrent dans un labyrinthe serpentant entre les touffes de broussailles et les palétuviers, franchissant de minuscules arroyos sur des ponts de singe, se glissant sous des tunnels de verdure. Ils arrivèrent enfin dans un misérable hameau enfoui sous les palmiers d'eau et les lianes, tendues comme des filets.

Francis n'avait pas desserré les dents ; il ne parvenait pas à prendre pied dans cette réalité nouvelle pour lui, être prisonnier, entravé, marchant vers il ne savait quel destin. Il ne comprenait pas les raisons de son enlèvement, se demandait ce qui avait bien pu le motiver. Bien sûr, il avait pensé à Minh, qui se vengeait à sa façon de l'asile accordé par le maître de Bao Tan à son ennemi Ton That Toàn. « Quel intérêt aurait-il à commettre pareille folie ? avait-il objecté. S'il s'était agi d'une simple vengeance, le plus simple, le plus efficace aurait été de m'abattre, là, au pied de mon camion. C'était moins risqué. »

La fatigue l'enveloppait comme une gangue qui enserrait ses jambes et son torse. Il ne sentait plus ses mains, dans lesquelles le sang n'arrivait plus guère. Une soif dévorante lui séchait la gorge mais, curieusement, il n'éprouvait aucune faim, au contraire, une boule d'angoisse lui creusait l'estomac, pesante comme un bloc de ciment. Son gardien, un gnome hargneux, bougon, le poussa vers l'entrée d'une sorte de niche, murs de glaise, toit de paillote, à peine assez grande pour lui permettre d'y engager le torse et de s'y glisser, en rampant. Derrière lui, une porte de bois grossier fut rabattue, sans ménagements, avec le claquement sec d'un verrou à balancier. Il était arrivé.

En dépit de ses bras toujours liés dans son dos, Francis essaya de se faire une idée du volume de sa cage. Elle était étroite, longue comme un cercueil et ne lui laissait que l'espace suffisant pour rouler sur lui-même, tantôt sur le côté gauche, tantôt sur le côté droit. Il ne lui restait qu'à attendre en faisant le vide dans sa tête. Trop de questions s'y bousculaient, l'angoisse de Catherine et de ses proches, le désarroi de ses ouvriers, les réactions de Cyril.

« Je dois lui faire confiance, décida-t-il. Il ne restera pas inactif... Patience... »

Il songea que la meilleure façon de passer le temps était encore de dormir, il en fut incapable. Ses liens lui donnaient l'impression d'avoir des mains énormes, gonflées comme des gourdes, flasques, inertes, où seul le battement du sang lui rappelait qu'elles existaient encore. Des crampes tordaient les muscles de son dos.

Un peu plus tard, les moustiques se mirent de la partie, ce fut l'enfer.

Francis frissonna, de plus en plus rapidement, de plus en plus fort. Aux bouffées de chaleur qui le trempaient de la tête aux pieds, succédèrent des vagues d'un froid intense. Il claqua des dents. « Du paludisme, il ne manquait plus que ça ! »

Ce n'était pas la première fois qu'il était en proie à une pareille crise ; en dépit de la prophylaxie, tous les Indochinois, Français ou Annamites, y étaient soumis. L'accès qui venait ne le prenait pas au dépourvu, il savait que, de six heures en six heures, trois ou quatre jours durant, les crises se succéderaient, le froid alternant avec la fièvre. Il lui fallait seulement subir. Il en sortirait abattu, flageolant, courbatu avec cette impression déjà ressentie d'avoir été roué de coups. Il ne résista plus, se laissa glisser dans le néant.

Était-ce la réalité? Était-ce encore un cauchemar? Était-ce la nuit ou le jour? Francis aurait été incapable de le dire. Il avait vaguement entendu se relever la porte de sa niche, quelqu'un l'avait tiré par les pieds, puis avait défait ses liens. Au-dessus de sa tête brillait la lumière crue d'un projecteur bleuté diffusant une lumière morte.

Il s'entendit grogner, gémir. Il ferma les yeux, les rouvrit et se rendit compte qu'il était allongé à l'extérieur, les mains ramenées sur la poitrine, et que le projecteur était en fait une fraction de la lune qui s'infiltrait à travers le feuillage. Alors, la mémoire lui revint, à la façon d'un film passé en accéléré.

— Debout! lui intima une voix venue de très haut, loin au-dessus de lui.

— Je ne peux pas, protesta-t-il en annamite, la voix pâteuse.

Deux mains le saisirent aux aisselles, le dressèrent sur ses pieds. Francis chancela, reçut un coup dans le dos, fit un pas en avant, trébucha, tomba sur les genoux, le souffle coupé.

— Debout! répéta la voix.

— Merde!

Un nouveau coup l'atteignit, cette fois à la base du crâne, sans doute la crosse d'un fusil, ou d'une carabine. Il s'affala de tout son long.

— Ça suffit, trancha une seconde voix, plus incisive. Portez-le jusqu'à ma maison!

Des mains le saisirent un peu au hasard, par les pieds, les pans de sa chemise, sous les bras. Une nausée lui tordit l'estomac, il eut dans la bouche un goût amer. De la bile.

On le jeta, en tas, à l'intérieur d'une pièce au sol de terre battue qui sentait le bois brûlé et l'humus en décomposition. Sur sa joue, le contact de l'argile était frais et doux. Il n'avait plus envie de bouger. On l'aurait tué là qu'il n'aurait pas esquissé un seul geste de défense. Il songea, bizarrement :

« J'ai soixante ans, je suis vieux. On ne devrait pas traiter ainsi un homme de mon âge. Le respect se perd... »

La dernière phrase lui parut cocasse. Il la répéta, à haute voix :

– L'respespèr...

Un fou rire le secoua, lui arrachant des larmes, s'acheva en une quinte de toux. Il eut froid, roula sur le dos, aperçut une ombre qui s'interposait entre lui et la clarté jaunâtre d'une petite lampe à huile. Une voix lointaine articula une phrase qui mit très longtemps à parvenir jusqu'à son cerveau et qui ne lui parut être qu'une succession de sons sans signification : « gnagnagnagna... »

– *Khong biêt !* répondit Francis, qui éprouva la sensation étrange d'avoir hurlé dans une cathédrale tellement l'écho de ces deux mots n'en finissait pas de résonner sous son crâne.

L'homme reprit, en détachant soigneusement chacune de ses syllabes :

– Votre vie vaut-elle plus que celle de Toàn?

CHAPITRE 4

1941

1

Cyril était à Saïgon depuis la veille. Il avait effectué une nouvelle démarche auprès de son vieil ami Théo Scotto qui, avec beaucoup de regrets, lui avait avoué que la Sûreté n'avait pu obtenir aucun renseignement, ni sur les auteurs de l'enlèvement, ni sur l'endroit où Francis pourrait être détenu.

Puis, en fin d'après-midi, par l'intermédiaire de Suzanne-Souên, il avait obtenu un rendez-vous auprès de Ho Chan Sang.

— Les Binh Xuyen ne sont pour rien dans cette affaire, affirma le jeune homme. Il y a longtemps que nous avons renoncé à ces pratiques. C'était finalement une source d'ennuis bien plus importante que les profits réalisés.

Puis il ajouta :

— Mes amis ont fait une enquête et tous croient que l'enlèvement de ton père est lié à la disparition de Ton That Toàn. Selon les renseignements qu'ils ont pu recueillir, ils pensent qu'il s'agit d'un acte de représailles. Toàn ne se serait-il pas caché chez vous ?

Cyril songea que les nouvelles circulaient vite. Toute la Cochinchine semblait déjà être au courant de la présence du caodaïste à Bao Tan. Il préféra ne pas répondre.

— Sais-tu que Minh utilise les services d'un certain Chu Van An, un bandit qui s'est découvert des motivations politiques ? C'est un évadé de Poulo Condore, ce qui signifie que l'homme n'a peur de rien et qu'il n'a plus grand-chose à perdre.

— Où se cache-t-il?

Ho Chan Sang éleva les deux mains, qu'il agita, comme des marionnettes.

— Hé, l'ami, protesta-t-il, pas si vite! Tout comme nous, tu dois te montrer patient. La vie de ton père ne vaudra plus une sapèque si Chu Van An apprend que nous nous sommes mis à sa recherche.

Cyril approuva, puis :

— A ton avis, contre quoi faudrait-il échanger la libération de mon père? s'enquit-il.

— Contre Toàn, bien entendu.

— Alors, tout est perdu.

— Qu'est-ce qui te fait dire cela?

— Je connais mon père, jamais il n'acceptera d'échanger sa vie contre n'importe quelle autre et encore moins celle d'un ami. De plus, je connais bien Minh, c'est un de mes amis d'enfance, il ne recule devant rien pour arriver au but qu'il s'est fixé.

Sang plissa les yeux, soudain attentif :

— Tu me surprends. Comment Minh a-t-il pu ordonner de s'emparer du père d'un vieil ami? Il y a quelque chose que je ne comprends pas. Sauf si Chu Van An a commis un excès de zèle, ce qui serait assez dans ses manières. Je vais chercher dans cette direction, tu peux compter sur moi.

— Merci.

— Au fait, reprit Sang, connais-tu ce Français qui s'appelle Guillaume Ganerac?

— Bien sûr, il a été élevé par le docteur Kervizic, le père de Souên. Pourquoi cette question?

— Il a demandé à me rencontrer. Nous avons quelques projets de construction d'immeubles du côté de Cholon. Ce type se prétend architecte et souhaiterait que nous lui confiions les travaux. Qu'en penses-tu?

Cyril se déroba, il ne pouvait livrer le fond de sa pensée sans, du même coup, froisser Souên qui éprouvait, à l'endroit de Guillaume, des sentiments fraternels.

— Mon opinion n'a aucune valeur, répondit-il. Je suis de

parti pris. Tout ce que je crois savoir est que Guillaume est un bon architecte.

Sang esquissa un demi-sourire en coin.

— Je vois que nous pensons la même chose, observa-t-il, ambigu. Il ne manque aucune occasion de chercher à s'enrichir. C'est un drôle de personnage, pas du tout comme toi ou comme ton père. Lui n'aurait pas hésité à livrer son meilleur ami pour sauver sa vie.

— Qui peut le dire?

Sang lui frappa l'épaule.

— Puisque tu m'affirmes que c'est un bon architecte, nous allons traiter avec lui, cela fera plaisir à Souên. Mais nous allons rédiger un contrat tellement précis qu'il ne pourra pas nous rouler!

Rentré à la villa des Saint-Réaux où Kim-Anne lui avait réservé la chambre d'amis, Cyril apprit que Lee-Aurore avait accouché d'une petite fille et demandait à le voir. Il se rendit aussitôt à la clinique Pellerin.

— Comment se porte l'enfant? demanda-t-il.

— Diane a hérité de ma robuste constitution, plaisanta Lee-Aurore. Et de ma capacité à dormir! C'est à peine si elle s'éveille au moment du biberon.

— Tu voulais me voir?

Elle fit « oui », de la tête, l'air soudain désemparé. Puis elle se décida et dit, très vite :

— Diane n'est pas la fille de Philippe.

— Je m'en doutais un peu, figure-toi.

— Pourquoi ne m'as-tu jamais posé la question?

— J'ai pensé que le moment était mal choisi. Tu avais subi un choc psychologique important. Et puis, de toute façon, cela ne me regardait pas.

— Veux-tu savoir qui est le père?

Cyril secoua la tête.

— Non. C'est du passé. Comme disent les Viêtnamiens, « le passé est mort ». Seule compte l'existence de ta petite Diane, la vie que tu lui prépareras. Qu'elle soit orpheline ou fille naturelle est secondaire, en regard de ce que toi, tu lui apporteras d'amour et de compréhension. L'as-tu désirée au moins?

Lee-Aurore baissa la tête.

– Tu sais bien que je ne voulais pas d'enfant. Quand j'ai tenté de me suicider, tout le monde a cru que c'était à cause de la mort de Philippe et de ma haine des Japonais. C'était faux, je voulais mourir pour ne pas voir naître un bébé dont je n'aimais pas le père.

Cyril s'efforça à la désinvolture pour essayer de détendre l'atmosphère.

– Je te reconnais bien là! Toujours les solutions extrêmes! Tu as raté ton affaire, ma chère Lee-Aurore. C'est maintenant que tu vas devoir apprendre à vivre, tu verras, c'est bien plus facile qu'on ne le croit.

– Merci, dit-elle.

Cyril quitta la clinique et décida de rentrer à pied à la villa. En chemin, il trouverait une marchande ambulante de soupe chinoise qu'il dégusterait, comme autrefois au temps de son adolescence, accroupi au bord du trottoir. Ce qu'il fit, indifférent aux regards surpris des passants ou à ceux, chargés de mépris, des Japonais en uniforme qui déambulaient, l'air vainqueur. Ils n'étaient pas encore très nombreux à Saïgon, seulement l'effectif de la Commission de contrôle, mais on ne voyait qu'eux, présence ostentatoire, aggravée depuis le matin par l'apparition de l'équipage de deux croiseurs qui avaient jeté l'ancre dans le port, devant la pointe des Blagueurs.

Ils se répandaient, sur toute la largeur des trottoirs, ne déviant pas d'un pouce, obligeant les passants à descendre sur la chaussée. Ils paraissaient ne voir personne et, entre leurs paupières fendues, leurs yeux avaient dureté ou arrogance. Du coup, des incidents avaient éclaté çà et là, principalement avec des Annamites dont la fierté s'était froissée à leurs brusques façons. Ils s'en vengeaient à leur manière, en les brocardant, singeant leur démarche, imitant leur parler guttural. Leur verve, qui s'était naguère exercée aux dépens des Français, ces *T'ay* aux mœurs étranges, s'en donnait à cœur joie devant ceux qu'ils appelaient des rustres directement venus de leurs rizières et qui s'extasiaient d'un rien, d'une pièce d'orfèvrerie, d'un orchestre de cuivres, voire d'un simple et banal cyclo-pousse.

En vertu des consignes reçues de leurs officiers, les sol-

159

dats japonais avaient bien tenté d'apprivoiser les Saïgon-nais, mais ils se voyaient le plus souvent opposer un *khong biêt* (je ne comprends pas) définitif.

La marchande de soupe chinoise avait observé que Cyril parlait sa langue. Dès lors, elle ne se priva pas de quelques commentaires salaces visant les soldats marchant devant eux :

— Regarde-les, avec leurs petites jambes et leur gros cul! lui glissa-t-elle, complice. Comment une femme peut-elle avoir envie de faire l'amour avec eux?

Cyril rit et enchaîna, sur le même ton :

— C'est peut-être ça qui les rend méchants!

2

Chu Van An était furieux. Furieux et humilié. Il avait effectué à pied un long voyage de plus de dix jours pour aller annoncer à Cao Van Minh, son chef, le résultat du raid qu'il avait effectué à Bao Tan où il avait appris la présence de Toàn qu'il avait reçu mission d'abattre.

— Il est trop bien gardé, avait-il tenté d'expliquer. Aussi nous avons dû capturer le patron de la plantation. Je le garde en otage pour l'obliger à me livrer le *Viêt-gian.* Ai-je bien agi?

A sa grande stupeur, Minh avait éclaté en imprécations furieuses.

— Bougre de cochon! Personne ne t'avait demandé de t'en prendre à un Français! Maintenant, nous allons avoir la Sûreté aux fesses! Déjà qu'ils se remuent pour l'assassinat d'un paysan, alors, imagine un peu ce qui va se passer! Francis Mareuil n'est pas un Blanc comme les autres, il a beaucoup de relations, et je connais son fils, ce n'est pas un homme à pleurer dans son coin sans rien tenter!

— Bon, admit Chu Van An, conciliant, il ne me reste plus qu'à le relâcher.

Minh ne s'était pas calmé, bien au contraire.

— C'est tout ce que tu as trouvé! Le relâcher! Sais-tu la première chose qu'il fera aussitôt qu'il sera libre? Il ira trouver les flics et fera de toi une description telle que le doute ne sera plus permis!

Sous l'algarade Chu Van An avait baissé la tête. Mais il était obligé d'admettre que Minh avait raison. Il était facilement identifiable, avec sa tête rasée, la profonde cicatrice qui lui barrait le front, souvenir laissé par le nerf de bœuf que lui avait assené un gardien de Poulo Condore.

– Que me commandes-tu ?

Minh n'hésita pas longtemps. Par la faute de cet imbécile, il se voyait contraint d'abolir ses scrupules, de chasser de son esprit la vénération et le respect qu'il éprouvait toujours envers Francis Mareuil, d'être logique avec la stratégie qu'il avait lui-même préconisée quelques mois plus tôt : imposer la terreur par tous les moyens. Il dit :

– Tue-le ! Et jette son corps dans le Donaï, les crevettes se chargeront de le faire disparaître !

Chu Van An avait acquiescé. C'était, en effet, la seule solution.

Il avait rebroussé chemin. Toujours à pied, il avait regagné le camp qu'il avait établi, dans la région de Phu My, sur les bords du Donaï. Pour éviter d'être repéré, il avait choisi un itinéraire détourné ; il lui avait fallu près de douze jours pour arriver à destination.

La fatigue du voyage, la rancœur qui ne s'apaisait pas d'avoir été maltraité par son chef, l'avaient rendu irritable ; pendant les derniers kilomètres, pour calmer sa mauvaise humeur, il s'était plu à imaginer les supplices qu'il allait infliger à son prisonnier avant de l'abattre, d'une balle dans la nuque.

« Je lui casserai les membres, les uns après les autres, puis je lui crèverai les yeux... C'est lui qui me suppliera de l'achever... »

Il en avait les paumes moites, les tempes battantes d'excitation. C'est dans cet état d'esprit qu'il arriva au campement, peu avant la nuit.

– Amène-moi le prisonnier, ordonna-t-il aussitôt à Dzuong, l'un de ses acolytes.

Dzuong baissa la tête et avoua, penaud :

– Le prisonnier est parti, *Ong An* !

– Quoi ?

– Le prisonnier est parti. Ce matin, quand j'ai voulu lui apporter son bol de riz, il n'était plus dans sa cagna.

161

– C'est tout ce que tu as à me dire? Le prisonnier est parti? Pourquoi ne l'avez-vous pas rattrapé, toi et tes salauds de camarades?

– Nous avons patrouillé toute la journée dans le marécage, mais nous ne l'avons pas rattrapé. Ses traces se perdent dans l'arroyo.

Chu Van An s'étrangla de fureur.

– Qui était chargé de le garder?

– Moi, *Ong An*. Avec Maï.

– Bien, dit-il en s'efforçant de maîtriser sa voix, je vous donne jusqu'à demain matin pour me ramener le prisonnier. Sinon (il dégagea son revolver et le posa sur la table :) à une balle dans la nuque à chacun de vous, Maï et toi. Maintenant, filez et ne revenez pas les mains vides!

Quelques jours plus tôt Francis avait brusquement décidé qu'il en avait assez. Trois semaines durant, il avait espéré que les choses allaient s'arranger; l'absence du chef de ceux qu'il appelait « les brigands » l'avait un temps conforté dans cette espérance. Mais, plus les jours passaient, plus ses chances s'amoindrissaient.

« Ce n'est pas ici que Cyril me retrouvera, songeait-il. Ni lui, ni la Sûreté. L'inaction me rend de plus en plus vulnérable; si j'attends encore, je n'aurai même plus le courage de tenter quoi que ce soit. Si je ne m'aide pas moi-même, qui m'aidera? »

Deux jours durant, il avait étudié le comportement de ses gardiens, leurs habitudes, les heures de leurs repas, de leur sommeil. Pour endormir leur méfiance, il avait, lui-même, accentué son apparence d'homme à bout, se traînant de son bat-flanc au seuil de sa cagna, où il s'asseyait, des heures durant, l'œil vague, le geste alangui. Mais il restait sur le qui-vive, espérant que Chu Van An et sa tête de tueur fou n'arriverait pas avant qu'il soit prêt et réduise ainsi ses espoirs à néant.

Le troisième soir, il était prêt. Depuis la veille, il avait économisé un peu de sa ration de riz, dissimulée en boule dans une feuille de bananier sauvage. Il ignorait où il se trouvait, mais, à l'estime, il pensait être en mesure d'atteindre le fleuve s'il marchait droit vers le sud.

« Pourvu que la nuit soit claire, se dit-il. Je pourrai me guider grâce aux étoiles. »

Il avait soigné son scénario; pour endormir la méfiance de ses gardiens, Dzuong, un brave bougre de *nha qué* recruté presque malgré lui dans la prison provinciale de Go Cong où il purgeait une peine de six mois pour un vol de pieds de tabac, et Maï, un petit voleur à la tire venu des bas quartiers de Saïgon, il avait passé sa journée allongé sur son bat-flanc, prétextant une fatigue due à son grand âge. Son apparence plaidait pour lui; sa barbe inculte et longue, tissée de poils blancs, lui faisait une tête de vénérable vieillard.

Vers neuf heures du soir, Dzuong vint, comme à l'accoutumée, lui apporter un bol de soupe de riz accommodée avec des *luc binh*, ces liserons d'eau au goût vague de cresson. Debout devant la porte, il attendit que Francis ait lappé la dernière cuillerée.

– Bonne nuit, Dzuong!
– Bonne nuit, *Ong Pham*!

Maintenant, tout était calme dans le hameau qui servait de refuge aux rebelles. Les crapauds-buffles avaient repris leur concert de bassons, et, en écho, les rainettes leur répondaient, sur plusieurs notes.

Francis se dressa. Il avança de quelques pas et s'engagea sur le petit sentier qui serpentait entre les paillotes. Bizarrement, sur sa gauche, un coq chanta.

« Est-ce un bon ou un mauvais présage? » se demanda Francis. Il décida qu'étant nécessairement gaulois, ce coq ne pouvait que lui souhaiter bon voyage.

La lune n'était pas encore levée. Francis se guidait sur la tache claire que faisait le sentier, entre la masse plus sombre des paillotes. Il aborda la dernière avec circonspection, c'était la plus importante, là où logeaient les quatre ou cinq « anciens », des hommes qu'il avait peu vus et qui bornaient leur activité à venir dans la journée lui lancer des insultes, s'en remettant, pour les corvées ou pour la garde, aux deux nouveaux. Francis se pencha, tendit l'oreille. De l'intérieur lui parvenaient des gémissements rauques, entrecoupés de halètements saccadés. Il risqua un œil sur une fente du *cai phèn* *, sourit. Dans la pénombre, à peine dissipée par la lampe à huile brûlant devant l'autel des ancêtres, il avait distingué un couple entremêlé qui se livrait à des ébats amoureux. Il n'y avait rien à craindre de ce côté-là. Maintenant, le hameau était derrière lui et il avançait vers l'inconnu. Un chien surgit d'une haie, en frétillant, le renifla de loin, puis de près, se frotta contre sa jambe. Du bout des doigts, Francis lui gratta le sommet du crâne, le chien s'éloigna, en remuant la queue, tout joyeux.

Il marcha près d'une heure, se trompant sur l'itinéraire, glissant parfois dans une fondrière, sans trop savoir où il allait. Le sentier avait un tracé fantaisiste, tantôt coincé entre des parois de glaise séchée, tantôt, au contraire, en diguette surplombant des flaques d'eau stagnante.

Francis s'arrêtait souvent, tâchant de discerner, parmi tous les bruits de la forêt, le friselis de l'eau courante qui lui aurait donné une indication sur l'existence d'un marigot dont il n'aurait eu qu'à suivre le courant pour arriver jusqu'au Donaï.

Il parvint enfin à un débarcadère, quatre planches reposant sur des pilotis plantés dans la vase, chercha, de la main, la corde qui aurait annoncé la présence d'un sampan, mais il ne trouva rien. Il s'assit puis, doucement, se laissa glisser dans le courant. Une douce torpeur l'envahit ; il flottait, sur le dos, sans faire un geste, emporté vers l'aval, dans un léger clapotis d'eau froissée. « Finalement, songea-t-il, j'aurais dû m'évader plus tôt. Tout a été si facile ! » Mais, comme pour lui montrer son erreur, il fut arrêté par une masse de liserons flottants qui s'enroulèrent autour de ses épaules et de son torse comme les tentacules d'une pieuvre aux mille bras. Sans geste inconsidéré, il tenta d'abord de se dégager pour s'apercevoir que le courant le poussait inexorablement en avant et qu'il s'empêtrait chaque seconde un peu plus. Déjà ses bras étaient ligotés, il n'arrivait plus que difficilement à remuer les mains. « Je vais me noyer ! se dit-il avec un peu de panique. Ce serait trop idiot ! » Il lutta, mais en vain et

* Bambou écrasé et tressé.

ne réussit qu'à avaler une gorgée d'eau au goût de vase. Alors, il eut vraiment peur. Dans un sursaut désespéré il réussit pourtant à sortir suffisamment de l'amas des *luc binh* pour aspirer une grande goulée d'air, et se laissa couler, le plus profondément possible. A deux mètres sous la surface, Francis put ainsi nager un peu, de façon à sortir de l'amas des racines flottantes. Mais cet effort l'avait épuisé. Il surgit à l'air libre, passa de longues minutes sans bouger, le cœur battant à se rompre, l'estomac tordu de nausées douloureuses.

La lune se levait. Dans la clarté bleutée, il distingua, sur sa gauche, une petite construction au toit pointu, un silo posé de guingois sur des pilotis de brique, pour le mettre à l'abri des rats. Francis estima qu'il était suffisamment éloigné du campement pour se risquer sur la berge et se réfugier là. D'autre part, la présence d'un silo en cet endroit annonçait de toute évidence, la proximité d'un village. A l'aube, il y verrait suffisamment clair pour le découvrir et s'y présenter.

Il se hissa sur la berge. Une fois au sec, il resta étendu, les bras en croix, incapable d'esquisser le moindre geste supplémentaire.

Le froid l'engourdissait. Il se dressa, les membres rompus, déshabitués depuis longtemps à un effort physique prolongé, puis, à pas lents, il se dirigea vers le silo dont il ouvrit la trappe et dans lequel il se glissa. L'endroit était vide, seulement parsemé, dans le fond, de balles de riz. Contre la paroi était accroché un fléau à battre le paddy. Francis s'en saisit et l'assura entre ses mains; en cas de visite inamicale, il constituait une arme redoutable. Ainsi, rassuré, il put s'endormir.

Le soleil le réveilla, filtrant à travers une fente des claies de bambou qui servaient de toit à sa cachette. Francis s'étira, content de lui, savourant sa liberté presque retrouvée. Il songea, avec un sourire, à la tête que ferait Catherine quand elle le verrait, tout à l'heure, et se préparait à s'extraire du silo, quand un murmure proche attira son attention. Il colla son œil à un interstice, sa main se crispa sur le fléau qu'il avait saisi. Devant lui, à une dizaine de mètres, Dzuong et Maï descendaient l'arroyo, à bord d'un petit sampan, fouillant les berges du regard. Maï avait aperçu le grenier à riz, et le montra du doigt à son compagnon qui opina; d'un coup de godille, il fit aborder l'embarcation.

Francis avait pris sa décision, il ne se laisserait pas capturer vivant, mourir pour mourir, il allait vendre chèrement sa peau. « Venez, mes petits, venez donc », soufflat-il, le fléau prêt à frapper. Il avait remarqué que les deux hommes étaient armés, mais il comptait sur l'effet de surprise pour avoir et conserver l'avantage.

Nonchalamment Maï s'approcha, la carabine basse sans prendre de précaution particulière. Par acquit de conscience, il retira la trappe. Mais il commit l'erreur d'avancer la tête à l'intérieur. Le coup fut si violent que son crâne éclata, comme une pastèque mûre; avant que Dzuong ait eu le temps de réagir, il se trouva face à face avec un diable barbu, l'œil étincelant, qui fonçait sur lui, le fléau levé. Éperdu de terreur, il cria :

– Ne me tue pas!

Francis abaissa son arme, s'aperçut alors que Dzuong tenait à la main sa propre Winchester. Il tendit la main :

– Donne ça, ordonna-t-il, c'est à moi!

Dzuong obéit sans réfléchir; quand il se rendit compte de la portée de son geste, il était trop tard, Francis le tenait en joue.

– Que vas-tu faire maintenant? lui demanda-t-il. Si tu rentres au camp, tu vas te faire massacrer. Le mieux serait que tu viennes avec moi.

– Oui, *Ong Pham*. Tout ce que tu voudras!

Nhon Ky était un important village, posé au carrefour de la route de Baria, au bord du bac menant à l'île de Can Gio. Une porte monumentale en livrait l'entrée, protégée contre l'intrusion des mauvais génies par une murette de pierres de latérite rose. Francis et Dzuong y arrivèrent vers midi, après une marche à travers les rizières inondées.

Leur entrée constitua un événement, tous les villageois étaient rassemblés de part et d'autre de la piste, certains arborant des sourires de bienvenue, les plus jeunes portant leur chapeau sur l'estomac, en signe de respect. Deux miliciens fermaient le cortège, ils emmenèrent directement les deux nouveaux venus jusqu'à la maison du *Pho Ly*, le notable local, qui affecta de ne pas remarquer l'état lamentable des vêtements, pas plus que l'apparence négligée de Francis. Très courtoisement, entre de longs silences, il se fit raconter deux ou trois fois l'odyssée de Francis, une façon de laisser entendre qu'il ne la croyait qu'à moitié.

— Quel est ce paysan qui vous accompagne? demanda-t-il, suspicieux, en désignant Dzuong d'un geste méprisant.

— Un prisonnier des rebelles, comme moi.

— Il n'est pas d'ici.

— En effet. Mais moi non plus, et pourtant je suis là.

Le *Pho Ly* examina la réponse, et, apparemment, l'accepta.

— Je vais envoyer un milicien alerter le poste de la gendarmerie de Baria, dit-il enfin. Jusque-là, je vous prie d'accepter l'hospitalité de mon humble maison.

C'était plus un ordre qu'une invitation. Francis hocha la tête.

— Naturellement, vous me confierez vos armes.

— Naturellement.

— Avez-vous besoin de quelque chose?

— D'un coiffeur, dit Francis en ébouriffant sa barbe de trois semaines.

— Nous avons fait prévenir votre famille. Votre fils va venir vous chercher. Nous avons également communiqué les indications que vous nous avez fournies concernant l'implantation du campement rebelle. Dès l'aube de demain, une patrouille de fusiliers marins débarquera à proximité.

Le gendarme était un homme précis et expéditif. Ayant remarqué l'état de délabrement physique de Francis, il avait abrégé l'interrogatoire et semblé admettre, sans réserve, les explications données.

— Les marins ne trouveront rien, Chu Van An n'est pas homme à prendre des risques inutiles. Aussitôt après avoir compris que j'ai réussi à lui fausser compagnie, il a certainement décampé.

— Je pense comme vous, mais on ne sait jamais! (Le gendarme lissa sa moustache, s'informa :) Autre chose, monsieur Mareuil, le nommé Dzuong qui vous accompagne n'était pas un prisonnier. J'ai reçu à son sujet des renseignements formels, il s'est évadé de la prison provinciale de Go Cong à la faveur des troubles de novembre dernier. Pourquoi le protégez-vous?

— C'est un brave bougre, inoffensif. Il a été entraîné malgré lui dans cette aventure. Quand les rebelles ont investi la prison, il a suivi ses camarades. Qu'auriez-vous fait à sa place?

Le gendarme eut un haut-le-corps.

— Je ne suis pas à sa place! protesta-t-il, outré.

— Excusez-moi, je ne voulais pas vous offenser! Qu'allez-vous faire de lui?

— Mon interprète est en train de l'interroger, il a sûrement des choses intéressantes à nous apprendre, le nom de ses complices, leur lieu d'origine, enfin (sa main balaya le sous-main de moleskine d'un geste vague) tout ça...

— Et après?

— On le remettra en prison.

— Confiez-le-moi. Je le prends à mon service; éventuellement, je le tiendrai à votre disposition.

Le gendarme opina, puis, admiratif :

— Vous êtes un curieux homme, monsieur Mareuil, vous n'avez aucune rancune. A votre place...

Francis faillit lui renvoyer la réponse qu'il lui avait lancée l'instant d'avant, mais il se borna à remarquer :

— Ne vous y fiez pas. Ma rancune n'est pas dirigée contre les sous-ordres, seulement contre ceux — ou, plus exactement, contre celui qui a organisé le traquenard dans lequel je suis tombé.

— Je me disais, aussi, fit le gendarme, avec un large sourire, en lui tendant la main.

Bao Tan était illuminé lorsque Francis et Cyril y firent leur rentrée, tard dans la nuit. Une haie de coolies s'alignait le long de la piste, portant des torches allumées, dans un concert de cris de bienvenue, ponctué du roulement des tam-tams et des éclatements des pétards de fête. Francis avait les larmes aux yeux quand il descendit de voiture et tendit les bras à Catherine, qui dévalait les degrés du perron pour se jeter contre sa poitrine. Elle riait, pleurait tout à la fois, mais, dominant son émotion, elle s'exclama d'un ton navré :

— Tu ressembles à un épouvantail, mon pauvre Francis! Viens vite, je t'ai préparé des vêtements propres!

Elle l'escorta jusqu'à sa chambre, tout en multipliant les banalités, comme si elle avait reculé l'instant où elle évoquerait l'angoisse de ces jours passés à attendre, redoutant le pire, où elle apprendrait de son mari les tourments et les épreuves qu'il avait endurés. Comment supporterait-il le contrecoup de cette captivité? Tandis que Francis se déshabillait, elle dit, simplement :

— Bertrand arrive demain.

Il releva la tête :

— En permission exceptionnelle?

— En quelque sorte. Il a été blessé, mais, rassure-toi, ce n'est pas très grave, un éclat de grenade dans le mollet.

— Où a-t-il récolté cela? Au Tonkin?

— Non. A la frontière siamoise.

Francis avait retiré sa chemise. Il interrompit son geste, la main sur la boucle de sa ceinture, l'œil rond de surprise. Il s'étonna :

— A la frontière siamoise? Qu'est-il allé fabriquer làbas?

Catherine ne répondit pas tout de suite.

— Comme tu es maigre, un véritable squelette! (Puis elle ajouta :) C'est vrai, tu ne pouvais pas savoir! Nous sommes en guerre. Les Siamois ont attaqué le Cambodge, sous le prétexte de récupérer les provinces de l'Ouest, Sisophon et Battambang, qui, selon eux, font partie de leur territoire.

Francis acheva de s'habiller, il rit :

— J'espère que nous allons leur flanquer une bonne raclée!

— Ce n'est pas aussi simple. D'après Patrick Russange qui est venu avant-hier afin de prendre de tes nouvelles et nous annoncer avec ménagements la blessure de Bertrand, les Siamois disposent d'un armement moderne, des chars, des canons, des avions contre lesquels nos troupes sont mal équipées. Les engagements sont durs et souvent incertains.

— Décidément, la France n'a pas de chance. Une fois de plus, nous sommes en train de perdre la face.

— Pas vraiment, Francis. Selon Radio-Singapour, il y a quatre jours, le 17 janvier, la flotte française a envoyé par le fond, près de l'archipel de Koh Chang, les trois quarts de la flotte ennemie. Ce succès naval va sans doute équilibrer nos revers terrestres.

— Enfin une bonne nouvelle! Bangkok va être obligé de demander la paix, je suppose?

Ils descendirent au salon, où les attendaient Cyril et Sylvie venue tout exprès de Saïgon avec son mari et leur fils Matthieu.

— Oncle Cyril m'a dit que vous aviez tué beaucoup de bandits, grand-père! Vous avez bien fait, ce sont des méchants bonshommes.

Francis posa sa main sur sa tête :

— Je n'en ai tué qu'un, je trouve que c'est déjà beaucoup. Mais il y a des moments où l'on ne doit pas hésiter, même si l'on ne s'en réjouit pas.

Denis Lam Than approuva, sans sourire.

— Il est temps d'aller se coucher, Matthieu. Les grandes personnes ont des choses à se dire.

Matthieu esquissa une moue désappointée, pour la forme, mais, après avoir salué ses parents et grands-parents, il se planta devant Cyril, la main tendue :

— J'ai quinze ans, oncle Cyril. Je n'embrasse plus les hommes!

— Tu as bien raison. A ton âge, j'ai moi aussi décidé la même chose!

— Mon oncle Bertrand arrive demain, j'espère qu'il me racontera comment est la guerre.

Il s'éloigna et quitta le salon. Sylvie observa :

— J'ai beau lui expliquer que l'Armée n'est pas un métier pour lui, il ne veut pas en démordre et sera officier, comme toi et Bertrand.

— Tu as raison, l'Armée n'est pas un métier, c'est une

vocation. S'il a la foi, tu ne devrais pas décourager Matthieu.

— Tu as pourtant quitté l'uniforme ?

— Rien ne te permet de croire que je ne l'ai pas regretté, répliqua-t-il d'un ton qui obligea Francis à regarder son fils autrement.

Jamais encore il n'avait parlé ainsi. « Finalement, songea-t-il, Cyril demeure une énigme. Il vit seul, sans rien demander qu'à lui-même. Je ne sais même pas s'il s'inquiète pour Charlotte, s'il espère la revoir, si la solitude ne lui pèse pas trop... »

Mais, déjà, Denis Lam Than avait commencé à poser des questions sur les circonstances de l'enlèvement, les conditions de la détention. Francis raconta ; curieusement, tout en parlant, il avait l'impression de raconter une histoire dont il était non plus l'acteur ou la victime, mais le spectateur. Toutes ces journées passées dans sa cagna nauséabonde, à végéter en attendant Dieu savait quoi, à traînasser sans but, allant du bat-flanc au seuil, regardant la fuite des nuages dans le ciel, les évolutions des volailles sur la placette du hameau, lui semblaient maintenant comme le souvenir d'un rêve qui s'effiloche au matin dans la mémoire et que l'on s'efforce de rattraper par lambeaux. En même temps qu'il parlait, il s'interrogeait : « Comment ai-je pu vivre ainsi comme une larve ou comme un mouton sans esquisser un seul geste de révolte jusqu'au jour où enfin j'ai admis que je ne devais compter que sur moi-même ? »

Au regard que lui lança Cyril, il comprit qu'il avait prononcé cette dernière phrase à voix haute.

— Ne crois pas que nous soyons restés les bras croisés, répliqua son fils avec vivacité. Au contraire, mon ami Ho Chan Sang était sur la piste de Chu Van An, mais nous pensions que ta vie serait menacée si nous agissions avec trop de précipitation !

— Je te crois, je n'ai dit cela que parce que je m'étonne moi-même. Je ne parviens pas à croire que ma captivité n'ait duré qu'un peu plus de trois semaines. Elle m'a semblé longue comme un siècle ! Et le monde, en tournant sans moi, a créé et dénoué des situations qui n'ont de réa-

171

lité que pour vous, et n'ont pas existé pour moi. Il me manque quelque chose que je n'aurai jamais.

La conversation languit après cette dernière phrase. Plus personne n'osait la prolonger, tous sentaient que Francis avait été gravement choqué et pas seulement dans son corps.

— Parlez-moi donc de cette bataille navale? demanda-t-il enfin à Denis Lam Than.

— Koh Chang? C'est un exploit superbe!

— Si Matthieu était là, il vous donnerait tous les détails, intervint Sylvie. Il a reconstitué toute la manœuvre sur l'un de ses cahiers et il sait par cœur le nom des bateaux qui ont participé à cette bataille.

— Du côté français, le croiseur *La-Motte-Picquet*, l'aviso colonial *Dumont-d'Urville* et le vieux *Tahure*, lancé en 1918!

Tous les regards convergèrent vers la porte où, tout joyeux, Matthieu était venu apporter le concours de son savoir.

Denis allait intervenir; de la main, Francis lui suggéra de n'en rien faire.

— Continue, Matthieu.

— En face, il y avait deux destroyers côtiers fabriqués au Japon en 1938, le *Haïeda* et le *Donburi*, plus six torpilleurs construits en Italie, le *Trat*, le *Puket*, le *Pattani*, le *Chantaburi*, le *Riong* et le *Songkla*!

« Rien que des bâtiments modernes, et armés! Par exemple, le *Haïeda* et le *Donburi* avaient deux tourelles cuirassées comprenant chacune deux canons de 203!

— Et les Français? demanda Francis, qui s'amusait bien.

Matthieu eut une moue méprisante :

— Le plus gros calibre était seulement du 180! Pourtant, les Siamois se sont laissé prendre au piège. Tandis que le *La-Motte-Picquet* engageait la flotte de face, le *Dumont-d'Urville* et le *Tahure*, plus lents, entamaient un mouvement enveloppant. Les Siamois se sont laissé bluffer, ils ont tenté de faire demi-tour, mais c'était trop tard, les canonniers de marine les ont tirés comme à l'exercice et les ont envoyés par le fond, l'un après l'autre!

— Magnifique! approuva Francis. Ainsi l'amiral Decoux va pouvoir tenir la dragée haute aux Siamois?

Denis Lam Than esquissa une moue de scepticisme.

— Cela n'est pas aussi simple, je crains que les Japonais ne viennent mettre leur grain de sel dans cette affaire. N'oubliez pas qu'ils sont alliés avec le Thaïland et ils ne peuvent permettre à un allié de perdre la face. A mon avis, ils vont proposer leur médiation. D'après ce que j'en sais, une démarche dans ce sens est en cours.

— Une médiation implique-t-elle que nous devions céder aux exigences territoriales siamoises? demanda Cyril.

Denis Lam Than haussa les épaules, comme pour émettre une évidence.

— Le moyen de faire autrement? Vichy sera bien obligé de se soumettre aux pressions conjuguées de l'Allemagne et du Japon. On ne parlera donc, pudiquement, que de « rectifications de frontières ».

— Et l'Indochine aura été amputée de près de soixante-dix mille kilomètres carrés, les provinces cambodgiennes de l'Ouest et les territoires laotiens de la rive gauche du Mékong. Quelle tristesse!

Catherine regarda sa montre, alla s'asseoir sur le bras du fauteuil de son mari :

— N'es-tu pas fatigué? s'inquiéta-t-elle.

— Si, bien sûr, mais il s'est passé trop de choses aujourd'hui, j'aurai du mal à m'endormir.

Deux jours plus tard, un appel téléphonique de la gendarmerie de Baria annonça à Francis que, sur ses indications, les fusiliers marins avaient effectivement découvert l'emplacement du campement clandestin des rebelles. Vide, bien entendu.

Le corps de Chu Van An fut retrouvé, à la mi-février 1941, sur la route de My Tho à Tan An. Il avait été abattu d'une balle dans la tête; les miliciens qui le découvrirent observèrent aussi qu'on lui avait également tranché la langue.

— C'est curieux, observa Catherine. Cela ressemble à un message. Que veut-il dire? Et à qui est-il adressé?

– A Toàn et à moi. Cao Van Minh a fait abattre Chu Van An pour le punir d'avoir manqué sa mission. La langue coupée veut dire que nous n'avons plus rien à craindre de lui. Pour l'instant du moins. Une· sorte d'armistice.

3

Six mois avaient passé. Contrairement aux craintes exprimées par Catherine, la détention de son mari n'avait pas eu de conséquences sur la santé de Francis, bien au contraire. Il semblait même que cette épreuve, en réveillant en lui son instinct de battant, lui avait donné un regain d'énergie. Pour la première fois depuis longtemps, il échafaudait des projets non seulement pour l'extension de ses plantations d'hévéas, mais, en collaboration avec Rousseron, son ancien associé, aujourd'hui directeur de la scierie industrielle de Ho Naï, pour la mise sur pied d'une production accrue de charbon de bois.

– Nous manquons de carburants pour les automobiles, expliquait-il. Certes, le gouvernement général a inventé une sorte d'essence à base d'alcool de riz, mais, à l'usage, nous nous sommes aperçus qu'elle brûlait les chemises des cylindres et les pistons. Le gaz produit par la combustion du charbon de bois peut avantageusement la remplacer. J'ai vu, dans une revue scientifique, le plan d'une sorte de poêle, accroché aux carrosseries, qui fournit assez de carburant pour faire fonctionner un moteur. Cela s'appelle « le gazogène ». Nous allons en fabriquer!

Cyril était éberlué. Jamais il n'aurait soupçonné son père de se passionner pour autre chose que pour ses hévéas. Il posa la question.

– Les hévéas? répliqua Francis. Crois-tu que je vais maintenir notre production de latex pour permettre à messieurs les Japonais de s'en servir pour équiper leur armée? Rien à faire. Et puis, en confidence, la modestie de Bao Tan nous permettra peut-être d'échapper aux contraintes qu'ils imposeront à l'Indochine.

– Il faudra tout de même écouler la récolte? Comment, sans elle, paieras-tu les ouvriers?

Francis sourit, d'une oreille à l'autre.

– Diversification, mon cher fils. Diversification! A quoi sert le caoutchouc? Principalement à fabriquer des pneumatiques de voitures. Mais seules les grandes plantations, comme Michelin ou les Terres Rouges, possèdent l'infrastructure pour la transformation du latex en caoutchouc de grande résistance. Ici, j'ai des ambitions plus raisonnables. Nous allons fabriquer des semelles de souliers, ou des sandales de crêpe.

Cyril se tint coi, manifestement abasourdi.

– Qu'est-ce que cette nouvelle lubie?

– C'est une idée de Catherine; après réflexion, je trouve qu'elle n'est pas mauvaise. Nous allons nous mettre au travail dès le début de la saison sèche. Maintenant, viens, je t'offre un « paddy-soda ».

Cyril fit la grimace. Depuis la rupture des relations avec la Métropole, le cognac avait disparu des caves, ainsi que le whisky, jadis importé de Hong Kong ou de Singapour. Pour pallier cette pénurie, les Français d'Indochine avaient mis au point une boisson à base d'alcool de riz, teintée au riz brûlé, qui rappelait, de très loin, l'un ou l'autre de ces alcools anciens. De la même façon, depuis quelque temps, un distillateur corse proposait, sur le marché, un « véritable pastis », à base de choum et parfumé à la badiane.

– Toutes ces mixtures chimiques ne valent pas les boissons d'origine, observa Cyril. Les Chinois font du vin avec des raclures de mangoustan; l'autre jour, à Saïgon, j'ai bu de la bière à base de riz fermenté où l'amertume du houblon est obtenue à l'aide de fiel de bœuf! Une horreur. On m'a même affirmé que le fameux « pastis » rendait fous ou aveugles ceux qui le consomment! Je préfère désormais m'en tenir au thé, là, je sais ce que je bois!

Francis rit.

– Pendant ma captivité j'ai appris que le bon Dieu a décidé lui-même du jour où il me reprendra la vie qu'il m'a donnée. Que ce soit par la faute d'un « paddy-soda » ou de je ne sais quelle autre cause, ce jour viendra sans que j'y puisse rien. Aussi je m'en remets à Sa volonté. (Il leva son verre.) Buvons au danger, mon fils!

– Tu me surprendras toujours, papa, observa Cyril en l'imitant.

Il était sincère. Invoquer le bon Dieu n'était pas, bien au contraire, dans les habitudes de son père qui, jusque-là, avait plutôt tablé sur ses seules forces pour avancer, comptant médiocrement sur tout ce qui n'étaient pas les vertus nées de la volonté, la ténacité, le courage, l'enthousiasme. La foi, la confiance dans la Providence, il en avait laissé le soin et l'apanage d'abord à Madeleine, sa première femme, la mère de Cyril et de Sylvie, puis à Catherine, aux aumôniers du lycée ensuite. Mais, aujourd'hui, parlait-il sérieusement ? Cyril n'eut pas le loisir de poser la question, Sylvestre faisait irruption dans le salon, la sueur au front, l'air égaré :

– Patron, jeta-t-il avant même de l'avoir salué, les Japonais sont là !

– A Bao Tan ? interrogea Francis, devenu livide.

– Pas encore, mais ils sont tout près. Depuis deux heures, ils défilent sur la route de Dalat en camion, en moto, même en vélo ! Ils se sont installés à Bien Hoa après avoir réquisitionné le collège. J'ai aperçu un officier avec son escorte blindée pénétrer tout à l'heure dans la scierie de Ho Naï, chez Maurice Rousseron !

– Nous y voilà, fit Cyril, dressé lui aussi, les poings crispés.

Ce n'était, en réalité, qu'une demi-surprise. Tout le monde, en Cochinchine, savait que le moment viendrait où les forces du Mikado déferleraient à travers toute l'Indochine et jusqu'à la frontière du Thaïland. Cinq mois plus tôt, le 13 avril, la signature à Moscou du traité de non-agression russo-nippon avait levé les dernières illusions. Les Soviétiques voulaient avoir les mains libres à l'Ouest en vue d'une invasion de la Roumanie et de ses puits de pétrole, les Japonais, dans le Pacifique où ils ne tarderaient pas à établir leur domination.

Si les premiers avaient été pris de vitesse par les Allemands qui, exactement un mois plus tôt, le 21 juin dernier, avaient déclenché l'opération Barbarossa, lançant leurs divisions à l'assaut de l'Union soviétique, les seconds poursuivaient méthodiquement la mise en place de leur dispositif d'attaque.

A peine Cyril avait-il prononcé ces paroles que les phares d'une automobile balayèrent la façade de la maison et s'immobilisèrent devant le perron, illuminant l'entrée. Suivi de Cyril et de Sylvestre, Francis ouvrit la porte et se tint debout sous l'auvent, les bras croisés, faisant front.

Il pleuvait. A travers les gouttes d'eau qui striaient le pinceau blême des phares de l'automobile, ils distinguèrent la silhouette trapue d'un militaire, sabre en travers du ceinturon, casquette de toile, vêtu d'une veste ample et d'un short trop large flottant au-dessus de bottes de cuir.

L'officier fit quelques pas vers les Français, hésita avant de gravir les degrés du perron, et, finalement, y renonça.

– Pou-vez-vous-lo-ger des soldats de Sa Ma-jesté-impériale ? aboya le Japonais, en détachant chacune des syllabes dont il ne saisissait manifestement pas le sens et qu'il avait dû apprendre par cœur.

Francis secoua la tête :

– La maison est trop petite, répondit-il, en balayant l'air de ses deux mains qui se croisaient devant son visage. Trop petite. *Too...* comment dit-on « petite » en anglais ? demanda-t-il à voix basse à Cyril.

– *Too small*, papa, répondit Cyril avec un sourire, avant de répéter à haute voix la phrase de son père, en anglais d'abord, puis, à tout hasard, en allemand.

L'officier japonais inclina le buste avec raideur et fit demi-tour sans un mot après avoir examiné la maison une dernière fois.

– Je crois que nous l'avons découragé, observa Sylvestre, ravi.

– Je serai moins affirmatif, dit Francis, perplexe. Pour peu qu'ils aient décidé de s'installer ici, je vois mal comment nous pourrions nous y opposer.

– La chance qui nous reste est qu'effectivement, Bao Tan ne les intéresse pas. Mais ils reviendront, soyons-en sûrs.

Cyril avait raison. Trois jours plus tard, précédés d'un side-car, deux chars firent irruption dans le parc où ils se livrèrent à un joyeux gymkhana, faisant voler les graviers qui crépitèrent contre la façade, écrasant un massif d'œillets de Chine, écornant l'une des deux bornes de l'entrée de la grande piste menant à la plantation.

Ils s'estimaient sans doute satisfaits et se préparaient à repartir quand ils s'arrêtèrent dans un cliquètement de chenilles, tandis que les chefs de voiture rabattaient précipitamment les volets des tourelles et braquaient leurs canons droit devant eux.

Cyril arrivait, aux commandes du gros Caterpillar de la S.E.E.F., la pelle haut levée. Il s'arrêta devant le premier char qui, face au mastodonte d'acier, avait l'air maintenant d'un gros insecte inoffensif.

De longues secondes, les deux véhicules parurent s'affronter. Et puis, comme à regret, Cyril enclencha la marche arrière et effectua un départ en trombe, suivi d'un tête-à-queue, aspergeant de boue grasse et rouge l'engin camouflé jaune et vert. Puis il disparut dans un gros nuage de fumée bleue.

— J'ai cru que tu allais l'écraser, lui dit, un peu plus tard, Francis qui avait assisté à la scène depuis la fenêtre de sa chambre.

— J'avoue que l'idée m'a effleuré! Mais je ne voulais pas prendre le risque d'abîmer le scraper qui nous a été si gracieusement prêté. Tu ne me croiras peut-être pas, mais j'étais là tout à fait par hasard.

— En tout cas, tu as réussi ton entrée, regarde! les coolies n'ont jamais autant ri! Les Japonais se sont ridiculisés, ils viennent de perdre la face!

— Je crois que, cette fois, nous ne les reverrons pas. Ou pas tout de suite...

Lee-Aurore débarqua au milieu du mois de septembre. Sans s'attarder aux politesses envers Simone, la boyesse qui l'avait accueillie, elle se précipita dans le salon où se tenait Catherine.

— Il faut que je te parle, dit-elle, précipitamment.

— Tu as l'air bien grave. Qu'arrive-t-il?

— Il s'agit de Charlotte.

Catherine pâlit et porta la main à son cœur.

– Tu ne veux pas dire...

Lee-Aurore hocha la tête, sans répondre directement.

– Comment l'as-tu appris?

– Par le cabinet militaire du résident général. Nous avons reçu un message du général Bridoux, le ministre de la Guerre du gouvernement de Vichy, qui est, d'après ce que j'ai compris, un camarade de promotion du général Gathellier. Charlotte est morte le 23 août dernier, à l'hôpital de Bordeaux.

Catherine s'était assise, le visage plissé de tristesse.

– Pauvre Cyril! murmura-t-elle. Comment lui annoncer?

Lee-Aurore s'agenouilla à ses pieds.

– Je peux m'en charger, suggéra-t-elle. Je suis d'ailleurs venue un peu pour cela, un télégramme officiel est trop sec, trop anonyme.

– Je te remercie. Comptes-tu rester quelque temps ici?

– Non. Je repartirai dès demain matin. (La jeune femme hésita, puis ajouta :) Si j'ai un conseil à donner à Cyril, c'est de quitter momentanément Bao Tan, où il ne peut que tourner en rond, et de venir s'installer à Saïgon.

– Qu'y fera-t-il?

– En vertu des accords Tokyo-Vichy du mois de juillet dernier, l'amiral Decoux a créé un Commissariat aux relations franco-nippones, chargé de régler à l'amiable les litiges inévitables nés d'une cohabitation pas toujours harmonieuse. Dans l'esprit des Japonais, ce Commissariat doit orienter les autorités françaises dans le sens d'une véritable collaboration. Dans l'esprit de l'amiral, il doit, au contraire, dresser une barrière contre les empiètements de souveraineté des occupants.

« Au cabinet du résident, à qui j'en ai parlé, on estime que Cyril peut tout à fait entrer dans la composition de ce nouveau Commissariat.

– A quel titre?

– Il est capitaine de l'Armée de l'Air, n'est-ce pas?

– Démobilisé, objecta Catherine.

– C'est une simple formalité de procédure, Cyril peut à tout moment être rappelé sous les drapeaux.

179

– J'ignore s'il acceptera. Je le vois mal nouer des contacts amicaux avec les Japonais!

– Ce n'est pas ce qu'on lui demandera, bien au contraire. Il devra dire « non » avec le plus charmant des sourires; je le connais assez pour savoir qu'il est tout à fait capable de pratiquer l'obstruction en prétextant les meilleures raisons du monde!

– Tu as peut-être raison, admit Catherine. Le mieux est de lui poser la question. C'est vrai que sa présence à Bao Tan n'est plus indispensable, depuis que nous avons considérablement réduit notre production.

Francis arriva peu après, Lee-Aurore le mit au courant de ce qui venait d'arriver. Il pâlit, porta sa main à son front.

– Quel malheur! murmura-t-il. Pauvre Charlotte, pauvre Cyril! Je sais qu'il n'avait plus beaucoup d'espoir de revoir sa femme, mais c'était seulement quelque chose d'abstrait. Cette disparition va lui porter un coup terrible.

Il se tourna vers sa femme :

– Je l'observe depuis quelque temps. Il déborde d'activité, comme s'il voulait s'user à la tâche, mais as-tu remarqué qu'il ne parle presque plus? Il est sombre, secret, contrôlant ses réactions, refrénant une violence qui s'accumule en lui. Parfois, il me fait peur, je redoute qu'il explose, qu'il se livre à quelque folie suicidaire. Tiens, comme l'autre jour, lorsqu'il a affronté les Japonais avec son Caterpillar. J'ai ri, pour dédramatiser l'incident, mais je suis sûr qu'il aurait suffi d'un rien pour qu'il se lance à corps perdu dans la bagarre.

Lee-Aurore lui fit part de son projet. Francis s'y rallia aussitôt.

– Je ferai tout ce que je pourrai pour le convaincre d'accepter, promit-il. Je vais mettre à sa disposition le compartiment que je possède à Gia Dinh, et j'enverrai Dzuong, mon ancien gardien, pour tenir sa maison.

– Il reste, maintenant, à lui apprendre la nouvelle, dit Catherine.

– Le voici, observa Francis.

Cyril entra, le visage fendu d'un large sourire inhabituel.

— Ce Caterpillar est un engin formidable, lança-t-il en accrochant son casque sur une patère. J'ai achevé en un temps record le percement de la piste d'exploitation forestière! Rousseron pourra dès demain jeter ses coolies à l'assaut des baliveaux pour son charbon de bois.

Il s'interrompit quand il remarqua la présence de Lee-Aurore.

— C'est gentil d'être venue! Nous ne t'attendions pas...

Le visage figé de ses interlocuteurs l'alerta. Il se tut, et les interrogea du regard. Mais ils se taisaient, se bornant à le dévisager avec gravité. Il comprit, s'assit sur le bras d'un fauteuil.

— C'est Charlotte, n'est-ce pas?

— Oui, répondit Lee-Aurore, le plus doucement possible.

Cyril plissa les lèvres, hochant la tête. Plusieurs minutes s'écoulèrent ainsi, dans le silence le plus profond.

Il se leva, le visage décomposé, ouvrit la bouche, la referma, et gagna la sortie.

— Je vais prendre une douche, jeta-t-il, la voix blanche.

Pendant une demi-heure, ils l'entendirent s'affairer dans sa chambre, marchant pesamment de long en large. Puis il descendit l'escalier, ouvrit et referma la porte d'entrée. Sous ses pas, le gravier de l'allée crissait.

Lee-Aurore se décida et se lança à sa poursuite. Il avançait à grands pas, se dirigeant vers la chapelle de bois, vestige du bungalow d'autrefois, cette « Arche » qui avait abrité son enfance et qui avait été le théâtre de la tragédie au cours de laquelle Madeleine, sa mère, avait été assassinée sous ses yeux, trente ans auparavant.

— Attends-moi! appela-t-elle.

Il ralentit jusqu'à ce qu'elle se trouve à ses côtés, puis il reprit sa marche, la tête baissée, les mains au dos, perdu dans ses pensées. Elle glissa son bras sous le sien.

— Cyril, souffla-t-elle, j'aimerais tellement pouvoir t'aider.

Il ne répondit pas tout de suite; quand il parla, c'était comme s'il exprimait à haute voix les mots qu'il brassait dans sa tête.

— En revenant en arrière, on voit seulement un grand

vide. Tous ces mots qu'on n'a pas dits, tous ces gestes qu'on n'a pas faits, par négligence, par oubli, parce qu'on s'en remettait trop souvent à l'avenir, qu'on pensait « demain, il sera toujours temps ». Et puis, brusquement, on se rend compte que c'est trop tard, on se retrouve avec des brassées de choses inaccomplies. On voudrait combler ces vides, rattraper ces instants perdus...

Sa voix s'enfla, exprimant une violence trop longtemps contenue :

– J'étouffe! Comme j'aimerais savoir pleurer!

Ils étaient arrivés devant la tombe de Madeleine, dont les pierres se couvraient de mousse, sous l'auvent fleuri du grand banian d'où s'écoulaient des grappes d'églantines. Le rosier d'autrefois était retourné à l'état sauvage. Cyril s'agenouilla, prit sa tête dans ses mains.

– Maman, murmura-t-il, Charlotte est morte! Je n'ai pas su la protéger, comme, autrefois, je n'ai pas su te sauver! Qui me pardonnera?

Bouleversée, la gorge nouée, Lee-Aurore se tenait quelques pas en arrière. Le désespoir de son ami d'enfance était si profond, si tragique, qu'elle se sentait incapable de prononcer la moindre parole d'apaisement. Qu'aurait-elle pu dire? En cet instant, elle s'apercevait qu'en dépit des années où ils avaient vécu ensemble, elle ne savait rien de lui. Elle l'avait imaginé fort, solide, épris de perfection, prenant sur ses épaules les soucis des autres, manifestant envers elle et ses foucades, soit une indifférence glacée, soit une désinvolture ironique, selon son humeur. Elle l'avait jugé insensible, égoïste, uniquement préoccupé de sauver la face.

Le voir ainsi, blessé, vaincu, la troublait, au point qu'elle se sentait indiscrète comme si elle avait surpris un secret qu'elle n'aurait pas dû connaître. Elle s'éloigna doucement, sur la pointe des pieds, ne voulant pas troubler le tête-à-tête d'un fils et de sa mère.

Cyril la rattrapa, un peu plus tard.

– Comment as-tu su, pour Charlotte?

Elle le lui dit, ajoutant qu'elle avait cru bien faire en acceptant de se charger d'annoncer la nouvelle.

– Je te remercie, Lee-Aurore. C'est très gentil à toi.

C'est vrai que j'aurais sans doute mal encaissé d'être averti par un message officiel.

Il esquissa un geste englobant la plantation.

– Je n'ai plus goût à rien, avoua-t-il.

Lee-Aurore pensa le moment venu de lui faire part de son projet.

– Tu as peut-être raison, admit-il. Il faut que j'y réfléchisse un peu. Je suis tout de même assez secoué. (Puis :) Assez parlé de moi. Comment se porte Diane?

Lee-Aurore rit :

– Elle promet, tu verras! Elle a une façon de dévisager les hommes en leur glissant un regard filtrant qui fait des ravages! On dirait qu'elle est consciente de son charme. J'ai bien peur de ne rien pouvoir en tirer.

– Tu viens de tracer ton propre portrait, répliqua Cyril.

Elle se rebiffa, retrouvant le ton de leurs querelles d'autrefois.

– Dis tout de suite que je suis une allumeuse! Quand j'étais jeune...

– Quand tu étais jeune, l'interrompit-il, tu étais une infecte petite chipie! Tu as fait marcher la moitié des jeunes godelureaux du lycée! Moi le premier!

C'était dit sans vindicte aucune. Lee-Aurore prit le parti d'en rire, ajoutant, en se moquant d'elle-même :

– Maintenant, je suis une femme rangée, soucieuse de tenir son rang de fonctionnaire haut placée! Le résident général me fait le baisemain, et la mère supérieure m'a demandé de tenir un stand à la kermesse de charité de l'orphelinat.

– Dame d'œuvres, toi? Tu as beaucoup changé, en effet! Rien que pour te voir vendre des colifichets ou des napperons brodés, je suis prêt à faire le voyage jusqu'à Saïgon!

4

Ho Chan Sang entra en trombe dans la chambre de Suzanne-Souên. Il avait les traits tendus, une lueur mauvaise dans le regard.

— J'ai vu ton frère Guillaume, lança-t-il d'un ton sec. Il essaie de me rouler! Si tu le vois, conseille-lui de se méfier. Il ne s'en rend peut-être pas compte, mais il est en train de jouer sa peau dans cette histoire!

— Qu'a-t-il encore inventé?

— Il a tenté de me faire chanter! Moi, Ho Chan Sang! Un *Anh Chi*! Il a exigé une hausse de près de trente pour cent de ses honoraires en me laissant entendre qu'il avait des relations haut placées au cabinet du résident général et chez Gazin, le chef de la Sûreté. Une façon de me menacer d'aller me dénoncer.

— J'espère que tu ne t'es pas laissé faire?

Ho Chan Sang serra le poing gauche et en cogna vigoureusement la paume de sa main droite.

— Je lui ai simplement suggéré d'essayer. Il sera aussitôt écrasé, comme une mouche! Il n'a pas insisté, mais je suis certain qu'il va effectuer une démarche auprès de toi. D'autant plus que je sais qu'il a d'énormes besoins d'argent. M. Ganerac fréquente le gratin de la ville! Il s'est abouché avec William Bourgerie, ton ex-mari et, à eux deux, ils font une sacrée équipe de noceurs, les filles, le jeu, maintenant, les combines. Mais je ne me laisserai pas faire.

— Sincèrement, répondit Suzanne-Souên, irais-tu jusqu'à le tuer?

Il daigna sourire, la serra contre lui, l'embrassant à la mode viêtnamienne, en respirant très fort le parfum de ses cheveux.

— Hélas non, je craindrais de te faire trop de peine. Mais ne le lui répète pas, au contraire, laisse-lui croire que je peux à tout moment lui envoyer l'un de mes tueurs.

— Je te promets d'essayer, Sang.

Elle ne fut qu'à demi surprise en voyant Guillaume entrer, le lendemain, dans le salon de thé de la rue Hamelin où elle se tenait, assise derrière la caisse. En dépit des restrictions, notamment en farine de blé et de froment, qui obligeaient son pâtissier à inventer des recettes nouvelles à base de farine de riz ou de maïs, sa boutique ne désemplissait pas. C'était devenu, au fil des mois, une annexe féminine du *Continental* où se colportaient les mêmes rumeurs, où se propageaient les mêmes ragots.

184

Les clientes appréciaient les friands, croustillants à souhait, les beignets de banane ou de mangue, les sorbets – *nûoc-kem* – parfumés à la noix de coco ou, plus simplement, à la canne à sucre. Elles papotaient autour des guéridons cirés, lançaient des coups d'œil sans discrétion en direction des coins retirés où s'abritaient des couples de rencontre, et estimaient n'avoir pas perdu leur journée lorsqu'elles croyaient avoir surpris un de ces petits secrets au goût de scandale.

Une émeute avait même failli éclater le jour où un officier japonais avait poussé la porte du salon, escorté d'une jeune métisse. Heureusement, il avait flairé le piège et battu en retraite sous les regards outrés d'un trio de matrones au chignon en bataille.

Guillaume avança, d'un air conquérant, indifférent à l'examen dont il était l'objet. Vêtu d'un impeccable costume de shantung blanc, cravaté de pourpre, un œillet rouge à la boutonnière, il avait cette élégance un peu équivoque des séducteurs ou des chanteurs de charme, œil de velours, cheveu calamistré, chaussures à deux couleurs, noir et blanc. Il s'accouda à la caisse, sans même un mot de salutation, il exigea :

– Trouve un endroit tranquille, j'ai à te parler.

– Je sais ce que tu vas me demander. Autant te répondre tout de suite, Sang ne cédera pas. Il m'a chargée de te prévenir, tu prends de gros risques à vouloir essayer de le menacer.

– Je ne le menace pas. Et je m'étonne que tu prennes son parti, petite sœur, répliqua-t-il, doucereux, en lui dédiant un sourire qui découvrait des dents d'une blancheur éblouissante, alors que son regard était dur et sans gaieté.

– Tu perds ton temps, Guillaume. Sang est mon mari. C'est à lui que j'ai juré fidélité et obéissance.

– Donne-moi cinq minutes, je suis certain d'arriver à te convaincre. Sang est susceptible, comme tous les Viêtnamiens, il aura mal interprété...

– Va-t'en, je t'en prie!

Imprévisible, Guillaume abattit sa main sur le poignet de Souên qu'il serra, à lui faire mal.

185

– J'ai dit : un endroit tranquille. Ne m'oblige pas à faire ici un scandale public! Pense à ta clientèle!

Elle le défia :

– Tu n'oserais pas! N'oublie pas que tu es un fonctionnaire qui, en plus de ses attributions officielles, traite clandestinement des affaires pour son propre compte. Moi aussi, tu le vois, je peux avoir barre sur toi!

Elle était réellement en colère maintenant.

– Tu as tort, petite sœur, siffla-t-il entre ses dents. J'étais disposé à me montrer gentil et raisonnable. Mais je ne tolère pas qu'une demi *nha qué* essaie de m'effrayer.

Sans lui lâcher le poignet, il l'obligea à le suivre jusqu'à un box écarté et à s'asseoir en face de lui.

– Écoute-moi bien, Suzanne. Que penserait Sang s'il apprenait qu'il a épousé une petite putain qui couchait avec tous les amis de son mari?

– C'est faux! s'exclama Souên, hérissée comme un chat en colère.

– Veux-tu des détails? Je les tiens de la bouche même de William, nous n'avons aucun secret l'un pour l'autre!

– C'est faux, répéta-t-elle, ébranlée malgré tout.

– Tss, tss! Aurais-tu oublié le professeur Jaillans? Il paraît même que tu étais si contente qu'on t'entendait jusqu'à l'autre bout de la maison.

Le sang s'était retiré du visage de Souên, son menton tremblait, elle était au bord des larmes.

– Ainsi il t'a raconté cela? dit-elle, atterrée.

C'était dit sur un tel ton de désespoir que Guillaume fit machine arrière. Il esquissa un geste comme pour montrer qu'il n'y attachait aucune importance.

– Il t'a raconté cela, reprit Souên. Veux-tu connaître ma version? William voulait obtenir un poste vacant à l'hôpital civil, pour cela, il avait invité le professeur Jaillans, le chef de clinique. Il m'a fait boire et m'a expliqué que je devais être très gentille avec son invité, que ce n'était qu'un petit moment à passer, qu'il y allait de notre avenir, qu'il m'emmènerait en voyage à Hong Kong! Et moi, pauvre idiote, je l'ai cru! Jamais de ma vie je n'avais eu aussi honte, mais j'ai hurlé quand Jaillans a voulu...

C'en était trop pour elle. Elle éclata en sanglots et, malgré lui, Guillaume fut touché par ce désespoir. Il eut honte et posa sa main sur l'épaule de Souên.

– Je suis désolé, dit-il, presque sincère.

Elle avait relevé la tête, mais, dans ses yeux encore baignés de larmes, il y avait une lueur meurtrière :

– Si tu étais venu pour me rappeler cette humiliation, la plus grave de toute ma vie, tu aurais mieux fait de t'abstenir. Maintenant, le mal est fait. J'avais essayé d'endormir au fond de mon cœur la haine que j'éprouvais envers William. Tu l'as réveillée. Va-t'en! Tu n'as plus rien à faire ici.

– Écoute-moi, j'ai réellement besoin d'argent, avoua-t-il.

– Combien te faut-il?

– Quarante-sept mille piastres! Et avant quinze jours.

– Comment as-tu fait pour devoir une pareille somme? C'est le chiffre d'affaires de mon magasin en six mois!

– Un poker malchanceux. Et avec un Chinois.

Elle se leva, ayant retrouvé son calme et sa dignité, et sourit, le plus courtoisement du monde :

– Au revoir, Guillaume. Je te souhaite de trouver tes quarante-sept mille piastres. Cela me peinerait vraiment d'apprendre que tu as eu des ennuis pour ça!

Guillaume avait espéré qu'au dernier moment, Souên se laisserait fléchir. Cette volte-face le surprit et le mortifia. Il se redressa, et, dignement, gagna la sortie.

– Ce n'est plus la peine de revenir, lui lança Souên, la voix sucrée.

Comme à son habitude, Sang passa chez lui avant d'aller travailler, et l'air désemparé de sa femme ne lui échappa pas.

– Toi, lui dit-il, en lui prenant les mains et en l'examinant de près, tu as pleuré! Qui t'a fait de la peine?

– C'est sans importance.

– Au contraire, tout ce qui te fait du mal m'atteint aussi. J'espère qu'il ne s'agit pas de ton Guillaume.

A un petit geste qu'elle eut, Sang comprit qu'il avait touché juste.

– Tu l'as vu, n'est-ce pas?

– Oui.

— Raconte-moi ce qui s'est passé.

Malgré l'envie qu'elle avait de se taire, Souên se vit contrainte d'obéir, n'omettant aucun détail, même les plus sordides.

— Je t'avais caché tout cela, Sang, parce que j'avais honte de ce que William m'avait obligée à faire. Maintenant, si tu le souhaites, je peux...

— Souên, lui répondit-il doucement après lui avoir baisé le bout des doigts, tout ce qui s'est passé avant moi n'a aucune importance! Pourtant j'aurais préféré ne pas le savoir.

Il se redressa, marcha de long en large dans la chambre, en proie à des sentiments violents.

— Ce salaud est venu tout gâcher! Autrefois, je me méfiais des Français. Tu avais presque réussi à me faire revenir sur mes préventions, en particulier quand tu m'as présenté à ton ami Mareuil. Je constate que c'est un cas exceptionnel, tous les autres ne valent pas le sac pour les noyer!

Elle s'approcha, se colla contre lui.

— Effaçons tout, supplia-t-elle. Fais-moi l'amour.

— Je ne le pourrais pas, avoua-t-il, doucement. Il me faudra un peu de temps...

Il boxa le vide, en un geste de rage. Puis :

— De combien Guillaume a-t-il besoin?

— De quarante-sept mille piastres. Il les doit à un Chinois!

— Guillaume est un imbécile. Il s'est fait plumer comme un pigeon, tout Cholon en rigole! Je savais que Tien Long avait réussi à le posséder, j'ignorais qu'il s'agissait d'une somme aussi importante!

— Que vas-tu faire?

— Et toi, que souhaites-tu?

Elle secoua la tête.

— Je te laisse juge.

— Alors, qu'il se débrouille! Et je vais dénoncer notre contrat. Je ne veux plus travailler avec lui.

Il se campa sur ses jambes, lança :

— Que je meure si je collabore désormais avec des Français! Jusqu'à présent, j'avais usé de toute mon influence pour empêcher ceux de mes amis Binh Xuyen qui le souhaitaient de les combattre. C'est fini! Nous devons les flanquer à la porte de chez nous!

Souên découvrait la vraie nature de son mari, et la haine qui l'habitait, presque palpable, était à la mesure de sa force et de la violence qu'elle devinait. Elle eut peur.

— Les Français sont encore puissants, Sang!

— Moins que les Japonais! Sais-tu que la Kempeïtaï nous a offert de collaborer? En contrepartie, elle nous assure protection et impunité! J'étais décidé à refuser; je crois que je vais changer d'avis.

— Ne fais pas cela, Sang, je t'en prie! Tu ne connais pas les Japonais! Ils sont pires que les Français. Tout ce qu'ils veulent, c'est nous réduire en esclavage au profit de la «Sphère de coprospérité asiatique» qui ne sert que leurs intérêts et favorise leur politique d'expansion! Ils seront des maîtres féroces! Regarde comment ils se comportent en Chine! Et ici même, à Saïgon! Tu m'as raconté comment des soldats ont tranché au sabre la main droite d'un pauvre bougre de voleur à la tire! Ce sont des brutes!

— Ce voleur n'a eu que ce qu'il méritait!

Souên comprit qu'elle était sur le point de perdre la partie. Mais, loin de la décourager, cette constatation la révolta. Pour la première fois depuis qu'elle vivait avec Sang, elle lui tint tête.

— Je suis ta femme, lui dit-elle d'un ton ferme. Je t'ai juré fidélité et jamais je n'ai contesté l'une de tes décisions. Je dois cependant te rappeler qu'une partie de moi-même appartient à cette race que tu te prépares à combattre. Ne m'oblige pas à choisir!

— Qui te parle de choisir?

— Si tu te dresses contre les Français, tu te dresseras contre moi, et aussi contre ton propre fils!

Sang n'aimait pas les situations compliquées. Il était tout d'une pièce, divisant le monde en deux camps opposés, amis et ennemis, bons et méchants. Noir ou blanc. Sans nuance. Ce brusque rappel des origines doubles de sa femme lui posait un problème insoluble.

— Qu'essaies-tu de m'expliquer? demanda-t-il enfin, le mufle mauvais.

– Tu as très bien compris. Si tu te ranges aux côtés des Japonais et de leur sinistre Kempeïtaï, je te quitterai, Sang. Je te resterai fidèle jusqu'à la mort parce que je t'aime et que je m'y suis engagée. Mais je te quitterai.

Il marcha sur elle le poing levé, prêt à frapper. Au dernier moment, il parvint à se maîtriser.

– Si tu me quittes, Souên, je te tuerai. Et ce n'est pas une menace en l'air.

– Je sais. C'est la loi des Binh Xuyen et je m'y soumets d'avance. Cela n'enlève rien à ma détermination.

Il émit un rugissement de fauve blessé, ouvrit la porte à la volée et lança :

– Je sors ! Je vais parler à Bay Viên. Il me dira où se trouve la vérité !

5

L'altercation avait eu lieu la veille au soir. Au départ, ce n'était qu'une simple querelle opposant trois coloniaux à cinq ou six biffins aux yeux bridés pour la possession de deux cyclo-pousses. Malheureusement pour les Français, l'incident s'était produit à proximité du lycée Petrus-Ky où cantonnait un bataillon nippon. Immédiatement encerclés, les marsouins n'avaient dû d'avoir la vie sauve qu'à l'arrivée d'un officier japonais qui, en quelques aboiements brefs, avait apaisé les esprits.

Ce matin, les autorités d'occupation avaient exigé la réunion des membres du Commissariat aux relations franco-nippones, et, dans un ultimatum à l'amiral Decoux, rappelaient de façon pressante les textes des accords bipartites concernant la « défense commune de l'Indochine ».

– Ils vont profiter de l'incident d'hier soir pour empiéter davantage sur nos prérogatives de souveraineté, observa l'amiral Sévignac, le président du Commissariat.

– Ils sont en retard, remarqua Cyril, en consultant sa montre. Cela ne leur ressemble pas.

Depuis quatre mois Cyril appartenait au bureau du Commissariat. Il avait constaté que les Japonais étaient des gens aussi ponctuels dans le respect des horaires, qu'exigeants et tatillons sur les points de détail. Alors, à l'instigation de l'amiral Decoux qui pratiquait la même politique, les Français inventaient des prétextes, multipliaient les querelles de procédure, ergotaient, se noyaient dans les détails les plus anodins et finissaient toujours par lasser leurs interlocuteurs, obligés de se contenter de promesses d'autant plus vagues qu'elles étaient soumises, pour accord, à de multiples sous-commissions, spécialisées dans les problèmes soulevés.

Un brouhaha, dans le vestibule, annonça l'arrivée de la délégation. Son apparition constitua une sorte d'événement; les militaires avaient revêtu leur uniforme de parade, constellé de médailles et de torsades argentées, les civils étaient en jaquette et pantalon rayé, coiffés d'un huit-reflets solennel.

— Messieurs, commença l'ambassadeur Yoshishawa d'un ton d'une extrême gravité, nous vous demandons de bien vouloir remettre à plus tard la présente réunion. Ce jour est historique. Ce matin, à l'aube, nos forces aériennes et navales ont attaqué la base américaine de Pearl Harbor dans l'archipel de Hawaii. Cette attaque est la conséquence du refus du président Roosevelt de donner une suite favorable à l'ultimatum que le gouvernement de Sa Majesté impériale lui avait adressé dans la journée d'hier.

La nouvelle fit l'effet d'une bombe. Saisis par l'importance du moment qu'ils vivaient, les Français s'étaient levés, mus par des sentiments contradictoires. Les uns étaient atterrés, songeant que le monde entier venait d'entrer dans une guerre totale dont personne ne pouvait dire ni quand, ni de quelle façon elle s'achèverait. Les autres, parmi lesquels Cyril, jugeant que le Japon était entraîné par une folie collective qui aboutirait à un inévitable suicide.

Il remarqua que les militaires japonais se pavanaient, bombant le torse, arborant des mines épanouies contrastant avec l'impassibilité à laquelle ils se contraignaient d'habitude. Ce qu'ils pensaient était aisé à deviner. « Nous avons été la première nation orientale à abattre

191

une puissance occidentale, la Russie tsariste, à Tsushima en 1905. Nous ne craignons ni l'Amérique, ni sa flotte, ni son armée. Nous vaincrons et nous dominerons le monde ! »

Cette conviction ne semblait pas partagée par tous les membres de la délégation japonaise. En face de Cyril se tenait un petit vieillard au teint parcheminé, aux gestes empreints d'une onctuosité à l'opposé des manières cassantes et brusques des officiers. A plusieurs reprises, en dépit des consignes informelles dictées aux deux parties, Cyril avait échangé quelques propos avec son vis-à-vis qui parlait un français sans accent, ayant effectué plusieurs séjours à Paris comme attaché commercial de l'ambassade de Tokyo. Il s'appelait Shuzo Yorizaka et affirmait avec un sourire malicieux que Claude Farrère lui avait demandé l'autorisation de se servir de son patronyme pour nommer les deux héros de son roman *La Bataille*. « C'est grâce à moi s'il a pu être reçu en grand seigneur dans mon pays », avait-il ajouté.

C'était un homme doux et courtois qui réprouvait d'un léger froncement de sourcil tous les manquements aux règles de la bienséance dont se rendaient quotidiennement coupables ses collègues en uniforme et, singulièrement, leur chef, le général Tyo, le plus parfait représentant de la caste guerrière des samouraï.

Ce matin-là, Cyril nota que Shuzo Yorizaka semblait ne pas partager l'ardeur belliqueuse de ses voisins, bien au contraire ; ses yeux étaient humides, ourlés de larmes ; il avait l'air sincèrement épouvanté. Et pourtant, Cyril le savait, Yorizaka était un ardent patriote, sujet loyal de l'Empereur. Son attitude ne pouvait être mise au compte d'un manque de fidélité à sa patrie ou à son Dieu.

Le regard des deux hommes se croisa. Yorizaka serra les lèvres, comme s'il souhaitait retenir des mots qui ne demandaient qu'à jaillir de sa poitrine, et esquissa un imperceptible signe de tête. Cyril fit de même.

Ils se rencontrèrent, le soir même, dans l'un des salons discrets de la « Maison de thé » récemment ouverte rue Boresse, près des anciens abattoirs, où Yorizaka avait ses habitudes.

— Nous ne sommes pas ennemis, observa le vieillard après les banalités d'usage, et pourtant nous ne nous considérons pas comme des amis!

— L'histoire se chargera de clarifier les choses, répondit Cyril. Mais je crains que le fossé qui se creuse ne doive, pour être comblé, se remplir de cadavres.

Yorizaka opina, gravement.

— Je vais m'en aller, reprit-il. J'ai su que mes jours étaient comptés quand le 18 octobre dernier le belliqueux général Tojo a remplacé le modéré prince Konoye à la tête du gouvernement. Désormais la clique militaire s'est emparée du pouvoir. Elle est pourrie d'orgueil et croit pouvoir venir à bout des États-Unis! Quelle erreur! Quelle folie! Certes, dans les premiers temps, nous remporterons des victoires éclatantes et nous ferons trembler le monde.

« Mais je connais les Américains. Ils mettront des mois, peut-être des années pour mettre leur machine en branle. Et, lorsque ce sera fait, rien ne pourra l'arrêter.

— Et c'est un Japonais qui dit cela! observa Cyril.

— Parce que j'aime mon pays, capitaine Mareuil. J'ai soixante-quinze ans, j'ai beaucoup vécu, j'espère, de tout mon cœur, ne pas assister au suicide de mon peuple.

Il but une gorgée de thé, la conserva longtemps en bouche, la faisant tourner avec sa langue contre son palais. Les yeux clos, il s'évadait du présent.

— Monsieur Yorizaka, dit Cyril. Puis-je vous poser une question?

— Si c'est en mon pouvoir j'essaierai d'y répondre.

— On affirme que les Japonais ne redoutent pas la mort. Est-ce vrai?

— Les Japonais sont des hommes, capitaine. La mort les effraie, comme elle vous effraie vous-même. Mais nos traditions, notre religion, notre éducation nous apprennent que notre vie appartient à l'Empereur. Et, comme l'Empereur incarne aussi la Patrie, il est normal qu'il puisse exiger de chacun de nous le sacrifice de sa vie. Qui songerait à la lui refuser? Ce serait plus qu'un sacrilège, une grave impolitesse.

— Chez nous aussi, chrétiens d'Occident, notre vie

appartient à Dieu. Lui seul a le droit de la reprendre, au jour et à l'heure qu'Il a choisi.

— Mais il condamne le suicide, c'est une offense envers Lui. Et si parfois vos missionnaires ont accepté le martyre, ils ne l'ont pas recherché volontairement. Au Japon, au contraire, le suicide est notre façon de porter témoignage ou de nous soustraire au déshonneur, car l'Empereur est le dépositaire de l'honneur de chacun de ses sujets. C'est une offense envers lui que d'y faillir.

— Si je vous comprends bien, monsieur Yorizaka, vous condamnez la guerre et cependant vous la ferez, à votre place et dans ce qu'il vous sera demandé d'accomplir?

— Cette guerre est un piège qu'involontairement peut-être, l'Occident nous a tendu. Nous y sommes tombés; vous êtes tous responsables de ce qui arrivera.

Cyril protesta :

— C'est trop facile. La France ne demandait qu'à vivre en paix.

— La paix! Qui ne la souhaite? L'Allemagne la veut, le Japon la veut! Mais la paix n'est qu'une utopie, capitaine! Un but inaccessible, qui se mérite par des efforts constants, des sacrifices énormes consentis par un peuple tout entier. Or j'étais en France en 1936 et en 1937, j'ai vu vos mouvements sociaux, j'ai entendu les slogans inspirés du pacifisme, cette perversion intellectuelle qui confond le but et les moyens. Les Français criaient : « Du beurre, pas de bombes! » Qu'est-il arrivé? Vous avez eu le beurre, c'est vrai. Et vous avez eu les bombes, mais ce n'étaient pas les vôtres.

« Le pacifisme est un crime contre la nation. C'est la victoire de la démission d'un peuple nanti sur la volonté. La manifestation d'un égoïsme forcené et insultant pour les pauvres desquels on exige des sacrifices que l'on n'est pas disposé à accepter pour soi-même! C'est demander au pauvre loup affamé de se laisser mourir de faim pour permettre au mouton riche et comblé de paître tranquillement! Pour quelle raison le loup y consentirait-il? Sa fonction, sa survie, est de manger le mouton. Au mouton de se défendre; et s'il n'en est pas capable seul, qu'il fasse l'effort de s'offrir un chien de garde! Mais la France,

194

l'Angleterre et aujourd'hui l'Amérique ont renoncé à leurs chiens de garde. Alors, le loup a attaqué le mouton.

— Selon vous, monsieur Yorizaka, et pour m'en tenir à votre parabole, il aurait suffi d'aboyer pour empêcher la guerre?

— Exactement. Vous vous êtes contentés de dresser la clôture de la ligne Maginot et vous avez cru qu'elle serait suffisante! Vous avez payé très cher votre inconséquence. Et ce n'est pas fini. De longues années passeront avant que vous ayez réappris à mordre! D'ici là, que de temps perdu! Que de sang, que de douleurs, que de larmes, pour reprendre les paroles que Winston Churchill a prononcées récemment.

Ils se turent. L'essentiel avait été dit. Le reste ne fut que silence. Ils mangèrent, burent la traditionnelle tasse de saké chaud, qui clôturait la rencontre.

— Je dois m'en aller, monsieur Yorizaka, annonça Cyril, en se relevant avec une grimace. (La position agenouillée à laquelle il avait été contraint pendant des heures avait tétanisé les muscles de ses cuisses.) Puis-je vous exprimer l'estime que je vous porte?

— Merci, capitaine. Nous ne nous reverrons plus. Prenez bien garde à vous. Mon pays ne peut pas gagner cette guerre insensée, c'est inscrit dans la logique des choses. Cependant, avant de sombrer, il peut vous porter des coups terribles. Je connais suffisamment les militaires pour être certain qu'ils ne s'en priveront pas.

Cyril se retrouva dans la rue, en proie à des sentiments contradictoires. Les propos échangés allaient bien plus loin que les bavardages ordinaires. Ils l'avaient éclairé, plus qu'une longue dissertation, sur l'âme japonaise. Mais il n'était pas convaincu que la fermeté des Occidentaux aurait suffi à éviter la guerre. L'Empire du Soleil levant y était décidé depuis des décennies. Un orgueil démesuré, la volonté d'égaler et même de surpasser les nations industrielles avaient forgé une mentalité de vainqueurs. La tentation avait été trop grande de faire l'éclatante démonstration de la puissance nippone. Ils y avaient succombé...

Il héla un cyclo. Mais, au lieu de lui donner l'adresse de son compartiment, il lui ordonna :

195

— A Cholon.

Il n'avait pas envie de rentrer chez lui, dans la lourde moiteur de ses quatre murs qui suintaient l'ennui. Il faisait doux, une brise légère venue de la mer drainait le parfum subtil du jasmin et des fleurs de frangipanier. Tout autour de lui, sur les trottoirs, la foule vaquait comme à l'ordinaire, Français et Annamites mêlés, comme la veille et les autres jours. La guerre était une abstraction qui ne venait pas troubler le quotidien.

« On se bat en Afrique, songeait Cyril. On se bat en Russie. On se bat dans le Pacifique. Londres, Coventry sont écrasés sous les bombes. L'Indochine est une île préservée... Combien de temps cela durera-t-il ? »

Au-dessus de la ville, une escadrille passa, en rugissant. Des chasseurs de nuit rentraient au bercail.

— Y en a beaucoup les avions, observa le coolie. A Than Son Nhut, moi c'est voir tout à l'heure. Des gros et des petits. C'est les Japonais en mettre partout...

Cyril hocha la tête. Il songeait aux paroles de Yorizaka tout à l'heure : « Nous remporterons des victoires éclatantes et nous ferons trembler le monde... » Ils avaient attaqué Pearl Harbor. Quel était l'objectif prochain ? La Malaisie ? Singapour ?

Cette perspective lui donna le vertige. Si Singapour était conquis, il n'y aurait plus de recours possible pour l'Indochine.

« Je suis pessimiste, c'est impossible... »

Le coolie avait remarqué que son passager parlait sa langue. C'était un joyeux drille. Il ne pouvait pas concevoir qu'un Français puisse vouloir aller à Cholon autrement que dans l'intention de s'amuser. Il demanda :

— Patron, c'est toi content les filles ?

Cyril eut un sourire. Les filles ! Était-ce vraiment le moment ?

— Je verrai, répondit-il pour ne pas le froisser. Pour l'instant, roule toujours. Je te dirai...

Il se laissait porter, s'évadant par la pensée. Il essaya de se rappeler le visage de Charlotte et s'aperçut qu'il en était incapable. L'image de sa femme se dissolvait dans un épais brouillard pour n'être plus qu'un souvenir abstrait. Son chagrin lui-même s'émoussait.

Devant la gare, une image se superposa, celle de deux gamins courant à perdre haleine devant la foule déchaînée des émeutiers lancés à leur poursuite. C'était en 1916. Cyril et Guillaume, son protégé, avaient été surpris à leur sortie du lycée par un cortège de manifestants déferlant de Da Kao pour aller attaquer la prison de Chi Hoa. Cyril se rappela leur course éperdue, jusqu'à la maison de Camille Tannerre, un ami de son père, qui avait échappé de peu au lynchage. »

« Que devient-il ? » songea-t-il...

Leur dernière entrevue ne lui avait pas laissé une bonne impression, mais c'était en France. Peut-être son retour en Indochine avait-il ramené Guillaume à de meilleurs sentiments ?

La vie d'ermite qu'il menait depuis plus de deux ans, à Bao Tan d'abord, ici, à Saïgon depuis la fin de l'été, lui avait fait perdre le contact avec tous ses amis d'antan. Cyril n'avait pas revu Suzanne-Souên depuis l'évasion et le retour de Francis à Bao Tan. Il avait espacé les rencontres avec Denis Lam Than et Sylvie quand il avait appris que son beau-frère entretenait des rapports amicaux avec Matusita, un espion japonais, chassé d'Indochine en 1938 et qui venait de réapparaître à Saïgon sous l'uniforme de colonel de la Kempeïtaï. Quant à Lee-Aurore, il l'entrevoyait de temps à autre, au détour d'un couloir, à l'issue d'une réunion du bureau du Commissariat.

« Je devrais l'inviter à dîner, se promit-il. J'ai l'air de me désintéresser de son sort et de celui de Diane... »

– Patron ? demanda le cyclo, en se penchant au-dessus de son guidon. Nous c'est maintenant arrivés à Cholon. Où c'est toi content d'aller ?

Il faillit répondre : je rentre chez moi. Mais l'autre aurait mal admis qu'on lui ait imposé une aussi longue course pour revenir à son point de départ. Depuis quelque temps, les cyclo-pousses avaient tendance à exprimer leur avis ; la politique nouvelle imposée aux Français par le gouverneur général Decoux, interdisant le tutoiement et proscrivant le terme « indigène », les encourageait dans cette attitude.

– Les filles? hasarda le cyclo.

Cyril secoua la tête. Cela ne lui disait vraiment rien.

– Toi y en a beaucoup les piastres? Peut-être c'est content gagner? Moi c'est connaître casino, toi c'est beaucoup riche bientôt!

Cyril se laissa faire, plus par indifférence qu'attiré par l'appât d'un gain problématique. Arrivé à destination, il paya son conducteur, acquitta le droit d'entrée, et se mit à errer, les mains dans les poches, de salle en salle. La cohue était indescriptible et proposait un échantillonnage à peu près complet de la population locale. Depuis le coolie en loques qui misait ses pièces percées sur un tréteau de *ba quan* *, jusqu'aux toilettes élégantes des femmes de la bourgeoisie européenne, en passant par les fonctionnaires viêtnamiens en strict costume de ville, les Chinois huppés en tuniques bleues, largement ouvertes sur des maillots de corps douteux, les Bengalis aux cheveux huileux et même, reconnaissables à leur chemisette blanche hâtivement passée au-dessus d'un pantalon d'uniforme, quelques militaires en rupture de caserne.

Le bruit était à la limite du supportable. La proclamation de chaque résultat déclenchait des hurlements de joie ou des brames de colère; d'une table à l'autre, que ce soit au *taï xiu*, au *tu sac* **, à la boule ou au baccara, les croupiers s'interpellaient en vociférant.

Et il y avait la musique, entêtante, omniprésente; chaque recoin possédait son orchestre, plus ou moins étoffé, mais bien décidé à s'imposer, au détriment, sinon du voisin, du moins de l'harmonie. Mais, pour peu que l'oreille s'y accoutume, il en résultait une impression de symphonie baroque, où le vibrato d'un saxophone argentin était ponctué, à contretemps, par l'explosion d'une

---

* Le *ba quan* est le jeu des pauvres. Il suffit d'un bol, retourné au-dessus d'un tas de sapèques (ou de haricots). Le croupier enlève le bol et retire les sapèques, quatre par quatre. Le gagnant est celui qui a deviné le nombre de celles qui resteront.

** Le *taï xiu* (le grand et le petit) comporte trois dés, lancés par un gobelet. Si l'addition des chiffres est un total supérieur à dix, c'est le « grand » qui gagne, au-dessous, c'est « le petit ».

Le *tu sac* est l'équivalent chinois du poker, joué à l'aide d'un jeu de cartes comportant quatre couleurs et cent douze figures.

cymbale chinoise. Happé par un courant, renvoyé par un autre, heurté d'un coude, d'une épaule, d'une hanche, d'une croupe, Cyril se faisait l'effet d'être un bouchon largué dans un tourbillon, et cela d'autant plus violemment qu'il ne résistait pas. Il était probablement l'un des seuls clients du casino à ne pas chercher à s'approcher d'une table.

Une main se posa sur son bras. Cyril fit demi-tour et se trouva en face d'une femme blonde, assez jolie, vêtue d'une robe bleue décolletée jusqu'au milieu des seins, qui lui adressait un sourire engageant :

— Pouvez-vous me prêter cinq cents piastres, monsieur?

— C'est-à-dire...

— J'ai tout perdu, monsieur. Si mon mari l'apprend, ce sera terrible! Aidez-moi! Je peux vous signer un papier...

Cyril eut envie de rire. Il se voyait mal, son papier à la main, se présenter chez la dame en question pour lui réclamer son argent! «Imaginons que je tombe sur le mari, quelle histoire! »

— Vous n'avez pas confiance, c'est cela? Je suis désespérée... Si vous le voulez, je peux faire l'amour avec vous!

— Ici? Tout de suite?

— Oui.

Cyril se braqua. Cette femme était folle. Il n'aurait jamais imaginé qu'une Française puisse à ce point faire fi de sa dignité. Il ignorait tout du monde des jeux et des joueurs. Il essaya de se dégager, mais elle se cramponnait.

— S'il vous plaît, s'il vous plaît...

Il s'éloigna, poursuivi par la supplication qui s'acheva dans un sanglot. «S'il vous plaît... »

Il n'avait plus envie de rester là. Quelle idée l'avait traversé de venir dans ce casino!

Et puis, à quelques pas de lui, il aperçut Guillaume accompagné du docteur Bourgerie. Ils arboraient l'un et l'autre un visage épanoui. Il s'approcha, poussé par la curiosité et se fraya une place jusqu'au bord de la table où se disputait une partie de trente-et-quarante. Devant les deux hommes, un monceau de plaques s'accumulait. Ils gagnaient.

Le premier, William Bourgerie reconnut Cyril. Il lui adressa un clin d'œil canaille et leva le pouce.

— J'ai une chance de cocu, Mareuil. (Il rit.) Avez-vous vu ma femme?

— Je n'ai pas l'honneur de la connaître.

— Une grande blonde avec une robe bleue au décolleté... avantageux.

— Cela ne me dit rien, mentit Cyril, qui avait reconnu dans cette description la jeune femme qu'il avait rencontrée l'instant d'avant.

Il ne put s'empêcher de songer qu'en effet, William Bourgerie méritait bien ce qu'il appelait « sa chance de cocu ».

Une exclamation de désappointement fusa. Guillaume venait de perdre deux mille piastres. Il jeta à Cyril un regard mauvais :

— Tu me portes la poisse. Va-t'en!

Cyril haussa les épaules, se retrouva propulsé devant le bar, une longue table de bois souillé de ronds humides, se fit servir un « paddy-soda » qu'il dégusta, sans envie, à petites gorgées. Guillaume le rejoignit bientôt.

— Je suis désolé pour tout à l'heure, dit-il. Un mouvement d'humeur. Maintenant, je suis lessivé. Que m'offres-tu?

— Alors, répliqua Cyril, très froid. On ne se vouvoie plus?

— Laisse, c'est du passé! (Il commanda une bière et, sans transition :) Combien peux-tu me prêter? Il faut que je me refasse.

— Je n'ai pas d'argent.

— Menteur! Si ce n'est pas pour jouer, qu'es-tu venu faire ici?

— J'étais en train de me le demander. Je crois que je vais rentrer chez moi.

— Sais-tu que je suis brouillé avec Suzanne-Souên? Cette garce a refusé de me cautionner auprès de son mari. Et pourtant Ho Chan Sang et ses copains Binh Xuyen sont pourris de fric!

— Ils sont surtout pourris. Et pas seulement de fric. Ils sont passés au service de la Kempeïtaï. J'ai rencontré Théo Scotto avant-hier, il est désormais impossible à la Sûreté française d'enquêter sur leurs activités, ils disposent tous de passeports japonais. Qu'irais-tu faire avec eux, toi, un fonctionnaire français ?

Guillaume ébaucha un geste de la main.

— Oh ! dit-il, désinvolte, fonctionnaire français, c'est façon de parler. Pour ce que je gagne ! Il y a ici mille façons de faire fortune et tu voudrais que je me contente de mon salaire de misère ?

— Je m'en contente bien, moi.

— Mais toi, je te connais, tu n'as jamais eu d'ambition, on voit que tu n'as manqué de rien dans ton enfance. Moi, j'ai une revanche à prendre.

— Vis-à-vis de qui ?

— De tout le monde. Je n'ai rien oublié. Quand j'étais gosse, je n'étais qu'un enfant naturel, recueilli par charité...

— Kervizic t'a adopté le plus légalement du monde. Ne viens pas me dire qu'il t'a mesuré son amour et son affection.

— Lui, peut-être. Mais, au lycée, je n'étais qu'un bâtard, parce que la femme de mon père était une *nha qué* ! Et toi, tu jouais les grands frères protecteurs ! Toujours le beau rôle ! Cyril Mareuil, le séducteur, le preux chevalier, le défenseur du pauvre et de l'opprimé ! Toutes les filles te couraient après, à commencer par Lee-Aurore...

— Laisse Lee-Aurore, veux-tu ?

Guillaume en était à sa troisième bière, l'alcool le rendait vindicatif. Il riposta, acerbe :

— Et pourquoi laisserais-je Lee-Aurore, dis-moi ? C'est une femme comme une autre. Si je la veux, je l'aurai.

— Qu'essaies-tu de m'expliquer ? Toi et Lee-Aurore... ?

Il se rengorgea.

— Parfaitement, mon petit bonhomme. Lee-Aurore et moi. Je l'ai retrouvée tout à fait par hasard et nous nous revoyons souvent. Elle m'a tout raconté, comment vous avez vécu ensemble, comment elle t'a plaqué. Elle a bien fait, tu n'as aucune ambition, je le répète. Tandis que moi, je serai riche et considéré.

— En jouant ?

— Ton humour te perdra, riposta Guillaume, aigre, en

demandant une autre bière. Dans dix-huit mois va se tenir à Saïgon une foire-exposition qui constituera l'événement le plus important de la Colonie depuis l'exposition de Hanoï en 1902. J'ai l'intention de m'en voir confier l'organisation, et, pour cela, j'ai besoin de l'accord des autorités. Je compte beaucoup sur Lee-Aurore pour me mettre en rapport avec les gens compétents. Il y a une fortune à ramasser; je ne vais pas laisser échapper une pareille occasion!

— Toujours désintéressé!

— Ça t'embête, hein? dit Guillaume en retrouvant l'accent sarcastique de l'époque où il était lycéen.

— Cela ne me concerne pas, mentit Cyril. Vous êtes majeurs tous les deux. Ce qui me surprend, un peu, c'est que Lee-Aurore puisse trouver ta fréquentation passionnante. Tu es exactement le genre d'homme qu'elle déteste ordinairement, vaniteux, hâbleur, égoïste, sans scrupule.

— Merci du portrait! Tu as beau t'en défendre, je vois que tu crèves de jalousie. J'en suis ravi.

Cyril haussa les épaules. Il régla les consommations, s'éloigna de quelques pas et revint en arrière.

— Je vais te donner un conseil, Guillaume. Laisse Lee-Aurore en paix.

Guillaume titubait, il laissa fuser un gros rire goguenard et agrippa Cyril par le revers de son veston :

— Quand nous étions enfants, je te craignais. Mais c'est fini, tu ne m'impressionnes plus. Je cherchais comment prendre ma revanche, tu viens de m'en fournir l'occasion. Écoute-moi bien. Lee-Aurore, je la mettrai dans mon lit quand je voudrai. Et pas plus tard que demain!

Sa haine éclatait, déformant ses traits, crispant ses lèvres. Cyril serra les poings. Il avait envie de frapper, mais il se maîtrisa, sachant que, s'il portait le premier coup, il serait incapable de s'arrêter. Il retrouva suffisamment d'emprise sur lui-même pour lancer avant de partir :

— Je t'aurai prévenu, Guillaume.

Il sortit à grands pas. La fureur le tenait si fort qu'elle tétanisait ses muscles, contractait ses entrailles, brouillait sa vue. Il avait des envies de meurtre.

Il avait besoin de marcher, de se calmer. Il était furieux

contre Guillaume et peut-être, plus encore, contre lui-même. « Qu'est-ce qu'il t'a pris de te mêler de la vie privée de Lee-Aurore? se demandait-il. En quoi cela te concerne-t-il? Elle est libre et elle est seule. Qu'y a-t-il d'étonnant au fait qu'elle soit prête à tomber dans les bras de Guillaume, même si c'est un salaud? »

« Et en plus tu as manqué de sang-froid, tu as perdu la face... »

Mais il avait beau se raisonner, sa rage ne désarmait pas. Il se vit obligé d'admettre ce qu'il s'était refusé à voir et qui, pourtant, était l'éclatante vérité. En dépit des années, de leur rupture, de son mariage avec Charlotte, il n'avait cessé d'être attaché à Lee-Aurore par des liens jamais complètement dénoués.

Il erra, sans but, des heures durant. Dans Saïgon déserté, il tourna en rond, avant de s'apercevoir que ses pas le portaient vers la villa qu'habitaient Kim-Anne et Lee-Aurore, sur le Plateau. Il était quatre heures du matin, et, déjà, les marchandes de *pho* * circulaient le long des trottoirs, hélées de temps à autre par quelque cyclo en maraude ou par des ouvriers se rendant à leur travail.

Il se laissa tenter, mais, après avoir avalé quelques nouilles enroulées autour de ses baguettes, il dut admettre que son estomac noué refusait toute nourriture. Il se releva, paya et, résolument, se dirigea vers la grille de l'entrée, où il sonna.

Une boyesse ensommeillée vint à sa rencontre. Son air maussade s'effaça quand elle le reconnut. Elle observa cependant :

— Toi c'est pas fou dans la tête? Ici tout le monde dormir!

— Je veux voir Madame Lee-Aurore!

— Elle c'est pas contente si je la réveille! Elle crier après moi!

— Va la réveiller, te dis-je!

De mauvais gré, la boyesse ouvrit le portail et précéda Cyril jusqu'au salon.

* Soupe au vermicelle et aux bribes de poulet.

— Toi attendre ici. Moi c'est parler *Ba dam*.

Lee-Aurore arriva, peu après. Drapée dans un déshabillé hâtivement passé sur sa chemise de nuit, elle avait le visage chiffonné et l'œil froncé attestant sa mauvaise humeur. Elle grogna, maussade :

— As-tu vu l'heure ?

— Il faut que je te parle.

— Cela ne pouvait pas attendre le jour ?

— Non.

Elle se laissa tomber sur un pouf et soupira, avec une résignation exaspérée.

— Je t'écoute, mais fais vite. Il me reste encore une heure de sommeil avant le premier biberon de Diane.

— J'ai rencontré Guillaume. Est-il vrai que toi et lui...

Lee-Aurore laissa retomber ses mains et secoua la tête, irritée.

— Te rends-tu compte de ce que tu dis ? C'est pour ça que tu viens chez moi au milieu de la nuit ? Ma parole, tu perds la tête ! A moins que tu n'aies bu !

— J'ai toute ma tête et je n'ai pas bu. Réponds-moi !

— De quel droit exiges-tu des comptes ? Si j'ai envie de voir Guillaume, c'est mon affaire. Tu n'as pas à t'en mêler.

Elle s'était levée.

— Je vais me recoucher ! Si tu n'as rien d'autre à faire, tu peux finir ta nuit sur le canapé du salon. Je dirai à Thiam de te porter une tasse de thé à sept heures.

Il se précipita, la saisit aux poignets et l'obligea à lui faire face.

— Ne t'en va pas ! J'ai besoin de savoir.

Elle se dégagea avec brusquerie, l'œil étincelant, et frappa du pied.

— Mais que veux-tu savoir, à la fin ? Tu débarques ici tel un fou, tu me tires de mon lit, comme s'il y avait le feu à la maison. Et pourquoi ? Pour me parler de Guillaume ! C'est insensé ! Alors, je vais te répondre puisque c'est le seul moyen d'avoir la paix. Oui je l'ai revu. Oui, j'ai dîné avec lui deux ou trois fois. Et pour mettre les points sur les « i », non, je n'ai pas couché avec lui. Je n'en ai d'ailleurs nullement l'intention. Es-tu satisfait ?

— Je le suis. Et je te remercie.

Elle lui sourit avec commisération.

— Mon pauvre Cyril! Tu ne changeras donc jamais! Te rends-tu compte de quoi tu as l'air? D'un malheureux chien battu! A ton âge! Maintenant, sois bien sage. Couche-toi et dors. Nous reparlerons de cela tout à l'heure bien que je n'en voie guère l'intérêt.

Elle bâilla, lui adressa un au revoir du bout des doigts. Elle était au milieu de l'escalier quand Cyril l'appela.

— Lee-Aurore? Si je te demandais de m'épouser, accepterais-tu?

— Cyril, fit elle, consternée. Tu ne crois pas que tu exagères? Il est quatre heures du matin!

— Quatre heures et demie.

— Ça suffit! Tu restes des mois sans donner de nouvelles et, parce que tu t'es mis dans la tête des idées biscornues à propos de Guillaume, tu me proposes le mariage! Tu auras tout oublié à ton réveil. Bonne nuit!

Quand Cyril émergea d'un sommeil sans rêve, il était huit heures du matin. A côté d'une tasse de thé froid, il trouva une feuille de papier pliée en quatre, hâtivement rédigée de la main de Lee-Aurore :

— Si tu n'as pas changé d'avis, à ta dernière question, je réponds oui.

Chapitre 5

1943-1944

1

Le sous-lieutenant Bertrand Mareuil arrêta son cheval au milieu du col et prit ses jumelles. De là où il se trouvait, aussi loin que portait la vue, il y avait un horizon sans limite, une étendue de brume bleutée plane comme la mer, de laquelle émergeaient les molaires acérées, noires frangées de vert des Cent Mille Monts. Ce n'était pas la première fois qu'il contemplait ce paysage, mais il lui procurait toujours le même sentiment d'infini. La Chine s'étalait à ses pieds, immense et secrète, immuable, défiant le temps, l'espace et les hommes.

— Je comprends pourquoi les Japonais s'y enlisent, observa Patrick Russange, qui avait rejoint son camarade.

Bertrand hocha la tête, sans répondre. Le panorama qui le fascinait n'avait rien de commun avec la guerre. Elle y était incongrue, dérisoire même face à cette immensité.

Autour d'eux, les tirailleurs avaient posé leurs sacs et, aux ordres de leurs caporaux, formé et aligné les faisceaux. Ils s'affairaient en vrais professionnels, chaque section ayant ses habitudes et ses coutumes propres. Les Tonkinois se regroupaient autour d'une gamelle collective dans laquelle ils mettaient le riz à cuire. Les Nung au contraire, individualistes forcenés, préparaient chacun leur petit feu de brindille, tandis que les Tho, indifférents aux contingences culinaires, grappillaient le riz rouge que leurs femmes avaient préparé à l'aube.

A l'écart, installés sur un entablement rocheux, les six sous-officiers du peloton déballaient en bavardant leurs provisions de route, boîtes de pâté, de singe, pain de guerre, vin rouge de l'Intendance. Du haut de son cheval, Bertrand capta la voix du sergent Hutin, intarissable bavard qui commentait à sa façon les événements de la matinée.

– Quel pays! gouaillait-il. Pas une seule descente, on passe sa vie à grimper! Quand je rentrerai en France, je rengagerai chez les chasseurs alpins. A Chartres!

– Mais il n'y a pas de chasseurs alpins à Chartres, intervint Pommeleu, un Eurasien, frais émoulu de l'École des sous-officiers de Dalat.

Hutin, qui ne perdait jamais l'occasion de faire un calembour, l'avait surnommé « Pomme à l'eau ».

– Comment ça, pas de chasseurs alpins à Chartres? répliqua Hutin. Tu m'étonnes. Je croyais... Tu es sûr?

– Il n'y a même pas de montagnes, poursuivit le sergent. J'ai bien retenu mes cours de géographie.

– Ne comprends-tu pas que Hutin te fait marcher? intervint Andréani, le doyen de la compagnie, homme sage et serein qui jouait le rôle d'arbitre dans les inévitables conflits qui surgissaient au sein de cette communauté remuante des sous-officiers, perdus à la frontière de Chine.

Bertrand entendit l'éclat de rire qui soulignait probablement l'air penaud de Pommeleu, qui, une fois encore, s'était laissé prendre au piège. Il reposa ses jumelles. Il ne pouvait détacher son regard de ce territoire qui l'attirait, irrésistiblement. Combien de fois avait-il éprouvé la tentation de laisser son cheval redescendre dans la vallée, et d'aller se perdre dans le dédale des montagnes, comme un navigateur tournant à jamais le dos au rivage ami pour s'en aller vers la Chine, l'inconnu, vers l'aventure? Ici, c'était le Tonkin, soumis de jour en jour plus étroitement à la surveillance japonaise. Là-bas, au contraire, c'était une terre libre. Le symbole de la résistance. Depuis quelques mois, une délégation gaulliste s'était installée à Kunming, au cœur des monts du Yunnan, passerelle jetée par-dessus les océans et les continents entre l'Indochine et le reste du monde.

Souvent, Bertrand rêvait qu'il osait partir, qu'il se ralliait à la dissidence, pour sauver l'honneur. Mais il était resté, moins à cause des attaches familiales ou sentimentales qui l'ancraient ici, que par la conscience de son insignifiance face aux forces immenses qui faisaient trembler la planète.

— Mon z'yeutenant? C'est prête la bouffe!

Sa rêverie prit fin devant cette réalité, Pou Nhac, son ordonnance, n'avait jamais voulu se résoudre à annoncer convenablement que le repas était servi. Il lui en avait fait l'observation tellement de fois qu'au fil des mois, c'était devenu une tradition. Bertrand n'y faillit pas :

— Pou Nhac, on ne dit pas « c'est prête la bouffe »...

— Oui, mon z'yeutenant : « déjeuner servi! » (il prononçait « det you né »)...

Puis il s'éloigna, en balançant ses larges épaules. Pou Nhac était l'un des deux ou trois tirailleurs de race Man, une peuplade aux trois quarts chinoise qui vivait des deux côtés de la frontière. Moitié pirates, moitié contrebandiers, ils formaient une communauté anarchique et ombrageuse qui ne s'embarrassait pas de scrupules quand il s'agissait d'aller piller un village déclaré « ennemi » ou de s'emparer d'un troupeau de buffles qu'ils allaient revendre aux soldats nationalistes.

Deux ans plus tôt, au début de l'année 1941, à sa sortie de l'hôpital Grall, Bertrand avait été affecté ici, dans le 2e territoire militaire, circonscription de Lao Kay, à l'extrême nord-ouest du Tonkin, là où, jaillissant de la Chine, le fleuve Rouge faisait son entrée bouillonnante en Indochine.

Son poste se situait bien plus au nord, près de Pha Long, aussi perdu dans la forêt qu'une île en pleine mer. Une seule piste cavalière le reliait au reste du monde et elle était bien souvent coupée par les crues imprévisibles des torrents dévalant les falaises pour alimenter le « Père des Fleuves ».

Quand il y était arrivé, après un voyage de quinze jours depuis Hanoï, Bertrand avait été séduit par le paysage grandiose; des ravins vertigineux creusés entre des montagnes verticales, si touffues que, de loin, elles semblaient tapissées de velours aux mille nuances de vert.

Plus tard, au pas de son cheval, Bertrand était entré dans une vallée si étroite que les arbres formaient au-dessus de sa tête, d'une crête à l'autre, une voûte de verdure. On aurait dit une cathédrale, aux échos sonores, imposant le respect et le silence.

Son guide, un jeune Man à la peau couleur d'orange, lui avait dit :

— Nous sommes dans la vallée des Hautes Orchidées.

Bertrand avait compris lorsqu'un rayon de soleil avait brusquement fait jaillir des myriades de petites taches aux vives couleurs. Roses, jaunes, incarnat, mauves, striées de bleu et d'or.

Un cavalier avait surgi. Grand, bien découplé, les cheveux passés à la cire, ceints d'un bandeau rouge, il portait la tenue traditionnelle des Man, un sarrau bleu-noir largement ouvert sur une poitrine où des tatouages magiques montaient jusqu'à son cou. Ses jambes étaient protégées par des plaques d'argent ciselé, et ses étriers étaient aussi d'argent niellé de cuivre ou d'or. A son côté pendait le long sabre courbe gainé de cuir, et, presque insolite dans cet uniforme d'un autre âge, un revolver d'ordonnance.

Respectueux, le guide avait plongé à terre, tandis que le nouveau venu s'était présenté, dans un français hésitant, fortement marqué d'accent chinois, mais que Bertrand, familiarisé avec le pays, avait parfaitement compris :

— Mon nom est Cho Quan Lo, fils de Cho Quan Sinh. Je te souhaite la bienvenue sur mon territoire. J'espère que nous serons amis.

Deux années durant, Bertrand avait entretenu les meilleures relations avec Cho Quan Lo, le redoutable seigneur de Pha Long. Plus tard, ensemble, ils étaient allés chasser l'ours à collier dans les rochers du Song Chay. Ils avaient même poussé des incursions en pays Lu où les filles portaient des robes à crinolines et les hommes, les cheveux longs et bouclés qui les faisaient ressembler à des marquis de la Régence.

Un soir, au bivouac, alors qu'ils mangeaient en tête à tête, Cho Quan Lo avait raconté à Bertrand comment il était entré en possession du revolver fétiche qui ne le quittait jamais, même si son barillet ne contenait plus que des douilles, vides mais amoureusement polies.

— Il y a très longtemps, je n'étais encore qu'un enfant, les Français sont venus ici pour chasser des soldats chinois qui avaient envahi notre vallée. Leur chef était un grand soldat. Lorsque mon père, Cho Quan Sinh, est allé le trouver pour mettre ses guerriers à son service, il m'a laissé en otage auprès des soldats. « Si je te trahis, avait dit mon père au capitaine, tu as la permission de le mettre à mort. »

« Quelques mois après, quand tous les Chinois ont été tués ou sont repartis dans leur pays, le capitaine m'a renvoyé chez moi. En gage d'amitié, il m'a donné ce revolver, en me faisant promettre que jamais je ne m'en servirais contre des Français. J'ai toujours tenu mon serment.

Il le tendit à Bertrand.

— Regarde, proposa-t-il : le nom du Français est gravé sur la platine.

Les caractères étaient presque effacés, usés par le temps et par le polissage, pourtant Bertrand parvint à les déchiffrer et lut : « Cap. Ed. Gathellier. » Et la mémoire lui revint. Voici bien longtemps, le beau-père de Cyril avait raconté une histoire semblable. La coïncidence était troublante. Un peu ému, Bertrand avait restitué l'arme, ajoutant :

— J'ai moi aussi connu l'officier dont tu m'as parlé. Mon frère aîné a épousé sa fille. Mais elle est morte...

— A quoi penses-tu ? interrogea Patrick Russange.

— Rien. A de vieux souvenirs...

— Veinard, reprit Patrick. Tu vas t'en aller, retrouver la civilisation...

— Cette perspective ne m'emballe guère. Je me trouvais bien, ici, loin de tout. J'oubliais la guerre, les Japonais...

Patrick ricana :

— Ils sont pourtant difficiles à oublier, ceux-là ! Les radios n'arrêtent pas de claironner sur tous les tons les succès éclatants de leurs troupes ! (Il énuméra, en comptant sur ses doigts :) Penang, Malacca, Singapour, Kuala Lumpur, Manille, Corregidor, Sumatra, Rangoon, Mandalay et j'en oublie. Un véritable raz de marée. Jusqu'où iront-ils ?

— Nulle part. Tu oublies que nous sommes en avril 1943

et que depuis près de cinq mois, au début de décembre dernier, ils ont été stoppés en Papouasie et en Nouvelle-Guinée. C'est le commencement de la fin. Ajoutes-y les défaites allemandes à Stalingrad et en Libye, le débarquement en Afrique du Nord, tu verras que la roue est en train de tourner !

Patrick esquissa une moue sceptique.

— Je voudrais partager ton optimisme. D'autant plus que, tant que durera cette vacherie de guerre, je n'épouserai pas Marie-Claude Puybazet.

Bertrand essuya ses lèvres, avala une gorgée de thé et se leva.

— Il faut y aller, décida-t-il, sans entrain.

Le retour vers le poste fut morne. Bertrand aurait souhaité ne jamais y arriver. Cette patrouille frontalière avait été la dernière pour lui. Tout à l'heure, à la nuit tombée, son peloton serait regroupé au carré dans la cour du poste illuminé par des torches de bambou. Le capitaine Cadeilhac, son commandant de compagnie, venu tout exprès de Lao Kay, ferait avancer Patrick jusqu'au milieu des troupes et prononcerait la phrase rituelle :

— Vous reconnaîtrez désormais comme votre chef le sous-lieutenant Russange, ici présent, et vous lui obéirez dans tout ce qu'il vous commandera pour le bien du service et la gloire de nos armes...

Lui, Bertrand Mareuil, serait dans l'ombre, noyé dans la foule, comme un objet au rebut. Ces deux années avaient passé à la vitesse de l'éclair, il ne se rappelait pas avoir été aussi heureux et comblé que durant toute cette époque. Il n'emporterait que quelques souvenirs, un *sinh* de soie tissé, une arbalète d'ébène tirant des flèches d'argent, les cadeaux coutumiers. Et le sourire triste de Ba Hsien, la gentille petite compagne qui avait su, discrète, douce, attentive à ses désirs, rendre plus légères les heures parfois difficiles de solitude. Ils s'étaient fait leurs adieux l'avant-veille, Ba Hsien estimant malséant et honteux pour elle d'avoir l'air d'une femme répudiée. Il lui avait donné un peu d'argent et elle était partie, laissant croire pour sauver la face qu'elle le quittait volontairement. Dans huit jours, dix au plus, après un veuvage convenable, elle irait

211

reprendre sa place auprès de Patrick, le nouveau chef de poste. Elle l'avait aperçu, lui et ses cheveux d'or, et avait admis qu'au fond, il lui plaisait bien. « Surtout s'il est aussi gentil que toi. » Bertrand l'avait assuré qu'elle n'avait rien à redouter.

La prise d'armes fut suivie d'un banquet auquel assistaient les autorités locales, le commissaire du gouvernement, un Breton au visage d'ascète qui ne mangeait que du riz pour calmer ses amibes, le chef de la circonscription annamite et, trônant en bout de table, Cho Quan Lo, qui fumait paisiblement sa pipe à eau.

— Mon cher Mareuil, dit le capitaine Cadeilhac, nous vous regretterons beaucoup ; je me fais l'interprète de tous, ici, pour vous exprimer tous les vœux que nous formulons pour le succès de votre prochaine affectation.

— Où va-t-il ? demanda Cho Quan Lo.

— Sur les Hauts Plateaux du Centre Annam, dans la région de Ban Me Thuot.

— Il ferait mieux de rester parmi nous, je crois savoir que les gens de là-bas sont de vrais sauvages qui vivent tout nus !

Bertrand rit. Cho Quan Lo était bien renseigné.

— C'est malheureusement impossible : il vient d'être promu au grade de lieutenant, et va assumer des fonctions d'adjoint de compagnie.

Bertrand rougit jusqu'aux oreilles, il n'avait pas encore été avisé de sa promotion. Patrick lui frappa sur l'épaule :

— Bravo, vieux ! (Il tira de sa poche de poitrine une paire de galons, taillés dans le fer d'une boîte de conserve, et les accrocha sur la manche de la tunique de son ami.) Cadeau des gradés, avec nos excuses pour n'avoir pu mieux faire !

— C'est très bien ainsi, je constate que tout le monde était au courant, sauf moi !

Le repas tirait à sa fin. Cho Quan Lo se leva pour prendre congé. Il prit Bertrand aux épaules, le maintint au bout de ses bras tendus et, avec gravité :

— Je te souhaite longue vie, lui dit-il. Quoi qu'il puisse arriver, sache que tu seras toujours chez toi dans la vallée des Hautes Orchidées. Aucun ennemi ne pourra t'y atteindre.

– Je te remercie. Je n'en aurai que plus de joie à revenir ici. Mais je n'ai pas d'ennemi.

– Qui peut le dire?

Bertrand se mit en route le lendemain matin. Il avait la tête lourde, les yeux battus; la nuit avait été rude. Les sous-officiers avaient tenu à lui témoigner toute leur fidélité et, sans souci de la hiérarchie, leur amitié. Ils avaient expérimenté une boisson fortement alcoolisée, vaguement parfumée à la badiane, mise au point par le sergent Hutin qui n'avait pas hésité à risquer un calembour douteux, parlant d'anis artificiel. Mais, ce soir-là, personne n'était difficile.

En prenant congé, Bertrand les avait mis en garde :

– Ne vous endormez pas. Il n'y pas de Japonais sur la frontière de Chine, cela ne veut pas dire qu'il n'y en aura pas. Si cela se produisait, quittez vos postes, retranchez-vous dans la montagne, et ne livrez combat que si vous êtes les plus forts. Il n'y pas de déshonneur à rompre, si c'est pour porter à l'ennemi des coups sévères. (Il avait laissé passer quelques secondes avant d'ajouter :) Ne sous-estimez jamais l'adversaire, les Japonais sont d'excellents soldats.

Trois jours plus tard, en débouchant dans le Delta à bord du train qui le ramenait sur Hanoï, Bertrand éprouva l'étrange sensation d'un manque. Les montagnes qu'il laissait derrière lui avaient été son seul horizon. C'était, brusquement, comme s'il se trouvait dans une pièce dont on aurait retiré les meubles.

Hanoï le surprit. Il avait conservé le souvenir d'une ville placide et sérieuse, où la foule, uniformément vêtue de brun; ce *cu nau* sans éclat, ne manifestait jamais cette exubérance colorée du Sud. Il découvrait une cité prostrée, figée, inquiète, et les Français, civils ou militaires, avaient, ce matin-là, quelque chose de furtif dans l'attitude. Il semblait qu'au poids ordinaire de l'occupation japonaise s'ajoutait une tension nouvelle. Les soldats, qui déambulaient en groupes compacts, avaient le visage fermé, l'air absent, les mains crispées sur les crosses des grands fusils ou sur le pommeau des sabres. Certains portaient des brassards blancs. En allant de la gare à la Citadelle, Bertrand se fit l'effet d'être un provocateur, tellement les regards qui filtraient dans sa direction étaient lourds, chargés de menaces imprécises mais réelles.

– Que se passe-t-il ?

Le capitaine chargé des formalités de mise en route de Bertrand sur Saïgon esquissa un geste cavalier :

– Depuis hier, les Japonais observent trois jours de deuil national. L'amiral Yamamoto, l'homme de Pearl Harbor, l'officier le plus respecté, l'idole de Tenno, l'armée nippone, a été descendu le 17 avril dernier par l'aviation américaine au-dessus de l'île de Bougainville. C'est pour eux un choc terrible. Je les croyais insensibles, ne laissant jamais transparaître leurs sentiments. Je me trompais, hier, ils pleuraient sans retenue. Un désespoir presque enfantin. Curieux bonshommes !

– Enfin une bonne nouvelle.

– Voulez-vous vous taire ! Sachez, mon jeune ami, qu'il est défendu de se réjouir, bien au contraire. Les Japonais sont nos amis. Nous participons à leur tristesse. Ne l'oubliez pas.

Bertrand hésita. Le capitaine avait un air impassible et son observation aurait pu tout à fait refléter le fond de sa pensée. Mais un rien, l'insistance de son regard, lui fit comprendre qu'il s'agissait d'une forme d'humour tout à fait personnel.

– Par contre, reprit ce dernier, vous pouvez tout à fait manifester votre satisfaction : les troupes allemandes de l'Afrikakorps ont capitulé le 13 mai dernier à Tunis. Voilà enfin un territoire français libéré. Nos camarades de l'Armée d'Afrique vont peut-être bientôt rentrer en France, en vainqueurs. Tandis que nous...

Il leva la tête et ses yeux se portèrent sur une affiche violemment coloriée, punaisée au mur au-dessous du portrait officiel du maréchal Pétain, de rigueur dans tous les bureaux militaires.

Dans un déploiement de drapeaux représentant tous les pays de la Fédération indochinoise, l'affiche comportait en son centre une francisque aux fers tricolores. Au-dessus, trois mots annamites : *Can Lao, Gia Dinh, To Quoc.*

– Travail, famille, patrie, traduisit Bertrand, à mi-voix. J'avoue avoir modérément apprécié ces slogans.

214

– Et pourquoi donc? Qu'avez-vous contre eux?

– Ils reflètent un peu trop la résignation. Ce sont des mots pour temps de paix.

Le capitaine se renversa sur sa chaise et demanda, goguenard :

– Avez-vous mieux à proposer?

– Sans doute. J'aurais parlé d'honneur, de devoir, d'effort.

– Et pourquoi pas de combat?

– Pourquoi pas en effet? Si, comme il est probable, les Japonais perdent la guerre, nous serons, ici, passés directement de la défaite à la victoire sans connaître la guerre.

– Si je vous comprends bien, mon cher ami, vous envisagez de déclarer tout seul la guerre à l'Empire du Soleil levant?

– Ce serait notre devoir. Mais je vois mal en effet comment agir, mon capitaine. Là où j'étais, deux années durant, rien ne semblait avoir changé depuis cinquante ans. J'ai fait de mon mieux pour maintenir mes hommes en forme physique, j'ai multiplié les exercices, marches, manœuvres, exercices de combat, épreuves de tir. Un peu comme le font les mécaniciens qui font tourner les moteurs de leurs voitures sans remarquer qu'elles sont sur cales.

– La comparaison me paraît hardie, mais elle n'est pas fausse. Cela dit, mettez-vous bien dans la tête que si nous bougeons ne serait-ce que le bout de l'oreille, les Japonais nous balaieront. De jour en jour, leur dispositif s'étoffe. Voici un an, ils étaient environ trente mille, à peu près aussi nombreux que nous, à cette différence près qu'ils possèdent une cohésion et des matériels qui nous font cruellement défaut. Savez-vous à combien nous estimons leur nombre aujourd'hui? A plus de cinquante mille, et ce n'est pas fini.

« Alors? Un baroud d'honneur? Ce serait vouer les Français d'ici, et les Annamites fidèles, au chaos et au malheur.

– Je sais tout cela et je ne sous-estime pas leur puissance. Je me suis battu contre eux en septembre 1940 à Dich Son. Ce sont de redoutables adversaires. Cela ne m'empêche pas de chercher, en vain d'ailleurs, les moyens de participer à l'effort de guerre de nos alliés.

Le capitaine ne répondit pas. Il jouait avec son porte-plume, qu'il roulait entre ses doigts. Puis il se décida :

— Asseyez-vous, Mareuil. Nous avons suffisamment bavardé. J'ai quelque chose de concret à vous proposer. Mais cela ne devra jamais sortir de ce bureau, c'est entre vous et moi. D'accord?

Bertrand avait obéi. Il hocha la tête, attentif.

— La Résistance s'organise sur le territoire indochinois, mais elle manque de tout et compte beaucoup sur les Américains et sur les Anglais pour recevoir les matériels qui lui font défaut. Vous n'ignorez pas qu'une mission française s'est installée à Kumming. Quelques camarades ont pris contact avec elle, en vue de coordonner nos actions.

— Je suis volontaire...

— Du calme! Nous ne vous avons pas attendu; de plus, vous allez partir pour le Sud! Ce n'est pas cela que j'attends de vous, bien au contraire, votre affectation nouvelle peut considérablement nous aider. En plus du service normal, que vous accomplirez de façon exemplaire, de manière à ne donner prise à aucune critique, à n'éveiller aucun soupçon, vous devrez trouver et au besoin former un opérateur radio capable de communiquer avec nous. Le matériel vous sera fourni, ainsi que les codes, les fréquences, les éléments de procédure, aussitôt que vous serez prêt à fonctionner.

Bertrand semblait déçu. Il espérait de l'action, on lui proposait un téléphone.

— Ce n'est pas tout, reprit le capitaine. Peut-être l'ignorez-vous, mais au cours des missions effectuées par des appareils américains au-dessus du territoire, un certain nombre d'entre eux ont été abattus, en Cochinchine, au Cambodge et dans le Sud-Annam. Nous avons commencé la mise sur pied de filières destinées à faire évader vers la Chine les pilotes ou les personnels navigants que nous avons pu récupérer. Vous aurez pour tâche de constituer un relais entre Saïgon et Pleiku.

Bertrand se rasséréna. C'était une mission tout à fait dans ses cordes. Déjà, il imaginait les contacts qu'il allait renouer avec ceux qui pourraient l'aider à tisser un vaste réseau couvrant toute la partie sud de l'Indochine. Le capitaine doucha son enthousiasme :

— Avant tout, lui recommanda-t-il, n'agissez qu'avec la plus extrême prudence. Moins il y aura de gens dans la confidence, mieux ce sera ; nos compatriotes sont bavards, par souci de paraître, ils sont capables des pires imprudences.

— Je ferai attention.

— J'y compte bien. En attendant que nous ayons mis en place notre antenne de Tourane à laquelle vous servirez de relais avec la Cochinchine, vous dépendrez de celle de Saïgon qui vous transmettra ses directives ainsi que les matériels nécessaires.

Il écrivit brièvement quelque chose sur un bout de papier et le lui tendit :

— Voici un indicatif, « Charner ». Et un numéro de téléphone. Apprenez-les par cœur. Votre mot de passe sera aussi votre nom de code : « Béhaine. » Compris ?

2

Ho Chan Sang se dressa d'un bond et saisit fébrilement le colt qu'il avait dissimulé sous sa tête. Puis il glissa sur le dos et prit la position accroupie, à l'autre bout du lit, les muscles noués, dans l'attitude d'un fauve aux abois. De l'autre côté de la cloison, il en était sûr, quelqu'un avançait à petits pas prudents, mais il n'avait pu empêcher de faire tinter l'un des carreaux de céramique descellé qui dallait le sol de l'antichambre. C'était ce bruit insolite qui l'avait réveillé.

Il jeta un regard vers la fenêtre dont les persiennes closes laissaient filtrer un petit rayon de soleil oblique. Il devait être cinq ou six heures du soir.

Depuis des mois, Ho Chan Sang vivait ainsi, en reclus, dans le petit appartement de deux pièces aménagé au-dessus de la pharmacie de Thieu Da, l'un des rares fidèles qui lui restaient encore. Il ne sortait qu'à la nuit, pour rencontrer quelques-uns de ses sous-ordres, chargés de collecter pour lui les dividendes des deux ou trois tripots dont il avait conservé le contrôle. Mais il ne se faisait guère d'illusion, la cachette la meilleure ne demeurerait pas long-

217

temps inviolée pour peu que Ba Duong ou l'un de ses *An Chi* aient décidé de la découvrir.

La rupture avait été brutale. Voici presque un an, le comité secret des Binh Xuyen, réunis en assemblée extraordinaire dans les marais du Rung Sat, leur repaire originel, avait décidé de se mettre entièrement au service des Japonais. Ils recevaient maintenant directement leurs ordres du colonel Tsuda, de la Kempeïtaï, et, sous son contrôle, avaient la haute main sur les chantiers navals de Cholon et de Biên Hoa où se construisaient des vedettes de bois destinées à la lutte anti-sous-marine.

A Cholon, cela s'était passé sans trop de difficulté. Il n'en avait pas été de même à Biên Hoa où Rousseron, le directeur français de l'usine des bois industriels, avait décidé de ne pas livrer les planches et les madriers qui lui avaient été imposés.

Il avait fallu monter une expédition punitive, un revolver sur la tempe, pour l'amener à capituler. Mais, dès le lendemain, il avait saboté les deux machines à vapeur qui fournissaient l'énergie nécessaire au fonctionnement des scies et des rabots, et il avait disparu dans la nature.

Ho Chan Sang avait été mis en demeure de le retrouver. Il avait refusé.

— Je suis un Binh Xuyen, avait-il expliqué à Ba Duong. C'est-à-dire un homme libre. Nous avions un maître français et peut-être l'aurais-je combattu. Ce n'est pas pour me mettre au service d'un autre maître, brutal, exigeant et qui maintient notre patrie dans une sujétion encore plus étroite...

— Tu subis l'influence de ta femme, Sang. Ce n'est pas digne d'un *Anh Chi*.

— Tu te trompes. Ma femme m'a quitté afin de me laisser libre de mes décisions. Continuez, si vous le voulez, à vous prosterner devant Tsuda. Pour moi, c'est terminé.

— J'espère que tu sais ce que tu fais. Tu prends des risques énormes.

— Ba Duong, je reste un Binh Xuyen, quoi qu'il arrive. Je ne trahirai jamais notre cause. Si vous décidez de m'abattre, il faudra que vous y mettiez le prix. Mais, attention, ne touchez à aucun cheveu, ni de ma femme, ni de mon fils. Parce qu'alors, ce sera la guerre.

— Ni ton fils, ni ta femme n'ont à craindre quoi que ce soit, Sang. Ta vie seule est en jeu. Penses-y. Tu as encore quelque temps pour changer d'avis, mais ne tarde pas trop.

Sang avait regagné Cholon le soir même et, depuis, son colt ne le quittait plus.

La poignée de la porte tourna lentement. En vain, Sang avait tiré le verrou. Il demanda :

— Annonce-toi! Ou mets-toi à l'abri!

— Suong-Maï! Je dois te parler, c'est urgent.

— La prochaine fois, n'arrive pas comme un voleur! J'ai failli tirer!

— Thieu Da m'avait dit que tu avais le réveil mauvais, je faisais attention!

Sang tira le verrou, rabattit violemment le vantail, et saisit Suong-Maï par le col de sa chemise avec une telle violence que le jeune homme traversa la pièce et alla s'effondrer contre le mur d'en face.

— Je t'écoute, espèce de fouineur! J'espère pour toi que tu as une bonne raison pour être venu jusqu'ici!

Suong-Maï se remettait debout, massant ses reins, louchant sur le colt qui suivait chacun de ses mouvements.

— Tu ne pourrais pas viser autre chose? demanda-t-il.

— Réponds? Qu'es-tu venu faire ici?

— Te prévenir, *Anh Chi*. Ba Duong a été renseigné sur ta planque. Deux de ses tueurs sont sur ta trace.

— Comment l'as-tu appris? Tu ne me feras jamais croire que Ba Duong t'a fait ses confidences!

— En effet, mais j'appartiens aux groupes de protection qui assurent les arrières des hommes de main de la Confrérie. Je suis requis à partir de demain au carrefour du boulevard Charles-Thomson et de l'avenue Maréchal-Foch, à cent mètres d'ici.

Le colt regagna sa place, entre ceinture et peau. Sang hocha la tête :

— Je te crois, Suong-Maï.

— Je n'ai pas oublié que tu m'as permis de trouver du travail et de nourrir ma famille.

Sang s'était assis sur le bord de son lit. Il réfléchissait; ses plans étaient bouleversés. Où irait-il? Si Ba Duong avait juré sa perte, les Japonais n'allaient pas manquer l'occasion de l'aider et la région allait bientôt être trop petite pour lui. En face de lui, Suong-Maï essayait de se faire tout petit. Timidement, il interrogea :

– Puis-je m'en aller?

Sang releva la tête et son regard se fit soupçonneux.

– Tu as l'air bien pressé, observa-t-il. Attends un peu. (Il se leva, lui prit le coude :) Viens, nous allons sortir ensemble. S'il s'agit d'un traquenard, ta peau ne vaudra pas cher. La première de mes balles sera pour toi.

Ensemble, les deux hommes descendirent les degrés de l'escalier. Thieu Da, le pharmacien, se tenait derrière son comptoir. D'un signe de tête, il indiqua que la voie était libre.

– Je te dirai comment me joindre, lui jeta Sang, au passage.

Ils sortirent dans la rue, et se fondirent dans la foule qui se pressait sur le boulevard. Rien n'indiquait qu'une embuscade soit en place, mais Sang ne cessait pas de regarder autour de lui. Les hommes qui étaient lancés à sa poursuite étaient parfaitement rompus aux techniques de la filature. Quand il estima ne plus rien avoir à craindre, Sang libéra son voisin.

– Fiche le camp, et ferme ta gueule! Tu ne m'as pas vu, tu ne sais pas où je suis. Compris?

– Compris, répondit Suong-Maï avant de filer, sans se retourner.

Sang avait longtemps hésité. Un instant, il avait songé à aller se réfugier dans le petit appartement de Souên, à la limite de Da Kao. Il y renonça, ce n'était pas la peine de faire courir le moindre danger à sa femme et à son fils Richard. En arrivant sur le port, sa décision était prise. Il retournerait dans les marécages du Rung Sat, qu'il connaissait depuis sa prime jeunesse. Personne n'aurait l'idée d'aller le chercher là. Dans quelques semaines, il aviserait.

Il traversa l'avenue du 11e-R.I.C. et s'engageait dans le boulevard Gallieni, quand, de quatre ou cinq endroits à la fois, retentirent des coups de sifflets, tandis que des hommes en uniforme kaki, mitraillette à la main, fonçaient dans sa direction. Il s'élança, prit le pas de course. Un homme jaillit de derrière un kiosque de boissons gazeuses et lui planta le canon de son gros revolver dans le ventre.

– Essaie de dégainer ton colt, pour voir ?

Ho Chan Sang comprit qu'il serait suicidaire de résister. Il écarta les bras et se laissa désarmer. Puis il esquissa un mince sourire en reconnaissant l'homme qui venait de l'arrêter.

– Salut, Scotto, grogna-t-il. Tu as bien joué. Tu ne vas pas me croire, mais je suis presque soulagé de te voir.

– Tu me feras toujours rigoler, Sang. Cela fait des semaines que j'essaie de te coincer. Je t'arrête.

– Pour quel motif ?

– Nous aurons tout le temps nécessaire pour en trouver un !

Le commissariat central était tout près, à l'orée du boulevard Gallieni. Les six policiers regroupés autour de lui, Ho Chan Sang y fut conduit, au galop. Déjà, des cyclistes japonais arrivaient, suivis d'une voiture tout-terrain bondée d'officiers de la Kempeïtaï. Mais leur intervention se produisait trop tard, le prisonnier était à l'abri des grilles.

Ho Chan Sang n'avait pas menti en se disant soulagé. Son arrestation par les Français réglait, provisoirement, ses problèmes de survie. Il n'allait pas, pour autant, accepter son sort sans réagir. Dans l'immédiat, une question le préoccupait : Comment les policiers savaient-ils qu'il serait dans la rue à cette heure précise ?

« Ce salaud de Suong-Maï, songea-t-il, il m'a bien eu avec son prétendu complot de Ba Duong pour me faire assassiner. »

C'était la logique même, Suong-Maï ne pouvait être qu'un indicateur et les hommes de Scotto n'avaient pas voulu prendre le risque de l'attaquer dans son repaire, trop difficile à surveiller et à approcher sans que l'alerte soit donnée. Cependant, cette explication ne le satisfaisait qu'à moitié, elle soulevait autant de questions qu'elle n'en résolvait et, en premier lieu celle-ci, primordiale : « Comment les Français pourront-ils justifier cette arrestation ? Je suis en règle avec la loi. »

De toutes les manières, l'instant n'était plus aux interrogations, mais aux explications. Sans lui retirer ses

221

menottes, deux agents le saisirent sous les bras et le propulsèrent dans un bureau voisin. Assis derrière sa table encombrée de dossiers et de téléphones, le commissaire Gazin attendait, les bras croisés, un cigarillo planté au coin des lèvres, l'œil bleu pétillant de malice. Debout près de lui, Théo Scotto affichait une mine réjouie. Les deux hommes donnaient l'impression de s'amuser.

— Assieds-toi, Sang! lança Gazin, jovial, en se frottant les mains.

— Cette arrestation est illégale! Je veux parler à mon avocat!

Gazin se tourna vers Scotto :

— Est-il drôle! Il veut son avocat! (Puis, d'un ton suave :) Dis-moi, Sang, sais-tu ce qui arrivera si je te laisse sortir maintenant? Les espions japonais qui surveillent jour et nuit ma boutique se demanderont pourquoi nous t'avons libéré aussi vite. La réponse ne sera pas longue à trouver, ils en concluront que nous avons passé un accord. Ta vie ne valait pas très cher, elle ne vaudra plus rien. Alors, crois-moi, cesse de jouer au pauvre innocent victime de l'arbitraire et écoute-moi. Tu te demandes probablement comment nous avons été avertis de ton passage? C'est simple, tu as été balancé.

— Quel est le salaud qui...

— Patience! Je ne te le dirai pas. Mais je peux t'assurer que c'est quelqu'un qui te veut du bien! Tu n'as qu'à chercher, il ne te reste plus beaucoup d'amis.

Sang plissa le front, ébranlé par l'assurance que montrait le commissaire Gazin. Peu à peu, la vérité se fit jour. Il ne pouvait s'agir que de Bay Viên. Sachant son camarade en danger, il avait pensé le mettre à l'abri en prévenant discrètement les Français. Mais c'était peut-être encore plus compliqué qu'il n'y paraissait. Bay Viên n'était pas homme à agir par simple philanthropie. « S'il m'a fait arrêter, c'est probablement aussi pour me garder en vie en prévision de l'avenir. Persuadé, comme beaucoup de gens commencent à le croire, que les Japonais perdront la guerre, il me met en réserve, hors de leurs griffes, pour m'utiliser, le moment venu... » Cette constatation le rasséréna, et lui dicta sa conduite. Il n'était pour lui pas plus question de pactiser avec les Français que de servir la Kempeïtaï. « Je dois durer, pensa-t-il. Je serai donc un prisonnier modèle, c'est-à-dire un rebelle. »

— D'accord, admit-il, vous me sauvez la vie. Mais n'allez pas vous imaginer qu'à mon tour, je vais trahir mes amis, mes frères. Vous ne tirerez rien de moi.

— Personne ne te le demande, Sang. Je te connais trop bien, répondit Scotto.

— Mais alors, que voulez-vous ?

— Rien, on te l'a déjà dit, précisa Gazin, suave. Simplement te mettre à l'abri.

— Sans contrepartie ?

Pour toute réponse, Gazin sortit d'un tiroir une boîte de sardines.

— Sais-tu ce que c'est ?

— Une boîte de sardines.

— Tu as tout compris. Tu es une sardine, et la boîte, c'est la prison de Chi Hoa. Nous travaillons à long terme. Dans un an, dans deux ans, je ne peux pas savoir, nous ouvrirons la boîte et tu sortiras aussi frais que tu y es entré. Nous espérons seulement que tu auras de la mémoire.

— Et de la reconnaissance, ajouta Scotto.

Sang retourna longuement dans sa tête cet aspect nouveau de sa situation. Elle n'offrait que des avantages, le temps travaillait pour lui. Il voulut pourtant avoir le dernier mot.

— Je ne vous avais rien demandé. Et je ne vous promets rien.

Souên apprit l'arrestation de son mari le lendemain matin, par l'entremise de Suong-Maï qui s'était précipité à son appartement. Il crut bon d'ajouter :

— Je n'y suis pour rien, petite sœur. J'ignore qui a bien pu renseigner les Français.

Mais Souên était trop émue pour s'attarder à ce genre de détail. Une seule chose comptait : son mari était en prison. C'était à elle qu'il incombait de tenter tout ce qui était en son pouvoir pour obtenir sa libération. « Il ne peut s'agir que d'une erreur, songeait-elle. Sang n'a rien à se reprocher, bien au contraire, il a mis sa vie en danger en s'opposant à tous ceux qui ont placé son organisation au service de la Kempeïtaï ! Ce qui arrive est injuste. »

223

Elle avait d'abord envisagé de se rendre au commissariat central, Théo Scotto étant l'un de ses vieux amis d'enfance. Elle y renonça en se disant qu'elle faisait probablement l'objet d'une surveillance de la part des espions au service des Binh Xuyen et qu'une pareille visite risquait d'être compromettante pour Sang. « Reste Cyril, se dit-elle. C'est un important fonctionnaire, proche de la résidence. Il acceptera sûrement de m'aider... »

Souên éprouva bien des difficultés pour l'obtenir au téléphone, mais elle fut récompensée de ses efforts quand elle l'entendit lui promettre :

— Je vais voir ce que je peux faire. Viens me retrouver à mon bureau à midi !

Elle y arriva, ponctuelle, impressionnée par le décorum du palais Norodom où elle n'était jamais venue. Un huissier annamite la fit patienter, puis la pria de le suivre. Il ouvrit une porte et annonça, avec une nuance de dédain :

— Madame Ho Chan Sang.

Cyril vint à elle, les mains tendues.

— Tu es de plus en plus belle, Suzanne ! Ton mari a bien de la chance !

— Mon mari est en prison, Cyril. Tu appelles ça de la chance ?

— Raison de plus. Je viens d'avoir Théo Scotto au téléphone. Il m'a chargé de t'apporter tous les apaisements possibles. Sang ne pouvait être plus en sécurité que là où il se trouve : Ba Duong et les Japonais avaient décidé de le faire assassiner.

— Et tu penses que les murs de Chi Hoa seront suffisants pour le garder en vie ? Je connais Ba Duong, il a des hommes à lui partout, même en prison.

Cyril ne répondit pas. Il venait de comprendre une partie du plan mis au point par le commissaire Gazin. Il voulait faire le ménage chez lui, et Sang allait tenir le rôle de la chèvre attachée à son piquet. Si Ba Duong tentait de le faire abattre, ses tueurs seraient obligés de se dévoiler. C'était machiavélique ; Cyril préféra garder ses réflexions pour lui, il ne fallait pas affoler Souên davantage. Il fallait aussi faire confiance à Sang, il n'était pas homme à se laisser tuer sans se défendre. Les mois à venir seraient pleins d'imprévus.

224

Il changea de sujet :

– Veux-tu déjeuner avec moi ? proposa-t-il. J'ai rendez-vous à une heure au *Chalet* avec Bertrand qui vient d'arriver à Hanoï après deux ans passés à la frontière de Chine. Il sera accompagné de sa fiancée, Françoise Chevrier.

Souên hésita à peine. Elle sourit.

– Avec grand plaisir, nous parlerons du bon vieux temps !

Le chauffeur de Cyril était un gendarme, mis à sa disposition par le gouvernement général avec quelques-uns de ses collègues pour véhiculer les membres du Commissariat. Originaire de la région de Carmaux, dans le Tarn, il en avait l'accent rocailleux et la conviction républicaine, hérités, l'un et l'autre, de son père, ardent laudateur de la Révolution française. Le jour où il s'était présenté, il avait expliqué que chacun de ses quatre frères avait reçu, comme prénom, le patronyme de l'un des grands généraux de la Convention :

– L'aîné s'appelle Marceau, le deuxième, Kléber, le troisième – c'est moi – Hoche, le quatrième Carnot.

– Et le dernier ?

– Jean. Mon père aurait souhaité Robespierre, mais, ce jour-là, il était au front.

Cyril sourit en pensant à ce garçon qui avait échappé, de justesse, à un prénom aussi redoutable. Le nom de son chauffeur était Cahuzac, mais il ne l'appelait plus que Hoche. C'était un homme doux et pacifique, mais il avait les Japonais en horreur. « Des monarchistes », disait-il avec mépris.

Il s'inclina devant Souên à laquelle il ouvrit la portière de la 302 officielle, puis, après avoir contourné le capot pour ouvrir celle devant laquelle se tenait Cyril, il observa, à mi-voix :

– Si seulement ma *Thi Ba* pouvait me donner une aussi belle métisse, je serais drôlement heureux et fier !

Cyril s'installa et constata, en voyant le rose au front de sa voisine, qu'elle avait entendu. Il lui prit la main :

– C'était un compliment, lui souffla-t-il, la croyant blessée.

Elle pouffa.

— Je l'avais compris ainsi!

Durant le court trajet qui les menait dans le centre-ville, Cyril lui demanda si elle avait reçu des nouvelles de son père, le docteur Kervizic *.

— Il est toujours au Laos. Il m'écrit une fois par an pour me souhaiter mon anniversaire. Dans sa dernière lettre, il me demandait des nouvelles de ton père. Je l'ai rassuré.

— Comment va-t-il?

— Je crois qu'il a trouvé sa voie. Papa me raconte qu'avec le père Germain, il a de sérieuses divergences de vues sur Dieu et la religion, mais ils forment, je crois, une solide équipe! Les Laotiens ne doivent pas s'ennuyer avec eux.

Elle avait baissé la voix, et laissa transparaître une certaine inquiétude :

— Il ne me parle pas de sa santé, et il n'a jamais fait la moindre allusion aux pauvres gens qu'ils soignent. Je me demande si...

— Tu crains qu'il n'ait à son tour contracté la lèpre?

Elle hocha la tête.

— Il est bien capable de l'avoir fait exprès, pour suivre sur lui-même les progrès du mal. Il s'en est toujours voulu de ne pas avoir été capable de sauver maman.

— Pourquoi n'irais-tu pas lui rendre visite? L'Indochine est calme et tu peux faire le voyage en cinq ou six jours.

— Je le lui ai proposé, il m'en a dissuadée. C'est justement cela qui m'a alertée.

— Dans ce cas, en effet... (Cyril réfléchit et ajouta :) Si tu le souhaites, je peux peut-être tenter d'avoir des informations plus précises?

— Je crois que je préfère ne pas savoir. Je veux garder le souvenir d'un homme beau, fort, dévoué, qui a été l'idole de mon enfance. Je redoute de ne plus le reconnaître. Maman a choisi de se tuer pour ne pas ternir l'image d'elle-même. Elle me manque, mais je la comprends.

Ils étaient arrivés. Du plus loin qu'il les aperçut, Bertrand qui était en civil leur adressa des signes sémaphoriques pour leur indiquer la table où il se trouvait en compagnie de Françoise Chevrier.

* Cf. *Sud Lointain*, « Le Courrier de Saïgon ».

Ils s'installèrent et, après les politesses d'usage, Cyril regarda son frère avec une attention soutenue.

— Aurais-je un bouton sur le nez?

— Non. Tu as maigri, mais je trouve que cela te va bien. Un militaire ne devrait jamais être gros. (Il se tourna vers Françoise :) Qu'en pensez-vous?

— J'attends pour me prononcer, répondit-elle avec un petit sourire malicieux, deux ans à vivre comme un sauvage ont fait de mon fiancé une sorte d'ours qui ne rêve que de ses montagnes et d'un pirate mongol...

— Un pirate Man, corrigea Bertrand qui ajouta : Sais-tu que j'ai rencontré Cho Quan Lo, dont le père a servi autrefois de guide à ton ancien beau-père, le capitaine Gathellier?

Cyril se rappelait parfaitement l'anecdote.

— Il a tenu le serment qu'il avait fait, compléta Bertrand. Il l'a d'ailleurs renouvelé devant moi. Tant qu'il vivra, les Français seront les bienvenus dans son fief, la vallée des Hautes Orchidées.

— Quel beau nom! dit Souên.

— Et quelle fidélité! ajouta Cyril.

— Puisque vous évoquez la fidélité, intervint Françoise, en passant sa main sous le bras de Bertrand, pourquoi ne pas parler de la malheureuse jeune fille qui attend depuis deux ans le retour de son Ulysse?

— Quand vous mariez-vous? demanda Cyril.

— Quand le général commandant les troupes terrestres d'Extrême-Orient m'en donnera l'autorisation. Mais j'ai peu d'espoir, il paraît que les circonstances ne sont pas favorables. Trop d'incertitudes!

— C'est bien l'Armée, observa Françoise en secouant la tête, ils ne veulent pas avoir à payer de pension de veuve!

— Je peux probablement intervenir, proposa Cyril.

La conversation fut animée, chacun des convives ayant mille choses à raconter, à entendre. Bertrand parla de sa prochaine affectation au bataillon de tirailleurs montagnards de Ban Me Thuot, demanda des nouvelles de Bao Tan. Souên donna des nouvelles de son fils Richard, qui grandissait et devenait insupportable. Cyril raconta les avatars des négociations franco-japonaises, et le ton parfois discourtois de leurs rapports.

— Leur dernière exigence est que nous leur remettions les Français qui auraient des litiges avec leurs soldats, tant que l'enquête n'a pas abouti. Nous avons refusé, nous avons de bonnes raisons pour cela, nous pratiquons une telle obstruction que nos enquêtes n'aboutissent jamais.

Cyril observa que Bertrand s'était figé et qu'il prenait ses distances. Avec la fougue de son âge, il concevait mal qu'un Français, et un Français en uniforme d'officier qui plus est, s'abaisse à adresser la parole à un représentant d'une armée ennemie.

— Erreur, les Japonais ne sont pas ici en ennemis, mais en vertu d'accords passés entre nos gouvernements.

— Exactement comme les Allemands en France. Pas de quoi être fier !

Cyril abandonna la discussion, elle risquait de gâcher leurs retrouvailles. Françoise changea de sujet :

— Nous étions à Bao Tan hier, intervint-elle, Père nous a appris que Lee-Aurore et toi alliez vous marier prochainement ?

— C'est vrai. J'ai attendu seize mois l'autorisation de ma hiérarchie...

— Et tu me proposes d'intervenir en ma faveur ? Merci bien, seize mois ! Bigre ! C'est ce que l'on appelle du piston ! railla Bertrand.

Il consulta sa montre et se leva.

— Désolé, mais je dois m'en aller. J'ai un rendez-vous urgent dans une heure !

Françoise se pencha, et souffla à l'oreille de Souên :

— J'ai été ravie de vous connaître. Pourrions-nous nous revoir ?

— Quand vous le voudrez, je suis tous les jours dans mon salon de thé, rue Hamelin.

Restés seuls, Cyril et Souên bavardèrent encore quelques minutes.

— Je suis obligé de partir moi aussi, dit Cyril. Je te donnerai des nouvelles de Sang dès que j'en aurai.

Bertrand avait déposé Françoise devant sa villa, en lui promettant de passer la prendre en début de soirée. Il était fébrile, impatient. La veille, depuis Bao Tan, il avait appelé le numéro de téléphone que le capitaine Fonsorbes lui avait demandé d'apprendre par cœur. Une voix impersonnelle lui avait répondu, sans émotion apparente, lorsqu'il avait donné le mot de passe convenu, « Charner ».

— Rendez-vous demain, seize heures, avait conclu le mystérieux correspondant, en donnant une adresse, derrière le Grand Marché.

Bertrand était pressé de rencontrer le chef clandestin dont il dépendrait désormais. Il songea à Cyril qui avait accepté cette fonction humiliante d'avoir à discuter pied à pied quelques minces avantages arrachés à un vainqueur arrogant et brutal.

« Pauvre Cyril! songea-t-il avec un peu de commisération. Il vieillit, et a envie d'un peu de tranquillité. Je ne lui donne pas tort; il a bien mérité d'être heureux avec Lee-Aurore. »

Noyé au milieu des façades nouvellement construites, le numéro 4 de la rue Boresse avait un aspect assez misérable, des murs lépreux, recouverts de moisissures vertes, une grille rouillée, un jardinet étique où s'ébattaient des chats errants. Bertrand songea que, en d'autres circonstances, il aurait hésité à franchir le seuil; cela sentait le coupe-gorge. Il regarda les alentours, mais personne ne faisait attention à lui, civil au milieu de la foule des autres civils.

La maison était silencieuse. Bertrand tendit l'oreille et capta, venant du premier étage, le crépitement d'une machine à écrire. Il escalada les degrés, frappa à la porte et entra, à l'invitation d'une voix bourrue.

La pièce où il pénétra était toute en longueur, éclairée par une petite imposte donnant sur une cour qui envoyait des bouffées tièdes de cuisine et de friture. Une table était poussée contre la cloison et servait de bureau à un petit homme en tricot de peau qui tapait comme un forcené et qui détourna à peine la tête.

— Je suis « Béhaine », annonça Bertrand. J'avais rendez-vous...

— Pas de noms, surtout pas de noms! intervint l'inconnu. Asseyez-vous, le patron ne va pas tarder. Quelle heure est-il?

— Seize heures.

— Vous êtes exact et précis. C'est bien. (Il continuait à marteler son clavier.) Fait une chaleur de four dans ce gourbi, ne trouvez-vous pas ?

— J'ai l'habitude.

Bertrand avait failli ajouter « je suis né ici », il se souvint qu'il ne devait donner aucun renseignement le concernant directement. Pour ses correspondants, il n'était qu'un pseudonyme, « Béhaine ». Il se plongea dans la contemplation de la cloison d'en face où des margouillats avaient entrepris une sorte de course de relais, entre deux captures de moustiques.

— Le voilà, annonça le dactylographe.

Bertrand s'étonna, il n'avait rien entendu. Il comprit bientôt la raison. La maison possédait deux entrées et le nouveau venu avait utilisé la seconde, qui, passant par-derrière, débouchait directement dans la grande pièce par une porte qu'à l'origine, Bertrand avait cru être celle d'un placard. Le vantail pivota, et le « patron » parut.

Bertrand s'était dressé, le cœur battant. Il se rassit, le souffle coupé. C'était Cyril. Un Cyril tout aussi frappé de stupeur et dont la première parole fut pour s'exclamer, la voix blanche :

— Qu'est-ce... mais qu'est-ce que tu fiches là ?

Interloqué, Bertrand ne sut que répondre :

— Je t'attendais... ou, plus exactement j'attendais « Charner ». Je n'aurais jamais imaginé...

— Que c'était moi ? Rassure-toi, je ne suis pas Charner. Enfin, pas tout seul, ce pseudonyme recouvre plusieurs personnages qui, comme moi, travaillent en liaison avec la Centrale de Hanoï.

Bertrand s'était avancé vers son frère. Il observa, confus :

— Tout à l'heure, je me suis montré un peu agressif. Je te prie de m'excuser.

— N'en parlons plus. (Il se tourna vers le dactylo qui s'acharnait toujours sur son Underwood brinquebalante.) Vous pouvez arrêter votre cirque, Tom ! Bien que ce soit contraire aux usages, je vous présente « Béhaine », mon frère Bertrand.

Bertrand leva un sourcil interrogateur.

— A l'ordinaire, expliqua Cyril, les gens qui viennent ici ne se connaissent que sous leurs pseudonymes. Tu es l'exception. Je te présente mon adjoint Thomas, dit « Tom ».

— Puis-je savoir ce que vous tapez ainsi?

Tom prit un air offusqué. Cyril précisa :

— Mon ami Tom est un écrivain. Il rédige des contes pour enfants qu'il publie, chaque mois, dans le mensuel catholique *Les Annales d'Indochine*. Excellent camouflage pour diffuser nos consignes et la synthèse des informations sur la situation mondiale et la guerre. (Il changea de ton :) Maintenant, plus aucune raison de nous cacher. Rendez-vous chez moi, rien ne s'oppose à ce que je reçoive la visite de mon frère.

Cyril habitait la villa de Kim-Anne et de Lee-Aurore. Il l'emmena au salon, où il lui servit un « paddy-soda ».

— Je t'ai menti tout à l'heure, lui dit-il. Je n'ai sollicité aucune autorisation pour épouser Lee-Aurore, c'est seulement un alibi. Je n'ai pas voulu la compromettre, mes activités présentent quelques dangers, tu comprends lesquels.

— Quelle sera ma mission?

— Pas de précipitation! Tu as passé deux ans sur la frontière chinoise, c'est un peu comme si tu avais vécu sur une autre planète. Il faut que je te décrive ce qu'est devenue l'Indochine.

Cyril était parfaitement renseigné et Bertrand écouta son exposé avec une attention soutenue. Un constat s'imposait, jamais le territoire n'avait connu une période aussi florissante. Sous la houlette de l'amiral Decoux, qui menait habilement son navire au milieu des écueils, le calme régnait partout et les défaites subies en Europe par la Métropole, au lieu de réveiller les vieux démons du nationalisme, avaient, au contraire, soudé la majeure partie du petit peuple annamite qui, après avoir compati aux malheurs de la France, communiait avec respect et ferveur dans le culte du Maréchal, ce noble vieillard au visage aussi lisse et serein que celui de Bouddah.

Pour étayer son argumentation, Cyril donna quelques exemples. Le plus probant, le plus inattendu, avait été le

Tour cycliste qui, deux mois durant, avait vu une centaine de coureurs, représentant toutes les couches de la société, du cyclo-pousse à l'athlète européen, fraterniser au coude à coude dans les quelque deux mille kilomètres du parcours, allant du Cambodge au Centre Laos, puis d'Annam au Tonkin avant de redescendre vers le Sud le long de la bande côtière pour arriver à Saïgon dans un enthousiasme extraordinaire.

— A Hué, expliqua Cyril, l'empereur en personne est venu saluer les vainqueurs. A chaque ville-étape, les populations locales, qui avaient parfois parcouru à pied des centaines de kilomètres pour assister aux arrivées, ont spontanément organisé des fêtes qui duraient deux ou trois jours! Quand je pense qu'au même moment, Rommel fonçait sur Alexandrie, les Allemands s'emparaient de Sébastopol, les Américains débarquaient à Guadalcanal! On croit rêver!

Le deuxième exemple était tout aussi surprenant. La Foire internationale, qui s'était ouverte à Saïgon au mois de décembre 1942, avait connu un succès qui avait dépassé les espoirs les plus optimistes; en trois mois, elle avait accueilli plus de deux millions de visiteurs.

Dans le même temps, des routes étaient ouvertes dans le centre du pays, des ponts s'édifiaient, les récoltes n'avaient jamais été aussi abondantes, comme si les Bons Génies avaient enfin décidé de venir en aide aux paysans après quelques années de disette.

— Tu imagines donc que les thèmes de la Révolution nationale ont, ici, des échos les plus favorables. Cela s'est traduit par la parité de traitement entre les fonctionnaires français et autochtones (le terme d'indigène étant désormais proscrit), par un relèvement général des salaires et par l'incorporation de toute la jeunesse sous le pavillon du Service « Sport et Jeunesse » du capitaine de vaisseau Ducoroy dont le but est de réaliser l'amalgame des deux civilisations, et de susciter une future élite viêtnamienne.

« Autant te mettre en garde tout de suite, les gaullistes ne sont pas en odeur de sainteté, non seulement du côté des autorités officielles mais encore du côté de la majeure partie de la population européenne et de l'Armée. Tu devras donc être prudent. Et circonspect.

– Dans ton exposé, tu as tout de même oublié les Japonais ! Ils sont là, et, comme alliés des Nazis, ils sont nos ennemis.

– Les Japonais se font discrets, officiellement du moins, et, s'ils observent, s'ils espionnent, ils ne gênent en aucune façon l'ordre établi. C'est un élément important, tu auras du mal à faire admettre à tes camarades qu'ils constituent une menace pour la présence et la souveraineté françaises. Toi qui les as combattus, tu connais leur puissance et leur détermination, mais ailleurs, il y a peu de militaires pour les prendre au sérieux. J'en ai moi-même fait l'expérience à maintes reprises.

– J'ai compris, dit Bertrand. Quelle sera ma mission ?

– En premier lieu, recruter un opérateur radio, astucieux, rapide et capable de tenir sa langue.

– Cela ne sera peut-être pas facile.

– Trouve l'homme idoine, je me charge de sa formation technique. En second lieu, sous le couvert de manœuvres ou d'exercices de combat, découvrir et repérer exactement des terrains susceptibles de recevoir des parachutages. Je te donnerai les paramètres exacts d'une zone de largage. Et, enfin, établir des refuges-étapes pour les aviateurs alliés que nous devons faire acheminer vers le nord. Ce sera tout pour le moment, et je peux te garantir que cela va te prendre pas mal de temps ! D'autres questions ?

Bertrand hocha la tête.

– Oui, Cyril. Une seule. Notre père est-il au courant de tes activités ?

– Pourquoi ? Tu crains que je ne l'aie compromis ? Rassure-toi, c'est lui qui m'a donné l'idée de faire transiter les pilotes par Bao Tan. Il ne nous avait pas attendus !

3

Pour la dixième fois peut-être, Denis Lam Than se leva de son fauteuil et alla jeter un œil à sa fenêtre. Il guettait, mais en vain et, avec un soupir, il reprit sa place, étalant sur ses genoux, sans le lire, le dernier numéro du *Courrier de Saïgon*, au format réduit et dont les caractères, trop serrés, lui donnaient mal au crâne.

— Cesse de t'agiter ainsi, lui conseilla Sylvie, en reposant sa broderie et en repoussant ses lunettes sur le sommet de son front. Ngô Dinh Diêm n'a aucun sens de l'heure !

— Je le sais bien, mais jamais encore il n'a eu un pareil retard. Cela fait maintenant trois heures qu'il devrait être ici ! Pourvu qu'il ne lui soit rien arrivé !

— Diêm est la prudence même ! Pourquoi toujours redouter le pire ? Je t'ai connu plus confiant !

Denis se borna à soupirer, exaspéré, et sa mauvaise humeur se porta vers Sylvie qui s'était levée en déclarant qu'elle allait préparer le thé de cinq heures. Il l'apostropha :

— Cesse de m'espionner ! Tu es toujours là, près de moi, je ne peux rien faire sans que tu viennes t'en mêler ! Laisse-moi respirer un peu !

Sylvie ouvrit la bouche, stupéfaite par le ton d'agressivité de son mari. Cela ne lui ressemblait pas. Denis l'avait habituée à plus de maîtrise de lui et de ses sentiments. Elle se borna à observer :

— Je ne t'espionne pas, Denis, tu le sais bien ! Au contraire, je croyais que mon devoir de femme au foyer consistait à veiller sur toi et à prévenir le moindre de tes désirs !

Denis se mordit les lèvres, sincèrement confus. Et il fut tenté de tout lui avouer, mais sa poitrine, brusquement contractée, l'empêcha d'articuler le moindre son. Il baissa la tête, faisant semblant de s'absorber dans la lecture. En réalité, une fois encore, il se traitait mentalement de lâche.

Mais comment expliquer à Sylvie qu'après deux ans d'hésitations, de faux-fuyants, de tergiversations, il avait finalement décidé d'accepter le poste de secrétaire général adjoint du *Daï Viêt* *, un parti politique interdit par

---

* « Grand Viêt-nam ». Parti nationaliste à prétentions modérées, principalement formé de notables, d'intellectuels et de membres des professions libérales, avocats, professeurs, médecins, de formation française, mais désireux de profiter de la situation de faiblesse dans laquelle se trouvait le système colonial pour l'abattre et assurer l'indépendance du pays. Sous la pression de Ngô Dinh Diêm, le Daï Viêt devait insensiblement prendre des positions républicaines, à l'opposé d'un autre parti nationaliste plus violemment antifrançais, dans lequel se regroupaient notamment les sectes (caodaïstes, Hoa Hao et Binh Xuyen), rallié au

l'administration coloniale, mais auquel, en sous-main, Minoda, le délégué pour la Cochinchine du gouvernement nippon, avait accordé aide et protection ?

Il venait de sauter le pas ; cette rupture avec tout ce qui, jusque-là, avait constitué l'essentiel de sa vie, lui procurait une sensation de vide, un peu comme s'il s'était brutalement retrouvé orphelin.

Il connaissait d'avance les réactions qui seraient celles de Sylvie lorsqu'elle apprendrait cette décision. Il l'entendait : « C'est plus qu'une rupture, lui dirait-elle, c'est une véritable trahison. Non seulement envers la France à laquelle tu dois tout, mais envers moi, envers ma famille et même envers ton fils Matthieu ! »

Elle aurait raison et Denis l'admettait volontiers, mais il avait choisi librement. « Il fallait trancher enfin le cordon ombilical, nous comporter en adultes responsables, prendre en main le destin de notre patrie, essaierait-il de lui expliquer. Nous ne renions pas notre passé, et nous garderons envers la France une reconnaissance éternelle. Mais les temps changent, les Viêtnamiens ne peuvent pas indéfiniment se soumettre à une domination étrangère ! »

Il convenait aussi que c'étaient là de simples arguments destinés à apaiser ses remords, à endormir sa conscience. Car si lui-même et nombre de ses amis étaient d'une sincérité absolue, il ne pouvait ignorer que d'autres, Tran Trong Kim, un professeur d'histoire formé en France et revenu acquis aux idéaux révolutionnaires de 1789 et à la République, ou Ngô Dinh Diêm, s'étaient totalement livrés aux Japonais.

Après avoir effectué plusieurs voyages à Tokyo, où il avait prononcé toute une série de conférences, Tran Trong Kim était parti pour Singapour où il animait un « Cercle d'intellectuels » sous le patronage de la Kempeïtaï. Quant à Ngô Dinh Diêm, il arrivait de sa province de Phan Thiêt pour participer, en compagnie de Denis Lam Than, aux « journées de réflexion » sur les problèmes asiatiques. Ces journées, présentées comme des manifestations culturelles,

---

prince Cuong Dé, une créature des services spéciaux japonais, le Viêt Nam Phuc Quoc Dong Minh Hoï (Ligue pour la restauration nationale du Viêt-nam), en abrégé « Phuc Quoc ».

recouvraient en réalité l'ouverture d'un congrès officieux du Parti.

Diêm devait être ici à treize heures, et il n'était toujours pas là. Denis s'inquiétait. La Sûreté française était parfaitement capable de l'avoir intercepté sur la route ; dès lors, cela signifierait que sa propre liberté était menacée. Une question demeurait : oserait-on l'arrêter ? Il dut admettre que c'était une éventualité à ne pas négliger, il songea qu'il avait peut-être une chance de s'y soustraire s'il quittait Saïgon pour se réfugier à Dalat, la nouvelle capitale administrative, choisie par l'amiral Decoux pour échapper aux intrigues menées par les Japonais à Saïgon et à Hanoï. Dalat où, il le savait, Lam Than Ky, son père, entretenait les meilleures relations avec l'entourage du gouverneur général qu'il recevait fréquemment dans sa maison.

— Sylvie ? appela-t-il.

— Je suis là.

— Je voulais te demander de bien vouloir m'excuser pour la brusquerie. Mais j'ai des soucis et je m'inquiète pour Diêm.

— Ce n'est rien, dit-elle. Que puis-je d'autre ?

— J'allais te faire une proposition. Si nous allions nous installer dans notre bungalow de Dalat ? J'ai besoin d'un peu d'air frais, l'atmosphère de Saïgon est irrespirable ces temps-ci.

Elle fronça les sourcils, intriguée. Que signifiait cette nouvelle lubie de son mari ? Deux jours plus tôt, elle avait elle-même émis un souhait analogue et s'était vu opposer un refus catégorique.

— Toi, tu me caches quelque chose !

— Mais non, je te le jure.

Denis Lam Than mentait mal et il le savait. Il pensa qu'il venait de tomber dans un piège qu'il s'était tendu.

« J'ai cédé à la panique et voilà le résultat ! » Il n'avait même plus la ressource de se mettre en colère, ce serait pis encore. Il préféra se jeter à l'eau. Après avoir invité Sylvie à s'asseoir et à l'écouter, il lui avoua la vérité.

Il s'attendait à des reproches ou des imprécations. La réaction de Sylvie le surprit et le terrifia. Aux premiers mots, elle avait pâli, son visage s'était creusé, tandis que ses yeux devenaient fixes, lançant des éclairs. Mais elle l'écouta jusqu'au bout. Ce ne fut qu'au moment où Denis tentait de justifier sa décision par des considérations patriotiques qu'elle se dressa, les mains tendues.

— J'en ai suffisamment entendu, l'interrompit-elle d'une voix qu'il ne lui connaissait pas, sèche, tranchante, métallique. Inutile de chercher des faux-fuyants. Je suis ta femme, j'ai toujours respecté tes décisions sans te demander de les motiver, même s'il m'est arrivé, quelquefois, de les désapprouver. Aujourd'hui c'est différent. Si tu chasses la France de ton esprit, tu me chasses de ta vie.

— Essaie de me comprendre, Sylvie. Rien ne sera changé entre nous. Tu dois me croire...

— Denis, tu as été un brillant avocat. Mais tu plaides mal ta cause. Qu'essaies-tu de me faire admettre? Que je doive moi aussi renoncer à cette partie de moi-même qui s'appelle la France?

— Au contraire, nous serons des partenaires placés sur le même pied d'égalité...

Sylvie leva la main, la laissa retomber, secoua la tête avec une expression de commisération :

— Mon pauvre Denis! Comme je te plains! Tu viens de m'apprendre que tu as souffert toute ta vie de ne pas être un Blanc, que tu te sentais humilié d'être un Annamite! Pourquoi m'avoir épousée? Pour te prouver que tu étais capable de séduire une Française?

Elle était véritablement outragée.

— Moi, jamais je n'avais remarqué que tu étais différent de moi. Je n'ai vu qu'un homme de qualité, de talent, d'honneur. Je t'ai aimé sans me soucier de ce que pouvaient penser les autres. T'ai-je quelquefois reproché de m'avoir retranchée du milieu dans lequel j'avais grandi, de mes amies, de mes relations? Rien de tout cela ne m'atteignait parce que toi seul avais de l'importance. Et je ne regrette rien. (Elle corrigea, intentionnellement :) Je ne regrettais rien jusqu'à aujourd'hui, mais tu viens de tout remettre en question.

— Que veux-tu dire?

— Tu as très bien entendu. Tu vas rejoindre ton clan, moi le mien.

– Mais ce n'est pas la France que je regrette, c'est le système colonial !

– C'est la même chose. Sans ce « système colonial » (un bel argument bien hypocrite), aurais-tu fait ma connaissance ? Qui de nous deux a été le premier à le contester ? Rappelle-toi, il y a vingt ans, lorsque nous étions, tous deux, avocats stagiaires, tu m'avais expliqué les raisons pour lesquelles jamais tu n'aurais accepté de défendre Cao Van Minh, alors que moi, Sylvie Mareuil, une Française, j'avais tout risqué pour plaider son procès !

« Tu me déçois, Denis. Et, plus grave, tu m'offenses. Tu profites du fait que la France est dans le malheur pour lui porter un coup bas.

Elle fit demi-tour et sortit, sans rien ajouter.

Denis se laissa tomber dans son fauteuil, en proie au désespoir le plus profond. En un instant, il venait de gâcher sa vie. Il n'esquissa pas le moindre mouvement lorsqu'il entendit Sylvie s'affairer dans sa chambre, préparer ses bagages et, aidée par Cua, le factotum, les empiler dans sa voiture. Jusqu'au dernier moment, il espéra un geste de réconciliation, une parole d'apaisement. Ce fut en vain. Les portières claquèrent, le moteur vrombit, la Panhard démarra et le ronronnement décrut, pour s'effacer tout à fait. Il était seul.

La journée avait été homérique. Tout avait commencé le plus sportivement du monde, par un match de football opposant l'équipe du lycée Chasseloup-Laubat aux juniors de l'Étoile sportive de Da Kao. D'un côté, les Européens, de l'autre, les Viêtnamiens, le tout placé sous le signe de l'amitié entre les jeunes. Dans le premier quart d'heure de la première mi-temps, le match avait été correct. Si les lycéens avaient plus de technique dans la construction du jeu, les apprentis, qui constituaient l'ossature de l'équipe adverse, montraient davantage de fougue et de rapidité dans le dribble individuel et dans les feintes.

Matthieu Lam Than tenait le rôle d'ailier droit. Il devait sa place à l'allonge de ses grandes jambes qui lui permettaient de surclasser ses adversaires plus courtauds, et à son souffle qui lui faisait parcourir sans relâche toute la longueur du terrain. « Tu es le chien courant », lui avait rappelé Robert Benquet, l'entraîneur du lycée, et Matthieu galopait.

Depuis le début de la partie, il était marqué de très près par un adversaire particulièrement coriace. Laid comme un singe, hargneux comme une teigne, il ne manquait aucune occasion de l'agripper par le maillot tout en l'abreuvant d'injures particulièrement ordurières. Agacé, puis exaspéré, Matthieu avait fini par lui répliquer :

— Essaie un peu de fermer ta grande gueule, sinon tu vas te faire moucher.

Nullement impressionné, le gnome lui avait renvoyé une grossièreté telle que jamais Matthieu n'aurait soupçonné qu'elle puisse exister, il en avait rougi jusqu'aux oreilles.

L'autre en profita pour le bousculer en touche. Matthieu trébucha, tomba, se releva, furieux et humilié. Sa colère le projeta en avant. Il capta le ballon et, poursuivi par une meute d'adversaires qu'il distança sans peine, il se présenta, presque seul, devant les buts adverses. Il se préparait à ajuster un tir foudroyant lorsque le défenseur le crocheta méchamment d'un coup de pied dans les chevilles.

Matthieu leva la main, réclamant le penalty. Mais l'arbitre fit semblant de n'avoir rien vu.

« Puisque c'est ainsi, se promit-il, je vais me faire justice moi-même. » L'occasion s'en présenta, moins de cinq minutes plus tard. S'assurant que son suiveur était dans son sillage, Matthieu accéléra, ballon au pied, puis, brusquement, fit un écart, en laissant sa jambe tendue en barrage. Le gnome la percuta, effectua un spectaculaire soleil et retomba à plat, sur le dos, la bouche ouverte comme un poisson mort, sonné pour le compte.

Comme s'ils n'avaient attendu que cet incident, les membres de l'Étoile de Da Kao se ruèrent sur leurs adversaires, cognant du pied, du poing, de la tête. Mais les Français ne se laissèrent pas faire et ripostèrent, ayant rapidement reconquis l'avantage. D'une façon générale, chacun d'eux rendait environ une dizaine de kilos à leurs agresseurs.

Le pugilat demeura quelque temps incertain ; c'est alors

qu'une partie des spectateurs dégringola des tribunes pour prêter main-forte à leurs favoris. L'instant d'après, des travées supérieures au centre du terrain, l'empoignade était générale. De-ci, de-là, un combattant malchanceux s'écroulait, aussitôt piétiné par des chaussures, pas toujours ennemies. Les cris, les hurlements, les insultes, les imprécations ponctuaient les horions généreusement distribués.

Les arbitres, les entraîneurs, les professeurs et les responsables en soutane du patronage s'époumonaient, le sifflet en bouche ou les mains en porte-voix, en vain d'ailleurs.

Matthieu était à son affaire. Grand, taillé en force, il ne redoutait pas les corps à corps ; depuis quelque temps il suivait les cours de boxe chinoise du maître Fung Ha. Tous ses coups portaient et il ne les mesurait guère. Près de lui, Georges Ogliastri, son meilleur ami, le fils d'un des grands commerçants de la ville, calquait son attitude sur la sienne ; bien que plus petit et plus fluet, il cognait comme un forgeron.

Un cri domina soudain la mêlée :

— Les flics !

Des trois entrées, plusieurs escouades de policiers casqués déferlaient, les matraques haut levées. Aussitôt, ce fut la débandade.

— On se retrouve aux vestiaires ! lança Matthieu à son ami, en se débarrassant de son dernier adversaire, avant de prendre la fuite à travers la pelouse.

Il courait quand il entendit, derrière lui, un appel de détresse. Moins rapide que lui, Ogliastri avait été ceinturé par des robustes policiers cambodgiens ; en se débattant, il avait attiré des coups de matraque qui lui martelaient le crâne. Matthieu fit demi-tour et s'approcha.

— Laissez-le ! ordonna-t-il. Il n'a fait que se défendre !

Le brigadier, un colosse roux à la moustache agressive, se détourna et toisa l'intrus, l'œil mauvais.

— Tu veux peut-être aussi faire connaissance avec mon sucre d'orge ? demanda-t-il, en levant son bâton.

— Je vous interdis de me tutoyer !

— Pour qui te prends-tu ? riposta le moustachu. Dégage, espèce de *gnac* !

240

Matthieu blêmit sous l'insulte, serra les poings. Il y avait longtemps que plus personne, au lycée, n'avait fait allusion à ses origines asiatiques, et encore y avait-on mis des formes. La volonté de blesser était évidente.

— Je ne vous crains pas, gronda-t-il en regardant le brigadier droit dans les yeux. Retirez ce mot!

Le policier ricana.

— Ça me donne des ordres? Je t'ai dit : dégage, espèce de *gnac*!

Matthieu se pencha, aida Ogliastri à se relever et s'éloigna en jetant par-dessus son épaule :

— Cette histoire n'est pas terminée, vous entendrez parler de moi!

A peine avait-il achevé sa phrase qu'il se sentit saisi par-derrière, jeté à terre et roué de coups par les Cambodgiens qui s'acharnèrent sur lui au point qu'il perdit connaissance. Quand il rouvrit les yeux, il se trouvait derrière le grillage du commissariat du quartier, en compagnie de quelques-uns de ses adversaires de tout à l'heure. Ils se moquèrent de lui :

— *Dao ga, dit vit* * lui lancèrent-ils. Tu as beau jouer au petit-bourgeois français, tu restes un Jaune! Bien fait pour tes pieds!

Matthieu ne répondit pas. Ses compagnons de cage n'avaient pas tout à fait tort. Pour la première fois de sa vie, il se posa la question de savoir qui il était exactement. Jusque-là, jamais encore il n'avait douté.

Un garçon s'approcha de lui; à l'aide d'un chiffon trempé dans la jarre d'eau qui trônait dans un coin de la cellule, il entreprit de nettoyer les ecchymoses et les plaies qui déformaient et tiraient la peau de son visage. Surpris, il constata qu'il s'agissait de celui qui l'avait agressé tout à l'heure, pendant le match.

— Je te remercie, dit-il, sincèrement reconnaissant.

— Ce n'est rien, petit frère. Nous devons nous entraider. Ici, nous avons l'habitude, mais nous savons qu'un jour, nous aurons notre revanche.

Un peu plus tard, Matthieu apprit que la moitié au

---

* Tête de poulet, cul de canard.

moins des jeunes de l'Étoile de Da Kao appartenaient à une formation clandestine récemment mise sur pied par les caodaïstes, équipée et entraînée par des moniteurs japonais et coréens, *Noï Ung Nghia Binh*, les « Forces volontaires de l'intérieur ». Cette organisation, calquée sur le scoutisme, était en réalité une troupe de choc, qui se spécialisait dans le combat de rues. Ils lui parlèrent de leur chef, un certain Trinh Minh Té, qu'ils appelaient avec respect et vénération « le Colonel ».

– Il rentre du Japon où il a rencontré notre empereur, le prince Cuong Dé. Un jour, nous le remettrons sur le trône, il est le descendant direct du grand Gia Long.

– Et Bao Daï ?

Il s'attira des rires sarcastiques, le gnome cracha :

– C'est un fantoche, une créature des Français !

– Il ne s'intéresse pas à son pays, ajouta un autre, il passe son temps à chasser, à piloter son Morane 343 et à faire la fête avec des filles sorties du ruisseau.

Matthieu se rappela que c'étaient exactement les mêmes reproches que lui adressait, en catholique intransigeant, Ngô Dinh Diêm, l'ami de son père.

Matthieu fut libéré en fin de soirée. Le policier qui l'avait méchamment matraqué s'approcha de lui, la main tendue :

– Je suis désolé, dit-il avec embarras. Dans la confusion de notre intervention, il était difficile de savoir à qui nous avions affaire !

Matthieu le toisa et lui tourna le dos.

Il sortit du commissariat, s'engouffra dans la voiture qui l'attendait au bord du trottoir. A Cua, le factotum de la maison, il demanda :

– Pourquoi mon père n'est-il pas venu me chercher ?

– Il est occupé, répondit brièvement le chauffeur.

– Et ma mère ?

Cua haussa les épaules.

– Madame est partie.

– Partie ? Où cela ?

– Je ne sais pas. Tout à l'heure, je l'ai aidée à boucler ses bagages et à les mettre dans la Panhard. Puis elle a pris la route, j'ignore pour où.

242

Matthieu arriva à la villa, dans la plus grande perplexité. Qu'avait-il pu se passer? Que signifiait ce départ soudain de sa mère? Il était impatient d'entendre les réponses à ses questions, aussi se précipita-t-il directement dans le bureau de son père, où il pénétra en trombe.

— Père, s'écria-t-il, avant de se taire, interdit.

Denis Lam Than n'était pas seul. Deux visiteurs étaient installés dans des fauteuils et lui faisaient face. Il reconnut le plus petit des deux, Ngô Dinh Diêm, qui, interrompu au milieu d'une phrase, s'était figé, un doigt en l'air. Le second, en revanche, lui était parfaitement inconnu. Bien qu'habillé en civil, son crâne rasé et sa nuque puissante le désignaient comme un officier japonais.

— As-tu vu dans quel état tu te trouves? observa sèchement Denis Lam Than à l'intention de son fils. Va te nettoyer et te changer! Ton ami Ogliastri a rapporté tes affaires. Nous nous expliquerons tout à l'heure!

Confus, mais aussi ulcéré par l'accueil de son père qui aurait pu au moins s'apitoyer sur son sort, le jeune homme monta à l'étage et courut jusqu'à la chambre de sa mère. Cua avait dit vrai, elle avait vidé son armoire et les tiroirs de sa commode. Il ne restait plus d'elle qu'un soupçon de son parfum et, sur une table de nuit, sa photographie dans un cadre d'acajou.

— Ta mère est partie, expliqua, un peu plus tard Denis Lam Than. Mais tu ne dois pas la juger. Nous avons, l'un et l'autre, choisi notre camp. Je rejoins celui de la patrie viêtnamienne, ma patrie. Elle retourne à la sienne. Le temps arrangera les choses, du moins je l'espère.

Matthieu se pencha en avant.

— Et moi? demanda-t-il, avec âpreté. Qu'est-ce que je deviens dans tout cela? Et d'abord, qui suis-je? « *Dao ga, dit vit!* » affirment les voyous de Da Kao. Ils ont raison. Des années durant, je me suis considéré comme un pont entre les deux races. J'étais totalement l'une et l'autre et cela ne me dérangeait pas, bien au contraire. Je me rends compte aujourd'hui, à cause de toi, que je suis en réalité un bâtard!

— Il faut me comprendre, Matthieu...

— Oh! mais je te comprends très bien, père! Pour toi,

243

c'est facile, tu es l'héritier d'une lignée de nobles mandarins, apparentés au grand empereur Gia Long ! Personne
ne mettra en doute tes origines purement annamites et ton
engagement au service de ta patrie ne sera pas contesté.
As-tu seulement pensé à ce que je devenais, moi ? Tu
m'obliges à choisir mon camp. Pour m'y faire admettre
sans réserve, je serai obligé de faire mes preuves, c'est-à-
dire combattre celui que mon choix aura désigné comme
l'adversaire !

— Viens avec moi.

— Au Daï Viêt ?

— Pourquoi pas ? Tu es mon fils, tu portes mon nom ;
pour cette raison, toi aussi tu es le descendant de notre
lignée.

Matthieu toucha du bout des doigts l'ecchymose qui
barrait son front et répondit, en détachant chacun de ses
mots, avec une certaine exaltation :

— Tout à l'heure, avant de me rouer de coups, un policier blanc m'a traité de *gnac*. De *gnac*, entends-tu ! Comment te dire ? Je me suis fait l'effet d'être un imposteur
auquel on venait d'arracher son masque. Et j'ai découvert
la vérité. Ma vérité.

— Explique-toi.

— Père, étant ce que tu es, tu peux t'offrir le luxe de
devenir un nationaliste modéré. Étant ce que je suis, ni
totalement viêtnamien, ni complètement français, ce luxe
est au-dessus de mes moyens. Je ne peux plus me satisfaire
de demi-mesures.

— Que comptes-tu faire ?

— As-tu entendu parler des Noï Nghia Binh ?

— Bien sûr, comme tout le monde. Ces « Forces volontaires de l'Intérieur » ne sont qu'un ramassis de crapules
qui se servent du patriotisme comme paravent pour
camoufler leurs méfaits ! Ils sont commandés par Trinh
Minh Té, un caodaïste, un forban de la pire espèce qui a
érigé le terrorisme en doctrine politique.

— C'est pourtant eux que je vais rejoindre.

Denis se dressa, comme mu par un ressort.

— Tu n'y songes pas !

— Au contraire. J'ai dix-huit ans, je sais maintenant où
se trouve ma voie.

– Pense à ta mère! cria-t-il, sous l'effet de la stupeur, avant d'ajouter, un ton plus bas : Il est vrai qu'elle nous a trahis...

– Maman ne nous a pas trahis, père. Tu te trompes si tu le crois! Moi qui la connais bien, je sais qu'elle nous a donné la plus belle preuve d'amour qu'elle pouvait nous offrir en acceptant de s'effacer pour ne pas être un obstacle sur la route que nous avions décidé de suivre. Respecte-la autant que je la respecte. Sans doute n'approuverait-elle pas le choix que je fais, mais elle me comprendrait, elle.

4

Teintée de pourpre par le soleil couchant, la traînée de fumée qui s'échappait de l'avion blessé n'en finissait pas de s'étirer à l'infini. Les mains en visière au-dessus de ses yeux, Ton That Toàn la regardait, fasciné; elle évoquait pour lui la queue interminable d'un dragon lumineux. C'était la première fois qu'il contemplait pareil spectacle, il pensait qu'il n'en était pas de plus beau.

En réalité, depuis sa longue période de claustration à Bao Tan, où il avait vécu d'interminables semaines dans une obscurité quasi absolue, revenu enfin dans son fief de Xuan Môc, il ne se lassait pas de regarder le ciel. De jour comme de nuit. C'était devenu, chez lui, un besoin presque quotidien.

Maintenant, les choses étaient rentrées dans l'ordre, et, redevenu le maître, Ton That Toàn respirait à pleins poumons l'air vivifiant de la liberté.

L'appareil piqua brusquement du nez et, tandis qu'il fonçait dans un rugissement de sirène vers la rizière proche, un petit objet noir jaillit du cockpit, virevolta quelques secondes dans l'espace et se stabilisa bientôt dans un panache de soie blanche, épanoui en corolle.

– *Mghé Dzu*, cria Van Khaï, le chef de la milice personnelle de Toàn.

C'était, en effet, un parachute qui, maintenant, glissait vers le sol avec des grâces ondulantes de feuille morte et que le vent poussait dans la direction des silos de paddy, alignés le long de la digue du fleuve Bassac.

245

Le pilote disparut derrière les toits et sa voilure se dégonfla lentement avant de s'abattre tout à fait. Déjà, Khaï et ses hommes galopaient en direction du point de chute. Dix minutes plus tard, ils étaient de retour, transportant l'aviateur, roulé dans son parachute comme dans un hamac.

— Il a une jambe cassée, expliqua Khaï. Et il est sans connaissance.

Toàn distribua aussitôt ses ordres :

— Les Japonais sont sûrement déjà à sa recherche. Ils ne doivent pas le découvrir. Heureusement pour lui, la nuit va tomber bientôt, nous avons jusqu'à demain pour effacer les traces.

Il hésita puis :

— Déshabillez-le, faites un paquet de ses vêtements et jetez-les dans le courant avec son parachute. Nous expliquerons aux soldats qu'il s'est probablement noyé et que les crevettes de Chau Doc ont dû s'en régaler.

Khaï éclata d'un gros rire. Les crevettes de Chau Doc étaient célèbres dans toute la région pour leur grosseur et pour leur goût. Les Français qui attendaient le bac pour se rendre à Ha Tien ou à Kampot s'en faisaient servir des fricassées ou des beignets, les meilleurs de toute la Cochinchine. Ils se seraient sans doute montrés moins friands s'ils avaient su que, par un caprice du fleuve, tous les noyés, hommes ou bêtes, qui dérivaient au fil de l'eau venaient s'échouer dans les tourbillons de la boucle du Bassac. Ce n'était pas par hasard si les crevettes y prospéraient.

Toàn fit transporter le blessé dans sa maison, l'installa sur un bat-flanc, astucieusement dissimulé entre les cloisons de deux pièces, une cachette dont il avait lui-même expérimenté la sécurité, au temps où il essayait d'échapper aux tueurs de ses ennemis.

Le blessé reprenait doucement conscience, en gémissant. Sa surprise fut grande quand il constata sa nudité. Il rougit, cacha son bas-ventre, protesta, en anglais.

— *God damn'it ! What the hell have you done with my fucking clothes* * ?

* Qu'avez-vous fait de mes foutues affaires ?

246

– *Khong biêt*, lui répondit Toàn.

– *Are you Jap?* demanda le blessé, avec une grimace de souffrance et, dans les yeux, une lueur d'inquiétude.

Toàn avait capté, au passage, le terme de « Jap ». C'était la première fois qu'il entendait ce diminutif, mais il en saisit le sens. Il secoua la tête et tenta de se faire rassurant.

– Pas « Japs », dit-il, Français ! *Phap!*

Les yeux bridés de son interlocuteur ne convainquirent aucunement le pilote qui récita, mécaniquement :

– *My name is Patrick O'Donovan. Number six, one, seven, zero. My name is Patrick...*

– Américain ?

– *No, Australian. My name is...*

– Nous sommes des amis. Amis ! répéta Toàn.

– *I want a doctor.*

– C'est déjà prévu.

Moitié devin, moitié sorcier, le *Thaï Boà* Bui Van Hy était un respectable vieillard portant lorgnons et barbiche en pointe, ce qui lui conférait l'estime et le respect de la population. Il avait, en plus, un talent reconnu pour réduire les entorses, les foulures, même les fractures, et pour chasser les mauvais génies du ventre des femmes enceintes. Il s'approcha à pas comptés et, habilement, il palpa la cuisse du blessé. Elle était déjà bleue, enflée et l'on apercevait, pointant sous la peau, la partie fracassée du fémur.

– Il va beaucoup souffrir quand je vais rapprocher les deux morceaux des os, observa-t-il doucement.

A sa vue, Patrick O'Donovan s'était crispé, réfugié contre la paroi. Il lança une phrase que personne ne comprit mais dont tous devinèrent la signification :

– Je ne veux pas que ce type me touche !

– C'est un très bon *doctor* ! lui affirma Toàn.

– Faut-il l'assommer, patron ? demanda Khaï, le poing levé.

– Non, dit Bui Van Hy. Fais-le plutôt fumer de l'opium. Le réveil sera moins pénible, et puis il est déjà assez abîmé comme ça !

A force de patience et de douceur, le pilote finit par se rassurer et, après avoir refusé la première pipe, admit enfin que ses hôtes ne lui voulaient pas de mal. Il sombra bientôt

247

dans l'inconscience, un sourire béat sur les lèvres, murmurant sans trêve :

– *My name is Patrick O'Donovan. Number six, one, seven, zero... My name...*

On s'acheminait lentement vers la Noël. Francis aurait souhaité, pour cette occasion, réunir ses trois enfants, leurs conjoints et les petits-enfants. Mais les choses s'annonçaient mal. Depuis qu'elle s'était réfugiée à la maison, Sylvie n'avait plus reçu aucune nouvelle, ni de son mari, ni de son fils. Cyril, qui avait effectué une démarche auprès de Denis, avait trouvé porte close.

– Monsieur, c'est parti pour Singapour, lui avait répondu Cua, le factotum. Et Matthieu, c'est lui disparu.

Par l'intermédiaire de Théo Scotto, la trace de ce dernier n'avait pas été compliquée à retrouver. Il était, lui avait-il appris, près de Tay Ninh, dans un camp d'entraînement des « Bérets Blancs » – les *Bach Mu Doàn* – les jeunesses d'assaut caodaïstes, sous haute protection japonaise.

En revanche, Bertrand avait promis d'être là, avec Françoise Chevrier qu'il comptait épouser au printemps. Son autorisation lui avait enfin été accordée par l'autorité militaire.

– En ce qui me concerne, avait annoncé Cyril, nous serons cinq, Lee-Aurore et Diane, plus Kim-Anne et son nouveau chevalier servant, le colonel d'Estier de Penancourt, un officier de Légion tout à fait *fashionable*, célibataire endurci et noble comme toutes les Polognes ! J'escorterai tout ce beau monde, naturellement.

Francis avait décidé que l'on planterait devant la maison un grand arbre de Noël que Maurice Rousseron avait choisi lui-même et qu'en dépit du couvre-feu il décorerait de guirlandes électriques.

Depuis qu'il avait abandonné sa scierie après avoir saboté ses machines, Rousseron avait en effet élu domicile à Bao Tan où il vivait, dans une semi-clandestinité, avec femme et enfants, nanti de faux papiers que Cyril lui avait procurés.

Le 18 décembre, Lê Van Khaï se présenta au bureau de Francis.

– C'est Toàn qui m'envoie, expliqua-t-il. Nous avons recueilli voici trois semaines un aviateur australien qui avait été abattu au-dessus de Xuan Môc. Les Japonais ont ratissé toute la région pour essayer de le retrouver, mais il est bien caché. Notre seul problème est qu'il est blessé et que, si notre *Doc Phu* a réduit la fracture de sa jambe, celle-ci se ressoude mal. Il lui faudrait l'assistance d'un médecin français et un endroit plus confortable. Pouvez-vous vous en charger?

Francis n'hésita pas.

– Aucun problème, dit-il. Mais comment allez-vous le faire acheminer jusqu'ici, car, bien sûr, il ne peut pas se déplacer par lui-même?

Khaï prit un air embarrassé.

– Justement, nous comptions sur vous. Les Blancs sont moins surveillés, alors que les Japonais ont interdit à Toàn de quitter sa résidence.

– D'accord. Tu vas rester ici en attendant que j'aie trouvé une solution.

La première chose à laquelle avait songé Francis était de faire appel à Cyril. Mais, comme le lui fit remarquer Catherine, c'était prendre et lui faire prendre de gros risques. Personnage officiel, Cyril faisait certainement l'objet d'une surveillance de la Kempeïtaï ou des nombreux mouchards annamites qu'elle stipendiait, cyclos, cireurs de chaussures ou « boys-pipes » des fumeries.

– J'ai une meilleure idée, proposa-t-elle. Sylvie et moi irons en voiture à Xuan Môc, comme pour une escapade de deux femmes seules qui font du tourisme.

– C'est valable pour l'aller, mais, au retour, comment expliquerez-vous la présence d'un homme, blessé de surcroît et qui ne parle pas un mot de français?

Sylvie intervint à son tour:

– En partant, nous déguiserons l'envoyé de Toàn en boyesse cambodgienne, avec un *kroma* sur la tête et des paniers à provision, comme pour un pique-nique. En revenant, le pilote prendra sa place.

Francis éclata de rire.

– Je ne sais pas lequel des deux hommes sera le plus facile à persuader! Pour Lê Van Khaï, j'en fais mon affaire.

Lê Van Khaï avait le sens de l'humour et, comme beaucoup d'Annamites, le goût du déguisement. Il s'amusa beaucoup à enfiler les vêtements que Thi Tu et Simone lui firent essayer, accepta, de bonne grâce, de se plier au cérémonial du maquillage. Avec son visage lisse, ses sourcils retaillés et ses lèvres rougies au bétel, il faisait parfaitement illusion.

Sylvie au volant, Catherine à sa droite et Khaï sur le siège arrière au milieu des couffins, la Panhard prit, dès l'aube du lendemain, la route du Delta. A Saïgon, où elle fit halte, Sylvie reçut de Cyril le laissez-passer officiel qui leur permettait de sortir de la province.

Le temps était superbe, et, en ce début de saison sèche, la Cochinchine ressemblait à un immense jardin fleuri. Pas une haie, pas un bosquet, pas un arbre qui ne soit couvert de mille taches colorées, que des myriades de papillons multicolores enchantaient davantage encore. L'air était doux, les gens, sur la route, avaient cet air nonchalant de vacanciers, qui flânaient et même, en se hâtant vers quelque marché, semblaient se rendre à la fête. Perchés sur l'encolure des buffles violets, les gamins agitaient leurs mains ou leur chapeau vers la voiture en criant des « *chau Ba* » retentissants.

A Tan An, un gendarme contrôla les laissez-passer, dédia à Sylvie son plus charmant sourire avant d'ajouter :

— Essayez d'éviter My Tho, c'est plein de Japonais qui, sous le prétexte de se livrer à des exercices de débarquement, sont en train de ratisser la région à la recherche d'un groupe de bolcheviks qui ont tué deux de leurs estafettes cyclistes la semaine dernière.

« Je vous suggère plutôt de passer par Cay Lay. Depuis que le *Doc Phu* Nguyen Van Tam a maté la révolte communiste à l'automne de 1940, il n'y a pas de région plus paisible que celle-là.

C'était un bon conseil. La province était riche, les maisons propres et coquettes et la route, ombragée, franchissait de minuscules arroyos sur des ponts que l'on eût dit établis par des décorateurs soucieux de respecter l'harmonie du paysage.

A Cay Nua, la voiture fut un instant stoppée par une

procession religieuse dédiée à la Vierge que quatre petites orphelines, en bleu et blanc, portaient sur leurs épaules. Derrière, le cortège s'allongeait, chantant des cantiques. Au passage, une fillette jeta par la fenêtre de la voiture quelques pétales de roses avec un adorable sourire espiègle.

Vers midi, Sylvie et Catherine décidèrent de s'arrêter au bord du Mékong en attendant le bac de Vinh Long. Elles s'installèrent à l'ombre d'un grand banian tutélaire, planté sur un tertre. La vue portait à l'infini et se perdait dans les brumes jaunâtres de la plaine des Joncs, vaste marécage inextricable, creusé d'un labyrinthe de canaux, parsemé de villages flottants posés sur des îles de *luc binh*, refuge de tous les fugitifs et de tous les rebelles.

Lê Van Khaï tint son rôle à la perfection, ouvrant les paniers, dépliant les serviettes, disposant assiettes et couverts. Il semblait s'amuser beaucoup et poussa le sens du déguisement jusqu'à imiter le parler nasillard d'une vieille femme quand il annonça :

— C'est les *Ba dam* français servies !

Vers cinq heures elles arrivèrent à Xuan Môc. Aussitôt, Toàn les conduisit auprès de Patrick O'Donovan.

En anglais, Sylvie se présenta ainsi que Catherine, et lui annonça qu'elles le prenaient en charge.

— Nous partirons demain matin; sauf accident nous devrions être arrivées à destination en fin d'après-midi. Comment vous sentez-vous?

— Bien, répondit-il. Surtout depuis que vous êtes là. Je commençais à m'ennuyer, pourtant, ils ont tous été très gentils avec moi. Mais il y a des situations... gênantes lorsqu'on ne peut pas se déplacer.

— A Bao Tan, un médecin français vous posera un plâtre; dans cinq ou six semaines, vous serez en état de marcher.

Il remercia d'un sourire et, soudain, il eut l'air d'un gamin un peu perdu. Jusque-là, il s'était efforcé de ressembler à l'image que l'on pouvait avoir d'un pilote de la Royal Australian Air Force. Mais, brusquement, il cacha sa tête dans ses mains et éclata en sanglots.

Catherine se pencha, lui caressa les cheveux et dit :

251

— Tout ira bien! (Puis :) Vous ressemblez beaucoup à mon fils. Lui aussi se croit un homme parce qu'il est soldat. Mais je sais bien que, par moments, il regrette son foyer... Quel âge avez-vous?

— Vingt-quatre ans.

— Mon fils aussi. N'ayez plus peur.

— Quand reverrai-je ma maison?

— Pas tout de suite, je le crains. Mais nous vous aiderons. Avec un peu de chance, d'ici trois ou quatre mois, vous serez en Chine, auprès des forces alliées.

Il leva la tête, une lueur d'espoir dans ses yeux bleus :

— Vous en êtes sûre?

— Oui.

Il prit les deux mains de Catherine, et les baisa avec ferveur.

— Merci, oh! merci, madame.

Patrick O'Donovan avait accepté, avec un air un peu contraint, la transformation que lui avaient imposée Catherine et Sylvie. Installé sur la banquette arrière, un *kroma* dissimulant sa jambe blessée, il avait caché ses cheveux blonds sous un fichu de couleur *cu nau*, et ocré son teint rose sous deux couches de fard. Il n'avait émis qu'un seul refus, celui de chiquer du bétel, mais, avec à-propos, Sylvie avait barbouillé ses lèvres avec son bâton de rouge à lèvres.

Toàn et Khaï vinrent, à leur tour, lui souhaiter un bon voyage et une meilleure santé. Patrick leur serra les mains avec effusion, jurant de ne jamais les oublier, ajoutant, le pouce levé :

— Nous vaincrons ces satanés Japs!

Toàn hocha la tête :

— Le sage a dit : « Ne pardonnez jamais aux ennemis la peur qu'ils vous ont inspirée. »

Par mesure de sécurité, Sylvie avait décidé de ne pas utiliser l'itinéraire qu'elle avait suivi la veille. Elle fila plein nord, afin de rejoindre la route de Phnom Penh à Saïgon, plus fréquentée, donc plus sûre.

Elle atteignit le poste frontière de Kompong Trabek à midi, et se glissa sans difficulté dans le trafic routier, entre deux gros camions chinois qui descendaient vers l'est.

Tout alla bien jusqu'à Go Dau Ha, et les deux jeunes

femmes envisageaient d'arriver à Bao Tan avant la nuit. Mais brusquement, juste devant la Panhard, un camion cassa un essieu et se mit en travers de la chaussée, dans un concert de cris et de lamentations. Tout autour, la rizière, vide l'instant d'avant, se couvrit bientôt d'une cohorte de curieux, accourus des hameaux voisins avec des paniers et des pelles pour dégager la voie, sous la houlette de quelques notables, qui entreprirent d'organiser les secours.

Soudain, la foule disparut, avec des gestes furtifs, comme si elle avait vu surgir le diable. En réalité, ce n'était pas le diable, mais une escouade de jeunes gens, habillés d'uniformes jaune moutarde, portant ceinturons de cuir et baudriers et coiffés d'un béret de toîle de couleur blanche.

Ils obéissaient avec raideur à leurs gradés, reconnaissables à une fourragère torsadée, de couleur différente pour chaque fonction. Ils se répartirent les tâches et, en moins d'une demi-heure, réussirent à dégager la route.

Sylvie allait embrayer afin de repartir quand elle stoppa, et émit une légère exclamation tout en portant la main à son cœur.

— Matthieu! murmura-t-elle, le visage crispé.

— Roule, souffla Catherine. Observe les regards de ces gamins, ils n'attendent qu'un ordre pour nous faire un mauvais parti.

Catherine avait raison. Ils avaient identifié les passagers européens de la Panhard et s'étaient regroupés, les mains serrées sur les manches de leurs outils. Mais Sylvie ne voyait rien d'autre que son fils, qui s'agitait là-bas, distribuant des ordres avec une autorité qu'elle ne lui aurait jamais soupçonnée. Sa haute taille et ses larges épaules ne devaient sûrement pas être étrangères à l'emprise qu'il semblait posséder sur ses hommes. Il fit demi-tour. En apercevant la Panhard, il retint le geste qu'il se préparait à exécuter. Une ombre passa sur son visage; il hésita avant de s'approcher, à grands pas, dispersant sans ménagement les jeunes qui s'étaient agglutinés autour de la voiture. Son visage s'encadra dans la fenêtre.

— *Bam Chau, Ba* *, dit-il, d'un ton neutre, utilisant l'annamite pour saluer sa mère.

---

* Respectueux bonjour, madame.

— Comment vas-tu, Matthieu?

— Mon nom est Hieu, corrigea-t-il. Sois rassurée, je vais bien.

Sylvie avait les larmes aux yeux :

— J'aurais voulu te dire...

— Ne dis rien, mère. J'ai compris tes raisons. Laisse faire le temps. (Puis il ajouta, feignant la colère :) Ne restez pas là, roulez! (Il baissa la voix :) Je t'aime, tu sais.

Il se redressa, esquissa de la main un tout petit geste d'au revoir, s'éloigna, le dos voûté, libérant son émotion dans un torrent d'imprécations, fustigeant ceux de ses hommes qui ne se rassemblaient pas assez vite.

Sylvie embraya et partit. Matthieu ne se retourna pas.

Chapitre 6

1944

1

Appuyé sur ses deux béquilles de bambou, qui s'étaient révélées bien plus légères et maniables que la plupart des autres modèles de bois ou de métal qu'il avait essayés, Patrick O'Donovan rentrait à pas comptés vers la maison. A ses côtés, calquant son allure sur celle de l'Australien, Sylvie commentait le paysage et retraçait l'histoire de Bao Tan. Ce matin, ils étaient allés, ensemble, jusqu'à la chapelle de bois, à l'emplacement de l'ancien bungalow, « l'Arche », chère au cœur des habitants de Bao Tan, et, ensemble, ils avaient récité une prière à la mémoire de Madeleine, la première femme de Francis Mareuil, qui reposait là depuis trente-cinq ans.

Sylvie et Patrick s'entendaient à merveille ; il la considérait un peu comme sa sœur aînée. Trois mois s'étaient écoulés depuis qu'il était installé ici. Le jeune pilote s'était intégré au mode de vie de ses hôtes. A leur contact, la plupart des préjugés qu'il nourrissait à l'égard des Français d'Indochine avaient fondu. Sylvie, qui mettait un point d'honneur à les corriger à chaque occasion, lui avait mieux fait comprendre les raisons pour lesquelles la France pouvait être fière de l'œuvre accomplie par ses pionniers.

L'un de ses étonnements, et non des moindres était la relative symbiose dans laquelle vivaient patrons français et ouvriers viêtnamiens. Lui qui, comme la plupart de ses compatriotes, montrait à l'égard des *natives* une dédaigneuse condescendance, avait finalement été conquis par leur amabilité, leur courtoisie et leur politesse, jamais servile, plutôt affectueuse. Il avait même noué des liens presque fraternels avec Cua, le boy, qui s'était spontanément mis à son service pour l'aider dans les petites contraintes ordinaires de la vie.

— C'est curieux, avait-il avoué à Sylvie, chez moi, en Australie, on raconte que la colonisation française en Extrême-Orient est d'une sauvagerie inouïe, que vous avez réduit les Indochinois à l'esclavage et à la misère. A preuve, avance-t-on, les révoltes que vous avez connues dans le passé...

— Chez nous, lui avait répondu Sylvie, en souriant, on affirme bien que tous les Irlandais sont roux...

O'Donovan était blond. Il avait ri :

— Souvent, la haine ou la peur naissent d'une méconnaissance de l'autre. J'essaierai d'être auprès de mes amis un avocat enthousiaste et, je l'espère, convaincant.

Ils arrivaient devant le perron. Cua était là, prêt à aider son protégé à escalader les degrés. Il murmura à l'adresse de Sylvie :

— Votre beau-père est là ! *Ong Pham* l'a conduit dans son bureau.

Sylvie s'excusa. Le cœur battant, elle se dirigea à l'autre bout de la maison, dans le bureau où elle entra. Il y avait maintenant près de dix-huit mois qu'elle n'avait pas vu Lam Than Ky. Elle fut surprise de le trouver toujours égal à lui-même, raide, réservé, impérial, véritable seigneur de la famille. Il posa sur sa belle-fille un regard d'une grande froideur et observa, d'un ton faussement indifférent :

— Quoique blessé, cet homme blond est très beau. Un peu jeune peut-être...

Sylvie rougit. Comment rétablir la vérité sans risquer de nuire à la sécurité de Patrick ? Elle biaisa :

— Êtes-vous venu m'apporter des nouvelles de Denis ?

— J'étais en effet venu dans cette intention. Mais est-ce réellement utile ?

Francis comprit qu'il lui incombait de dissiper ce malentendu :

— Cher monsieur Lam Than, dit-il, le plus aimablement

du monde, je puis vous assurer que Sylvie, comme nous tous, est impatiente de savoir ce que devient Denis. (Sa main désigna, au-delà de la baie ouverte, la grande allée où, l'instant d'avant, se promenaient les deux jeunes gens.) Pour ce qui concerne le blessé dont la présence parmi nous semble vous troubler, apprenez qu'il s'agit d'un invité tout à fait provisoire. Le ciel nous l'a envoyé.

Lam Than Ky inclina le front.

— Je ne souhaitais nullement être indiscret. Mais puisque cet invité est, comme vous l'expliquez, un « envoyé du Ciel », j'aurais mauvaise grâce à insister davantage. Sans doute est-il destiné à vous quitter bientôt?

— En effet. Dès qu'il sera en état de supporter les fatigues d'un long voyage vers le Nord.

Ky approuva, les lèvres plissées. A l'invitation de Francis qui se retirait discrètement, il accepta de s'asseoir dans un fauteuil de cuir, faisant face à Sylvie. Elle attendit, sans prononcer un mot.

— Ma chère enfant, mon fils m'a chargé envers vous d'une mission extrêmement délicate. Je l'ai acceptée à regret, car, plus que vous peut-être, je déplore la position qu'il a prise.

« Il m'a fait parvenir une lettre, dans laquelle il se dit très affecté de votre rupture. Il pense que votre réaction a été dictée par un emportement passager et il espère que vous reviendrez sur votre décision.

Sylvie réfléchit longuement avant de répondre. Elle ne tenait à aucun prix à froisser son beau-père, pour lequel elle éprouvait une profonde et réelle affection. Elle le savait droit, intransigeant sur le devoir, et sa démarche, uniquement dictée par l'amour paternel, lui avait certainement coûté. Elle le plaçait en position de demandeur, donc d'obligé.

— Père, dit-elle enfin, sachez que mon départ de ma maison ne met pas en cause l'amour que je porte à Denis. Je ne souhaite pas reprendre la vie commune. Pas dans l'immédiat en tout cas. Si nous nous retrouvions maintenant, les différends qui nous ont séparés surgiraient à nouveau.

— Denis est déchiré, ma chère Sylvie, entre l'amour qu'il vous porte et ce qu'il croit être son devoir.

— J'en suis consciente, père. Mais il y a aujourd'hui, de par le monde, des millions d'hommes qui sont déchirés entre leur devoir de soldat et la cruauté de la séparation d'avec leur femme, leurs enfants. Notre honneur, à nous, les épouses, les mères, est de nous effacer devant ces exigences, pour ne pas aggraver leur tourment.

Lam Than Ky médita quelques secondes les paroles de sa belle-fille.

— Il y a vingt ans, murmura-t-il comme pour lui-même, j'étais opposé à votre mariage, prévoyant qu'un jour viendrait où la différence de vos origines vous dresserait l'un contre l'autre. Or c'est précisément au moment où vous vous séparez que je me vois obligé d'admettre que j'avais tort.

« Vous êtes une fille sage, Sylvie. Votre décision vous honore, elle témoigne de votre courage.

Ils étaient debout, face à face. Ky lui prit les mains et ajouta :

— Mon fils a eu beaucoup de chance d'avoir su se faire aimer de vous.

— Par amour pour lui, j'accepterais avec joie de prendre la nationalité viêtnamienne si, un jour, votre pays devenait indépendant. A condition que cela ne se fasse ni contre mon pays, ni contre les miens.

Lam Than Ky avait agréé l'invitation de Catherine à présider le repas du soir, et de rester passer la nuit à Bao Tan. Tout naturellement, la conversation s'orienta bientôt sur la situation internationale et les revers subis par les armées allemandes en Europe, par les armées nippones dans le Pacifique. Inexorablement, de « saut de mouton » en « saut de mouton », les Américains se rapprochaient du sanctuaire japonais et le jour se dessinait qui verrait l'assaut final.

Catherine était optimiste. Lam Than Ky pinça les lèvres en une moue de scepticisme et observa :

— Je crains qu'avant de toucher aux rivages de la paix, nous-mêmes et notre pays ne subissent de bien terribles épreuves. Connaissez-vous Trang Trinh *? Ce fut l'un de

* De son vrai nom N'Guyen Binh Khiêm (1491-1585).

nos plus importants devins nationaux, que l'on pourrait comparer à votre Nostradamus, dont il fut le contemporain. Il a écrit ce que l'on pourrait interpréter ainsi : un jour viendra où les Chinois riront, les Japonais seront inquiets, les Français pleureront et les Viêtnamiens, indépendants, mourront par milliers au bord des routes.

— Y croyez-vous ? demanda Francis.

— Qui peut le dire ? En tout cas, cette prophétie court aujourd'hui parmi la population.

Il se tourna vers Patrick O'Donovan, traduisit en anglais, à son intention, les versets de la prophétie. Catherine et Sylvie se regardèrent, partagées entre la surprise et l'envie de rire. Lam Than Ky était décidément imprévisible.

Plus tard, à l'heure du thé vespéral, Francis alluma le poste de radio que Cyril, lors de son dernier passage à la maison, avait équipé de façon à pouvoir capter Radio-Ceylan, qui constituait la seule source d'information à peu près crédible, Radio-Saïgon ne diffusant, outre les consignes du gouvernement général, que les dépêches japonaises de l'agence Domeï.

Regroupés en demi-cercle, les invités se firent attentifs quand retentit la *Marche du Colonel Bogey* qui servait d'indicatif aux nouvelles :

« Aujourd'hui, 19 mars 1944. Front soviétique. Dans le secteur central, d'importantes forces allemandes sont encerclées par les troupes soviétiques au nord des marais du Pripet. Par ailleurs, les unités du 2e Front du général Koniev ont atteint le Dniepr, qu'elles ont commencé à franchir. Dans la région de Doubno, les Allemands ont été contraints à l'évacuation de Kremenets... »

— Bien fait pour eux ! commenta Maurice Rousseron, en jubilant. Quel besoin avaient-ils d'aller se fourvoyer en Russie ! L'Armée rouge va les raccompagner jusqu'à Berlin !

« Allemagne, poursuivait le speaker, d'une voix neutre. La nuit dernière, les appareils de la R.A.F. ont lâché sur Francfort quelque trois mille tonnes de bombes. C'est, de toute la guerre, le plus important des raids visant une ville... »

259

– Quelle horreur! s'écria Catherine, en relevant la tête de sa broderie. Trois mille tonnes de bombes! J'ai du mal à imaginer...

Sylvie la fit taire, la main posée sur son bras. La radio parlait des opérations du Pacifique :

« Nouvelle-Guinée. Des destroyers américains ont repris le bombardement des aérodromes japonais de Wewak. Après une escale sur l'île, un convoi de ravitaillement nippon qui avait repris la mer à destination de Hollandia a été intercepté et anéanti par les bombardiers et les torpilles de la 5e Force aérienne américaine... »

C'était tout. Déjà s'égrenaient les premières notes d'un air de jazz, *In the Mood*, qui servait d'indicatif de fin d'émission. Francis coupa la radio et annonça, en s'excusant, qu'il allait se coucher. Rousseron et Sylvestre, le directeur de la production, s'installèrent face à face pour entamer leur traditionnelle partie d'échecs.

Lam Than Ky et Sylvie se calèrent dans deux fauteuils de rotin. Ky venait d'offrir à sa belle-fille un ouvrage récemment publié à Hué, la traduction d'un des grands romans classiques de la littérature viêtnamienne de la fin du XVIIIe siècle du grand lettré et poète N'Guyen Huy Tu.

– « *Hoa Tien* » – le papier fleuri –, expliquait Ky, est l'un des deux chefs-d'œuvre de notre histoire littéraire. Il est comparable en tout point au classique *Kim Van Kieu* de N'Guyen Du que je vous avais offert l'an passé et, du reste, vous constaterez que certains passages semblent démarqués d'un livre à l'autre. C'est tout à la fois une belle histoire d'amour et de fidélité, ainsi qu'un roman d'aventures dépeignant l'état du pays au début du XVIIIe siècle, peu après l'arrivée du grand Gia Long.

« Vous suivrez, avec intérêt je l'espère, les péripéties à rebondissements qui empêchent la jolie Duong Dao Tien de filer le parfait amour avec le jeune Luong Sinh, l'élu de son cœur, un garçon de haut rang qui devra batailler pour la conquérir enfin.

« La traduction a été établie, après vingt années de travail, par mon ami Ho Xua Té, et j'aimerais beaucoup avoir votre opinion. (Il esquissa un sourire de connivence et ajouta :) Peut-être, au fil des pages, trouverez-vous des esquisses de situations qui ne sont pas sans rappeler les vôtres.

Assise dans son fauteuil favori, sous une lampe qui diffusait une lumière douce, Catherine était absorbée dans la broderie d'un alphabet sur lequel elle travaillait depuis deux années déjà. C'était, pour elle, un moment privilégié où elle chassait de son esprit les soucis quotidiens en se concentrant totalement sur son ouvrage. Elle songeait déjà, avec un peu de tristesse, qu'elle en viendrait bientôt à bout et qu'il lui faudrait chercher une autre tapisserie, chose pratiquement introuvable, même à Saïgon. Elle sentit bientôt, presque palpable, le poids d'un regard appuyé posé sur sa nuque. Elle releva le front et capta, dans les yeux de Patrick O'Donovan, une expression d'adoration muette, d'une dramatique intensité. Elle détourna vivement la tête et, avec un brin d'agacement, constata qu'elle rougissait.

Quelques secondes passèrent. Catherine avait suspendu ses gestes. Patrick s'était levé. Il s'approcha, en claudiquant, se laissa choir sur un pouf, tout près du fauteuil.

— Vous êtes très belle, madame, murmura-t-il, sincère.

Catherine ne sourit pas. Elle fronça les sourcils.

— Il ne faut pas dire cela, répondit-elle doucement. C'est tout de même très agréable à entendre, et je vous remercie de cet hommage. N'ajoutez rien d'autre.

— Je vous ai regardée ce matin, madame, au moment où vous montiez à cheval pour aller inspecter les travaux de la plantation. On aurait dit une reine visitant ses sujets. J'étais ébloui...

Cette fois, Catherine laissa fuser un léger rire. Elle se moqua gentiment :

— Un blessé est toujours ébloui par son infirmière, cela n'est pas nouveau. Je ne suis pas inquiète, vous êtes jeune. Vous avez toute la vie devant vous.

Il secoua la tête, tandis qu'une ombre passait sur son visage.

— La vie ? répéta-t-il. Vous oubliez la guerre. Je suis un soldat, c'est-à-dire un homme sans avenir. Il ne me reste que l'espoir.

— C'est beaucoup, Patrick. Vous allez bientôt vous en

aller, retrouver votre pays, votre famille et, peut-être, une fiancée qui vous attend.

— Je n'ai ni famille, ni fiancée. (Il baissa la voix et, dans un souffle :) Je n'ai que vous.

Il avança le bras, posa le bout de ses doigts sur la main de Catherine qui la retira, vivement.

— Je suis amoureux de vous, Catherine...

Elle esquissa un mouvement de la tête montrant son agacement.

— Taisez-vous, répliqua-t-elle. N'oubliez pas que vous êtes sous notre toit. Vous allez me fâcher et me faire regretter de vous considérer comme un ami. Vous pourriez être mon fils.

Une lueur de colère passa dans les yeux du jeune homme.

— Je ne suis pas votre fils! J'ai vingt-quatre ans et j'ai affronté la mort, alors que vous, les Français d'Indochine, continuez à vivre en paix! Je sais tout ce que je vous dois, à vous tous, que ce soit Sylvie, votre mari ou vous-même. De votre côté, n'oubliez pas ce que vous devez à des garçons comme moi! Je ne demande d'ailleurs aucune marque de reconnaissance, simplement un peu plus que de l'amitié, de la compréhension et de l'affection.

Catherine devina qu'elle l'avait froissé. Elle posa sa main dans ses cheveux qu'elle ébouriffa.

— Mon affection vous est acquise, Patrick.

Elle se leva et, avant de quitter le salon, elle effectua le tour de la pièce, saluant ses hôtes un à un, s'attardant un peu auprès de Sylvie, toujours plongée dans sa discussion littéraire avec Lam Tham Ky. Dans le hall, Patrick l'attendait, appuyé au pommeau de la rampe de l'escalier. Il avança le bras, lui barrant le passage, l'arrêtant sur la première marche.

— Embrassez-moi, demanda-t-il.

Catherine le dominait. Elle se pencha, déposa un baiser sur son front. Il la saisit aux épaules, la fixa droit dans les yeux et chercha ses lèvres, qu'elle lui refusa.

— Bonne nuit, Patrick, dit-elle en se dégageant.

— Je voudrais vous tenir dans mes bras. Rien qu'une fois, rien qu'une heure. Ensuite, je m'en irai, je ne craindrai plus rien.

Malgré elle, Catherine était troublée. Le désir du jeune homme était d'une intensité telle qu'il tissait, entre eux, des ondes qu'elle ressentait sur sa peau. Elle se ressaisit pourtant et sourit :

– J'aime mon mari, Patrick, murmura-t-elle. Pouvez-vous comprendre cela ?

Il fit « oui » de la tête, et ajouta, tandis qu'elle gravissait les degrés de bois :

– Je ne renonce jamais, Catherine. Je suis certain...

Mais elle ne l'écoutait plus, elle avait accéléré l'allure et avait disparu à l'angle du couloir.

2

Il régnait dans la chambre une atmosphère d'étuve en dépit du ventilateur de plafond qui n'arrivait qu'à brasser un air tiédasse, saturé d'humidité. Catherine se dévêtit rapidement et, libérée, s'étira avant de se glisser sous sa douche. La caresse de l'eau froide sur sa peau lui procura un immense sentiment de bien-être qu'elle eut envie de prolonger un peu. Elle capta son reflet dans le grand miroir mural et s'adressa un sourire. « Je suis bien », se dit-elle.

Elle arrêta l'eau, retira son bonnet de bain, et laissa crouler sur ses épaules le flot de ses cheveux. Tandis qu'elle se séchait, elle s'examina sans indulgence mais elle dut admettre que sa silhouette, entretenue par l'existence active qu'elle menait, n'avait rien à envier à celle d'une jeune femme. Et elle qui autrefois avait déploré comme une disgrâce physique la petitesse de ses seins, reconnaissait aujourd'hui qu'elle lui évitait les flétrissures de la quarantaine.

Elle se secoua, enfila une sage chemise de nuit et, avant de s'introduire sous sa moustiquaire, alla se pencher sur le lit voisin où Francis dormait déjà, à poings fermés. Elle l'envia, une fois encore, pour cette capacité qu'il avait de sombrer, d'un seul coup, dans le sommeil, quoi qu'il puisse arriver. Cela requérait une formidable aptitude à se libérer totalement de ses soucis pour plonger ainsi, sans presque de transition, dans l'inconscience. « Comme un enfant, songea-t-elle. Il est attendrissant. »

Elle se mordit les lèvres, incapable de savoir si ce dernier adjectif ne s'appliquait pas, aussi, à Patrick O'Donovan.

Elle dut faire effort pour s'endormir, fixant son attention sur le travail qui l'attendait tout à l'heure, à son réveil. L'école dont la peinture s'écaillait et qu'il allait falloir recrépir, la femme de Quyet, l'un des *caï-coolies*, dont la grossesse s'annonçait mal, et enfin, Bertrand, toujours perdu dans son poste, sur les Hauts Plateaux, dont le mariage était fixé dans quelques semaines, à la fin du mois d'août.

Elle dériva lentement, puis elle s'endormit, enfin.

Le lendemain matin, au milieu du petit déjeuner pris en commun dans la grande salle à manger, Patrick O'Donovan annonça qu'il souhaitait partir le plus tôt possible. Sylvie se récria :

— Vous n'y pensez pas ! Ce serait de la folie, vous n'êtes pas en état d'entreprendre un aussi long voyage ! Quinze cents kilomètres !

— Je serai pris en charge par l'armée, c'est du moins ce que Francis m'a laissé entendre.

Francis intervint :

— C'est exact, mais n'oubliez pas que vous aurez à effectuer à pied la fin du trajet jusqu'à la frontière de Chine ! Et la Haute Région n'est pas un boulevard. De plus, il faut organiser les relais, les voyages en voiture et en train. Cela va tout de même demander un peu de temps.

— Je sais tout cela, mais je me rends compte que ma présence à Bao Tan constitue un danger pour vous. Les Japonais ont des espions partout. Imaginez qu'ils apprennent ma présence ici ?

— C'est notre affaire. Et puis, j'ai une absolue confiance dans mes ouvriers. (Francis se tourna vers sa femme :) Qu'en penses-tu, Catherine ?

— Je crois qu'en effet nos coolies ne diront rien. Ils n'ont du reste jamais fait la moindre observation sur l'arrivée de Patrick. Toutefois, je comprends parfaitement sa hâte à retourner auprès des siens. Ce doit être extrêmement démoralisant pour un soldat de se sentir inutile.

Francis reposa son couteau.

— Bien, dit-il. Je vais dès aujourd'hui préparer votre

départ. Justement, j'avais besoin d'aller à Saïgon, j'irai trouver Cyril.

— Puis-je t'accompagner? demanda Catherine.

— Pour quoi faire? Il y a beaucoup de travail pour toi ici! Hier encore, tu me rappelais que tu devais t'occuper de l'école et de la femme de Quyet!

— Ce n'est pas à un jour près. Je profiterai de cette occasion pour rendre visite à Christiane Chevrier et mettre au point les ultimes préparatifs du mariage de Bertrand et de Françoise.

Francis secoua la tête et répliqua avec un certain agacement :

— Tu devrais savoir, depuis le temps, que je n'aime pas que nous nous absentions ensemble de Bao Tan! Surtout maintenant, on ne sait pas ce qui peut arriver! Et puis (il s'était tourné vers Lam Than Ky, assis à ses côtés) tu ne peux pas abandonner ainsi notre invité.

Catherine était désappointée. Elle ne pouvait pas expliquer qu'elle avait envie de s'évader pour quelques heures de la maison, de voir l'animation de la ville, de flâner devant les boutiques, et de s'éloigner de Patrick. Elle effectua une dernière tentative :

— Mais il y a Sylvie!

Francis trancha :

— Sylvie m'amènera, je n'aime pas conduire en ville, je n'y comprends plus rien et toute cette circulation...

— J'avais prévu de partir ce matin, observa Lam Than Ky, cherchant à apaiser les choses.

Francis s'était levé. Il fit face à Catherine :

— J'ai dit non! Une autre fois si tu veux, mais pas aujourd'hui, j'ai des affaires sérieuses à traiter.

— Et je t'encombrerais, c'est cela?

— Puisque tu veux tout savoir, en effet, tu m'encombrerais!

Catherine avait blêmi. Elle reposa sa tasse de thé et se tint coite. Elle observa qu'au fil des mois, Francis devenait de plus en plus irritable, de plus en plus exigeant, presque tyrannique. Elle ne méconnaissait pourtant pas les soucis qui l'assaillaient, mais elle ne pouvait se douter qu'il était engagé, jusqu'au cou, dans un réseau de résistance, et

265

qu'avec Cyril, il mettait au point les détails d'une véritable structure d'accueil pour recevoir les parachutages d'armes et de matériels que les Britanniques du S.O.E. leur avaient promis afin d'équiper, comme ils l'avaient fait en Europe, des maquis armés. Songeant avant tout à préserver les siens, Francis en était réduit à mener une double vie, l'une ouverte et apparente, l'autre secrète et parallèle.

Il quitta brusquement la salle à manger, tout entier accaparé par les contacts qu'il allait prendre, les dispositions qu'il devrait mettre au point avec Cyril, sans imaginer un seul instant tout ce que son attitude avait pu avoir de blessant pour sa femme. Il était en train d'achever de s'habiller lorsque Catherine entra dans leur chambre.

— Tu n'es pas gentil, dit-elle. J'aurais eu tant de plaisir à aller à Saïgon avec toi! Il y a si longtemps...

Il nouait sa cravate, rata le nœud et poussa une brève exclamation d'exaspération.

— Je viens de t'expliquer que ce n'était pas possible! Je m'étonne que tu insistes encore! (Il la prit aux épaules, la fit pivoter et la poussa vers la porte :) Et maintenant, ajouta-t-il, laisse-moi! Je dois récapituler tout ce que j'ai à faire! De toute façon, je serai de retour demain au plus tard!

Catherine s'éloigna. Elle se rendit à l'écurie et harcela le palefrenier qui n'avait pas encore sellé son cheval. Elle était furieuse maintenant. Furieuse et humiliée. Jamais encore Francis ne l'avait traitée ainsi, comme une petite fille capricieuse.

Elle prit le trot dans la grande allée, puis le galop, qu'elle maintint presque jusqu'à l'extrémité de la plantation. Le visage fouetté par le vent, le casque retenu par la jugulaire, ses cheveux dénoués flottant à sa suite, elle avait l'air d'une amazone se ruant à elle ne savait trop quel assaut. Brumaire, son alezan, était en sueur. Elle le remit au pas et, rênes longues, le laissa marcher à sa guise, se glissant entre les hévéas, cueillant de temps en temps un brin d'herbe grasse, flânant, comme s'il comprenait l'aubaine que constituait pour lui cette semi-liberté.

Apaisée enfin, Catherine reprit le chemin du village des coolies et s'apprêtait à entrer dans la maison de Quyet lorsqu'elle vit s'avancer à sa rencontre le vieux Thuat, l'ancien *caï* de la plantation, qui clopinait en agitant une feuille de papier.

— *Ba* Trinh! lui lança-t-il dès qu'il fut à sa hauteur. J'ai des nouvelles de mon fils Minh!

Catherine mit quelques secondes à se souvenir, puis elle se rappela que le nom de Minh était souvent venu dans les conversations, autant celles de Francis que celles de Cyril ou de Sylvie dont il avait été l'ami d'enfance.

— Que devient-il? s'enquit-elle.

Thuat sourit :

— Il est en prison.

Catherine s'approcha et, apitoyée, posa sa main sur l'épaule du vieillard.

— Quelle terrible nouvelle, mon pauvre Thuat!

— Au contraire, Ba Trinh! Au contraire. Maintenant, je suis soulagé, je sais qu'il ne pourra plus faire de sottises, qu'il est désormais en sécurité. Il a eu beaucoup de chance de ne pas être tué, il a été pris près de My Tho par la milice villageoise et va être bientôt expédié au camp d'internement de Nui Bara, dans le nord de la Cochinchine, près de Bu Dop. Connaissez-vous le Nui Bara, Ba Trinh?

— Pas du tout.

— C'est une montagne sacrée. Les Anciens prétendent qu'un jour, un crocodile malfaisant s'y est endormi et qu'il a été pétrifié par les Génies protecteurs du village! C'est vrai que la montagne ressemble à un crocodile endormi! Tout autour, il y a l'une des plus belles forêts de flamboyants à laquelle on puisse rêver. Mon fils a bien de la chance!

Catherine ne sourit pas, elle sentait que That livrait le fond de son cœur. « Quelle étrange époque où la prison constitue un asile et un abri contre les vicissitudes du sort... » songea-t-elle.

Quyet avait attendu la fin du dialogue. Il s'inclina, les mains jointes sur la poitrine :

— Ba Trinh? Ma femme pour moi c'est bonne santé aujourd'hui. Moi c'est donner à elle médicaments français. Elle c'est plus mal le ventre.

— J'en suis ravie. Si ses douleurs recommencent, n'hésite pas à me prévenir.

267

Quyet hocha la tête. Il attendit que Thuat se soit éloigné enfin pour ajouter, sans avoir l'air d'y attacher d'importance :

— Thuat, lui c'est beaucoup vieux. Lui rien voir, rien savoir.

— Explique-toi mieux, Quyet. Que veux-tu dire exactement?

— Minh est en prison. C'est très bien. Mais, il y a plusieurs semaines, il vient ici. Il parle aux coolies tonkinois de la S.E.E.F. il dit eux c'est moyen constituer des « Comités populaires révolutionnaires » pour remplacer les Français quand ils partiraient. Est-il vrai que vous partirez, Ba Trinh?

— Pas que je sache, rassure-toi. Je ne vois pas qui pourrait nous obliger à abandonner Bao Tan.

— Les Tonkinois c'est venir souvent ici, le soir. Ils rassemblent les ouvriers, surtout les jeunes. Ils leur racontent l'histoire de notre patrie viêtnamienne, qui sera bientôt indépendante. Mais, auparavant, ils devront participer à la lutte contre les « Impérialistes », c'est-à-dire les Japonais et les Français.

Catherine ne répondit pas. Elle était atterrée. Ainsi, songeait-elle, Bao Tan et la paix dont elle jouissait n'étaient qu'un décor derrière lequel s'agitaient des ennemis insoupçonnés. Elle eut envie d'en savoir davantage, mais Quyet s'était éclipsé, conscient d'en avoir déjà trop dit.

Elle passa le reste de la journée en visites. D'abord l'atelier de confection des sandales de crêpe employant une vingtaine d'ouvrières, qui, toutes, lui témoignèrent confiance et affection. Elle alla voir le lot le plus méridional, en bordure du Donaï où avait commencé la saignée des hévéas de sept ans. Là non plus, elle ne rencontra aucun visage hostile ou même indifférent. Elle se refusait à croire que ces saigneurs, qu'elle connaissait depuis maintenant plus de vingt années, étaient capables de dissimuler à ce point leurs véritables sentiments.

Sylvestre arriva bientôt. Elle lui posa la question.

— Je suis au courant d'une certaine propagande qui tend à se répandre au sein des Tonkinois de la plantation voisine. Mais, à Bao Tan, nos ouvriers sont pratiquement tous originaires du Sud, et ils n'aiment pas ceux du Nord.

– Il y a pourtant des réunions clandestines.

– Première nouvelle. Si c'était le cas, Lam, le chef des coolies, m'en aurait avisé.

– N'oubliez pas que Lam est le frère de Minh. Êtes-vous certain de son loyalisme?

– Jusqu'à maintenant, rien ne m'a permis d'en douter. Mais vous avez raison, j'ouvrirai l'œil.

La nuit tombait lorsque Catherine regagna la maison. Thi Tu, la boyesse, l'accueillit, la mine renfrognée :

– Ba Trinh, c'est pas rentré déjeuner. Moi c'est beaucoup fâchée. Si vous pas manger vous c'est malade. Vous travailler trop.

Elle contempla d'un œil navré les vêtements poussiéreux, maculés de la sueur de Brumaire, les bottes, tachées de boue séchée, et grogna :

– Vous c'est sale comme un coolie!

– Arrête de ronchonner et va plutôt me faire couler un bon bain!

Catherine descendit à sept heures et demie, celle que Rousseron avait coutume d'appeler « l'heure exquise », à partir de laquelle l'alcool était toléré. Il était là, bavardant, dans un anglais hésitant, avec Patrick O'Donovan qui répondait, en utilisant le maigre vocabulaire qu'avait tenté de lui inculquer Sylvie en prévision de son prochain départ. Ils se levèrent, s'inclinèrent devant la maîtresse de maison, qui, ce soir, avait troqué sa tenue de toile habituelle pour une large jupe à fleurs, un chemisier de linon finement brodé et peigné ses cheveux en un chignon haut tressé, qui allongeait la forme de son profil et que, par jeu, Cyril appelait sa coiffure « à la Néfertiti ».

– Regardez, madame! s'exclama Patrick, j'ai abandonné mes béquilles! Maurice Rousseron m'a taillé une superbe canne. J'ai l'air d'un gentleman!

Sylvestre arriva un peu plus tard. Il prit Catherine à part :

– J'ai prévenu mon ami Demary, de la S.E.E.F. Il m'a promis de surveiller ceux qu'il soupçonne de se livrer à de l'agitation politique. Il me fera signe s'il a du nouveau.

Catherine le remercia, puis elle ajouta :

– Avez-vous mis les miliciens en alerte?

— Naturellement. Ils effectueront, à partir de ce soir, des rondes aux abords du village et sur les chemins d'accès.

Le repas fut morne. Sylvestre se leva à plusieurs reprises, pour téléphoner aux différents postes de surveillance. Rousseron, morose, songeait à sa femme, Sereine, la fille de Jules Scotto, qui s'ennuyait à Dalat et parlait de rentrer bientôt avec ses deux enfants. Patrick O'Donovan n'ouvrit pratiquement pas la bouche, sauf, au moment du dessert, pour observer :

— Votre Indochine est aussi loin du réel que peut l'être la lune. Ici, tout se passe comme si la guerre n'existait pas. J'ai été frappé par le décalage entre les gigantesques batailles qui se déroulent un peu partout autour de nous, et votre insouciance. Je crains que pour vous le réveil ne soit brutal.

— C'est vrai, admit Catherine. J'avais, voici presque deux ans, été choquée, au moment où les Anglais se battaient en Égypte, les Russes à Stalingrad, les Américains à Guadalcanal, que nous n'ayons rien trouvé de mieux à faire que ce tour cycliste de l'Indochine. Cela dit, ne soyez pas trop critique envers nous. Que pourrions-nous faire ? Nos militaires ne sont pas équipés pour lutter efficacement contre les troupes possédant un matériel moderne et nombreux. Les Anglais ont été balayés en trois mois, et regardez tout ce que les Américains sont obligés de mettre en œuvre pour conquérir la plus petite des îles du Pacifique !

— Comment pourrez-vous vous maintenir ici après la guerre ? Vous aurez l'opinion internationale contre vous, ne serait-ce qu'à cause de votre absence dans ce conflit.

Sylvestre, qui suivait mal la passe d'armes en anglais, prit le premier prétexte venu pour s'éclipser.

— Je vais effectuer une patrouille, annonça-t-il en décrochant la carabine accrochée au râtelier de l'entrée.

— Je t'accompagne, décida Rousseron en lui emboîtant le pas.

Catherine passa au salon, et s'installa sur son fauteuil favori. Patrick prit place devant le jeu d'échecs et commença à manipuler les pièces d'ivoire. Le silence était total, à peine interrompu par le cliquetis des couverts et des assiettes que Simone, dans la salle à manger, rangeait sur la table roulante. Thi Tu entra, portant sur un plateau les tasses et le pot de citronnade chaude, une des traditions de Bao Tan, une recette dont elle gardait jalousement le secret et qui avait, sur l'organisme, les effets les plus bienfaisants.

Il faisait lourd, l'orage qui menaçait depuis deux jours au moins ne se décidait pas à crever, rendant l'atmosphère presque oppressante, irrespirable. Tout en dégustant sa boisson à petites gorgées, Catherine avait l'esprit préoccupé, autant par les révélations de Quyet que par la scène qui, le matin même, l'avait opposée à Francis. Elle ne comprenait toujours pas ce qui avait pu motiver une telle vivacité, et son désarroi restait entier. « Pourquoi est-il ainsi ? s'interrogea-t-elle. Qu'ai-je pu lui faire ? Quels sont ses soucis qu'il ne me permet pas de partager ? »

— Je me suis peut-être montré un peu agressif tout à l'heure, observa tout à coup Patrick, d'une voix douce. Il faut me pardonner, je ne voulais pas vous froisser en ayant l'air de critiquer l'attitude de vos compatriotes. Ils sont en effet prisonniers d'une situation qu'ils n'avaient pas les moyens d'empêcher. Pour être tout à fait sincère, les reproches que j'ai formulés sont en réalité dirigés contre moi. Que fais-je d'autre que de me laisser vivre ?

— Vous êtes blessé.

— J'étais blessé, corrigea-t-il. Mais ce n'est pas une excuse, j'étais en train de m'installer dans la sécurité et le confort, plus inutile que le plus modeste de vos ouvriers...

— C'est pourquoi vous souhaitez partir le plus vite possible ?

Il esquissa un mince sourire :

— Vous savez bien que ce n'est pas la seule raison...

Jusque-là, Catherine n'avait pas trop redouté ce tête-à-tête, imposé par les circonstances. Cette dernière phrase l'alerta. Elle songea qu'il ne fallait pas laisser la conversation s'orienter dans cette direction. Elle devait y mettre un terme avant qu'elle ne devienne tout à fait gênante. Elle déposa sa broderie dans son panier et se leva.

— Votre décision montre votre courage, Patrick. Nous vous regretterons beaucoup. (Elle s'approcha de lui, posa sa main sur son épaule :) Ma journée a été très éprouvante, ajouta-t-elle. M'en voudrez-vous si je vous abandonne? Je tombe de sommeil.

Il hocha la tête, puis se mit debout en s'appuyant à la table. Son visage ne montrait aucun sentiment. Il s'inclina, déposa un baiser sur le bout des doigts de Catherine, qui accepta l'hommage et s'éloigna.

Elle était sur le point de poser son pied sur la première marche de l'escalier lorsque soudain l'éclair illumina le ciel avec une telle intensité que les lumières de l'entrée en parurent affaiblies. Une déflagration terrifiante suivit, faisant trembler la maison, claquer les persiennes et s'entrechoquer la vaisselle dans les armoires.

L'orage se déchaînait enfin.

Pétrifiée, Catherine avait suspendu son geste, l'estomac noué, les mains crispées, les oreilles bourdonnantes. Elle avait beau avoir depuis longtemps assisté aux déferlements des tempêtes de mousson, elle n'était jamais parvenue à dominer la terreur qui la saisissait face aux éléments déchaînés. Maintenant, les éclairs se succédaient, sans relâche, au-dessus de Bao Tan qui semblait se trouver au cœur d'une fournaise, subissant, de toutes ses membrures, les assauts du tonnerre, roulant, éclatant, détonant, explosant, ne laissant aucun répit permettant de reprendre son souffle.

Les lampes vacillèrent, s'éteignirent. Catherine poussa une brève exclamation, porta ses mains à ses oreilles, éperdue, ne sachant plus où aller, incapable de gravir l'escalier, de courir se réfugier dans sa chambre. Elle demeura sur place, cramponnée à la rampe, retenant par un dernier acte de volonté le hurlement qui montait dans sa gorge, venu du plus profond d'elle-même.

Une main se posa sur son épaule, et ce fut comme si elle avait reçu une décharge électrique. Catherine sursauta, laissa échapper un cri, tremblante de peur, la peau hérissée, le cœur battant la chamade, ayant perdu toute notion de la réalité.

— Ne craignez rien, souffla Patrick à son oreille, d'une voix apaisante. Je suis là...

En un réflexe irraisonné, Catherine se jeta contre lui, enfouissant sa tête contre sa poitrine, libérant dans des sanglots convulsifs toute la tension qui l'habitait. Patrick l'entoura de ses bras, lui caressant la nuque et le dos, murmurant de petits mots très doux, de ceux que l'on chuchote à des enfants effrayés.

Peu à peu Catherine se détendait, se laissait aller, sans plus penser à rien. Au-dehors, l'orage déployait toujours la même furie démentielle mais elle avait l'impression qu'il s'estompait dans une sorte de lointain cotonneux. Elle était à l'abri, blottie comme un oiseau au creux d'un nid; les éléments ne pouvaient l'atteindre, la blesser. Une soudaine chaleur engourdit ses membres. Patrick lui releva le menton, elle ne se déroba pas lorsque ses lèvres se posèrent sur les siennes.

Depuis la veille pourtant, le jeune homme avait admis que son amour ne serait jamais payé de retour et qu'il devrait se résigner, partir, essayer d'oublier. Et même, en cet instant, l'élan qui les avait lancés l'un vers l'autre n'était encore pour lui que la réponse au besoin de Catherine d'avoir auprès d'elle une épaule où s'appuyer, une présence qui la rassurerait.

Puis, peu à peu, tout bascula. Ni l'un ni l'autre n'en eurent réellement conscience, l'initiative leur échappait, chaque geste instinctif en entraînait un autre, qui les projetait plus loin, très loin, hors d'eux-mêmes. L'orage ne grondait plus seulement au-dessus de Bao Tan, mais il était audedans de leur tête.

Patrick soutint Catherine tandis qu'ils montaient les degrés de l'escalier de bois, s'arrêtant longuement sur chaque marche, reprenant haleine entre deux baisers. Insinués entre linon et peau, les doigts du jeune homme captaient, sous la tiédeur d'un sein, les pulsations d'un cœur qui battait à tout rompre. Il sut alors que tout s'accomplirait, mais qu'il ne devrait pas prononcer un seul mot. Elle le suivit jusqu'à la chambre qu'il occupait et debout, collée à lui, lèvres soudées, Catherine n'esquissa aucun mouvement pour l'empêcher de dégrafer sa jupe, de défaire son chemisier et de faire glisser le long de ses jambes le petit fourreau de soie. Elle se laissa porter jusqu'au lit, frémit en sentant les lèvres de Patrick parcourir son corps de baisers rapides, passionnés, guettant le moindre frisson, réveillant

273

sa peau. Elle tressaillit lorsque sa bouche se posa au creux de son ventre, allongea les bras, l'attira en elle et gémit longuement, une douce, très douce plainte.

Le silence la réveilla. Vaincu par sa propre démesure, l'orage s'était calmé comme une lampe privée d'huile qu'un souffle suffit à éteindre. Par contraste, la paix revenue, totale, paraissait irréelle, presque inquiétante. Impressionnés, les animaux eux-mêmes se taisaient, apeurés.

Catherine se dressa et sa main effleura le corps nu étendu auprès du sien. Alors la mémoire lui revint, d'un seul coup, encore nimbée de brume comme ces rêves qui poursuivent encore le dormeur à son lever dont il ne peut distinguer la part de l'imaginaire de celle du vrai. Elle éprouva un instant de panique. « Que m'est-il arrivé ? Comment ai-je pu, moi, Catherine ? » se demanda-t-elle, affolée de se découvrir ainsi, lasse et meurtrie du plaisir qu'elle avait reçu et accepté sans retenue.

Elle sauta du lit et dans le noir, elle rassembla à tâtons ses vêtements épars sur le tapis de paille, qu'elle fourra, en boule, sous son bras. Puis elle sortit dans le couloir, redoutant d'être surprise ainsi par Thi Tu, à qui jamais rien n'avait échappé de ce qui se passait dans la maison.

Elle se précipita dans sa chambre, passa dans sa salle de bains et, sans plus réfléchir, se jeta sous sa douche comme pour effacer les traces de cet égarement qu'elle n'arrivait ni à comprendre, ni à se pardonner. Elle se savonna, se frotta, luttant contre elle-même avec une sorte de rage, comme si elle voulait punir son corps. « J'ai été folle, folle à lier ! » Elle ne se cherchait aucune excuse. « Dire que je m'étais crue forte, capable de tout supporter, de résister à tout, d'être l'épouse irréprochable. Et voilà que je succombe à la première sollicitation. Comment pourrai-je jamais réparer ? »

Il était quatre heures du matin, mais elle n'avait plus sommeil. Elle revêtit ses vêtements de brousse, chemise et pantalon de toile beige, enfila ses bottes et descendit. Puis elle sortit, marchant au hasard, insensible aux gouttes épaisses tombant des frondaisons des grands arbres qui semblaient, eux aussi, émerger de leur stupeur et s'ébrouaient aux premiers souffles d'une brise venue de la mer.

Deux silhouettes vinrent à sa rencontre. Sylvestre et Rousseron.

— Déjà levée? s'étonna le chef de la production.

Catherine éluda la réponse.

— Avez-vous quelque chose de nouveau? demanda-t-elle.

— Oui. L'orage a retardé le début d'une réunion qui se tient maintenant dans la maison de Lam. Nous allions chercher des renforts.

— Inutile, dit-elle. Je vous accompagne.

— Mais vous n'êtes même pas armée, observa Rousseron. C'est risqué, savez-vous?

— C'est mon affaire.

Catherine avait pris sa décision sans réfléchir. En elle s'agitaient des sentiments confus. « Que m'importent les risques, songeait-elle. L'important est que j'agisse, que je me retrouve enfin. Que je me jette en avant, sans m'apesantir sur le passé » Elle s'informa :

— Combien sont-ils?

— Sept ou huit, nous les avons tous identifiés. Il y a aussi deux des Tonkinois de la S.E.E.F. L'un d'eux possède un revolver.

Ils étaient arrivés. La paillote de Lam avait été construite un peu à l'écart du village, au bout d'un petit sentier envahi de bambous et d'épineux. Une lueur jaune filtrait à travers les interstices des parois de *cai phèn*. Un homme se détacha d'un buisson, Song Col, l'un des miliciens cambodgiens, laissé en sentinelle.

— Ils sont toujours là, souffla-t-il.

— J'y vais, dit Catherine.

— Nous ne pouvons pas vous laisser faire ça! protesta Sylvestre. Votre vie sera en danger! Ils n'ont pas des têtes à plaisanter.

— En l'absence de mon mari, c'est moi qui dirige Bao Tan. Notre sécurité à tous est menacée, c'est à moi de protéger notre œuvre!

Sylvestre soupira, résigné.

— Comme vous voudrez, madame. Puis-je vous escorter?

– Non. La vue de votre carabine peut entraîner des réactions violentes. Ils n'oseront rien tenter contre une femme désarmée. Je leur parlerai.

Rien ne l'aurait empêchée d'agir, même une menace de mort et peut-être même cette perspective l'aurait-elle confortée dans cette décision. Il lui fallait se racheter à ses propres yeux, fût-ce au prix de sa vie.

Tandis que Sylvestre et Rousseron s'approchaient, prêts à intervenir, Catherine contourna la paillote, actionna le levier de bois qui maintenait la porte close, la poussa et entra.

Ils étaient une dizaine de coolies, regroupés en demi-cercle, accroupis à la mode du pays, les yeux fixés sur un homme, debout, qui achevait la lecture d'un vieux texte qui, depuis près de quarante ans, servait de support à toute la propagande nationaliste, la « lettre de sang » de Pham Boï Chau, l'un des premiers partisans du prince Cuong Dé, mort sept ou huit ans plus tôt :

« Tuez les enfants des Français dans le ventre de leur mère.

« Ouvrez leurs tombeaux et dispersez leurs cendres dans la mer... »

Il y eut alors un mouvement de panique dans l'assistance. Ayant aperçu Catherine, les ouvriers cherchaient à s'enfuir, certains masquaient leur visage derrière leurs mains déployées. L'orateur pivota et, de surprise, laissa choir son papier qui s'en alla rejoindre à terre les débris d'un œuf écrasé. Catherine savait ce qu'il signifiait, une parabole abondamment utilisée autant par les Viêtnamiens que par les Japonais pour montrer la prééminence du Jaune sur le Blanc.

Catherine l'affronta du regard :

– Tu parles de nous tuer tous. Quel mal t'avons-nous fait ? Est-ce un crime d'avoir donné du travail à tous ces pauvres gens ? Est-ce un crime d'avoir essayé d'améliorer leur sort ? Tu ne sais rien de nous, de moi ! Tu n'es pas d'ici et tu ne connais aucun des hommes auxquels tu prêches la haine de la France et des Français ! Qu'as-tu à leur offrir d'autre ?

Elle s'adressa alors aux coolies :

— Toi, Dûc, je t'ai appris à lire! Toi, Bao, je t'ai soigné quand tu t'étais entaillé le bras! Toi, Sinh, j'ai veillé ta mère pendant sa longue agonie!

Elle fit à nouveau face à l'intrus :

— Et toi, qui es-tu?

— Je suis venu éclairer le peuple! Je suis venu lui dire qu'il est malheureux et je lui apporte l'espoir d'une vie meilleure. Notre rêve est d'être indépendants, nous n'avons que faire de vous, les Français. Mais nous savons que vous ne partirez pas de votre plein gré, nous devrons vous chasser, c'est dans notre combat contre vous que se forgera la patrie viêtnamienne!

Catherine secoua la tête :

— Ce sont des mots! Je connais bien des Français qui sont prêts à œuvrer, à vos côtés, pour vous aider à construire votre patrie.

— Nous connaissons ceux avec lesquels vous êtes disposés à coopérer, des mous, des lâches, des profiteurs, qui se sont vendus aux Japonais, qui, demain, se vendront à la France! Nous les combattons aussi, nous ne voulons devoir notre indépendance qu'à nous-mêmes!

Catherine comprit qu'elle avait, devant elle, un redoutable débatteur. Ce n'était pas un simple coolie, mais un meneur d'hommes formé à la dialectique dans quelque école clandestine. Elle demanda de nouveau :

— Qui êtes-vous vraiment?

Il haussa les épaules, croisa les bras :

— Peu importe mon nom. Je suis celui qui a voué sa vie à la révolution. Il y a des années de cela, pour trouver de la main-d'œuvre à bon marché afin de créer et d'entretenir vos plantations, les Français ont affamé les familles du Tonkin, et ramassé leurs enfants comme des esclaves ou du bétail. Je suis l'un d'entre eux. Ma haine pour vous est comme ce revolver que je porte à ma ceinture, de l'acier sans faille.

Il dégaina son arme, la pointa vers Catherine.

— Sais-tu que je peux te tuer maintenant? Tu es pour moi une ennemie plus dangereuse que les salauds de Blancs qui n'ont aucun scrupule à nous maltraiter. Toi, tu essaies de nous tenir par le cœur.

– Tue-moi, répondit calmement Catherine. Je n'ai pas peur de la mort et, si tu veux le savoir, aujourd'hui cela me serait égal.

– Tu me provoques, tu sais bien que tes mercenaires m'abattraient aussitôt !

– Ainsi, tu as menti à tous ces pauvres gens, répliqua-t-elle avec un sourire de mépris. Tu parles de donner ta vie à la révolution, mais tu trembles à l'idée d'être tué !

Le Tonkinois avait pâli, c'est-à-dire que, comme tous ses compatriotes, son teint avait viré au gris. Il rengaina son revolver.

– Va-t'en, ordonna Catherine ; il vaudrait mieux que nous ne te revoyions jamais par ici. Si ce n'est pas moi, ce sont eux (son doigt désignait ses ouvriers qui avaient suivi, haletants, la passe d'arme entre Ba Trinh et le révolutionnaire) qui se chargeront de t'abattre ou de te remettre à la police !

Du dehors, la voix de Sylvestre se fit entendre :

– Avez-vous besoin de nous, madame ?

– Non. Tout va bien. Notre visiteur va s'en aller. Il a fait ses adieux à nos amis !

Catherine regagna la maison à pas lents. Elle avait la tête vide, les membres rompus, avec, au fond d'elle-même, un obscur regret, celui de ne pas avoir réussi à décider le Tonkinois à tirer sur elle. Quand elle l'avait provoqué, elle avait éprouvé une sorte d'ivresse, celle d'un désespéré sur le point de se jeter dans le vide, partagé entre la peur de l'inconnu et l'angoisse de survivre.

Arrivée devant le perron, elle se retourna vers Sylvestre :

– Vous direz à Cao Van Lam de faire ses paquets dès ce matin. Il devra être parti quand mon mari rentrera de Saïgon.

Sylvestre approuva, ajoutant :

– Je l'aurais renvoyé de toutes manières. Ce salaud nous a bien eus, avec ses mines obséquieuses : « Oui, patron, bien sûr, patron ! » Une balle dans la tête, c'est tout ce qu'il mériterait !

– Ce n'est peut-être pas tout à fait sa faute, Sylvestre. Il s'est probablement laissé circonvenir par son frère.

Sylvestre s'éloigna. Il était près de six heures du matin,

déjà le soleil lançait dans un ciel lavé de grandes flammes rougeâtres. La journée serait lourde et moite.

Thi Tu accueillit sa maîtresse au pied de l'escalier, les sourcils froncés, montrant une humeur de dogue :

— Madame c'est pas coucher dans sa chambre, grogna-t-elle sur un ton de reproche.

Catherine ne s'attendait pas à être attaquée de front.

— Je suis sortie, répondit-elle, j'avais à faire au village.

— Vous c'est pas mouillée.

— Mêle-toi de ce qui te regarde ! Je suis fatiguée, je vais dormir. Réveille-moi quand Monsieur rentrera de Saïgon.

Thi Tu haussa les épaules et s'éloigna. Sous son bras, les vêtements froissés de Catherine formaient un petit ballot accusateur comme un remords.

3

Francis reposa le combiné du téléphone et demeura ainsi, la main sur l'appareil, perplexe et inquiet. Thi Tu, qui avait décroché à la cinquième sonnerie, lui avait expliqué que « Ba Trinh, c'était beaucoup fatiguée et dire personne déranger ».

— Est-elle souffrante ?

— Moi pas connaître.

Il se tourna vers Sylvie.

— Tu vas rentrer à Bao Tan ; occupe-toi de Catherine et surtout, rassure-la. Je suis obligé de rester quelques jours de plus ici, des choses décisives se préparent, je dois rencontrer des personnalités importantes dans les heures à venir. Téléphone-moi ce soir, veux-tu ?

— Et pour Patrick O'Donovan ?

— Une ambulance militaire le prendra en charge après-demain. Cyril lui a préparé de faux papiers et une tenue de légionnaire. A partir de maintenant, il s'appelle Stevenson, il est suédois, il a fait une mauvaise chute au cours de sa permission. Qu'il n'ouvre la bouche sous aucun prétexte, qu'il suive bien les ordres qu'il recevra. Première étape, Ban Me Thuot où Bertrand s'occupera de lui. Ensuite, ce sera Dalat et Pleiku.

279

– Compris, papa. Quand comptes-tu rentrer?

– Je ne le sais pas. Trois, quatre jours...

Sylvie partie, Francis arpenta le grand salon, les mains au dos, déjà repris par ses préoccupations. Dans moins d'une heure maintenant commencerait ici, dans la villa de Kim-Anne Saint-Réaux, une réunion décisive où se définirait le devenir de l'Indochine française. Quatre des responsables de la Résistance y participeraient, sous la présidence de Paul de Nauzac, un ancien planteur du Tonkin, rallié au général de Gaulle, qui avait été récemment parachuté en Haute Région porteur des dernières instructions d'Alger.

Francis connaissait Paul de Nauzac. Ils avaient siégé ensemble quelques années plus tôt au sein d'un éphémère Conseil économique d'Indochine, aux premiers temps du proconsulat de l'amiral Decoux. Il avait en lui une grande confiance. Sans doute allait-il enfin apporter des solutions concrètes et annoncer, peut-être, une prochaine intervention américaine. Le temps pressait. La veille au soir, à l'issue d'une audience accordée par le gouverneur général à l'ambassadeur japonais Yorishawa à laquelle elle avait assisté en qualité d'interprète, Lee-Aurore lui avait rapporté l'avertissement formulé par l'ambassadeur nippon :

– Si nous perdons les Philippines, notre politique à l'égard de l'Indochine devra être remise en question.

Or, c'était officiel depuis ce matin, le vieil ambassadeur Yorishawa allait être prochainement remplacé par Matsumoto, un proche du général Tojo, bien plus raide et cassant que son prédécesseur, dont les liens avec la France étaient réels et profonds : n'avait-il pas épousé une Parisienne?

– Matsumoto n'aura pas ses scrupules, avait commenté Lee-Aurore. Les rapports franco-japonais risquent bien de se tendre. En aparté, l'amiral Decoux n'exclut pas un coup de force militaire.

Lee-Aurore était une auxiliaire précieuse. Ayant su se montrer efficace, possédant parfaitement la maîtrise de la langue japonaise, elle s'était imposée dans les milieux du gouvernement général comme une indispensable collaboratrice. Désormais, plus rien de ce qui s'y passait n'était inconnu des milieux de la Résistance. Plus étonnant encore, elle avait su capter la confiance du colonel Watanabé, l'un des membres de l'état-major des Forces du Sud, qui la couvrait de cadeaux et d'invitations à déjeuner, allant, récemment, jusqu'à lui demander de devenir sa maîtresse.

– Je lui ai objecté qu'une liaison avec une Occidentale risquait bien d'être contraire à l'éthique asiatique du Grand Empire, et qu'elle nuirait à sa carrière. Il a bien voulu admettre que j'avais raison. (Elle avait ri.) J'ai pourtant bien cru que je ne m'en tirerais pas à aussi bon compte, il parlait de *seppuku* * devant ma porte!

Francis consulta sa montre. Déjà dix heures. Les invités n'allaient pas tarder à arriver et Cyril n'était toujours pas rentré. «Que peut-il donc bien faire?» se demanda-t-il, mal à l'aise.

Au lever du jour, Cyril avait été convoqué d'urgence pour participer à une séance exceptionnelle du Comité aux relations franco-japonaises qui allait se tenir aussitôt. L'officier qui était venu chercher Cyril ne savait rien, sinon que cette réunion avait été exigée par les Japonais eux-mêmes. «Des événements d'une extrême gravité se seraient produits cette nuit dans un dancing, le *Cacatoès*.» Le *Cacatoès* était un dancing populaire installé dans un ancien hangar, à la limite de Saïgon et de Cholon. Principalement fréquenté par les marsouins du 11ᵉ R.I.C., il était le théâtre de rixes fréquentes entre eux et les militaires des autres armes, artilleurs, aviateurs ou marins. En quoi cela pouvait-il regarder les autorités nippones?

Pour se détendre, Francis alluma son poste de T.S.F. Radio-Delhi diffusait des musiquettes, où les guitares hawaiiennes alternaient avec les sitars hindous, ou les cuivres de quelque musique martiale. Depuis quelque temps, un rythme nouveau, lancé par un certain Glenn Miller, faisait fureur sur les ondes, et portait le nom, barbare aux oreilles de Francis, de «boogie-woogie». Ces airs, qu'il comparait «à des aboiements de chien qui s'est coincé la queue dans une portière», avaient le don de l'horripiler.

* On dit généralement et de façon impropre hara-kiri.

Il se préparait à tourner le bouton, quand la musique s'interrompit pour laisser la place à un speaker qui, d'une voix tendue, annonça la publication incessante d'un communiqué des Forces alliées en Europe. Francis s'approcha, se pencha et tendit l'oreille.

« Sous le commandement suprême du général Eisenhower, les forces navales alliées, soutenues par de puissantes forces aériennes, ont commencé à débarquer, hier, 6 juin 1944 à l'aube, des armées alliées sur les côtes de France. »

Ce fut tout. Mais ce fut suffisant pour que Francis se redresse d'un bond en poussant un rugissement tellement puissant que Kim-Anne qui s'activait dans sa chambre, au premier étage, se précipita et pénétra, en trombe, dans le salon. Elle se figea en voyant son ami effectuer au beau milieu de la pièce une sorte de danse du scalp en frappant des mains et en criant : « Youpiiiie ! »

Elle s'alarma quand Francis se jeta sur elle, la prit dans ses bras, la souleva et l'entraîna dans un tourbillon endiablé. Elle réussit à se dégager à grand-peine et demanda :

— Francis, voyons ! Serais-tu devenu fou ? Je suis toute décoiffée !

Francis retrouva son calme et expliqua :

— Ça y est ! La guerre va bientôt finir ! Les Alliés viennent de débarquer en France ! C'est officiel, la radio vient de l'annoncer !

Kim-Anne pâlit, et se laissa choir dans un fauteuil. « Enfin ! » soupira-t-elle. Puis :

— Pourvu qu'ils réussissent !

— Pourquoi veux-tu qu'ils échouent ?

— Les Allemands sont encore puissants. Rappelle-toi ce documentaire que nous avons vu aux actualités avant-hier sur le formidable « Mur de l'Atlantique ». Ces fortins, ces casemates, ces canons, ces réseaux de barbelés, d'obstacles antichars, ces mines... Je crierai victoire lorsque je serai certaine que nos amis n'ont pas été rejetés à la mer. Souviens-toi de Dieppe, en août 1942. Là aussi, nous avions été soulevés par l'espoir et l'enthousiasme. Aussi, quelle déception lorsque nous avons appris que ce débarquement avait échoué ! Je préfère attendre avant de me réjouir.

— Tu as tort, Kim-Anne ! Ce 6 juin sera un grand jour, le tournant décisif de la guerre.

— N'oublie pas les Japonais, ils ne sont en rien concernés par ce qui se passe en France, et le front du Pacifique est loin d'être enfoncé.

— Cela ne tardera pas. Dès la guerre finie en Europe, les Alliés jetteront tout leur poids dans la bataille d'Asie. Affaire de quelques semaines, de quelques mois tout au plus ! (Il frotta ses mains l'une contre l'autre :) Cette nouvelle va donner un dynamisme nouveau à nos organisations de Résistance ! Elles en avaient bien besoin.

Cyril arriva peu après, Francis le mit au courant de la nouvelle qu'il venait d'apprendre.

— Formidable ! explosa-t-il, le visage illuminé de joie. Je comprends maintenant la raison pour laquelle les officiers japonais ont brusquement mis fin à notre conférence.

— Au fait, que s'est-il passé hier soir, au *Cacatoès* ?

— Une véritable hécatombe, raconta Cyril.

La soirée battait son plein et, dans la salle enfumée, les soldats dansaient avec les taxi-girls de leur choix, au son des accords d'un orchestre philippin. Tout semblait calme, pour une fois, l'ambiance était à l'euphorie. Les marsouins venaient là dépenser leur solde du mois et ne songeaient qu'à se distraire. Puis, brusquement, six officiers japonais avaient fait une entrée fracassante dans le dancing, bousculant les danseurs, renversant quelques tables, refusant, comme c'était pourtant la règle, de se séparer de leurs grands sabres. Ils étaient encore en tenue de combat et leurs visages marqués par les épreuves prouvaient qu'ils arrivaient directement du front de Birmanie. Ils étaient là pour se défouler et rien au monde, surtout pas des Blancs, ne les en aurait empêchés.

Ils se dirigèrent vers l'orchestre, exigeant de lui qu'il interprète des mélodies de leur pays. Devant le refus des musiciens, ils s'étaient mis en colère et ils avaient tenté d'embarquer, de vive force, le trio des chanteuses auxquelles ils reprochèrent de « se vendre aux Français ».

Un soldat s'interposa, un magistral coup de poing l'envoya se fracasser le crâne sur le bord de l'estrade. Furieux, les marsouins entrèrent dans la bagarre, et, particulièrement, deux des membres de l'équipe interarmées de boxe.

Thérèse, un gigantesque Martiniquais, prit pour cible l'adversaire le plus proche, un capitaine, et d'un superbe uppercut, lui brisa net les vertèbres cervicales. Son voisin voulut intervenir, mais un boxeur, qui lui rendait au moins vingt kilos, le projeta sur la pointe du sabre qu'un troisième Japonais venait de dégainer.

— Bilan, acheva Cyril, trois morts et une dizaine de blessés, presque tous nippons! Mais nous avons pu plaider la bonne foi et avons rappelé, à cette occasion, que les Français ne se permettaient jamais de mettre les pieds dans les établissements réservés aux forces japonaises.

Paul de Nauzac et ses compagnons n'arrivèrent qu'un peu avant midi, très énervés, eux aussi, par l'annonce du débarquement, apportant quelques précisions sur le lieu où il s'était produit et des informations optimistes quant à son déroulement.

— Grâce aux Alliés et à leur opération « Overlord » qui modifie profondément le jeu, expliqua Nauzac, j'ai pu obtenir une audience de l'amiral Decoux, à laquelle, pourtant, il s'était montré opposé voici quelques jours encore. Je le connais bien, j'ai une grande estime pour lui; c'est la raison pour laquelle j'avais tellement insisté pour le rencontrer et l'informer des dispositions prises par le Gouvernement d'Alger concernant l'Indochine.

Dans un bref exposé, l'émissaire du général de Gaulle raconta les péripéties d'un voyage de presque une année qui l'avait mené de la Haute Région tonkinoise en Afrique du Nord en passant par la Chine, la Birmanie et les Indes. Il décrivit l'ambiance qui régnait à Alger, les intrigues qui se nouaient et se défaisaient autour du chef de la France libre, les complots divers, la rivalité entre de Gaulle et Giraud, le premier soutenu par les Britanniques, le second admis par les Américains comme le véritable chef des Armées françaises, seul dépositaire de la légalité française.

— Tout cela sent mauvais, conclut-il. Je n'ai pas été fâché de quitter ce panier de crabes pour rentrer ici! J'ai du reste appris que les choses s'étaient arrangées depuis.

— En effet, intervint Cyril. Un « Gouvernement provisoire de la République » a vu le jour le 4 juin. C'est de Gaulle qui le préside, il n'y a donc plus qu'un seul chef.

Nauzac esquissa un léger sourire.

– Ce n'est pas le cas à Saïgon ! Comme vous le savez sans doute, ma mission consistait à informer le général Mordant de sa désignation comme responsable unique des forces de la Résistance en Indochine. J'en ai donc avisé l'amiral Decoux. Sa seule réponse a été laconique : « Cela fait deux chefs, il y en a un de trop... »

– La rivalité entre Decoux et Mordant est bien trop aiguë et trop ancienne pour pouvoir se résoudre en un jour, observa le colonel d'Estier de Penancourt, le chevalier servant de Kim-Anne, officier de Légion, et responsable de la coordination entre les états-majors de Hanoï et de Saïgon.

Toute l'Indochine était au courant. Prenant prétexte du fait que le général Mordant était atteint par la limite d'âge de son grade, Decoux l'avait purement et simplement écarté de ses fonctions de commandant militaire supérieur, lui conservant le titre purement honorifique d'inspecteur, ce qui ne voulait strictement rien dire. Mortifié par cette décision, agacé de voir le général Aymé, son ancien subordonné, prendre le pas sur lui, Mordant s'était volontairement exilé sur le territoire, et vouait au gouverneur général une rancune tenace.

– Je vous laisse imaginer les sentiments que peut désormais nourrir l'amiral Decoux face à son « homologue » clandestin ! Il m'a tout de même interrogé sur le jugement que porte le général de Gaulle à son endroit.

– Quel est-il ? demanda Francis, intéressé, qui avait une vénération égale pour les deux hommes, ayant vu à l'œuvre le premier, menant la barque indochinoise avec une habileté consommée, ayant apprécié la force de caractère du second lorsqu'il s'était dressé seul face à l'ennemi.

Paul de Nauzac passa sa paume sur le bas de son menton qu'il avait fort et carré, signe chez lui d'un embarras certain.

– A vrai dire, j'avoue être assez perplexe. Je vais vous répéter ce que j'ai dit à l'amiral. « S'il est honnête, le général de Gaulle sera obligé d'admettre que la seule position possible et réaliste pour l'Indochine était celle que vous avez adoptée. Mais il n'acceptera jamais de transiger sur un principe selon lequel tous ceux qui ne se sont pas ralliés à la France libre – et donc à sa personne – ont trahi ».

– Qu'a répondu l'amiral? interrogea Bertram, le troisième responsable, un inspecteur de la Garde indochinoise.

– Vous le connaissez. Il a adopté son air le plus froid et le plus pincé et il a seulement laissé tomber : « Je suis prêt à justifier chacune de mes décisions. Même devant une Haute Cour. »

– Une Haute Cour? se récria Francis, outré. Ce serait une félonie! Jamais la Colonie n'avait été aussi calme, aussi prospère que sous la conduite de l'amiral! Les Annamites ne comprendaient pas!

– Allez faire admettre cela à de Gaulle et à son entourage! Ils se trouvent à quinze mille kilomètres d'ici et traitent nos problèmes exactement comme ils s'efforcent de traiter ceux de la France occupée.

Cyril était modérément intéressé par les états d'âme des grands personnages. Lui qui avait quotidiennement à régler des problèmes matériels, qui devait faire face aux difficultés de recrutement, d'instruction, de déplacement de ses personnels, se souciait assez peu des considérations qui n'étaient pas immédiatement traduisibles dans les faits. Il leva la main, s'excusant ainsi d'interrompre la conversation.

– Dans la pratique, monsieur de Nauzac, quelles sont les dispositions que compte prendre de Gaulle pour aider la Résistance intérieure en Indochine?

– Bonne question. Vous savez sans doute qu'en ce domaine, comme en bien d'autres, nous dépendons du bon vouloir des Alliés.

– Nous combattons le même ennemi. Il ne devrait donc pas y avoir d'obstacle à nous inclure dans l'ensemble du système d'Extrême-Orient.

– Ce n'est pas aussi simple. Et cela risque de se compliquer dans les mois à venir.

– Je ne comprends pas.

Nauzac tira de sa poche une feuille dactylographiée.

– Voici, dit-il, un résumé des divers paragraphes du long message adressé par le général de Gaulle au général

Mordant. « C'est à vous-même qu'il appartient d'étudier et de proposer tout ce qui concerne l'organisation et la conduite de la Résistance ainsi que de soumettre vos propositions au gouvernement provisoire.

« C'est surtout de l'efficacité de cette Résistance intérieure de l'Indochine que dépendront non seulement pour une grande partie la libération militaire du territoire mais son retour incontesté à l'Empire français. »

Nauzac releva le front, Cyril ricanait.

— C'est bien aimable au général de Gaulle de se préoccuper du retour de l'Indochine dans le giron de l'Empire français, ironisa-t-il. Comme si nous en étions jamais sortis !

— C'est pourtant ce paragraphe-là qui va nous créer des problèmes avec les Américains. Vous l'ignorez peut-être, mais Roosevelt et ses conseillers, les crânes d'œuf issus de Harvard, sont farouchement anticolonialistes ! Ils feront tout pour nous évincer d'ici.

Francis intervint :

— Voilà au moins quelque chose de concret. Nous n'avons donc plus qu'à compter sur les Anglais ; eux aussi ont un empire colonial à protéger et leurs intérêts en Extrême-Orient sont liés aux nôtres.

— Tout cela, c'est de la politique ! répliqua Cyril. Que les Américains nous aident et nous pourrons, ici même, poser de sérieux problèmes aux Japonais, ce qui maintiendrait leurs divisions sur place, autant de moins qu'ils auraient sur le dos, à Saïpan ou ailleurs.

Il en avait suffisamment entendu. Le reste ne le concernait pas. Il se leva, prit congé. Il sortit, amer et déçu. Il avait espéré des mesures précises, des missions définies, assorties de moyens conséquents. C'était ainsi qu'il concevait le rôle d'un chef, fournir les instruments nécessaires pour exécuter les ordres qu'il donnait. Déjà, jeune soldat, il s'était insurgé contre le fameux adage « j'veux pas le savoir » qu'opposaient les gradés aux demandes des hommes pour obtenir le moindre balai.

Il pensa à Bertrand et l'envia. Dans ses montagnes, il était au contact des réalités, et ne perdait pas son temps en vaines vaticinations sur les « bons » de la France libre et les « méchants » d'Indochine...

287

« Quand les Japonais seront partis, songea-t-il, je crains que les problèmes politiques ne se posent à nous. »

4

Le maréchal des logis Émile Gouvelot débrancha ses écouteurs, referma la mallette contenant le poste émetteur, fit disparaître le tout avec une maestria qui tenait de la prestidigitation. Puis il fit pivoter son tabouret, se tourna vers Bertrand, appuyé des fesses à la table, une cigarette aux lèvres.

— Avez-vous vu la longueur du message? s'exclama-t-il. Calcutta nous a gâtés! J'en ai au moins pour la nuit à déchiffrer tout ça!

— Espérons qu'il s'agit du prochain parachutage. En tout cas, je vous fais confiance, Gouvelot! Vous êtes un vrai champion.

Bertrand était sincère, ce sous-officier était vraiment une recrue exceptionnelle. Pourtant, à le voir avec ses jambes courtaudes, son ventre conséquent et son gros visage poupin qu'une calvitie précoce ceinturait d'une couronne de cheveux d'un noir de jais, il faisait penser à quelque capucin farceur, amateur de filles et de bonne chère. Mais Bertrand, qui le pratiquait quotidiennement depuis quelques mois, s'était aperçu que le maréchal des logis Émile Gouvelot mettait une certaine coquetterie à cultiver cette image de personnage lunaire et bon enfant, malhabile et inoffensif. En réalité, c'était un homme d'une force peu commune, vif et adroit, et un opérateur radio de première qualité.

La rencontre des deux hommes s'était effectuée par le plus grand des hasards. Bug en était la cause. Il s'agissait d'un chat, à demi sauvage, maigre et affamé qui avait fait irruption un soir dans la chambre de Bertrand aux premières semaines de son arrivée au poste de Dak Tri, près de Ban Me Thuot. Un petit animal de race indéfinie, le poil court, d'un velouté de souris, gris-bleu couleur d'ardoise. Plus tard, il était venu se lover près de son cou, lui léchant la nuque d'une langue râpeuse, ronronnant si fort que l'on eût juré entendre le ronflement du moteur d'une torpédo. Aussi Bertrand l'avait-il appelé Bug, en souvenir d'une Bugatti qui sillonnait naguère les rues de Saïgon dans un rugissement terrible.

En se choisissant un maître, Bug n'avait pas, pour autant, abdiqué toute indépendance. Jaloux, ombrageux, il ne tolérait aucune présence étrangère, et, lorsque le cas se produisait, il disparaissait pour reparaître plus tard, boudeur et lointain, comme pour sanctionner la faute commise à son encontre. Parfois, il s'en allait vers quelque expédition de chasse d'où il revenait, le poil hérissé, les pattes souillées, le dos ou les cuisses zébrés de griffures. C'était à l'issue d'une de ces fugues que le maréchal des logis Gouvelot l'avait ramené, ficelé à l'intérieur d'un panier de bambou tressé, expliquant :

— Votre fauve a semé la perturbation dans l'élevage de cochons de la batterie! Les hommes ont dû batailler plus d'une heure pour le réduire!

En le libérant, Bertrand avait redouté que Bug ne saute au visage du sous-officier. A sa profonde surprise, l'animal était allé se réfugier dans le vaste giron, comme s'il l'avait admis d'emblée au cercle restreint de ceux auxquels il faisait confiance.

— Savez-vous, mon lieutenant, que votre animal est d'une espèce rare? D'après les Rhadés, de la montagne, c'est même l'ancêtre de tous les chats. Il a un flair extraordinaire pour sentir l'ennemi, et vaut, à lui seul, tous les chiens de garde que vous pourriez avoir.

Plus tard, Bertrand avait appris que Gouvelot avait bricolé à la barbe des Japonais une installation de radio qui lui permettait de capter toutes les émissions du monde encore libre. Il lui avait alors proposé de servir, à ses côtés, comme opérateur d'un émetteur qui devait arriver incessamment de Saïgon. Gouvelot avait accepté d'enthousiasme; depuis, quotidiennement, les deux hommes, devenus deux amis, prenaient contact avec l'antenne française de Calcutta, qui travaillait en liaison avec les Britanniques de la force 136, dépendant du *Special Operation Executive*, le service « Action » de Lord Louis Mountbatten.

Gouvelot avait maintenant disposé ses grilles et ouvert le

livre de codes, les colonnes de chiffres reçues par radio posées à côté de lui. Il leva la tête :

— Au fait, mon lieutenant, j'ai reçu cet après-midi un appel de Saïgon. On nous expédie un colis à faire acheminer au plus tôt sur Pleiku. Il arrivera en ambulance.

— Peut-être s'agit-il d'un blessé? Auquel cas, je vais alerter le lieutenant Becker, notre toubib. Il saura quoi faire.

Bertrand était dans sa chambre. Les nouvelles du front de Normandie, retransmises par Radio-Delhi, avaient tout pour le rendre euphorique. La guerre avait pris un nouveau tournant, plus offensif. L'initiative avait définitivement changé de camp. Bientôt peut-être les Américains débarqueraient-ils sur les côtes d'Annam? L'espace ne manquait pas et il se prenait à souhaiter qu'il se produise du côté de Phan Thiêt, tout près de lui. Il rêvait de tendre la main aux forces américaines, à la tête de ses tirailleurs montagnards, après avoir accueilli les unités de parachutistes, larguées sur le plateau.

Ses yeux se portèrent vers le plan directeur au 1/25 000 de la région, punaisé au mur, sur lequel, à l'aide d'un calque, il avait dessiné le contour des zones de parachutage qu'il avait repérées et reconnues.

« On peut au moins y poser un régiment. Peut-être même deux, en un seule vague », songea-t-il.

Il regarda sa montre. Sept heures du soir. Il disposait encore d'une heure avant de se rendre au mess pour le repas du soir, et s'avoua que, s'il en avait eu l'autorisation, il se serait bien passé de ce qui, au fil des mois, devenait une corvée. L'ambiance lui pesait. Hormis Becker, le lieutenant-médecin, et Legendre, un métis, que la plupart des autres tenaient à l'écart en raison, précisément, de ses origines, Bertrand n'avait réussi à nouer des liens solides avec aucun des autres officiers. Non qu'il ait quelque chose de précis à leur reprocher, simplement, il les trouvait las, fatigués, sédentarisés, ayant dépassé depuis longtemps le seuil de ce qu'il appelait « la rentabilité ».

Arrivés depuis la fin des années 1930, ils vivaient au

ralenti, économisant leur énergie, ne songeant qu'à durer du mieux possible en attendant la fin de la guerre qui les renverrait dans une Métropole dont ils étaient séparés depuis trop d'années. Quelques-uns avaient trouvé une compagne et fondé une famille provisoire, avec, parfois, un ou deux enfants. D'autres s'adonnaient à la boisson. Très peu à l'opium, mais presque tous à la nostalgie qui était sans doute la pire des solutions, ils en arrivaient à détester le pays. Ils prenaient une mentalité de naufragés, certains devenant même claustrophobes, avec tout ce que cela comportait d'aigre, de mesquin, de tendu dans leurs rapports. Si l'on faisait abstraction du fait qu'ils se trouvaient loin, au cœur des Hauts Plateaux, pratiquement coupés du reste de l'Indochine, ils ne se différenciaient pas beaucoup du reste de la population. C'était une des raisons pour lesquelles Bertrand avait renoncé à ses escapades bimensuelles vers Saïgon. Il était saturé des mêmes conversations, des mêmes arguments, des mêmes projets, des mêmes vantardises. A la terrasse du *Continental*, il n'existait pas un seul Blanc, simple commis ou riche planteur, qui ne possède une arme, un réseau, une information, une filière, de quoi « régler leur compte », une fois pour toutes, à ces brutes de Japonais.

A les en croire, ils communiquaient tous, directement, avec MacArthur quand ce n'était pas avec Roosevelt en personne...

Il se servit un gobelet de thé froid, tira de son casier un bloc de feuilles blanches et se prépara à rédiger une lettre à l'intention de Françoise Chevrier, pour lui raconter les dernières frasques de Bug ou la plus récente des « perles » que Pascual, son capitaine, un Catalan au verbe haut, avait prononcée lors du dernier repas. Bertrand en riait encore. Souhaitant probablement clouer le bec au médecin, dont l'étendue de la culture lui apparaissait comme une injure personnelle, il l'avait apostrophé ainsi :

— Vous qui savez tout, répondez-moi pour voir : qui donc a inventé les découvertes ?

La salle entière avait retenu ses rires et son souffle. Pascual n'aurait pas compris. Partisan farouche du maréchal Pétain, il avait, la veille encore, longuement disserté sur un sujet qui lui tenait à cœur :

— Doit-on dire « pétainiste » ou « pétiniste » ?

Grave question qui avait maintenu près d'une heure durant tout le mess en haleine. Finalement, il avait conclu :

— Il vaut mieux dire « maréchaliste ».

Le débat ainsi clos, il avait promené sur l'assistance un regard triomphant, avant d'engloutir d'une seule gorgée un grand verre d'alcool de riz, assorti d'un tonitruant :

— T'occupe pas des signaux, Gustave (c'était son prénom), mets du charbon dans la machine !

Au fil des années, cette formule était devenue le cri de ralliement de la compagnie.

Bertrand avait à peine commencé la rédaction de sa lettre, que Bug sauta sur la table, le poil hérissé, les griffes sorties, lacérant la feuille blanche. C'était sa façon d'annoncer une visite inopportune.

— Entrez ! répondit Bertrand à des coups frappés à sa porte.

Un marsouin à la face rougeaude, aux cheveux ébouriffés, passa la tête dans l'ouverture :

— Votre « colis » est là, mon lieutenant. Qu'est-ce que j'en fais ?

— Peut-il marcher ?

— Bien sûr, le brancard, c'est seulement pour la frime.

Bertrand se leva et alla à la rencontre du nouveau venu, un grand échalas, mal ficelé dans un uniforme de légionnaire bien trop petit pour lui, coiffé d'un képi informe dont la coiffe blanche aurait eu besoin d'un sérieux lavage.

— Ma nomme est Stevenson, articula le jeune homme, en tendant la main, avec un épouvantable accent anglo-saxon.

— Mareuil, répondit Bertrand qui poursuivit la conversation en anglais.

Le prétendu Stevenson avait sursauté en entendant Bertrand se présenter. Il s'informa :

— Êtes-vous parent avec Francis et Catherine Mareuil, de Bao Tan ?

— Ce sont mon père et ma mère. (Il se pencha, examina mieux son vis-à-vis :) J'y suis, s'écria-t-il, vous êtes O'Donovan, l'aviateur australien qui est arrivé avant Noël. Excusez-moi, je ne vous avais aperçu que couché et je ne vous imaginais pas si grand ! Comment vont-ils ?

— Bien, répondit Patrick O'Donovan, laconique.

Bertrand se contenta de cette affirmation, et se préoccupa du présent.

— Vous êtes attifé comme un épouvantail! Je me demande qui a pu vous dégotter pareille tenue! (Il enfla la voix, hélant son ordonnance :) M'Drak! Débrouille-toi pour trouver un uniforme à la taille de mon cousin, *maolèn*!

Un quart d'heure plus tard, M'Drak était de retour et Patrick O'Donovan retrouva un peu d'allure.

— Je vous emmène dîner au mess. Je vous présenterai comme mon cousin, de passage ici à destination de Dalat. Essayez de parler le moins possible, la plupart des officiers sont plutôt favorables aux Alliés, mais notre capitaine ne peut pas voir les Anglais en peinture depuis Mers el-Kébir.

— Mers el-Kébir? releva Patrick. Qu'est-ce que c'est?

— Rien, un malentendu entre les marins français et britanniques.

Patrick hocha la tête et suivit son hôte.

— Je ne savais pas que vous aviez un cousin, observa Pascual, en accueillant O'Donovan devant le bar.

— Je suis originaire d'Indochine, mon capitaine, et j'ai de la famille partout, répondit Bertrand.

Pascual sembla accepter cette explication, entama un couplet sur les joies de la famille, l'un des trois fondements de la Révolution nationale du Maréchal, avec la Patrie et le Travail. Discrètement, Bertrand traduisait les propos de son chef à l'oreille de son hôte qui approuvait avec une grande conviction, un sourire béat accroché aux lèvres.

— Il est bien, votre cousin, dit Pascual. Pas très bavard, mais sympathique. J'ai apprécié qu'il soit de mon avis.

Le repas se passa sans incident notable. Étant le plus jeune, Bertrand siégeait au bout de la table et avait, de la sorte, placé Patrick à sa droite, le soustrayant ainsi aux questions des autres convives. Pour une fois, le capitaine Pascual ne se livra à aucune excentricité. Au dessert, il se leva et, frappant sur son verre, réclama le silence.

— Messieurs, commença-t-il, je suis heureux d'accueillir parmi nous le cousin de notre jeune camarade le lieutenant Mareuil. Je déplore seulement une chose... (Il s'inter-

293

rompit et, brusquement, haussa le ton :) C'est que ce godelureau me prenne pour un con!

Il y eut un instant de désarroi parmi l'assistance, tous les
regards convergeant vers le bout de la table. Bertrand rougit jusqu'aux oreilles et Patrick, qui n'avait rien compris,
continuait à arborer son sourire angélique.

— Je n'ai pas terminé, reprit Pascual, d'un ton sec. Je me
fous pas mal que vous fassiez transiter par ici tous les aviateurs alliés qui souhaitent regagner la Chine. Et je veux
même admettre qu'ils soient tous vos cousins, monsieur
Mareuil! Mais, et c'est la dernière fois que je vous le dis, je
veux être exactement informé de toutes les initiatives de ce
genre! Je sais, vous me prenez tous pour un guignol (ne
protestez pas, j'ai de bons yeux!), je vous rappelle que je
suis, ici, le plus ancien dans le grade le plus élevé. Libre à
vous de faire, comme vous le prétendez, de la « Résistance ». Seulement, si Résistance il y a, j'en serai le chef!

Tous les officiers étaient sidérés. Jamais encore le capitaine Pascual n'avait pris la parole aussi longtemps, aussi
sérieusement. Bertrand se posait des questions. Quel jeu
avait joué son chef? Était-il sincère aujourd'hui?

Pascual avait terminé sa diatribe. Il leva son verre, mais,
au lieu de l'avaler d'un seul coup comme il en avait l'habitude, il l'avança en direction de Patrick O'Donovan en
disant en anglais :

— Je bois à votre victoire!

Puis, se tournant vers chacun de ses subordonnés, il sourit et ajouta :

— Allons, messieurs, montrons à cet étranger que les
officiers français savent chanter en chœur. Mareuil? Au
piano, je vous prie!

Bertrand connaissait la prédilection de son chef pour
une mélodie sirupeuse, qu'il avait obligé ses officiers à
apprendre par cœur, mais qu'ils beuglaient comme une
chanson à boire. Il plaqua les premiers accords et lança, à
pleine voix, le début du refrain :

Plaisir d'amour ne dure qu'un moment,
Chagrin d'amour dure toute la vie...

Tous les officiers le reprirent, à l'unisson, s'interrompant de temps à autre, pour laisser Pascual interpréter, en téno- risant, les couplets. Ils en profitaient pour boire, et ser- vaient abondamment Patrick O'Donovan qui, euphorique, mêla bientôt sa voix à celles de ses voisins, répétant les paroles à imitation.

Un peu avant minuit, le capitaine donna le signal du départ, et prit Bertrand à part :

— Vous observerez que je n'ai pas demandé le nom de votre... heu... cousin. Je sais me tenir. Quand s'en va-t-il ?

— Demain matin. L'ambulance qui l'a conduit ici l'emmènera à Pleiku puis à Hué où il sera embarqué, en train, jusqu'à Vinh. Là, une filière le fera acheminer jusqu'à Xieng Khouang, puis, par Diên Biên Phu et Laï Chau, jusqu'à Lao Kay.

Pascual esquissa une grimace :

— J'ai remarqué qu'il boitait encore. A votre place, je le ferais stopper à Hué, il y a là-bas des spécialistes de la réé- ducation. Souhaitez-lui bonne route de ma part.

Patrick oscillait d'avant en arrière, rendu instable par l'alcool qu'il avait ingurgité et fredonnait, incertain, la mélodie de tout à l'heure.

Bertrand le guida, en le soutenant, jusqu'à son pavillon où M'Drak, appelé en renfort, dressa en hâte un lit de camp. O'Donovan s'y laissa tomber et, péniblement, demanda, la voix pâteuse :

— Qu'est-ce que ça veut dire, « plaseur d'amure » ?

Bertrand lui traduisit les deux vers et, quand il les comprit, le jeune homme eut les yeux remplis de larmes. Brusquement, il eut envie de se confier, d'exprimer le désespoir qui était le sien après avoir quitté Bao Tan, comme un voleur ou un intrus, en laissant derrière lui, à jamais, la femme qu'il avait aimée. Et Bertrand, penché sur lui, était son fils ! C'en était trop. Il articula, pénible- ment :

— Bertrand, tu es mon ami. Je t'aime. Et moi, je suis un salaud...

— Tu es surtout ivre, Patrick ! Dors, ce sera mieux pour tout le monde.

— Je voudrais te dire aussi...

— Tu me le diras demain.

Gouvelot était entré. Il ébaucha une mimique expressive en désignant, du menton, le jeune Australien qui ronflait, répandu sur sa couchette, puis il rendit compte :

— J'ai achevé le décodage de Calcutta. Notre correspondant nous informe qu'un parachutage sera effectué sur la zone de largage « Cheval », entre le 4 et le 12 juillet, à la pleine lune. Au programme, armement léger, explosifs et appareils radio.

Le parachutage annoncé eut lieu dans la nuit du 6 au 7 juillet 1944. Le capitaine Pascual, qui en avait été informé, avait pris la direction des opérations de récupération. Il s'en acquitta avec sérieux et compétence, imposant seulement que les armes et les explosifs soient pris en compte par son officier du matériel et stockés dans ses magasins. Bertrand protesta :

— Je ne pense pas que ce soit une bonne décision. D'abord parce que vous officialisez ainsi un matériel qui aurait dû demeurer clandestin. Ensuite parce qu'il sera difficile de conserver longtemps le secret, les Japonais ont des espions partout. Imaginez un coup de force, avec quoi nous battrons-nous ?

Pascual haussa les épaules.

— Pour quelle raison les Japonais déclencheraient-ils un coup de force ? Ils ont bien autre chose à faire, ils sont en train de perdre définitivement les Mariannes, et cela seulement les préoccupe.

De mauvais gré, Bertrand s'inclina, se réservant de distraire quelques-unes des mitraillettes Sten pour équiper, en fraude, la petite équipe qu'il était en train de constituer à l'insu de son chef.

Par un message de « Médicis », l'antenne du Centre Annam, Bertrand apprit, le lendemain, que le convoi ferroviaire dans lequel Patrick O'Donovan avait pris place, en direction de Hué et Vinh, avait été, la veille, attaqué par l'aviation américaine dans la montée du col des Nuages. Il y avait près de soixante morts et plus d'une centaine de blessés, qui avaient été répartis entre les hôpitaux militaires de Hué et de Tourane. Bertrand essaya d'en savoir davantage et multiplia, toute la journée, les appels radio, puis la ligne téléphonique. Ce ne fut qu'en milieu de nuit qu'il réussit à obtenir la certitude que le jeune Australien, assez grièvement touché, se trouvait à Hué. Un infirmier pondichérien, qui assurait la permanence, lui confirma la nouvelle. « Légionnaire Stevenson ? Lui deux balles dans le corps humain, expliqua-t-il. Première dans cuisse. Deuxième dans épaule. »

Alors il appela Cyril, à Saïgon.

Lee-Aurore raccrocha le téléphone, perplexe. « Pourquoi, se demandait-elle, Bertrand prend-il autant à cœur cette histoire de légionnaire blessé ? » Elle se promit de poser la question à Cyril, dès son retour. Elle traversa le salon, revint s'attabler devant le jeu de dames, reprenant la partie acharnée qu'elle livrait contre Catherine, un adversaire particulièrement coriace.

— Qui était-ce, pour appeler si tard ? demanda cette dernière.

Lee-Aurore porta sa main à sa bouche.

— Je suis désolée, je n'ai pas réfléchi, j'aurais dû te le passer, c'était Bertrand !

— Ce n'est pas bien grave, je le rappellerai demain. Comment va-t-il ? Et qu'y avait-il d'aussi urgent ?

— Rien, une simple affaire de service entre Cyril et lui. J'ai cru comprendre qu'un de leurs amis, un légionnaire nommé Stevenson je crois, avait été blessé pendant le bombardement du convoi militaire attaqué près de Tourane avant-hier en fin d'après-midi. Les journaux en ont largement parlé ce matin...

Catherine avait pâli. Elle se mit à trembler et cacha son visage dans ses mains. Un froid intense la saisit, elle eut soudain très peur.

— Qu'y a-t-il ? interrogea vivement Lee-Aurore, alarmée.

— Peux-tu rappeler Bertrand tout de suite ? J'ai besoin de savoir.

Sans plus poser de questions, Lee-Aurore effectua plu-

sieurs tentatives, sans résultat. Elle revint auprès de Catherine.

— Je suis désolée, dit-elle, gentiment. Veux-tu que je te
prépare une tasse de thé au gingembre ? Une recette à moi,
tu verras, tu iras mieux après.

Catherine secoua la tête.

— As-tu plutôt quelque chose de fort, du cognac ou du
rhum ?

— Il doit seulement me rester un fond de Cointreau.

Catherine sentait la pièce tourner autour d'elle. Il lui
semblait plonger dans un gouffre. Depuis cette nuit
d'orage, et malgré tous ses efforts pour oublier, elle n'avait
cessé de s'interroger sur elle-même, sur son comportement,
cet accès de folie qui avait balayé, en un instant, toute une
vie d'amour et de fidélité. C'était une torture permanente
qui affectait même ses rapports avec Francis. Elle se
jugeait sans indulgence, s'en estimant indigne, refusait en
bloc toutes les marques d'affection et d'attachement qu'il
lui prodiguait. Même s'il ne le montrait pas il en était profondément affecté, s'interrogeant de son côté sur les raisons de ce qu'il prenait pour de la froideur ou du dédain.

Détentrice d'un secret trop lourd pour elle, Catherine
vivait hors d'elle-même, détachée du présent ; sa venue à
Saïgon pour y préparer le prochain mariage de Bertrand
n'avait été, en réalité, qu'un prétexte pour fuir Bao Tan, et
tenter de se reprendre. Elle avait cru y être parvenue et
voilà que la blessure de Patrick O'Donovan détruisait l'édi-
fice encore fragile de sa paix intérieure.

Ce fut plus fort qu'elle. Lorsque Lee-Aurore revint, avec
le verre de Cointreau, elle lui prit la main et, par bribes,
cherchant ses mots, le souffle court, raconta tout.

— J'ai refusé de saluer Patrick avant son départ, acheva-
t-elle. Exactement comme on chasse un mauvais rêve. Je
n'avais que des remords envers Francis. Et voilà que, maintenant, j'en éprouve à cause de lui... Dis-moi, que dois-je
faire ? Dois-je tout avouer à mon mari ?

— Garde-t'en bien ! se récria Lee-Aurore. Francis t'aime,
il t'a placée sur un piédestal ; ne lui brise pas son idéal, ce
serait une mauvaise action, en plus cela n'arrangerait rien,
pas même ta conscience !

— Il faudra pourtant que j'expie...

Curieusement, Lee-Aurore éclata de rire :

— Expier ? Comme tu y vas ! Tu parles comme le missionnaire portugais qui m'apprenait le catéchisme. Il n'avait à la bouche que les mots d'enfer, de châtiment, d'expédition. C'était un fanatique et je le soupçonnais de se flageller, le soir venu, dans sa chambre ! (Elle redevint sérieuse.) Catherine, écoute-moi. N'aie aucun remords vis-à-vis de ce garçon, ce Patrick. Tu lui as offert le cadeau le plus merveilleux dont il ait pu rêver et qu'il conservera toute sa vie, ébloui. Crois-moi, j'ai suffisamment l'expérience des hommes pour pouvoir t'affirmer qu'il n'est ni triste, ni malheureux, bien au contraire. Ton souvenir l'aidera à survivre.

— Mais il y a Francis. Je l'ai trahi !

— Si tu as trahi quelqu'un, c'est toi, et toi seule. Tu avais probablement trop confiance en toi. Parce que tu n'avais jamais eu de tentations, tu te croyais forte. La vie t'a donné une leçon d'humilité, tu es une femme comme les autres. Cesse de te complaire dans l'évocation de ce que tu appelles « ton déshonneur ». C'est malsain et destructeur. Tu veux expier ? D'accord, alors commence par rendre à Francis l'amour que tu lui refuses pour te punir. Il n'a pas mérité d'être puni, lui aussi.

Catherine hocha la tête. Lee-Aurore avait raison. Elle la remercia, d'un baiser sur les joues.

— J'ai été idiote, admit-elle. Je me suis comportée comme une héroïne de roman ! Je vais revenir à Bao Tan.

— C'est mieux, en effet. Dès que tu verras Francis, jette-toi dans ses bras, dis-lui que tu n'as jamais cessé de l'aimer.

Chapitre 7

1945

1

Le vacarme était infernal. Au rugissement des Hellcat américains, fonçant à tombeau ouvert sur la ville, se mêlaient les explosions des bombes, des torpilles, des navires japonais, atteints de plein fouet dans la boucle de la Rivière de Saïgon, et l'éclatement des obus de la D.C.A. égrenant leurs petits moutons gris et jaunes dans le ciel. Un léger vent d'est rabattait vers le centre des nuages d'un noir de suie, gras de mazout, drainant avec eux l'odeur de bois brûlé, de cuir calciné et probablement aussi de chairs grillées.

L'attaque aérienne s'était déclenchée à deux heures de l'après-midi. Sans que rien l'ait laissé prévoir, une escadrille de petits bombardiers de l'U.S. Air Force avait brusquement surgi des nuages et, dans un hululement de sirène, avait fondu sur les quelque soixante navires de transports japonais qui avaient jeté l'ancre six jours plus tôt, le 1er janvier, devant les quais de l'Argonne, en face de l'Amirauté, ramenant les troupes évacuées des Philippines après l'offensive américaine.

La ville s'était instantanément vidée ; dans les rues ne restaient plus que des voitures vides, arrêtées, portières ouvertes, des enchevêtrements de bicyclettes, de charrettes, de cyclo-pousses dont les passagers étaient allés rejoindre les piétons et les flâneurs, européens, annamites, japonais mêlés, tapis dans les fossés creusés dans les esplanades, ou sur les trottoirs. Saïgon avait peur.

Un bateau sauta, projetant en l'air des débris de tôles et de superstructures qui retombèrent, un peu partout, écornant des toits, griffant des façades, tranchant net une tête qui dépassait d'une encoignure.

Jamais encore un raid d'une telle ampleur ne s'était produit dans le Sud. Au cours des dernières semaines de l'année 1944, Britanniques ou Américains s'en étaient pris à l'aérodrome de Tan Son Nhut ou de Bien Hoa, bases de départ des opérations aériennes contre les forces de débarquement alliées, mais, cette fois, c'était autre chose. Le ciel était couleur de plomb fondu et les escadrilles de gros B-25 arrivaient, par vagues successives, déroulant un véritable tapis de bombes qui dégringolaient en hurlant avant d'exploser en faisant trembler le sol.

Tapi dans sa cave, Cyril écoutait, partagé entre l'angoisse et l'allégresse. Trois jours plus tôt, c'était lui qui, dans un message expédié à l'antenne de Kunming, en Chine, avait signalé la présence de la flotte ennemie, plus de soixante bâtiments, cargos, pétroliers, transports de troupes, croiseurs d'escorte, torpilleurs, rassemblés bord à bord dans le port de Saïgon.

Hier, 5 janvier, en réponse à son message, il avait reçu un bref communiqué : « Votre renseignement confirmé par observation aérienne. »

— Bon Dieu, jura près de lui Hoche Cahuzac, son fidèle chauffeur, qu'est-ce qu'ils prennent, les frères !

— Je trouve qu'ils bombardent d'un peu haut, il y aura des éclaboussures, corrigea Thomas, le radio-chiffreur. Je crois que vous avez bien fait d'évacuer vos familles, mon capitaine.

Cyril approuva. Le matin même il avait dirigé sur Bao Tan Lee-Aurore et sa mère, ainsi que Françoise Chevrier, la jeune épouse de Bertrand, enceinte de trois mois.

— On dirait que les bombardiers s'éloignent, dit Thomas.

Le vrombissement des moteurs des forteresses volantes décroissait, remplacé maintenant par les sirènes des ambulances qui fonçaient, en slalomant entre les décombres, vers les points de Saïgon les plus touchés, suivies ou précédées des camionnettes des pompiers dont les cloches sonnaient à la volée.

Cyril et ses compagnons sortirent à l'air libre et le spectacle qu'ils découvrirent leur serra le cœur. De l'autre côté de l'arroyo chinois et du « pont en Y », des torrents de fumée rougeâtre s'élevaient des paillotes du faubourg indigène de Khanh Hoï, tandis que, en direction du port, de sourdes explosions continuaient à secouer la ville. Plus près, aux abords du Grand Marché et de la gare, des corps étendus jonchaient la chaussée, entre des gravats de toutes sortes, des tôles ondulées arrachées aux toitures, des carcasses de bicyclettes, des débris de meubles. Des enfants erraient, hurlant leur peur ou leur détresse, des chiens, en bandes affamées, jaillissaient des caves, des rescapés déambulaient, hallucinés, les gestes fous, les vêtements souillés de plâtras, parfois de traînées de sang.

Cyril éprouva une secrète détresse. Tout ce spectacle de désolation était en partie sa faute. C'était lui qui avait alerté les Américains, en leur désignant la cible. Il n'avait pas songé que, lancés dans une guerre totale, ces derniers ne s'embarrasseraient pas de détails. Ils n'étaient pas à mille tonnes de bombes près.

Peu à peu cependant, la vie reprenait et, débarrassée de ses débris, nettoyés par des cohortes de jeunes, apprentis, lycéens, membres de l'organisation « Sport et Jeunesse », Saïgon ne tarderait pas à retrouver son visage de tous les jours. Ce soir, à l'heure du traditionnel apéritif, les habitués du *Continental* commenteraient abondamment les événements. Cyril les entendait déjà, c'était une antienne :

– Ces Américains, quels sauvages ! Ils bombardent au hasard ! Ce n'est pas comme les Anglais. Eux au moins prennent de gros risques pour épargner les populations civiles !

D'autres se vanteraient d'être à l'origine des renseignements signalant la présence de l'armada japonaise. D'autres encore, éternels hésitants, poseraient la sempiternelle question : « La Résistance ? Pour quoi faire ? Doit-on combattre Decoux au nom de De Gaulle ? Ou les Japonais au nom de la solidarité entre Alliés ? » Ce qui les dispenserait de tenter quoi que ce soit.

Cyril était fatigué de ces querelles de Café du Commerce. Il savait que les gaullistes « historiques » ne voulaient pas entendre parler, comme chef, du général Mordant, qualifié par eux de « collabo » au même titre que l'amiral Decoux, et qu'ils ne se mêlaient plus de rien, sinon de tortueux contacts parallèles avec l'antenne française de Kunming.

Par son père, Cyril avait appris que le parachutage de Paul de Nauzac avait suscité une vive controverse entre le général américain Wedemeyer, le nouveau commandant des territoires du Sud-Est asiatique, et l'amiral Mountbatten, l'organisateur de l'expédition.

— Wedemeyer est un Prussien, avait ajouté Francis. Son père a combattu les Français en 1914; non seulement il ne fera rien pour nous aider, mais, selon Nauzac, il mettra tout en œuvre pour nous maintenir la tête sous l'eau.

Pourtant, à Saïgon, tout comme dans le reste du territoire, les Français s'attendaient à un débarquement allié. Manille, la capitale des Philippines, était tombée hier, 5 janvier 1944, et ne se trouvait qu'à deux jours à peine de bateau. Des bâtiments de guerre avaient effectué de nombreuses missions sur les côtes d'Annam, et notamment contre l'important et stratégique mouillage de la baie de Cam Ranh.

Ce qui n'empêchait pas Cyril de croire que les Américains envisageaient plutôt de pousser leurs efforts vers le nord. Leur objectif serait, à son avis, le sanctuaire japonais dont l'île la plus avancée, Okinawa, était désormais à portée de canons des cuirassés alliés.

— Où allons-nous, mon capitaine? s'informa Hoche Cahuzac, pratique, tirant Cyril de ses réflexions.

Il hésita. Rentrer à la villa de Kim-Anne ne le tentait guère. Il s'y retrouverait seul et appréhendait la solitude, en un soir comme celui-ci.

— Et le mess?

Cyril fit la grimace. Le cercle de garnison était bien le dernier endroit où il avait envie d'aller. Il ressemblait chaque jour un peu plus au restaurant végétarien d'une ville d'eau de France, Plombières ou Châtelguyon, plein d'hépatiques ou de dysentériques, ne buvant que du thé froid, se nourrissant de légumes bouillis pour ménager leurs entrailles.

Hoche souleva son casque, se gratta l'occiput, avant de se retourner sur son siège, l'air gêné :

— Si j'osais, mon capitaine...

— Ose toujours !

— Ce serait un honneur pour moi que de vous inviter à dîner à la maison. Nous avons trouvé un petit appartement à Tan Dinh, à la cité Heyraud. Je vous présenterai Fleur, ma femme, et mes deux gamins. Je leur parle tellement de vous qu'ils seront sûrement émus et ravis de vous connaître enfin !

Cyril n'avait aucune raison de refuser. Cahuzac n'avait pas menti ; l'accueil que lui réserva sa famille fut tout à la fois simple, chaleureux et touchant. Fleur, la femme du gendarme, était une Annamite encore jeune, timide et rougissante comme une pensionnaire en dépit d'un ventre bien rond annonçant une prochaine naissance.

— Si vous le permettez, mon capitaine, et si c'est un garçon, j'ai l'intention de l'appeler Cyril, comme vous. Accepterez-vous d'en être le parrain ?

Cyril sourit.

— Naturellement, répondit-il, j'en serais même très fier !

Il fut littéralement assailli par Joffre, l'aîné – Cahuzac avait le souci des traditions familiales –, qui tint absolument à lui faire lire la composition française qui lui avait valu le premier prix de rédaction de sa classe. Cyril se laissa faire, de bon gré et lut, étonné d'abord, enchanté ensuite :

« Le marchand de soupe chinoise.

« Il est torse nu. Il porte un pantalon noir qu'il a roulé jusqu'aux genoux et marche pieds nus. Il transporte sur ses épaules, à l'aide d'un bambou aux extrémités duquel elles sont fixées, deux grandes caisses dont l'une est transformée en buffet. Ce buffet n'a qu'un seul tiroir partagé en quatre. Dans le premier compartiment se trouve la viande crue. Le deuxième contient du piment et des oignons verts, le troisième des cuillères chinoises en porcelaine ou en faïence. Dans le dernier enfin, il y a des nouilles. Dans le bas du buffet, il y a du charbon de bois. A l'autre bout du balancier, dans une caisse, brûle un feu au-dessous d'une touque d'eau qui bout. Dans cette eau l'on distingue des os de pot-au-feu. Sur la caisse, on remarque une grande bouteille de nuoc-mâm et des *cai-bat* (bols). Un jour, je l'ai regardé préparer une *pho* (soupe). Il prend une *cai-bat*, y met des nouilles, puis il coupe un morceau de viande crue qu'il hache en petits morceaux. Il met la viande crue dans une passoire et la plonge dans l'eau bouillante pendant quelques minutes. Il retire de l'eau la viande cuite, coupe des oignons verts, des piments et verse le tout dans la *cai-bat*. Pour finir, il arrose la soupe de nuoc-mâm. On l'entend de loin car il crie très fort : *Pho! Pho!* »

— C'est très bien, commenta Cyril, sincère. Tu es très observateur !

Joffre se campa sur ses jambes :

— Mon père dit toujours qu'un bon policier doit être observateur, mon capitaine. Quand je serai grand, j'entrerai dans la police, pour rechercher les voleurs et les assassins.

— J'ai l'intention de le présenter au concours d'entrée à l'École des enfants de troupe de Dalat, ajouta Hoche, manifestement très fier de son rejeton.

Cyril le regarda :

— Vous parlez comme si vous deviez rester toute votre vie ici. Mais, dès que la guerre sera terminée, vous serez rapatrié sur la France, comme tous les militaires qui ont dépassé la durée normale d'un séjour aux Colonies.

Hoche Cahuzac parut surpris. Il avoua :

— C'était une éventualité qui ne m'avait pas effleuré, mon capitaine. Sincèrement, qu'irais-je faire en Métropole ? Je suis bien, ici. C'est le pays de ma femme, de ma famille, je ne vois pas pourquoi je m'en irais. Je préférerais démissionner, prendre une retraite anticipée et me trouver un travail civil. Tenez, rester avec vous, comme assistant de plantation à Bao Tan. Ça me plairait bien...

— Pourquoi pas ? Moi aussi, j'aimerais vous garder.

Le repas s'achevait. Cyril se leva, salua la maîtresse de maison et, modifiant ses habitudes, prit place à côté de son chauffeur. Cahuzac apprécia le geste ; il tissait, entre les deux hommes, un lien nouveau. En arrivant à Tan Dinh,

305

rue Paul-Blanchy, Cyril aperçut de la lumière dans la villa de son beau-frère Denis Lam Than. Il s'étonna ; depuis près d'un an maintenant, elle était inhabitée.

— Arrêtez-vous, ordonna-t-il. Et laissez-moi, je rentrerai à pied.

Il poussa la grille de l'entrée, traversa le jardin, tira la chaîne de la porte. Au boy inconnu qui vint lui ouvrir, il demanda :

— Monsieur Lam Than est-il rentré ?

— Oui, répondit le boy, maussade. Et son fils également.

— Annoncez-moi, voulez-vous ?

Il avait agi sans réfléchir, sans intention particulière non plus. Dans le litige qui opposait Sylvie à son mari, il n'avait jamais pris parti, se bornant à constater les faits. Sans blâmer sa sœur, qui avait agi avec une logique rigoureuse, il n'avait pas pour autant retiré son amitié à Denis, dont il devinait les hésitations et les déchirements.

— Cyril ! s'exclama Lam Than en venant à sa rencontre. (Il avait l'air sincèrement heureux et lui serra les mains avec effusion). Quel bon vent t'amène ?

— Le hasard. Je passais devant ta maison...

— Formidable, j'avais l'intention de te téléphoner demain. Je suis arrivé cet après-midi.

Il le guida jusqu'au salon où Matthieu, en apercevant son oncle, se leva précipitamment de son fauteuil et montra un visage impassible. Tous deux portaient un uniforme, ce qui, déjà, les désignait comme adversaires.

— Comment va Singapour ? demanda Cyril.

Lam Than plissa le nez, et remua les mains.

— Mal, Cyril. J'ai tout plaqué. Il n'y a rien de bon à attendre des Japonais. Ils se moquent pas mal de donner l'indépendance au Viêt-nam. Leur principal souci est la conduite de la guerre. Ce sont des gens réalistes qui commencent à envisager l'éventualité d'une défaite, et, pour les plus fanatiques d'entre eux – il y en a plus que tu ne peux l'imaginer –, une défaite du Japon ne peut se concevoir que dans l'holocauste de tout un peuple. Ils essaieront d'y entraîner l'Asie entière au besoin en laissant le chaos derrière eux.

« Je me refuse à être complice de cette folie.

— Que vas-tu devenir?

Denis haussa les épaules. Il avait soudain l'air d'un homme triste et désabusé.

— Je ne sais pas, avoua-t-il. Je serai peut-être arrêté tout à l'heure par la Kempeïtaï.

Cyril se tut. Il partageait le désarroi de son beau-frère, et cherchait, de son côté, une solution. Il n'en voyait aucune. Denis releva la tête :

— Que devient Sylvie?

— Toujours à Bao Tan. Si j'en crois les dernières nouvelles, qui datent de la semaine dernière, elle s'est replongée dans la rédaction de son roman *Une vie à moitié.*

— Ce titre me conviendrait assez, admit Denis, avec un sourire désabusé. Dans une certaine mesure, je suis, moi aussi, un métis. Un arbre qui plonge ses racines dans deux terreaux différents. Trancher l'une ou l'autre de ces racines est également suicidaire. Je ne pensais pas qu'il puisse y avoir incompatibilité entre la raison et le cœur. J'ai pourtant voulu choisir, m'accepter comme intégralement viêtnamien; j'étais un niais. Au nom de mon père, le Viêt-nam, on se servait de moi pour abattre ma mère, la France. Je me retrouve orphelin, ayant renoncé à l'un comme à l'autre.

Il se pencha, et, comme pour lui-même :

— Sylvie me manque, Cyril. Jamais je n'aurais imaginé à quel point elle était une part, presque physique, de moi-même.

— C'est simple, va à Bao Tan. Vois-la et dis-lui tout ce que tu viens de me dire.

— Non, Cyril, c'est encore trop tôt. J'ai besoin de faire le vide en moi, de savoir où j'en suis. Si j'étais en France, j'irais probablement faire retraite dans un couvent, à la Pierre-qui-vire ou à Ligugé. Mais nous sommes en Indochine et je me vois mal chez les bonzes!

— J'ai peut-être une idée, Denis.

La solution s'était imposée à Cyril, aussitôt qu'il avait cessé de la chercher. C'était lumineux.

— Te souviens-tu du docteur Kervizic?

— Bien sûr. Un véritable saint laïque. Quand j'étais jeune marié, Sylvie me l'avait présenté et j'avais été séduit par les qualités profondément humaines et généreuses de cet homme. Pourquoi m'en parles-tu aujourd'hui ?

— Parce que tu devrais aller le trouver. Il t'aidera. Il vit au Laos, à Thomrong, dans une léproserie près de Paksavane, avec pour seul compagnon le père Germain, un missionnaire selon ton cœur, bourru, rugueux, d'un caractère difficile, mais d'une inébranlable foi. Entre Kervizic, athée convaincu, et Germain, chrétien rigoureux, tu n'auras pas l'occasion de te poser des questions métaphysiques. Mais tu sauras vite qui tu es.

Matthieu n'avait pas ouvert la bouche durant toute cette conversation.

— Pourquoi détournes-tu mon père de son combat ? demanda-t-il avec une brusquerie qui surprit Cyril.

— Je cherche seulement à l'aider.

— C'est bien ce que je te reproche ! Est-ce le moment de se poser des questions ? Vous, les Occidentaux, avez entraîné notre patrie dans une guerre qui n'est pas la sienne. Savez-vous, tous les deux, qu'à l'heure où nous parlons, des milliers, des centaines de milliers de mes compatriotes du Nord meurent de faim ? Et ce n'est pas une image ! Les bombardements incessants des Américains sur la voie ferrée du Transindochinois ont complètement désorganisé les transports, les navires chargés de riz à destination du Tonkin sont coulés sans sommations par les sous-marins ou les torpilleurs de vos soi-disant Alliés. Les paysans subissent une famine comme ils n'en avaient pas connue depuis des décennies ! Et tout cela est votre faute ! Le jour approche où nous vous le ferons payer.

— Tu vas sans doute rappeler la prophétie de N'Guyen Binh Kiêm : « Les Français pleureront, les Viêtnamiens mourront par milliers le long des routes » ? demanda Cyril.

Matthieu écarta le propos d'un geste méprisant de la main.

— Ce sont des prophéties de vieille femme ! Moi et mes amis, sommes bien plus préoccupés de forger les armes de la vengeance et de la liberté.

Cyril ne répondit plus. Il s'apercevait que, chez un garçon exalté comme Matthieu, à la recherche éperdue de l'absolu, le germe de la révolte semé par les Japonais avait trouvé un terrain favorable. Un fossé les séparait, impossible à combler. Il préféra prendre congé.

– Je vais suivre ton conseil, dit Denis à voix basse en raccompagnant Cyril à la porte. Dis seulement à Sylvie qu'elle soit patiente.

Cyril se retourna :

– Matthieu, appela-t-il.

– Mon nom est Hieu, répliqua le jeune homme.

– Que dois-je dire à ta mère ?

Une ombre passa sur le visage de son neveu. Il hésita puis, d'un ton moins assuré, neutre, comme s'il récitait une leçon apprise par cœur :

– Je n'ai rien contre elle. Personne n'est responsable de ses origines. Comme le dit un proverbe de chez nous : « *ca voi thi de ca voi* », « les baleines donnent naissance à des baleines ».

Puis, plus doucement :

– Ma mère n'a rien à redouter. Je la protégerai, car je suis son fils.

2

La sonnerie grelottait, lancinante, incessante, se mêlant au rêve de Cyril, plongé dans un profond sommeil. Il l'associait, inconsciemment, à quelque glas, qu'égrenait un clocher à la silhouette vaguement gothique. « Qui donc est mort ? » se demanda-t-il.

Une main le secoua.

– Cyril, réveille-toi, le téléphone !

– Vas-y, toi, répondit-il, la voix endormie.

– Mais non ! protesta Lee-Aurore, c'est sûrement pour toi. Qui oserait me réveiller au milieu de la nuit ?

Cyril se dressa et, tendant la main, alluma la lumière pour regarder l'heure à son réveil. Il grogna :

– Deux heures du matin ! C'est d'un sans-gêne ! (Puis, se levant, il enfila son pantalon de pyjama, grommela :) J'espère qu'il s'agit d'une raison sérieuse, sinon le type qui me tire du lit va drôlement se faire incendier !

La sonnerie ne s'arrêtait pas. Cyril descendit l'étage, se

309

cogna à la commode d'angle et, finalement, décrocha le combiné.

— C'est toi? demanda à l'autre bout du fil une voix essoufflée. J'avais si peur de te manquer.

Cyril mit quelques secondes à identifier son correspondant. C'était Théo Scotto. Il bâilla, s'informa :

— Qu'arrive-t-il? on a assassiné l'amiral Decoux?

— Ne plaisante pas, c'est très grave. Quand puis-je te voir? Le plus tôt serait le mieux.

— Quel jour sommes-nous?

— Le 5... non, déjà le 6 mars. Puis-je venir chez toi?

— Maintenant?

— Oui.

Cyril ébaucha un geste de contrariété. Encore une nuit de perdue et il s'était couché tard. Il céda.

— Je t'attends.

— Merci. (Puis, plus bas :) Éteins les lumières et tire les rideaux, personne ne doit savoir que je suis venu te trouver.

Cyril raccrocha, perplexe. Venant d'un autre que de son ami, il aurait estimé exagérées toutes ces précautions de conspirateur. Mais il connaissait suffisamment Théo pour savoir qu'il n'agissait jamais à la légère et que sa communication était sûrement d'une importance et d'une urgence extrêmes. Tout en l'attendant, il se demanda ce que cela pouvait signifier. Un débarquement imminent? C'était impossible, et, d'ailleurs, les dernières instructions du gouvernement français reçues quelques jours plus tôt prescrivaient au général Mordant et aux formations de la Résistance, militaire ou civile, d'observer vis-à-vis des Américains une stricte neutralité. Le torchon brûlait entre de Gaulle et Roosevelt.

Il passa à la cuisine, fit bouillir de l'eau pour le thé, prépara un plateau. Il venait à peine de le déposer sur une table basse que Théo s'annonça, grattant à la grande porte-fenêtre.

— Alors, interrogea Cyril en invitant son ami à s'asseoir. Qu'y a-t-il donc de si grave?

— Dans l'après-midi d'hier, deux Chinois qui tiennent la ferme des jeux de Cao Bang, à la frontière de Chine, et qui ont pour clients des membres de la Kempeïtaï ont surpris

310

une conversation de laquelle il ressort que l'armée japonaise va lancer contre les troupes françaises une attaque générale et les désarmer.

Cyril se figea. Ce qu'il avait redouté depuis longtemps était sur le point de se produire.

— Êtes-vous sûrs de vos informateurs?

— Oui. Nous sommes les seuls d'ailleurs car, ayant alerté le général Sabattier, le commandant des troupes du Tonkin, notre indicateur s'est vu opposer un scepticisme absolu. Mais moi j'y crois.

— Pour quelle date serait programmé ce coup de force?

— Incessamment; avant le 10 mars en tout cas. J'ai absolument tenu à te prévenir, j'imagine que tu auras fort à faire pour mettre en garde tous tes correspondants. (Il se leva :) N'accorde aucun crédit aux démentis qui te seront infligés, tout le monde va essayer de minimiser les choses et de se rassurer. Mais, tu connais les Japonais, leur plan est sûrement déjà arrêté et leurs dispositions prises. Ils passeront à l'action sans prévenir. A toi de prévoir.

Cyril resta longtemps, debout, au milieu du salon. Il essayait de mettre de l'ordre dans ses idées, songeait à la façon la meilleure d'alerter ses réseaux, et de différencier ceux qu'il faudrait mettre en sommeil et ceux qui devraient se réfugier en brousse dans les campements clandestins déjà préparés depuis le début de l'année.

Il passa le reste de la nuit à dresser un plan d'action, dégageant les priorités. Au matin, ayant brûlé toutes ses archives, il fonça directement à son bureau et, brièvement, mit Thomas, son radio-chiffreur, au courant de ce qui se tramait.

— Mon capitaine, répliqua ce dernier avec une nuance de commisération dans la voix, vous vous êtes laissé intoxiquer! Si les Japonais avaient concocté un coup de force, nous en aurions été les premiers avertis. Et par deux sources différentes. Les Anglais de Calcutta d'abord.

— Les Anglais ne possèdent que les renseignements que nous leur faisons parvenir. Jamais ils ne nous ont annoncé autre chose que les lieux et les dates des parachutages.

— Reste l'antenne de la France libre de Kunming. Elle est en liaison constante avec les Américains et ces derniers possèdent les clés des codes japonais. En Chine, si quelque chose se prépare, tout le monde doit être au courant. Or, à la vacation d'hier soir, je n'ai reçu aucune information de cet ordre, bien au contraire.

– Comment cela « au contraire »?

– On nous a seulement rappelé les consignes de Paris : rester neutre en cas de débarquement américain.

Cette argumentation ne convainquit pas Cyril, elle le renforça dans sa conviction que ce coup de force arrangeait bien trop de monde pour qu'on en avertisse les intéressés. Il le dit à Thomas.

– Je ne vous comprends pas.

– C'est simple. De deux choses l'une. Ou les Américains ne sont pas aussi renseignés que vous le dites sur les intentions ennemies – et cela me surprendrait beaucoup – ou ils le sont. Et, s'ils le sont, leur général Wedemeyer en tête, ils ne verront pas sans une certaine jubilation la disparition de l'Armée et de l'Administration françaises; cela servira leurs intérêts et ira dans le sens de leurs convictions.

– Mais il y a la délégation française de Chine!

– Là encore, deux hypothèses. Ou bien l'O.S.S., les Services secrets, n'a pas renseigné les Français. Ou elle l'a fait, ce que je crois *. Dans ce cas, il ne déplairait pas au gouvernement de Paris d'infliger une « leçon » tant à l'amiral Decoux, à qui on n'a jamais pardonné son allégeance à Vichy, qu'à nous, civils ou militaires d'Indochine qui sommes restés en dehors de la guerre.

– Si je vous comprends bien, de Gaulle laisse aux Japonais le soin de « faire le ménage » ici? Je ne vous crois pas. Ce serait trop injuste!

– J'avais autrefois un chef qui avait pour devise : L'injustice est un instrument du commandement; c'est l'apanage des chefs. De toutes les façons, que vous me croyiez ou non ne change rien. Nous allons faire comme si. Dans le meilleur des cas, ce sera un excellent exercice d'alerte. Dans le pire, nous n'aurons pas été pris au dépourvu. Et maintenant, au travail.

---

* Par une étrange coïncidence, *le Figaro* du 8 mars 1945 annonçait le « coup de force » japonais, vingt-quatre heures avant qu'il n'ait eu lieu. On peut se demander de quelle source il tenait ses informations...

Les événements s'accélérèrent dans les heures suivantes. Le lendemain, 7 mars 1945, Matthieu Lam Than se présenta à Bao Tan, escorté d'une escouade de jeunes, revêtus d'uniformes de toile couleur moutarde. Ils débarquèrent d'une camionnette haute sur roues, timbrée de l'emblème du Soleil levant, et prirent instantanément les positions de combat, armes braquées, montrant ainsi la qualité de leur entraînement. Sanglé dans une tunique aux boutons dorés, le torse barré d'un baudrier, coiffé d'une casquette au relief pointu, Matthieu pénétra dans la maison en faisant sonner sur le dallage le fer de ses souliers.

— Je viens chercher ma mère, dit-il, d'un ton autoritaire, à Catherine qui était venue à sa rencontre.

— A quel titre viens-tu ici donner des ordres?

— Cela ne te regarde pas. Je suis venu chercher ma mère pour la ramener à la maison.

— Lui as-tu au moins demandé son avis?

Matthieu ne répondit pas. Il enfla la voix :

— Mère? appela-t-il.

Sylvie arriva bientôt, l'air plus contrariée qu'alarmée.

— Combien de temps te faut-il pour préparer tes bagages? demanda Matthieu. Je te ramène à la maison, il est imprudent actuellement de la laisser inhabitée.

Sylvie fronça les sourcils. Elle observa que son fils se comportait en véritable chef de famille, jetant des ordres, attendant d'être obéi.

— Est-ce cet uniforme qui t'autorise pareille insolence?

Matthieu fit marche arrière.

— Je ne suis pas insolent, mère. Mais je dispose de peu de temps. Je ne tiens pas à rencontrer une patrouille française, les explications seraient difficiles.

— Que devient ton père?

— Il n'est plus à Saïgon. Voici deux mois, il est rentré de Singapour, déçu, je crois, de ses contacts avec les Japonais. Il a préféré prendre le large. Je crois qu'il s'est réfugié au Laos, auprès du docteur Kervizic. (Il eut une moue dédaigneuse.) Il n'aura jamais su prendre vraiment parti...

— Tandis que toi...

Matthieu se redressa :

— Je suis le destin que je me suis tracé. Maintenant, assez perdu de temps. Veux-tu que je t'aide ?

— Inutile. J'en ai pour cinq minutes.

Sylvie s'en alla, non sans avoir promis à Catherine de lui donner des nouvelles aussi souvent que possible. Cette dernière regarda s'éloigner la camionnette, s'interrogeant sur les raisons qui avaient réellement poussé Matthieu à venir chercher sa mère. Les arguments qu'il avait présentés ne tenaient pas debout, la villa de Saïgon était demeurée inoccupée durant plus d'un an sans que personne s'en soucie. Il devait sûrement y avoir autre chose. « J'aimerais bien savoir ce que c'est », songea-t-elle.

Francis arriva à la nuit tombée, les traits tirés, la mine préoccupée. Il fronça les sourcils en apprenant le départ de Sylvie, enlevée presque de force par son fils.

— Je me demande ce que cache tout cela, observa Catherine, soucieuse.

— Ne cherche pas. Cyril avait raison. Les Japonais préparent un mauvais coup, il a voulu mettre sa mère à l'abri, sous sa protection, à Saïgon.

— Ce qui signifie que nous serons nous-mêmes en danger à Bao Tan ?

Francis lui prit les mains.

— Pas le moins du monde, essaya-t-il de la rassurer. (Il se laissa tomber sur son fauteuil favori et ajouta :) J'ai essayé vainement de joindre Bertrand pour l'alerter. J'ai obtenu chaque fois la même réponse : le lieutenant Mareuil est parti en manœuvres pour cinq jours. Si je ne m'arrange pas pour le toucher avant son retour, il va se jeter dans la gueule du loup.

— Tu n'envisages tout de même pas d'aller à Ban Me Thuot ?

— Vois-tu un moyen de faire autrement ?

Catherine vint s'asseoir près de lui, passa son bras autour de son cou.

— Ne me laisse pas, Francis. Pas maintenant, je mourrais d'inquiétude à te savoir sur les routes en un pareil moment !

— Ne crains rien. Que veux-tu qu'il m'arrive ? Si cela

peut t'apaiser, j'emporterai mon fusil! Et puis, je connais la région par cœur, il me faudra seulement deux jours pour effectuer l'aller et retour, au besoin en utilisant les pistes forestières.

Elle secoua la tête.

— Toi aussi, tu me caches quelque chose.

Il leva la tête, planta son regard dans le sien.

— Je t'assure que je t'ai tout dit. Maintenant, imaginons le pire, par exemple que les liaisons soient coupées entre les Hauts Plateaux et le Sud. Je resterai avec Bertrand. Il y a des mois qu'il a repéré et organisé des bivouacs secrets dans la montagne où personne ne pourra, ni le découvrir, ni l'attaquer. Il nous suffira d'attendre que l'orage s'éloigne.

— Et moi? As-tu pensé à moi, seule ici?

— Les Japonais ne toucheront pas aux femmes, sois-en certaine. A la rigueur ils s'en prendront aux militaires, puisqu'ils ont mission de les désarmer, mais, pour les autres, les civils, il n'y aura rien de changé. Tout se passera comme en France, une armée d'occupation qui n'empêchera pas la population de poursuivre ses activités ordinaires.

Malgré elle, Catherine était habitée d'un tragique pressentiment. Elle comprit qu'elle n'arriverait pas à dissuader son mari d'entreprendre son voyage et, dans une certaine mesure, elle l'admettait volontiers, Bertrand était l'être qu'elle aurait, elle aussi, voulu protéger le plus au monde. Un élan la poussa à se réfugier contre l'épaule de Francis.

— Avant ton départ, je voudrais te dire que je n'aime et que je n'ai jamais aimé que toi. Pourtant...

Il lui ferma les lèvres d'un baiser, lui imposant le silence. Puis :

— S'il s'agit de Patrick O'Donovan, inutile, il y a long-temps que je savais.

Elle fit un bond.

— Comment? Tu étais au courant et tu ne m'en as jamais parlé?

— A quoi bon? Le mal était fait et, en plus, je te voyais tellement malheureuse...

— Comment l'as-tu appris?

— Dès mon retour. Thi Tu avait tout compris en te

315

voyant rentrer, au matin, sans avoir été mouillée par l'orage alors que ton lit n'était pas défait.

Rouge de honte, Catherine cacha son visage dans ses mains.

— Je te demande pardon, Francis. J'ai été folle, et j'ai gâché notre vie.

— Tu n'as rien gâché du tout. (Il s'obligea à l'humour :) J'ai découvert, à cette occasion, que j'étais capable d'être jaloux! A mon âge! Et je t'ai regardée d'un autre œil. A force de vivre, au quotidien, l'un près de l'autre, j'avais fini par ne plus te voir autrement que comme ma compagne, mon amie, ma collaboratrice, la mère de Bertrand. Je me suis alors rendu compte que tu étais une femme, une femme très belle avec un corps de jeune fille; une femme très désirable, et je me suis reproché de t'avoir séquestrée ici, à Bao Tan, dans ce trou perdu. Peut-être étais-tu faite pour une autre existence, plus conforme à tes goûts, plus accordée à ta beauté? Malheureusement, il est trop tard pour cultiver des regrets et pourtant, ce soir, j'aimerais que tu me répondes. (Il écarta les mains qui cachaient le visage de sa femme et demanda, avec dans la voix comme une prière :) Dis-moi, Catherine, accepterais-tu, aujourd'hui encore, de m'épouser et de faire ta vie avec moi?

Elle sourit et ses yeux se remplirent de larmes.

— Sans hésiter. Aussi longtemps que tu voudras de moi.

Il la prit par la main, et l'emmena ainsi, jusqu'à leur chambre. Allongé à ses côtés, il la berça longtemps, lovée au creux de son épaule. Ses doigts bougèrent, effleurant sa peau comme s'il la découvrait pour la première fois. Catherine était apaisée, détendue, débordante de tendresse. Sous les mains de son mari, elle s'anima, vibra, se blottit encore plus près de lui, et se laissa porter, avant de s'ouvrir à une caresse plus précise que Francis prolongea jusqu'à son terme. Alors, il la serra, l'embrassa et se fondit en elle.

A son réveil, elle s'aperçut que Francis était parti. A la place de ses vêtements, sur le valet de nuit, il avait accroché une feuille de papier sur laquelle. à l'aide d'un bâton de rouge à lèvres, il avait dessiné un cœur.

Bertrand était furieux. En dépit du balisage, pourtant parfaitement réalisé, sur la *dropping-zone* dont il avait, trois semaines plus tôt, passé les coordonnées exactes à Calcutta, le Liberator anglais était allé larguer son chargement à des kilomètres de là, de l'autre côté de la crête d'en face, probablement trompé par les lueurs d'un *ray*, ce feu de forêt allumé par les montagnards Rhadé pour cultiver leur riz gluant sur l'espace défriché. En dépit de la hâte avec laquelle le détachement se porta sur les lieux, il ne parvint à récupérer qu'une partie des containers chargés d'armes. Les explosifs, les munitions, le ravitaillement en boîtes de rations avaient disparu. Ainsi, comme le fit observer le maréchal des logis Gouvelot, que les parachutes.

– Le pillage est signé, observa-t-il. Les Japonais auraient abandonné les voilures et tendu une embuscade aux abords. Ce sont donc les Moï du village voisin qui sont venus ici.

Gouvelot connaissait la région par cœur. Depuis six années maintenant, il la sillonnait en tous sens, pour son plaisir et pour sa culture personnels. Il avait noué des liens d'amitié avec la plupart des chefs, parlait les dialectes locaux et n'hésitait pas, Bertrand en avait fait l'expérience à plusieurs reprises, à participer à la cérémonie de la jarre, qui était, chez les Rhadé, une faveur réservée aux hôtes de marque. Le soir venu, les notables se rassemblaient en rond, autour d'une grosse jarre contenant une boisson faite de riz fermenté que chacun buvait, à l'aide d'un long chalumeau de bambou. L'usage exigeait que l'on n'abandonne la séance que lorsqu'on roulait à terre, assommé par l'alcool. Gouvelot montrait, dans cet exercice, une résistance à toute épreuve, alors que Bertrand n'y avait récolté la plupart du temps que de solides migraines.

Ils se présentèrent un peu plus tard à l'entrée du hameau et s'aperçurent que tous les habitants, du vieillard le plus antique au *nho* le plus jeune, arboraient de superbes écharpes de soies multicolores, rouges, vertes, orange ou blanches taillées dans les parachutes ; ils accueillirent leurs visiteurs avec une grande réserve. Ils craignaient sans doute qu'on ne vienne leur ravir ces précieuses étoffes qu'un bon génie leur avait envoyées du haut du ciel.

— Je propose que nous leur laissions leurs chiffons à condition qu'ils nous rendent notre matériel.

Bertrand hésita. Le marché semblait honnête, mais il se ravisa :

— Si une patrouille japonaise vient à passer par là, ces pauvres Rhadé n'ont pas fini d'avoir des ennuis. Explique bien cela au chef.

Gouvelot sut se montrer persuasif. Deux heures plus tard, quelques porteurs ramenaient les containers qui avaient déjà été cachés dans les broussailles. Pour les récompenser, Bertrand donna au chef et à ses adjoints tout ce qu'il estimait superflu, les bonbons, les confitures, le lait concentré, y ajoutant, de sa propre initiative, quelques piastres d'argent parachutées comme trésor de guerre, la seule monnaie ayant cours dans l'arrière-pays.

Peu après leur départ, Gouvelot observa :

— Quand j'ai parlé des Japonais au chef, il a eu l'air surpris. Il ne savait pas que ça existait. Ou, plus exactement, à quoi ça ressemblait. Bien sûr, il avait entendu parler des *Gni Poûn* – c'est ainsi que les appellent les montagnards – mais il était persuadé qu'il s'agissait d'êtres mythiques, exactement comme les Martiens le sont pour nous.

— Nous seront-ils fidèles ?

— Je l'espère. Ce sont des gens méfiants qui admettent mal la présence d'étrangers sur leurs terres. Nous-mêmes en avons fait l'expérience pendant des années. En 1932, des Moï ont attaqué et pris, avec pour seules armes leurs arbalètes et leurs piques, le poste Le Rolland, pourtant tenu par une compagnie de marsouins aguerris. Leur ralliement est récent, mais sincère ; nous le devons à quelques missionnaires et à quelques pionniers, explorateurs ou médecins, qui leur ont apporté leur savoir et leur amitié.

« Ils se sont aperçus également que notre présence dans la région les mettait à l'abri de l'invasion sûre mais lente des Annamites, qui s'infiltrent partout, cherchant toujours de nouvelles terres à exploiter. Par mépris, les Annamites leur ont donné le nom de Moï, qui veut dire « sauvage », à quoi les Rhadé, les Djaraï ou les Sedang les ont, à leur tour, affublés du sobriquet de Kloûï, qui signifie « singe ».

Le détachement, une trentaine d'Européens et de tirailleurs, fit halte, au soir, juste au-dessous du Chu Yang Sin,
qui culminait à 2 400 mètres. A cette altitude régnait un
froid intense, aggravé par un vent du nord chargé d'humidité. La vue, en revanche, était superbe; vers l'est, elle
s'étendait jusqu'à la mer, que l'on devinait noire, frangée
de courtes étincelles dorées, allumées par le soleil couchant; vers l'ouest, jusqu'au plateau du Darlac, vaste étendue moutonnante descendant en légers gradins en direction du Laos.

Sous les yeux des Français semblait se dérouler comme
une carte de géographie : le cours impétueux de la Krong
Honna qui, autrefois, passait pour n'aller nulle part et
dont, aujourd'hui, quelques hardis imaginatifs affirmaient
qu'elle aboutissait au « Père des Eaux », le Mékong; les
hameaux Rhadé ou Djaraï, empanachés de fumée et, au
milieu, les lumières scintillantes de Ban Me Thuot-la-
superbe, seconde des cités impériales après Hué, où Bao
Daï possédait un somptueux chalet, niché dans la forêt.

— Que dit la radio? demanda Bertrand au caporal Bertroux, son nouvel opérateur, un disciple de Gouvelot.

— Rien, mon lieutenant.

— Comment ça, rien? s'étonna Bertrand. Pas même une
demande de notre position?

— Non, mon lieutenant. Rien, je veux dire que la Base
n'a même pas pris contact.

— Étrange, observa Gouvelot. Nous ne sommes pourtant
pas samedi, ni jour de paie. Que fabriquent les radios? Ils
roupillent?

— Vous avez raison. Quel jour sommes-nous, au juste? A
force de traîner dans la brousse, j'ai perdu la notion du
temps.

— Nous sommes le 9 mars 1945. Et il est exactement
vingt heures dix-huit.

— Bertroux? Restez en écoute. Toutes les dix minutes,
envoyez un appel en l'air. On ne sait jamais.

A force de balayer le cadran, Bertroux finit par capter,
vers minuit, un étrange message à peine audible lancé, en
clair, sur les ondes. Un message qui tenait en deux mots :
« Saint Barthélemy ».

— Je ne suis pas certain d'avoir compris, expliqua le caporal en réveillant Bertrand. Parce que cela ne veut rien dire du tout.

Bertrand s'était dressé, comme mû par un ressort.

— Au contraire, tu as très bien compris, Bertroux. Bon sang! (Il se précipita vers ses deux adjoints, Gouvelot et Martel, un tout jeune sergent métis.) Réveillez-vous, les Japonais sont passés à l'attaque! Nous venons d'entendre le signal conventionnel d'alerte générale! Départ immédiat, nous devons rejoindre de toute urgence la compagnie!

Francis était arrivé à Dak Tri l'avant-veille en fin d'après-midi. Il était allé directement trouver le capitaine Pascual, auquel il avait fait part de ses inquiétudes.

— Vous divaguez, lui avait répliqué le commandant du poste. Je suis allé, ce matin encore, me promener du côté de la base japonaise, tout à côté. Je n'ai rien observé d'anormal. Ils s'entraînaient au combat au corps à corps contre des sacs de son. La routine.

Rien n'avait pu le faire changer d'avis. La seule concession que Francis avait obtenue était l'itinéraire que devait emprunter la patrouille conduite par Bertrand.

— Aux dernières nouvelles, avait ajouté Pascual, pointant son index sur la carte, votre fils se trouvait ici, à Yang Ré, au pied du Chu Yang Sin. Dans deux jours, au plus tard, il sera rentré au bercail. Satisfait?

— Puis-je l'attendre?

— Bien sûr. Je vais vous faire conduire au pavillon qu'il occupe ordinairement.

Francis avait été ému en découvrant le décor quotidien de son fils. Tout respirait l'ordre et la méthode. Bertrand ne laissait rien au hasard. Sur sa table, un cadre entouré de cuir contenait une photo de Bao Tan; une seconde représentait ses parents en costume de cérémonie, elle avait été prise le 25 août dernier à l'occasion de son mariage, le jour où la radio avait annoncé la libération de Paris. La troisième était le portrait en pied de Françoise Chevrier, en robe de mariée. Elle était resplendissante.

Le lendemain, après avoir erré, sans but, à travers le

poste, assistant sans entrain aux corvées de nettoyage de la cour, aux rassemblements réglementaires, aussi mollement exécutés que commandés, il avait fini par retourner dans la chambre de son fils et s'était endormi.

Un coup de poing dans l'estomac l'avait réveillé. Il faisait presque nuit et, en se redressant, Francis avait aperçu deux yeux phosphorescents qui le guettaient dans la pénombre. Il comprit. Ce qu'il avait pris pour un coup de poing était, en réalité, l'atterrissage du chat qui avait bondi sur lui.

Francis et l'animal s'étaient regardés de longues secondes. Puis le chat avait émis un long feulement, aigu comme un cri d'enfant. Une sorte d'appel, plaintif, presque poignant. Sur le moment, Francis avait cru que le chat lui reprochait d'avoir usurpé la place de son maître et manifestait ainsi son mécontentement. Mais, brusquement, l'animal bondit à nouveau sur lui, griffes rentrées, passa brièvement sa langue râpeuse sur son visage, sauta sur la table et disparut par la fenêtre en lançant toujours son cri de fauve.

Cette fois, Francis réagit. De toute évidence, le chat avait voulu lui dire quelque chose. Il se dressa, enfila ses bottes, saisit sa carabine. Au moment où il coiffait son vieux chapeau de feutre, des coups ébranlaient la porte. Il ne lui restait plus qu'à courir à la fenêtre, qu'il enjamba, sans plus réfléchir. Dans son dos résonnait le fracas de la porte défoncée. Des éclairs de torche électrique balayèrent la pièce, tandis que retentissaient des appels rauques.

Il se glissa le long de la haie vive, réussit à s'y frayer un passage et, toujours rampant, franchit la route carrossable qui faisait le tour des bâtiments. Il atteignit le mur d'enceinte qu'il escalada. De là-haut, il put se faire une idée de ce qui se passait. La garnison était rassemblée au milieu de la grande cour, cernée par les phares des camions, regroupés en demi-cercle. Entre les deux s'agitaient les soldats japonais, qui aboyaient des ordres, molestaient les traînards, obligeant quelques gradés à s'agenouiller, les mains sur la tête, doigts croisés.

Francis soupira. Il l'avait échappé belle. Il pensa que ce chat inconnu venait de lui sauver, sinon la vie, du moins la liberté. Il sauta de l'autre côté du mur, franchit le petit fossé symbolique et se réfugia bientôt dans la forêt. Il n'avait maintenant plus qu'un but, retrouver sa camionnette, garée à l'entrée du village, huit cents mètres en contrebas et, sans mettre le moteur en route, se laisser porter par la pente jusqu'à l'embranchement de la piste par laquelle devait arriver Bertrand, d'un moment à l'autre.

Il gara l'U23 Citroën au débouché d'une grande allée forestière, alla prendre position un peu plus loin. Il ne lui restait plus qu'à attendre. A l'aube, un détachement militaire français défila devant lui, braillant à pleine voix une chanson de marche en vogue depuis plusieurs années :

> *Sur les routes où nous mar-*
> *chons,*
> *Guide nos pas, ô Sainte*
> *Jeanne !*
> *De ton rire insolent et frais*
> *Tu fis rougir les soudards*
> *anglais...*

Francis se dévoila, s'approcha des deux lieutenants qui encadraient la troupe, leur raconta ce qui s'était produit la veille au soir.

— Si j'ai un conseil à vous donner, leur dit-il en conclusion, ne rentrez pas à Dak Tri. Vous connaissez les consignes du général Mordant : gagner au plus vite des refuges en forêt !

Les lieutenants se concertèrent du regard, puis :

— Cela est hors de question. Notre devoir est de nous constituer prisonniers, nous serons alors protégés par les conventions internationales. Nous ne sommes pas des rebelles.

Francis les regarda s'éloigner, en silence. Il était furibond. « Les cons ! jurait-il. Les froussards ! Ils ont une occasion, la seule peut-être, de se comporter en soldats, ils la refusent et préfèrent la sécurité d'un enclos de barbelés ! Quelle mentalité ! »

Il se fit un serment, celui de ne jamais céder. Plutôt mourir les armes à la main...

Un peu plus tard, un important convoi de camions et de véhicules tout terrain passa devant lui, venant de Dalat et se dirigeant vers le nord bondé de soldats en casque rond, aux faces plates, leur long fusil entre les genoux. Puis ce furent des détachements en bicyclette, plus fatigués, moins combatifs. Une chose était certaine, le déploiement des forces ennemies était en train de s'accomplir sous ses yeux ; il dénotait, par son ampleur même, qu'il était prémédité et soigneusement préparé, depuis des semaines, sinon des mois. Le secret avait été parfaitement gardé en tout cas.

Francis était plongé dans ses réflexions, au point qu'il faillit manquer l'arrivée de Bertrand et de son équipe. Ils avaient adopté la formation de combat ; au lieu de défiler, en colonne, au beau milieu de la route, ils se glissaient l'arme au poing en suivant les lisières, prêts à sauter dans la brousse à la première alerte. Francis mit deux doigts entre ses lèvres et siffla les premières notes d'une chanson qui avait enchanté Bertrand dans son enfance : « C'est nous, les gars de la marine... »

Bertrand reconnut le signal. Il fit stopper ses hommes et appela. Francis émergea de son abri de feuillage, se porta à sa rencontre.

— Que fais-tu là, père ?

— Je t'attendais !

En quelques phrases, il le mit au courant des événements de la soirée, sans omettre sa rencontre avec les deux lieutenants. Bertrand écouta, le front plissé par l'attention. Il observa :

— Bug t'a bien aidé ! C'est mon chat ! Ça ne m'étonne pas de lui. Il t'a reconnu comme un ami.

— Que comptes-tu faire ?

— Je vais aller m'installer dans un campement clandestin, de l'autre côté de la vallée, sur le plateau du Darlac. Je deviens, ainsi que l'ont expliqué mes camarades tout à l'heure, un « rebelle ». Je n'ai donc plus aucun droit à commander mes hommes. Je suis obligé de leur donner le choix. Ceux qui me suivront seront des volontaires. Je n'aurais que faire des autres, ce seraient des poids morts.

Le tri fut rapidement effectué. Sur la douzaine d'Européens qui constituaient sa section, quatre se désistèrent, invoquant des raisons personnelles, ils étaient tous mariés avec deux ou trois enfants chacun. Bertrand en appela trois autres :

— Darier ? Suzanne ? Carvin ? Vous avez récemment été exemptés de service pour cause de dysenterie. Je suis désolé, mais je n'ai pas le droit de vous imposer une épreuve à laquelle vous ne résisteriez pas.

Les trois hommes eurent beau protester, Bertrand se montra inflexible, exactement comme il le fut à l'égard des tirailleurs Rhadé, pourtant tous volontaires pour rester avec lui. Il fit acte d'autorité, éliminant impitoyablement ceux d'entre eux – une dizaine – qui avaient des charges de famille. Il les désarma, fit enterrer les fusils et répartir les cartouches. Les exclus s'en allèrent, la tête basse, certains pleuraient. Le cœur serré devant leur détresse, Francis les plaignait. Même s'il trouvait justifiée la décision de son fils, elle lui paraissait cruelle.

Bertrand se tourna vers lui, et l'entraîna à l'écart.

— Maintenant, père, écoute-moi. Tu as fait ton devoir en risquant ta liberté et ta vie pour venir m'alerter. C'est fait. Ton rôle est terminé. Fais-moi plaisir, rentre à Bao Tan.

Francis s'attendait à cette réaction.

— Mon cher enfant, répondit-il d'un ton paisible, tu es un peu jeune pour me donner des ordres. Je t'aime bien, je te signale seulement que je suis et que j'ai toujours été un homme libre. Je reste avec vous !

— Ne crois-tu pas qu'à ton âge ?

— Mon âge n'a rien à voir là-dedans ! Je suis assez grand pour prendre seul mes décisions, assez conscient et responsable pour me rendre compte de la gêne ou du danger que pourrait constituer ma présence ! Si c'était le cas, je serais le premier à te demander de me laisser en route. Mais je t'informe que je ne me suis jamais aussi bien porté !

D'abord agacé de voir son autorité contestée, Bertrand se rendit bientôt aux arguments de son père, et son admiration pour lui fut immense. Il éprouva l'envie de se jeter contre lui et de le serrer dans ses bras, mais dit, simplement :

— Père, tu as toujours été mon modèle. Aujourd'hui, tu es mon héros. J'aimerais t'embrasser.

– Garde-t'en bien, tes hommes te regardent!

Ils atteignirent leur premier bivouac en fin d'après-midi. Bertrand prit les dispositions d'usage, envoyant des sonnettes aux carrefours de pistes, aux gués de la rivière, avec pour mission de se replier en cas de danger, sans signaler leur présence.

Vers onze heures du soir, alors qu'il allait s'endormir, le maréchal des logis Gouvelot se glissa jusqu'à lui.

– Nous avons de la visite, souffla-t-il.

Immédiatement alertés, les soldats se mirent en position de tir. La consigne était simple, ouvrir le feu de salve le plus puissant possible et se disperser aussitôt. Le point de regroupement était déjà prévu et reconnu depuis longtemps.

Le cri d'un crapaud-buffle s'éleva. C'était un signal; une sonnette se repliait.

– Qui est-ce?

– Le caporal Rot. Il n'est pas seul.

En effet, deux inconnus l'accompagnaient; à sa grande surprise, Bertrand identifia bientôt le médecin-lieutenant Becker, guidé par l'un des tirailleurs renvoyés le matin même.

– J'ai pensé que ma présence auprès de vous pourrait être utile, déclara simplement le toubib.

– Quelle est la situation à Dak Tri?

– Calme. Les Japonais ont ramassé tous les Européens, hommes, femmes, enfants, civils et militaires et les déportent, en camion, jusqu'à Dalat où, par cars ou par train, ils seront regroupés à Saïgon, devenu un vaste camp de concentration.

– Et les tirailleurs?

– Les plus âgés et les mariés ont été renvoyés dans leurs foyers. Les plus jeunes sont en train d'être incorporés de force dans la « Yasu Butaï », une milice locale aux ordres d'un capitaine, une sorte de brute appelé Imoda. (Becker s'interrompit, observa :) Je mangerais bien quelque chose, mon dernier vrai repas date d'avant-hier à midi!

Tandis qu'il mettait à mal une boîte de corned-beef, il expliqua :

– Vous ne devriez pas vous attarder dans la région. Y

325

Bône, le tirailleur qui m'a escorté jusqu'ici, m'a affirmé que certains de vos tirailleurs ont parlé. Vous n'allez pas tarder à avoir des patrouilles sur le dos.

— Merci du renseignement, répondit Bertrand. (Il appela Gouvelot :) Départ dans dix minutes, *maolên*!

4

Il était près de minuit. N'Guyet, le chauffeur, pilotait lentement, fixant son allure sur celle de la Chrysler impériale qui le précédait. Bien calé sur la banquette arrière, aussi confortable qu'un fauteuil, Lam Than Ky sommeillait. Il était fatigué. Deux jours plus tôt, il était parti de Dalat pour Quang Tri, rejoindre son vieil ami Pham Quyn, l'un des familiers de l'empereur Bao Daï, installé là-bas pour achever sa saison de chasse.

A peine était-il arrivé que Sa Majesté avait pris la décision de rentrer sur Hué. Il y avait maintenant plus de six heures qu'ils étaient sur la route, Lam Than Ky n'en pouvait plus, n'aspirant qu'à s'installer dans la chambre qui lui serait attribuée, dans le pavillon des hôtes de marque, à boire une tasse de thé et à dormir.

Tout à l'heure, du côté de My Cham, à quelques lieues de la capitale, Ky avait observé un important convoi militaire japonais, bondé de troupes, qui les avait dépassés, roulant à tombeau ouvert en s'ouvrant le passage à grands coups impératifs de sirène, sans égards pour les limousines à fanion, qui attestaient l'importance de leurs passagers.

Les deux voitures avaient dépassé les faubourgs de An-Van et après avoir franchi la rivière des Parfums, se présentèrent devant l'entrée de la Citadelle. Ky s'était redressé. Dans peu de temps, il serait installé dans son lit. Il fronça les sourcils, en observant que la grande porte monumentale était ouverte, ce qui était inhabituel. D'ordinaire, après le signal donné par un coup de canon, les lourds vantaux étaient rabattus dès dix-neuf heures.

Sa surprise augmenta lorsque, sortant de l'ombre, il aperçut un détachement militaire japonais qui stoppait la voiture de l'empereur, et l'obligeait à se garer sur le bas-côté.

326

– Range-toi aussi, ordonna-t-il à N'Guyet.

Il baissa sa vitre et entendit un interprète annamite traduire les mots qu'un officier, le sabre au côté, prononçait à l'intention de Bao Daï :

– Vous ne pouvez aller plus loin, Sire. Il y aurait un grand danger pour vous et pour votre escorte.

– Ouvre-moi la portière, ordonna Ky.

Il descendit et se porta quelques pas en avant. S'il y avait danger, son devoir n'était-il pas de se trouver aux côtés de son souverain? Tandis qu'il s'approchait, son oreille capta l'écho de coups de feu, ponctuant les rafales d'armes automatiques. Il s'informa auprès de l'interprète.

– Ce n'est rien, Excellence. Dans quelques minutes, les incidents seront réglés.

– Réponds-moi. Que se passe-t-il?

– Une opération de nettoyage est actuellement en cours dans le périmètre de la Concession française.

Ky s'étonna.

– Une opération de nettoyage? Cela signifie-t-il que les Français et les Japonais se battent?

– Les Français ne se battront pas longtemps, Excellence. Ils seront balayés avant peu, et, enfin, notre pays sera libre et indépendant!

Ky ajusta ses lunettes et examina attentivement l'interprète qu'il n'avait aperçu que dans la pénombre. Il constata alors que celui-ci était revêtu d'un uniforme nippon et qu'il portait, au bras gauche, un brassard blanc timbré de l'emblème du Soleil levant.

– De quel pays parles-tu? demanda-t-il, sèchement. S'il s'agit du Viêt-nam, pourquoi t'être mis au service de l'étranger?

– Pour chasser les Français. Ils ont perdu leur guerre, ils n'ont plus aucun droit sur nous.

– Les Japonais perdront la leur. Que feras-tu alors? Tu auras vendu ton âme pour rien.

L'interprète choisit de s'éloigner, grommelant des insultes. Lam Than Ky se pencha vers la fenêtre ouverte et s'adressa à Bao Daï :

– Sire, les Japonais attaquent les Français. C'est une tragédie. Que pouvons-nous faire pour eux?

L'empereur ne répondit pas, et tourna ostensiblement le dos, prodiguant des paroles de réconfort à l'intention de l'impératrice Nam Phuong *, assise à ses côtés, qui s'inquiétait du sort des enfants impériaux, restés au palais. Lam Than Ky n'avait plus qu'à s'excuser d'avoir osé troubler la sérénité du couple par des questions oiseuses. Ce qu'il fit.

Il regagna sa voiture à pas lents, en proie à des sentiments contradictoires. Il était surtout troublé par l'indifférence que manifestait son souverain à l'égard des événements qui se déroulaient presque sous ses yeux. Il essaya de s'imaginer la réaction qui aurait été celle de Thanh Thaï, l'empereur déchu, dont il avait été au début du siècle l'un des proches collaborateurs. Tout nationaliste qu'il soit, Thanh Thaï aurait fait taire son aversion envers les « protecteurs » du royaume d'Annam pour compatir sur leur sort cruel. Duy Than, qui lui avait succédé aurait, dans la fougue de sa jeunesse, montré sûrement sa satisfaction. Mais, ni l'un, ni l'autre ne serait demeuré sans réaction.

Ses réflexions désabusées furent interrompues par l'arrivée d'un officier japonais qui annonça :

— Tout est terminé, vous pouvez rentrer au palais.

Escortées par deux engins blindés, les voitures de l'empereur et celle de Ky se remirent en route.

Un peu plus tard, alors qu'il venait de s'allonger sur son lit, Lam Than Ky fut réveillé par l'un des secrétaires de Bao Daï, venu l'informer de la tenue prochaine d'une réunion extraordinaire du Co Mat, le Conseil privé de l'Empire. Il s'étonna :

— Je n'ai aucun titre à participer à cette auguste assemblée, observa-t-il. Je ne suis plus qu'un sujet, fidèle et loyal à mon souverain, mais un humble et simple sujet.

— Sa Majesté vous tient en très haute estime, répondit le secrétaire. Elle se rappelle que vous avez été le conseiller de son ancêtre Thanh Thaï, et souhaite vivement recevoir et entendre vos avis.

— Dites à Sa Majesté que ses désirs sont des ordres. Je viendrai.

---

* Parfum du Sud.

Il eut du mal à s'endormir. Dans sa tête résonnaient encore les paroles de l'interprète, tout à l'heure, et son inquiétude grandissait. Les combats de Hué, dont il avait entendu les échos, n'étaient probablement pas les seuls à se produire. Si les Japonais avaient décidé de balayer la souveraineté et la présence françaises d'Indochine, ils étaient sûrement passés à l'action, en même temps, sur l'ensemble du territoire. Qu'allait-il se produire maintenant ? L'indépendance du Viêt-nam ? Mais quelle indépendance, si elle se réduisait à voir le drapeau nippon remplacer en haut des monuments publics le drapeau français ? C'était changer de maître et il n'était pas certain que son pays ait à y gagner, bien au contraire.

Il se rappela un vieux proverbe chinois : « Atteler son char à un buffle malade, c'est s'exposer à tomber dans le ravin... » Et le buffle japonais n'était pas en très bonne santé. Il songea aussi au sort de tous ses compatriotes qui, comme lui, avaient loyalement servi la France, persuadés qu'un jour viendrait où, estimant avoir accompli la tâche qu'elle s'était assignée, ramener l'ordre et la paix, assurer la prospérité du pays, elle rendrait au Viêt-nam les clés de son propre destin.

« Les Japonais savent que leur guerre est perdue, songea-t-il. Ils veulent semer le chaos derrière eux. Que Dieu nous aide... »

A son réveil, le lendemain matin, Lam Than Ky reçut la visite de son vieil ami Pham Quyn, l'un des familiers de Bao Daï, venu l'informer de la situation dans le pays.

— Il n'y a plus d'administration française, expliqua-t-il. D'après les renseignements que j'ai pu obtenir, les Japonais ont attaqué simultanément toutes les garnisons militaires. Certaines, au Tonkin en particulier, se battent encore, mais leur sort sera scellé dans les heures à venir. On parle déjà de plus de huit cents morts. Les Japonais traitent férocement leurs prisonniers, non seulement les Européens, mais également les tirailleurs fidèles, passés par groupes entiers au fil des baïonnettes !

« A Hanoï, à Saïgon, les autorités civiles et militaires ont été arrêtées et internées. Les bâtiments publics sont occupés par l'armée japonaise ; les fonctionnaires, internés

329

ou limogés. Quant à la Sûreté, la Kempeïtaï s'en charge. Inutile de vous préciser de quelle façon.

Ky avait écouté son ami sans l'interrompre. Il était effondré. Le désastre était encore plus total qu'il n'avait osé l'imaginer. Pham Quyn reprit :

— Tout à l'heure, Sa Majesté Bao Daï a reçu, en audience privée, l'ancien ambassadeur Yokoyama, envoyé extraordinaire du Mikado, venu lui témoigner le vif désir du Japon de nouer des liens d'amitié avec tous les États d'Indochine.

— Cela signifie-t-il la reconnaissance de la légitimité du gouvernement impérial ?

— Tout à fait.

Lam Than Ky ébaucha un sourire.

— Étonnant, observa-t-il. Voici plus de trente ans que Tokyo ne cesse de soutenir, à la fois contre la France et contre la Cour d'Annam, le prince Cuong Dé dont ils ont fait leur poulain et qui a servi de prétexte à toutes les agitations. Et voilà que, maintenant, ils se décideraient à changer de politique ? Cela me surprend.

— C'est à peu de choses près la réponse qu'a rendue Sa Majesté. Mais Yokoyama a été extrêmement ferme et précis. C'est bien sur Bao Daï que compte désormais le Japon. « Parmi les buts de guerre que nous poursuivons, a dit très exactement l'ambassadeur, il en est un qui doit aboutir quelle que soit l'issue de notre combat. Redonner l'Asie aux Asiatiques. Ce fut une longue entreprise et ceux qui sèment ne sont pas ceux qui récoltent. Le prince Cuong Dé fut l'instrument de nos buts de guerre contre les Français. Aujourd'hui que les Français sont à terre, c'est à Votre Majesté seule qu'il convient d'apporter la conclusion : l'indépendance du Viêt-nam. »

— Qu'a répondu Sa Majesté ?

— Qu'elle allait réfléchir. C'est l'une des raisons de cette réunion extraordinaire du Co Mat qui se tiendra cet après-midi même.

L'atmosphère était lourde. Tous les ministres et dignitaires, ceux que l'on appelait « les Colonnes de l'Empire »,

330

étaient rassemblés, debout, devant le trône garni de brocart jaune, la couleur impériale. Bao Daï arriva, le visage fermé, l'air impénétrable. En quelques mots, il résuma l'entretien qu'il avait eu, quelques heures plus tôt, avec l'ambassadeur du Mikado. Puis il fit donner lecture du rescrit impérial, qu'il demanda à tous les membres présents de cosigner avec lui :

— Vous devez vous engager à mes côtés, leur dit-il.

Un secrétaire s'avança et lut, à haute voix :

« Vu la situation mondiale et celle de l'Asie en particulier, le gouvernement du Viêt-nam proclame publiquement qu'à dater de ce jour, le traité de protectorat avec la France est aboli et que le pays reprend ses droits à l'indépendance.

« Le Viêt-nam s'efforcera par ses propres moyens de se développer pour mériter la condition d'un État indépendant et suivra les directives du Manifeste commun de la Grande Asie orientale pour apporter l'aide de ses ressources à la propsérité commune.

« Ainsi le gouvernement du Viêt-nam fait-il confiance à la loyauté du Japon et est-il déterminé à collaborer avec ce pays pour atteindre le but précité.

« Respect à ceci.

« Hué, le 27e jour du 1er mois de la 20e année Bao Daï. »

Les réactions furent diverses. Certains des ministres ou des dignitaires ne cachaient pas leur joie ou leur émotion. D'autres étaient pétrifiés de stupeur ou de chagrin. Dans son coin, Lam Than Ky avait du mal à contenir sa colère. Certains termes l'avaient particulièrement choqué, et singulièrement celui d'une « collaboration » intentionnellement affirmée.

Bao Daï tourna la tête dans sa direction.

— Je connais vos sentiments, Excellence, dit-il. Et je comprends tout ce que peut avoir de déchirant pour vous cette proclamation d'indépendance, rédigée dans des circonstances bien cruelles pour la France.

Il laissa passer quelques secondes avant de poursuivre, avec un peu de véhémence.

— Rien n'est dirigé contre elle! Je m'efforce, au contraire, de ménager l'avenir, et j'oublie toutes les ava-

331

nies que nous ont fait subir les Français. Jamais, par exemple, l'amiral Decoux n'a daigné me tenir au courant des affaires de mon pays! Bien au contraire, il s'est conduit comme un véritable proconsul, me retirant le peu de pouvoirs que ses prédécesseurs m'avaient consentis!

— Les Français souffrent, Majesté. Et il y a ceux qui se battent, non pour eux-mêmes, mais pour la liberté...

— La Résistance m'a constamment tenu en dehors de ses projets, de ses intentions... Et quant aux buts qu'elle poursuit, l'homme dont elle se réclame n'en a qu'un : « Ramener l'Indochine dans le giron de l'Empire français! » Qu'elle se batte puisque c'est son rôle. Nous ne sommes pas obligés d'en tenir compte.

L'empereur avait prononcé ses phrases sans presque reprendre haleine, comme s'il se débarrassait, d'un seul coup, de ses rancunes. Quand il reprit la parole, son ton s'était adouci.

— Excellence, dit-il en s'adressant à Lam Than Ky. Je souhaiterais avoir, auprès de moi, la présence de deux hommes, qui furent mes amis et dans lesquels j'ai la plus grande confiance. Le premier est votre propre fils, Lam Than Denis. Le second est Ngô Dinh Diêm. Accepteriez-vous d'être mon ambassadeur auprès d'eux et de les convaincre d'accepter de m'aider? La tâche est énorme, le vide autour de nous, total. Mais cela vaut la peine de tout tenter, même ce qui paraît impossible.

Lam Than Ky s'inclina profondément, et, tête baissée selon la coutume, il répondit :

— Sire, j'éprouve vis-à-vis de Votre Majesté une infinie reconnaissance pour la mission dont Elle me fait l'immense honneur de me charger. Mais je suis bien vieux, et je n'aspire plus qu'à rentrer chez moi, pour y attendre la mort. Mon temps est achevé. J'ajoute, respectueusement, que mon crédit est bien mince, tant auprès de Ngô Dinh Diêm que de mon propre fils, dont j'ignore même où il se trouve aujourd'hui...

C'était un refus, que Bao Daï accueillit sans qu'un muscle de son visage ne tressaille. Caché par ses lunettes noires, son regard était impénétrable. Durant la suite des consultations, il affecta d'ignorer la présence du vieillard.

332

A l'issue de la séance, Ung Hy, le ministre des Rites, prit Lam Than Ky à part :

— En déclinant l'honneur que vous fait Sa Majesté, vous l'avez gravement offensée, dit-il, fielleux. En d'autres temps, je vous aurais fait apporter le traditionnel plateau sur lequel étaient disposés, pour votre convenance, le poignard, le lacet de soie ou la fiole de poison. Ces temps sont révolus, mais votre voie est tracée.

Lam Than Ky s'inclina.

— C'est ainsi que je l'avais compris, répondit-il, doucement. Il regagna Dalat le soir même. Arrivé dans sa maison, il s'enferma dans sa chambre, rédigea quelques lettres et demanda qu'on ne le dérange pas. Deux jours plus tard, ses serviteurs le découvrirent. Il était déjà froid et raide, mais son visage reflétait une grande sérénité. Près de lui, vide aux trois quarts, l'on trouva un flacon d'opium dissous dans le vinaigre. Sa mort avait été foudroyante.

5

La populace était dans la rue. Dès qu'avait été connue la proclamation de l'Indépendance, des milliers d'hommes, de femmes, d'enfants venus des quartiers périphériques, Da Kao, Gia Dinh, Phu Tho ou Khanh Hoï avaient déferlé en cortèges dans les avenues, les places, les boulevards, pourchassant les quelques Européens surpris sur le chemin de leur bureau, de leur boutique, de leur maison. Ceux-ci n'avaient eu d'autre ressource que d'aller chercher refuge auprès des « *Noï Ung Nghia Binh* », ces « Forces volontaires de l'Intérieur », composées d'auxiliaires annamites encadrés par des Japonais, qui étaient chargés depuis l'avant-veille de la police de Saïgon. C'était se jeter dans la gueule du loup. Frappés, molestés, enfermés dans une cave où ils subissaient les pires sévices, beaucoup devaient disparaître.

Depuis le 9 mars, les Français se terraient. Ce matin, ils avaient appris par la T.S.F. qu'ils étaient soumis jusqu'à nouvel ordre à un couvre-feu à peu près total, levé entre onze heures et midi. Interdiction leur était faite de se montrer le reste du temps. Ceux qui, par bravade, par inconscience ou simplement par manque d'information, avaient enfreint la consigne avaient été froidement abattus, sans sommations, par les sentinelles japonaises postées sur les trottoirs ou aux carrefours.

La peur s'installait. Saïgon n'offrait plus que le hideux visage d'une ville en pleine anarchie sur laquelle soufflait la haine, une haine totale, brûlante, presque palpable. Les Européens ne comprenaient plus. Qu'avait-il pu se passer pour que les Annamites, avant-hier encore aimables, courtois, souriants ou indifférents, se soient brusquement mués en cette foule de forcenés réclamant des lynchages, des étripages, des têtes coupées?

Les domestiques, et d'une façon plus générale ceux qui vivaient du commerce avec les Français, avaient déserté les offices et les boutiques. Certains, reconnus ou dénoncés, avaient subi d'humiliantes avanies quand ils n'avaient pas été purement et simplement frappés, égorgés, dépecés.

Depuis la veille, par trains entiers, les Blancs raflés dans l'arrière-pays par les troupes nippones étaient ramenés sur la capitale. Ils devaient effectuer, à pied, entre deux haies de soldats censés les protéger, le trajet qui les conduirait chez des parents, des amis, des relations ou bien jusqu'au lycée transformé en camp de concentration. Au passage, ils devaient subir insultes, crachats, immondices jetés sur eux. Ils courbaient la tête sous les quolibets des Japonais, qui ne perdaient jamais une occasion d'humilier les Occidentaux.

De son local dans lequel il vivait, terré, depuis le 9 mars, Cyril attendait. Tout ce qu'il entrevoyait à travers les fentes des persiennes closes lui rappelait l'émeute dont il avait failli être la victime, trente ans plus tôt, en sortant du lycée. Rien ne l'étonnait. La foule, il en avait fait l'expérience, est un monstre sans tête, hideux.

Le 9 mars, il avait été tenu au courant, heure par heure, de l'évolution de la situation par Lee-Aurore, après que l'ambassadeur Matsumoto eut remis à l'amiral Decoux l'ultimatum, expirant à vingt heures, suivant lequel les troupes françaises seraient immédiatement placées sous le contrôle et le commandement nippons.

Cahuzac lui avait annoncé son intention de s'enfuir de la ville pour rejoindre l'un de ses amis, un gendarme nommé Courtet, en poste à Thu Dau Mot et qui devait, dans les heures à venir, rallier un campement secret installé depuis des mois en forêt d'An Son, un inviolable repaire.

— La résistance va s'organiser un peu partout, mon capitaine, avait-il affirmé. Tous nos amis ont sûrement été surpris par la foudroyante offensive ennemie, mais ils vont se ressaisir. Je sais déjà que, dans l'Ouest cochinchinois, mon ami le capitaine Jean d'Hers, un autre gendarme, a annoncé son intention de prendre le maquis.

— Espérons qu'il pourra tenir.

— Et vous, mon capitaine, qu'allez-vous faire? Si vous tardez trop, vous allez subir le sort de tous les militaires, internés dans la caserne Martin des Pallières, devenue une gigantesque prison. Vous ne serez plus en sécurité nulle part.

— Je le sais. Mais j'attends. Je ne me déciderai que lorsque je connaîtrai le sort de nos réseaux, de nos agents, de nos correspondants.

— C'est de la folie! Ceux qui n'auront pas été arrêtés n'oseront pas reprendre le contact!

Depuis deux jours, Cyril avait dû se rendre à l'évidence, Cahuzac avait eu raison. En dépit de ses appels, il n'avait pas obtenu la moindre réponse. A une exception près, celle de « Frégate », une antenne implantée dans la région de Tay Ninh. Mais une erreur volontaire de chiffre lui avait appris que l'opérateur ne disposait plus de sa liberté.

Combien de temps allait-il pouvoir tenir ainsi, seul, n'ayant même plus la ressource de quitter son refuge, devenu un piège où il s'était volontairement enfermé? Le téléphone coupé, les vivres se raréfiant, il se faisait l'impression d'être un naufragé sur une île déserte, environnée de requins.

La nuit tombait. La rue s'illuminait de bûchers, allumés par des voyous qui y entassaient le produit de leurs pillages, et organisaient des farandoles en braillant des chansons où il n'était question que de violer les Blanches, d'égorger les enfants, de castrer les Européens...

Venant de tout à côté, près du Grand Marché, des cris

335

de bête aux abois lui firent dresser les cheveux sur la tête. Non loin de là, on égorgeait un homme. Cyril crispa les poings, ces hurlements étaient insoutenables. Une image s'imposa à lui, venue du plus profond de sa mémoire. Il se rappela la nuit tragique où sa mère avait été assassinée sauvagement. Sa peau se hérissa, un tremblement le secoua, de la tête aux pieds. Plus que la peur, ce fut brusquement la haine qui s'empara de lui, lui faisant abandonner ce calme qui, jusque-là, avait dicté sa conduite. Les cris, qui s'achevaient maintenant en un gargouillis décroissant, lui firent redouter le pire pour ceux qu'il aimait; il pensa à Lee-Aurore, qu'il avait entraînée à ses côtés dans la Résistance qui se trouvait seule avec sa mère, dans leur villa de Tan Dinh. « Je dois y aller, se dit-il. Elles n'ont que moi pour les protéger. » Une petite voix intérieure avait beau lui crier que c'était de la démence pure, qu'il ne ferait pas dix mètres dans la rue sans être repéré, pris en chasse et probablement lynché, c'était plus fort que sa raison, plus impérieux que son devoir.

Il agit très vite. L'avant-veille, avec Thomas, il avait brûlé ses archives dans le bac à charbon de bois où ils avaient coutume de faire réchauffer leurs repas. Se mettant nu, il s'enduit les jambes, le visage et les bras de cendre gris-noir. Il enfila une chemise marron, roula son pantalon jusqu'aux genoux, glissa son revolver à sa ceinture et cacha ses cheveux sous un turban de calicot noir arraché à un rideau. Puis il ouvrit la porte secrète qui donnait dans une venelle sombre, coincée entre deux petits hangars.

Il passa la tête à l'extérieur, observa les alentours et décida qu'il pouvait se risquer sur le trottoir. Il fonça, sans hésiter.

— Il faut me dire où se cache votre mari, nous connaissons ses activités, il doit en répondre devant notre tribunal militaire !

Le capitaine Watanabé se tenait debout au milieu du salon. Bien campé sur ses jambes écartées, la main droite posée sur le pommeau de son sabre, il fixait sans ciller Lee-

Aurore, debout face à lui, appuyée sur le bord d'une table de bridge. Elle sourit et répondit, en japonais :

— Je suis comme vous, capitaine, je l'attends. Jusqu'à votre arrivée, ce soir, j'étais persuadée qu'il avait subi le sort de tous ses compagnons et qu'il se trouvait interné à la caserne Martin des Pallières. En m'affirmant que vous ne l'avez pas trouvé, vous m'inquiétez beaucoup! Qu'a-t-il pu devenir?

Watanabé était insensible à l'humour, encore moins au persiflage. Il frappa violemment le sol du talon.

— Il ne tient qu'à moi de vous faire arrêter, madame! Vous êtes à ma merci, il faut le comprendre! Je suis un soldat, j'obéis aux ordres de mes chefs; pour accomplir les missions qui me sont confiées, je suis prêt à tout! Prenez garde! Je puis devenir très brutal, et ce sera tant pis pour vous!

Lee-Aurore fit front, elle ne redoutait pas les hommes et ce capitaine qui, quelques mois plus tôt, lui avait fait une cour assidue, ne l'impressionnait guère.

— Où est cette bienveillance dont vous m'assuriez il y a peu qu'elle me resterait acquise, quoi qu'il puisse arriver?

— Ma bienveillance s'arrête où commence l'intérêt de mon pays. Pour la dernière fois, où se cache votre mari?

— Je n'ai pas de mari, vous le savez bien.

— Ne jouez pas sur les mots, je parle du capitaine Cyril Mareuil, qui partage votre vie, et que nous sommes en droit de considérer comme tel! Où se cache-t-il?

Lee-Aurore sut alors qu'il ne lui servirait à rien de tergiverser. En dépit des sentiments qui l'habitaient encore, Watanabé ne se laisserait plus longtemps abuser. En une seconde, sa décision fut prise. Pour la première fois de sa vie, elle allait tout risquer pour l'amour d'un homme. Elle fixa le capitaine droit dans les yeux et répondit, d'un ton de défi :

— J'ignore vraiment où il se trouve. Mais, si je le savais, quelle opinion auriez-vous de moi si je vous livrais un homme qui m'a accordé plus que sa confiance, son âme et son honneur?

Watanabé hocha la tête, un peu tristement. Il comprit qu'il avait perdu.

– Dans ce cas, dit-il lentement, je suis obligé de vous emmener avec moi.

Il se retourna, jeta un ordre bref. Deux soldats firent irruption dans la pièce et se postèrent de chaque côté de Lee-Aurore.

– Ai-je au moins la permission de saluer ma mère, de lui confier ma fille, et de préparer quelques affaires? demanda-t-elle, la voix nouée.

– Embrassez votre mère et votre fille. Mais là où nous allons, vous n'aurez besoin de rien.

La pluie tambourinait sur les tôles d'un appentis proche. Blotti sous son chapeau conique, lové sous son imperméable de feuilles de latanier, Cyril attendait. Il y avait déjà plus de vingt minutes qu'il guettait là, au coin de la rue, l'apparition d'une patrouille ou les éléments de la relève des sentinelles japonaises dont il n'avait pu, jusqu'à présent, déterminer l'emplacement exact. Les lumières de la ville étaient éteintes, seule, la pâle lueur de la lune filtrant entre les nuages qui faisait briller les contours humides des trottoirs et des gouttières des maisons lui permettait de se faire une idée du décor.

Il avait eu beaucoup de chance. Une chance qu'il avait d'ailleurs un peu aidée lorsqu'il avait aperçu un cyclo en maraude, embouquant l'angle de la rue Pellerin au moment où l'averse se déchaînait. Un bond l'avait amené près de lui, et, tandis qu'il lui avait enfoncé son revolver dans les côtes, il lui avait dit, en viêtnamien :

– Si tu ne veux pas mourir, tais-toi et écoute-moi.

Terrifié, le cyclo n'avait pu que hocher vigoureusement la tête.

– Monte dans ta caisse, passe-moi ton chapeau et ton imperméable!

L'homme avait obéi, plus mort que vif. C'est ainsi, son revolver braqué sur la nuque de son passager, abrité des regards indiscrets sous la houppelande végétale, le haut du visage abrité sous le cône de feuilles, que Cyril avait traversé le haut de la ville, utilisant les avenues désertes, répondant d'une main désinvolte aux appels des sentinelles ou des traînards annamites.

Il n'avait libéré son otage qu'une demi-heure plus tard, en lui disant :

— Ne parle à personne de ce qui t'est arrivé, d'ailleurs qui te croirait ? En partant, pas d'appels, pas de cris, je tire de très loin.

Arc-bouté sur ses pédales, le cyclo s'était fondu dans la nuit comme s'il avait eu à ses trousses tous les *ma koui* de la terre.

Cyril se décida. La rue était trop dangereuse. Il franchit une haie, traversa un jardin, observant au passage que la villa dans l'enceinte de laquelle il se trouvait était éteinte, volets clos. De haie en clôture, de parc en jardin, il finit par arriver devant sa maison. Il s'en approcha à pas prudents, ses pieds nus faisant à peine crisser le gravier de l'allée. Il se hissa le long du mur, glissa un œil par une fente des persiennes closes. Tout d'abord, il ne distingua rien d'autre que les meubles, le dossier d'un fauteuil et, sur le coin d'une commode, la lueur jaune d'une lampe à pétrole en veilleuse. Ses yeux s'accoutumèrent à la pénombre, il finit par identifier, dépassant d'une méridienne, le coude d'une personne, en chemise de nuit, qui lui tournait le dos. Lee-Aurore ?

Il contourna la maison, vérifia que la boyerie était vide, ouvrit doucement la porte de la cuisine où il entra, comme un voleur.

Par le couloir, il traversa le hall d'entrée. Avant de pousser la porte du salon, il dit, à mi-voix :

— N'ayez pas peur, c'est moi, Cyril.

Il entendit, en réponse, un cri étouffé. Une silhouette se dressa et vint à sa rencontre. C'était Kim-Anne, qui se jeta dans ses bras en sanglotant. En quelques mots, elle le mit au courant de l'arrestation de Lee-Aurore, ajoutant :

— Tu es arrivé trois quarts d'heure trop tard. Je suis terriblement inquiète, Cyril. Que vont-ils lui faire ?

Dès les premiers mots, il avait senti ses entrailles se nouer. Il dut cependant faire un effort pour affirmer, avec une conviction qu'il était loin d'éprouver, que Lee-Aurore ne risquait rien, qu'elle serait probablement internée, en compagnie de nombre d'épouses de militaires ou de fonctionnaires et que l'on ne pourrait qu'admettre sa bonne foi

339

avant de la relâcher. En même temps, la petite voix de tout à l'heure lui murmurait :

— Va te livrer. Si tu l'aimes vraiment, va te livrer...

Il répéta ces paroles, à haute voix :

— Peut-être ferais-je mieux de me livrer?

Kim-Anne eut un mouvement de recul.

— Tu n'y penses pas, Cyril! Tout à l'heure, au moment de s'en aller, Lee-Aurore a eu le temps de me glisser à l'oreille : « Si tu vois Cyril, dis-lui bien que je n'aime que lui. Son devoir est de demeurer libre, au besoin pour me venger dans le cas où il m'arriverait quoi que ce soit. » Elle a accepté, d'avance, de se sacrifier pour toi. Ce sont peut-être ses dernières volontés, tu te dois de les respecter.

Il baissa la tête, des larmes plein les yeux.

— Sans elle, murmura-t-il, ma vie n'a plus aucun sens...

Ils restèrent ainsi, blottis l'un contre l'autre, laissant s'exprimer leur chagrin. Soudain, Cyril se dégagea, se frappa le front.

— Sylvie! s'écria-t-il. J'allais oublier Sylvie. Elle seule peut nous aider! Voilà ce que tu vas faire. Dès demain, à la levée du couvre-feu, cours chez elle, explique-lui ce qui se passe, supplie-la de persuader Matthieu d'intervenir pour faire libérer Lee-Aurore. C'est un fidèle serviteur des Japonais, et c'est aussi mon neveu. Il ne peut pas te refuser cela!

— Et toi?

— Je ne peux pas demeurer à Saïgon. C'est trop dangereux. Mais je dois guetter une occasion favorable. Je vais aller me cacher chez des amis sûrs, mais, auparavant, je dois changer d'allure. Peux-tu teindre mes cheveux en noir, enduire mon visage de fond de teint, et aller dans la boyerie chercher des vêtements de *nha qué?* Peut-être passerai-je inaperçu en ville?

Cyril passa le reste de la nuit caché dans le grenier de la villa. En fin de matinée, Kim-Anne vint lui rendre compte de sa démarche auprès de Sylvie.

— Je lui ai trouvé un air traqué, affolé. Elle a peur de tout et se torture à l'idée que son fils pourrait être mêlé à des crimes, des assassinats, des violences contre des Français. Mais elle m'a promis de tout faire pour le persuader d'intervenir auprès de la Kempeïtaï afin d'obtenir la libération de Lee-Aurore. Elle voit Matthieu presque chaque jour.

— Pourvu qu'elle y parvienne! Et pourvu que Matthieu se souvienne du temps où, tout enfant à Hanoï, Lee-Aurore lui servait de seconde maman! Quoi qu'il ait pu faire, le jour où nous réglerons nos comptes, j'irai témoigner en sa faveur. (Il s'informa :) Comment est l'atmosphère en ville?

— Le calme semble revenu. Les Japonais se sont enfin décidés à réagir. Non pas pour nous protéger, mais parce qu'ils redoutent qu'à la faveur des troubles, des éléments incontrôlés n'en profitent pour commettre des attentats dirigés contre eux. On raconte que les communistes s'agitent beaucoup.

— Il y avait longtemps qu'ils n'avaient pas fait parler d'eux, ceux-là!

— Les Annamites avec lesquels j'ai pu échanger quelques mots sont en train de se demander s'ils n'ont pas échangé le tigre contre le crocodile! Depuis la disparition des chenàpans et des vauriens qui excitaient la foule contre nous, le petit peuple de la rue ne nous manifeste plus aucun sentiment d'hostilité.

— Le petit peuple est versatile, j'en ai eu des exemples ces jours derniers. Comme un gosse qui a commis une bêtise, il a peur qu'à notre retour, un retour dont il ne doute pas, nous ne nous vengions de tout ce qu'il nous a fait subir. Voit-on beaucoup de Japonais?

— Ils sont partout. Ils ont essaimé leurs P.C. dans la plupart des édifices publics. On affirme que la Kempeïtaï a installé dans les locaux de la Chambre de commerce un « Centre d'interrogatoire » qui serait une véritable usine à torturer. Les avenues sont sillonnées de patrouilles à pied, en vélo, en auto, en chenillettes. Et puis il y a toutes ces milices de supplétifs annamites qu'ils ont créées pour les seconder. Les gens d'ici les appellent les « Japs locaux ».

Cyril hocha la tête. L'adjectif « local », qui, jusque-là désignait les objets usuels fabriqués en Indochine, en opposition à ceux venus de Métropole que l'on disait « de France », avait dans le langage courant – les Annamites disaient lo-canh une connotation vaguement péjorative, comme pour en souligner la mauvaise qualité.

— Il y a aussi toutes ces formations paramilitaires, les « Bérets blancs » caodaïstes de Trinh Minh Té, qui se pavanent en uniforme de colonel de l'Armée impériale et les « Volontaires de l'Intérieur », chargés de la police en ville. Sans parler de la foule des indicateurs en civil que l'on repère à leur allure de faux-jetons, sans cesse aux aguets. Mon pauvre Cyril, si tu veux quitter Saïgon, tu auras du mal à passer entre les mailles du filet.

— Je sais, mais je ne peux pas rester ici. La Kempeïtaï est à ma recherche, elle est déjà venue, elle reviendra.

Kim-Anne approuva.

— La maison est surveillée, ajouta-t-elle. J'ai été contrôlée deux fois dans la rue et devant la grille. Mais si tu t'en vas, où iras-tu?

— Peut-être irai-je me cacher quelque temps chez Suzanne-Souên. J'ai besoin de prendre du recul, et puis je ne veux pas m'enfuir sans savoir ce qu'est devenue Lee-Aurore.

Il prépara son départ avec soin. Vêtu comme un paysan, avec sa tenue de calicot noir, son chapeau conique et son imperméable de feuilles, il s'efforçait de se donner l'apparence d'un va-nu-pieds, d'un traîne-misère comme il y en avait partout en ville, couchant à même les trottoirs, dans les recoins des portes, sous les arbres des boulevards. Il avait teint ses jambes, ses mains, son visage. En le voyant Kim-Anne esquissa un petit sourire :

— A la rigueur, tu pourras donner le change, à condition de tomber sur un observateur distrait ou myope. Mais il y a une chose que tu ne pourras pas dissimuler, ta taille. Il y a peu de *nha qué* qui mesurent un mètre quatre-vingts!

— C'est un risque à courir.

Ils mirent au point un système de liaisons. Tous les jours, à midi exactement, Kim-Anne devrait attendre, au coin de la rue Tabert, devant la Grande Poste. Le mot de passe sera « Diane », précisa-t-il.

Pour se donner une contenance, il ramassa dans la boyerie un balai qu'il manipula comme une arme de défense avant de le mettre sur l'épaule.

— J'y vais, décida-t-il.

— Prends soin de toi, murmura Kim-Anne en l'embrassant.

Cyril ne répondit pas. Il était déjà entré dans l'action. Il ne se cachait ni la difficulté de l'entreprise, ni les risques encourus. Suzanne-Souên habitait en bordure de Da Kao; pour y parvenir, il lui faudrait traverser le Plateau, contourner le cimetière et s'aventurer sur le pont qui enjambait l'arroyo de l'Avalanche.

Il se glissa dans le jardin. De murette en clôture, il refit en sens inverse le chemin qu'il avait parcouru la veille au soir. Arrivé tout au bout, il se hissa sur la dernière barrière et là, en équilibre, avant de se lancer dans l'aventure, il eut un instant d'hésitation, si fort qu'il eut envie de rebrousser chemin, et de rentrer. Sa tentative lui apparaissait folle, irréalisable, mortelle. Il s'aperçut qu'il avait les mains moites, le bout des doigts fourmillant. Une impression qu'il avait déjà éprouvée, trahissant une appréhension physique, analogue à celle qu'il ressentait, tout enfant quand il lui fallait plonger. Il dut faire effort pour s'arracher et pour sauter sur le trottoir.

Il avança, courbé, appuyé sur son balai comme sur un bâton de vieillesse, sursautant à chaque bruit, guettant, de recoin en recoin, l'endroit où il pourrait se cacher en cas d'irruption d'une patrouille ou d'apparition d'une sentinelle, ce qui arriva, à plusieurs reprises. Tout lui était bon, un arbre, un poteau électrique en ciment, la haie d'un jardin, l'encoignure d'une porte. Il progressait, la peur nouée au ventre, et même son revolver, passé dans la ceinture de son pantalon ne lui était d'aucun réconfort. « Un héros en pleine aventure, songea-t-il avec dérision. Tu as bonne mine, mon pauvre Cyril ! »

Pourtant il ne cessait d'avancer, et, au fil des minutes, son assurance augmenta. Il entrevoyait déjà sa réussite, son cœur se gonflait d'espoir. Un appel le stoppa net. Un ordre, en annamite :

— *Toï !* (Arrête.)

Il s'arrêta, courbé en avant, le souffle retenu, la main déjà posée sur la crosse de son arme. Un réflexe idiot auquel il renonça vite; tirer, en pleine nuit, dans ce quartier désert ne servirait à rien d'autre qu'à déclencher une alerte. Il concentra son attention sur l'arrivée de l'inconnu dont les pas se rapprochaient, précipités, sur l'asphalte. Il

343

commença à pivoter sur lui-même, le regard filtrant au ras de son chapeau conique, ses deux mains solidement fixées sur le manche de son balai.

L'homme n'était plus qu'à une dizaine de mètres de lui. Il portait une sorte d'uniforme approximatif, et les chaussures à clous, dont il n'avait sûrement pas l'habitude, accentuaient sa démarche de canard. Mais le fusil, accroché par la bretelle à son épaule, lui donnait une grande assurance.

— Que fais-tu dehors, à une heure pareille? demanda-t-il, le ton rogue.

— Je m'étais endormi chez un ami, répondit Cyril affectant le ton humble et soumis d'un obscur *nha qué* s'adressant à un considérable personnage.

— Montre-moi tes papiers!

La sentinelle n'était plus qu'à trois pas de lui quand elle eut l'impression de quelque chose d'anormal dans l'allure de celui qu'il avait pris pour un vagabond. Il s'arrêta, fit glisser son fusil de son épaule et le braqua, à l'horizontale.

— Hé, là! Attends un peu. Ne bouge pas, qui es-tu?

Cyril avait observé que son adversaire avait omis d'armer sa culasse. Il n'hésita pas. Il s'élança, plantant la pointe de son balai au creux de l'estomac de l'inconnu qui lâcha son arme, plaqua ses mains sur son ventre, la bouche ouverte, les poumons bloqués. Une grenouille asphyxiée.

Mais Cyril était déjà sur lui. Il ramassa le fusil, paracheva son œuvre, assenant un coup de crosse sur le crâne de l'homme qui s'effondra, les bras en croix. Il n'y avait plus une minute à perdre. Cyril balança le fusil de l'autre côté d'un mur et prit le pas de course. Deux cents mètres devant, les superstructures métalliques du pont de Da Kao brillaient faiblement. C'était le dernier obstacle.

Mais un obstacle infranchissable. Deux casemates de sacs de sable en interdisaient l'accès, d'ailleurs barré sur toute sa largeur par un char, tourelle perpendiculaire, le canon braqué sur l'avenue. Cyril s'accroupit contre un transformateur électrique et s'accorda le temps de la réflexion. Il se sentit pris au piège, dans l'impossibilité d'avancer, alors qu'il n'était pas question de faire demi-tour. Et par où passer? A droite et à gauche, ce n'étaient que boutiques closes, frileusement accolées les unes aux autres, sans passage intermédiaire qui lui aurait permis de s'échapper, de contourner l'obstacle quitte à franchir l'arroyo à la nage, en dépit des immondices de toutes natures qu'il charriait, c'était le collecteur à ciel ouvert de tous les égouts du quartier.

« Je ne vais tout de même pas y passer la nuit ! se dit-il pour s'encourager. Il doit sûrement y avoir une solution. Reste à trouver laquelle. »

Il déploya sa grande cape, laissant ainsi apparaître le grand « S » bordé sur sa poitrine et, en battant des mains, propulsé par la formidable puissance de ses mollets, il s'envola, droit devant lui. Il franchit le pont à la barbe des sentinelles japonaises qui le regardaient passer, figées de stupeur. L'une d'entre elles eut malgré tout le réflexe de tirer, mais, comme en se jouant, Cyril stoppa la balle de sa main tendue et la renvoya. Elle revint se ficher dans le canon du fusil qui explosa...

Cyril sursauta. En glissant sur son genou plié, sa tête l'avait réveillé. Il se rappela son rêve interrompu et cela le fit sourire. S'il avait réussi à dormir, ne serait-ce que quelques secondes, cela signifiait que la peur l'avait abandonné. Un autre sentiment l'habitait, semblable à celui qu'éprouve un animal traqué ; l'instinct prend le pas sur le reste, l'action le pousse en avant.

Débouchant du coin du boulevard, une troupe apparut, braillant à tue-tête un refrain martial, ponctué de « Heï Ho ». Cyril avait entendu parler de ces miliciens, anciens partisans au service de la Garde indochinoise, recrutés de force et endoctrinés depuis quelque temps. Leur cri, « Heï Ho », était devenu leur signe distinctif, on ne les désignait plus que sous ce nom. Il se replia encore davantage sur lui-même, de façon à apparaître, à un regard fugace, comme un tas de détritus oublié là.

La section défila, en essayant de singer les Japonais, mais, de toute évidence, ils n'étaient pas faits pour marcher au pas. Derrière elle, encadrée de quelques hommes en armes, suivait une cohorte misérable d'une cinquantaine de civils annamites, qui trottinaient, apeurés, les mains sur la tête. « Une rafle, songea Cyril. Probablement quelques pauvres bougres ramassés au hasard. Vers quel destin vont-ils ? »

Sans même réfléchir, il bondit de sa cachette, se glissa derrière le dernier rang, les genoux pliés de façon à dissimuler sa haute stature, ce qui l'obligeait à adopter une démarche sautillante, qui mettait à mal les muscles de ses cuisses. A légers coups d'épaule, il écarta quelques voisins, se fondit au milieu de la foule. Personne ne fit attention à lui, chacun de ces prisonniers absorbé par ses propres soucis.

C'est en cet équipage qu'il franchit le pont de Da Kao, redoutant à chaque seconde d'être remarqué, montré du doigt et interpellé. Mais l'obscurité et la masse le rendaient pratiquement invisible.

Le pont franchi, le cortège bifurqua sur la droite, s'étirant entre les paillotes posées de façon anarchique le long d'une rue tortueuse. Cyril attendait le moment propice pour se laisser distancer et pour se fondre dans la nuit. Il se présenta bientôt lorsque la troupe opéra un nouveau changement de direction, vers la gauche cette fois. Il ralentit l'allure, personne ne fit attention à lui, les derniers rangs s'écartèrent un peu, pour éviter de le bousculer. Il devait sûrement donner l'impression d'être un vieillard à bout de force et de fatigue, s'appuyant de plus en plus sur son manche à balai. Quand il s'estima hors de vue, il plongea derrière une cagna, reprit son chemin, en sens inverse.

Suzanne-Souên habitait de l'autre côté du village, dans la partie résidentielle de cette banlieue. Cyril y était venu maintes fois, à l'invitation de Ho Chan Sang. Il avait en mémoire la topographie des lieux, un quartier de petites villas annamites sans étage, protégées de haies vives, formant écran devant la rue, moins d'ailleurs pour décourager les curieux que pour dérouter les Géries qui, ainsi, n'en découvraient jamais l'entrée.

Il reconnut bientôt la maison, sauta la clôture, suivit le petit ruisseau qui traversait le jardin, surmonté d'un petit pont à la courbure élégante.

Déjà la façade lui apparaissait, masse carrée aux angles vifs, au toit relevé en cornes de dragon. Cette fois, il touchait au but.

La masse d'un corps, brusquement tombée sur son dos,

le fit chanceler. Il se retrouva à genoux et sentit, contre sa gorge, le contact acéré d'un couteau.

— Ne bouge pas, grinça une voix aigre. Que viens-tu chercher ici ?

Paralysé de peur, Cyril ne trouva pas le temps de répondre. Une main s'insinua sous sa chemise, découvrit le revolver dont elle s'empara.

— Qui es-tu, salaud ? reprit la voix. Est-ce Ba Duong qui t'envoie ?

En entendant le nom, le cerveau de Cyril se remit à fonctionner. Les amis de Ho Chan Sang se relayaient autour de la maison pour protéger Suzanne-Souên contre toute tentative d'enlèvement ou d'agression. Il se rassura. Pas longtemps. L'homme lui avait retourné le bras dans le dos et, l'obligeant à s'allonger sur le sol, le maintint ainsi, un genou plaqué entre ses omoplates. Une main retira son chapeau, saisit ses cheveux, les tira violemment en arrière. « Je suis un mouton qu'on va égorger », songea Cyril.

— Arrête, dit-il précipitamment. Je suis un ami...

Il répéta, en français cette fois :

— Un ami.

La pression sur son dos et dans ses cheveux faiblit. L'inconnu demanda :

— Tu es un *Phap* * ?

— Oui. Je suis venu voir ma petite sœur Souên.

— Tu es un *Phap*, répéta l'homme. Un fumier de *Phap* (Il éleva la voix, appela :) Gia ! Viens donc voir un peu le beau rat que j'ai attrapé !

Il y eut un bruit de galopade, de feuilles froissées. Le nouveau venu s'agenouilla devant Cyril et, de la pointe de son couteau, l'obligea à lever le menton, puis lui braqua, en plein visage, le faisceau d'une lampe torche. Il cracha un juron.

— Espèce de *bou-kak* ** ! Sale Blanc ! Je sais pourquoi tu es venu te cacher ici, tu as peur de te faire couper les couilles par les Japonais ! Tu as fait tout ce chemin pour rien, c'est moi qui vais m'en occuper !

---

* *Phap* : Français.
** *Bou-kak* : association de deux mots, le premier désignant le sexe mâle, le second, un orifice naturel commun à tous les êtres vivants.

— Ho Chan Sang est mon ami, protesta-t-il.

— Ho Chan Sang est en prison et c'est toi qui l'y as mis !

— J'étais le témoin de son mariage.

La lampe torche se ralluma. L'inconnu poussait plus loin son examen. Il grogna :

— Ces Français ! Impossible de les reconnaître, ils se ressemblent tous !

C'était une très vieille plaisanterie et, en l'entendant, Cyril comprit que le doute s'insinuait dans l'esprit de ses deux voisins. Ils le lâchèrent, le remirent debout sans ménagements.

— Nous allons demander à Souên si elle te connaît. Dans le cas où tu nous aurais menti, je donnerai tes couilles à bouffer aux cochons. Parole de Gia !

Ils le poussèrent vers la villa, l'y firent entrer et le stoppèrent au milieu de l'entrée. Puis Gia appela Souên.

Elle arriva bientôt, en tenue d'intérieur, *cai hao* blanc et pantalon noir, les yeux bouffis de sommeil. D'une voix désagréable, elle apostropha l'homme qui, l'instant d'avant, avait agressé Cyril.

— Pourquoi me déranger à cette heure, Xan ? Tu cries comme un sourd ! Tu as failli réveiller mon fils Richard.

— Nous avons trouvé ce type qui rôdait dans le jardin, intervint le nommé Gia. Pardonne-nous, petite sœur, mais il affirme qu'il est ton ami.

Souên plissa les yeux. Dans la pénombre de la pièce, seulement éclairée par les quinquets à huile posés devant l'autel des ancêtres, elle avait du mal à identifier l'homme qu'on lui présentait. Ses cheveux teints en noir, ébouriffés par son agresseur, son fond de teint ayant coulé sur ses joues, mal rasé, il était difficilement reconnaissable. Il prit les devants :

— C'est moi, Cyril, dit-il doucement.

Souên se pencha, porta sa main devant sa bouche et éclata de rire.

— Si tu te voyais ! Tu as l'air évadé d'un asile ! Et cet accoutrement ! (Elle redevint sérieuse et ajouta :) Tu es fou ! Traverser Saïgon habillé comme tu l'es ! Tu as eu beaucoup de chance, personne ne t'aurait vraiment pris pour un *nha qué* !

Elle se tourna vers ses deux gardes du corps :

— Il n'a pas menti, leur expliqua-t-elle. C'est presque mon frère, nous avons été élevés ensemble. Mais je n'ai pas besoin de vous recommander le silence, vous n'avez rien vu, vous ne savez rien. Ba Duong serait bien trop content d'avoir un prétexte pour envoyer ses tueurs ici !

— Nous ne dirons rien, petite sœur. (Puis, à l'intention de Cyril :) Désolés de t'avoir un peu bousculé tout à l'heure. Nous ne pouvions pas deviner.

— Ce n'est pas grave, mentit Cyril en se massant la nuque.

Demeurés seuls tous les deux, Souên et Cyril bavardèrent quelques instants. Il la mit au courant de l'arrestation de Lee-Aurore.

— C'est affreux ! murmura-t-elle, apitoyée. Sois tranquille, j'irai au rendez-vous de Kim-Anne. Crois-tu que Sylvie arrivera à quelque chose ?

— C'est mon seul espoir. Je dois obligatoirement fuir, mais je ne m'en irai que si je la sais en sécurité.

— Comment quitteras-tu Saïgon ? Toutes les sorties sont fermées et sévèrement contrôlées. Les Japonais ne veulent pas courir le risque de voir s'échapper les gens qu'ils recherchent ! Sang m'a fait parvenir un message : la Kempeïtaï torture et fusille à tour de bras dans la cour de la prison de Chi Hoa.

— J'ignore encore comment je m'y prendrai. Mais je partirai, et, de toute façon, ma présence chez toi te fait courir un trop grand risque.

— Tu peux rester tant que tu veux, personne ne viendra t'y chercher. La maison de Ho Chan Sang est sacrée. D'ailleurs, tu n'es pas le seul Blanc que j'abrite, mon frère Guillaume est venu s'y réfugier depuis trois jours.

Cyril plissa le nez. Il se voyait mal cohabiter avec ce garçon pour lequel il n'éprouvait ni estime, ni amitié. Leur dernière rencontre, au casino, lui avait laissé un souvenir détestable.

Comme s'il n'avait attendu que cet instant, Guillaume apparut, une serviette nouée autour des reins, d'une humeur de dogue.

— Que viens-tu faire ici ? aboya-t-il à l'adresse de Cyril.

Tu ne vois pas que tu déranges ? En plus, tu vas nous attirer des ennuis. Fiche le camp !

Cyril s'était dressé. Il fit un pas, puis un second, les poings serrés, prêt à la bagarre. Une envie irraisonnée de lui casser la figure l'aveuglait, peut-être une façon de détendre ses nerfs. Au dernier moment, la vision de Souên, qui s'était reculée, les mains repliées devant la bouche, l'obligea à se dominer. Il gronda, la voix vibrante de colère contenue :

— Je n'ai pas l'intention de m'incruster, Guillaume. Surtout en te sachant aussi près de moi ! Tu pues ! Mais, pour l'instant, je reste. Nous sommes dans la même galère...

— Parle pour toi ! La Kempeïtaï te recherche sûrement parce que tu es officier. Moi, je n'ai rien à me reprocher vis-à-vis des Japonais...

— Pourquoi es-tu venu te cacher ici ?

Il haussa les épaules et adressa à Souên un clin d'œil égrillard, plein de sous-entendus.

— Lui expliqueras-tu pourquoi, ma chérie ?

Cyril resta sans voix. Était-il possible que Souên se soit laissé séduire par celui qu'elle avait toujours considéré comme son frère ? Qu'elle ait renié le serment fait à Ho Chan Sang ? Il songea aussitôt que Guillaume n'avait pas son pareil pour créer des situations fausses, d'insinuer l'insoutenable, il en avait lui-même été victime autrefois. Il se tourna vers la jeune femme.

— Ne crois rien de ce qu'il affirme, s'écria-t-elle. Il me menace tous les jours, si je le chasse, de crier partout que je me suis offerte et qu'il est mon amant. C'est du chantage ! Seulement du chantage.

Guillaume haussa les épaules.

— L'important dans la vie n'est pas ce que l'on fait, mais ce que les autres croient que l'on a fait !

— Continue comme ça, Guillaume, répliqua Cyril avec un sourire faussement amical, et surtout, insiste bien ! Va clamer partout que tu as Souên pour maîtresse ! Ne te gêne pas ! Peut-être en effet Sang y croira et appliquera le châtiment réservé aux femmes infidèles. Mais je ne voudrais pas être à la ta place, car tu y passeras aussi, et probablement après avoir été découpé en fines lamelles ! Je te souhaite bien du plaisir !

Catherine était inquiète. Cela faisait maintenant près d'une semaine que Francis était parti rejoindre Bertrand et elle n'avait reçu de nouvelles, ni de l'un, ni de l'autre. Que devenaient-ils? Étaient-ils retenus prisonniers, comme la plupart des militaires français? Avaient-ils réussi à s'enfuir, à s'enfoncer dans la jungle pour y gagner les refuges comme celui dont son fils avait parlé, lors de sa dernière visite? Elle n'osait pas songer à d'autres hypothèses, et s'accrochait malgré tout à l'espoir. S'ils étaient parvenus à se rejoindre, s'ils étaient ensemble, il ne pouvait rien leur arriver.

Bao Tan n'avait jamais autant mérité son surnom d'« îlot perdu ». Le téléphone coupé, toutes les liaisons extérieures étaient interrompues. Maurice Rousseron s'était réfugié, avec femme et enfants, à Bien Hoa, au milieu des autres Français, parqués en ville. Seul demeurait Sylvestre, qui avait pris la décision de mettre en sommeil la production de la plantation en attendant que les choses se clarifient.

Deux jours plus tôt, un mystérieux émissaire était venu, porteur d'une missive émanant de Lam Than Ky.

« Mes amis, avait-il écrit, je dois vous informer de la décision que j'ai prise. Las de lutter, triste de voir mon pays s'offrir à des maîtres cruels qui nous entraîneront dans leur chute, j'ai choisi de partir pour mon dernier grand voyage.

« Je demande à Dieu de me pardonner. Je ne pouvais plus accepter de vivre dans la honte, le chagrin et l'amertume.

« Vous avez été, Francis, un ami fidèle et précieux. Vous, Catherine, m'avez donné l'exemple de ce que doit être une épouse modèle, une femme de France ardente, courageuse, et pleine d'amour pour ceux qui l'entourent.

« Je n'oublie ni Cyril, qui a toujours montré un grand courage, ni Sylvie qui a su rendre heureux Denis, mon fils unique.

« En souvenir de moi, je vous prie d'accepter, en héritage, toutes les actions que je détiens encore de la Société de Bao Tan. Vous en êtes désormais les maîtres absolus. Je vous fais confiance, vous saurez poursuivre votre œuvre, sachant que jamais vous n'avez oublié que, si le caoutchouc appartient à la France, les arbres, eux, appartiennent au Viêt-nam. Puissiez-vous, enfin, vivre dans la paix, la prospérité et le bonheur, pour le bien de mon peuple. Ayez, de temps à autre une pieuse pensée pour moi.

« Si, en dépit de tout, Dieu m'accordait, dans sa grande bonté, une place auprès de Lui, c'est là-haut qu'à mon tour, je veillerai sur vous.

« Votre dévoué, Lam Than Ky. »

L'enveloppe contenait également les imprimés des actions de la Société de Bao Tan que Ky avait paraphés, de sa grande signature à volutes. Catherine resta longtemps, les papiers sur les genoux, le regard perdu. Elle éleva vers le Ciel une prière ardente, en souvenir de leur vieil ami qui avait, jusqu'au bout, conservé une attitude digne, à l'issue d'une vie de droiture et qui ne perdrait pas la face.

En elle montaient des sentiments mêlés, fierté et peur. Fierté d'être la dépositaire de l'héritage, conquis à force d'épreuves, d'efforts, de souffrances, de travail et qu'elle avait, seule, mission de préserver. Peur de ne pas en être capable. Au bout de sa prière, elle demanda à Dieu de lui donner l'énergie nécessaire, ou, plus exactement, car elle était consciente des limites imposées à la créature par son créateur, qu'Il lui indique où ces ressources se cachaient en elle.

Le soir venu, elle fit avec Sylvestre le point de la situation.

— Madame, lui expliqua-t-il, j'ai pris une initiative ; elle m'a paru correspondre aux volontés du patron, elle risque malgré tout de nous valoir des ennuis si l'ennemi s'en aperçoit.

— Dites toujours ?

— J'ai commencé à faire creuser de grandes fosses, au bout de la plantation, dans un endroit où personne encore n'a songé à défricher. J'y entasse les balles de caoutchouc, de façon qu'elles ne tombent pas entre les mains des Japonais si d'aventure ils venaient à opérer une razzia comme ils l'ont déjà fait à Xuan Loc.

Catherine sourit.

— C'est curieux, observa-t-elle, j'allais précisément vous demander de camoufler nos stocks! Quand comptez-vous avoir terminé?

— D'ici une semaine. Espérons que nous n'aurons pas de visite inopportune avant que j'aie fini. (Il leva une main :) A propos, mauvaise nouvelle, tous les Européens de Bien Hoa ont été regroupés à la gare et vont être dirigés sur Saïgon dans les heures qui viennent.

Catherine éprouva un grand froid. Combien de temps pourrait-elle tenir, ici, seule?

La réponse ne se fit pas attendre. A l'aube du lendemain, un convoi militaire fit irruption dans le parc, devant la maison. Une section de soldats, baïonnette au canon, sauta d'un camion et, au pas de course, alla prendre position devant toutes les issues, tandis qu'un auxiliaire annamite rameutait les ouvriers à grands coups de sifflet. Quand ils furent là, avec femmes et enfants, il les regroupa en demicercle, entre le perron et les camions où avaient, quelques minutes plus tôt, été embarqués le directeur, le gérant et les ingénieurs de la S.E.E.F. voisine, et leurs familles. La grande rafle se poursuivait.

Catherine alla au-devant de l'officier nippon qui commandait le détachement et l'accueillit au bas de l'escalier.

— Que désirez-vous? s'informa-t-elle, le dominant de toute sa morgue, mais consciente, au fond d'elle-même, de sa vulnérabilité.

— Venir avec nous, tout de suite! aboya l'officier.

— Je suis seule ici. Qui gardera la plantation?

— Pas besoin garder!

Son regard fit le tour du hall et s'attarda sur deux photographies représentant Cyril et Bertrand en uniforme d'officier. Il dégaina son sabre et le pointa vers elle :

— Qui? jappa-t-il.

— Mes deux fils.

Un revers de sabre balaya les deux cadres qui allèrent se fracasser sur le sol.

— Tous morts, bientôt! ajouta l'officier. (Puis, à Catherine :) J'ai dit venir. Tout de suite.

Catherine avala difficilement sa salive. Elle pensa : « Je ne pourrai même pas veiller sur l'héritage. Que va devenir Bao Tan ? »

— Venez, répéta l'officier.

Elle lui tint tête.

— Je ne peux pas m'en aller comme ça, riposta-t-elle, montrant sa tenue de toile et ses sandales. Je dois d'abord me changer. J'en ai pour cinq minutes. Et je vais aussi prendre des affaires de toilette.

Le Japonais hésita, puis, finalement acquiesça d'un bref signe de tête, ordonnant à l'un de ses subordonnés d'escorter Catherine jusqu'à sa chambre. Il voulut l'y suivre, elle s'y opposa, esquissant le sourire désarmant qu'aurait montré une femme coquette.

Elle choisit une robe avec soin, la plus belle, celle qu'elle avait inaugurée l'été précédent, au mariage de Bertrand. Elle coiffa soigneusement ses cheveux, dans lesquels elle piqua une épingle au bout de laquelle était sertie une émeraude, couleur de ses yeux. Elle agissait à petits gestes précis, exactement comme elle l'aurait fait avant une fête et se surprit même à sourire à son reflet dans la glace. Pourtant, elle était triste, comme jamais sans doute elle ne l'avait été. Elle allait quitter Bao Tan, pour toujours. Mais pas à la façon dont les Japonais voulaient l'y contraindre ; à sa manière à elle, partant librement, la tête haute, par la voie qu'elle avait choisie, irrévocablement.

Elle se pencha, fit couler de l'eau dans la baignoire. Quand elle estima que tout était prêt, elle s'allongea. Dans sa main droite, elle tenait une lame empruntée au rasoir de Francis.

Lorsque le sous-officier, harcelé par son chef, impatienté, se décida à enfoncer la porte d'un coup de botte, il alla jusqu'à la salle de bains et aperçut Catherine, qui respirait faiblement, les yeux clos, baignant dans l'eau que le sang de ses veines tranchées rougissait peu à peu. Il jaillit comme un fou, se précipita dans le couloir et appela son supérieur.

Suivi de quatre ou cinq soldats, l'officier fit retirer Catherine de la baignoire et ordonna de la porter jusqu'à son lit. Après avoir ligaturé les deux veines un infirmier appliqua aussitôt un pansement compressif.

Catherine avait commencé à sombrer dans l'inconscience. Elle s'entendit demander :

— Pourquoi m'avoir empêchée de mourir ? Qu'est-ce que cela pouvait bien vous faire, ici ou bien à Saïgon ?

— Madame, vous avez fait *seppuku*. Vous sauvez l'honneur des femmes de France. J'expliquerai à mes chefs. Vous avez permission rester ici. Personne ne vous ennuiera plus.

Il claqua les talons, porta sa main à la visière de sa casquette et, comme un automate, il sortit de la chambre.

Avant de reprendre place dans sa voiture de commandement, il s'adressa à son interprète annamite :

— Dis à tous ces ouvriers que la Française est sacrée pour nous. Elle l'est aussi pour eux !

CHAPITRE 8

Mars-août 1945

1

Accrochée à la cloison de bambou, seule concession au décor d'un austère dénuement, derrière le verre constellé de chiures de mouches, la photographie dont les contours commençaient à jaunir représentait une femme annamite, encore jeune, ébauchant un timide sourire face à l'objectif. Denis Lam Than s'était approché. Il examina attentivement le portrait.

— Votre femme était très belle, docteur.

Ronan Kervizic l'avait rejoint. Il chaussa ses lunettes, se pencha en plissant les yeux et, à son tour, contempla le visage de son épouse *. Il y avait bien longtemps qu'il ne l'avait pas examiné d'aussi près. Le cadre faisait partie des objets devenus symboles par leur présence même et, lorsqu'il évoquait le souvenir de Phuoc, il lui suffisait de se tourner vers elle, de loin, et de lui adresser un furtif baiser du bout des lèvres. Ce fut comme s'il la découvrait; pourtant jamais elle n'avait disparu de sa vie. Une émotion le saisit, qui monta jusqu'à sa gorge. Mais il avait perdu l'habitude de la montrer, aussi se borna-t-il à observer :

— La vitre est sale.

Il leva la main, décrocha le portrait mais ses doigts perclus n'obéirent pas assez vite, laissèrent échapper le cadre

---

* Cf. *Sud Lointain,* tome I, « Le Courrier de Saïgon ».

qui tomba et se brisa, projetant des éclats dans toutes les directions.

— Mauvais présage, grogna-t-il avec une sorte d'humour grinçant.

— J'aurais pu me charger de le nettoyer, docteur.

— Laissez, Denis. Quelle importance ? Je vois dans cet accident domestique un signe du destin. Comme dirait le père Germain, nous devons nous préparer à nous détacher des biens terrestres. (Il sourit.) Pour ma part, ce ne sera pas un trop grand sacrifice !

Denis remarqua qu'il n'y avait aucune trace de résignation dans cette phrase, mais l'expression d'un renoncement total.

Lorsqu'il était arrivé à Thomrong, un mois plus tôt, Lam Than avait été déconcerté. Il était parti de Saïgon en plein désarroi, ne sachant plus où était sa voie, quel sens donner à sa vie. En cours de route, à maintes reprises, il avait été tenté de faire demi-tour, moins rebuté par les difficultés rencontrées que par l'appréhension de ce qu'il allait trouver là-bas. Il n'avait aucune idée de ce que pouvait être une léproserie et l'imaginait comme une cour des Miracles, pleine de gnomes grimaçants, vivant dans une saleté immonde, parmi des cagnas délabrées, au cœur d'un village suintant la misère, la torpeur, la tristesse. Il voyait mal la place qu'il y occuperait, insulte vivante, par sa bonne santé, à tous ces malheureux frappés par le sort.

D'étape en étape, sa résolution faiblissait, mais, au moment de se décider à rentrer, la perspective de retrouver Saïgon, son climat délétère, ses intrigues et ses pièges, lui faisait remettre ce retour à plus tard. A Paksavane, c'était trop tard. Il ne lui restait plus qu'à aller jusqu'au bout.

Thomrong ressemblait à n'importe lequel des hameaux du Bas Laos, la crasse en moins. Une rue principale, venant buter sur une chapelle, reconnaissable au clocheton de bois qui en couronnait la façade, bordée de petites maisons proprettes, sagement alignées de part et d'autre de la chaussée, toutes conçues sur le même modèle. Il y avait deux ou trois magasins, un coiffeur, un tailleur et même une épicerie proposant la plupart des objets de première nécessité, fruits et légumes, condiments, tabac, savons et lessives

357

sans oublier les ustensiles de ménage, faitouts, bols, théières, brocs ou cuvettes d'émail.

Comme le lui avait expliqué le père Germain, un superbe colosse à la barbe de prophète, aux cheveux en brosse :

— N'allez pas croire que nos villageois soient riches. Mais j'ai instauré une monnaie locale, qui n'a aucune valeur hors de Thomrong, mais qui leur permet d'avoir ici une vie sociale analogue à celle que mènent leurs compatriotes des hameaux voisins. Thomrong vit en autarcie, c'est entendu, mais vous y trouvez exactement les mêmes rapports humains que partout ailleurs, passion et envie, amitié et jalousie. Nous y célébrons des fêtes, religieuses ou traditionnelles, nous organisons des bals, des concours de poésie. Il y a même eu des mariages !

Denis devait remarquer que jamais, en parlant de ses ouailles, le père Germain ne prononçait le mot de « malades ». Il disait « villageois » ou, plus souvent « *bannok* », qui en était l'équivalent laotien.

Les jours suivants, Denis avait pu se rendre compte, en effet, que tout lépreux soient-ils, les habitants de Thomrong différaient peu, dans leur comportement, leurs attitudes, leurs caractères, des autres Laotiens. Ils étaient même plutôt plus joyeux. Leur vie matérielle assurée, débarrassés des soucis qui assaillaient les autres, ils semblaient libérés, et leur abord était naturel, exempt de calcul ou de servilité.

Très vite, Denis Lam Than avait fini par oublier ces faciès ravagés, ces membres déformés, atrophiés, rongés de lèpre pour ne voir, en eux, que des hommes et des femmes, jeunes ou vieux qui, après lui avoir manifesté une curiosité non exempte de familiarité, le considéraient maintenant comme l'un des leurs, le saluant gaiement d'un « *Sombaï* » sonore à chaque fois qu'ils le croisaient dans la rue ou en bordure des champs où ils cultivaient leur maïs ou leur riz gluant.

Le contact avec Ronan Kervizic n'avait pas été aussi simple. Après lui avoir demandé des nouvelles de ses vieux amis restés en Cochinchine, de sa fille Souên, et de Richard, son petit-fils, il avait longtemps examiné son hôte avec une perplexité bougonne.

— Qu'allons-nous bien pouvoir faire d'un avocat? avait-il enfin demandé. Et catholique de surcroît? A part servir la messe, ce qui vous attirera la sympathie du curé, mais la jalousie des préposés actuels, je ne vois pas très bien à quoi nous pourrions vous employer.

— Je peux vous assister?

— M'assister? Grands Dieux! J'ai bien assez du père Germain avec lequel je me bats tous les jours pour essayer de lui imposer mes façons et mes méthodes, lui qui utilisait des procédés mérovingiens! Je suis trop vieux pour devenir un professeur. Et puis — soit dit sans vous offenser —, vous êtes un Annamite, un « *Kéo* » comme ils vous appellent par ici. Sachez que les Laotiens, tout hospitaliers qu'ils soient, se méfient énormément des étrangers, comme vous ou même moi. Ils ont mis des années, et encore après m'avoir vu à l'œuvre, avant de m'accepter sans réserve.

— Je commence à croire que j'ai commis une erreur en venant. Je prends conscience de mon inutilité. Excepté mon argent, je n'ai rien d'autre à offrir.

Kervizic avait levé la main, une main d'une vilaine couleur brune, à la peau squameuse, aux doigts recourbés comme une griffe.

— Si vous m'expliquez ce que vous êtes venu chercher?

Denis avait essayé de dire ses doutes, ses hésitations, ses angoisses, son désarroi. Il ne se cherchait ni excuse, ni prétexte. Pour la première fois de sa vie, lui si réservé, si pudique, se livra totalement, et cela l'étonna. Quand il se tut, il éprouva une impression de paix intérieure. Kervizic observa un long silence. Puis il répondit, avec, dans son regard clair, une flamme chaleureuse.

— Mon cher Denis, je vous ai écouté sans vous interrompre. Cyril a eu raison de vous expédier chez nous. (Il émit un petit rire.) Depuis des années, je suis attentivement les travaux du docteur Freud, et ceux de son disciple, le docteur Nacht. Pour eux, tout vient du sexe. Moi, je veux bien. Mais, en ce qui vous concerne, ajouta-t-il en se frappant le sommet du crâne, tout vient de là!

Il se leva, effectua deux ou trois tours de son bureau.

— C'est étrange, dit-il, il y a ici un curé. Vous êtes catholique et c'est à moi, qui suis athée, que vous êtes venu vous confier. Merci. Maintenant, passons aux choses pratiques. Chacun de nous exerce une fonction définie à Thomrong. Je m'occupe des corps, le père Germain, des âmes. Mais il est bien souvent obligé de redescendre sur terre pour résoudre nos problèmes matériels qui, d'ailleurs, sont insolubles. Dépendants de la charité publique, nous sommes privés, depuis quatre ans, de tout revenu.

— Je suis riche, docteur. Je vous l'ai déjà dit.

— Ce n'est pas votre argent qui m'intéresse, Denis; nous avons appris à nous en passer. Mais votre aptitude à le gérer.

Denis fronça les sourcils, se demandant si, par hasard, Kervizic n'était pas en train de se payer sa tête. Comment gérer le néant?

— J'avoue ne pas comprendre.

— C'est pourtant simple. La monnaie qui a cours ici n'a aucune valeur légale. Je les appelle les « assignats ». Ils ne sont garantis par rien si ce n'est le crédit que nous obtenons chez nos fournisseurs extérieurs, principalement les Chinois et les Vietnamiens de Paksavane. Ce système dérange mon côté pragmatique. Je n'ai jamais rien acheté que je n'aie payé rubis sur l'ongle. J'aimerais que vous obteniez du père Germain qu'il vous confie ses livres de comptes afin que vous établissiez un bilan de Thomrong. Il faut savoir regarder les choses en face, même si ça doit faire mal.

— Une fois établi le bilan, comment l'équilibrer?

Kervizic exhiba un sourire éclatant.

— Cela vous regardera, mon cher Denis. Mais je ne veux pas que vous preniez sur votre fortune pour cela. Inventez!

Denis rit à son tour.

— Je ferai de mon mieux. Au besoin, j'irai à Thakhek faire le siège de l'épiscopat! Je connais l'un des deux évêques, Mgr Thominé. Il me fournira, je l'espère, son appui auprès de ses fidèles.

Denis Lam Than s'était attelé à la tâche avec une ardeur de néophyte. Il s'y donnait à plein, ayant remarqué que cette activité nouvelle, en l'obligeant à sortir de ses problèmes personnels, lui apportait des satisfactions qu'il n'aurait pas soupçonnés auparavant. Et puis la fréquentation de Ronan Kervizic, celle du père Germain lui étaient une constante leçon de joie de vivre. Pourtant à les voir, à les entendre, on eût juré un tandem de vieux garçons acariâtres, vindicatifs, insupportables comme des gamins, n'ayant de cesse de se contredire, de montrer leur désaccord sur à peu près tous les sujets, du plus banal au plus métaphysique, sans pour autant pouvoir se passer l'un de l'autre. Que l'un d'eux s'éloigne, l'autre allait le trouver pour lui chercher querelle, le premier avec son caractère passionné mais taciturne, d'une violence retenue, le second avec son tempérament exubérant, emporté, extroverti, qui menait ses colères comme on construit une pièce de théâtre.

Ce qui aurait pu être un drame quotidien était, en réalité, un spectacle qu'ils se donnaient sans jamais en être dupes. Ils s'aimaient, d'un amour fraternel, fait d'admiration et de respect avec, perceptible à de rares moments, l'angoisse qu'ils éprouvaient de se perdre. Leurs jours étaient comptés et aucun d'eux ne l'ignorait, même s'ils n'en parlaient jamais. La lèpre était, à Thomrong, un sujet tabou.

Ce soir-là, ils s'étaient violemment querellés à la suite d'une allusion, imprudemment faite par le père Germain, à l'existence de l'ange gardien qui, selon lui, accompagnait chaque être humain, intermédiaire mis par le Créateur à la disposition de la créature pour la guider, être la voix de sa conscience, et son intercesseur auprès de Lui. Kervizic avait ricané :

— Vous prétendez vouloir annoncer la « vraie » religion, mais vous tombez dans l'obscurantisme le plus rétrograde ! Un ange gardien ? Je vous demande un peu ! Les Laotiens ne vous ont pas attendus, ils ont inventé les *P'Hi* qui sont leurs bons génies tutélaires chargés de les protéger des calamités naturelles.

Le père Germain avait aussitôt saisi la balle au bond.

— Mon pauvre Kervizic ! Je suis en train de vous parler des rapports de l'homme avec Dieu, c'est-à-dire d'humilité, qui est la forme supérieure de la soumission à un ordre supérieur, et vous me sortez vos balivernes à propos des *P'Hi* qui sont, en quelque sorte, vos korrigans transplantés sur les bords du Mékong! Je me demande à quoi je sers! Je n'ai pas été fichu de faire entrer le moindre petit germe de foi dans votre cervelle de granit. Votre persiflage est une marque d'intolérance, ce qui est un comble pour quelqu'un qui se prétend libre penseur...

Il s'était dressé, moulinant de grands gestes, les yeux flamboyants, la voix tonnante. Denis redouta qu'ils en viennent aux mains. Il essaya de calmer le jeu.

— Père, observa-t-il avec douceur, croyez-vous sincèrement que vos arguments auront plus de force si vous hurlez à en ameuter le village?

Le père Germain s'arrêta net au milieu de sa péroraison, le bras encore tendu, la bouche ouverte. L'intervention de Denis lui avait coupé ses effets. Il se rassit, comme un enfant pris en faute. Kervizic éclata de rire.

— Mon cher Denis, on voit bien que vous êtes nouveau par ici! Faites comme moi, ne prenez jamais le père Germain au sérieux, vous allez lui casser ses jouets!

Comme s'il prenait conscience d'avoir commis une incongruité, Denis Lam Than piqua du nez sur son bol. Le père Germain posa sa main sur son épaule :

— N'écoutez pas ce mécréant! Il n'a aucun égard pour moi...

La conversation dévia sur des sujets plus anodins. Denis observa :

— En me promenant dans le village, j'ai remarqué une jeune fille au visage de madone. Un ovale d'une grande pureté, des yeux à l'expression extatique. Quel dommage que ses mains et ses pieds ne soient que des plaies!

— Je vois de qui vous parlez, dit le père Germain. Elle s'appelle Khiam. Elle a seize ans. C'est une jeune fille d'excellente famille, qui a été amenée voici deux ans à peine. Elle était promise à un mariage princier, sa maladie en fait une recluse. Mais je ne l'ai jamais entendue se plaindre de son sort. Elle est véritablement admirable. (Il montra Kervizic du doigt.) En dépit de ce que prétend le docteur, je n'ai même pas essayé de la convertir.

— J'ai échangé quelques mots avec elle, père. Elle m'a

demandé de lui rapporter de Paksavane un petit miroir de poche.

Kervizic bondit.

— Surtout, Denis, n'en faites rien!

— Pourquoi donc? Khiam n'a rien à redouter à se contempler, son visage n'est pas encore atteint...

— J'ai supprimé toutes les glaces, intervint le religieux. Ici, plus que l'argent, l'apparence physique est un facteur de discrimination sociale. Il faut que les villageois croient, jusqu'au bout, qu'ils sont seuls à avoir conservé leur intégrité. S'ils se voient, c'est toujours dans le regard des autres.

Cette remarque recelait une intention. Denis la comprit en regardant Kervizic dont le visage commençait à porter les stigmates de la maladie. Les pommettes pointaient, comme deux pommes de reinette, étirant les paupières vers les tempes, lui conférant une vague expression léonine. Il allait s'excuser encore. Le médecin ajouta :

— Dans les yeux d'un lépreux, Denis, il n'y a jamais de haine pour les autres, ni d'envie, ni même de compassion. Il n'y a qu'une grande interrogation muette.

Le lendemain, Denis Lam Than aperçut un petit garçon aux cheveux blonds, qui trottinait, sur ses béquilles, aux côtés du père Germain. Au premier regard, il le prit pour un albinos. Un examen plus attentif lui apporta la certitude qu'il s'agissait d'un Européen.

— Comment est-il arrivé ici? s'enquit-il.

— Je l'ai amené, voici près de six ans. Je l'ai trouvé, errant dans les rues de Paksavane, seul, sans famille, sans ressources, chassé de partout.

— Mais c'est un petit Français! s'indigna Denis. Ses parents ne se sont jamais manifestés?

— Si Kervizic était là, il vous dirait qu'il y a des salauds dans tous les pays. Je pense, pour ma part, que les parents — je sais de qui il s'agit, mais c'est un secret que je garde au fond de mon cœur — ont été épouvantés quand ils ont découvert que Petit-Pierre était atteint. Alors, dans leur panique, ils ont pris la première chaloupe en partance pour Saïgon, puis le bateau pour la France, se débarrassant de leur gamin comme on jette un vieux chien malade.

— C'est ignoble!

— Hélas non, Denis. C'est humain. Je prie chaque jour pour ces parents qui n'ont peut-être pas pris conscience, sur le moment, de la folie de leur geste et qui peut-être aujourd'hui sont rongés par le remords, cette lèpre de l'âme. Dieu les a punis; il leur a été impossible de revenir en arrière, les circonstances et la guerre les en ont empêchés. Cela dit, Petit-Pierre n'est pas plus malheureux que la plupart des autres garçons de Thomrong. Je crois même qu'il a oublié qu'il était blond...

Au fil des semaines, Denis s'était attaché à ce gamin. Il découvrit un être attentif, observateur, doué d'une prodigieuse mémoire.

— Tu comprends, expliqua-t-il, avec mes mains, je suis incapable d'écrire, alors, j'apprends tout par cœur! Si tu le veux, je te réciterai David Copperfield, bien que je trouve l'histoire trop triste. Je préfère le Petit Lord Fauntleroy *. Peut-être que moi aussi, un jour, je retrouverai mon grand-père qui est sûrement un homme très puissant.

Denis se rendit compte à quel point Petit-Pierre possédait en lui de capacité d'évasion hors du réel. Au soir, ses camarades laotiens, garçons et filles, parfois même quelques adultes, venaient s'accroupir autour de lui pour l'entendre leur raconter un roman à épisodes dont il inventait les péripéties au fur et à mesure. Il avait créé un personnage, le jeune Phanom, le rejeton d'une famille princière, pourchassé par Manop, le méchant, un bandit de grand chemin sans foi ni loi, d'une force terrifiante, possédant également des pouvoirs de magicien lui permettant de se métamorphoser en toutes sortes de choses, arbres ou animaux.

— Il y a trois ans que dure ce roman, observa le père Germain. Je ne sais pas où Petit-Pierre va chercher tout ce qu'il raconte, je suppose qu'il puise les situations dans les livres qu'il dévore. C'est un patchwork d'Arsène Lupin et du docteur Moriarty, de Fantômas et de la véritable légende de Manop, un personnage mythique de la tradition thaï.

* Roman de l'écrivain britannique Frances Hodgson Burnett (1849-1924).

– Ce garçon mériterait que le Bon Dieu se penche sur lui et daigne faire un miracle, répondit Denis, ému jusqu'aux larmes.

Le père Germain lui jeta un regard rempli d'étonnement.

– Mais le Bon Dieu fait déjà un miracle quotidien, rétorqua-t-il. Pour apporter une part de rêve à ces malheureux, il a choisi, comme messager, le plus démuni d'entre eux!

– Je parlais de sa maladie, mon père.

– Faites confiance au Bon Dieu, Denis. Je suis certain qu'il y a déjà pensé!

Malgré la distance et l'isolement, la communauté villageoise de Thomrong apprit presque aussitôt l'annonce du coup de force japonais du 9 mars 1945. Au Laos, où la Résistance avait été la plus active, où, depuis Noël dernier, des groupes de commandos avaient été parachutés en pleine jungle, ce coup de force prit des allures de véritable chasse à l'Européen avec son cortège d'assassinats, de viols, de tortures, de massacres, tous plus horribles les uns que les autres.

A Vientiane, à Paksé, à Thakhek, à Savannakhet, à Paksavane, tous les Français, hommes, femmes et enfants, avaient été rassemblés et parqués dans les caves des résidences, des hôtels désaffectés dont les portes et les fenêtres avaient été hermétiquement closes par des planches.

Dans les jours qui suivirent commencèrent les premières atrocités. A Vientiane, les hommes, religieux, civils ou militaires, soupçonnés de contacts avec les guérilleros furent jetés dans le fleuve, par groupes de trois, liés ensemble par du fil de fer barbelé. A Paksavane, on les avait fusillés dans la rue. A Thakhek, l'administrateur, M. Colin, les deux évêques, Mgr Thominé et Gouin avaient été abattus à la baïonnette, tandis que les autres détenus étaient, selon le cas, décapités, tués d'une balle dans la nuque ou même enterrés vivants.

Plus près encore, à Savannakhet, les femmes avaient été violées sous les yeux de leurs maris dont les têtes avaient éclaté, un peu plus tard, sous les coups des pelles et des pioches.

Chaque jour apportait le récit d'une horreur nouvellé. Chaque jour aussi revenait le nom, toujours le même, d'un capitaine de la Kempeïtaï nommé Araï. Tout le monde le connaissait au Laos. Bien avant la guerre, il s'était établi comme commerçant à Thakhek, puis, expulsé en 1938, y était revenu dès 1941. Il ne s'était dévoilé que depuis le début de la répression.

— Si les Japonais viennent ici, demanda Denis à ses deux amis, que comptez-vous faire?

Kervizic haussa les épaules.

— Ne dites pas : « Si les Japonais viennent », répliqua-t-il calmement, dites : « Quand ils viendront ». Car ils n'ignorent pas notre présence.

— Je crois le moment venu de parler sérieusement, ajouta le père Germain.

A Denis, d'abord incrédule, puis stupéfait, les deux hommes expliquèrent les contacts qu'ils avaient noués avec un groupe de parachutistes arrivés dans la région au mois de janvier et qui avaient organisé des bivouacs, des relais, des bases, des dépôts en pleine jungle.

— A notre connaissance, ces garçons n'ont pas encore été éliminés. Ils se terrent, attendant la fin de l'orage. Mais ils se manifesteront un jour ou l'autre. Si nous ne sommes plus ici, c'est à vous qu'il reviendra de les accueillir et de les aider. Êtes-vous prêt?

Denis avala sa salive. Il hocha la tête, puis s'informa.

— Croyez-vous qu'ils me feront confiance?

— Bien sûr, répondit Kervizic. Voici les mots de reconnaissance : « Pavie, Marignan ». Votre indicatif est : « Kay III ». Votre chef : « Arcturus. »

Tout était dit. Ce soir-là fut empreint de gravité, non point celle d'une veillée funèbre, plutôt celle d'une veillée d'armes. Pour la première fois depuis qu'il était arrivé à Thomrong, Denis n'eut pas droit à la querelle quotidienne, mais plutôt au dialogue de deux amis sur le point de se quitter.

— Dix ans déjà! observa Kervizic. Mon vieux curé, vous pouvez me remercier, grâce à moi, vous avez gagné votre billet d'entrée pour le Paradis! J'ai bien souvent été un abominable compagnon.

– Au contraire, Ronan. Vous m'avez apporté le plus précieux des cadeaux. Je ne parle ni de votre compétence, ni de votre amitié, nous nous connaissons suffisamment pour n'avoir à évoquer ni l'une ni l'autre.

Ses yeux brillaient et Denis, qui l'observait, devina qu'il allait énoncer l'une de ses plaisanteries en forme de provocation :

– Vous m'avez permis d'évacuer mon trop-plein d'adrénaline ! Avant vous, j'en étais réduit à exercer mes colères contre les arbres, les nuages, le vent ! J'ai enfin trouvé un partenaire.

– En somme, nous avons joué au tennis ensemble ?

– Et vous renvoyez très bien les balles.

Ils se turent, chacun se perdant dans ses pensées. Puis le père Germain reprit :

– Mon enfance a été nourrie du récit du martyre de mes grands et respectables anciens, les missionnaires d'Annam et de Cochinchine, mis à mort pour leurs convictions et pour leur prosélytisme...

– Les révérends Gagelin, Marchand, Boris, récita Denis.

– Sans oublier les plus récents, parmi lesquels mon ami le père Fraix, assassiné avant-hier, et le père Minard, dont nous sommes sans nouvelles... Voyez-vous, Kervizic, jamais je n'aurais osé espérer que le Bon Dieu m'accueillerait dans cette cohorte de saints ! Quel honneur !

Denis se récria :

– Mon père, vous parlez comme si votre sort était déjà scellé ! Mais rien ne prouve que les Japonais viendront, et qu'ils vous emmèneront ! Songez à vos ouailles, votre mission auprès d'eux n'est pas terminée !

– D'autres viendront après moi et reprendront le flambeau.

Kervizic intervint.

– Curé, dit-il avec un peu d'âpreté dans la voix, Denis a raison. Thomrong ne peut pas se passer de vous ! Si vous acceptez le martyre, vous entraînez dans le malheur tous nos villageois. Votre devoir n'est-il pas de résister, de vous cacher pour survivre ?

– Vous ne connaissez pas les Japonais. Ils sont parfaitement capables de les massacrer tous en représailles. Mon devoir est, au contraire, de tout faire pour les sauver.

– Ils sont déjà condamnés, vous le savez bien!

– Qui croyez-vous être pour affirmer cela? L'avenir n'est jamais certain, Dieu décide.

– Dieu décide, c'est entendu, admit Kervizic, apparemment résigné. Mais il a quelquefois besoin d'un petit coup de main.

Il s'était levé et, s'approchant du père Germain, il le ceintura et l'immobilisa, appelant :

– Pou-Thiam! Manivong! Venez!

Deux Laotiens entrèrent aussitôt, portant des cordes de lianes dont ils se servirent pour garrotter étroitement le religieux, écumant de fureur.

– C'est une embuscade! fulmina-t-il. Un guet-apens! Kervizic, vous avez osé porter la main sur un prêtre, vous êtes excommunié!

– Au contraire, curé! Si Dieu avait voulu faire de vous un martyr, il aurait arrêté mon bras. Mais il m'a laissé agir, sans doute votre heure n'était-elle pas venue.

– Vous n'aviez pas le droit! Vous êtes un païen sans respect!

– Et vous, curé, vous êtes pourri d'orgueil! Je vous donne une leçon d'humilité! Acceptez de vivre! Renoncez au martyre! Promettez-moi de vous cacher, d'attendre la fin de l'orage et je vous fais détacher aussitôt!

– Allez au diable, Kervizic. Vous ne savez pas ce que vous faites, puisse Dieu vous pardonner!

– Nous y penserons plus tard. Pour l'instant, Pou-Thiam et Manivong vont vous escorter dans la forêt. Nous y avons ménagé une cahute secrète où vous serez en sécurité. Je viendrai vous y rechercher quand l'alerte sera passée.

– Vous n'oubliez qu'une chose, Kervizic : vous êtes un Blanc. Les Japonais vous emmèneront aussi! Qui me délivrera?

– Denis Lam Than.

– Si, comme vous l'affirmez, mon devoir est de me cacher, n'est-ce pas également le vôtre? Sans vous, que deviendront nos *bannok?*

– Cela me regarde.

L'après-midi commençait, sous un ciel de suie, dans une ambiance d'étuve, et la jungle lançait des bouffées de brise, brûlante comme l'haleine d'un malade. Retranchés dans leurs maisons, les villageois dormaient, écrasés de chaleur. Seuls, quelques chiens errants flânaient sans but, entre les pilotis, disputant quelques grains de riz aux petits cochons noirs et rouspéteurs, dont ils avaient envahi le domaine.

La rumeur naquit, se répandit d'une cagna à l'autre, gagna la place, sauta la rue, s'amplifia, grandit, devint grondement, puis clameur :

— *Gni Poûn! Gni Poûn!*

Immédiatement alerté, Kervizic sauta de son bat-flanc et secoua Denis :

— Les Japonais! cria-t-il.

Ils arrivaient, à bord de deux camionnettes bondées de soldats en armes, précédées d'une voiturette de commandement dans laquelle se tenaient un lieutenant, sabre en travers du ceinturon, et un sous-officier en tenue de campagne.

Ils avancèrent, en cahotant, jusqu'à l'entrée de Thomrong, puis stoppèrent, à la hauteur de la première des maisons. L'officier descendit avec une raideur d'automate, et hurla quelques ordres. Les soldats s'élancèrent, puis s'alignèrent le long de leurs véhicules.

Le silence retomba, d'un seul coup. Face au village, immobile, vide et muet, les Japonais semblaient déconcertés.

Intrigué, un chien apparut, puis, à pas comptés, il s'approcha des intrus, flairant le sol. Arrivé à quelques mètres du lieutenant, il leva brusquement le museau et lança deux aboiements, brefs. C'était, clairement exprimée, une invitation à déguerpir. Plusieurs secondes s'écoulèrent. L'animal restait là, bien campé sur ses pattes, défiant le lieutenant qui l'observait, comme fasciné et qui, finalement, esquissa un petit geste de la main. Un soldat arma son fusil, l'épaula, fit feu. C'était un tireur d'élite. Une balle exactement entre les deux yeux, foudroyé, le chien tomba dans la poussière.

L'écho de la détonation résonnait encore, renvoyé par la

muraille des arbres de la forêt proche lorsqu'il y eut un cri de détresse. Brusquement surgi de sa maison, un petit garçon à la peau claire, ses cheveux blonds tombant sur ses épaules, venait de s'élancer, dévalant les marches de l'échelle de bois, se précipitant vers le cadavre de l'animal, lové dans la poussière du chemin. En dépit des béquilles qui compensaient ses jambes atrophiées, il était d'une agilité stupéfiante. Et il criait, il hurlait, appelant, mêlant le français et le laotien :

– Peuk, mon Peuk! Mon chien! Ils m'ont tué mon chien! Assassins!

Il galopait, sans cesser de proférer injures et lamentations. Arrivé près du petit cadavre, il se laissa tomber à terre et prit entre ses mains mutilées le mufle sanguinolent de son compagnon qu'il couvrit de baisers, en sanglotant de désespoir. A quelques pas de lui, debout sur ses jambes écartées, le lieutenant n'osait plus faire le moindre geste, surpris peut-être par cette apparition et plus encore par la blondeur des cheveux qui encadraient le visage du gamin. Il ne comprenait rien et restait là, figé, hébété. Petit-Pierre s'était redressé avec une étonnante vivacité. Il béquilla vers l'officier, s'arrêta devant lui, à le toucher. Puis, en un geste imprévisible, s'appuyant sur une seule de ses cannes, il leva la seconde et en assena un coup terrible à la face du Japonais qui recula d'un pas, trébuchant sous la violence du choc et perdant sa casquette. Il n'eut pas le temps de réagir, déjà Petit-Pierre avait fait demi-tour et s'éloignait, de toute la vitesse de ses béquilles.

Un coup de feu claqua. Le tireur d'élite qui avait abattu Peuk avait répété son geste, visant cette fois Petit-Pierre à la nuque. L'impact fit éclater la tête de l'enfant. Stoppé en pleine course, il boula comme un lapin, ses jambes battirent l'air quelques secondes. Puis elles retombèrent et il ne bougea plus.

Le drame n'avait duré que quelques secondes, comme au ralenti, freinant la course du temps comme à l'attente d'un orage qui ne se décide pas à crever. Et l'orage creva.

Vide l'instant d'avant, la rue principale de Thomrong se couvrit instantanément d'une foule qui enflait, débordait, débouchant de toutes les venelles jouxtant les maisons. Des hommes, des femmes, des vieillards, des enfants. Ils ne disaient rien, ils ne criaient pas. Ils se contentaient de gronder, comme une meute d'animaux sauvages. Et c'étaient presque des animaux que les Japonais voyaient venir à eux. La foule qui sans cesse grossissait ne présentait que des visages boursouflés, purulents, des lèvres éclatées, ouvertes sur des bouches édentées, des nez absents, des cheveux hérissés, des mains aux doigts recourbés comme des serres, des jambes couvertes d'écailles, des pieds mutilés ressemblant à des branches mortes.

Le Japonais était devenu gris. Il se mit à trembler, incapable de détacher son regard de cette vision de cauchemar. Plus réaliste, son adjoint voulut réagir. Il lança un ordre. Aucun de ses soldats n'obéit.

De cette masse de cadavres ambulants se détacha un Européen. Grand, les épaules larges, les cheveux blancs librement répandus sur les épaules, il avait un regard étonnamment bleu et lumineux. Mais son visage déformé le faisait ressembler à quelque démon mythologique.

— C'était un gosse! tonna-t-il à la face du lieutenant. Vous avez assassiné un gosse! Que vous faut-il de plus?

— Le missionnaire, balbutia le Japonais, en avalant péniblement sa salive.

— Foutez le camp!

Le Japonais se raidit sous l'injonction et retrouva ses réflexes.

— Le missionnaire! répéta-t-il, plus fermement.

Kervizic répliqua :

— Retournez-vous et regardez!

Le Japonais obéit et chancela. Les lépreux de Thomrong s'étaient regroupés au plus près des soldats. Certains tendaient leurs moignons dans leur direction, essayant de les toucher, au visage, aux mains. Et les soldats perdaient pied, reculaient, épouvantés, ils escaladaient le hayon de leurs camionnettes, ils se mettaient hors d'atteinte.

— Maintenant, répéta Kervizic, foutez le camp!

Le lieutenant lui faisait face à nouveau. Il avait du mal à retrouver son sang-froid.

— C'est vous, le missionnaire? demanda-t-il.

— Pourquoi? Vous voulez m'emmener avec vous?

Kervizic l'avait agrippé aux épaules, le maintenant fermement. Puis il approcha son visage, lèvres tendues comme pour un baiser, sans le quitter des yeux. Le Japonais était gris, il devint vert et se retint, de toutes ses forces, pour ne pas vomir. Il parvint tout de même à se dégager, à foncer vers sa voiture dont il ne prit même pas la peine d'ouvrir la portière, sautant d'un bond sur son siège. Le chauffeur embraya, effectua un demi-tour digne d'une compétition et fila sur la route dans un nuage de poussière, sans même attendre que les camions des soldats aient mis leurs moteurs en route.

2

Lee-Aurore se releva, une douleur fulgurante lui taraudant le crâne. Assenée avec une violence inouïe, la gifle l'avait projetée à terre, à demi consciente. Elle réussit à s'installer à nouveau sur sa chaise, secouant la tête, des larmes pleins les yeux. En face d'elle, de l'autre côté de son bureau, le capitaine Watanabé l'observait avec une expression de bienveillance attristée.

— Allons, madame, dit-il d'une voix lassée. Pour la dernière fois, où se cache votre mari?

— Pour la dernière fois, je n'en sais rien, je vous le jure.

— Savez-vous que nous avons fini par découvrir le local clandestin d'où il communiquait avec nos ennemis? reprit Watanabé. Mais il était vide, et depuis peu de temps. Si vous nous aviez renseignés plus tôt, nous aurions pu le neutraliser et, peut-être, lui éviter un sort cruel. En refusant de répondre, vous lui avez permis de s'enfuir. Peut-être cherchera-t-il encore à nous nuire. Quel dommage! Car nous finirons bien par l'arrêter et je ne pourrai pas empêcher notre justice d'accomplir son devoir. Vous aurez souffert pour rien.

Il y avait maintenant quatre jours que Lee-Aurore était entre les mains de la Kempeïtaï. Jusqu'à maintenant, hormis les interrogatoires auxquels elle avait été soumise, elle n'avait pas été particulièrement maltraitée. Watanabé s'était montré envers elle d'une relative patience, même s'il répétait inlassablement la même question à laquelle elle répondait, comme une automate, par la même réponse négative.

La gifle qu'elle venait de recevoir, portée par un nouveau venu, lui fit comprendre que c'en était fini de la courtoisie et de l'aménité. Watanabé se leva en s'aidant de ses mains, à plat sur son bureau.

– Madame, dit-il avec componction, d'autres missions m'attendent qu'il m'est impossible de différer. J'ai fait tout ce que j'ai pu pour essayer de vous convaincre de nous aider. Je ne suis plus responsable de ce qui arrivera, vous seule l'aurez voulu.

Il s'éloigna, referma la porte et ses pas décrurent sur les dalles du couloir.

Un froid intense envahit la jeune femme, un peu comme celui qui saisit un être humain dans l'attente de la souffrance à venir. Elle n'en doutait plus maintenant, elle allait souffrir. Les cris qu'elle captait, des heures durant, du fond de sa cellule, dans la cave de la Chambre de commerce où elle avait été parquée, ne lui laissaient plus d'illusion. « Combien de temps pourrai-je tenir ? » se demanda-t-elle avec terreur.

L'homme qui venait de la gifler fit pivoter la chaise de façon à lui faire face. Lee-Aurore l'examina. Le crâne rasé, un visage sans expression, un cou de taureau, des épaules de lutteur, des pectoraux gonflant le haut de sa tunique, l'officier japonais était un véritable colosse. Posément, il défit son ceinturon, et le fit tourner autour de sa main, la boucle de cuivre en avant.

Sans que rien, dans son attitude, l'ait laissé prévoir, il donna une impulsion du poignet et la boucle vint heurter la pommette de Lee-Aurore, avec une telle violence qu'elle fut projetée hors de son siège et se retrouva, allongée sur le dos, la tête bourdonnante, une intolérable douleur à la mâchoire, comme si on venait de lui arracher une dent. Le Japonais se pencha, la cueillit sous les aisselles, la replaça violemment sur sa chaise. Il n'avait pas prononcé un mot, et recommença à effectuer des moulinets avec son ceinturon, la surveillant attentivement lorsqu'il faisait siffler la boucle à quelques centimètres de ses oreilles. Puis il passa

373

derrière elle, lui tordit les bras qu'il engagea entre les tiges de fer du dossier, l'immobilisant totalement. Ensuite, lui faisant face, il lui emprisonna les genoux entre les siens, se déboutonna et dégagea son sexe qu'il approcha de son visage.

— Embrasse, ordonna-t-il.

Lee-Aurore était épouvantée. Cette chose énorme, tendue, qui se balançait devant ses yeux la révulsait. Elle ouvrit la bouche et cracha. Le Japonais bondit en arrière, blême sous l'insulte. Puis il se pencha, la gifla, saisit ses cheveux qu'il tordit en arrière, l'obligeant ainsi à offrir son visage. Elle voulut crier. Son bourreau l'en empêcha, la pénétrant jusqu'au fond de sa gorge, et se retira aussitôt, semblant se contenter de cette victoire.

— Parle !

— Je n'ai rien à dire.

Curieusement, le Japonais fit entendre un gros rire, bien sonore, tout en remettant de l'ordre dans sa tenue et en bouclant son ceinturon.

— Tu parleras, affirma-t-il.

— Je n'ai rien à dire. Je ne sais rien !

Pour toute réponse, l'officier décrocha le téléphone et aboya quelques mots. Deux minutes plus tard, deux argousins se présentèrent, saluèrent respectueusement leur chef, se saisirent de Lee-Aurore qu'ils ramenèrent jusqu'à sa cellule. Elle fit un pas, puis un autre, en hésitant, surprise par l'obscurité à peu près totale qui y régnait. Son pied heurta un corps étendu, immobile, qui laissa échapper un faible gémissement. Lee-Aurore s'accroupit et, en tâtonnant, parcourut la forme humaine jusqu'à ce qu'elle ait trouvé le visage. Elle souffla :

— Qui êtes-vous ?

— Je suis Simone Langerand. Mon mari travaillait pour la Résistance. Il a réussi à s'enfuir de Saïgon ; le lieutenant Sakamura veut m'obliger à lui dire où il se cache. Mais, même si je voulais, j'en serais incapable, j'ignore tout. (Elle poussa un léger cri de souffrance et ajouta, haletante :) Vous n'imaginez pas ce qu'ils peuvent inventer pour vous briser. Je n'en peux plus, je n'ai envie que de mourir. Et vous, qui êtes-vous ?

Lee-Aurore le lui dit. Elle décrivit l'officier qui lui avait infligé les premiers sévices.

— C'est lui, c'est Sakamura! Un tortionnaire de la pire espèce. Vous ne pouviez pas tomber plus mal. Il vous cassera, jusqu'à vous faire oublier votre propre nom. Pauvre petite...

Simone Langerand fut emmenée, quelques heures plus tard. Folle de terreur, Lee-Aurore l'entendit hurler de longues heures avant qu'elle ne finisse par se taire. Elle ne fut pas ramenée dans la cellule.

Le temps était aboli. Lee-Aurore survivait dans la torpeur, la faim et la soif, la soif surtout, l'empêchant de bouger, de penser, de dormir même. Le claquement du verrou la fit sursauter. Par réflexe, elle se recroquevilla contre le mur, comme si elle espérait pouvoir s'y incruster, s'y fondre, y disparaître. Les ongles profondément enfoncés dans les paumes, les mains devant la bouche, elle se retint de crier, espérant, éperdue, que ceux qui venaient la chercher ne la découvriraient pas. Le faisceau d'une lampe torche balaya le plafond, vint se poser sur elle. Quatre bras musculeux la saisirent, l'entraînèrent à travers les couloirs vers ce qui, autrefois, avait été la salle des archives. Des casiers, des étagères occupaient les murs, et, par terre, des liasses de documents jonchaient le sol, certains marbrés de taches d'humidité ou de sang.

Une table occupait le centre de la pièce, sous un projecteur allumé projetant une lumière d'une intensité presque insoutenable.

Lee-Aurore se trouva propulsée au milieu d'un petit groupe d'hommes au crâne rasé, au visage rouge, qui la détaillèrent d'un air indifférent. Ils avaient retiré leur tunique et remonté jusqu'au coude les manches de leurs chemises.

Posément, ils s'approchèrent d'elle, l'immobilisèrent d'une torsion du bras. Le lieutenant Sakamura se détacha du coin d'ombre où il était tapi, s'avança, lentement. Dans sa main, il tenait une longue tige de rotin dont il se servit pour l'obliger à relever le menton.

— Tu n'es toujours pas décidée à parler?

En japonais, Lee-Aurore répliqua :

— Sakamura, tu es un porc.

Il se maîtrisa au point qu'il parvint à ébaucher un sourire.

— Bien, laissa-t-il tomber.

Puis, à ses hommes un simple mot :

— Allez !

Sans brutalité, avec les gestes précis d'un quelconque couturier, l'un des soldats la déshabilla entièrement, et, presque courtoisement, l'invita à s'allonger, nue, sur la table. Puis il enfila sur sa tête un sac de jute, tandis que ses comparses garrottaient étroitement ses bras et ses jambes. Convulsée de peur, Lee-Aurore avait le cœur qui battait la chamade, et ne respirait plus que par un effort constant de sa volonté. Elle sentit bientôt un peu d'humidité sur le sac et étrangement cela lui fit du bien. Mais l'eau qui coulait, inondant son visage, ne se tarissait pas. Elle voulut prendre une large inspiration, le tissu imbibé se colla devant ses lèvres, et elle commença à étouffer. Le reste se perdit dans le brouillard. Elle ne devait conserver que le souvenir d'une lutte acharnée pour ne pas se noyer, pour aspirer la moindre goulée d'air, se tordant dans ses liens, tirant sur ses mains au risque de déchirer sa peau et ses muscles. Et le supplice durait, s'éternisait. Elle essaya de crier, l'eau entra dans sa bouche. Elle toussa, l'eau envahit ses poumons. Un voile rouge passa devant ses yeux. Elle sombra.

Un poing fermé cognait sur sa poitrine. Dans un état comateux, Lee-Aurore comprit que quelqu'un tentait de la ranimer. Son cœur avait peut-être cessé de battre ? « Cette fois, songea-t-elle, je suis morte. Il ne peut plus rien m'arriver... » Elle se trompait. La conscience lui revenait maintenant, aiguë, trop aiguë même. Elle n'était plus qu'une souffrance diffuse, les muscles tétanisés, parcourus de crampes douloureuses à hurler, les poumons irrités, la bouche encore remplie du goût aigre de ses vomissures. Elle sentit une main parcourir l'un des seins, y accrocher ce qui lui sembla être une pince métallique dont les dents mordirent dans la peau tendre du mamelon. Elle se contracta quand elle se rendit compte que l'on forçait l'étau de ses cuisses, que l'on ouvrait son sexe et que l'on y accrochait une seconde pince, encore plus acérée. Elle hurla. Et sa tête

376

sembla exploser. Une décharge électrique d'une violence démentielle la parcourut de bas en haut, la projetant en avant, le dos arqué, les membres raidis.

Elle retomba, le corps en sueur, parcouru de frissons.

– Parleras-tu ?

– Je n'ai rien...

Une seconde décharge électrique l'interrompit, plus violente encore que la précédente. Elle crut qu'elle allait s'évanouir. Elle se trompait. Le supplice qu'on lui infligeait était calculé de telle sorte qu'elle ne réussit jamais à perdre conscience. Chaque fois qu'elle croyait y parvenir, le choc électrique la réveillait pour la plonger dans l'enfer d'une atroce souffrance.

Quand des sentinelles la ramenèrent jusqu'à sa cellule, Lee-Aurore n'était plus qu'un pantin disloqué. Pour peu qu'il insiste encore le lieutenant Sakamura lui aurait fait avouer n'importe quoi, aurait obtenu d'elle tout ce qu'il aurait voulu.

Petit à petit, la cellule se remplissait. Des femmes qui, pour la plupart, racontaient à peu près la même tragique histoire. Un mari soupçonné d'être en rapport avec la Résistance et dont elles devaient révéler la cachette. Des épouses ou des filles de militaires, internés ou en fuite, qui avaient été amenées ici, avant leur déportation dans un camp de travail, situé près de Bac Lieu, dans le Sud cochinchinois, un endroit réputé comme étant le plus malsain de toute l'Indochine.

Lee-Aurore avait été soutenue et réconfortée par l'une de ses voisines de misère, une femme annamite, enceinte de six mois, dont le mari, un gendarme, expliqua-t-elle, était parti rejoindre un groupe armé opérant en plaine des Joncs.

– Hoche est très courageux, affirma-t-elle, fièrement. Jamais il ne se rendra.

En entendant ce prénom, Lee-Aurore sursauta.

– Hoche ? J'ai beaucoup entendu parler de lui, c'était le chauffeur de mon mari. Vous êtes Fleur et moi, je suis la femme du capitaine Cyril Mareuil. Savez-vous quelque chose à son sujet ?

– Non, répondit Fleur. J'espère seulement qu'il a réussi

à quitter Saïgon. Les Japonais le cherchent partout, il est inscrit sur la liste que la Kempeïtaï a fait placarder en ville. Sa tête est mise à prix pour cinq mille piastres.

Les deux jeunes femmes s'étreignirent, en pleurant, se jurant de tout faire pour rester ensemble. Jusqu'au jour où le convoi qui devait les emmener jusqu'à Bac Lieu soit annoncé, Lee-Aurore ne revit plus le lieutenant Sakamura. Mais ni son nom ni son visage ne devaient quitter sa mémoire.

3

Ils marchaient vers le nord. De crêtes en vallées, de cols en ravins. Obstinément. Deux semaines plus tôt, ils avaient simplement cherché à échapper aux patrouilles ennemies lancées à leur poursuite, parfaitement renseignées sur les emplacements des dépôts, des bivouacs. Et, peu à peu, leur fuite avait cessé d'être un prétexte. Elle était devenue une fin en soi. Ils marchaient comme on respire, simplement pour se prouver qu'ils étaient encore vivants. Et libres, même si ce mot n'avait guère de sens, dans la mesure où malgré tout ils étaient prisonniers de la forêt.

Des vingt soldats que comprenait le détachement au départ de Dak Tri n'en subsistait plus que la moitié. Sept tirailleurs avaient choisi de retourner chez eux lorsque leur instinct de chasseurs leur avait soufflé qu'ils dépassaient les frontières de leur domaine. Quant aux Européens, Ferviel et Amandi étaient morts à quelques jours d'intervalle de typhus de brousse – la rickettsiose, avait diagnostiqué le docteur Becker; Pinton, victime d'une infection due à des ampoules éclatées, avait dû être abandonné dans un village Sedang.

La faim au ventre, se nourrissant de racines, d'herbes, parfois de serpents, de gerboises, plus rarement de gibier tiré par Francis, la fièvre dans le sang malgré la quinine, les membres griffés par les épineux, sucés par les sangsues, dévorés par les moustiques, les survivants n'avaient plus qu'une idée en tête. Le lieutenant Bertrand Mareuil leur avait dit : « Nous irons vers le nord. » Ils allaient vers le nord, et peu leur importait en définitive de savoir ce qu'ils y découvriraient, si même ils y arriveraient jamais.

A son réveil, dans la clarté mauve du petit matin, il arrivait à Francis de trouver, dans cette quête, une sorte de symbole. Il l'avait expliqué au docteur Becker, son interlocuteur privilégié :

— Notre marche est comparable au destin de l'homme. La vie nous a été donnée sans que nous y puissions rien et nous devons avancer, inlassablement, sans avoir la possibilité de faire un pas en arrière, bien que nous sachions que chaque jour, chaque pas ne nous mène qu'à la mort. C'est notre grandeur de l'accepter. Exactement comme nous nous dirigeons vers ce Nord mythique que Bertrand nous a fixé comme but.

— Pessimiste, vous ? s'étonna Becker.

— Au contraire. J'admire tous ces soldats auxquels Bertrand a donné une raison de se dépasser. Hier soir, ils étaient heureux et fiers de tout ce qu'ils avaient accompli durant la journée écoulée, les obstacles franchis, les fatigues surmontées, et, de temps à autre, ces gestes de fraternité qu'ils avaient réalisés ou dont ils avaient été les bénéficiaires. Maintenant, l'aube se lève. Et c'est comme si rien n'avait existé, tout est à recommencer. Ils vont, à nouveau, effectuer les mille petits travaux du matin, ajuster leur sac, boucler leurs ceinturons, attacher ou rafistoler leurs brodequins et se remettre en route. Peut-être auront-ils, en plus, le courage de plaisanter ? Quels hommes !

— Et quel chef ! ajouta Becker.

Bertrand se glissa près d'eux.

— N'écoutez pas trop le « Grand Sachem », docteur, dit-il avec un sourire. Mon père est comme ça. En dépit de tout, il croit encore à la bonté de l'homme, à la grandeur de son destin.

— Pourquoi n'ajoutes-tu pas que je suis le prototype de l'imbécile heureux ? railla Francis.

— Imbécile ? releva Bertrand, je ne l'ai jamais pensé. Naïf peut-être, obstiné sûrement. Ce qui est une forme d'optimisme.

Il se leva, et, avec un soupir :

— Allons, dit-il, en route.

Francis l'imita, et posa sa main sur son bras.

— Es-tu certain de savoir où tu vas ? demanda-t-il.

— Bien sûr. Cela t'intéresse ?

— Naturellement. Tu nous as expliqué que nous devions aller vers le nord, et jusqu'à maintenant, je n'ai formulé aucune objection. Cette direction en valait une autre. Mais, moi aussi je sais lire une carte. Nous avons atteint à peu de choses près le point où les trois frontières de l'Annam, du Cambodge et du Laos se rejoignent. Alors ?

— Bravo, père. Tu es observateur. (Il déploya sa carte, la lissa sur sa cuisse repliée du plat de la main, pointa son index sur l'Y de la jonction des trois frontières.) Nous sommes exactement ici, à deux kilomètres au sud de Ban Thong. En milieu de journée, si tout va bien, nous atteindrons la haute vallée de la Nam Khong. Avec un peu de chance, les villageois de Vieng Duong nous amèneront, en pirogue, jusqu'au confluent de la Sé Khong, que nous remonterons en direction du plateau des Bolovens. C'est notre destination finale.

— Qu'y a-t-il de particulier, sur le plateau des Bolovens ?

— Une grande base secrète.

— De quand datent tes renseignements ?

Le visage de Bertrand se rembrunit. Il avoua :

— De bien avant le 9 mars, père. J'étais présent le jour où Cyril en discutait l'organisation avec l'officier qui était chargé de l'aménager, le lieutenant Dauberge, un quarteron, qui est de la même promotion que moi.

— Es-tu certain que les Japonais ne l'ont pas découverte et détruite ?

— Honnêtement je n'en sais rien. Mais je connais Dauberge, ce n'est pas un débutant. Dès que nous serons à portée de poste radio, j'essaierai de prendre contact avec lui.

— Imagine le pire. Que comptes-tu faire ?

Bertrand plissa les yeux, et sourit :

— Ça, c'était mon secret. Mais à toi, je peux le dire, j'ai une position de repli, sur Chantuk, une plantation de thé qui appartient aux parents de Charles Varennes, un copain de lycée.

Le paysage était grandiose. Perchés sur une arête rocheuse, pointant comme une grosse canine hors du moutonnement de la jungle, les rescapés de la section Mareuil regardaient l'horizon, que plus rien n'interrompait, ni la forêt, ni la montagne. Ils étaient tellement accoutumés à vivre, depuis des semaines, dans cette atmosphère glauque d'aquarium, sans jamais ou rarement apercevoir le plus petit coin de ciel que cet espace infini qui s'étendait devant eux leur donnait le vertige.

— J'avais oublié que l'Indochine était si belle, observa le maréchal des logis Gouvelot, enthousiaste.

Il avait raison, le panorama était d'une grandeur, d'une majesté à couper le souffle. On aurait dit une vieille estampe chinoise. La base des reliefs se perdait dans une brume bleutée, faisant ressortir, par contraste, le dentelé des falaises, le modelé des collines, étagées, en gradins descendant jusqu'au Mékong, loin vers l'ouest. Plus près, ondulant comme le dos d'un dragon argenté, le cours de la Sé Khong apparaissait, puis disparaissait avant d'apparaître à nouveau, bien plus loin, comme la promesse d'une conclusion heureuse de leur voyage.

A leurs pieds, défrichant un ray brûlé à la fin de l'hiver, des paysans Sedang s'activaient, les hommes, presque nus à l'exception d'un cache-sexe retenu entre les fesses par une simple ficelle, l'arbalète en bandoulière, les filles, en pagne court, la poitrine libre de toute entrave. Ils s'interpellaient, plaisantaient, lançant probablement des propos lestes auxquels les filles ripostaient, par jeu ou par défi.

— Comme nous sommes loin de la guerre ! observa Francis.

— La guerre n'est pas si loin, répliqua le docteur Becker en lui faisant passer ses jumelles. Regardez là-bas, au débouché de la rivière, ce panache de poussière. Il n'y a que les Japonais pour faire circuler des véhicules sur les pistes.

Francis inspecta attentivement le paysage et, à son tour, finit par distinguer, très loin devant lui, les traînées grisâtres qui se dissipaient lentement, irisées par le soleil couchant. Il poussa un bref juron.

— Bertrand ! appela-t-il. J'ai l'impression qu'il y a du monde devant nous !

D'abord sceptique, Bertrand finit par se rendre à l'évidence.

— Décidément ces « *Gni Poûn* » sont partout! grogna-t-il.

— Quels sont tes ordres?

— Nous restons sur place. J'ai envoyé quelques éclaireurs jusqu'au village. Ils ramèneront quelque chose à manger et tâcheront d'obtenir des renseignements. Mais, je ne sais pourquoi, j'ai l'intuition que tout va bien se passer.

C'était la première fois que Bertrand faisait preuve d'un tel optimisme, et Francis s'en inquiéta.

— Tu te montres plus prudent d'ordinaire, remarqua-t-il.

Bertrand se laissa choir aux côtés de son père.

— C'est vrai. Peut-être, aujourd'hui, en ai-je assez de me méfier de tout, d'être constamment sur mes gardes, d'être obligé de me botter le train pour avancer. Je lâche un peu de vapeur.

— Tu as l'air vraiment fatigué, Bertrand. Es-tu certain de pouvoir continuer longtemps?

— Certain? Je n'en sais rien, cela ne dépend pas de moi. Mais je peux t'assurer que ma volonté reste intacte. Je dois aller jusqu'au bout. (Il sourit, dans le vague.) Tu sais, père, il m'arrive bien souvent de penser à Bao Tan, à maman que nous avons laissée sans nouvelles depuis tellement de temps, et qui est sûrement dévorée d'angoisse. Je me dis alors que tout cela, l'anxiété de maman, nos propres fatigues, est comptabilisé quelque part, là-haut sans doute, à notre crédit. Un jour, parce que nous l'aurons vraiment mérité, nous en récolterons le fruit.

Francis hocha la tête.

— Tu as raison, Bertrand. Nous l'aurons bien mérité. (Puis, d'un ton paternel :) En attendant, tu vas me faire le plaisir de te laisser examiner par le toubib!

— D'accord, père. Mais pas maintenant, j'ai beaucoup à faire et d'ailleurs, regarde, nos éclaireurs reviennent du village.

La nuit était tombée. Regroupés autour de leur chef, les hommes attendaient qu'il leur parle, ainsi qu'il en avait manifesté l'intention quelques minutes plus tôt.

– Voici la situation, commença-t-il. Les Japonais ne se sont pas encore aventurés aussi haut dans la montagne, et il y a peu de chances pour qu'ils le fassent dans les jours à venir. Aussi, nous allons pouvoir rester quelque temps ici, afin de nous y reposer. Dès demain, Gouvelot et Camsey descendront jusqu'à la rivière pour y balancer des grenades et nous approvisionner en poisson.

« Nous repartirons après-demain. Maintenant, je sais exactement où se trouvent nos camarades de la Résistance. Les villageois ont assuré à Hogne et à Djall, nos éclaireurs, qu'il y avait des *Phalang* * à trois journées de marche d'ici. Nous les retrouverons et nous ferons équipe avec eux. Des questions?

– Ne craignez-vous pas, mon lieutenant, que nos camarades ne fassent comme nous, c'est-à-dire qu'ils se déplacent? Dans ce cas, nous allons leur courir après, pour rien.

– J'attendais cette objection, Gouvelot. Mais, rassurez-vous, le chef du village a accepté d'envoyer un émissaire à leur rencontre en leur demandant de nous attendre. Dès ce soir, je vais essayer de les accrocher à la radio. Bertroux? Au travail, mon vieux.

Le caporal Hogne tira le bas de la tunique de Bertrand et souffla :

– C'est des types venir sur la piste!

Bertrand fronça les sourcils. Il n'avait rien entendu, mais il ne douta pas une seconde de l'exactitude des renseignements de son caporal. Il avait souvent observé que les Rhadé avaient l'ouïe aussi fine que celle d'un animal, et qu'ils repéraient, de bien plus loin qu'un observateur muni de jumelles, le plus petit détail insolite. Vivant dans la forêt, ils avaient à la fois les réflexes du chasseur et l'instinct du gibier.

De longues minutes s'écoulèrent avant que Bertrand finisse par percevoir, à son tour, le piétinement de quelques hommes qui progressaient sur la piste, venant dans leur direction.

* Français.

– Faites passer, souffla-t-il à l'intention de ses hommes. Ne tirez en aucun cas. Si ce sont des Japonais, faites les morts ! Si ce sont des amis, je prendrai moi-même le contact.

Les inconnus se rapprochaient, avec lenteur, au pas d'une patrouille de reconnaissance, probablement aux aguets, fouillant la jungle du regard, prêts à toute éventualité. « Ce sont des soldats, songea Bertrand. Reste à savoir s'ils sont japonais ou pas. » Depuis une semaine, il avait en vain essayé de retrouver ces *Phalang* dont les Sedang lui avaient annoncé la présence dans la région, et qu'il avait, tout aussi vainement, tenté d'accrocher à la radio. Il ne désespérait pas, il était seulement impatient.

Avec mille précautions, il écarta une branche de mimosée qui se replia d'elle-même et il glissa un œil par l'interstice. La première chose qu'il vit fut un béret rouge, surmontant un visage mangé d'une barbe inculte.

« Les Français se dit-il aussitôt. Nous sommes sauvés. Merci mon Dieu. » Puis : « Quelle drôle d'idée de s'affubler d'une pareille coiffure ! Un béret rouge ! Rien de tel pour se faire repérer ! » Il songea aussi que la rencontre risquait d'être délicate. Il avait lui-même trop souvent mené des patrouilles en territoire d'insécurité pour savoir que l'on tirait d'abord, que l'on s'expliquait après. Du bras, il intima à ses hommes l'ordre de s'aplatir au sol, ce qu'il fit lui-même. Puis il siffla son air fétiche : « C'est nous, les gars de la marine. » La rafale crépita, faisant pleuvoir sur sa tête des feuilles, hachées par les balles. Il cria :

– Halte au feu, bande d'idiots ! Nous sommes français !

A quoi une voix claire répliqua, sèchement :

– Sors de là, bougre de con ! Les mains sur la tête et pas de fantaisies !

Bertrand obéit, avança de quelques pas, se retrouva sur la piste face à face avec le canon d'un gros pistolet mitrailleur « Pacific » solidement tenu par un individu au regard mauvais qui semblait n'attendre qu'un geste pour tirer.

– Je suis le lieutenant Mareuil, du 3ᵉ bataillon montagnard !

– Mareuil ? répéta le barbu en béret rouge. Bertrand Mareuil ?

– Oui. Est-ce que nous nous connaissons?

La mitraillette s'abaissa et son propriétaire ouvrit tout grands les bras.

– Je suis Hervé Puybazet, pauvre pomme!

Bertrand resta sans voix, le souffle coupé. Il n'arrivait pas à associer le souvenir qu'il avait conservé de son vieux camarade de lycée, ce garçon maigre et timide, au doux regard effarouché, avec cet athlète barbu, aux larges épaules, étroitement sanglé dans un uniforme inconnu, une longue veste en tissu camouflé, un pantalon aux vastes poches, des bottes de jungle, bardé d'armes, un pistolet d'un côté, une dague de l'autre, coiffé d'un béret rouge, posé sur son crâne comme une crête flamboyante.

Des flots d'images déferlèrent dans sa mémoire, la soirée de Dalat, en septembre 1938, où, avec Patrick Russange, ils avaient décidé de s'engager pour aller combattre; leur dernière nuit, à Saïgon, avant le départ d'Hervé pour la France où il allait préparer Saint-Cyr.

– Tu ne m'as tout de même pas oublié? reprit Hervé, déconcerté par le silence de son ami.

– Non, répondit Bertrand. Mais j'étais à cent lieues de m'attendre à te trouver ici! Pour moi, tu étais toujours en train de poursuivre paisiblement tes études!

Puybazet esquissa un geste désinvolte.

– Je ne sais pas si tu es au courant, mais il y a eu la guerre en Europe! Alors, Saint-Cyr pouvait attendre! Il est vrai que, pendant ce temps, vous vous la couliez douce en Indochine!

Bertrand ne releva pas le propos. Sa propre présence était, en elle-même, un démenti.

Un à un, les hommes de sa section émergeaient de la brousse. Ils vinrent entourer les six parachutistes, admirant leurs uniformes, parfaitement adaptés à la vie en jungle, leurs équipements de toile, leur armement et leurs appareils émetteurs de radio.

Gouvelot observa :

– A côté de vous, je me fais l'effet d'être un clochard. Peut-être pire encore, le survivant de la Conquête, avec ma tunique de toile, mes équipements de cuir et mon casque colonial! Je vois que vous faites la guerre comme des riches. Nous sommes pauvres, et en loques.

Un peu plus tard, alors que la section avait un bivouac gardé, au cœur de la forêt, les parachutistes déballèrent leurs provisions, rations conditionnées et tabac, que les marsouins et les tirailleurs découvraient avec des yeux émerveillés. Ils n'avaient pas été à pareille fête depuis longtemps.

Les parachutistes les regardaient, croyant avec peine le récit qu'ils entendaient de l'odyssée des dix rescapés.

Un peu à l'écart, Bertrand et son père bavardaient avec Hervé, qui posait de nombreuses questions concernant sa famille, son père, le commandant d'armes de la garnison de Saïgon, sa mère, sa sœur Marie-Claude.

— Est-elle mariée? demanda-t-il.

— Pas encore. Les événements ne l'ont pas permis. Patrick Russange était loin de la Cochinchine. Nous avons baroudé ensemble contre les Japonais à l'automne de 1940 dans la région de Langson. Plus tard, il a pris ma succession au poste de Pha Long, au nord de Lao Kay, à la frontière de Chine. J'espère d'ailleurs qu'il a pu échapper au coup de force du 9 mars dernier. Mais j'ai confiance, il était en de bonnes mains, protégé par une sorte de pirate, indéfectible ami de la France.

Il changea de sujet.

— Parle-nous de toi. Qu'es-tu devenu pendant toutes ces années?

Hervé Puybazet parla longtemps et le récit qu'il fit était, en résumé, un peu l'histoire de la Seconde Guerre mondiale en Europe. Les combats de juin 1940, la longue retraite jusqu'à Bordeaux, son départ pour l'Afrique du Nord. Puis son volontariat pour les parachutistes du 3e régiment S.A.S., son entraînement en Angleterre et son parachutage dans le Nord Finistère en juin 1944, presque un an plus tôt.

— Ensuite, je me suis retrouvé à Paris, dans l'euphorie de la Libération. Je n'y avais pas participé, mais j'en ai bien profité.

Bertrand envia son camarade d'avoir vécu des heures aussi exceptionnelles. Il réclama des détails.

— Au début, c'était formidable, nous étions traités en héros, fêtés, adulés. Au *Fouquet's*, le grand acteur Raimu lui-même réglait nos additions! Et puis, peu à peu, l'enthousiasme populaire s'est émoussé. Au milieu des règlements de comptes de l'épuration, des problèmes du ravitaillement, du marché noir, des jeux de la politique qui reprenaient de plus belle, nous faisions figure de gêneurs. Alors, avec quelques copains, nous nous sommes portés volontaires pour aller combattre dans le Pacifique. J'espérais bien revenir ici, j'avais le mal du pays!

— De Paris au Laos, quel voyage!

— Et encore, tu ne sais pas tout. Nous avons d'abord transité par Ceylan où nous avons subi un entraînement de trois semaines pour le combat en jungle. Puis nous avons traîné nos guêtres à Trincomalee avant de rejoindre, à Calcutta, la Force 136 de l'amiral Mountbatten, chargée des opérations spéciales en Extrême-Orient.

« Malheureusement les avions étaient rares et les Liberator faisaient souvent demi-tour au-dessus du Siam. J'ai ainsi effectué trois fois le voyage pour rien, avant de réussir, enfin, à atterrir ici, voici deux semaines. Tu as devant toi le chef de la mission " Saturne ", " Sodium " en personne. Les paras qui m'accompagnent appartiennent tous aux Jedburghs.

— Jedburghs? s'étonna Bertrand auquel ce vocable était inconnu.

Avec une certaine condescendance, Hervé consentit à expliquer:

— Il s'agit d'une unité spéciale, mise sur pied par les Britanniques dans leur camp d'entraînement de Peterborough, destinée à opérer sur les arrières de l'ennemi. Nous avons tous reçu une instruction extrêmement poussée dans tous les domaines, sabotage, opérations aériennes, transmissions et j'en passe. Aux Indes, on nous a également fait subir un stage de survie, de façon à être aptes à toutes les formes de la guérilla moderne.

Il parla longtemps, émaillant son vocabulaire de mots que Bertrand ne comprenait pas toujours, ou de termes qui lui semblaient trop techniques. Il se faisait parfois l'effet d'être un arriéré mental admis, par une faveur insigne, à suivre les cours des « grands ». Il se rendit compte également du fossé qui les séparait. Hervé Puybazet avait combattu, sans trêve, depuis 1940. Il avait connu l'ivresse de la victoire après avoir été porté par l'espoir de la revanche. Français libre, arborant sur sa manche l'insigne de la Croix de Lorraine, il affichait le mépris le plus complet, aussi bien pour ceux qui étaient demeurés, en France occupée, sans rien tenter contre les Allemands que pour ceux de ses camarades de l'Armée d'Afrique, trop longtemps fidèles, selon lui, à la personne du maréchal Pétain.

— Et je ne dis rien de vous, les soldats d'Indochine, ajouta-t-il. Vous avez pactisé avec les Japonais...

— Ne parle pas de ce que tu ignores, l'interrompit Bertrand, agacé. L'Indochine est restée, je te l'accorde, loyale au régime de Vichy. Est-ce une raison pour penser que nous avons collaboré avec les Japonais? Nous nous sommes côtoyés, sans aucun contact, pendant cinq ans. Que pouvions-nous faire d'autre?

— Résister!

— Avec quoi? L'armement dont nous disposons date de la Grande Guerre! Regarde-moi, regarde mes hommes : la plupart des Européens sont ici depuis 1938! Sept ans d'Indochine! Je ne te parle pas de leurs dysenteries, de leur paludisme, de leur détresse physiologique. Et, malgré tout, ils ont marché, deux mois durant, sans presque une journée de répit. Quelques-uns sont morts sur la piste! D'autres croupissent dans des camps! Sais-tu que la famine sévit à cause des bombardements et des torpillages américains? Mais ces salauds n'ont même pas levé le petit doigt pour nous venir en aide!

— De la propagande, tout ça! Vous vous cherchez des excuses. Heureusement, nous sommes là. Nous allons vous montrer comment il faut se battre. Ensuite, nous remettrons un peu d'ordre dans cette Indochine qui en a bien besoin.

Bertrand se tut. Il songeait, avec amertume, que rien de ce que les Français avaient fait ou subi ne serait pris en compte, ni pour les absoudre du péché mortel qu'avait constitué le légalisme de l'amiral Decoux et de ceux qui avaient œuvré à ses côtés ou sous ses ordres, ni même pour les comprendre. Un mur avait été dressé, que rien ne pourrait abattre.

– A quoi bon discuter, dit-il enfin. L'essentiel demeure ; nous avons réalisé la liaison entre nos deux groupes et nous allons pouvoir agir ensemble.

– Cela est hors de question ! trancha Hervé. Excuse-moi si je te fais de la peine, mais mes parachutistes et moi-même ne pouvons nous encombrer d'une troupe comme la tienne ! Tu ralentirais nos mouvements et je ne sais pas comment se comporteraient tes hommes si nous devions engager le combat.

– En somme, tu veux gagner la guerre à toi tout seul ?

– Ne sois pas inutilement agressif, Bertrand. J'ai ma mission, elle ne prévoit pas d'incorporer des recrues sans entraînement valable.

Bertrand prit le parti d'en rire :

– Tu devrais aller leur expliquer cela toi-même ! Je te garantis un beau succès, surtout quand tu leur diras que tu as subi un stage de trois semaines de survie en brousse, eux qui ont parcouru plus de deux cents kilomètres en deux mois, à travers la jungle de la Chaîne annamitique, sans ravitaillement, sans appuis, sans même l'espoir d'être secourus en cas de blessure ou de maladie ! Pas entraînés, mes hommes ? Tu plaisantes, ou quoi ?

Hervé comprit qu'il avait été trop loin et que son ami était offensé. Il fit machine arrière, tenta de l'apaiser.

– Je me suis mal exprimé, avança-t-il, sincère. Restons calmes et ne précipitons rien. Je veux bien examiner une sorte de coopération entre nous. Si tu le veux, nous pour-rions, par exemple, utiliser la même logistique (un mot que Bertrand découvrit ce jour-là) : je te ferais profiter de mes parachutages, armement, ravitaillement, matériels. En revanche, nous mettrions nos renseignements en commun, et nous déciderions, ensemble, à qui incombe telle ou telle mission. Cela te convient ?

– Je vais y réfléchir de mon côté, répondit Bertrand, prenant ses distances à son tour.

– J'oubliais, reprit Hervé, avec un petit air gêné. Je dois te dire que, quoi qu'il arrive, je prendrai le commandement des opérations. (Il esquissa un sourire.) J'avais en effet omis de te préciser ce point, j'ai le grade de capitaine.

Bertrand n'eut pas le réflexe de lui présenter ses félicita-

389

tions. Le radio, un grand gaillard taillé comme un rug-byman, avec un solide accent d'Afrique du Nord, arriva, hors d'haleine, son visage brun fendu d'un large sourire.

— Écoute ça, capitaine de mon cœur! Message urgent. « *From Calcutta* » to « *Mission Saturne* ». « Hier, 8 mai 1945, les troupes allemandes ont capitulé. Stop. Guerre terminée. Stop. Hourra! Stop et fin. »

Les deux Jedburghs se jetèrent dans les bras l'un de l'autre et entamèrent autour du bivouac une sorte de danse du scalp endiablée. Bertrand les regardait, en les enviant un peu. Il n'éprouvait pas le même sentiment de jubilation. Lui n'avait pas combattu en Europe, il n'était pour rien dans cette victoire. Ce n'était pas la sienne. Il envia un peu leur allégresse et songea qu'en France, et partout dans le monde libre, les cloches devaient sonner à la volée.

Francis s'approcha de son fils, posa la main sur son épaule.

— N'as-tu pas l'impression d'être un laissé-pour-compte, Bertrand? Le bal déploie ses fastes, ses ors, ses lumières, ses valses, et nous faisons tapisserie!

4

Le lieutenant Dauberge éclata d'un grand rire sonore, découvrant des dents de carnassier, d'une blancheur éblouissante. C'était sa coquetterie et sa fierté, il avait constamment en bouche une petite tige de bois tendre dont il usait pour les polir.

— Il paraît que vous me cherchiez? demanda-t-il. C'est moi qui vous ai découverts! Ce n'était d'ailleurs pas très difficile, j'ai su en permanence où vous vous trouviez, la brousse me parle et je comprends son langage.

De taille moyenne, mais bâti en force, Dauberge était le fils d'un sous-officier de la Coloniale d'origine ardennaise et d'une métisse laotienne. Outre son nom, il avait hérité de son père une endurance à toute épreuve et un caractère d'une tranquille obstination. Sa mère, par contre, lui avait légué un visage lisse, d'un ovale délicat, une peau satinée, à peine cuivrée et un regard d'une douceur trompeuse. Car Dauberge était tout, sauf un tendre.

Le 9 mars, sa compagnie de partisans avait résisté, toute la nuit, à l'attaque des Japonais et malheur aux quelques prisonniers qui étaient tombés entre ses mains. Il les avait décapités lui-même au nom d'un précepte qu'il n'avait cessé d'appliquer depuis : « Pour un œil, les deux yeux, pour une dent, toute la mâchoire. »

Ses exploits lui avaient valu l'honneur suprême de voir sa tête mise à prix douze barres d'argent, une somme astronomique, la plus forte jamais offerte pour la capture d'un Européen.

En quatre mois, il s'était taillé un véritable fief, entre Bung Saï et le Mékong, dans la partie nord du plateau des Bolovens où plus une seule unité nippone ne s'était aventurée depuis qu'il s'y était installé. Il est vrai que la mère de Dauberge était originaire de cette province et que lui-même, tout enfant, avait joué avec la plupart des fils de notables locaux qui, aujourd'hui, assuraient les fonctions de *naï ban* * entre Saravane et Kemmarat. Il était, pour eux, plus qu'un hôte privilégié, un personnage sacré.

Il était arrivé en milieu d'après-midi, simplement escorté de deux guerriers Hmong, au crâne à moitié rasé, vêtus d'une tunique noire à brandebourgs, et d'un pantalon de toile bise, les pieds nus, les jambes entourées de bandes molletières. Des garçons à l'aspect placide, au sourire facile et au regard d'une grande bonté. Mais chacun d'eux portait, outre le traditionnel collier d'argent – le collier du Chien, leur ancêtre légendaire – une guirlande d'oreilles coupées. *« Gni Poûn »*, avaient-ils expliqué, avec simplicité.

Bertrand l'avait accueilli avec des transports de joie. Bien au-delà du simple fait qu'ils aient, Dauberge et lui, suivi ensemble les cours de la même promotion d'élèves officiers à Tong au printemps de 1940, l'arrivée de son camarade renforçait singulièrement sa position face aux Jedburghs d'Hervé Puybazet. Désormais, c'était l'Armée coloniale d'Indochine qui donnerait le ton. Les parachutistes devenant des « invités », acceptés, mais minoritaires.

Sa parfaite connaissance du terrain, les renseignements

* Chefs de villages laotiens.

qu'il possédait sur l'implantation, les intentions, les déplacements ennemis, firent que, bientôt, Dauberge devint le véritable chef de la troupe, Puybazet voyant son rôle ramené à celui de pourvoyeurs en armes, en explosifs, en ravitaillement, car il était le seul à pouvoir encore communiquer avec la base de Calcutta.

Les semaines passèrent, toutes marquées d'une évidence qui s'imposait peu à peu; pour les Japonais la fin approchait à grands pas. D'après les messages reçus, le groupe des guérilleros était tenu au courant des combats qui se terminaient sur l'île de Luçon, des bombardements de plus en plus meurtriers sur les villes japonaises. Bertrand avait appris, avec une jubilation rétrospective, que précisément le 9 mars dernier, alors que les forces nippones s'étaient jetées sur les Français, l'aviation américaine avait déversé des milliers de tonnes de bombes au phosphore sur Tokyo, causant le plus gigantesque incendie de toute la guerre et faisant au moins deux cent mille morts.

Le 11 août, Puybazet fit part à ses deux compagnons du dernier message reçu de Calcutta et ne cacha pas sa satisfaction; c'était une sorte de revanche qu'il prenait sur eux :

« A compter de ce jour, toute appellation coloniale, notamment " résident ", " colonie ", " armée coloniale " doit être écartée, tandis que les thèmes de la remise au travail pour la reconstruction d'une Indochine libre dans le cadre de l'Union française devront être développés. »

— Que signifie ce charabia? s'insurgea Bertrand.

— Votre temps est révolu, répliqua Hervé. Vous êtes les derniers représentants d'un système périmé.

Dauberge haussa les épaules.

— C'est ton général de Gaulle qui a un train de retard, observa-t-il d'un ton paisible. Il parle de l'Union française comme d'un objectif à atteindre alors qu'il est dépassé dans les faits. Sache que depuis le 11 mars, le Viêt-nam s'est proclamé indépendant et possède un souverain, Bao Daï, un gouvernement et un président du Conseil, Tran Trong Kim. Même chose pour le Cambodge, avec Sihanouk et Son Ngoc Tan. Idem ici, au Laos avec le prince Tiao Petsarath!

« J'ajoute que les mots, je m'en fous. Dès 1941, l'amiral

Decoux avait proscrit le terme " indigène ", interdit le tutoiement systématique et imposé la parité de traitement pour *tous* les fonctionnaires, à quelque race qu'ils appartiennent. Tu vois, nous ne vous avions pas attendus !

M'Drak, l'ordonnance de Bertrand, venu apporter le bidon de thé, traditionnel à cette heure de l'après-midi, avait écouté attentivement la conversation. Il n'avait retenu qu'une seule chose, le mot " colonial " était rayé du vocabulaire :

— Si moi, c'est plus moyen soldat colonial, fit-il observer, quoi c'est moi devenir ?

Il avait un air si comiquement navré que tous les officiers, Hervé compris, ne purent retenir leur hilarité.

— Rassure-toi, lui affirma Bertrand, toi c'est quand même bon soldat.

— Moi c'est content bon soldat colonial, rectifia M'Drak, entêté.

Les événements s'accélérèrent dans les jours qui suivirent. Le lendemain, alors que la radio de Calcutta faisait état du largage de deux bombes atomiques sur Hiroshima le 6 août, sur Nagasaki le 9, un message parvint au commando fixant des missions à accomplir dès que la capitulation japonaise se produirait, ce qui n'était plus, selon le texte, qu'une question d'heures :

« 1° Prendre possession des locaux administratifs.

2° Inviter tout fonctionnaire et tout militaire active ou réserve à se présenter à vous.

3° Libérer tout prisonnier ou interné politique.

4° Les fonctionnaires indigènes (Bertrand toussa de façon ironique) actuellement en place doivent conserver leurs fonctions sauf cas patent d'incapacité ou non confiance population. La mise en place de fonctionnaires européens doit être infiniment nuancée et ils devront être principalement considérés comme des conseillers ou des curateurs... »

— Curateurs ? interrogea Dauberge.

— Qu'est-ce à dire ?

— Des intérimaires, expliqua Hervé Puybazet.

— Je vois l'épuration pointer le bout de l'oreille, nota Francis.

Dauberge s'était levé.

— Moi, dit-il fermement, je n'ai retenu qu'une chose dans tout ce galimatias. Les Japonais vont déposer les armes, je n'ai pas envie qu'ils les remettent à n'importe qui, et, notamment, à ces comités « autochtones » qu'ils ont mis sur pied depuis quelque temps pour s'opposer à notre retour. Aussi, je propose de prendre les devants.

— C'est-à-dire? interrogea Puybazet qui constatait, une fois de plus, que Dauberge décidait de tout sans lui demander son avis.

— Avant le 9 mars, j'étais en garnison à Paksavane. J'ai provisoirement été contraint d'en partir. Mon intention est de rentrer dans mes quartiers et de m'y réinstaller. (Il fit face aux parachutistes :) Messieurs, leur déclara-t-il, vous êtes, ici, les représentants de la nouvelle légalité française. Moi ainsi que mon camarade (et sa main désigna Bertrand), sommes les tenants d'un régime condamné ; conséquemment, le lieutenant Dauberge et le lieutenant Mareuil vont rentrer à Parksavane, à la tête de leurs soldats « coloniaux », et reprendront possession de leurs locaux. Ils hisseront le drapeau tricolore et attendront, l'arme au pied, la venue des libérateurs. Vous, en l'occurrence.

« Quand vous serez là, j'aurai l'honneur de vous remettre mon pistolet et de me tenir à la disposition des tribunaux qui statueront sur la trahison dont je me suis rendu coupable en obéissant aux ordres de mon chef, l'amiral Decoux.

Hervé Puybazet avait rougi, puis pâli. Il protesta :

— Tu abuses de la situation ! Personne n'a parlé de tribunaux !

— J'ai bien lu les directives que tu as reçues, il est formellement écrit que les fonctionnaires seront maintenus, sauf « incapacité ». J'ai été chassé du poste qui m'avait été confié, je suis donc considéré comme « incapable ». Logique, non ?

Laissant là les parachutistes, il s'éloigna à grands pas, suivi de Bertrand, du docteur Becker et de Francis qui n'avaient pas prononcé un mot, mais qui étaient totalement d'accord avec lui. Quelques instants plus tard, regroupés autour de la carte, ils mirent au point les détails de l'intervention projetée.

— But à atteindre, commença Dauberge, nous rapprocher suffisamment de Paksavane pour coiffer la ville par surprise, sans laisser aux Japonais le temps, ni l'occasion de réagir.

— Nous marchons avec toi. Comment comptes-tu opérer?

— Nous allons procéder en deux temps. En premier lieu, nous allons nous porter au plus vite à Thomrong. C'est un village de lépreux que les Japonais ont eu peur d'occuper bien qu'il soit administré par deux Blancs.

Francis se pencha :

— Parleriez-vous du docteur Kervizic, lieutenant? demanda-t-il, brusquement bouleversé.

— Oui. Pourquoi? Le connaissez-vous?

— Bien sûr. (Il passa sa main sur son front.) Nous sommes arrivés ensemble en Indochine, voici plus de quarante-cinq ans. La dernière fois que je l'ai vu, c'était à Saïgon, en 1935 je crois. Il était venu accompagner sa femme, Phuoc, atteinte par la lèpre. Elle a préféré se suicider. Kervizic est reparti pour le Laos et jamais plus je ne l'ai rencontré. Vous ne pouvez pas imaginer le plaisir que j'aurai à le revoir et à le serrer dans mes bras!

Dauberge hocha la tête, puis, avec une grande douceur :

— Il sera certainement très heureux, lui aussi, de retrouver l'ami que vous êtes pour lui. Mais, pour ce qui vous concerne, il vous faudra beaucoup de tact et de courage pour le voir tel que votre souvenir en a conservé l'image.

— Vous ne voulez pas dire...?

Francis laissa sa question en suspens, il avait peur de comprendre.

— Hélas si, répondit Dauberge. Mais cela n'a entamé en rien son ardeur et son dévouement. Quant à son caractère... (sa main se tendit pour appuyer sa description :) il est resté aussi intransigeant que le fil d'un sabre!

Bertrand se leva, appela Gouvelot :

— Dis aux hommes de se préparer, nous partons tout de suite!

— Bien, mon lieutenant!

Les dernières consignes données, les missions partagées, les deux officiers se séparèrent. Ils avaient fixé leur point de rencontre à deux jours de marche, au gué de la rivière Sé Champhone, à l'ouest du gros village de Keng Khone.

Suivi du docteur Becker et de son père, Bertrand se dirigea vers le bivouac de sa section, prête au départ. Au moment où il y arrivait, débouchant de la piste, un ordre retentit :

— A vos rangs! Fixe! Présentez, armes!

Il sourit, Gouvelot avait repris les hommes en main, leur rappelant fort à propos qu'ils étaient des soldats. Il les vit et son sang se figea. Tous avaient revêtu la « smoke » camouflée des parachutistes, un lot d'habillement largué trois nuits auparavant, et que leurs camarades leur avaient généreusement offertes. Ainsi équipés, ils avaient fière allure et avaient ainsi effacé les traces d'une longue odyssée de plus de cinq mois.

Bertrand avança, à pas lents. Puis, brusquement, il fit face.

— Que signifie cet accoutrement? demanda-t-il sèchement.

— Mon lieutenant, répondit Gouvelot, nos tenues ne sont plus que des loques!

— C'est vrai. Mais ce sont des uniformes français! Les vôtres! Ceux que vous avez portés pendant notre longue marche, ceux qui symbolisent encore notre présence en Indochine et qui témoigneront des combats que nous avons menés. Nous allons libérer Paksavane, et je serai à votre tête. Aussi n'ai-je envie de commander à une troupe revêtue d'un uniforme étranger!

— Ces vestes sont britanniques, plaida Gouvelot. Ce sont nos alliés!

— Vous ne m'avez pas bien compris, maréchal des logis. En loques ou pas, vous allez vous remettre en tenue, la tenue de l'Infanterie coloniale, seule prescrite par les règlements! C'est une question de principe et d'honneur! Vous représentez l'Armée d'Indochine, celle qui s'est battue à Langson en 1940, celle qui a subi l'assaut des Japonais le 9 mars dernier, celle qui n'a jamais baissé les bras!

Il fit trois pas en arrière.

– Et d'ailleurs, vous n'êtes pas des parachutistes, alors, pourquoi vous être déguisés? (Puis, fermement :) Exécution! Je vous donne dix minutes!

Les deux groupes opérèrent leur jonction à l'endroit prévu, le 13 août en début d'après-midi. Les hommes du lieutenant Dauberge et ceux de Bertrand Mareuil se découvrirent enfin. Ils se jetèrent les uns vers les autres en hurlant de joie, certains de marcher vers la victoire. Les deux officiers décidèrent de se remettre en route sans plus attendre. Francis ne s'y opposa pas, bien que la fatigue commençait à produire ses effets sur un organisme prématurément vieilli. Mais il était porté par l'impatience de revoir son plus vieil ami.

Ils arrivèrent à Thomrong à la tombée de la nuit. Par mesure de sécurité, la troupe fut maintenue hors de l'enceinte du village, seuls Dauberge, Bertrand, Francis et le docteur Becker y entrèrent. Ils se dirigèrent aussitôt vers le dispensaire où les attendait le père Germain. Averti de l'arrivée des soldats français, il avait fait un effort de toilette et arborait, sur sa soutane, la plus neuve qu'il ait pu trouver, les décorations qu'il avait gagnées en 1914-1918, une Légion d'honneur et une croix de guerre ornée de quatre citations.

– Où se trouve le docteur Kervizic? demanda Francis aussitôt.

Le père Germain baissa la tête.

– Mon vieux compagnon est en train de rendre son âme à un Dieu qu'il a toujours cru bannir de son cœur, mais qui l'assiste malgré tout. Ronan Kervizic était un cœur pur.

– Puis-je le voir?

– Bien sûr, mais je dois vous prévenir, ne soyez pas rebuté par son apparence charnelle, elle n'est pas digne de l'être d'exception qu'il était.

Allongé sur son bat-flanc, d'une maigreur cadavérique, Ronan Kervizic haletait, le souffle court, la bouche démesurément ouverte, les yeux fixes, l'air inconscient.

Francis s'agenouilla près de lui.

– Ronan, appela-t-il doucement. Ronan! Je suis Francis Mareuil! Vous rappelez-vous de moi?

397

Les mots se frayèrent un long et difficile passage jusqu'au cerveau du moribond qui réagit enfin.

— Francis, articula-t-il d'une voix rauque. Francis, mon ami! D'où venez-vous?

— C'est une bien longue histoire. L'important est que je sois là, près de vous. Souffrez-vous?

— Non. Le curé s'occupe de moi et me prépare, toutes les heures, une pipe d'opium. J'aimerais qu'il arrête, il va finir par me voler ma mort!

— Je vous ai entendu, mécréant! rugit la grosse voix du père Germain. Et je n'ai pas l'intention de vous voler quoi que ce soit!

— Je vous permets toutefois de prier pour moi, curé.

— Si vous croyez que j'ai attendu votre autorisation!

Kervizic émit un petit ricanement qui s'acheva sur une quinte de toux. Il réussit à retrouver suffisamment de souffle pour ironiser :

— Voyez-vous, Francis, ce curé m'aura cherché noise jusqu'au bout! Il sait que je ne lui en veux pas, bien au contraire. Si Dieu existe, je crois qu'il lui ressemble.

— Puis-je rester auprès de lui? demanda Francis.

— Bien sûr, je vais vous faire apporter un fauteuil. N'hésitez pas à m'appeler en cas de besoin.

— Pouvez-vous dire à mon fils de faire venir ici son médecin, le lieutenant Becker? Il possède des calmants dans sa trousse.

Assis autour de la table, à la lueur d'une lampe à pétrole, Dauberge et Bertrand avaient rapidement expédié le repas frugal que leur avait préparé l'un des domestiques du père Germain. Penchés sur la carte, ils mettaient au point les détails de leur attaque sur Paksavane. Sur une feuille de papier, Dauberge avait tracé un plan de la ville.

— A mon avis, les Japonais sont informés de notre présence ici. Ils nous attendent donc en provenance de l'est. Mon idée de manœuvre consiste à les surprendre, en arrivant par le nord en utilisant le courant du Mékong.

Il s'interrompit, leva la tête. Trois inconnus venaient d'entrer dans la pièce. Avec surprise, Bertrand reconnut

Denis Lam Than, son « double beau-frère » comme il l'appelait, familièrement moqueur.

— D'où sortez-vous ? interrogea-t-il, intrigué.

Lam Than résuma en quelques mots le cheminement qui l'avait conduit à Thomrong, précisant :

— C'était un conseil de votre frère Cyril. Je l'en remercie, du fond du cœur, tous les jours.

Puis il ajouta, désignant ses deux compagnons restés dans l'ombre et dont Bertrand n'avait pas encore distingué les visages :

— Puis-je vous présenter deux invités, arrivés à Thomrong voici deux mois après une invraisemblable aventure en jungle ? Ils se sont évadés de Hué au lendemain du 9 mars et ont erré, des semaines durant, dans la forêt. Au départ, ils étaient douze, dont deux officiers. Tous sont morts en route et nos amis n'ont dû qu'à l'hospitalité des Méos de parvenir jusqu'à nous. Pour le père Germain, ce sont deux véritables miraculés.

Le premier des deux s'avança, se figea au garde-à-vous et dit :

— Je suis le sergent Gilbert Buzet, du 6e régiment de tirailleurs annamites. Mes respects, mon lieutenant.

— Assieds-toi, lui ordonna Dauberge. As-tu envie de prendre ta revanche sur les Japonais et de venger tes camarades ?

— Naturellement, mon lieutenant. Avec joie !

— D'accord, tu viendras avec nous.

— Et moi ? demanda le second personnage, avec un fort accent britannique. On m'oublie, je crois ? Serais-je de trop ?

— Non. Qui êtes-vous ?

— Lieutenant Patrick O'Donovan, de la Royal Australian Air Force !

Bertrand poussa un cri et se précipita en avant.

— Patrick ! clama-t-il. Bon sang, que faites-vous ici ? Je vous croyais en Chine depuis longtemps ! Ne me dites pas que vous avez été abattu une seconde fois !

— *I beg your pardon, Sir*. Arrêtez de secouer moi ! Je n'ai pas entendu votre nom.

— Espèce de buse ! Je suis Mareuil ! Bertrand Mareuil !

Vous ne vous rappelez pas? Le poste de Dak Tri! Le capitaine Pascual! Notre soirée au mess! (Il fredonna :) « Plaisir d'amour... »

Patrick O'Donovan leva les mains, comme pour se protéger de cette avalanche de mots. Il réussit à dire :

— Mais si, je me souviens! Cessez de crier, pour l'amour du ciel! Je ne suis pas sourd! Je suis seulement surpris par (sa main s'agita, sous son menton) cette grande barbe noire! Cela change complètement votre... physionomie!

— Comment se fait-il que vous n'ayez pas réussi à passer en Chine?

— Puis-je m'asseoir? Je serai mieux pour expliquer. Voilà, j'ai reçu un joli cadeau de mes amis américains! (Il fouilla dans sa poche, en retira une balle de 12,7 mm, soigneusement astiquée, qu'il présenta, entre le pouce et l'index.) Voici le cadeau! Il est beau, n'est-ce pas? Seulement ils me l'ont envoyé dans le corps et, ça, ce n'était pas gentil! J'ai été ramassé par les secouristes et conduit à l'hôpital de Hué. J'y étais encore, en convalescence, quand les Japonais ont attaqué la ville, et je m'enfuis. En route, j'ai retrouvé un petit groupe de soldats français. (Il hocha la tête.) Tous étaient très courageux, mais ils étaient vieux, fatigués, malades. Nous sommes arrivés, tout seuls, Gilbert et moi, ici. Les gens ne sont pas très (il chercha le mot, ne le trouva pas) très *beautiful*, mais ils sont très gentils. Et les Japonais ne se sont jamais montrés ici. Nous étions bien tranquilles. Trop, même.

« Voulez-vous de moi pour battre à vos côtés?

— Sans problèmes, dit Dauberge. Savez-vous servir un fusil-mitrailleur?

— Bien sûr! J'étais le meilleur tireur de mon escadrille!

Un peu après minuit un message leur parvint retransmis par la radio des parachutistes. Il comportait deux phrases, également laconiques :

« Origine, Calcutta. Stop. Capitulation japonaise officielle ce jour. Stop et fin. »

Bertrand et Dauberge se congratulèrent chaleureusement. Cette fois, c'était vraiment « leur » victoire. Ou, plus exactement, celle qui les touchait le plus, davantage que celle de l'Allemagne, le 8 mai dernier.

– Je vais prévenir mon père, dit Bertrand.

Il courut jusqu'à l'infirmerie et trouva Francis, profondément endormi. Près de lui, Kervizic ne se résolvait pas à mourir. Son agonie était à l'image de ce qu'avait été toute sa vie, un combat farouche de la volonté contre ce qu'il appelait « les faiblesses de la carcasse ». Il ne se rendrait qu'après avoir épuisé toutes ses forces.

– Père, murmura Bertrand en posant délicatement sa main sur l'épaule de Francis. La guerre est finie, la capitulation japonaise est officielle aujourd'hui.

Même prononcées à voix basse, les paroles de Bertrand parvinrent jusqu'à la conscience du moribond. Il se redressa sur les coudes, tendit le cou et lança, avec une force surprenante :

– Vous voyez bien ! Le bout du tunnel, enfin !

Puis il retomba. Définitivement.

Francis se pencha et lui ferma les yeux. Il pleurait.

– Je vais te laisser, papa, reprit Bertrand, utilisant pour la première fois ce patronyme auquel, toujours, il avait préféré celui de « père » qui, à ses yeux, constituait une plus grande marque d'affectueux respect.

– Où vas-tu ?

– Nous allons reconquérir Paksavane.

– J'aimerais bien venir avec vous.

– Ta place est ici, tu le sais bien. Ton ami a encore besoin de toi, alors que, pour nous, il s'agit d'une simple formalité. Les Japonais n'ont plus le droit d'utiliser leurs armes.

Bertrand parti, Francis plongea dans le chagrin. Des quatre compagnons de cabine qui avaient effectué le voyage vers l'Indochine, à bord du *Tonkin* *, il était le seul survivant. Tannerre était mort, Saint-Réaux avait été abattu au-dessus du golfe du Siam, et, maintenant, Kervizic s'en était allé, vers il ne savait quel nouveau rivage.

Des souvenirs lui revenaient en foule, le départ de Marseille, à l'automne de 1899, la rencontre avec Madeleine, disparue elle aussi, la mère de Cyril et de Sylvie, assassinée de façon effroyable un jour de 1908.

_____

* Cf. *Sud Lointain*, tome I, « Le Courrier de Saïgon ».

Francis devait tout à son ami Kervizic. C'était lui qui l'avait mis en rapport avec ce Chinois de Cholon, Wing Kat Chong, qui lui avait fait confiance et lui avait permis d'acheter Bao Tan.

« Je suis le dernier, songea-t-il. Le dernier acteur, le dernier témoin. J'ai vu grandir l'Indochine, je l'ai vue prospérer, s'agiter, se plaindre. Je l'ai vue espérer, souffrir, subir. J'ai vu, aussi, la fin d'une époque, somme toute heureuse. Je vais, maintenant, devoir affronter l'aube nouvelle, déjà chargée de nuages incertains. Que sera demain, ami Kervizic? Qui te rendra justice? Qui parlera de ta vie, de tes efforts, de cet amour immodéré des humbles, des pauvres, des malades, des humiliés? Qui portera témoignage de ton œuvre, alors que, déjà, se lèvent un peu partout et dans notre propre patrie des procureurs prêts à nous demander des comptes?

« Aurai-je le courage de répondre? Et trouverai-je seulement une oreille attentive et compréhensive?

« Je t'envie presque, ami Ronan. Tu ne verras pas les attaques contre ce que nous avons bâti. Tu n'auras pas à reconstruire. Tu n'auras plus à te battre, tu n'auras pas à prouver, encore et encore. A songer à ce qui nous attend, je me sens si vieux, si fatigué! Où que tu sois, veille sur nous. Demande à ce Dieu auquel tu ne croyais pas, et qui pourtant t'a accueilli sans hésiter auprès de Lui pour te prouver qu'Il croyait en toi, de nous donner, de me donner la force et le courage...

CHAPITRE 9

Août-septembre 1945

1

Depuis des semaines c'était la même calamiteuse routine. Toujours cette existence de bêtes apeurées, faméliques, dévorées de tiques et de vermine. Dans leurs cagnas sordides, si basses et si étroites que l'on eût dit des niches à chiens, les femmes se terraient, se blottissaient, seulement guidées par l'élémentaire instinct de survie. Elles avaient perdu le souvenir, ne se rappelaient pas avoir vécu autrement. Ramenées au fond d'un abîme de terreur et de misère elles pensaient, résignées, qu'elles n'en sortiraient jamais.

Lee-Aurore sentait parfois sa raison vaciller devant autant de détresse et d'humiliations supportées. La colère lui était alors une échappatoire. Elle hurlait des injures à ses geôliers, les pires qu'elle connaissait. Parfois ils en riaient et se moquaient d'elle. Souvent, ils se ruaient et l'assommaient de coups.

Elle avait assisté à des scènes atroces. Des femmes, autrefois amies, se disputaient une racine, un bout de bois, un tison. D'autres se suicidaient, pendues par une liane à la branche d'un arbre.

Le pire avait été le soir où Fleur, sa compagne, la femme de Hoche Cahuzac, en proie aux premières douleurs de l'accouchement, avait été traînée au milieu de la placette du camp par quelques brutes de la Kempeïtaï et allongée, de force, sur le sol :

— Tu as trahi la cause de l'Asie en te vendant à un Blanc, lui avait lancé un officier. Tu ne mérites pas de vivre. Ni ton enfant non plus !

Dégainant son sabre, il lui avait ouvert le ventre, puis, arrachant le bébé, l'avait décapité.

En dépit des soins qu'avaient tenté de lui prodiguer Lee-Aurore et quelques-unes de ses voisines de bat-flanc, Fleur était morte en quelques heures.

Une semaine plus tôt, une camionnette avait ramené au camp une dizaine de gamines européennes de treize ou quatorze ans, arrachées au pensionnat de My-Tho, dont elles portaient encore l'uniforme, jupe plissée bleu marine, chemisier blanc. Elles avaient été aussitôt dirigées vers les baraquements des soldats. Toute la nuit, les prisonnières les avaient entendues hurler de terreur et de souffrance. Au matin, elles avaient été jetées, sans ménagements, dans les cagnas. Certaines étaient encore hébétées, d'autres, rendues folles par les sévices endurés, ne pouvaient que gémir et pleurer. En les soignant, en pansant leurs plaies, Lee-Aurore s'aperçut qu'elles avaient toutes été violées et forcées. Elles en resteraient marquées à jamais dans leur âme et dans leur corps.

Lee-Aurore se leva, enjamba ses voisines et, à quatre pattes, s'extirpa de sa cagna. Puis elle se remit debout et se dirigea, à pas comptés, vers la forêt, avec l'intention d'y glaner quelques brindilles pour entretenir le feu sur lequel, tout à l'heure, elle mettrait à bouillir l'eau qu'elle teinterait de feuilles de goyavier, la seule boisson qui soit permise aux prisonnières. Son attention fut attirée par l'arrivée d'une automobile qui avançait, en cahotant, sur la mauvaise piste menant aux baraquements des officiers. Elle s'abrita derrière le tronc d'un grand fromager et regarda. Dans ce quotidien où rien ne se passait jamais, la venue d'un visiteur nouveau constituait un événement considérable, qu'elle ne songeait pas à manquer ; il entretiendrait les conversations de la journée.

La voiture stoppa. Un soldat se précipita et se figea au garde-à-vous en ouvrant la portière arrière. Lee-Aurore réprima un mouvement de panique. Elle avait reconnu le lieutenant Sakamura, l'homme qui l'avait interrogée dans les locaux de la Kempeïtaï, cinq mois plus tôt. Que venait-il faire ici?

Elle eut un début d'explication une minute plus tard lorsqu'elle entendit un officier du camp sonner le rassemblement général de tous les soldats. Ils se rangèrent, au carré, et se figèrent à l'apparition de Sakamura. Intriguée, Lee-Aurore s'aperçut qu'il avait accroché à sa manche un brassard blanc, signe de deuil.

Poussée par la curiosité, elle se glissa d'arbre en arbre, assez près pour entendre la harangue que le lieutenant adressait à la troupe :

— Soldats de l'Armée du Japon! clamait-il, de sa voix gutturale. J'ai la grande douleur de vous apprendre qu'aujourd'hui, Sa Majesté notre empereur a demandé à notre pays bien-aimé de déposer les armes pour éviter l'holocauste de notre grande nation! Après les bombardements barbares de nos villes, réduites en cendres par des armes nouvelles et terrifiantes, nées dans le cerveau inhumain des Américains, la lutte doit cesser.

Il s'interrompit, essuya ses paupières humides de larmes et reprit :

— Soldats de l'Armée du Japon. Nous devons nous incliner, le cœur brisé, devant la volonté impériale. Mais ici, en Indochine, rien n'est changé pour nous. Nous devons assurer l'ordre et la sécurité selon nos lois, en attendant l'arrivée prochaine des troupes britanniques auxquelles nous remettrons nos armes.

Et il conclut :

— *Tenno, heïka, banzaï*!

Lee-Aurore était pétrifiée. Elle avait de la peine à en croire ses oreilles. Ainsi, tout était fini! Son cœur se gonfla d'espérance; le cauchemar allait bientôt s'achever, elle pourrait retourner à Saïgon, retrouver sa mère, embrasser Diane, sa fille, et se blottir à nouveau dans les bras de Cyril. Elle n'avait jamais cessé de penser à lui, se demandant sans cesse ce qu'il avait pu devenir, s'il était parvenu à s'échapper de la ville, et dans quel endroit de Cochinchine il avait trouvé refuge.

Sa joie faiblit quand elle se remémora les dernières phrases prononcées par Sakamura : « Pour nous, rien n'est changé... » Allait-il donc falloir subir encore ces sévices, ces humiliations, cette existence de bêtes en cage? Elle songea que, n'ayant plus rien à perdre, les Japonais allaient peut-être se venger sur leurs prisonnières de l'affront subi. A moins qu'ils ne décident, dans leur folie meurtrière, d'effacer les traces de leurs atrocités en supprimant tous les témoins. Dans ce cas, ni sa vie, ni celle de ses compagnes ne pèserait lourd!

Lee-Aurore ne se trompait pas dans ses sombres pressentiments. Le soir même les exécutions commencèrent. Ce fut d'abord l'une des fillettes, violée la semaine précédente, qui fut arrachée à sa cagna et, attachée à un arbre, subit de nouveaux outrages avant d'être achevée d'une balle dans la nuque. Puis la femme d'un des chefs de la Résistance, qui fut traînée jusqu'à un billot de bois sur lequel elle eut la tête tranchée.

— Il faut nous évader, expliqua Lee-Aurore à ses compagnes, folles de terreur.

— Nous n'irons pas loin, protesta sa voisine. Ils nous rattraperont et nous tueront.

— Ne comprenez-vous pas que c'est la seule chance qui nous reste? Si nous demeurons ici sans rien tenter, nous mourrons de toute façon. Pour moi, c'est tout choisi. Je préfère être tuée en m'enfuyant que d'attendre, la nuque offerte, le sabre du bourreau!

Malgré tous les arguments qu'elle développa, Lee-Aurore s'aperçut qu'elle était la seule à vouloir jouer sa vie à pile ou face.

— Je partirai quand même, décida-t-elle.

Cette déclaration suscita un tollé de protestations.

— Il n'en est pas question! répliqua l'une de ses camarades de geôle. Ton départ nous condamne plus sûrement encore! Tu n'as pas le droit de nous mettre en danger!

— Le danger ne vient pas de moi, mais des Japonais! Ils vous tueront toutes, une par une, quoi que je fasse, quoi que vous pensiez. Je pars!

— Nous allons te dénoncer.

Lee-Aurore marcha sur la métisse qui avait proféré cette menace. Elle l'avait peu remarquée jusqu'ici. C'était une petite créature d'aspect insignifiant, qui, jamais encore, n'avait fait le moindre geste pour venir en aide à quiconque. Elle vivotait, repliée dans son coin, à mâchouiller des baies séchées qu'elle allait chercher dans la forêt et dont elle surveillait jalousement la réserve qu'elle avait constituée sous sa natte.

— Qui es-tu? demanda-t-elle, durement.

La métisse lui jeta un regard de défi.

— Tu ne me fais pas peur, cracha-t-elle, venimeuse. Qu'est-ce que cela peut te faire, qui je suis? Je n'en sais rien moi-même! Mon père était un salaud de Blanc qui a fait un enfant à sa boyesse! Il ne m'a rien laissé, pas même son nom! Quant à ma mère, elle ne m'a appris qu'une chose, à faire la putain! Les Japonais m'ont mise en prison parce que j'avais contaminé quelques-uns de leurs officiers, mais moi, je n'ai rien contre eux, au contraire! Et si cela doit me sauver la vie, cela m'est bien égal d'aller te dénoncer!

Lee-Aurore l'agrippa en haut de sa courte veste de paysanne, leur uniforme de prisonnières :

— Si tu essaies de sortir de la cagna, je te tords le cou!

En dépit de son apparence malingre, la métisse savait se défendre et, bientôt, ce fut un pugilat en règle entre les deux femmes. Leurs compagnes finirent par intervenir et les séparèrent. Puis l'une des femmes s'en prit à Lee-Aurore.

— Pour qui te prends-tu, avec tes manies de vouloir tout diriger, tout régenter? Il n'est pas question que tu t'évades. Tu resteras avec nous!

— Essayez de m'en empêcher!

Deux ou trois harpies se jetèrent sur elle, et, en un tournemain, lui arrachèrent ses vêtements, le *cai kouan* * et le *cai hao* ** de grossier tissu de couleur *cu nau*, dont elles se servirent pour lui lier les pieds et les poignets.

La métisse en profita pous se glisser jusqu'à elle et lui cracha au visage.

— Ainsi, tu voulais me tordre le cou? Regarde-toi maintenant! Et évade-toi!

La pluie de mousson ne cessa pas de toute la nuit.

---

* Le pantalon de paysan.
** Le caraco, ou la veste courte.

Accroupie sur sa natte, le menton aux genoux, grelottant de froid ou de fièvre, Lee-Aurore passa l'un des pires moments de sa longue détention, portant en elle la peur de l'aube à venir.

Lorsque le jour se leva, les prisonnières s'aperçurent que tous les Japonais avaient évacué le camp pendant la nuit. Ils avaient été remplacés par une trentaine de paysans annamites, vêtus d'uniformes approximatifs, sanglés dans des équipements de l'armée française et pourvus d'un armement hétéroclite. Celui qui semblait leur chef, un quadragénaire aux cheveux coiffés en brosse hérissée, le bras ceint d'un bout de tissu rouge, fit rassembler les détenues sur la placette du camp et, dans un français nasillard, leur déclara :

— Nous avons obligé les impérialistes japonais à libérer le camp de Vinh Loc. Désormais vous n'avez plus rien à craindre. Vous êtes placées sous la protection du peuple viêtnamien.

— Quand pourrons-nous rentrer chez nous ? demanda une femme.

Le chef esquissa un mouvement agacé de la main.

— Cette question est prématurée ! Les conditions ne sont pas encore remplies pour vous permettre de revenir à Saïgon.

— Quelles conditions ?

— Vous n'avez pas à le savoir ! Notre pays est indépendant et nous n'avons pas à expliquer nos raisons à des colonialistes vaincues ! Je vous l'ai dit, vous êtes sous la protection du peuple, mais nous devons encore vous défendre de la juste colère de ceux que vous avez injustement opprimés et exploités pendant des années. Croyez-moi, vous êtes mieux ici, vous n'avez rien à craindre. Lorsque nous jugerons le moment venu, nous vous escorterons à Saïgon, de façon à vous permettre de rentrer paisiblement en France.

Placée au dernier rang, Lee-Aurore écoutait attentivement les paroles de l'homme en noir ; son langage prouvait qu'il s'agissait d'un cadre communiste ayant suivi un long stage de formation politique. Il avait notamment précisé que Saïgon n'était pas le « chez nous » qu'avait évoqué la prisonnière. Quant à la « juste colère des opprimés et des

408

exploités », ce n'était qu'un alibi commode pour les maintenir en détention. « Nous sommes en réalité des otages dont les révolutionnaires se serviront pour faire pression sur les autorités françaises », songea-t-elle. Elle écouta encore le chef, et, soudain, une certitude l'envahit. Elle le connaissait. C'était Cao Van Minh.

Cao Van Minh! Des flots de souvenirs déferlèrent. Elle se rappela leur première rencontre, un peu plus de vingt années auparavant, dans une sordide paillote de Khanh Hoï, le faubourg populeux de Saïgon où il se cachait, déjà clandestin. Elle rentrait de France, la tête pleine de chimères nationalistes, ayant choisi de militer avec ses « frères » annamites pour les aider à recouvrer leur indépendance. Ce jour-là, par défi, elle s'était fait accompagner de Cyril, jeune engagé de vingt ans. Elle avait découvert à cette occasion que Cyril et Minh étaient deux amis d'enfance. S'ils étaient amenés à se combattre, ils conserveraient, l'un envers l'autre, une estime que le temps n'altérerait pas.

Elle l'avait revu deux ou trois fois depuis. Notamment, un jour de novembre 1929, à Hanoï, à la veille des troubles qui, pendant quelques semaines, avaient agité le Tonkin. Par Cyril, elle savait que Minh était revenu dans le Sud depuis le début de la guerre. Et il était là, aujourd'hui, à la tête d'une milice paysanne qui représentait « le peuple ».

« S'il apprend ma présence ici, songea-t-elle, ma vie ne vaudra pas cher. Je suis sans doute ce qu'il déteste le plus, une renégate; j'ai abandonné " la Cause " pour rallier le camp de ce qu'il nomme " le colonialisme ". »

Cao Van Minh avait été arrêté dix-huit mois plus tôt par les miliciens loyalistes de Nguyen Van Tam, surnommé, depuis, le « tigre de Cay Laï » à cause de la vigueur avec laquelle il avait mené la répression dans son fief après l'assassinat de ses deux fils abattus par les communistes. Il avait été interné au camp de Nui Bara, près de Bu Dop, à proximité des trois frontières de Cochinchine, d'Annam et du Cambodge. Le coup de force japonais l'en avait libéré, et avec lui un certain nombre de révolutionnaires chevronnés, parmi lesquels son vieil ami Tran Van Giau, un communiste pur et intransigeant, partisan de l'élimination physique de ses adversaires. Giau s'était réfugié à Da Kao, tandis que Minh était retourné dans ce qu'il considérait comme son domaine, à l'orée de la presqu'île de Ca Mau où se trouvaient encore quelques-uns de ses militants fidèles.

Dès qu'il avait appris la nouvelle de la capitulation japonaise, il avait, en hâte, rassemblé sa troupe. Il s'était présenté, au milieu de la nuit, sous une pluie battante, au commandant d'armes japonais du camp d'internement de Vinh Loc. L'officier s'était montré extrêmement coopératif. Non seulement, il avait accepté de céder la place, mais il avait spontanément mis à la disposition des nouveaux venus le dépôt de matériel et d'armes initialement prévu pour équiper les supplétifs annamites de la Kempeïtaï. Minh n'était pas dupe. Si l'officier nippon avait aussi facilement consenti à s'effacer, cela tenait probablement au fait qu'il ne tenait pas à être compromis dans les atrocités commises au camp sous son autorité et dont, inévitablement, on lui demanderait des comptes.

Cela n'avait du reste aucune importance. L'essentiel, pour Minh, était qu'il détenait maintenant deux atouts majeurs. Des armes et des otages français. Encore fallait-il utiliser les premières et monnayer les seconds. Ce n'était pas en restant à Vinh Loc, ce trou perdu, que cela ferait avancer la cause de l'indépendance. Il lui fallait de toute urgence se rendre à Saïgon et faire savoir à ses amis qu'il possédait un énorme moyen de pression pour obtenir d'importantes concessions. Le Viêt-nam avait beau avoir été déclaré indépendant depuis le 11 mars dernier, cette indépendance, obtenue pacifiquement sous le patronage des Japonais, était entachée de trop de compromissions pour être acceptée par l'ensemble de la population. Cette indépendance devait surtout se parer des atours de la « lutte contre les impérialistes », qu'ils soient japonais ou français.

Minh avait suffisamment l'expérience de l'action clandestine et subversive pour ne pas sous-estimer l'adversaire. Il se doutait bien que les Français réagiraient, et n'accepteraient pas comme un fait accompli et irréversible cette indépendance qu'ils n'avaient ni négociée, ni octroyée, ni voulue. La lutte ne faisait que commencer.

— Je dois me rendre à Saïgon par les voies les plus rapides, dit-il à N'guyen Sinh Bao, son homme de confiance promu depuis la veille au grade de « commissaire politique délégué », un titre qui sonnait mieux que celui, moins noble, « d'adjoint ».

— Les Japonais nous ont laissé une camionnette. Le réservoir est plein. Tu n'as qu'à l'utiliser ; dans six heures au plus tard, tu seras à pied d'œuvre.

Minh affecta de prendre un air offensé.

— Tenir un volant n'est pas digne de ma fonction, répliqua-t-il. Je ne suis pas un coolie-chauffeur. Trouves-en un !

En réalité, Minh n'avait jamais conduit, mais il n'était pas question de l'avouer à cet imbécile de Bao, qui s'empresserait de répéter à tous ses volontaires que leur chef n'était pas aussi omniscient qu'il tentait de le laisser croire.

— L'ennui, objecta Bao, est qu'aucun de mes soldats n'est capable de piloter. (Il réfléchit, son visage plissé par l'effort que cet exercice inhabituel lui imposait. Finalement, il se frappa le front.) Si nous demandions l'aide d'une des Françaises d'ici ?

Minh trouva l'idée excellente. Outre le fait qu'elle résolvait son problème, elle présentait un avantage psychologique certain. Ce serait la première fois dans l'Histoire de son pays qu'un Viêtnamien aurait une Blanche à son service. « Trouve-moi cette perle rare », ordonna-t-il.

Une heure plus tard, Bao revint, la mine penaude.

— Je ne sais pas comment m'y prendre, avoua-t-il. Si je demande une volontaire, ce sera l'émeute !

— Tu es un crétin, Bao ! Consulte la liste nominative des détenues. Il y a, parmi elles, quelques grands noms de la colonisation. Convoque-les et essaie de savoir si elles savent faire marcher une camionnette.

— Je n'ai pas appris à lire...

Avec un geste excédé, Minh prit les choses en main. Il ne lui fallut pas dix minutes pour identifier Lee-Aurore Saint-Réaux.

— Va la chercher, et fais vite !

D'abord, Cao Van Minh ne reconnut pas Lee-Aurore. Le souvenir qu'il avait conservé, vieux de vingt ans, était celui d'une jeune beauté à peine asiatique, épanouie, respirant la santé, la joie de vivre et à qui les hommes ne faisaient pas peur. Une certaine façon de les dévisager, de les jauger donnaient l'impression d'une grande sûreté de soi-même. A cette époque, il avait envié son ami Cyril de la chance qu'il avait d'avoir su la séduire. Et même si c'était contre ses principes, il avait dû admettre qu'il aurait volontiers volé auprès d'elle un peu du temps qu'il devait consacrer à la révolution.

Or la personne qui se tenait devant lui, droite, apparemment indomptée mais la peur au fond des yeux, ne correspondait pas à l'image qu'il en avait gardée. Une grande sauterelle, d'une maigreur de squelette, mal fagotée dans des haillons de pauvresse, les cheveux courts, coupés à la diable où, déjà, apparaissaient quelques mèches grises, au-dessus d'un visage dont les joues creusées, accentuant le saillant des pommettes, la faisaient ressembler à quelque vieille Chinoise. Par l'échancrure du méchant caraco de toile marron apparaissaient les côtes, au-dessus de la naissance de deux seins réduits à rien.

— Tu m'as convoquée? demanda-t-elle. Je suis là. Que veux-tu?

Minh hésita. Il avait rêvé d'être servi par une Européenne élégante et belle à ravir. La présence d'une pareille souillon ne hausserait sûrement pas son propre prestige.

— Tu es sale! lui lança-t-il, affectant une mine dédaigneuse. Comment as-tu pu te laisser aller ainsi? Je t'avais connu plus de goût pour ton apparence...

Lee-Aurore arrondit les yeux. Minh lui parlait comme l'aurait fait un mari.

— Que pensera Cyril en te voyant?

— Crois-tu qu'avec le régime que nous supportons depuis des mois, je vivrai suffisamment pour le revoir? Tu nous l'as dit toi-même tout à l'heure, nous resterons à Vinh Loc. Tu me trouves sale? C'est parce que nous n'avons pas de savon pour nous laver. Je suis maigre parce que nous ne mangeons qu'une petite poignée de riz chaque jour et que nous sommes rongées de dysenterie. Et si j'ai coupé mes cheveux, c'est pour en chasser la vermine. (Elle le toisa et, un instant, elle ressembla à ce qu'elle était autrefois.) Est-ce tout ce que tu avais à me dire? Ce n'était pas la peine de me convoquer pour cela; même si nous ne possédons pas de miroir, je sais parfaitement à quoi je ressemble. A un épouvantail.

Un léger sourire éclaira le visage austère de Minh. Il appela Bao.

— Conduis cette femme au bâtiment des douches réservées aux officiers japonais. Donne-lui du savon. Qu'elle se nettoie de la tête aux pieds. Ensuite, emmène-la au magasin où sont entreposés les vêtements des prisonnières, qu'elle choisisse la plus jolie robe. Quand elle sera présentable, ramène-la ici.

Une heure plus tard, Lee-Aurore réapparut dans le bureau. Le résultat, pour être appréciable, n'était malgré tout pas à la hauteur des espérances qu'avait nourries Cao Van Minh. Il demanda :

— Pourquoi es-tu restée pieds nus?

Elle ébaucha un sourire.

— J'ai perdu l'habitude de porter des chaussures, aucune ne me va.

— Assieds-toi, j'ai une proposition à te faire.

2

Du revers de sa manche, Bertrand essuya la sueur qui, coulant sur son visage, y avait collé des traînées de poussière grasses et rougeâtres. Il était midi. Depuis cinq heures maintenant, les Français se battaient dans Paksavane, et ce qui, au départ, se présentait dans l'esprit du lieutenant Dauberge comme un simple transfert de souveraineté entre eux et les Japonais s'était, en réalité, rapidement transformé en une véritable opération de guerre. Dès le début de leur progression en direction du poste militaire, perché sur une petite éminence à l'est de la ville, les groupes de Bertrand et de Dauberge avaient été pris à partie, non seulement par les armes nippones, mais aussi par des éléments annamites, retranchés dans les bâtiments en

« dur » de la résidence et du bureau des Douanes, aménagés en redoutes fortifiées, sous l'emblème d'un drapeau rouge frappé de l'étoile jaune.

L'arrivée d'Hervé Puybazet et de ses parachutistes avait été déterminante et, chassés de leurs positions, les révolutionnaires s'étaient évaporés, fuyant vers la brousse. Un peu plus tard, amenant leur pavillon, les Japonais avaient effectué une sortie en force, entassés à refus dans leurs camions, fonçant vers le nord.

— Je crois que finalement, nous avons gagné, dit Dauberge en rejoignant son camarade.

— Pour l'instant, rectifia Bertrand. Crois-tu que les Japonais accepteront leur défaite aussi facilement ? A mon avis, ils ne devraient pas tarder à revenir, avec de solides renforts. Attendons-nous à une contre-attaque avant la nuit.

— En ce qui me concerne, je poursuis mon programme, conclut Dauberge. Direction le poste. Je reprends possession des bâtiments dont mes chefs m'ont confié la garde.

Il rassembla sa section en deux colonnes, ordonna le pas cadencé. C'est ainsi, en formation de parade, qu'il acheva la traversée de la ville et réintégra son fief. Bertrand assurait l'arrière-garde, un peu triste malgré tout de ne pas pouvoir effectuer la même démarche chez lui, à Dak Tri. Mais, comme le lui avait expliqué Dauberge :

— Ce n'est que partie remise. Tu le reverras, ton village !

La ville était déserte. Avertis par des voies mystérieuses, les Laotiens s'étaient enfuis dans la forêt bien avant le débarquement du matin. Ils n'avaient pas encore reparu. Mais, pour les soldats qui marchaient, l'arme à l'épaule, martelant le sol du talon, cela n'avait guère d'importance. Ils défilaient pour eux-mêmes – Bertrand, qui les observait, le menton levé, une petite flamme joyeuse au fond des yeux, savait que leur tête était pleine de bravos et de vivats. Ils étaient, en pensée, sur les Champs-Élysées où on les acclamait.

Sur la place du marché, une famille de Chinois au grand complet les regarda passer, les parents impassibles, les enfants agitant de petits drapeaux de papier aux couleurs de leur pays. « Est-ce une façon de nous honorer ou bien l'expression de leur neutralité?» s'interrogea Bertrand. Les soldats s'en moquaient, ces Chinois étaient la foule.

Ils pénétrèrent dans le poste, se rangèrent en carré autour du mât central. L'un des sous-officiers de Dauberge retira de son sac, où il était demeuré caché cinq mois, le pavillon tricolore qu'il alla accrocher à sa drisse.

Le drapeau monta lentement le long du mât, dans un silence religieux. Tous les hommes, Français ou Indochinois, avaient en cet instant le cœur envahi d'orgueil, les yeux pleins de larmes. L'étamine qui se gonflait à la brise de midi était le signe de leur victoire.

Toute fatigue abolie, ils n'étaient plus ces proscrits vaincus et pourchassés. En dépit des vêtements effrangés, souillés, de leurs équipements fatigués, de leurs chaussures crevées, ils étaient des guerriers victorieux en uniforme de parade. Ils étaient la France retrouvée.

Les trois officiers avaient rapidement établi le plan de mise en défense de Paksavane. Les parachutistes d'Hervé Puybazet tiendraient la Résidence, transformée en redoute fortifiée; les Marsouins de Louis Dauberge organiseraient le poste militaire, où ils avaient leurs habitudes. Quant aux hommes de Bertrand, ils occuperaient le blockhaus du pont sur la Nam Savan de façon à donner un premier coup d'arrêt à l'ennemi si d'aventure il se présentait là, venant de Savannakhet.

– Il n'est évidemment pas question pour toi de « faire Camerone », précisa Dauberge. Au premier contact, replie-toi sur le poste, ne t'accroche pas.

– D'autant moins que j'ai dépensé ce matin les deux tiers de mes munitions! Il me reste environ dix cartouches par fusil et à peine trois chargeurs pour mon F.M.

– Ce n'est pas un problème. Avant mon départ, en prévision d'un coup dur, j'avais fait enterrer plusieurs caisses dans des fausses tombes, au cimetière militaire. Une corvée est en train de les récupérer.

Il était quatre heures de l'après-midi. Derrière Bertrand, la ville était toujours vide et silencieuse.

– Mauvais présage, observa Patrick O'Donovan. Si les

Laotiens ne reviennent pas, c'est qu'ils pressentent un retour offensif de l'ennemi. Ils ne tiennent pas à ramasser une balle perdue!

C'était aussi l'avis de Bertrand. Mais que faire d'autre, sinon attendre?

Le premier char pointa son nez à la sortie du virage, huit cents mètres en avant. Instantanément, les hommes de Bertrand prirent leurs positions de combat, Patrick O'Donovan cala la béquille de son fusil-mitrailleur sur le rebord de la meurtrière.

— On n'a pas le temps de s'ennuyer! Finalement, je ne regrette pas d'être resté chez vous, en Indochine!

— Pourquoi ne resterais-tu pas ici pour toujours? Quand la guerre sera terminée, il faudra remettre l'Indochine en route, reconstruire l'économie, relancer la production, panser les plaies. Rien que chez moi, à Bao Tan, où ma mère est seule depuis près de six mois, sans que je sache ce qu'elle est devenue.

A l'évocation de Catherine, Patrick O'Donovan sentit une chaleur l'envahir. Le sang battait à ses tempes et la paume de ses mains devint moite. « Je ne retournerai jamais à Bao Tan, songea-t-il avec une poignante tristesse. Qu'irais-je y faire? Je ne serais qu'un intrus, qu'un voleur... »

— Parle-moi de ta mère, demanda-t-il en s'efforçant de mettre, dans cette prière, un détachement qu'il était loin d'éprouver.

— Le moment est-il bien choisi? répondit Bertrand.

L'œil collé à ses jumelles, surveillant la progression ennemie, Bertrand s'entendit pourtant décrire ce qu'avait été son enfance, sa vie sur la plantation. Il dit son admiration pour son père, son amour profond pour sa mère, sa gentillesse, sa générosité, sa beauté.

— Elle sait être sérieuse sans être triste, sous des dehors parfois rudes, la vie n'a pas toujours été facile, quelle douceur, quelle passion même! Elle complète admirablement les qualités de mon père. A son obstination, elle oppose sa raison, à son emportement, son calme. A son entêtement, elle répond par une opiniâtreté non moins égale, ce qui, pour les enfants, les domestiques, les ouvriers n'est pas toujours de tout repos!

416

Patrick hocha la tête. Ce que disait Bertrand le condamnait au silence. Il fixa son attention sur le paysage.

— Voici du nouveau, observa-t-il, en indiquant, du menton, la direction de l'ennemi.

Le char n'était plus qu'à cinq cents mètres. Il avait été rejoint, puis dépassé par des fantassins qui galopaient, au petit trot, de chaque côté de la route.

— Il n'y a pas que des Japonais, remarqua-t-il. Avec eux, je vois également des hommes en noir, brandissant leur foutu drapeau rouge à étoile jaune. Cela fait beaucoup de monde !

— Mon lieutenant ! appela Gouvelot, posté sur le bord de la rivière. Je vois des groupes de types qui traversent la Nam Savan à trois cents mètres en amont de notre position !

— Allume-les, cela ralentira leur ardeur !

Gouvelot obéit et ce fut le signal du combat. Les Japonais s'élancèrent sur la route, à peine freinés dans leur élan par le fusil-mitrailleur qui, pourtant, lâchait chargeur sur chargeur. Mais d'autres assaillants se dévoilèrent bientôt sur la gauche des Français. Ils s'étaient infiltrés le long des berges du Mékong et tenaient la casemate sous leurs feux croisés. Puis, exactement en face, surgissant de la forêt qui les avait cachés aux regards, des partisans en noir débouchèrent, en hurlant un cri de guerre :

— *Doc Lap ! Doc Lap !*

— Qu'est-ce que cela veut dire ? interrogea O'Donovan sans relever la tête.

— Indépendance, je crois, répondit Bertrand, entre deux balles.

Le char s'était immobilisé. Sa tourelle pivota, son canon s'orna d'une courte flamme orange. Moins d'une seconde après, le sommet de la palissade de rondins qui ceinturait la casemate vola en éclats, pulvérisant le fusil-mitrailleur et expédiant le tireur contre la paroi opposée. Bertrand lâcha sa carabine, se pencha sur lui.

— Es-tu blessé ? demanda-t-il, inquiet pour son ami.

O'Donovan toussa, secoua la poussière des vêtements et cligna de l'œil.

— Seigneur ! grogna-t-il. Quelle gifle ! Mais quelle chance !

Les obus de mortier commençaient à encadrer la position, qui devenait intenable. Pourtant Bertrand ne voulait pas donner le signal du repli. Il espérait tenir encore, afin de laisser à Dauberge et aux parachutistes le temps de s'organiser.

— Il faut partir! cria Patrick, dominant le fracas du combat. Nous n'allons pas nous faire tuer pour un pont qui ne sert à rien!

— Tu ne peux pas comprendre, répliqua Bertrand, sur le même ton. Je me moque de ce pont! (Il lâcha deux balles avant de poursuivre, comme pour lui-même :) Je me bats pour tous ceux qui ne se sont pas battus! Je me bats pour un principe! Je me bats pour l'honneur!

— Tu es fou, Bertrand! Ton honneur est de rester vivant! Tu le disais tout à l'heure, pense à demain! Pense à cette Indochine qu'il te faudra reconstruire! Pense à ta mère, elle aura besoin de toi!

— D'accord, admit Bertrand, à contrecœur. (Il se leva et hurla :) Repliez-vous tous! Direction, le poste!

Courbés sous les rafales, les hommes abandonnèrent leurs positions. Le tonnerre des armes, le fracas des explosions, la fumée, la poussière créaient autour d'eux un climat de folie. C'était l'Apocalypse. En face, les hommes en noir braillaient toujours, de plus en plus fort, leur sempiternel slogan : « *Doc Lap! Doc Lap!* », relayés, un ton plus bas, par les « *Tenno, heïka, banzaï* » des fantassins japonais. Des torpilles de mortier éclataient sur le plancher, à la surface de la rivière, en soulevant des peupliers d'eau jaune.

Bertrand attendit que Patrick O'Donovan s'en aille enfin pour consentir lui-même à décrocher. Il serait le dernier. Il se dressa, tira une balle. Il eut la satisfaction de voir, cinquante mètres en avant, un Japonais en casquette s'effondrer, la tête éclatée. Il allait se retourner, prendre son élan pour franchir la route et galoper vers le village. Un coup de poing à l'estomac le plia en deux, le souffle coupé, lui arrachant des larmes. Instinctivement, il porta ses mains au creux de son ventre. Il les retira, souillées d'un liquide blanchâtre auquel se mêlaient des traînées de sang noir. « Pas de chance », songea-t-il, tandis qu'une douleur plus fulgurante encore irradiait dans tout son corps, le privant de raison, le faisant tomber à genoux, dans un cri de détresse.

Il sentit deux mains vigoureuses le soulever sous les aisselles, le hisser sur une épaule. C'était Patrick, qui prit aussitôt le pas de course. Pendant tout le trajet jusqu'au poste, Bertrand mordit ses lèvres jusqu'au sang pour ne pas laisser échapper les gémissements de souffrance que provoquaient, dans tout son corps, les cahots de la course. Il vivait un véritable martyre, n'entendait qu'à peine les mots que haletait son ami :

– Ce n'est rien, tu verras. Tiens le coup, Bertrand ! Tu ne peux pas me faire ça !

Il avait perdu connaissance lorsque enfin Patrick, épuisé, le déposa au milieu de la cour du poste et s'effondra, vidé, la tête entre ses mains. Le docteur Becker arriva aussitôt. Il dégrafa la tunique, écarta les pans de la chemise, dévoilant une petite plaie ronde, noire, frangée de sécrétions blanches. Il fit une grimace.

– Alors ? demanda Dauberge, accouru, lui aussi, au chevet de son camarade.

Becker ne répondit pas, mais la mimique qu'il fit était le plus explicite des commentaires.

– Que pouvons-nous faire pour lui ?

Becker l'entraîna à l'écart et :

– L'aider à mourir. Je vais lui administrer une piqûre de morphine.

Les Français furent obligés d'évacuer Paksavane au milieu de la nuit. Ils s'entassèrent dans deux camions, récupérés par les parachutistes, et brisèrent l'encerclement en ouvrant le feu de toutes leurs armes. Par des pistes de cauchemar, ils s'enfoncèrent dans la forêt.

Bertrand vivait encore quand ses compagnons le chargèrent à l'arrière du second véhicule. Il ne souffrait presque plus, ses veines charriaient trop de morphine pour lui laisser d'autre impression qu'un grand calme cotonneux, un demi-sommeil peuplé de nuages qui s'effilochaient en prenant des formes étranges, tantôt dragons, tantôt chimères. Dans un ciel lumineux planaient de grands oiseaux dorés, qui ressemblaient à ces cerfs-volants qu'il fabriquait autrefois avec les fils des ouvriers de Bao Tan à l'occasion de la Fête des Enfants.

Il était comme dans un berceau. Au-dessus de sa tête se penchaient les visages rassurants de ses parents. « Je suis malade, songeait-il. Mais il ne faut pas que je m'endorme, le docteur l'a défendu. » Il fit un effort, s'obligea à ouvrir les yeux. Tout était noir.

Le convoi se présenta à Thomrong au lever du jour. A l'entrée du village, le lieutenant Dauberge fit descendre tous les soldats, à l'exception des blessés, qu'il installa dans la seconde camionnette. Dans la première gisait le corps de Bertrand sur lequel une main pieuse avait déposé le drapeau tricolore du poste de Paksavane. Sa tête reposait sur les genoux de Patrick O'Donovan, bouleversé de chagrin, les traits durcis, les mâchoires verrouillées. Il refusa de bouger, il aurait fallu le tuer pour cela et Dauberge n'insista pas.

Il fit ranger ses hommes, marsouins, tirailleurs et para-chutistes de part et d'autre du véhicule. Avec Hervé Puybazet, il prit la tête du cortège, remontant la rue principale en direction de la maison où se tenaient Francis et le père Germain, ainsi que Denis Lam Than un peu en retrait. A voir la lente procession qui montait vers eux, ces soldats qui cheminaient, l'arme basse, le regard fixe, ils avaient compris qu'un malheur les avait frappés.

Francis chercha son fils des yeux, il ne le vit pas. Son cœur se brisa. Mû par un réflexe de révolte, il descendit rapidement les degrés du perron et se dirigea vers le lieutenant Dauberge qui s'immobilisa, le salua avec gravité.

— Ne dites rien, l'apostropha Francis d'une voix tendue, métallique. Surtout pas que Bertrand est mort en soldat. Je le sais. Mais que m'importe ? Ce qui compte pour moi est qu'il est mort ! (Sa voix se brisa tandis qu'il achevait :) Et je n'étais pas là.

Le père Germain l'avait rejoint. Il posa une main fraternelle sur son épaule et murmura :

— Bertrand est mort pour vous, Francis. Et pour nous tous.

420

— Nous le vengerons, promit Hervé Puybazet.

— Qui parle de vengeance? répliqua Francis. Bertrand vous dirait que l'on ne combat pas par vengeance, mais pour ramener la paix et la justice. Et si vous vous battez, battez-vous en souvenir de lui, pour que sa mort ne soit pas un vain sacrifice.

3

Il était une heure de l'après-midi. Le défilé durait depuis maintenant près de quatre heures, et il n'était toujours pas terminé. Dès neuf heures, ce matin, le cortège avait été ouvert par « Thanh Nien Tien Phong » les « Jeunesses d'avant-garde », deux mille garçons et filles en short et chemisette blanche, conduits par leur chef, le docteur Pham Ngoc Thach, un ancien auxiliaire de la Kempeïtaï, en réalité l'un des membres les plus éminents du Parti communiste clandestin.

Derrière eux, en rangs serrés, uniforme noir, ceinture rouge, les cheveux ramenés en chignon, armés de piques et de faux redressées, marchaient les cinq mille guerriers Hoa Hao arrivés dans la nuit, venant du Delta à la suite d'un grand gaillard à la moustache en croc. Ils avaient des visages illuminés de fanatiques et provoquaient, sur leur passage, des murmures de crainte. Ne disait-on pas d'eux qu'ils mangeaient, cru et palpitant, le foie de leurs ennemis?

A leur suite avaient paradé quatre mille « Bach Mu Doàn », ces miliciens caodaïstes, coiffés de leur traditionnel béret blanc, aux ordres du redoutable Trinh Minh Té, caracolant à leur tête en uniforme de colonel japonais, le sabre en travers du ceinturon, monté sur un pur-sang volé dans les écuries de l'armée française, toujours prisonnière dans ses quartiers.

Après les quelque deux mille « Heï Ho », les auxiliaires viêtnamiens de la gendarmerie nippone, en uniforme jaune moutarde, de Matthieu Lam Than, c'était maintenant le tour des Binh Xuyen, sortis pour la première fois de leur tanière de Cholon et des marais du Rung Sat. Des têtes inquiétantes, œil fixe, visages de pierre, marchant souplement comme des fauves sur la trace du gibier.

Et ce n'était pas fini. Aussi loin que portait le regard, on apercevait une foule compacte qui s'écoulait, au pas cadencé, au long des avenues de Saïgon. Des paysans, des ouvriers, les dockers du port, en combinaisons bleues, une troupe disciplinée, hérissée de drapeaux rouges.

Ce 2 septembre 1945, toutes tendances confondues, les nationalistes tenaient la ville et montraient leur force et leur cohésion.

Le front appuyé aux tasseaux de bois de ses persiennes closes, Cyril les observait, en proie à des sentiments contradictoires. En professionnel de l'organisation, il ne pouvait qu'admirer le fantastique exploit technique que représentait, moins de deux semaines après la capitulation japonaise, ce rassemblement gigantesque, le plus important jamais réalisé à Saïgon. Mais il était également terrifié à l'idée de ce qui arriverait si, brusquement, toute cette foule d'hommes et de femmes en marche se ruait au massacre des Français, toujours confinés au centre de la ville.

En dépit de tous ses efforts, des contacts qu'il avait vainement cherché à rétablir, Cyril n'avait jamais réussi à quitter Saïgon. De cache en soupente, de cave en hangar désaffecté, il avait mené depuis six mois une existence de bête traquée, ne couchant jamais deux fois au même endroit, changeant d'aspect fréquemment, revêtant les tenues les plus diverses, mangeant, au hasard, le plus souvent quelques fruits, volés à l'étalage d'un marchand des quatre-saisons. Il avait découvert, à cette occasion, l'hospitalité des Chinois de Cholon, qui communiaient avec lui dans la haine et le mépris des Japonais.

Dès la capitulation du 15 août dernier, Cyril avait décidé de revenir habiter dans le local clandestin qu'il occupait autrefois. Il l'avait retrouvé pillé, souillé, mais vide et abandonné. Depuis quinze jours, il n'y avait reçu aucune visite suspecte, pas plus qu'il n'y avait remarqué aucune surveillance.

Quelques jours plus tôt, il était allé rendre visite à Suzanne-Souên. Il avait eu la surprise d'y rencontrer Ho Chan Sang, rayonnant de bonheur d'avoir enfin retrouvé sa femme et son fils.

— La prison n'a pas été trop pénible?

— Au contraire, j'y ai fait d'intéressantes rencontres.

Pendant près d'une demi-heure, Ho Chan Sang avait évoqué ses mois d'incarcération. Il avait surtout expliqué, d'une façon très détaillée, le processus qui rendrait irréversible l'indépendance du Viêt-nam.

— Avant-hier, le 25 août, ajouta-t-il, l'empereur Bao Daï a abdiqué. C'est en simple citoyen nommé Vinh Thuy qu'il s'est mis à la disposition du gouvernement provisoire de la République du Viêt-nam, installé à Hanoï sous la présidence d'un leader communiste nommé Ho Chi Minh.

— C'est valable pour Hanoï. Mais, à Saïgon, c'est différent.

— Ne crois pas cela. Les communistes noyautent toutes les organisations nationalistes, que ce soient les caodaïstes, autrefois soutenus par les Japonais, ou les Hoa Hao, essentiellement antifrançais.

— Et vous, les Binh Xuyen?

Ho Chan Sang avait baissé la tête.

— Ba Duong et Bay Viên se sont réconciliés. Mis au pied du mur par Tran Van Giau, le chef des communistes de Cochinchine, ils ont finalement accepté d'adhérer au « Front uni » regroupant toutes les tendances et toutes les confessions des formations qui ont lutté pour l'indépendance. Ils sont maintenant placés sous la tutelle d'un Comité exécutif de sept membres, dont cinq sont communistes, et, notamment, Pham Ngoc Thach et Cao Van Minh.

— Tu as bien dit Cao Van Minh?

— Oui. Un drôle de type, fanatique, froid. Je l'ai côtoyé à plusieurs reprises, c'est lui qui a convaincu des hommes aussi différents que Trinh Minh Té, ce fou de caodaïste, et Huynh Phu So, le « bonze fou » des Hoa Hao, d'adhérer au Front uni.

— C'est de la folie! Les communistes ne sont qu'une poignée, vous pouviez les écraser comme des mouches! En vous livrant à eux, vous ne savez pas dans quelle galère vous vous embarquez!

— Minh a su être extrêmement persuasif.

— Je le connais suffisamment pour savoir qu'en effet, il

manie habilement la dialectique. Je l'entends d'ici : « Mes amis, vous avez tous, plus ou moins, collaboré avec les Français ou les Japonais. Mais les Français ont été vaincus, et les Japonais viennent de capituler. Le Viêt-nam ne pourra faire garantir son indépendance qu'avec l'appui des grandes puissances victorieuses, l'Amérique et surtout la Russie. Or, nous autres, communistes, n'avons jamais pactisé avec les Français, nous avons combattu les Japonais dans nos maquis du Tonkin. Nous sommes donc les seuls auxquels les Russes et les Américains accorderont leur confiance, en raison de notre lutte antifasciste, et leur aide en raison de nos positions anticolonialistes. »

Ho Chan Sang était resté pantois.

— Ma parole! Mais tu es un devin! Tout est vrai, à l'exception d'un détail. Minh n'a pas prononcé le mot « Tonkin », mais un terme nouveau, le « Bac Bô * ».

— Cela ne change rien au fait que vous vous soyez inféodés aux communistes. Si tu veux mon avis, restez vigilants, ou vous serez dévorés!

Pour toute réponse, Ho Chan Sang avait frappé, du plat de la main, l'étui du colt qu'il portait à la ceinture.

— J'y ai déjà pensé. J'ai dit à Cao Van Minh que je lui collerais moi-même une balle entre les deux yeux s'il essayait de nous doubler.

Cyril hocha la tête.

— Que t'a-t-il répondu?

— Rien. Il m'a seulement jeté un regard appuyé. J'ai eu l'impression qu'il n'était pas près de me pardonner mes paroles. Mais je m'en fous, et je suis parfaitement capable de tenir parole.

Cyril n'avait pas ajouté de commentaire, mais il songeait que Sang aurait intérêt à surveiller ses arrières et, s'il devait tirer, à le faire vite et juste.

Il n'était pas encore allé à la villa rendre visite à Kim-

* Pour les nationalistes en général et pour les communistes en particulier, le Viêt-nam était un seul et même pays, divisé en trois « Ky » (provinces) ou « Bô » (Régions) : le Bac Bô (ancien Tonkin ou « Région du Nord »), le Trung Bô (ancien royaume d'Annam ou « Région du Centre ») et le Nam Bô (ancienne Colonie de Cochinchine ou « Région du Sud »).

Anne. Il ne tenait pas à la compromettre ; le quartier européen était l'objet d'une surveillance constante. Avant le 15 août, c'étaient des séides de la Kempeïtaï qui se chargeaient de la besogne. Depuis la capitulation, les indicateurs étaient restés sur place, ils avaient simplement changé de maître et d'uniforme.

Le défilé durait encore. Cyril consulta sa montre. Cinq heures de l'après-midi. Il songea que sa journée était perdue. Pas question en effet pour un Européen de se montrer au-dehors, les Viêtnamiens y auraient vu de la provocation. Ce n'était pas le moment de créer un incident qui produirait une étincelle, capable de faire exploser cette poudrière qu'était devenue Saïgon.

Il alla s'étendre sur son bat-flanc, mit ses mains sous sa nuque et suivit, d'un œil distrait, la galopade des margouillats accrochés au plafond, tout en laissant vagabonder son esprit. Il pensa à tout ce qui s'était passé depuis six mois, ce monde que tous croyaient immuable et qui s'était effondré, d'un coup. Il évoqua sa famille dispersée, son père et Catherine dont il était sans nouvelles, qu'il avait vainement cherchés parmi les Européens raflés dans les campagnes et parqués depuis dans quelques quartiers centraux. Bertrand, probablement interné avec ses compagnons dans un regroupement sur les Hauts Plateaux. « Je me demande comment il a pu supporter sa captivité, lui qui n'avait pas de mots assez durs pour stigmatiser l'attitude de certains de ses pairs, lors des événements de Langson à l'automne de 1940 ? »

Il n'avait pas revu sa sœur Sylvie, dont la maison était étroitement gardée par des « Heï Ho » en béret blanc.

« Comment tout cela finira-t-il ? » C'était la question qui, inlassablement, hantait son cerveau...

La nuit tombait quand il émergea d'un sommeil peuplé de monstres grimaçants et vociférants. Il se rendit compte que la réalité s'était étroitement mélangée à l'imaginaire. Dehors, des clameurs se faisaient entendre. Il alla jusqu'à la fenêtre, tendit l'oreille. Juste en dessous de chez lui, des femmes annamites caquetaient.

— Les Français ont tiré sur le cortège depuis les tours de la cathédrale ! glapissait l'une.

— Oui, mais nos frères en ont attrapé un !

— Un curé, ajoutait une troisième. Je l'ai vu comme je vous vois ! Les patriotes l'ont traîné sur le parvis de la cathédrale, ils l'ont fusillé aussitôt. Et puis des femmes lui ont arraché le cœur ! C'est justice !

— Ce n'était pas un assassin ! protesta une nouvelle venue, sous les insultes des autres. Je sais ce que je dis, quand mon mari était en prison, le père Tricoire allait le réconforter !

Le reste se perdit dans un brouhaha confus dans lequel Cyril discerna des injures, des coups et des plaintes. Sous ses fenêtres, les femmes se battaient.

« Je plains ce pauvre père Tricoire, songea Cyril. C'était un saint homme ! Pourquoi s'en être pris à lui ? Son seul tort était sans doute de se trouver à l'intérieur de la cathédrale. Les communistes cherchaient probablement un prétexte pour livrer la chasse aux Français. Ils l'ont trouvé... »

Il eut l'impression de revivre les scènes d'émeute auxquelles il avait assisté, au soir du 10 mars dernier. Des groupes armés circulaient dans la ville, scandant des slogans antifrançais, réclamant le châtiment des espions toujours à la solde des Blancs, qualifiés du terme nouveau de *Viêt gian*, traîtres à la patrie.

Cette même nuit, Cyril devait l'apprendre le lendemain, les militants du Front uni avaient occupé, sans que les sentinelles japonaises qui les gardaient ne s'y opposent, la plupart des bâtiments publics, le Gouvernement général, la poste, la Banque d'Indochine, le commissariat central...

Il s'aperçut aussi que les trotskistes avaient débaptisé certaines rues. La rue Catinat, l'artère commerçante de la ville, s'appelait maintenant « rue de la Commune-de-Paris », et le boulevard Charner, « boulevard de 1789 ». Il observa que, tout révolutionnaires qu'ils fussent, les auteurs de ces modifications n'avaient pu s'empêcher de faire référence à la France.

Saïgon était en ébullition. Partout, des groupes se promenaient, brandissant des drapeaux rouges, qu'ils accrochaient à la place des oriflammes jaunes, la couleur impériale. Ailleurs, bivouaquant dans les jardins, les squares, les contre-allées des boulevards, les unités des forces nationalistes qui avaient défilé la veille organisaient des meetings improvisés, applaudissant des orateurs ayant tous le même mot à la bouche : « *Doc Lap.* » Les « Bérets blancs » s'activaient à déboulonner et à jeter à bas les statues équestres des amiraux qui se dressaient aux carrefours. Plus loin, d'autres jeunes barbouillaient le mur du monument aux morts de la Grande Guerre. Tout à l'heure, ils étaient allés jeter dans la Rivière l'urne contenant un peu de terre recueillie sur le champ de bataille de Verdun.

En six mois de clandestinité totale, Cyril avait parfaitement maîtrisé l'art de passer inaperçu. Constamment sur ses gardes, il savait escamoter sa silhouette sous l'auvent d'un magasin, une encoignure de porte, un tas de vieux cartons. D'ailleurs, qui aurait fait attention à cette grande carcasse efflanquée, voûtée, coiffée d'un méchant chapeau de feutre déformé, qui lui masquait la moitié du visage, le corps enveloppé dans une longue tunique de coolie chinois à la couleur indéfinissable, les pieds nus dans des sandales dont le cuir avait été rafistolé avec des bouts de ficelle, le menton orné d'une barbiche de chèvre, aux poils gris et clairsemés ?

Ce matin, il avait un but. Richard, le fils de Souên, qui lui servait de correspondant secret, lui avait appris qu'un envoyé du général de Gaulle avait été parachuté quelques jours plus tôt dans la région de Tay Ninh, à la frontière du Cambodge. Immédiatement intercepté par les Japonais, il avait été discrètement ramené sur Saïgon où il était depuis en résidence surveillée, ce qui ne l'avait pas empêché d'avoir des contacts avec un certain nombre de Français, et même – affirmait Ho Chan Sang – avec quelques membres communistes du Conseil exécutif, probablement Tran Van Giau en personne. Il avait donc décidé de découvrir sa cachette et de le rencontrer.

Sur le boulevard de « 1789 », Cyril fut stoppé par un cortège de harpies vociférantes, portant une banderole affirmant leur volonté de lutter jusqu'à la mort pour la liberté. Elles se heurtèrent à une camionnette, venue du quai des Chaloupes, qui tentait de se frayer un passage vers le centre.

Il remarqua qu'au lieu d'arborer le nouvel emblème de

la République du Viêt-nam, rouge, frappé d'une étoile jaune, que l'on affirmait d'ailleurs être une trouvaille de la Kempeïtaï, toujours vigilante, le véhicule persistait à s'abriter sous l'oriflamme du parti communiste, avec la faucille et le marteau. « Ce doit être un irréductible », songea-t-il.

A l'arrière, brandissant leurs poings levés, une demi-douzaine d'énergumènes, encore vêtus du droguet bleu des bagnards de Poulo Condore, haranguaient la foule, criant :

— C'est nous, les parias! Les Japonais nous ont libérés! Mais ce ne sont pas nos amis! Nous venons libérer le peuple!

« Ho Chan Sang et ses amis auront avantage à regarder où ils vont mettre les pieds. Les communistes se renforcent, ils vont prendre sérieusement les choses en main. »

La camionnette défilait maintenant devant lui, à le toucher. Debout sur le marchepied, l'un des gardes du corps le bouscula d'un coup d'épaule en le traitant de sale bourgeois chinois.

Et puis son cœur bondit dans sa poitrine. Assis à côté du conducteur, un béret basque enfoncé jusqu'aux yeux, se tenait Cao Van Minh. Cyril fit un pas en arrière. Si quelqu'un était capable de l'identifier en dépit de son accoutrement, c'était lui. Il se préparait à faire demi-tour quand son regard croisa, un quart de seconde, celui du chauffeur, et il éprouva une étrange sensation de déjà-vu. « Qui cela peut-il bien être? » se demanda-t-il. Mais la camionnette était déjà passée et Cyril oublia l'incident, ne songeant plus qu'au but qu'il s'était fixé.

Lee-Aurore avait failli arrêter son moteur, ouvrir la portière et se jeter dans les bras de Cyril. Un reste de raison l'en avait empêchée. Une seule petite phrase tournait dans sa tête, qu'elle répétait avec allégresse : « Il est vivant, il est vivant. Merci, mon Dieu! »

Prudente, elle jeta un regard en direction de son voisin. Minh ne s'était aperçu de rien. Déjà, Lee-Aurore échafaudait des plans pour retrouver Cyril, le rassurer, lui dire que le cauchemar était terminé, qu'ils allaient, enfin, pouvoir recommencer une nouvelle vie...

« Tu es folle! corrigea-t-elle. Recommencer quoi? Et comment? »

Elle avait beau circuler librement en ville, au volant de sa camionnette, elle était et demeurait prisonnière, en premier lieu, d'elle-même. En acceptant la proposition de Cao Van Minh, elle avait tissé autour d'elle des liens encore plus étroits que ceux qui l'enserraient lorsqu'elle se trouvait au camp de Vinh Loc. Jusque-là, elle avait loyalement joué le jeu, autant par reconnaissance envers celui qui l'avait sortie de l'enfer que pour accomplir le serment qu'elle s'était fait qui tenait en deux phrases : informer les autorités françaises de l'existence d'un bagne de femmes qu'il fallait délivrer au plus vite, retrouver le lieutenant Sakamura auquel elle réservait une des balles du pistolet qu'elle portait à sa ceinture, entre chemise et peau.

Pour l'instant, elle n'avait réussi dans aucune de ses deux missions. Une évidence était apparue aussitôt qu'elle était entrée en ville, il n'y avait plus d'autorité française. Quant à Sakamura, comme nombre de ses compatriotes, il ne se montrait pas. Il devait rester calfeutré dans quelque recoin discret.

— A quoi penses-tu? interrogea Minh, affable.

— A rien, camarade. Je m'efforce surtout de n'écraser personne! Il y a tellement de monde dans les rues...

— Ne t'inquiète pas, tout va rentrer dans l'ordre avant peu. Dans deux ou trois jours, les soldats anglais vont arriver à Saïgon pour désarmer les Japonais, et nous ne tenons pas à ce qu'ils voient le désordre qui règne ici. Pour être pris au sérieux par les Alliés, nous devons montrer que nous savons restaurer le calme. Dès demain, toute cette racaille de Hoa Hao et de caodaïstes sera balayée. (Son pouce désigna les prisonniers libérés, entassés à l'arrière :) Nos camarades vont se charger du nettoyage!

Il laissa fuser un petit rire cruel.

— Ce sont des spécialistes. En dix ou douze ans de bagne, ils ont appris à tuer en silence.

— Si vous commencez à vous entre-tuer, qui restera pour parachever votre œuvre?

— Nous, et nous seuls, les communistes! Pour l'instant, ces gens-là nous aident en faisant du volume, en politisant les campagnes. Mais ils devront rapidement se ranger sous notre drapeau. (Il changea de sujet :) Es-tu allée rendre visite à ta mère ?

Lee-Aurore secoua la tête. Sa main montra le pyjama noir qu'elle avait revêtu pour être en conformité avec l'ensemble des militants de l'escorte de Cao Van Minh.

— Je crains de ne pas être très présentable et cette tenue risque de lui causer un choc !

Minh encensa du menton.

— C'est vrai que tu as besoin de retrouver des formes. Tu ressembles à un *cai tam* * !

Lee-Aurore affecta d'en sourire. En réalité, elle était sur ses gardes. Elle se demandait constamment quel piège Minh était en train de lui tendre. Elle s'était rapidement rendu compte qu'il la faisait surveiller lorsqu'il était obligé de la laisser seule. La suspicion était chez lui une seconde nature, probablement née et entretenue par de longues années de vie clandestine.

Ils étaient arrivés au siège de la police, où se tenait Duong Bach Maï, le vieux militant marxiste, récemment évadé de Poulo Condore. Dans les années 30, Maï avait été le représentant du Komintern pour la Cochinchine. Il poussait alors si loin le snobisme soviétique qu'il avait ramené de Moscou le pseudonyme de « Bourov » et s'était attribué le titre de « *starchi politrouk* ». Tran Van Giau lui avait confié le poste de « chef de la Sécurité », mais Minh, qui l'avait trouvé bien vieilli, estimait que « Bourov » était, avec l'âge, devenu trop modéré.

En réalité, Lee-Aurore savait qu'il intriguait auprès de Tran Van Giau pour prendre sa place et le faire nommer « conseiller aux affaires politiques », qu'il appelait, avec un peu de dédain : « gardien du phare de la doctrine ».

Les libérés de Poulo Condore furent, dès leur arrivée, incorporés au sein de la Sûreté, pourvus d'armes et d'uniformes et lâchés en ville. Leur premier exploit consista à assassiner le vieux Pham Quynh, l'ancien conseiller privé de l'ex-empereur Bao Daï, Tha Tu Tau, le leader trotskiste et, à défaut d'avoir trouvé Ngô Dinh Diêm, son frère Ngô Dinh Khôï, l'un des représentants du parti « Daï Viêt ».

* Cure-dent de bambou.

Au soir, Tran Van Giau et Cao Van Minh rassemblèrent leurs fidèles.

— Le maréchal Terauchi nous a menacés de faire intervenir ses troupes si nous n'étions pas capables de rétablir l'ordre par nous-mêmes. Nous avons demandé aux caodaïstes et aux Hoa Hao de rendre leurs armes et de rentrer chez eux. Ils ont refusé. C'est pour nous une question de survie, il faut les ramener à la raison. Aussi le Comité exécutif a décidé d'arrêter un certain nombre de responsables de ces mouvements. A vous de jouer. Agissez vite, sans brutalité mais sans faiblesse.

Lee-Aurore reçut mission d'embarquer le petit commando dans sa camionnette et d'effectuer, avec lui, le circuit des principaux rassemblements armés. Elle prit le volant aussitôt, se dirigea vers le centre, bien décidée, cette fois, à saisir la chance qu'elle espérait voir bientôt se présenter à elle.

Cyril achevait de ranger ses maigres affaires. Cette nuit serait la dernière qu'il passerait dans son réduit de paria. Désormais, sa vie de clandestin était finie. Il allait pouvoir se raser, se changer, sortir au grand jour, enfin. L'entrevue avec M. Cédile, l'envoyé du général de Gaulle, avait été un succès. Après lui avoir brièvement résumé ses activités anciennes de chef de réseau de Résistance, les mois passés à Saïgon à se terrer, Cyril s'était mis à la disposition du nouveau patron du Sud. Cédile était un homme réfléchi, prudent, qui avait pour tâche de concilier l'inconciliable, la déclaration du général de Gaulle du 24 mars 1945, évoquant sans équivoque le retour de l'Indochine dans le sein de l'Union française, et cette indépendance de fait à laquelle il s'était trouvé confronté en arrivant à Saïgon.

— Vu de Paris, avait résumé Cyril auquel Cédile avait fait part de ses difficultés, le problème indochinois est traité sous l'angle du quadruple concept métropolitain : « résistance-collaboration, libération-épuration ».

— C'est à peu près cela, répondit Cédile avec un léger sourire. Paris s'imagine encore que ce pays n'est peuplé que d'Européens. A ses yeux, les Indochinois demeurent des sujets loyaux...

– ... et muets. Or ils parlent. Ils parlent fort !

Ils étaient pourtant rapidement tombés d'accord. A partir de ce jour, 4 septembre 1945, Cyril était chargé officiellement de la liaison avec le Comité exécutif de Tran Van Giau. Il disposait, outre de la lettre d'accréditation, d'un sauf-conduit, signé en blanc de Duong Bach Maï, le chef de la Sûreté, ainsi que du chef d'état-major japonais du maréchal Terauchi, le commandant militaire de l'Asie du Sud-Est.

– De la sorte, avait conclu Cédile, vous pourrez circuler librement en ville, revoir les vôtres et assurer, du même coup, leur sécurité.

Cyril achevait de fourrer dans son sac les derniers vêtements qu'il n'avait pas pu se résoudre à abandonner derrière lui, fidèles gardiens de sa liberté. Un grattement discret, à la porte secrète, le fit sursauter, suspendre son geste. Un vieux réflexe lui fit chercher, du regard, son arme d'autrefois ; en vain, il y avait longtemps qu'il l'avait jetée, comme un objet trop compromettant.

Quelques pas l'amenèrent contre le panneau qu'il rabattit violemment contre la cloison, prêt à bondir au cou de l'intrus qui connaissait l'existence du passage. Il entrevit une silhouette vêtue de noir, coiffée d'un béret basque enfoncé jusqu'aux yeux. Il lui saisit les mains, l'attira dans la lumière et poussa un cri.

– Lee-Aurore !

Elle se blottit contre sa poitrine, croisa les mains derrière sa nuque, frotta sa joue contre la sienne, incapable de prononcer une parole.

– Chef, annonça Trinh, l'un des espions chargés de surveiller Lee-Aurore, la Française nous a faussé compagnie, comme tu l'avais prévu.

– Où est-elle ?

– Près du Grand Marché. Elle est allée rejoindre un type, probablement un Européen, habillé comme un coolie chinois, avec une barbiche de lettré.

– Sais-tu qui il est ?

Minh avait posé la question par habitude, mais il

connaissait déjà la réponse. Avec un peu d'envie, il songea que Cyril avait bien de la chance d'être aimé par une femme qui osait risquer sa vie, rien que pour aller le rejoindre.

– Les as-tu observés? demanda-t-il encore. Qu'ont-ils fait?

– Ils se sont assis sur leur lit.

– Ensuite?

– Ils pleurent.

3

La veille, des commandos caodaïstes avaient attaqué le détachement britannique chargé de protéger l'aérodrome de Tan Son Nhut, au nord de Saïgon. Les Gurkhas n'avaient pas faibli, mais les combats avaient laissé des traces bien visibles, bâtiments éventrés, hangars brûlés qui dressaient maintenant leurs carcasses noircies comme d'étranges sculptures surréalistes. Partout des gravats, partout des débris, partout aussi des cadavres que la voierie n'avait pas encore évacués. L'air sentait la poudre, le bois consumé, auxquels se mêlaient des relents putrides de charogne.

Francis descendit lentement les degrés de l'échelle métallique accrochée à la porte du Dakota dont les moteurs tournaient encore. Il posa le pied sur le sol. Saisi par l'émotion du retour, il ne put que dire un seul mot :

– Enfin!

Denis Lam Than posa sa main sur son épaule.

– Le plus dur est encore à accomplir, Francis.

– Je sais.

Il y avait maintenant huit jours qu'ils avaient quitté Paksavane, définitivement reconquise par Dauberge et ses hommes, le 14 septembre. Le lendemain, sur un ordre exprès venu de Calcutta, Hervé Puybazet et ses parachutistes avaient franchi le Mékong en pirogue et rallié l'ancienne base aérienne japonaise d'Oudorn, en Thaïlande, occupée depuis deux semaines par les Anglo-Américains. Patrick O'Donovan et Denis Lam Than avaient persuadé Francis de les accompagner; ils n'avaient plus rien à faire au Laos. Francis s'était facilement laissé convaincre, il souhaitait au plus vite retrouver Bao Tan et Catherine, dont le sort l'inquiétait au plus haut point, même s'il redoutait l'instant où il devrait lui annoncer la mort de Bertrand.

Pour sa part, Denis Lam Than, qui s'était informé de la situation à Saïgon, s'angoissait pour les siens abandonnés en pleine tourmente. Il n'ignorait rien du désordre qui régnait dans la capitale, des affrontements quotidiens entre les révolutionnaires et les troupes britanniques venues pour désarmer les Japonais, des manifestations de rue qui tournaient à l'émeute, des tentatives désespérées des uns et des autres pour ramener l'ordre. Il avait appris qu'en certaines circonstances, les Britanniques avaient été obligés de réarmer leurs prisonniers pour rétablir la sécurité dans la ville.

Ils n'étaient restés que quelques heures à Oudorn d'où ils avaient été embarqués à bord d'un Liberator qui les avait conduits directement à Calcutta, où Patrick O'Donovan avait été accueilli en héros. Il avait eu beau protester, expliquer qu'il n'aurait jamais pu ni tenter, ni réussir quoi que ce soit sans l'aide de ses amis, rien n'y fit. Il fut porté en triomphe par ses camarades les pilotes de chasse et transporté ainsi jusqu'au bâtiment du mess des officiers, où il avait disparu.

Le lendemain matin, Hervé Puybazet alla trouver Francis et lui annonça qu'il allait partir dès le lendemain pour Saïgon.

— Êtes-vous toujours d'accord pour venir avec nous?

— Plus que jamais. Il y a six mois que j'ai abandonné ma maison et laissé Catherine, seule dans la tourmente. Je n'en parle jamais et pourtant, je suis mort d'inquiétude. Qu'est-elle devenue? Souvent, je me reproche d'être parti. Je croyais que mon devoir était d'aller protéger Bertrand et je n'ai été capable de rien. Il me reste à prier Dieu qu'Il ait accordé sa protection à ma femme.

Hervé Puybazet n'avait pas répondu, sinon pour expliquer que, pour être admis dans le Dakota militaire, Francis et Denis devraient tous deux revêtir un uniforme de parachutistes.

Il ne leur restait plus qu'à s'incliner, observant malgré tout que, par une délicatesse des Anglais, ils portaient, cousu sur la manche gauche, un petit écusson tricolore surmonté du mot « France ».

Au moment où ils se préparaient à monter dans le Dakota qui devait les emmener à Saïgon, Francis et ses compagnons virent arriver Patrick O'Donovan, sanglé dans un superbe uniforme de capitaine de la R.A.A.F.

Il embrassa avec chaleur ses amis, puis il prit Francis à part.

— Quand vous rentrerez à Bao Tan, vous direz à Catherine...

— Que souhaitez-vous que je lui dise?

Patrick se troubla, baissa la tête et ajouta :

— Rien, Francis. Ne lui dites rien.

Francis se pencha vers lui, le pressa contre lui.

— Vous êtes un type très bien, Patrick. Nous ne vous oublierons jamais.

— Merci, Francis. Je ne vous oublierai pas non plus. (Il fouilla dans la poche de sa vareuse, en tira une petite boîte de carton.) J'ai raconté comment Bertrand était mort, en se battant contre les Japonais. Mon général m'a prié de vous remettre ceci. C'est l'une des plus hautes distinctions britanniques, la D.S.O. Elle est destinée à Bertrand, vous la conserverez auprès de vous en mémoire de lui.

Outre le groupe de Français, le Dakota avait emmené à Saïgon un détachement de commandos, chargés de veiller sur la sécurité du général Gracey, le chef du Corps expéditionnaire britannique, envoyé en Indochine du Sud pour procéder au désarmement des Japonais.

Maintenant, le convoi militaire filait sur la route menant à Saïgon. En tête, Hervé Puybazet s'était installé dans une jeep, ce véhicule dont l'aspect rustique et totalement dépourvu d'élégance avait tellement surpris Francis, la première fois qu'il en avait vu une, à l'aéroport de Calcutta. Assis derrière le conducteur, il regardait défiler un paysage autrefois familier, mais qu'il ne reconnaissait plus. Moins que l'aspect des rues et des façades, c'était surtout l'ambiance qui avait changé. Peu ou pas d'Européens, et encore affectaient-ils une apparence furtive, comme s'ils

435

ne tenaient pas à être remarqués. En revanche, beaucoup d'Annamites en uniforme, se déplaçant en escouades hérissées d'armes et de drapeaux rouges au milieu de la chaussée, brandissant le poing, lâchant des bordées d'injures à l'adresse de ces Blancs qui semblaient venir les narguer chez eux.

Des théories de paysans longeaient les bas-côtés, regagnant la campagne. Certains conservaient encore des lambeaux de banderoles, accrochées à de longues perches de bambou. De place en place, des miliciens en tenue jaune moutarde les canalisaient vers les sorties de la ville. Ailleurs, aux carrefours, le long des boulevards, des Japonais montaient une garde rigide. Au passage des Français, ils ne montraient rien d'autre qu'une indifférence glacée, mais dans leurs regards obliques filtraient des lueurs de haine.

– Le général Gracey a enfin fait preuve d'autorité, leur expliqua, un peu plus tard, le gouverneur Cédile, qui les avait accueillis dans sa nouvelle résidence, réoccupée la nuit précédente par les marsouins du 11e R.I.C., libérés de leur internement à la caserne Martin des Pallières et réarmés aussitôt pour participer au rétablissement de l'ordre.

« Il a convoqué le maréchal Terauchi, le commandant en chef des forces japonaises, et l'a menacé d'arrestation s'il n'obligeait pas ses hommes à réagir, à cesser d'encourager les actes de violence et de vandalisme des éléments incontrôlés qui mettent Saïgon au pillage, s'introduisant dans les maisons, arrêtant les Français, les molestant toujours, les exécutant parfois.

« Terauchi a eu beau tenter de plaider que ses officiers et ses soldats ne pouvaient que prendre fait et cause pour leurs compatriotes asiatiques, Gracey a tenu bon. Depuis ce matin, troupes françaises et japonaises sont en train de procéder à un grand nettoyage.

– Quelle sera la réaction des Annamites ? demanda Francis.

– Il n'y a plus d'Annamites, corrigea Cédile. Seulement des Viêtnamiens. Pour répondre à votre question, je vous avouerai que je n'en sais rien. La liaison permanente que nous avons auprès du Comité exécutif, une sorte de gouvernement local, pratiquement aux mains des communistes, n'a pas encore signalé une quelconque tentative de riposte. Plus les heures passent, moins celle-ci est probable. J'ai appris tout à l'heure que les bandes Hoa Hao commençaient à quitter Saïgon en bon ordre. Par ailleurs, une section du 11ᵉ R.I.C. a investi sans combat l'hôtel Hoang Cung, sur le boulevard Charles-Thomson, où se tenait l'état-major des formations Binh Xuyen. Celles-ci se replient au-delà de Cholon, vers leurs anciens repaires du Rung Sat.

— Quand croyez-vous que je pourrai rentrer chez moi ? s'informa Francis.

— Je suis dans l'impossibilité de vous répondre. En principe, nous tenons Saïgon, mais la campagne échappe totalement à notre contrôle. Je crains que vous ne soyez obligé d'attendre ici quelque temps. Rien ne dit d'ailleurs que votre femme n'ait pas été enlevée par les Japonais, comme la plupart des Européens de l'arrière-pays, et ramenée ici. Peut-être la rencontrerez-vous chez des amis où elle aura cherché refuge ?

Francis remercia. Accompagné de Denis Lam Than, il se fit conduire à la villa de Kim-Anne.

En cours de trajet, leur jeep fut stoppée par un gigantesque attroupement, que contenaient difficilement quelques soldats japonais, manifestement énervés, baïonnette au canon, frappant de la crosse de leurs fusils les têtes et les dos qui passaient à leur portée.

— Nous tenons Saïgon, a affirmé M. Cédile, ironisa Denis Lam Than. Cela ne me paraît pas être une évidence.

— Que disent les gens ?

— Un officier japonais aurait été abattu tout à l'heure par des inconnus.

Cao Van Minh s'était montré beau joueur. Lorsque Lee-Aurore était rentrée au siège de la Sûreté, mission remplie, il l'avait convoquée dans son bureau.

— Tu as retrouvé Cyril, lui avait-il dit, d'un ton affable. Tu as de la chance. Mais, dans le même temps, tu as choisi ton camp. Sincèrement, j'espérais que tu te rangerais définitivement à nos côtés, que tu serais notre interprète

437

auprès des tiens. Cela n'est plus possible, admets-le! (Son sourire s'effaça brusquement, le ton de sa voix se fit plus âpre :) Mon devoir serait de te faire exécuter! Tu connais bien trop de choses sur nous, notre organisation, nos activités pour que nous puissions prendre le risque de te voir nous trahir!

— Je ne suis pas ce que vous appelez une *Viêt gian!* Je te dois d'être sortie de ce trou à rats où m'avaient enfermée les Japonais. Même si nos chemins divergent, je n'oublierai pas que tu t'es toujours comporté en ami.

— Boniments de bonne femme! Tu es bien une Française, à toujours mettre les bons sentiments en avant. Vous nous avez assez longtemps bernés de vos protestations de sincérité, de loyauté, de reconnaissance pour que j'y croie vraiment.

Il s'était dressé, les mains à plat sur son bureau, l'œil injecté, un coq de combat, tous ergots dehors.

— Je ne veux plus te voir traîner par ici! Je vais donner l'ordre à mes hommes de t'abattre si seulement tu t'avises de venir rôder auprès de nous!

Lee-Aurore ne s'en alla pas. Elle fit front.

— Commence donc par faire libérer les femmes que tu retiens à Vinh Loc! Elles ne t'ont rien fait, que je sache.

Minh était blême de fureur. Il assena sur son bureau une énorme claque qui résonna comme un gong, dont le coup se répercuta jusqu'à ses épaules.

— Que te faut-il encore? Tu sais très bien pourquoi je les garde! Je veux garantir leur sécurité.

— Elles seraient tout aussi bien auprès de leurs maris, de leurs pères, de leurs frères. (Sa voix se fit suppliante :) Je t'ai servi de mon mieux. Je ne te demande pas quelque chose d'impossible, ce ne sont que de pauvres femmes sans défense.

Minh céda, à contrecœur. Il ne pouvait pas dévoiler ses intentions.

— D'accord, admit-il. Je verrai ce que je peux faire. (Puis :) Et maintenant, va-t'en!

Lee-Aurore lui adressa, du bout des doigts, un petit baiser ami. Il la rappela :

— Tant que tu y es, rends-moi le pistolet que tu portes sous ta veste!

– Il n'en est pas question! Cette arme est à moi. Tu sais bien que je n'ai jamais eu l'intention de m'en servir contre toi ou contre l'un de tes hommes. Si c'était le cas, je l'aurais utilisée depuis longtemps, mais j'ai encore une promesse à tenir.

Minh préféra ignorer laquelle. Pour la deuxième fois de la soirée, il capitula devant cette femme blanche qui osait lui tenir tête. Tandis que Lee-Aurore s'en allait, il se rassit, s'absorbant dans la lecture d'un fastidieux compte rendu truffé de truismes, d'une platitude à pleurer. Dès qu'elle eut refermé la porte, il laissa éclater sa fureur.

– Bon débarras! grogna-t-il.

Mais il pensait exactement le contraire.

Comme il avait toujours été sincère envers lui-même, il dut s'avouer qu'au fil des jours passés en sa compagnie, il était, tout banalement, tombé amoureux. « Je suis complètement idiot », songea-t-il, sa colère maintenant tournée vers lui. Il essaya de la chasser de son esprit, mais toujours la même séquence tournait dans sa tête, Lee-Aurore s'offrant à Cyril dans un grand lit qu'il imaginait tout blanc, enveloppé de mousseline, dans un éclairage diffus...

Il repoussa le rapport, accrocha son ceinturon à sa taille, et sortit en injuriant au passage Trinh, qui ne s'était pas assez vite figé au garde-à-vous.

Des jours durant, toujours vêtue de noir, Lee-Aurore avait traîné en ville, évitant soigneusement d'approcher des locaux de la Sûreté où officiait Minh, devenu enfin responsable de la police de Saïgon. Elle hantait plutôt les abords du lycée Petrus-Ky, à l'orée de la plaine des Tombeaux, où étaient cantonnés les services de la Kempeïtaï, dont les hommes évitaient de se montrer un peu trop par la ville. Elle était certaine qu'un jour ou l'autre, le lieutenant Sakamura finirait par en sortir. Alors, elle pourrait tenir le serment qu'elle s'était fait.

Pourtant, plus le temps passait, moins elle était certaine de réussir. Cela la désespérait; elle n'imaginait pas de vivre sans avoir accompli sa vengeance. Depuis qu'elle avait retrouvé Cyril et, qu'avec lui elle était à nouveau retournée habiter la villa, elle menait une existence de recluse dans l'une des pièces de la boyerie, refusant de parler à sa mère, de voir Diane, sa fille, ne se jugeant pas digne de partager la même chambre que Cyril. Un homme avait posé ses mains sur elle, il avait ouvert son sexe de ses doigts, il l'avait souillée, et cet homme s'appelait Sakamura. Tant qu'il vivrait, Lee-Aurore resterait marquée, comme au fer rouge, par cette honte.

Et puis il y avait aussi le souvenir de ces femmes battues, humiliées, martyrisées, de ces fillettes torturées, violées. Sakamura devait payer aussi pour cela.

Ce matin, 24 septembre 1945, Lee-Aurore s'était postée à son emplacement de prédilection, au rond-point du boulevard Hui Bon Hoa. Soudain, elle comprit que quelque chose changeait dans la ville. Pour la première fois depuis leur capitulation, les Japonais quittaient leurs tanières. En formations organisées ils entreprenaient de ramener l'ordre et le calme dans le centre de la ville. Déjà, en longues colonnes silencieuses, les bandes de Hoa Hao évacuaient les allées du boulevard Norodom, descendaient vers Cholon et My Tho. Les caodaïstes se regroupaient devant la gare de marchandises avant de prendre le chemin de Tay Ninh, leur capitale.

Lee-Aurore éprouva un immense sentiment de reconnaissance envers le général Gracey, le commandant des troupes britanniques. Il avait, enfin, rappelé au maréchal Terauchi, jusque-là figé dans une attitude haineuse, qu'il était vaincu, qu'il devait obéir aux vainqueurs, l'obligeant à assurer sa part du rétablissement de la sécurité.

Vers onze heures du matin, enfin, Lee-Aurore aperçut son tortionnaire. Il marchait, en balançant les épaules, faisant résonner le trottoir du talon ferré de ses bottes, au milieu d'une escouade de gendarmes de la Kempeïtaï, se dirigeant vers la rue Mayer et le carrefour de la route de Than Son Nhut. Matraque en main, les Japonais progressaient droit devant eux, écartant sans ménagement ceux des promeneurs qui ne libéraient pas assez vite le passage. Ils avaient retrouvé leur morgue de conquérants.

Lee-Aurore leur avait emboîté le pas, d'assez loin, guettant le moment propice pour agir et pour disparaître. Elle n'éprouvait plus aucune impatience, bien au contraire, le calme était enfin descendu en elle; elle avait désormais tout son temps, Sakamura ne lui échapperait plus.

Au fur et à mesure qu'ils approchaient du carrefour, la foule se faisait de plus en plus dense. Lee-Aurore apprit la raison par une rumeur qui se propageait, de groupe en groupe. La nuit précédente, un commando de *Bach Mu Doàn*, les « Bérets blancs » du colonel caodaïste Trinh Minh Té, avait attaqué la garnison des Gurkhas britanniques chargés de la garde de l'aéroport. La bataille avait été rude. D'après les renseignements qui s'échangeaient, les Britanniques avaient été taillés en pièces. C'était donc des soldats victorieux que se préparaient à acclamer les promeneurs.

Les Japonais étaient englués au milieu de la cohue. Ils tentaient bien de se frayer le chemin à coups d'épaule, mais ils étaient pratiquement stoppés et ni les coups de sifflets, ni les vociférations ne servaient à rien. Plus personne ne les écoutait.

Jouant des coudes, Lee-Aurore s'était suffisamment approchée pour pouvoir, rien qu'en avançant le bras, toucher la tunique du lieutenant Sakamura. Elle attendit encore. Il n'était pas question pour elle de l'abattre de dos, sans pouvoir lire la peur dans son regard.

Elle le dépassa, exécuta encore trois pas, puis, d'un geste cent fois répété, elle fit demi-tour, dégaina son pistolet qu'elle maintint fermement contre sa hanche jusqu'à ce qu'elle en sente le canon s'enfoncer dans le ventre de l'officier.

— Salut, Sakamura, lui dit-elle, très vite. Me reconnais-tu ?

Le regard du Japonais, d'abord empreint d'agacement, s'alluma brusquement. Il ouvrit la bouche, comme pour appeler à l'aide. Il n'en eut pas le temps. Lee-Aurore avait tiré, par trois fois. Son arme ne fit guère de bruit, c'était un ridicule pistolet de femme, au calibre dérisoire, mais à bout touchant, ses balles causèrent d'irréparables blessures. Les mains vivement portées à son bas-ventre, Sakamura s'effondra lentement, le visage convulsé, tournant sur lui-même à la façon d'un noyé inexorablement aspiré vers les profondeurs. Il mit plusieurs minutes à mourir, le corps taraudé de souffrance, en poussant des grognements de bête à l'agonie.

Lee-Aurore avait profité de la confusion pour se dégager et se fondre dans la foule. Quand les gendarmes s'aperçurent que leur chef était mort, elle était déjà loin.

4

Paralysée par la grève générale, décrétée par le Comité exécutif en riposte à la reprise en main conjointement réalisée par les Anglais, les Japonais et les Français, Saïgon avait cette apparence désolée de cité en proie à la panique et à l'angoisse. Fils téléphoniques sectionnés, arbres abattus, gravats, détritus, débris de mobilier jonchaient les avenues comme après le passage d'un monstrueux typhon. Plus un seul véhicule n'était visible, même les traditionnels cyclo-pousses avaient disparu.

La veille au soir, des commandos de dynamiteros avaient fait sauter la centrale électrique, crevé les réservoirs de l'usine des Eaux, incendié les dépôts de la Shell, sur le port pétrolier du Nha Bé. De gros nuages gras de suie planaient sur Saïgon, ajoutant à la calamité ambiante. Aux sorties de la ville, camions, charrettes, carrioles, tilburies, ces « boîtes d'allumette » servant de transports collectifs, se pressaient vers la campagne, embouteillant les boulevards et les ponts.

Cholon n'avait pas été épargnée non plus. Plus de jonques, plus de coolies, plus d'ouvriers. Les boutiques étaient fermées, obstruées par des planches clouées en croix.

Près de la piscine régionale, d'anciens auxiliaires japonais avaient mis le feu au dépôt de la Manufacture des Tabacs d'Indochine; par centaines, balles de tabac ou caisses de cigarettes se consumaient, répandant aux alentours les effluves odorants d'une gigantesque pipe.

A l'aube, une femme européenne, demi-nue, les yeux fous, fut trouvée près de la cathédrale par une patrouille britannique. Du récit incohérent qu'elle fit aux autorités, il s'avéra bientôt qu'elle venait d'échapper à un terrifiant massacre, perpétré la nuit même par une centaine de forcenés en uniforme, dans la cité Heyraud, une résidence de « compartiments » de briques abritant les familles de petits fonctionnaires français, métis, antillais ou réunionnais.

Immédiatement alerté, Cyril s'y fit conduire et, là, recula, frappé d'horreur. Deux cents personnes, hommes, femmes, enfants, vieillards, avaient été assassinées dans des conditions atroces. Aussi loin que portait le regard, on n'apercevait que des corps mutilés, membres sectionnés, têtes arrachées, ventres ouverts. Des hommes avaient eu les parties sexuelles coupées, que les tueurs avaient cousues dans la bouche de leurs femmes annamites. Des enfants métis avaient été débités au coupe-coupe et réintroduit dans le ventre de leur mère. Les trottoirs, les caniveaux, les façades dégouttaient de sang frais.

C'était le carnage dans toute sa terrifiante sauvagerie. L'horreur était telle que les sauveteurs, arrivés pour essayer de porter secours à tous ces malheureux, ne pouvaient que fixer, le cœur au bord des lèvres, les larmes aux yeux, cette boucherie.

— Il n'y a que des fous ou des drogués pour avoir pu commettre pareil massacre, observa un officier britannique, le visage bouleversé.

— Ou des fanatiques, ajouta Cyril, qui s'était détourné pour vomir.

Ils apprirent un peu plus tard, par quelques rescapés hagards, qu'environ cent cinquante habitants avaient été emmenés en otage. En dépit des recherches entreprises aussitôt, personne ne devait jamais les revoir.

Parmi la foule des secouristes et des curieux, Cyril aperçut, se tenant à l'écart, Cao Van Minh, entouré de ses gardes du corps. Sans hésiter, n'écoutant que sa colère, il se dirigea droit sur lui, malgré les armes qu'instinctivement, ses voisins avaient levées.

— Es-tu satisfait? lui demanda-t-il, ayant du mal à calmer les tremblements de sa voix. Belle vengeance! Des gosses, des femmes, des vieillards! Vous ne respectez donc rien?

Minh secoua la tête.

– Je n'ai aucun compte à te rendre! Maintenant, et même si tu ne me crois pas, je puis t'assurer que ni moi ni mes hommes ne sommes responsables de cette tuerie. Je la réprouve autant que toi.

Cyril n'était pas convaincu. Il avança encore, l'index pointé :

– Je veux bien admettre que tu n'as pas personnellement ordonné cet abominable forfait. Mais le climat de haine et de violence dans lequel vous avez plongé la ville depuis plusieurs semaines devait fatalement aboutir à cela! Vous en porterez la culpabilité devant l'Histoire.

Minh haussa les épaules.

– Tu parles de haine et de violence. Mais nous ne demandions qu'à consolider cette indépendance que vous, Français, essayez d'entraver! Qui a réoccupé les bâtiments publics? Qui a obligé nos troupes à quitter la ville? Qui, demain, tentera de rétablir votre souveraineté en Indochine? Peut-être ne le sais-tu pas, mais nous avons appris que des transports de troupes, escortés et protégés par de gros bâtiments de guerre, sont en route pour Saïgon. A la volonté populaire, vous allez opposer la force des armes!

Cyril avait eu connaissance de l'arrivée prochaine d'un corps expéditionnaire constitué quelques semaines plus tôt en France, aux ordres du plus prestigieux des chefs militaires, le jeune général Leclerc. Pour tous les Européens de Cochinchine, cette arrivée était impatiemment attendue. Elle était, à leurs yeux, la promesse d'un retour à l'ordre et à la sécurité. Depuis plusieurs semaines enlèvements, perquisitions sauvages, assassinats, pillages étaient leur lot quotidien. Ils vivaient en permanence sous la menace d'un lynchage, d'une arrestation, d'un interrogatoire poussé. Ils n'en pouvaient plus de peur, d'angoisse.

– Vous avez été incapables de montrer votre aptitude à contrôler vos troupes. Il est normal que nous prenions les choses en main.

Minh écarta ses gardes du corps et prit Cyril à part :

– Nous avons tout prévu. Depuis ce matin, nous avons donné l'ordre à la population de vider la ville. Elle a obéi. Vous allez pouvoir rester entre vous, les Français. A quoi cela vous avancera-t-il? La campagne vous échappera. Vous voulez la guerre? Vous l'aurez!

— Nous ne voulons pas la guerre, tu le sais bien ! Seulement sortir du cauchemar dans lequel toi et tes hommes nous avez plongés !

— Je vais partir moi aussi, Cyril. Je ne voulais pas la guerre, mais je ne voulais pas non plus du retour à l'ordre colonial ancien. Nous n'avons plus le choix.

— As-tu conscience que vous plongez votre propre pays dans le chaos et le malheur? Il y aura des morts...

Minh se braqua :

— S'il faut en passer par là, nous bâtirons notre indépendance sur des monceaux de cadavres. Mais des Français mourront aussi. Leur sang sera notre ciment.

Il changea de ton et sa voix se fit presque amicale.

— Connais-tu les trois préceptes de vie de notre vieux philosophe Truong Phu?

— Non. As-tu l'intention de les adopter?

— Écoute :   *Phu qui bàt... nang dàn.*
                        Ba tiên bàt... nang di
                        Oaï vô bàt... nang khuat *.

« Dois-je te les traduire?

— Ce n'est pas la peine, j'ai très bien compris. C'est une doctrine d'une grande sagesse. Elle tranche avec les préceptes marxistes de la guerre révolutionnaire !

— Ne crois pas cela. Je rêve d'un communisme, mais d'un communisme d'un type nouveau, reposant sur les fondements de la morale viêtnamienne ancienne. Sais-tu que j'ai fini par adopter le drapeau du Front? Le rouge indique notre appartenance au monde de la révolution, mais l'étoile jaune marque aussi notre volonté de ne jamais oublier que nous sommes viêtnamiens avant tout.

Il posa ses mains sur les épaules de Cyril :

— Nous allons nous battre. Puisses-tu ne jamais te trouver en face de moi. Cette fois, je t'abattrais, sans hésiter. Même si je dois en éprouver du chagrin.

— Je souhaite également ne pas avoir à t'affronter.

Minh était ému. Il s'en tira d'une boutade :

— Sais-tu ce que tu devrais faire tant qu'il est encore

---

* Richesse, honneurs... ne pas s'y attacher.
  Misère, peines... ne pas se décourager
  Violence, haine... ne pas les craindre.

temps? Épouser Lee-Aurore, l'emmener en France et lui faire plein d'enfants. Si tu as un garçon, donne-lui un double prénom, un chrétien et un viêtnamien. Minh, par exemple?

— Minh? Pourquoi pas?

Seule la pudeur, et sans doute aussi la présence proche des gardes du corps, empêchèrent les deux hommes de se serrer la main.

De retour à la villa, encore bouleversé par ce qu'il avait vu à la cité Heyraud, Cyril reçut la visite de Richard, le fils de Souên et de Ho Chan Sang, qui avait été depuis des mois son messager fidèle.

— Mon père veut te voir, lui dit-il.

— Où est-il?

— Près du pont en Y. C'est là que se sont regroupées les troupes Binh Xuyen. Elles vont bientôt quitter Saïgon pour regagner les marécages du Rung Sat.

Une demi-heure plus tard, les deux hommes étaient face à face. Le premier, Ho Chan Sang prit la parole. Il avait la voix vibrante de rage, mais son visage était aussi bouleversé d'émotion.

— Je t'ai fait venir pour que tu dises à Cédile que les Binh Xuyen ne sont pour rien dans le massacre de la cité Heyraud. Je sais que, déjà, ces salauds de communistes vont essayer de nous en coller la responsabilité sur le dos. Mais je t'en donne ma parole, nous n'y avons aucune part.

— Je transmettrai, promit Cyril.

— Pour ce qui me concerne, reprit Sang, je te fais ici un serment solennel : j'aurai la peau du salaud qui a ordonné cette tuerie. Demain ou dans dix ans. Mais je l'aurai!

— Qui est-ce?

— Qui veux-tu que ce soit? Trinh Minh Té, bien sûr, avec ses groupes de tueurs caodaïstes. C'est un fou sanguinaire, une bête fauve. Il s'est vendu aux Japonais, il pactise maintenant avec les communistes, mais il s'est déjà acoquiné avec les représentants de l'O.S.S. * américaine! Demain, il se mariera avec le diable!

---

* *Office of Strategic Services,* services secrets américains, ancêtres de la C.I.A.

Du bout de son poignard, Ho Chan Sang érailla un peu de la peinture recouvrant l'un des piliers du pont.

— Aussi longtemps que cette éraflure ne sera pas effacée, ma haine envers Trinh Minh Té ne désarmera pas. Tant que je vivrai, je le chercherai pour l'abattre, comme un chien enragé.

— Que vas-tu devenir maintenant?

Ho Chan Sang montra de la main les colonnes d'hommes en bleu qui s'éloignaient lentement, vers le nord.

— Je suis un Binh Xuyen. Je dois partager leur sort, suivre leur destin. Je te demande de veiller sur ma femme et sur mon fils.

— Ainsi, toi aussi, tu vas combattre les Français?

— C'est mon destin, répéta Sang. Je suis loyal et fidèle à mes amis. Mais (son visage s'éclaira d'un sourire), je te fais une promesse : si les Français acceptent d'aider l'indépendance du Viêt-nam, je convaincrai mes chefs et mes hommes de revenir à vos côtés pour lutter, ensemble, contre les communistes.

Il s'éloigna, en balançant ses larges épaules. Arrivé à l'extrémité du pont, il se retourna, agita la main en un geste d'au revoir.

De retour à la villa, Cyril trouva son père, harnaché en guerre, botté et casqué. Depuis son retour du Laos, Francis n'avait cessé de tourner en rond, rongé d'angoisse à l'idée de savoir Catherine seule dans la plantation, à la merci de tous les tueurs lâchés un peu partout. L'annonce du massacre de la cité Heyraud avait mis un comble à son inquiétude.

— Je n'en peux plus, expliqua-t-il. Il faut que je parte au plus vite pour Bao Tan.

— Je te comprends, père. Mais ne vas-tu pas courir un risque insensé? Songe que les guérilleros se sont installés aux portes de la ville. Ce matin, un colonel américain a été abattu à Tan Son Nhut, sa jeep mitraillée par « des éléments incontrôlés ». A Gia Dinh, un car a été incendié et ses occupants, des soldats britanniques, assassinés...

— Justement, Cyril. Un commando de parachutistes anglais part, tout à l'heure, pour délivrer les Européens de Bien Hoa et recevoir la capitulation des soldats japonais de la base aérienne. J'ai obtenu l'autorisation de les accompagner. Comprends-tu? Il faut que je sache...

— Et pour Bertrand?

Francis baissa la tête.

— Pour Bertrand aussi, je dois retrouver Catherine. Ce serait terrible si elle apprenait la nouvelle de sa mort d'une autre bouche que la mienne, sans que je sois là pour atténuer le choc, la consoler, la réconforter.

Cyril opina.

— Tu as raison, père. J'aurais aimé t'accompagner...

— C'est une épreuve que nous devons traverser seuls, elle et moi.

Francis s'en alla un peu après midi. En fin de soirée, Sylvie arriva, nerveuse, effrayée aussi. En la voyant, Cyril comprit que quelque chose de grave était arrivé. Il se rappela les accusations de Ho Chan Sang concernant la responsabilité des sections d'assaut caodaïstes dans le massacre de la cité Heyraud. Il redouta que Matthieu, qui en avait été membre, n'y soit impliqué.

— Denis a été emmené tout à l'heure, expliqua-t-elle, le souffle court.

— Par qui?

— Par un groupe de soldats envoyés par le Comité exécutif.

— Ont-ils donné une raison à cet enlèvement?

— Oui. Denis aurait été pressenti pour occuper des fonctions de conseiller économique auprès du gouvernement de la République du Viêt-nam! Ho Chi Minh en personne l'a convoqué!

— A Hanoï?

— Oui. J'ai appris, tout à l'heure, que Denis avait été embarqué à bord d'un Dakota des services spéciaux américains, destination, le Tonkin. Denis était furieux. Il s'est débattu, et c'est pourquoi je crains le pire...

— Tu as tort. Il faut faire confiance à Denis. Je suis certain qu'il saura se tirer d'affaire. Et puis, connaissant ses sentiments, il pourra être, auprès de Ho Chi Minh, un élément modérateur.

— Justement, que va-t-il faire au milieu de tous ces fanatiques?

Cyril sourit.

– Si tu veux mon avis, il y a bien trop longtemps que ton mari n'exerçait aucune activité. Ce ne peut qu'être bon pour lui de se remettre au travail. Conseiller économique, dis-tu ? Cela lui ira très bien. Quel que soit le sort que l'avenir réserve à l'Indochine, le travail qu'il aura accompli ne sera pas inutile, bien au contraire ; l'essentiel n'est-il pas de remettre le navire à flot, de redresser la barre, d'assurer aux passagers, déjà très éprouvés, des conditions d'existence meilleures ?

– S'il n'y parvient pas ?

– Il s'en ira. Comme il l'a déjà fait à plusieurs reprises.

Sylvie se rasséréna.

– Puisses-tu avoir raison, Cyril !

– Que devient Matthieu ? demanda-t-il, d'un ton volontairement neutre.

Sylvie foudroya son frère du regard.

– Je te vois venir, répliqua-t-elle, la voix cinglante. Tu vas me parler des horreurs qui se sont passées la nuit dernière à la cité Heyraud ? Denis m'a posé la même question. Il ne peut pas croire que notre fils ait été mêlé à cette boucherie !

– Et toi, le crois-tu ?

– J'essaie de ne pas l'imaginer. Ce serait épouvantable ! Matthieu serait incapable d'une telle sauvagerie. Sous ses dehors brusques, c'est un garçon sensible, passionné, sincèrement attaché à ses origines. Même s'il a choisi une voie mauvaise, il finira par s'en dégager. Mais il n'a pas de sang sur les mains, cela, je le sais.

– Espérons-le. Une chose est certaine, ce sont les hommes de Trinh Minh Té qui ont agi. Et Matthieu fait partie de ses troupes.

Sylvie était au bord des larmes. Elle protesta :

– Cyril ! Ne sois pas cruel ! Je prie le Ciel que Matthieu ait quitté Saïgon hier matin comme il me l'avait annoncé.

Il prit dans ses mains celles de sa sœur et, plus gentiment cette fois :

– Matthieu était sûrement parti, Sylvie. Moi aussi, je le connais. S'il avait assisté, même en témoin, à ce massacre, il aurait immédiatement abandonné son chef, ses cama-

449

rades, son uniforme. Il serait déjà ici, dégoûté à tout jamais du camp qu'il a choisi. Il reste maintenant à faire confiance à l'avenir. Il reviendra, assagi, ayant enfin trouvé sa voie.

Sylvie le remercia, d'un pauvre sourire.

— Puisses-tu avoir raison !

5

La campagne était d'une tristesse à pleurer. Francis avait encore en mémoire les rizières cultivées, d'un vert lumineux, qui s'étendaient à perte de vue de part et d'autre de la route de Bien Hoa, les villages pimpants aux façades blanches, aux toits de tuile rouge, grouillantes d'une vie familiale et bon enfant.

Sous la pluie, la route n'était qu'une ornière, creusée de fossés profonds, en « touches de piano », destinés à interdire la circulation des véhicules. Les villages, aux façades écaillées barbouillées de slogans politiques, auxquelles étaient accrochées des guenilles rouges, étaient déserts. Les rares paysans rencontrés, cohorte calamiteuse revenant de la ville en trimbalant leurs misérables trophées rebuts du pillage, avaient des visages fermés, hostiles.

Thu Duc, la première grosse agglomération, présentait un spectacle affligeant. Les coquettes villas européennes avaient cet air désolé d'après un incendie, toits effondrés, portes arrachées, béant sur le vide, l'herbe ayant déjà poussé entre les dallages.

Plus loin, les rares plantations traversées montraient leur retour à la sauvage nature. Entre les hévéas, les épineux avaient repris droit de cité. Coolies absents, ouvriers partis, plus aucune vie n'y apparaissait. De çà, de là, de petits postes japonais jalonnaient l'itinéraire. Les sentinelles présentaient les armes, mais leurs visages étaient de pierre. On les sentait prêtes à abaisser leurs fusils et à ouvrir le feu. Pour beaucoup d'entre eux, c'était une humiliation suprême que de voir, escortant les parachutistes, les Gurkhas à la peau sombre, ceux-là mêmes qu'ils avaient battus et maintenus prisonniers, des années durant, en Malaisie, en Birmanie et même à Singapour.

L'officier britannique qui commandait le détachement chargé d'aller investir la base de Bien Hoa était, précisément, l'un de ceux qui, après quatre ans de camps, étaient venus volontairement en Indochine pour laver l'affront subi et se délecter au spectacle des officiers nippons déposant, buste ployé, leurs sabres à ses pieds.

Francis était imperméable à l'esprit de vengeance. Le spectacle de désolation qui défilait devant ses yeux aggravait son inquiétude. Il se demandait ce qu'il allait trouver en arrivant. Mais ses angoisses n'avaient que le sort de Catherine pour objet. Et même s'il se refusait à envisager le pire, les récits de Lee-Aurore concernant les conditions de sa captivité hantaient sa mémoire. Il ne formulait qu'un vœu, que sa femme ait échappé à cet enfer.

« Peu m'importe que Bao Tan ne soit que ruines, pourvu que Catherine n'ait subi aucun outrage à cause de moi... »

Il se sentait coupable. Il était parti, sept mois plus tôt, pour veiller sur Bertrand, et Bertrand était mort. Son geste n'avait servi à rien.

A Bien Hoa, la population annamite se terrait, à moins que, avertie de l'arrivée des Blancs, elle n'ait pris le parti de s'enfuir pour se réfugier dans la forêt proche. Dans les rues, au bord des trottoirs, il n'y avait que les familles chinoises, agitant, pour preuve de leur bienveillante neutralité, leurs drapeaux ornés de la roue dentée blanche.

Plus rares, quelques Chettys, tapis dans les encoignures de leurs magasins, n'attendaient qu'un geste pour sortir à l'air libre ou, au contraire, pour se barricader dans leurs échoppes. C'étaient des gens prudents, leur survie était à ce prix.

Au moment de s'engager sur la grande route, récemment bitumée et soigneusement entretenue, menant à la base aérienne, Francis fit stopper la jeep où il avait pris place.

— Je descends ici, dit-il. Je rentre chez moi.

— Tout seul? s'étonna le capitaine, d'un ton surpris.

— Oui.

— Vous prenez un grand risque, des tueurs sont peut-être embusqués dans la forêt; ils se feront un plaisir de vous abattre.

— Je verrai bien...

Francis était au-delà de la peur. Il n'ignorait pas que, par centaines, des Japonais avaient déserté les rangs de leur armée vaincue pour rallier et encadrer les bandes inorganisées de guérilleros, communistes ou nationalistes. S'ils sévissaient dans la région, que lui importait de survivre s'ils avaient, comme il était probable, attaqué Bao Tan ?

Il marcha quelques kilomètres, seul sur la route, puis, à la hauteur de la station ferroviaire de Ho Naï, à proximité de l'ancienne usine de bois de Maurice Rousseron, il s'engagea, hardiment, sur la piste menant à sa maison.

Tout était calme. Au-dessus de sa tête, les grands arbres formaient une voûte de verdure où piaillaient des oiseaux. Plus loin, un groupe de gibbons l'accompagna, de branche en branche, en poussant leurs cris qui ressemblaient à des ricanements. Puis ils disparurent, dans un froissement de feuilles, silhouettes veloutées agiles et sombres.

A l'entrée de la plantation, Francis observa, surpris, que des rails de chemin de fer, plantés verticalement, formaient un obstacle infranchissable aux véhicules. Il s'étonna. Qui avait bien pu ainsi interdire son territoire ?

Au-delà, les hévéas s'alignaient, à l'infini, rigoureusement nettoyés. Accrochées à leurs troncs, les cupules recueillaient le latex, encore frais. Un peu d'espoir lui revint. Tout était comme sa mémoire en avait conservé le souvenir. C'était une bouffée de fraîcheur et d'air pur dans l'atmosphère de désordre et de puanteur où il baignait depuis son retour.

A l'entrée du village des coolies, un groupe compact d'hommes et de femmes lui barrait le chemin. Il n'hésita qu'un quart de seconde, puis il reprit sa marche, d'un pas ferme. L'instant de vérité était venu.

Les visages qui lui faisaient face étaient hostiles, les regards, peu amènes. Un inconnu se détacha de la foule et vint à sa rencontre.

— Que veux-tu? demanda-t-il, en viêtnamien.

— Rentrer chez moi.

— Personne n'a le droit de venir.

— Si, rétorqua-t-il. Moi, j'en ai le droit.

— Qui es-tu?

— Francis Mareuil, le maître de Bao Tan.

L'inconnu marqua un temps de surprise. Il se retourna vers les ouvriers auxquels il fit part de la réponse qu'il avait obtenue. Il y eut quelques exclamations, surprise ou incrédulité, et, brusquement, la foule s'ébranla, s'approcha, l'entoura. Un vieillard claudiqua jusqu'à Francis, l'examinant sous le nez.

— Comment, Thuat? Tu ne me reconnais pas? demanda Francis.

Thuat releva la tête, la stupeur peinte sur le visage.

— Je te demande pardon, *Ong Pham!* Avec ton uniforme de soldat, personne ne pouvait deviner qu'il s'agissait de toi! (Il se pencha, saisit la main de Francis, qu'il baisa.) Bienvenue dans ta maison, dit-il, en chevrotant.

Ce fut une résurrection. Comme le couvercle d'une marmite brusquement retirée laisse échapper des torrents de vapeur, la chape de suspicion qui pesait sur la foule se souleva, faisant place à une rumeur qui s'enfla, devint bourdonnement, puis clameur. La foule s'ouvrit pour lui laisser le passage et l'escorta jusque devant la maison, propre, pimpante et fleurie comme aux beaux jours.

Attirée par le vacarme, Catherine apparut en haut du perron. Sa mine inquiète montra qu'elle était sur ses gardes et que la soudaine apparition d'un soldat à l'uniforme inconnu la plongeait dans le désarroi. Francis accéléra l'allure et gravit, en courant, les degrés de l'escalier du perron, la gorge nouée, des larmes plein les yeux.

— Catherine, oh! Catherine! réussit-il à articuler, en s'approchant d'elle, les bras tendus.

Elle ne réagit pas tout de suite. Puis elle porta sa main à sa bouche, blêmit et se jeta contre lui.

— Francis, murmura-t-elle. Tu es revenu! Tu ne pourras jamais imaginer combien j'ai espéré cet instant! Tu sais, j'ai fait de mon mieux pour essayer de tout conserver intact, pour toi et aussi pour...

Elle s'interrompit brusquement, releva le front et regarda par-dessus l'épaule de son mari.

— Bertrand? Où est-il?

Francis baissa la tête, accablé, sans répondre. Catherine lui saisit le menton, l'obligeant à lui faire face et répéta :

— Où est Bertrand, Francis?

— Catherine, il faut que je te dise...

— Bertrand est mort, n'est-ce pas?

— Oui, Catherine.

Il l'avait saisie aux épaules, redoutant il ne savait trop quelle réaction. Mais elle se dégagea d'une légère rotation du buste. Son visage était de pierre. Elle parla, d'une étrange voix blanche aux intonations métalliques.

— Tout ce que j'ai subi, tout ce que j'ai fait pendant ces longs mois, c'était pour vous deux. Pour toi parce que Bao Tan était ton œuvre. Pour lui parce qu'il devait poursuivre la mission, assurer notre lignée. Que deviendrons-nous? Notre vie a-t-elle servi à quelque chose?

— Il y a « Petit Henri ». C'est pour lui que nous vivons désormais.

Catherine hocha la tête et prit la main de son mari, qu'elle entraîna, à pas lents, vers l'intérieur du bungalow.

— Bienvenue chez toi, dit-elle, en éclatant en sanglots.

CHAPITRE 10

1946-1947

1

Dans le grand salon du palais Norodom, siège du tout nouveau Haut-Commissariat de France en Indochine, ils étaient une centaine de civils français, fonctionnaires délégués des divers ministères, administrateurs, agents des services publics, membres de la police, ou, comme Cyril, anciens attachés au cabinet de l'ex-gouverneur général, l'amiral Decoux, aujourd'hui en route vers la France pour y être traduit devant une Haute Cour.

L'épuration battait son plein. Tous les hauts responsables de l'Indochine durant ces dernières années étaient brutalement renvoyés sur la Métropole, par avion, par bateaux, certains même les menottes aux mains. Hier, comme nombre de ses pairs, Cyril avait reçu une convocation, un texte de deux lignes, l'invitant à se présenter ce 17 novembre 1945 au palais Norodom.

Comme tous ses voisins, Cyril attendait que l'on statue sur son sort. Comme eux, il pensait être encore utile au pays, ne serait-ce que par l'expérience acquise.

La plupart des hommes et des femmes, présents en cet instant, venaient à peine d'être libérés des camps de concentration japonais. Beaucoup portaient encore, sur leur visage ou dans leur corps, les stigmates des tortures subies dans les geôles de la Kempeïtaï ou lors de leur séjour de plus de six mois dans les cages des caves de la Chambre de commerce. Tous avaient été battus, humiliés, affamés,

455

simplement parce qu'ils étaient de loyaux serviteurs de la France. Quelques-uns même avaient appartenu aux organisations de Résistance. Ils étaient meurtris. La guérison viendrait plus tard peut-être, avec le temps, mais sans l'oubli. Certains d'entre eux n'avaient retrouvé ni leurs femmes, ni leurs enfants. En leur absence, leurs maisons avaient été pillées, parfois brûlées. Ils ne possédaient pour toute fortune que la chemise qu'ils avaient sur le dos.

Pourtant, ils ne demandaient rien pour eux-mêmes, ni reconnaissance, ni félicitations. Ce qu'ils avaient fait, ils l'avaient fait par fidélité à leur devoir, à leur notion du « service ». Ils étaient prêts à repartir, à se remettre au travail, à aider au redémarrage de la Colonie. Mais ils avaient aussi soif de compréhension, de compassion, de chaleur, d'amitié de la part de ces « Français 45 », nouvellement débarqués de Métropole.

— Messieurs, annonça la voix claire d'un aide de camp, un tout jeune enseigne de vaisseau mince et svelte, le haut-commissaire de France en Indochine !

L'amiral Thierry d'Argenlieu arriva, au pas de chasseur. D'un seul mouvement il gagna l'estrade, du haut de laquelle il promena sur l'assistance un regard d'aigle. Cyril, qui l'observait, nota qu'il n'y avait aucune aménité dans ce regard froid, aigu, « un œil d'inquisiteur », songea-t-il.

Thierry d'Argenlieu apaisa, d'un bref geste de la main, le brouhaha qui venait jusqu'à lui et sans autre préambule lança, d'une voix tranchante comme un rasoir :

— Je vous ai convoqués pour vous adresser, de la part du gouvernement de mon pays, le message suivant : « Il vous faudra beaucoup d'efforts, de courage, de bonne volonté, beaucoup d'humilité aussi pour vous réhabiliter aux yeux de la France et mériter ainsi qu'elle consente à vous accueillir à nouveau au sein de notre communauté nationale. »

C'était tout. Sans plus s'attarder, l'amiral descendit de l'estrade et disparut aux regards.

Dans la salle, la foudre semblait avoir frappé l'assistance. Hommes et femmes étaient pétrifiés, partagés entre la stupeur, le chagrin ou la colère.

Quelques commentaires se firent entendre :

— On nous traite en criminels, c'est une honte! dit un administrateur.

— Je ne resterai pas un jour de plus ici! Je vais demander mon rapatriement! lança un second.

— Que veut dire ce charabia, « beaucoup d'efforts, de courage, de bonne volonté »? demanda Théo Scotto qui s'était approché de Cyril. En aurions-nous manqué?

Théo Scotto avait passé deux mois de tortures quotidiennes dans les sous-sols de la Kempeïtaï, où on lui avait cassé les deux bras pour lui faire avouer les noms de ses indicateurs, et lui faire payer les coups portés aux réseaux de renseignements travaillant au profit des Japonais. Ses os se ressoudaient mal. Il éprouvait les plus grandes difficultés à se servir de ses mains, encore noires et enflées.

— Tu n'as pas compris que l'amiral nous a traités de « collaborateurs »?

— Collaborateurs? Alors que je n'ai pas lâché un seul nom, sauf le mien? Alors que ma fille Monique, seize ans, a été massacrée le mois dernier, avec son mari, un brave métis, obscur comptable du Trésor, à la cité Heyraud?

Il en pleurait presque.

— Serai-je obligé de rendre des comptes? Quels comptes? Qu'aurait-il fallu que je fasse de plus que ce que j'ai fait? J'ai traqué les espions japonais; parfois, je les ai descendus moi-même! J'ai brouillé les pistes, j'ai infiltré leurs réseaux. Pas un jour je n'ai cessé de lutter contre eux...

— L'amiral est arrivé en France avec des idées arrêtées, et un fanatisme hérité de son exil forcé en Angleterre pendant l'Occupation. Il finira sans doute par comprendre tout ce qui s'est passé; alors, il sera obligé de te rendre justice.

Théo Scotto montra ses bras inutiles.

— Je ne suis plus bon à rien. Si on me chasse de la police, il ne me reste qu'à crever!

— On ne te chassera pas, affirma Cyril, bien qu'il ne soit sûr de rien. Des hommes comme toi sont trop précieux.

— Et toi? Que vas-tu faire?

— Moi, c'est autre chose. Je n'étais qu'un intérimaire.

D'ailleurs, je n'avais aucunement l'intention de m'incruster. L'ambiance ne me plaît pas.

Il avait appris, la veille, par certains de ses camarades officiers, qu'une Commission d'enquête avait exigé de la part des militaires d'Indochine un rapport écrit sur leur propre comportement, avant et après le 9 mars 1945, et sur l'attitude de leurs supérieurs. Les soldats dénonçaient leurs sous-officiers; les sous-officiers, leurs officiers. Chaque jour, les paquebots emmenaient vers la France des cargaisons entières d'hommes de troupe et de gradés, mis d'office à la retraite.

Il se doutait bien que le moment viendrait où l'Administration, plus lente à réagir mais tout aussi inexorable, demanderait des compte rendus analogues à chacun de ses fonctionnaires. Ce qui arriva bientôt.

Cyril refusa de se soumettre à cette inquisition. Il démissionna le jour même, en dépit de la menace, qui fut mise à exécution, de ne pas lui payer les six mois de solde en retard.

Son amertume s'accrut, le jour où il apprit, de la bouche même du commandant Meyrannes-Lamby, le chef du Service Action dont dépendaient les parachutistes et les militaires qui avaient combattu dans les maquis du Laos, que la proposition, faite par les Services spéciaux, pour nommer chevalier de la Légion d'honneur à titre posthume le lieutenant Bertrand Mareuil n'avait pas été retenue par le ministère de la Guerre.

– Quelle en est la raison?

Meyrannes-Lamby était ulcéré. Il tendit à Cyril le texte du message :

« Mort du lieutenant Mareuil ne peut être considérée comme reçue en service commandé. Cet officier de réserve a trouvé la mort à l'extérieur des limites du territoire de sa garnison, au cours d'une opération hors guerre, menée de sa propre initiative. Pour ces mêmes motifs, le lieutenant Mareuil ne peut se prévaloir de la mention " Mort pour la France ". »

Cyril rendit le papier et observa :

– La mesquinerie n'a pas de limites. Ce texte ne déshonore que ceux qui l'ont rédigé. Le nom de mon frère ne sera pas inscrit sur la stèle du monument aux morts? Quelle importance? Il en rirait lui-même.

Puis il ajouta :

– Mon commandant, je vous sais gré d'avoir songé à défendre auprès de vos chefs la mémoire de mon frère. Par égard pour vous, et pour cette Armée française que vous représentez, je ne parlerai de ce message ni à mes parents, ni à sa veuve. Il vaut mieux qu'ils ne sachent rien. Ils se satisferont d'apprendre que le décret portant attribution officielle de la D.S.O. britannique a été signé voici trois semaines par Sa Majesté le roi d'Angleterre en personne. Nous en avons reçu copie par le consulat.

Il regagna la maison en flânant par la ville. Il ne la reconnaissait plus. Certes, Saïgon s'efforçait d'effacer les traces des combats et des émeutes qui l'avaient ensanglantée pendant ces semaines de folie meurtrière, les rues étaient redevenues paisibles, proprettes même. Les immeubles détruits par les bombardements américains du mois de janvier, ou ceux que les révolutionnaires avaient mis à sac et incendiés, se couvraient d'échafaudages au haut desquels s'affairaient terrassiers et maçons. Mais la capitale demeurait une prison, de laquelle il n'était pas question de s'évader.

Passé les limites du périmètre urbain, l'insécurité régnait. Les nuits résonnaient des harcèlements des guérilleros, de l'éclatement des grenades lancées au hasard par des terroristes que la police était impuissante à découvrir, encore moins à arrêter. Parfois, des coups de feu isolés trouaient le silence. Les « Comités d'assassinat » de ce que l'on commençait à appeler le Viêt-minh réglaient leurs comptes. Au matin, on découvrait le cadavre d'un Asiatique, d'un Blanc ou d'un soldat, allongé sur un trottoir, dans une encoignure de porte, au fil d'un arroyo.

Et puis il y avait les nouveaux venus, ces « Français 45 », débarqués à pleins bateaux de métropole. Fonctionnaires venus relever leurs collègues tombés en disgrâce, commis incertains venus se refaire une virginité à « la Colonie », mauvais garçons en quête d'une piastre qu'ils croyaient facile. Sans parler des soldats du Corps expéditionnaire, dont les « Liberty-ships » rouillés et poussifs déversaient des bataillons entiers sur le port.

459

Ces derniers avaient été accueillis dans l'enthousiasme, en libérateurs, ce qu'ils étaient. La population n'avait qu'indulgence pour ces jeunes, exubérants, insouciants et gais, qui se répandaient par les rues en vainqueurs, agissant comme en pays conquis, hélant sans complexe les jeunes filles ou les femmes mariées passant à leur portée. Ils étaient familiers avec le petit peuple des cyclos-pousses, des boys, des serveurs de cafés ou des petites prostituées annamites, qui, entre eux, leur donnaient le sobriquet de « Français tout neup' ».

Et puis les soldats partaient guerroyer dans le Delta, vers l'ouest ou le nord, toujours plus loin. Ils revenaient parfois et leur attitude avait changé. La guerre impitoyable à laquelle ils avaient été confrontés les avait marqués, durcis. Ils racontaient les scènes d'horreur auxquelles ils avaient assisté, les embuscades inattendues, les tireurs d'élite émergeant brusquement de la rizière tuant, d'une balle en plein front, leur officier. Les attaques soudaines de commandos surgis du néant, qui frappaient vite et disparaissaient aussitôt. Ils évoquaient le souvenir de leur meilleur copain, découvert atrocement mutilé, parties sexuelles coupées et enfournées dans la bouche, parfois éventrés, débités au coupe-coupe ou même sciés entre deux planches.

Ils disaient aussi les représailles auxquelles ils avaient dû se livrer, villages rebelles incendiés, suspects abattus.

Ils ne comprenaient plus. Ils étaient venus, poussés par l'enthousiasme, imbus de la mission dont on les avait chargés, ramener l'ordre, la sécurité, la vie dans cette Indochine encore traumatisée par l'occupation japonaise. Ils avaient espéré être reçus comme ils l'avaient été dans les campagnes de France, de la Provence à l'Alsace. Saïgon les avait confortés dans cette impression. Mais, dans le Delta, de Camau à la frontière du Cambodge, ils avaient été accueillis à coups de fusil ; leurs camions sautaient sur des mines ; devant eux, ce n'étaient que ponts cassés, villes mortes, rizières désertées.

Alors leur attitude se modifiait, principalement envers les Viêtnamiens, désormais qualifiés de « bougnoules », un mot encore inconnu jusqu'alors, probablement ramené des bas-fonds de quelque ville d'Afrique du Nord.

Ce terme avait beaucoup choqué Cyril la première fois qu'il l'avait entendu. D'autant plus qu'il était le fait de deux civils, fraîchement débarqués, aux prises avec ce qu'ils prenaient pour les exigences exorbitantes d'un cyclo-pousse. Il s'était cru obligé d'intervenir. Mal lui en avait pris, les deux jeunes l'avaient, à son tour, traité « d'encongaillé », une façon de lui montrer leur supériorité d'Européens peu suspects de « colonialisme ».

Depuis plusieurs jours, Cyril était à la recherche d'un emploi. Ses ressources, déjà faibles avant le 9 mars, étaient réduites à rien depuis sa démission. Il ne tenait pas à être à la charge de ses parents qui se débattaient au milieu de difficultés financières nées de la guerre et de l'impossibilité dans laquelle ils s'étaient trouvés d'écouler leur production, puisant dans leurs réserves pour survivre. Certes, Francis et Catherine avaient constitué des stocks qu'ils espéraient bien écouler vers l'Europe en proie à la pénurie. Mais ils n'étaient pas les seuls sur le marché ; les grandes sociétés leur faisaient une concurrence d'autant plus redoutable qu'elles possédaient, à Paris, de solides appuis bancaires et des politiciens à leur dévotion qui réglaient, dans des délais rapides, les formalités d'obtention des licences d'exportation.

Il ne voulait pas non plus dépendre de Lee-Aurore qui venait d'être réintégrée dans ses fonctions anciennes auprès du cabinet du haut-commissaire de France.

Il avait bien tenté des démarches auprès des compagnies aériennes, et notamment Air France, qui détenait le quasi-monopole des transports sur la métropole. Le refus avait été net, sans équivoque :

— Vous avez plus de quarante ans ? Vous êtes trop vieux !

Françoise Chevrier, la veuve de Bertrand, lui avait proposé de prendre une place d'attaché commercial au sein de la Maison paternelle. Cyril avait décliné l'offre :

— Je ne connais rien aux affaires, et, de plus, je ne veux pas avoir l'air d'être engagé par charité.

— Tu es fou ! avait rétorqué Françoise. Mon père a beaucoup d'estime pour toi. Il sait tout ce que tu as fait pendant la guerre...

— N'insiste pas. Même si les raisons étaient celles que tu

461

dis, je ne pourrais pas m'empêcher de penser que je dois mon poste à la bonté de ton père.

Cyril s'entendait bien avec sa belle-sœur. Il avait admiré le courage avec lequel elle avait accueilli la nouvelle de la mort de Bertrand, et la façon exemplaire dont elle élevait Henri, leur fils, né au mois de juin dernier. Il ressemblait beaucoup à son père, les mêmes yeux d'un vert lumineux, et, aux coins des lèvres, déjà, la petite ride ironique de Bertrand.

Françoise venait presque tous les jours à la villa tenir compagnie à Kim-Anne et à Diane, la fille de Lee-Aurore, cinq ans à Noël prochain, qui montrait une adoration éperdue pour celui qu'elle appelait « Petit Henri ».

Kim-Anne avait, enfin, retrouvé le colonel d'Estier de Penancourt, libéré du camp d'internement de Loc Ninh. Bientôt rapatriable, il faisait accélérer les formalités afin d'épouser celle qu'il aimait et qu'il voulait ramener en France avec lui. Ensemble, avec Cyril, ils avaient des discussions désabusées sur le destin et l'avenir de cette Indochine qui, quelques mois plus tôt, était encore une île de calme, de bonheur au milieu d'un monde en flammes.

— Comment a-t-on pu en arriver là, et aussi rapidement ? se demandaient-ils.

Il n'y avait pas de véritable raison à cela, seulement une concordance d'événements qui, tous réunis, avaient provoqué l'explosion à la façon d'une réaction chimique. Les communistes viêtnamiens, les Japonais, l'attitude haineuse des Américains, l'anticolonialisme forcené de leur président, et, par-dessus tout peut-être, l'incompréhension de la France métropolitaine.

— Qu'aurait-il fallu faire ? s'interrogeaient-ils aussi.

Ils savaient que la réponse, formulée de façon nette par le général Leclerc, tenait en quatre mots : « Traitez à tout prix. » Ils savaient également que l'amiral Thierry d'Argenlieu ne voulait pas de cette solution. D'ailleurs, avec qui traiter ? Sur quelles bases ? Le gouvernement de Ho Chi Minh exigeait que soit reconnu le principe de l'indépendance du Viêt-nam, et, surtout, de son unité. Or, déjà, se mettaient en place en Cochinchine les structures administratives sécessionnistes d'une République autonome, rompant délibérément les liens avec le reste de l'Indochine.

— En France, disait le colonel d'Estier de Pénancourt, je demanderai ma mise à la retraite. Pendant mon internement, j'ai fait des économies forcées, elles me permettront de remettre en état la gentilhommière familiale dans le Vaucluse. J'écrirai mes Mémoires, je relancerai la production de mon vin, fort en degré mais râpeux comme tous les graviers du Ventoux!

« En souvenir de l'Indochine, je prendrai la présidence d'une Association d'Anciens et, tous les ans, le 9 mars, nous irons déposer une gerbe au monument aux morts de Trestenas, histoire d'embêter le nouveau maire, un communiste, ancien de la Résistance, m'a-t-on écrit. Comme s'il y avait eu de la Résistance à Trestenas! Cinq cents habitants et pas un seul Allemand à vingt kilomètres à la ronde!

« Et vous?

— Moi, mon colonel, qu'irais-je faire en France? Tout ce que je possède est ici, la tombe de ma mère, celle de mon frère...

— Je croyais pourtant que votre grand-père vous avait légué une maison dans le Périgord?

Cyril rit.

— Elle était inhabitée depuis la mort de Lucien Ganerac; les maquisards y ont élu domicile, elle a été incendiée par la division Das Reich en juin de l'année dernière. J'en ai été avisé il y a huit jours par un notaire inconnu, qui, au passage, m'a demandé de lui faire parvenir par retour de courrier le montant de ses honoraires dont, évidemment, je n'ai pas le premier sou!

— Vous toucherez des dommages de guerre! Il paraît qu'en France, c'est une industrie qui se porte bien.

— Bonne idée. Je vais suggérer à Sylvie de constituer le dossier, cela la distraira et, de plus c'est une juriste redoutable. Elle ne craint pas les procès!

— Au fait, a-t-elle des nouvelles de Denis?

— De brèves missives, qui arrivent par l'entremise de Jean Sainteny, notre représentant à Hanoï. Il ne se plaint pas. Ses relations avec Ho Chi Minh et son entourage sont cordiales. Il a une tâche écrasante. L'économie du pays est ruinée par les bombardements américains, par la rupture des digues du fleuve Rouge qui a anéanti la récolte de riz du dixième mois et surtout par l'arrivée de la 82e division chinoise, venue désarmer les Japonais, mais qui s'est abattue sur le pays comme une nuée de sauterelles et qui s'incruste.

— Parle-t-il de ses projets?

— Non. Mais je connais Denis, il se méfie, il n'a pas tort. Ses collègues doivent le surveiller. Il n'est pas de leur « famille »; pour eux, c'est un bourgeois riche, catholique et par surcroît sudiste! Autant de raisons pour le désigner comme suspect aux yeux de ces marxistes orthodoxes, pauvres et tonkinois!

— Supportera-t-il longtemps cette situation?

— Je lui fais confiance! Soyez certain qu'à la première occasion, il disparaîtra!

Lee-Aurore arriva, interrompant la conversation. D'une poche en papier, elle sortit, avec des gestes de conspiratrice, une bouteille de whisky, véritable trésor en ces temps de pénurie pas encore résorbée.

— D'où sors-tu cela?

Elle rit, Cyril observa qu'il y avait bien longtemps qu'elle n'avait pas ri ainsi.

— Un Américain, évidemment! Une sorte de gros ours avec plein de poils roux sur les mains, et un bon visage tout rond de bébé bien nourri! Il voulait que je lui fasse visiter Cholon, ses « petites fleurs », ses taxi-girls et ses prostituées à cent dollars!

— Un touriste?

— Que vas-tu imaginer? Un touriste? Évidemment non. Il s'agit de l'un de ces agents secrets dont l'O.S.S. inonde la Cochinchine depuis des semaines, camouflés en journalistes du *Nebraska Chronicle* ou de quelque autre feuille de chou, aussi confidentielle que probablement fantaisiste. Il y en a plein la ville, ils passent leur temps à distribuer leurs jolis billets verts, rien que pour obtenir des indigènes le récit des atrocités commises par les méchants colonialistes envers les misérables populations viêtnamiennes.

— Bravo pour tes fréquentations! railla Cyril, sarcastique, en repoussant la bouteille qu'il se préparait à ouvrir. Naturellement, ce gorille te fait la cour?

– Naturellement! répliqua Lee-Aurore, en relevant le front. Essaierais-tu d'insinuer que je suis incapable de susciter une grande passion?

Cyril protesta du contraire. En quelques mois il avait assisté à une véritable résurrection. Il ne restait plus rien de ce bouleversant squelette qui l'avait tellement ému, au soir de leurs retrouvailles. Si Lee-Aurore avait conservé une sveltesse qui donnait à sa silhouette une grâce légère d'adolescente, sous son corsage ses seins avaient retrouvé rondeur et fermeté, ses joues s'étaient remplies et ses cheveux, qui repoussaient en mèches disciplinées, avaient retrouvé leur chaude couleur d'un brun aux reflets doux. Un signe qui ne trompait pas, Lee-Aurore se montrait à nouveau sensible aux hommages masculins.

– Réponds-moi! reprit Cyril. A quoi peut bien te servir de séduire un brillant produit des Services spéciaux yankees?

– Ne sois pas inutilement jaloux, Cyril. Je travaille pour toi!

– Pour moi? persifla Cyril. Je ne vois pas ce que je peux attendre d'un pareil individu! Sauf, peut-être, des ennuis!

Elle frappa du pied, impatientée.

– Écoute-moi, au lieu de me jouer la scène du mari bafoué! D'abord, Edward est colonel. Ensuite, il est au courant de nombreux secrets. Il m'a appris qu'à Manille, les services du matériel américain étaient en train de vendre à l'encan une dizaine de Dakota, plus ou moins abîmés mais dont certains sont encore en état de voler.

– Continue! l'encouragea Cyril, brusquement intéressé.

– Les grandes compagnies ne veulent plus de toi parce que tu es trop vieux, prétendent-elles. Mais toi, tu sais toujours piloter, n'est-ce pas?

– Bien sûr.

– Pourquoi ne fondrais-tu pas ta propre compagnie aérienne? Ensuite, tu irais à Manille, tu achèterais un ou deux de ces Dakota, et tu serais tout à la fois ton patron, ton chef pilote...

– Te rends-tu compte de ce que représente la création

465

d'une telle compagnie? Cela implique, non seulement le matériel, mais aussi l'infrastructure au sol, des radios, des mécaniciens, des dépanneurs. Sans compter les assureurs qui rechigneront à engager la moindre piastre sur mon seul nom!

Lee-Aurore exhala un long soupir exaspéré.

— Inutile de discuter avec toi, tu es déjà rebuté par la première difficulté rencontrée!

— Le problème n'est pas là! Je n'ai pas le premier sou pour payer ne serait-ce que l'hélice d'un de ces foutus Dakota! Je n'ai même pas assez d'argent pour m'offrir le voyage jusqu'à Manille! Je ne vais tout de même pas y aller à la nage!

Elle se pencha, déposa un baiser léger sur le bout de son nez et :

— Pauvre, pauvre Cyril, le plaignit-elle, moqueuse, imitant l'accent annamite : y en a pas les sous poul' acheter le beau navion!

Redevenant sérieuse, elle demanda :

— Peut-être n'as-tu jamais entendu parler du crédit? Tu sollicites un prêt auprès de la Banque d'Indochine, que tu garantis avec ton premier Dakota! Tu loues, parce que cela se fait, les services de maintenance de l'aérodrome de Tan Son Nhut, ce qui t'épargnera le souci d'engager du personnel à plein temps. Ensuite, ton premier voyage te rapportera suffisamment d'argent pour acheter un second appareil!

— Si je puis me permettre de donner un avis de profane, intervint le colonel, ce que vient de dire Lee-Aurore me paraît frappé au coin du bon sens. Vous n'avez pas un sou? La belle affaire! J'en ai, moi!

— Et moi aussi, renchérit Lee-Aurore : mon dossier de pension de veuve de guerre a été agréé, je vais toucher cinq années de rappel!

— Je ne veux pas de cet argent, c'est le prix du sang de Philippe, ton mari! Il appartient à Diane.

— Philippe te l'aurait confié sans hésiter. Et si tu souhaites lui rendre hommage, tu donneras à ton premier appareil le nom du Dewoitine à bord duquel il a été abattu : « La Rivière des Parfums. »

Cyril reprit la bouteille de whisky et remplit les verres :
— A la « Rivière des Parfums », lança-t-il.

2

Francis repoussa son assiette et se recula, les épaules
calées contre le dossier de sa chaise. Le repas, une fois
encore, avait été lugubre. Il n'avait pas échangé trois mots
avec Catherine, et seulement pour parler du quotidien, les
lots à remettre en exploitation, les menus incidents de la
journée, l'état des stocks qui s'empilaient sous les hangars.
    Il y avait maintenant un an qu'il était rentré à Bao Tan.
A la joie du retour s'était bien vite substitué le poids de la
solitude et de l'absence. L'ombre de Bertrand hantait les
murs de la maison.
    A l'extérieur, peu à peu, la guerre s'installait. Bien Hoa,
naguère encore bruyante, joyeuse, animée, s'était entourée
de barbelés, les villas abritaient aujourd'hui des sections de
jeunes marsouins, que l'on apercevait de temps en temps,
montés sur leurs engins blindés, patrouillant sur les routes,
les pistes, dans la forêt proche. De place en place, des
postes de partisans montaient une garde vigilante sur les
axes, contrôlant les rares véhicules qui s'y aventuraient, à
leurs risques et périls.
    Parfois parvenaient les échos de quelque fusillade. Un
mot nouveau avait fait son apparition dans les conversations, « Chi Doï », désignant les compagnies mobiles de
rebelles qui vivaient dans leurs repaires de la forêt. Ils n'en
sortaient que pour attaquer un poste, harceler un convoi,
ou, comme cela avait été le cas le mois dernier, enlever le
nouveau directeur de la S.E.E.F. voisine. On l'avait retrouvé un peu plus tard, la plante des pieds brûlée, le dos tail-
ladé au coupe-coupe, une balle dans la nuque. Sur un
piquet de bambou fiché dans son ventre, une feuille de
papier portait seulement la suscription « Doc Lap ».
    Jusqu'à présent, Bao Tan avait été épargné. Combien de
temps cela durerait-il ? Francis ne se déplaçait plus qu'avec
son fusil, et quelques grenades accrochées à son ceinturon.
Au soir, ils se barricadaient dans la maison, transformée en

467

redoute, volets clos, ouvertures protégées de sacs de sable. Sur le toit, un projecteur mobile permettait, à heures fixes, de balayer le parc et la grande allée.

Catherine et Francis étaient seuls. Depuis la libération des camps d'internement, ils étaient sans nouvelles de Sylvestre. Par Rousseron, qui avait repris la direction de sa scierie industrielle, ils savaient qu'il ne reviendrait plus, ayant finalement choisi de rentrer en France.

Ce n'était pas un cas isolé. Traumatisés par ces mois de cauchemar, ulcérés de l'attitude des pouvoirs publics à leur égard, supportant mal l'arrogance des nouveaux venus, nombreux étaient les Européens qui abandonnaient, pour une bouchée de riz, les domaines qu'ils avaient bâtis, année après année, à la sueur de leur front. Le temps des pionniers était révolu, venait celui des capitaines d'industrie, dont le but avoué était de « faire de la piastre ». Ils s'y employaient, tous les moyens leur étaient bons.

Une semaine plus tôt, profitant de la protection d'un convoi militaire descendant à Saïgon, Francis avait chargé, sur son vieil U23 Citroën à gazogène, une partie du stock, naguère caché dans la forêt par les soins de Sylvestre. Il avait cru, naïvement, pouvoir le négocier sans problèmes. On lui en avait offert une somme dérisoire, quatre piastres le kilo.

— Vous comprenez, lui avait expliqué un jeune godelureau, du ton vaguement protecteur d'un citadin s'adressant à un quelconque manant, vous n'avez pas de licence d'exportation. Vous êtes donc obligé de céder votre marchandise à un commerçant qui se chargera de régler ces formalités, pour son propre compte. Il est donc normal que cette prestation de service soit rémunérée...

Francis s'était retenu pour ne pas botter les fesses de l'arrogant personnage. Il s'était borné à décliner cette offre qui ressemblait à un pourboire.

Un peu plus tard, dans la journée, il avait été accosté par Guillaume, le frère de Souên. Un Guillaume sûr de lui, vêtu d'un superbe costume de shantung, le cheveu toujours calamistré, respirant la santé et l'aisance.

— Je vous propose une association, lui avait-il dit. Naturellement ce sera fifty-fifty.

468

– Pardon? demanda Francis, qui avait mal compris.

– Moitié-moitié, si vous préférez.

– Je ne vois pas où est mon avantage. Tu n'as en rien participé à la constitution de mes balles de latex.

– C'est vrai. Mais je suis en mesure de vous mettre en rapport avec un compradore chinois, qui vous achètera l'ensemble de votre production rubis sur l'ongle. Naturellement nous devrons prendre quelques précautions, il ne s'agit pas que les Douanes viennent fourrer le nez dans nos affaires.

Francis fit la grimace. Cette combinaison sentait la tricherie. Pourtant, il accepta d'écouter Guillaume jusqu'au bout.

– Notre Chinois achète votre stock. Il se débrouille pour l'écouler à Singapour où le marché est florissant car les plantations de Malaisie n'ont pas encore retrouvé leurs capacités de production d'avant-guerre. A son retour, il vous règle, en piastres indochinoises, le produit de la vente.

– En prélevant, au passage, sa part de bénéfices, je suppose?

– Naturellement.

– Et après avoir partagé avec toi, que me restera-t-il? s'informa Francis avec un brin de sarcasme.

– Nous ne partageons pas, Francis. Pas encore.

– Ah bon?

Guillaume allongea les jambes et prit l'air de quelqu'un qui ménage ses effets.

– C'est maintenant que ma proposition devient intéressante pour vous.

– Et pour toi aussi, je suppose?

– Bien sûr. J'obtiens le transfert des piastres sur un compte, en France, au taux légal qui est, comme vous ne l'ignorez pas, de 17 francs pour une piastre.

– Qu'ai-je besoin d'un compte en France? C'est ici que je dois disposer de trésorerie!

– Patience! En France, l'un de mes correspondants achète de l'or pour le montant de la conversion de nos piastres. Aux dernières nouvelles, le gramme d'or valait 586 francs sur le marché parisien. Sachez qu'il se négocie ici à environ 1 300 francs. Faites le calcul, rien que ce va-et-vient doublera notre mise.

— Ce système est ingénieux, admit Francis. Mais, à mon avis, il représente trois inconvénients majeurs. D'abord, il est absolument frauduleux.

— Tout le monde l'utilise!

— Ce n'est pas une raison, mais passons. Il repose essentiellement sur la confiance. Imagine que ton « correspondant » de Paris oublie de nous faire parvenir l'or qu'il aura acheté ou, simplement, qu'il conserve l'argent du transfert. Quel moyen avons-nous de lui faire rendre gorge?

— Aucun moyen légal, en effet. Mais il en existe bien d'autres, répondit Guillaume en mimant, l'index tendu, le simulacre d'une exécution.

— Ouais, dit Francis, guère convaincu.

— Et le troisième?

Francis se leva brusquement :

— C'est que je n'ai absolument pas l'intention de m'associer avec toi!

Le soir venu, après avoir confié son chargement à la garde d'un de ses vieux amis, qui l'avait entreposé dans son garage, Francis était rentré à Bao Tan, déçu, amer, abattu.

— J'ai échoué, expliqua-t-il à Catherine. A quoi bon s'acharner encore? Je n'ai plus envie de me battre.

Catherine avait serré les poings et s'était dressée, devant lui, l'œil étincelant.

— Moi, je me battrai! répliqua-t-elle. Je n'ai fait que cela toute ma vie! Ce fut d'abord pour toi, pour nous! Par fidélité envers Madeleine, par amour pour tes enfants afin de leur laisser un patrimoine. Je me suis battue aussi pour Bertrand. Et, maintenant, je me battrai pour Henri, son fils. Bao Tan appartient à la dynastie des Mareuil, Francis!

— Je me sens très vieux, tu sais. Tellement de choses changent, et si vite que je ne m'y retrouve plus.

— Je t'aiderai, je suis ta femme. Si nous devons nous adapter aux réalités nouvelles, je m'adapterai. (Elle s'approcha, passa ses bras autour de son cou et, très tendrement cette fois :) Tu as eu raison de refuser les offres que l'on a pu te faire. J'aurais refusé moi aussi. Pourtant...

— Pourtant?

— Ce que t'a expliqué Guillaume m'a donné une idée.

— J'aimerais bien savoir laquelle. Tu n'envisages tout de même pas de te mettre, toi aussi, à trafiquer sur la piastre!

— Non, bien sûr. Mais je vais réfléchir, il y a peut-être une solution.

Mais les jours avaient passé et Catherine ne semblait pas avoir résolu le problème. Elle aussi s'engluait dans la routine du quotidien. Elle secondait Francis du mieux possible, continuant à assurer sa part des obligations matérielles. Cela ne la changeait guère de ce qu'elle avait déjà accompli, durant les mois de sa totale solitude.

Le soir les réunissait, silencieux, chacun d'eux perdu dans ses pensées. Depuis le retour de Francis, ils faisaient chambre à part, moins par lassitude l'un de l'autre que par souci de préserver leur intimité propre. Ils n'étaient pas devenus étrangers, loin de là. La solitude était seulement plus qu'une seconde habitude, un véritable besoin.

Francis se contentait d'un décor spartiate, un lit de fer, une table de bois sur laquelle, dans leurs cadres de cuir, étaient disposés les portraits de Madeleine, de Bertrand, et d'Henri, le dernier-né, dans les bras de sa mère. Au mur, un râtelier d'armes supportait ses fusils. Le sol était nu, l'unique carpette ayant servi à colmater l'une des meurtrières pratiquées à sa fenêtre.

Par contraste, Catherine avait tenu à donner à sa chambre l'aspect confortable et intime d'une bonbonnière. Rideaux de cretonne fleurie aux fenêtres, consoles habillées de mousseline, portraits et tableaux aux murs, lampes de chevet diffusant une lumière douce, tout concourait au charme un peu désuet de la pièce. Francis y venait, parfois. Il s'installait dans la bergère, se laissait bercer par la musique d'un phonographe, et s'en allait, sur la pointe des pieds, lorsqu'il se sentait par trop envahi de bien-être. Jamais, depuis un an, il n'avait approché sa femme. Il y avait eu d'abord le choc de l'annonce de la mort de Bertrand, et, ensuite, de sa part, comme une sorte de pudeur, la crainte de la blesser, et celle, légitime, de lui montrer son corps, sur lequel l'âge, les fatigues, les privations avaient imprimé leurs marques.

Catherine sentait tout cela. Elle ne se résolvait pas à prendre la moindre initiative dans ce domaine. Il lui venait pourtant des élans, une envie soudaine de se jeter dans ses bras, de s'y blottir, de sentir sur sa peau la caresse rugueuse de ses mains. Elle n'osait pas. Non point qu'elle redoutât un refus, mais elle sentait, inconsciemment, qu'ils n'étaient plus – comme elle se le disait à elle-même – en « concordance ».

Ce soir, face à face, leurs assiettes vides devant eux, ils se regardaient, se souriaient, mais ce n'était qu'une attitude. Dès que Simone, promue au rang de « boyesse première » depuis le départ de Thi Tu, retournée dans son village, aurait desservi, ils accompliraient les gestes de chaque soir. Lui, dans son fauteuil préféré, écoutant les dernières nouvelles de la T.S.F., elle poursuivant, obstinément, la tapisserie commencée deux ans plus tôt.

– Si nous partions? proposa soudain Francis.

– Où irions-nous? Et qu'y ferions-nous?

– Il ne s'agirait pas d'abandonner définitivement Bao Tan. Mais simplement de changer de décor pendant quelques jours, quelques semaines tout au plus.

– Je n'ai pas envie d'aller à Saïgon. La description que m'en a faite Françoise lors de son dernier passage ici m'en a dégoûtée. Autrefois, j'aimais son petit air provincial, il paraît que c'est maintenant une cité assommante, bruyante, encombrée d'automobiles, de têtes nouvelles, de soldats. Et, de plus, elle est dangereuse. Tous les jours, des grenades explosent un peu partout, à la terrasse des cafés, dans les cinémas bourrés de soldats. Non merci! Il paraît même que, pour se garder des terroristes, les restaurants, les bars, se protègent par des grillages. Je n'aime pas me sentir enfermée dans une cage. Danger pour danger, je préfère l'affronter chez moi.

– Qui te parle de Saïgon? Nous pourrions aller à Singapour ou à Hong Kong. Cyril se fera un plaisir de nous prendre à son bord.

Catherine reposa son ouvrage et retira les lunettes qu'elle portait depuis quelque temps pour lire ou pour exécuter des travaux d'aiguille.

– Cyril! s'exclama-t-elle. J'avais failli oublier Cyril. Le voilà, notre sauveur! Combien possède-t-il de Dakota?

– Aux dernières nouvelles, il en avait deux, et se proposait d'en acheter un troisième. Pourquoi?

– Guillaume t'a bien affirmé que le latex se vendait à Singapour au-dessus des cours de Saïgon?

— En effet.

— Demandons à Cyril d'acheminer nos stocks en Malaisie! En avion, cela ne lui demandera que quelques heures de vol; nous serons, ainsi, plus rapidement en place sur le marché!

Francis sourit. Il approuva, soudain ragaillardi.

— Sais-tu que tu es tout simplement géniale?

Il se leva, s'approcha d'elle, posa ses mains sur ses épaules.

— Tu es aussi restée très belle, ajouta-t-il, cherchant ses lèvres qu'elle ne lui refusa pas.

A la création de sa compagnie aérienne, baptisée « Diane Air », en hommage à la fille de Lee-Aurore, Cyril s'était borné à effectuer des liaisons en saut de puce, d'abord de Saïgon à Phnom Penh, puis à Dalat ou Nha Trang, avant de se risquer plus loin, vers le Laos ou le Centre Annam. Son Dakota ne désemplissait pas, même si le confort, des banquettes d'aluminium alignées le long des parois de la carlingue, laissait beaucoup à désirer. Mais il était seul sur le marché et il était même arrivé à l'Armée, dotée d'appareils vétustes et poussifs, notamment de vieux Junkers 52 à bout de souffle, de faire appel à lui pour un transport d'urgence.

Il avait recruté deux anciens officiers pilotes, qui avaient participé à la Seconde Guerre mondiale, qu'une récente loi de dégagement des cadres avait jetés sur le pavé. Labrousse et Dérian étaient des compagnons comme il n'aurait pas osé rêver en avoir. Un peu fous peut-être, mais d'un dévouement à toute épreuve. Leur seule passion était de voler, par n'importe quel temps, à n'importe quelle heure. Avec Cyril, ils se relayaient sans relâche à bord de la « Rivière des Parfums II », n'hésitant pas à assurer des tâches subalternes de navigateur, de radio, voire de steward pourvu qu'ils soient en l'air.

Ils avaient transformé la villa de Than Dinh en une annexe du mess de garnison. C'était, pour leurs collègues de l'armée de l'air, une sorte de club ultra-fermé aux « étrangers », où se racontaient les coups les plus fumants de la guerre, où se montaient aussi les canulars les plus saugrenus qui mettaient un peu d'animation dans le cercle fermé des états-majors.

Dans ce club, tout était permis ou à peu près. La communauté était régie par des règles strictes, elles n'étaient pas écrites mais personne n'aurait songé à les enfreindre : ni opium, ni filles. Cela, par égard pour Diane, qui était devenue la mascotte de l'équipe dont le portrait stylisé servait de sigle à la compagnie.

Au bout de quelques mois, il devint évident que l'achat d'un second appareil s'imposait.

— Nous n'arrivons plus à faire face à la demande, observa Labrousse.

— Exact, admit Cyril. Mais cela implique également le recrutement d'un nouveau pilote.

— J'ai l'homme qu'il faut, affirma Dérian, en retirant l'espace d'un instant le tuyau de la pipe qui ne quittait jamais ses lèvres.

— Qui est donc ce petit génie ? rétorqua Labrousse. Les bons pilotes sont rares, et ceux qui sont disponibles sont très chers. A quel philanthrope penses-tu ?

— Comment cela, un philanthrope ? s'étonna Dérian, soupçonneux.

— C'est l'évidence même ! Non seulement, nous sommes mal payés, mais n'oublie pas que « Diane Air » est une coopérative. Pas d'employés, rien que des actionnaires, intéressés autant au capital qu'aux bénéfices !

— Sois sans crainte, s'il s'agit d'argent, le copain auquel je songe est cousu d'or. C'est Renaud de La Potteraye. Vicomte authentique, alcoolique distingué, casse-cou notoire. Si je lui envoie un télégramme aujourd'hui, il se débrouillera pour être parmi nous le week-end prochain !

Labrousse se tourna vers Cyril.

— Je ne connais pas personnellement le « Vicomte ». Mais j'en ai entendu parler. Avant la guerre, c'était une des vedettes de l'Aéropostale, avec Saint-Exupéry et Mermoz. Malheureusement pour lui, en 1940, il n'a pas su choisir le « bon » côté.

— En effet, renchérit Dérian. Descendu au-dessus de l'Allemagne en mai 1940, il a été libéré de son oflag sur une intervention personnelle de Benoist-Méchin, l'un des proches collaborateurs du maréchal Pétain. Devenu par la suite l'un des pilotes personnels du chef de l'État français, il a bien tenté de rejoindre l'Afrique du Nord au moment de l'occupation de la zone libre par les Allemands, mais il n'a pas eu de chance. Interné au camp espagnol de Miranda de Ebro, il n'en est sorti, huit mois plus tard, que pour se voir enfermer à la prison de Barberousse à Alger. Condamné à quinze ans d'indignité nationale, il a été récemment gracié.

— Que devient-il?

— Il fait de l'acrobatie aérienne dans des meetings minables, à Clermont-Ferrand, Montluçon ou Romorantin. Le reste du temps, il monte et chasse à courre.

Renaud de La Pommeraye arriva à Saïgon le jour où Labrousse et Dérian ramenaient de Manille le nouveau Dakota, baptisé « Paksavane » en souvenir de Bertrand. Il plut immédiatement à Cyril. C'était un grand garçon à l'élégance discrète, d'un flegme tout britannique, nonchalant et apparemment distrait. Il ne semblait retrouver acuité du regard et vivacité du geste qu'en face des commandes d'un avion ou devant une bouteille de whisky, quelquefois des deux en même temps. Il buvait, sans être jamais ivre, cela se devinait seulement à une certaine raideur du buste et à un léger zézaiement qui lui donnaient encore plus de distinction.

Quatre mois durant, les deux Dakota avaient tourné à plein. Avec l'intervention du « modus vivendi » signé le 6 mars 1946, assurant une certaine forme de cohabitation entre les troupes françaises et les unités du Viêt-minh au Tonkin, « Diane Air » avait pu étendre sa ligne, de Saïgon à Hong Kong en passant par Tourane et Hanoï.

A cette occasion, Cyril avait enregistré, avec dépit, que sa compagnie n'avait pas pu obtenir la mission d'emmener Ho Chi Minh et sa suite en France, où il allait discuter avec le gouvernement français les modalités d'un accord définitif de paix.

— Il nous a manqué un avion, disait-il. Sinon, quelle publicité! C'était la consécration officielle!

— Ne regrette rien, lui avait répondu Dérian pour le

475

consoler, tu serais resté des semaines entières bloqué au Bourget! Il y a déjà trois semaines que Ho Chi Minh est parti et il n'est pas près de rentrer, n'ayant aucun interlocuteur en face de lui. La France n'arrive pas à se donner un gouvernement!

Cyril en convint. Les journaux racontaient que, pour faire patienter la délégation viêtnamienne, le protocole français ne savait qu'inventer. On l'avait emmené à Biarritz se baigner les pieds, il était même question de lui faire visiter Lourdes.

— En tout cas, lui apprit Sylvie, Denis, qui faisait partie de la suite de Ho Chi Minh, en a profité pour prendre la clef des champs. Il m'a télégraphié de venir le rejoindre à Cannes, où il s'est réfugié!

Cyril rit de bon cœur.

— Les Viêtnamiens auraient dû consulter la biographie de ton mari avant de l'emmener avec eux! Ils auraient vu que c'était un spécialiste de l'escamotage! Que comptes-tu faire?

— J'avoue que je suis embarrassée. J'ai très envie de rentrer en France, car le climat de Saïgon devient irrespirable. Mais je ne peux pas partir sans avoir eu des nouvelles de Matthieu. Les journaux sont remplis des récits d'accrochages entre troupes françaises et rebelles en plaine des Joncs et dans la région de Tay Ninh. Pourvu qu'il ne lui arrive rien...

Cyril se retint d'exprimer le fond de sa pensée. Il avait beaucoup aimé son neveu, et, dans une certaine mesure, il lui avait reconnu plus de courage dans le choix qu'il avait fait que celui qu'avait montré son père, l'éternel fugitif. Il ne pouvait pourtant pas s'empêcher de songer que, si Matthieu mettait sa vie en danger, il s'était délibérément rangé aux côtés de ceux qui, quotidiennement, tuaient des soldats français.

Et il y avait toujours, au fond de lui, cette question qui n'avait pas encore trouvé de réponse : avait-il été mêlé au massacre de la cité Heyraud?

— A ta place, dit-il simplement à sa sœur, j'attendrais ici. Après tout, Denis est à l'abri. A Cannes, il ne risque pas de prendre un mauvais coup, il a toute sa vie devant lui.

– Au fait, reprit Sylvie, j'ai reçu hier la visite de papa. Il aimerait te voir. Il a un service à te demander. Pourquoi ne profiterais-tu pas du convoi militaire de Bien Hoa pour aller passer le prochain week-end à Bao Tan ? Tu pourrais par la même occasion emmener avec toi Françoise et « Petit Henri » ?

– Bonne idée.

– Y en a monsieur français demander toi !

Cyril releva le front de l'épais dossier qu'il était en train d'examiner ; c'était le nouveau contrat d'assurance concernant les vols internationaux de ses deux Dakota. Il apostropha Loï, le boy qui, comme à son habitude, était entré en trombe dans le bureau, tissant un courant d'air emportant une liasse de papier pelure comme feuilles au vent.

– Un monsieur français ? A-t-il donné son nom ?

– Moi c'est pas connaître. Lui dire c'est vieil ami pour vous.

– Fais-le entrer.

Il se renversa sur le dossier de son fauteuil, résigné à perdre son temps. Les candidats étaient nombreux à se présenter ici, pour postuler une place, mais pratiquement aucun ne correspondait aux qualifications minimales exigées.

L'homme qui entra ressemblait à un cadavre. Le teint verdâtre, les yeux profondément enfoncés dans les orbites, il avançait à petits pas, en s'appuyant sur une canne de bambou. Vêtu d'un costume qui s'effrangeait aux revers, il était coiffé d'un chapeau de paille au ruban délavé.

– Que voulez-vous ? demanda Cyril, brusque.

Il avait horreur des solliciteurs, généralement des petits Blancs en manque d'opium.

L'inconnu ne répondit pas tout de suite. En l'examinant attentivement, Cyril s'aperçut que des larmes inondaient son visage. Il se leva, s'approcha et l'aida à prendre place sur une chaise, répétant, plus aimablement :

– Que puis-je faire pour vous, monsieur... ?

– Mon capitaine, répondit l'inconnu, d'une voix chevrotante. Ai-je tellement changé ? Vous ne me reconnaissez pas ? Je suis Cahuzac, Hoche Cahuzac !

En entendant le nom de son ancien chauffeur, Cyril blêmit. Il avait du mal à associer le souvenir qu'il avait conservé du robuste gendarme aveyronnais avec cet homme prématurément vieilli aux gestes hésitants, flottant dans ses vêtements usés.

— Mon pauvre Hoche, dit-il enfin. Je suis sincèrement désolé de l'accueil peu aimable que je vous ai réservé. Où étiez-vous passé? Il y a des mois que j'essaie d'avoir de vos nouvelles, sans succès. Votre direction d'arme était incapable de me renseigner, on vous donnait disparu.

— Je sais, mon capitaine. Ce n'est pas leur faute.

Ce qu'avait vécu Hoche Cahuzac tenait à la fois du roman fantastique et du cauchemar. Après avoir rejoint un maquis, constitué près de Thu Dau Mot, dans l'impénétrable forêt d'An Son, Cahuzac avait mené une vie errante, traqué en permanence par des patrouilles japonaises guidées par des éclaireurs annamites. De coup de main en embuscade, il avait longtemps tenu tête à ses poursuivants. Et puis le sort avait tourné. Dénoncé par un de ses déserteurs, le petit groupe avait fini par être cerné, et pratiquement anéanti. Seuls Cahuzac et Courtet, son meilleur camarade, avaient été pris vivants, mais blessés.

La suite n'avait été qu'une longue suite de sévices. Traînés de village en village, le carcan au cou, obligés de se nourrir de leurs propres excréments, les deux rescapés avaient connu un véritable calvaire dans lequel leur raison avait sombré.

— Je ne me souviens plus de rien, ajouta Cahuzac. Je me suis réveillé, un beau matin, dans une salle de l'hôpital de Dalat. Comment y suis-je arrivé? Je suis incapable de le dire. D'après ce qu'on ma raconté, j'ai été ramassé, aux trois quarts mort, sur la route de Dinh Quan, par une patrouille de la 2e division blindée.

— Et maintenant?

— Je suis arrivé voici huit jours à Saïgon. Je me suis aussitôt mis à la recherche de ma femme et de mes enfants. A la cité Heyraud, j'ai trouvé une famille annamite dans mon ancien appartement. Personne n'a été capable de me renseigner.

Le cœur de Cyril se serra. Pouvait-il lui dire les circonstances effroyables dans lesquelles sa femme avait été assassinée par les Japonais avec l'enfant qu'elle allait mettre au monde? Il décida d'atténuer la terrible vérité.

— Mon pauvre Hoche, dit-il, en posant sa main sur son épaule, j'ai le triste et pénible devoir de vous dire que votre femme avait été arrêtée et internée par la Kempeïtaï.

— Elle est morte, n'est-ce pas?

— Elle n'a pas survécu à son accouchement, mentit Cyril, qui songea à toute la cruauté de cette réponse.

Cahuzac baissa la tête, accablé. Le silence dura un peu. Enfin, le visage baigné de larmes, la voix brisée, l'ancien gendarme demanda :

— Et mes gamins? Joffre et Ferdinand?

Cyril avoua qu'il ignorait ce qu'ils étaient devenus. Mais il s'empressa d'ajouter :

— Cela nous laisse un espoir, Hoche. Ils ont probablement été recueillis, soit par des voisins compatissants, soit par un orphelinat. Si vous le voulez, je vais demander à Lee-Aurore de se mettre à leur recherche. Elle s'y emploiera d'autant plus volontiers que c'est elle qui a recueilli le dernier soupir de Fleur, votre femme.

Hoche Cahuzac leva vers Cyril un visage qui, maintenant, s'éclairait d'une petite lueur d'espérance. Il parvint même à sourire.

— Merci, mon capitaine. (Il s'appuya sur sa canne et Cyril l'aida à se mettre debout.) Il me reste à m'en aller, je reviendrai vous voir de temps...

— Attendez, l'interrompit Cyril. Où allez-vous?

Cahuzac baissa la tête, comme s'il avait été pris en faute.

— Je me suis permis d'occuper notre ancien local, je ne savais plus très bien où coucher.

— Depuis combien de temps n'avez-vous pas mangé?

Cahuzac esquissa un vague geste de la main, « je me débrouille ».

— Comment se fait-il que la gendarmerie ne se soit pas occupée de vous? Vous êtes toujours en activité, que diable! Et vous avez des dizaines de mois de solde en retard! Pourquoi vivre comme un clochard?

— Je me cache, mon capitaine. Je sais que tous mes col-

479

lègues, en poste en Indochine avant la guerre, sont immédiatement rapatriés sur la France. Or moi, je ne veux pas rentrer, je veux d'abord retrouver mes gamins, et, après, je verrai...

Cyril n'hésita pas.

— Je vous garde ici. Nous allons vous trouver un coin tranquille, vous habiterez dans la villa, cela ne gênera personne. (Il haussa la voix :) Loï!

Le boy apparut presque aussitôt, il n'était jamais très loin. Cyril le soupçonnait d'être un espion. Restait à savoir au profit de qui. Le Viêt-minh? La Sûreté? Les concurrents?

— Tu vas t'occuper de Monsieur. Mène-le dans la chambre jaune, celle au milieu du couloir. Ensuite, prends ses mesures, et débrouille-toi pour lui trouver six chemises, deux pantalons, des sous-vêtements et des chaussures neuves. *Maolên!*

Hoche Cahuzac ne savait comment remercier.

— En quoi puis-je me rendre utile, mon capitaine?

— Nous verrons plus tard. Le meilleur service à nous rendre est de penser à vous, à votre santé. Nous nous chargeons du reste.

Lee-Aurore lança toutes ses relations sur les traces de Joffre et de Ferdinand, les deux garçons de Cahuzac. Finalement, ce fut Théo Scotto qui les retrouva.

— Ils ont été pris dans une gigantesque rafle, organisée pour ramasser ces bandes d'orphelins qui se répandaient en ville comme des animaux errants, couchant à la belle étoile, vivant de rebuts, de menus larcins, ou de la charité publique. Quand je les ai questionnés, ils ont refusé de me donner leur véritable nom, inventant je ne sais quelle fabuleuse histoire, qu'ils arrivaient d'une galaxie céleste... Mi-Mandrake le magicien, mi-Zorro!

La fondation « Ronan Kervizic », destinée aux petits métis sans famille, les avait accueillis, et, lorsque Lee-Aurore s'y présenta, c'est avec un grand soulagement que la mère supérieure lui confia ses deux pensionnaires.

— De vrais chats sauvages que nous étions obligées de surveiller jour et nuit. On les a retrouvés en haut des murs, au faîte des toits! Je vous souhaite du plaisir.

Ils arrivèrent à la villa, maigres comme de jeunes loups, le regard flamboyant, crachant, prêts à mordre ou à sortir leurs griffes. Leur attitude changea dès que leur père apparut. Ils se jetèrent dans ses bras en sanglotant, ce n'étaient plus que deux pauvres gamins en détresse.

Du bout de la longue tablée, Francis adressa à Catherine un clin d'œil joyeux. Il y avait bien longtemps qu'autant d'invités n'avaient pas été rassemblés à Bao Tan, et la grande salle à manger bourdonnait du tintement des couverts et du brouhaha des conversations. Ils étaient tous là, Cyril, Lee-Aurore et Diane, bien entendu, mais aussi Sylvie qui n'avait pas fait de difficultés pour accompagner Françoise et « petit Henri ». Au dernier moment, Cyril avait embarqué, presque de force, Hoche Cahuzac et ses gamins, Joffre et Ferdinand. Renaud de La Potteraye, dont le Dakota « Paksavane » était en révision, avait demandé et obtenu de se joindre à eux.

Il y avait aussi, venu en voisin de son usine de bois industriels, Maurice Rousseron, accompagné de Sereine, sa femme, et de ses trois enfants, Jean-Biên, May-Line et Bruno, dit « Chou-chou ».

Tous les enfants avaient été regroupés autour d'une petite table, dans un coin de la pièce, et menaient grand tapage.

Catherine s'était surpassée, elle avait mobilisé une armée de coolies qui assuraient un service rustique mais bon enfant. Simone avait, de son côté, engagé pour la circonstance trois de ses nombreuses cousines, qui, depuis l'aube, s'activaient aux cuisines.

Francis était euphorique. On aurait pu se croire revenu aux temps heureux de l'avant-guerre. Mais les absences étaient encore trop fraîches, trop cruelles aussi pour que l'illusion persiste longtemps. Avant de passer à table, il avait réglé, avec Cyril et Renaud, l'opération « latex » que la compagnie « Diane Air » se ferait un devoir de mener à bien, de Bien Hoa à Singapour.

— Combien me prendrez-vous ? s'était informé Francis, pratique.

Les deux pilotes s'étaient regardés, complices.

— Ce sera mon cadeau de bienvenue à « Diane Air », avait répondu Renaud.

Francis n'avait pas insisté.

Ils en étaient arrivés aux toasts. Francis se leva, son verre à la main.

— Je bois, dit-il, à cette paix à laquelle nous aspirons tous. Je bois à ces enfants qui sont l'avenir du pays. Je bois à vous toutes, mesdames, sans qui rien de ce qui s'est fait de grand ici n'aurait été possible. (Il s'interrompit et acheva, plus gravement :) Je bois aussi à tous ces absents qui nous étaient chers et qui restent présents dans notre souvenir et dans nos cœurs.

— Puis-je ajouter un mot ? demanda Catherine.

— Je t'en prie.

— Francis, commença-t-elle en désignant de la main l'ensemble des convives, j'aimerais te remercier pour tous les enfants que je te dois. Car ce sont tous tes enfants, mes enfants, Cyril et Sylvie, bien sûr, mais aussi Françoise, qui est devenue ma fille, et tous les autres. Sans toi, sans eux, le bonheur d'une journée comme celle-ci ne m'aurait pas été donné.

Elle tira, de dessous sa serviette, une petite carte postale.

— Même les vieux amis pensent à nous. J'ai reçu, avant-hier, les vœux de Kim-Anne et de son mari. Le soleil du Vaucluse ne leur fait pas oublier les brumes de Saïgon. (Elle leva l'index, ajoutant :) J'ai aussi une surprise. Une carte venant de Sydney, en Australie. Notre ami, le major Patrick O'Donovan nous embrasse de loin.

Une salve d'applaudissements la salua.

— Je n'ai pas fini ! (Elle se pencha vers Hoche Cahuzac et Renaud de La Potteraye.) J'aimerais aussi souhaiter la bienvenue aux deux nouveaux membres de notre grande famille.

Un ange passa. Hoche baissa la tête, son menton tremblait. Quant à Renaud, il rougit, se troubla, voulut saisir son verre qu'il renversa.

Cyril lui adressa un petit sourire en coin. Il avait déjà remarqué que son ami n'était pas insensible au charme de la femme de son père. Tout à l'heure, alors qu'en passant devant une porte-fenêtre, un contre-jour indiscret révélait, à travers le tissu léger de sa robe, la fine silhouette des jambes de Catherine, il avait surpris le bref coup d'œil admiratif qu'il lui avait jeté. Se sentant deviné, Renaud s'était vivement détourné, un peu de rose aux joues. Ce détail avait amusé Cyril. Ce regard était un hommage. A quarante ans passés, Catherine restait toujours aussi belle, toujours désirable.

L'ambiance était chaleureuse, détendue. Chacun parlait de l'avenir, de ses projets. Lee-Aurore avait raconté les derniers potins du Haut-Commissariat, les démêlés homériques entre le bouillant jeune général Leclerc et l'intraitable amiral Thierry d'Argenlieu. Renaud de La Potteraye, l'ambiance surréaliste de Vichy au temps de Pétain et de ses ministres qui se disputaient, comme des curistes au foie fragile.

Cyril dérida l'assistance en évoquant les avatars de son dernier voyage à Hong Kong, où il avait été engagé pour ramener, dans son pays natal, la dépouille mortelle d'un riche Chinois de Cholon.

— Il m'aurait fallu toute une escadrille pour emmener le cortège! Ils étaient au moins cent personnes, qui se piétinaient, se montaient dessus, s'arrachaient les vêtements pour prendre place à bord. Au décollage, nous nous sommes aperçus que nous avions tout simplement oublié... le cercueil, abandonné, tout seul au bord de la piste!

Ils en riaient encore, lorsque Francis réclama le silence.
— Écoutez, dit-il.

Il avait, comme à son habitude, allumé le poste de T.S.F., pour capter le bulletin d'information. Quelque chose l'avait alerté dans la voix du speaker, annonçant un important communiqué du Haut Commandement militaire.

« Aujourd'hui, le 19 décembre 1946, annonça le porte-parole, la gorge nouée d'émotion, rompant unilatéralement la trêve dont le principe avait pourtant été accepté par les Autorités du Viêt-minh le 6 mars dernier, les unités d'assaut viêtnamiennes se sont lancées à l'attaque des positions tenues par nos troupes. A Hanoï, la situation est confuse. Passé l'effet de surprise, il semblerait que la garnison de la citadelle ait repoussé tous les assauts. On déplore cependant des actes de sabotage, et des exactions contre les populations civiles.

« A Haïphong, à Langson, à Nam Dinh où nos troupes sont assiégées, la résistance s'organise. L'on est cependant sans nouvelles de la garnison de Vinh, dans le Nord Annam, ainsi que de la représentation diplomatique qui s'y était rendue pour négocier l'évacuation des civils européens qui y sont détenus depuis le mois de mars 1945, en violation des accords signés par Ho Chi Minh. »

— Tiens, observa Cyril, on ne dit plus « le président » en parlant du chef du Viêt-minh. Mauvais signe.

« Des renforts sont actuellement en route pour le Tonkin. Le retour au calme ne saurait être qu'une question de jours... »

— L'état-major est optimiste, observa Renaud de La Potteraye. Il a tort. De passage à Hanoï, j'ai vu les soldats viêts. Ils sont mal équipés, mal armés, beaucoup vont pieds nus, mais j'ai vu, dans leurs yeux, une lueur fanatique et haineuse qui ne trompe pas. Ces types-là se battront jusqu'au bout !

— Nous n'en sortirons jamais, murmura Catherine, accablée. Quand parviendrons-nous à vivre en paix ? J'en ai assez de la guerre, des destructions, des incendies, des morts !

Elle prit sa tête dans ses mains et éclata en sanglots.

3

Cao Van Minh chassa, d'un geste exaspéré de la main, l'essaim de grosses mouches bleues qui tourbillonnaient, rebondissant dans un rayon de soleil. « Il y a trop de macchabées par ici », songea-t-il avec un peu de dégoût. Dix-huit mois de cohabitation quotidienne avec des cadavres ne l'avaient pas endurci. Même si elles étaient rendues nécessaires, autant pour l'exemple que pour la nécessité de s'abriter des traîtres, ces *viêt-gian* hostiles à la Révolution, ces exécutions sommaires lui faisaient horreur.

Lorsque, à la suite de Tran Van Giau, le leader communiste, Minh avait quitté Saïgon, en octobre 1945, il avait constaté que le « Front uni » n'avait pas résisté à l'épreuve des faits. Chacune de ses factions avait repris son autonomie, opérant pour son propre compte. Les caodaïstes avaient réoccupé leur fief de Tay Ninh, au pied du Nui Ba Dên, la « Vierge noire », leur montagne sacrée, luttant avec une ardeur relative contre les troupes françaises.

Des bruits commençaient à courir sur eux, affirmant que leurs chefs nouaient des contacts avec les Français pour négocier leur ralliement.

Pour ce qui concernait les Hoa Hao, c'était pire encore. Huynh Phu So, le « bonze fou », leur chef, s'était tout de suite affronté avec Tran Van Giau. Les deux hommes se haïssaient. Giau accusait So d'avoir coopéré avec les Japonais, à quoi le patron des Hoa Hao avait répliqué que Giau avait lui-même servi d'indicateur à la police française et principalement au commissaire Gazin.

D'abord incrédule, Minh avait fini par découvrir que Huynh Phu So avait dit la vérité.

Depuis ce jour, la rupture était consommée. Les communistes traquaient les Hoa Hao, qualifiés de renégats. De leur côté, les Hoa Hao se livraient sur les communistes à un véritable massacre. Sous la conduite d'un ancien chauffeur de chaloupe, nommé Tran Van Soaï, ils faisaient régner la terreur dans la région de Chau Doc-Long Xugen. Les cadavres dérivaient, par centaines, sur le Bassac. Jamais les célèbres crevettes de Chau Doc n'avaient été aussi grosses.

Minh ne désespérait pourtant pas. Giau, ce communiste orthodoxe, plus stalinien que véritablement patriote, avait été écarté, et remplacé par l'un des responsables de la région « ouest », N'Guyen Binh.

Au premier abord pourtant, le nouveau venu n'avait rien pour séduire. C'était un Tonkinois malingre et laid, un gros visage vulgaire, un nez épaté, des lèvres épaisses à l'expression boudeuse, borgne de surcroît. Mais, cet aspect rebutant cachait une intelligence d'une extraordinaire vivacité au service d'un caractère fanatique et violent. Ni son patriotisme, ni son intégrité ne pouvaient être suspectés.

485

Il était arrivé, précédé de la réputation d'être un organisateur et un stratège hors pair. C'était, disait-on, l'égal pour le Sud du général Vo N'Guyen Giap dans le Nord.

Son principal objectif avait été de mettre fin aux dissensions, de ramener les sectes dans le giron du Front, et d'obtenir que leurs troupes se rangent, loyalement, sous ses ordres.

— Il ne peut y avoir plusieurs chefs, avait-il expliqué à Minh, le jour de sa prise de commandement. Convoque ici tous les responsables des sectes!

Ce matin, Minh attendait la venue de la délégation militaire des caodaïstes, emmenée par N'Guyen Van Thanh, récemment promu « général de brigade » et de son adjoint et chef d'état-major, le bouillant colonel Trinh Minh Té. S'il n'avait jamais encore rencontré N'Guyen Van Thanh, récemment rentré de Thaïlande où il s'était réfugié en 1939 pour y espérer des jours meilleurs, Cao Van Minh connaissait parfaitement Trinh Minh Té, le « magnifique », et son bel uniforme d'officier japonais. S'il ne l'aimait pas, à peu près certain qu'il avait en personne organisé et perpétré l'inutile et révoltant massacre de la cité Heyraud, Minh devait admettre que c'était un redoutable combattant.

— Les caodaïstes sont là, annonça un *bo doï* *.

Minh se leva et alla au-devant d'eux.

N'Guyen Van Thanh lui déplut tout de suite. La fourberie se lisait tellement sur son visage, dans ses manières cauteleuses, son regard fuyant, qu'elle atteignait à la franchise. « Ce type est un lâche et un traître, songea-t-il aussitôt. Exactement le genre d'homme que N'Guyen Binh fera abattre à la première occasion. »

Ils se saluèrent pourtant, le sourire aux lèvres, multipliant les marques extérieures de l'amitié et de la loyauté à la « Cause sacrée ».

Trinh Minh Té se montra tel qu'il n'avait jamais cessé d'être, arrogant, cassant, tenant manifestement son hôte pour un subalterne, mais Minh ne s'en offusqua pas. « Toi aussi, se promit-il, je te réglerai ton compte un de ces jours. »

* Soldat régulier du Viêt-minh.

Derrière le « colonel » se tenait un grand gaillard de métis, épaules larges, torse puissant, membres longs et déliés indiquant l'athlète au mieux de sa forme. « Capitaine Hieu », se présenta-t-il.

— Lam Than Hieu a rejoint nos rangs voici trois ans, ajouta Trinh Minh Té. C'est l'un de nos plus brillants chefs de *Chi Doï*.

Minh marqua un temps de surprise.

— Lam Than ? interrogea-t-il. Serais-tu par hasard apparenté au conseiller économique du gouvernement viêtnamien ?

Un éclair de mépris passa dans les yeux du jeune capitaine.

— C'était mon père, répondit-il, la voix brève. Mais tu ignores peut-être qu'il s'agit d'un traître. Il a profité de son séjour en France pour abandonner son poste.

Minh ignorait ce détail. Il se borna à ajouter :

— Il y a plus de vingt ans, ta mère a été mon avocate. Elle m'a bien défendu, je n'ai été condamné qu'à trois ans de bagne !

La conférence dura trois jours entiers. Très vite, N'Guyen Binh et Cao Van Minh se rendirent compte que les caodaïstes ne s'étaient rendus à cette convocation que pour essayer de gagner du temps. De toute évidence, ils préparaient déjà leur ralliement aux Français.

Cette impression se confirma lorsque, par la radio, ils apprirent que Pham Cong Tac, leur *Ho Phap*, le chef suprême de la secte, exilé aux Comores au début de la guerre, avait été ramené en Indochine par les autorités françaises.

— Cela ne prouve rien, protesta le « général » N'Guyen Van Thanh. Au contraire, l'unité de nos fidèles n'en sera que renforcée.

« Contre nous » compléta Minh, in petto.

N'Guyen Binh mit brusquement fin à la discussion.

— Vous pouvez regagner votre fief de Tay Ninh, conclut-il. Voici quels sont mes ordres : vous organiserez vos milices sur le modèle des unités viêtnamiennes. Elles porteront le nom de *Chi Doï* 7 et 8. (Puis, avec un petit sourire matois :) Pour preuve de votre bonne foi, je vous demande de laisser auprès de moi, comme « conseiller particulier », votre général Thanh.

« Bien joué, pensa Minh. — Si Trinh Minh Té bouge ne serait-ce qu'une oreille, nous nous ferons un plaisir de fusiller son chef... »

N'Guyen Van Thanh voulut émettre une protestation. Le chef communiste la stoppa aussitôt.

— Notre Comité suprême, le Tong Bô, m'a désigné comme le commandant supérieur des troupes du Nam Bô, tout le Sud du Viêt-nam. Si les caodaïstes sont aussi sincères qu'ils le prétendent, ils ne doivent pas discuter les ordres que je donne. Et c'en est un! (Il baissa le ton, comme pour mieux appuyer la menace que contenait sa dernière phrase :) Je suis en mesure de neutraliser les hommes de votre escorte. Un mot de moi et je les fais tous fusiller...

Il ne restait plus à Thanh qu'à s'incliner. Mais son visage était décomposé de peur.

Les craintes de N'Guyen Binh concernant la fidélité des troupes caodaïstes n'étaient pas vaines. A peine Matthieu Lam Than était-il rentré dans son fief de Xuan Môc, le secteur qui avait été attribué à son *Chi Doï*, qu'il eut connaissance de la proclamation du « Pape » Pham Cong Tac. Elle était sans équivoque :

« La présence de la France est nécessaire en Indochine, écrivait-il. Le caodaïsme fait pleine confiance au gouvernement fédéral et à la jeune République autonome de Cochinchine pour travailler au rétablissement de l'ordre et de la sécurité publique. »

C'était un ralliement pur et simple. Dans les semaines qui suivirent, Matthieu apprit que, désormais, le drapeau tricolore flottait sur Tay Ninh et sur sa « cathédrale » au côté de l'étendard caodaïste. Plus grave, beaucoup d'unités militaires servaient désormais sous les ordres d'officiers et de sous-officiers français.

Il était troublé, désemparé. Que fallait-il faire? Il décida d'aller trouver son ancien chef, Trinh Minh Té, qui avait bruyamment rompu avec sa hiérarchie et s'était installé, irréductible rebelle, dans le chaos inextricable de rochers et de végétation de la Montagne Sacrée du Nui Ba Dên.

— Pham Cong Tac et sa clique se sont vendus aux Français, dit-il, écumant de rage. Pour ce qui me concerne, aussi longtemps que je vivrai, je ferai la guerre! Je ne désarme pas.

Il avait saisi Matthieu aux épaules :

— Restes-tu à mes côtés?

—, Bien sûr. Je ne demande que cela. Mais comment ferons-nous pour survivre, moi et mes troupes? Je me suis toujours refusé à voler les paysans et j'ai payé le moindre grain de riz. Où trouverai-je l'argent?

Trinh Minh Té éclata d'un gros sourire. Il sortit une liasse de billets d'une cassette de teck qui ne le quittait jamais :

— Tiens, dit-il. Prends! Il y en aura autant que tu en voudras, tu n'auras qu'à demander.

— D'où vient tout cet argent? s'informa Matthieu, éberlué. Il y en a pour des millions!

— Ne sois pas trop curieux, Hieu. C'est un secret. Un secret dangereux.

Matthieu repartit, riche de quelques dizaines de milliers de piastres, mais envahi d'un malaise diffus. D'où Trinh Minh Té tirait-il ses ressources? D'après ce qu'il en avait vu, elles étaient considérables et, à l'en croire, inépuisables. Il ne mit pas longtemps à découvrir que son chef avait, depuis quelques mois, pris contact avec les services spéciaux américains. C'étaient eux qui le finançaient.

Il fut alors pris d'une rage froide. « J'ai été berné, se dit-il. Je croyais que c'était un patriote, ardent et sincère. Ce n'est qu'un vulgaire trafiquant. Il s'est abouché avec les Japonais pour satisfaire ses ambitions personnelles et, maintenant, il s'est vendu aux Américains! Où est notre Viêt-nam dans tout cela? »

S'il n'avait écouté que sa colère, il aurait, tout aussitôt, fait confectionner un drapeau français qu'il aurait hissé au-dessus de son P.C. afin que nul n'en ignore. La sagesse et la raison l'en dissuadèrent. D'autant plus qu'il savait que Trinh Minh Té avait infiltré, au sein de son *Chi Doï*, quelques espions qui l'abattraient sûrement en cas de défection. Il ne pouvait plus faire confiance à personne.

Le soir venu, il regagna la maison qu'il s'était attribuée, chez un Annamite que l'on disait très riche, bien qu'il vive comme un simple *nha qué*. Autrefois, avant la Révolution, il possédait les silos les plus importants de la province. La loi agraire, promulguée par le Front, l'en avait dépossédé. Ton That Toàn, son hôte, ne s'en plaignait jamais, à sa manière, c'était un sage. Il prenait la vie comme elle était et, par certains côtés, son détachement en face des coups du destin rappelait à Matthieu la phrase des Écritures : « Dieu me l'a donné, Dieu me l'a repris. »

— Bonsoir, monsieur le capitaine! dit Toàn, aimable.

— Il ne faut pas m'appeler « monsieur le capitaine »! Combien de fois devrai-je le répéter, il faut dire : « Vive la Cause, camarade! »

Toàn laissa fuser son petit rire de crécelle.

— Tu es trop jeune pour être mon camarade! Et je suis trop pauvre pour avoir des amis.

— Quand tu étais riche, tu croyais que les Français étaient tes amis, tu te trompais, c'étaient tes maîtres! Maintenant, tu es un homme libre!

Toàn haussa les épaules. Généralement, il évitait de prolonger ce genre de dialogue, moins par crainte des représailles, que parce que cela l'ennuyait prodigieusement. Tout était devenu politique, même les œufs, qui servaient à démontrer la suprématie du jaune sur le blanc. Pourtant, ce soir, cette affirmation l'agaça au point de lui faire perdre toute prudence.

— Tu es un ignorant! jeta-t-il à Matthieu, interdit. Tu es trop jeune pour avoir connu le temps où, avant les Français, les paysans n'osaient pas recouvrir leurs cagnas de tuiles, de peur que les brigands ne viennent les détruire! Regarde à Xuan Môc! Il n'y a plus une seule paillote! Rien que des maisons en « dur ». C'est l'œuvre de la France. Toi et tes pareils vous nous avez apporté, dites-vous, la liberté! Qu'est cette liberté qui nous a tous replongés dans la guerre, la mort, le malheur, la misère?

— Sais-tu que je pourrais te traduire devant le tribunal du peuple pour oser tenir de tels propos? Tu as de la chance, j'ai du respect pour toi. Mais ne recommence plus.

Il en aurait fallu davantage pour impressionner le vieillard, et cette dernière recommandation le mit hors de lui :

– Ne me traite pas comme un *bé con* * qui a volé une banane! Je recommencerai si je veux, et tes menaces ne m'effraient pas. J'ai déjà suffisamment vécu, assez en tout cas pour ne pas souhaiter continuer à assister au spectacle de la déchéance d'un village que j'avais rendu heureux et prospère! J'étais riche, c'est vrai. J'étais probablement injuste aussi, je l'admets. J'ai même fait tuer des hommes qui me menaçaient, mais j'ai fait tout cela pour que mes villageois continuent à vivre dans la paix et l'abondance. Et vous êtes venus pour tout saccager!

Matthieu était sidéré. Jamais il n'aurait imaginé qu'un vieillard ose lui tenir tête, fût-ce au prix de sa vie. Il éprouva une soudaine admiration envers lui.

Toàn était lancé :

– Assieds-toi, ordonna-t-il. Et écoute-moi jusqu'au bout. Ensuite, si tu le souhaites, tu pourras toujours me faire fusiller. Et cela me sera indifférent parce que j'aurai vidé mon cœur.

Subjugué, Matthieu obéit.

– Il y a très longtemps, Xuan Môc était un pauvre village entouré de marécages, où, enfant, j'allais pêcher des petits poissons et des grenouilles qui nourrissaient ma famille. Un jour, je suis parti, et je me suis engagé comme passeur, au bac de Chau Doc.

« Je n'espérais pas faire fortune, simplement échapper à la misère. Ma sœur, plus intelligente que moi, était déjà partie pour la ville où, à force de travail, elle était devenue infirmière à la maternité indigène.

« C'est elle qui, un jour, m'a fait rencontrer un jeune homme de mon âge, un Français. Sans me connaître, sur la simple recommandation de ma sœur Khiêm, il m'a fait confiance et m'a proposé de m'associer avec lui. Je n'avais pas d'argent, il m'en a prêté. Grâce à lui, j'ai pu construire ces silos dont on aperçoit encore les ruines après que tes soldats y eurent mis le feu.

« Ces silos ont amené la richesse et la bénédiction des Dieux sur Xuan Môc. Personne avant toi n'avait osé y toucher, pas même les Japonais! Ils étaient le symbole de

---

* Gamin.

l'espoir des paysans. Grâce à eux, ils savaient que jamais ils ne manqueraient de riz.

« Vous les avez brûlés ! Soyez maudits si c'est cela que vous appelez la liberté !

Matthieu était ému. Il se crut obligé de se défendre :

— Tu sais bien que je ne suis pas responsable. Ceux qui ont détruit ces silos étaient les communistes...

Toàn le foudroya du regard :

— Qu'est-ce que cela change ? Quelle est la différence entre toi et eux ? Vous servez sous le même drapeau, vous combattez les mêmes adversaires ! (Il le regarda droit dans les yeux.) Comment peux-tu te renier à ce point, toi qui es à moitié français ?

Il y avait longtemps que personne, dans l'entourage de Matthieu, ne se risquait à faire la moindre allusion à son métissage. Un certain nombre de dents cassées attestaient la vivacité de ses réflexes et la vigueur de son poing. Pourtant, ce soir, cette remarque porta. Il baissa la tête comme un enfant pris en faute.

— Peut-être aurais-tu des excuses si, comme beaucoup de tes semblables, tu avais été abandonné et que tu aies eu envie de te venger. Mais, depuis des mois, je t'observe, je t'écoute. Tu n'es pas un orphelin. Tu connais le nom de ton père, celui de ta mère et peut-être aussi celui de tes grands-parents. Ai-je tort ?

— Non.

— Dis-moi ton véritable nom ?

— Lam Than. Matthieu.

— Ton père est donc viêtnamien ? Et ta mère ?

— Sylvie Mareuil.

Toàn se pétrifia. Puis il explosa :

— Si j'avais quelques années de moins, je te raccompagnerais chez ton grand-père à grands coups de pied au cul ! Veux-tu savoir pourquoi ? Parce que Francis Mareuil est l'homme auquel Xuan Môc doit d'avoir été l'un des villages les plus riches de tout l'Ouest cochinchinois !

Quelques jours plus tard, le capitaine Bachelier, commandant le quartier de Phuoc Lang, au sud de Tay

Ninh, reçut une étrange visite. Celle d'un vieillard, venu lui apporter l'offre de ralliement du *Chi Doï* n° 7.

— Quelles sont leurs conditions? demanda Bachelier, sur ses gardes.

Nouveau venu en Indochine, il était de ceux qui voyaient la trahison partout. L'arrivée d'une bande de rebelles armés ne le rassurait guère, il craignait un piège. A Saïgon, quelques-uns de ses camarades lui avaient raconté des traquenards, montés à partir de fausses redditions.

— Aucune, mon capitaine. Ils demandent seulement à se battre aux côtés des Français, mais à leur façon.

— Vous voulez dire sans contrôle?

— Oui.

Le capitaine réfléchit longtemps. Puis, à son interprète :

— Explique à cet émissaire que je ne puis assumer une pareille responsabilité. Tout ce que je propose est ceci : le *Chi Doï* se présentera devant le poste dans une semaine. Sans armes. J'insiste bien, sans armes. Sinon, je donne l'ordre à mes hommes d'ouvrir le feu. En revanche, je garantis à ces rebelles qu'ils seront traités en prisonniers de guerre!

Toàn écouta, abasourdi, l'extravagante proposition du capitaine. Elle était inacceptable. Il s'inclina et répondit :

— Vous acculez ces hommes et leur chef au désespoir, monsieur le capitaine. En proposant de se rallier et de combattre à vos côtés, ils se sont condamnés eux-mêmes à mort vis-à-vis de leurs anciens alliés. Ils n'ont plus que la ressource de lutter, jusqu'au bout, à la fois contre les communistes et contre vous.

— Puis-je dire quelque chose, hasarda un jeune lieutenant qui avait assisté, sans intervenir, à cet échange de répliques.

— Je vous écoute, Russange.

— Vous n'ignorez pas que je suis né en Indochine, mon capitaine. J'ai combattu en Haute Région tonkinoise contre les Japonais, en 1940 et, plus tard, en 1945. Mes soldats étaient des Man. Ils m'ont appris une chose : plus que le souci de leur propre vie, c'est la face qui compte. En imposant aux hommes de ce *Chi Doï* les conditions désho-

493

norantes que vous avez énoncées, vous leur faites perdre la face. Un affront qu'ils ne pardonneront jamais. Vous craignez un piège? Il faut en accepter le risque, car il est problématique, mais moins certain que celui que vous prendriez en obligeant ces soldats à nous attaquer. Je suis officier de renseignements, je puis vous assurer que ce *Chi Doï* n° 7 n'est pas constitué d'enfants de chœur. Ce sont des soldats, des vrais!

Bachelier n'ignorait pas que le lieutenant Russange avait épousé la fille du général Puybazet, un membre éminent du secrétariat de la Défense nationale. C'est pourquoi il écouta avec la plus grande attention les mises en garde de son adjoint.

— Votre point de vue se défend, admit-il, le front plissé par l'effort de réflexion. Que proposez-vous?

— D'incorporer cette unité à la nôtre. Nous l'installerons hors de l'enceinte du poste, en lui confiant des missions de type commando. Ils y sont tout à fait aptes, ce secteur a été leur fief pendant près de deux ans.

— Qui les contrôlera?

Russange écarta les bras, et montra ses mains, paumes ouvertes :

— Moi, si vous en êtes d'accord. Je parle un peu le viêtnamien, et je me servirai de leur connaissance du terrain pour étoffer mes filières de renseignements.

Bachelier soupira. Il voyait poindre à l'horizon des soucis sans nombre. Russange le rassura :

— Mon capitaine? Je suggère que nous faisions de ce ralliement une cérémonie officielle, avec prise d'armes, musique et autorités. Qu'il constitue un événement de portée nationale! Cela impressionnera les foules, les paysans du coin afflueront en grand nombre pour voir cette chose incroyable. Ils commenceront à ne plus avoir peur du Viêtminh et retrouveront la confiance envers nous!

Cette fois, le capitaine était dépassé. Il hésita puis, malgré tout, supputa tout ce que cette affaire pourrait lui apporter de notoriété et d'honneurs, pour la suite de sa carrière.

— Allez-y, Russange! Foncez! Je suis derrière vous!

Patrick Russange apprécia l'expression « je suis derrière vous ». Elle était ambiguë à souhait.

Le premier contact entre Patrick Russange et Matthieu Lam Than fut empreint de froideur et de méfiance réciproque. Chacun cherchait la faille et ne croyait qu'à demi à la sincérité de l'autre, même si, comme l'avait observé Patrick : « Je suis venu chez vous seul et sans armes. » Tout changea lorsque incidemment, il fit allusion à son camarade Bertrand Mareuil, avec lequel il s'était battu du côté de Langson en 1940 et qu'il avait relevé auprès de Cho Quan Lo dans la haute vallée du fleuve Rouge.

— Bertrand Mareuil était le demi-frère de ma mère, dit Matthieu.

Patrick Russange chercha dans ses souvenirs.

— Je me rappelle! s'écria-t-il alors. Je t'ai vu, dans ta maison de Dalat, en septembre 1938. A cette époque, tu parlais d'aller tirer les moustaches à monsieur Hitler!

Matthieu ébaucha un sourire un peu nostalgique.

— C'est tellement loin, tout cela...

Ils abordèrent alors, avec franchise, les questions pratiques.

— Es-tu sûr de la loyauté de tes hommes?

— Absolument. Les plus anciens, pratiquement la moitié de l'effectif, sont avec moi depuis le début de 1944. Des fidèles.

— Et les autres?

— Ils ont rejoint en août 1945. Ils arrivaient tout droit de l'organisation « Sport et Jeunesse » du commandant Ducoroy.

— N'y a-t-il pas quelques éléments douteux?

Matthieu hésita puis avoua :

— Il n'y en a plus.

— Tu veux dire...

— Je les ai fait exécuter avant-hier. Je ne le regrette pas, parmi eux, il y avait quatre des responsables du massacre de la cité Heyraud. Des hommes des brigades spéciales de Trinh Minh Té.

— J'étais officier de renseignements, je sais qu'il y avait deux sous-officiers de la Kempeïtaï parmi vous. Ceux-là, il faudra me les remettre, ils ne peuvent en aucun cas bénéficier des mesures concernant le reste de ton *Chi Doï*.

– Impossible, ils se sont suicidés dès qu'ils ont appris mon intention de me rallier.

Patrick Russange se leva.

– Tout est bien. (Il se frappa le front :) Ah! j'allais oublier, essaie de donner à ta troupe un aspect martial. Tu dois faire une impression terrible!

– Compte sur moi, Patrick.

Une idée saugrenue lui traversa la tête car il laissa fuser un petit rire moqueur.

– A quoi penses-tu qui te divertit autant?

– Je me disais que nous pourrions chanter en défilant.

– Et alors?

– Il y a un petit ennui. Le seul chant de marche que nous connaissions a été apporté par les gars de chez Ducoroy. Nous le lancions, par défi, lorsque nous attaquions les gaullistes de la 9e division d'infanterie coloniale.

– Et c'est?

Matthieu ménagea ses effets, puis il lâcha :

– « Maréchal, nous voilà! »

Patrick Russange s'amusa un instant de la stupeur que ne manquerait pas de provoquer le *Chi Doï* au complet, se présentant aux autorités françaises aux accents de ce chant devenu séditieux.

– Il vaudra mieux défiler en silence, conclut-il.

La cérémonie fut une réussite. Patrick Russange avait mobilisé le ban et l'arrière-ban des autorités locales et avait même réussi à faire venir, de Saïgon, l'adjoint du général Boyer de La Tour, le commandant des Forces françaises de Cochinchine.

Une fanfare, prêtée par un régiment d'infanterie coloniale, était alignée à gauche de la tribune officielle et, depuis une heure, faisait résonner l'atmosphère du rythme de ses airs martiaux. Inévitables, les gamins galopaient de long en large, tentant, avec un certain succès, de se glisser au premier rang de l'assistance, essaim turbulent que les sentinelles avaient du mal à contenir.

La veille au soir, le *Chi Doï* au complet s'était tapi dans les fourrés épais de la forêt proche. D'un commun accord,

Matthieu et Patrick Russange avaient réglé les ultimes détails de la cérémonie du ralliement, conçue comme un spectacle. Les hommes ne se montreraient qu'au dernier moment, leur apparition devait provoquer un choc. Ils auraient tous le même uniforme, le pyjama de coton noir, mais, pour la circonstance et afin de parachever leur cohésion, ils abandonneraient leurs diverses coiffures, allant du casque rond des Japonais au chapeau mou en passant par le casque de liège ou le calot militaire, pour ceindre leur front d'un simple bandeau blanc.

La musique militaire meublait l'attente. Elle en était maintenant à *Sambre et Meuse*. Le général regarda sa montre, il trouvait sans doute le temps long. Près de lui, le capitaine Bachelier donnait des signes de fébrilité, l'œil braqué vers la route, droite et vide, qui tremblotait sous le soleil.

D'un signe discret, Patrick Russange alerta le chef de musique qui stoppa ses musiciens au milieu d'une mesure. Le silence tomba, comme un couperet. Quelques secondes passèrent. Le brouhaha des conversations décrut, cessa. L'attente se fit plus nerveuse et Patrick Russange, qui observait son capitaine, n'avait aucune peine à deviner le souhait qu'il formulait : « Pourvu que ce *Chi Doï* n'ait pas changé d'avis ! »...

Il y eut comme un soupir, violemment exhalé par la foule. Déserte l'instant d'avant, la route blanche s'était brusquement peuplée d'une foule d'hommes en noir, impeccablement alignés en un carré compact, qui manœuvrait au sifflet et qui s'ébranla, lentement, résolument, vers la ville.

Matthieu Lam Than marchait en tête. Rien, dans sa tenue, ne le différenciait de ses hommes, à l'exception d'un petit détail : il était sans armes.

Arrivé devant la tribune officielle, il leva le bras droit, l'abattit brusquement. Instantanément, la troupe s'arrêta et, dans le même mouvement, exécuta un superbe « à gauche, gauche », à la japonaise, les genoux haut levés tandis que les fusils, brusquement ramenés dans la saignée du bras, étaient violemment frappés par les paumes.

Matthieu s'avança alors, fit face au général. Il éleva len-

497

tement le bras et, une seconde, Patrick Russange redouta
qu'il ne le salue à la façon du Viêt-minh, le poing fermé.
Mais Matthieu amena sa main ouverte à la hauteur de sa
tempe, et annonça, la voix claire :

— *Chi Doï* numéro 7 au complet ! Effectif, deux cent dix-
sept hommes et gradés. A vos ordres, mon général !

Le général descendit de la tribune, s'avança vers Matthieu, auquel il rendit son salut. En face de ce colosse vêtu
de noir, il semblait tout frêle et dut lever la tête pour dire :

— Je crois que nous pouvons nous serrer la main.
J'attends de vous courage et loyauté au service de votre
pays.

Une heure plus tard, une grenade, lancée par un
inconnu, éclata au milieu du marché, faisant deux morts et
une vingtaine de blessés.

— C'est un message de Trinh Minh Té, observa Matthieu à l'intention de Patrick Russange. Et j'en suis le des-
tinataire. Entre nous, désormais ce sera une lutte à mort !

Chapitre 11

1948-1950

1

Brusquement, Brumaire, l'alezan de Catherine, encensa de la tête, les oreilles rabattues en arrière, piétinant des quatre fers, montrant sa nervosité. D'une main ferme, elle le brida et, du talon, l'obligea à avancer encore sur la piste. De toute évidence, l'animal flairait quelque danger.

— Si vous le voulez, madame, proposa Jean-Yves Hérouan, le nouvel assistant de plantation, je peux passer devant?

Hérouan était arrivé l'an passé. Ancien fusilier marin de la Division Leclerc, vétéran de toutes les campagnes, il s'était fait démobiliser sur place. L'Indochine l'avait séduit. C'était un Breton sympathique et gai, qui ne s'émouvait pas facilement. Il mit son cheval au trot, tout en dégageant sa carabine de l'étui accroché à la selle qu'il maintint, la crosse appuyée sur sa cuisse.

— C'est curieux, lui dit Catherine, au moment où il arrivait à sa hauteur, je ne vois personne. Normalement, les ouvriers devaient saigner ce lot aujourd'hui.

— Peut-être se sont-ils trompés? suggéra Hérouan.

— Peut-être, admit-elle, du bout des lèvres, sans y croire. A moins que...

Elle n'eut pas le temps d'achever sa phrase. Une dizaine d'hommes en noir avaient surgi des fourrés bordant la piste et se ruaient à l'attaque, leurs sabres d'abattage à la main, en hurlant des invectives. Le premier attrapa Brumaire au mors. L'animal rua, projetant Catherine qui chuta lourdement sur le sol. Elle allait se relever, un gnome grimaçant était au-dessus d'elle. Du pied, il la rejeta à terre et leva son coupe-coupe, qu'il abattit brutalement en poussant un cri sauvage. Mais Catherine avait roulé et la lame ne fit que la frôler avant de percuter un des blocs de latérite qui garnissaient la piste, sur lequel elle se brisa. Le nabot jeta son arme inutile et plongea, les deux mains en crochet.

Catherine se sentit perdue, elle rampa sur les coudes, essayant d'échapper à son agresseur, dont la tête éclata soudain sous l'impact d'une balle. Hérouan avait tiré.

D'un bond, Catherine se remit sur pied, essayant de s'emparer du fusil toujours accroché à la fonte de la selle de son cheval. Elle n'y parvint pas. Effrayé par les cris et par la détonation, Brumaire s'enfuyait en hennissant, ruant dans le vide, sous les couverts.

— Tenez bon, madame! lança Hérouan, aux prises avec deux ou trois hommes en noir qui tentaient de le ceinturer, et qu'il repoussait, de toute sa vigueur.

Deux bras la saisirent au torse, immobilisant ses bras. Elle se débattit, et, du talon de sa botte, elle atteignit au bas-ventre un homme qui tentait de saisir ses chevilles. Il poussa un rugissement de douleur, tomba en arrière, les mains entre ses cuisses.

Mais d'autres avaient pris la relève. Catherine se sentit arrachée du sol, et malgré ses contorsions, ses ruades, ses cris, elle ne put empêcher ses agressseurs de l'entraîner vers la forêt. Ils parcoururent ainsi une cinquantaine de mètres, puis ils la jetèrent brusquement à terre. Elle se retrouva allongée sur le ventre, le visage dans les feuilles mortes, avec, au creux des reins, le poids d'un corps qui l'immobilisait.

Une main attrapa ses cheveux, et, d'une brutale traction, l'obligea à redresser la tête. Un homme était accroupi tout près, un mauvais rictus aux lèvres. Catherine mit plusieurs secondes avant de le reconnaître. C'était Cao Van Lam, l'ancien chef des coolies, le frère de Minh le rebelle, qu'elle avait chassé de Bao Tan la fameuse nuit de l'orage.

500

— Te souviens-tu ? cracha-t-il méchamment. Il y a quatre ans, tu m'as fait jeter hors de ma maison ! Tu m'as obligé à vivre comme un paria. Je m'étais promis de me venger, me voilà !

Entre les fentes de ses paupières, son regard luisait de haine.

— Demande-moi pardon pour cette offense ! ordonna-t-il.

— Tu n'es qu'un lâche qui s'attaque à une femme désarmée ! Tu n'obtiendras rien de moi !

Cao Van Lam haussa les épaules.

— Ta vie ne vaut plus rien ! Sais-tu ce qui va arriver ? Mes hommes vont d'abord s'amuser de toi. Quand ils auront fini... (Il leva son sabre, exécuta quelques moulinets, amena la pointe juste sous les yeux de Catherine et acheva :) quand ils auront fini, c'est ma lame qui te visitera. Tu mettras très longtemps à crever !

Des mains crochèrent dans ses vêtements, la bousculèrent, la faisant rouler sur le dos. Des genoux écrasèrent ses bras, maintenus écartés. D'autres mains bloquèrent ses chevilles. Elle hurla.

— *Im !* Tais-toi, ordonna Lam, en lui assenant une gifle.

Elle se débattait, secouant la tête, terrifiée. Elle savait, pour l'avoir maintes fois entendu raconter, les tortures que les rebelles infligeaient aux femmes qui avaient le malheur de tomber vivantes entre leurs mains.

Elle capta, tout proche, l'écho d'une détonation, et reprit espoir. Jean-Yves Hérouan se battait encore. Une balle claqua, se fichant dans le tronc d'un hévéa, qui laissa tomber une pluie de feuilles rousses. Un certain flottement se produisit alors parmi ses agresseurs. Ils s'interrogeaient.

Lam demanda :

— Qui devait s'occuper du Français ?

— Moi, avoua un homme. Quand je l'ai abandonné sur la piste, il ne bougeait plus !

— Bougre d'idiot, il a fait le mort et toi, tu t'es laissé posséder !

Aux détonations du fusil de Jean-Yves Hérouan s'ajoutèrent bientôt d'autres rafales, entrecoupées de cris et d'appels. Cette fois, Hoche Cahuzac et sa section de partisans entraient en scène. Affolés, les hommes en noir lâchèrent prise et commencèrent à fuir, en dépit des ordres que s'obstinait à lancer Cao Van Lam, écumant de fureur.

Catherine s'était redressée. Elle sauta sur ses pieds, véritable furie déchaînée. En un réflexe, dicté à la fois par la panique et la colère, elle arracha le coupe-coupe des mains de son tortionnaire et, d'un coup d'estoc, visant le ventre, elle le planta jusqu'à la garde. Cao Van Lam effectua un bond de carpe et s'effondra sur le dos, les jambes battant l'air, vomissant un flot de sang. Ses mains saisirent la lame, essayant de l'extraire de ses entrailles, il ne réussit qu'à s'entailler la chair de ses doigts jusqu'à l'os.

Lorsque Hoche Cahuzac et ses partisans arrivèrent auprès d'elle, Catherine était prostrée, à genoux, sanglotant, prononçant des mots sans suite.

Francis accourut au-devant du cortège. En apercevant sa femme, allongée sur un brancard de fortune, le visage souillé, agitée de soubresauts convulsifs, marmonnant des mots sans suite, il s'affola.

Hoche Cahuzac s'efforça de le rassurer.

— Rien d'irréparable n'est arrivé, monsieur. Vous pouvez l'admirer, elle a un drôle de cran !

Hérouan renchérit :

— Nous avons eu beaucoup de chance. Si Cahuzac n'était pas arrivé à temps, je ne sais pas ce que nous serions devenus. Je n'avais plus de cartouches !

Hoche Cahuzac secoua la tête.

— Je suis payé pour ça, répondit-il, modeste.

Depuis un an maintenant, il avait pris le commandement de la section de partisans chargée de la sécurité de la plantation. L'armée ne pouvant assurer la totalité des missions de sécurité, elle avait autorisé les planteurs à engager des supplétifs, se bornant à mettre à leur disposition quelques gradés, gendarmes pour la plupart.

Francis remercia, sincèrement ému. Puis il se pencha,

essuyant du bout des doigts un peu de la terre qui maculait les paupières de Catherine. Elle ouvrit les yeux, reconnut son mari et murmura :

— Ne me quitte pas, Francis. J'ai tellement peur...

Il sourit, prit sa main dans les siennes.

— Tu vas te reposer, tout ira bien maintenant.

Son visage se convulsa. Il se redressa brusquement, les poings serrés contre sa poitrine, puis ses genoux fléchirent et il s'écroula, lové sur lui-même, la bouche ouverte, cherchant son souffle. Une douleur fulgurante remontait de son cœur jusqu'à son épaule, irradiant le long de son dos comme l'eût fait la sangle d'une bretelle. Il pensa qu'il allait mourir. Sous ses doigts, son cœur avait des ratés, s'emballait, hoquetait, comme un vieux moteur usé.

La dernière chose dont il eut conscience fut la voix affolée de Hoche Cahuzac, hurlant à l'intention de Jean-Yves Hérouan :

— Prenez la camionnette, allez à Lang My prévenir le capitaine Damassy, qu'il nous envoie son médecin de toute urgence, M. Mareuil est en train de passer!

Le noir l'engloutit.

— Il faudra vous ménager désormais, déclara à Francis le jeune lieutenant médecin, en retirant la seringue et en défaisant le garrot de son bras. Vous venez d'avoir un infarctus du myocarde!

— Un quoi? demanda Francis qui entendait ce mot pour la première fois.

Le médecin fournit les explications demandées. Francis observa :

— Autrefois, j'avais un vieil ami, le docteur Kervizic. Il affirmait que, faute de les guérir, le progrès consistait à donner aux maladies ordinaires un nom compliqué. Il fallait me parler d'embolie, là, j'aurais compris!

— L'humour de votre ami était contagieux, répondit le lieutenant. Il témoigne en tout cas de votre vitalité.

— Comment va ma femme?

— Elle est dans sa chambre. Elle se repose. Je lui ai administré une dose de calmants propre à assommer un buffle. Laissons-la dormir, c'est encore le meilleur remède possible. Pensez plutôt à vous. En ce qui vous concerne, fini les horaires de forçat auxquels vous étiez soumis. J'ai interrogé Jean-Yves Hérouan, votre assistant. Il a trente ans de moins que vous et pourtant il a du mal à suivre votre rythme! Alors, avec tout ce que vous avez subi...

Sa main acheva la phrase.

– Et à mon âge, c'est cela? compléta Francis.

– A votre âge en effet.

– Comprenez-moi, docteur. Je ne peux pas laisser aller Bao Tan à la dérive! J'y ai consacré tellement de temps! Toute ma vie! Et si j'ai un dernier souhait à formuler, j'aimerais bien y mourir.

– Rien ne presse, monsieur! Que deviendrait Bao Tan si vous disparaissiez prématurément? Pensez-y!

Le lieutenant s'écarta du lit. Avant de s'en aller, il dit :

– Mon capitaine aimerait bavarder avec vous quelques instants. Puis-je le faire entrer? Mais pas plus de cinq minutes, vous devez vous reposer vous aussi.

Francis connaissait déjà le capitaine Damassy. C'était un grand diable de Martiniquais, un visage en lame de couteau, s'achevant sur une mâchoire chevaline, des cheveux frisés, courts, des bras immenses terminés par de longues mains aux doigts déliés de pianiste. Mais Damassy ne jouait d'aucun instrument de musique. Son habileté manuelle s'orientait plutôt vers le maniement des armes de poing, du sabre de brousse au pistolet. Comme il l'avait expliqué le jour où il était venu se présenter :

– Vous êtes de vrais Français, avec des ancêtres authentiquement gaulois! Mon grand-père était un esclave nègre!

C'était dit sans provocation et d'ailleurs Damassy avait éclaté d'un grand rire cruel.

Arrivé deux ans plus tôt, au mois d'octobre 1946, à la tête d'une compagnie de marsouins de la 9e division d'infanterie coloniale, il avait fait sien le village de Lang My où il avait pris femme et vu naître deux enfants. Il s'y comportait à la façon d'un grand seigneur féodal, ou d'un mandarin traditionnel, réglant la vie de la communauté, apaisant les litiges, étendant son autorité sur tous les hameaux environnants. Il avait purgé son quartier des quelques éléments viêt-minh qui avaient tenté de s'y implanter. La paix et la sécurité y régnaient désormais. Sa technique ne devait rien à la persuasion pacifique, et tout à ses méthodes, radicales, parfois brutales mais d'une telle efficacité que N'Guyen Binh en personne, le tout-puissant commandant en chef des forces révolutionnaires de Cochinchine, le Nam Bô, avait mis sa tête à prix pour une somme considérable, cinquante mille piastres.

— Je suis coté au même tarif qu'une traction-avant Citroën, plaisantait Damassy, en dévoilant ses grandes dents de carnassier. Si je suis tué et que vous voyez quelqu'un acheter une auto neuve, ne cherchez plus, ce sera mon assassin !

Il rendait lui-même la justice, sans guère s'embarrasser de procédure. Si ses fonctions l'obligeaient parfois à condamner, le plus régulièrement du monde, à la peine de mort, un rebelle capturé les armes à la main ou convaincu de meurtre, il procédait en personne à l'exécution. Elle était publique et se déroulait devant toute la population rassemblée pour l'occasion.

Damassy arrivait alors, en grande tenue, ganté de blanc, un sabre de samouraï à la main. Il décapitait le condamné sans jamais avoir à s'y reprendre à deux fois. Il avait le geste sûr.

— Je ne laisse à personne le soin de se damner, avait-il répliqué à Catherine qui s'était montrée choquée de ses méthodes.

Il s'approcha du lit de Francis.

— En tant que responsable du maintien de l'ordre dans le quartier de Lang My, ce qui s'est passé ce matin à Bao Tan me concerne, dit-il de sa voix d'une trompeuse douceur.

— Que comptez-vous faire ?

— J'ai interrogé Jean-Yves Hérouan. D'après lui, les agresseurs de votre femme n'étaient pas des Viêt-minh. Ils ne possédaient pour tout armement que des coupe-coupe.

— Ce sont donc des ouvriers. (Francis réfléchit et ajouta :) Mes coolies sont incapables d'une pareille trahison. Leur conduite a toujours été d'une loyauté exemplaire, notamment lorsque ma femme est restée seule sur la plantation.

— Je les trouverai, promit Damassy. Croyez-vous que votre femme pourra les identifier ?

— Je préférerais que vous la mainteniez en dehors de tout. Je n'ai pas envie de la troubler plus qu'elle ne l'a été.

Damassy hocha la tête.

— D'accord, monsieur Mareuil. Je vais orienter mon enquête du côté de la S.E.E.F. voisine. Beaucoup de Tonkinois y travaillent, et cela ne me surprendrait pas si les coupables étaient parmi eux.

— Qu'en ferez-vous une fois que vous les aurez découverts ?

Damassy émit un rire joyeux.

— Le viol est un crime aux yeux de la loi, monsieur Mareuil. Et même si ce ne fut, fort heureusement, qu'une tentative, l'intention compte...

Le capitaine parti, Francis fit appeler Hoche Cahuzac.

— Pendant quelque temps, vous allez être seul avec Hérouan à mener Bao Tan. Veillez-y, je compte sur vous.

— Faut-il alerter mon capitaine ?

— Cyril a ses propres soucis. Mais vous avez raison, il vaut peut-être mieux le tenir au courant. On ne sait jamais ce qui peut arriver. (Francis s'interrompit puis, montrant de la main le petit classeur d'angle :) En cas d'accident, tout ce qui est indispensable à la survie de Bao Tan est contenu dans les quatre chemises de couleur jaune.

— Pourquoi parler d'accident, monsieur ? s'insurgea Cahuzac.

— Pourquoi pas ?

2

Assis derrière son bureau, Cyril acheva de parapher les quelques feuillets imprimés étalés devant lui. Puis il les rangea dans le dossier de cuir qu'il referma, et sur lequel il posa ses mains à plat, laissant passer quelques secondes avant de s'adresser à Labrousse, Dérian et La Potteraye, ses trois compagnons, assis en face de lui :

– Voilà, amis. Fin du premier acte. « Diane Air » a cessé d'exister.

– Je n'arrive toujours pas à y croire, murmura Labrousse, d'un ton navré. Était-il vraiment nécessaire d'en arriver là ?

– Tu sais bien qu'il n'y avait pas d'autre solution. Nous en avons déjà discuté cent fois ! Face aux grandes compagnies, soutenues par les banques internationales, nous ne faisions plus le poids. Sauf si nous acceptions de faire du « taxi brousse », risquant notre vie à chaque instant en volant par tous les temps et en nous posant sur des terrains pourris.

Il sortit du tiroir de son bureau une bouteille de whisky et quatre gobelets, qu'il remplit.

– A nos souvenirs ! lança-t-il, avec une gaieté forcée.

– Ce fut tout de même une sacrée aventure, observa La Potteraye, nostalgique. Mais Cyril a raison, le temps des fous est révolu, place aux gens raisonnables.

– Si j'ai bien compris, ajouta Dérian, nous sommes absorbés par la C.A.D.E.O., cette Compagnie aérienne d'Extrême-Orient. Dès demain, nos trois pièges, « Rivière des Parfums II », « Paksavane » et « Bao Tan » voleront sous ses couleurs. C'est bien cela ?

– Tout à fait.

– Sommes-nous compris dans le mobilier ?

– Je ne suis pas un négrier ! Nous sommes tous libres, mais si vous le souhaitez, vous serez engagés par la C.A.D.E.O. avec un solide et beau contrat.

La Potteraye, dont l'œil s'embrumait, plissa le sourcil :

– Tu dis « vous serez engagés ». Et toi ? Ne serais-tu pas en train de te désolidariser de l'équipe ?

– Pas le moins du monde. Au contraire, j'attends votre décision et je me conformerai au souhait de la majorité.

– Ne te défile pas, renchérit Dérian. Que comptes-tu faire ?

– La C.A.D.E.O. n'a pas discuté nos prix. Toutes dettes remboursées, il restera environ sept cent mille piastres à chacun de nous. De quoi voir venir. Pour ma

507

part, je vais d'abord m'offrir un petit voyage de noces. Il y a des années que j'y pense, je n'en ai jamais trouvé le temps.

— Mais tu n'es pas marié! rétorqua Labrousse.

— Justement, c'est l'occasion ou jamais. Vous serez mes témoins.

La Potteraye posa son verre sur le bord du bureau et, l'index levé :

— N'espère pas t'en tirer ainsi, Cyril. Réponds-nous franchement, vas-tu, oui ou non, signer un engagement avec la C.A.D.E.O. ?

— Honnêtement, je n'ai pas encore arrêté ma décision. Vous êtes libres tous les trois, ce n'est pas mon cas. (Il s'accouda à son bureau, le visage en avant, la voix moins assurée.) Comprenez-moi. Mon père a travaillé toute sa vie pour faire de Bao Tan un domaine qu'il souhaitait transmettre à sa descendance. J'avais accepté de me retirer, pour en laisser la disposition à mon frère Bertrand qui l'aurait ensuite confiée à son fils. Mais Bertrand est mort. Mon père se fait vieux...

— Es-tu en train de nous expliquer que tu envisages d'aller t'enterrer à Bao Tan? demanda Dérian.

— C'est mon devoir, même si, par goût, par passion, j'aimerais continuer à voler.

Labrousse se renversa sur sa chaise et ricana.

— Lee-Aurore n'acceptera jamais! Sa vie, c'est Saïgon, ses amis, sa maison, sa fille. Qu'irait-elle faire sur ton île déserte?

La Potteraye intervint.

— Je comprends tes hésitations, Cyril. A ta place, moi aussi, je m'interrogerais. Et je n'ai pas de réponse à t'apporter. Contrairement à ce que pense Labrousse, je suis certain que Lee-Aurore respectera le choix que tu feras. Cela dit, j'ajoute que, sans toi, l'aviation d'Indochine ne sera plus ce qu'elle était. Tu en as été l'un des pionniers, tu restes le survivant de cette épopée d'avant-guerre. Penses-y. As-tu moralement le droit de cesser d'être un exemple pour nous, pour les jeunes?

Cyril haussa les épaules et prit un ton ironique pour répondre :

— Ce rôle, je peux tout à fait le tenir, une photographie en buste, dans un cadre somptueux accroché à la place d'honneur au milieu du grand salon d'honneur de Tan Son Nhut !

Il se leva et, les bras ouverts, invita ses amis.

— Pourquoi n'irions-nous pas enterrer tout à la fois « Diane Air » et ma vie de garçon ? Je vous invite à dîner au *Kim Lon*, à Cholon.

— Que va dire Lee-Aurore ? demanda Labrousse.

Lee-Aurore venait d'entrer dans le bureau. Elle intervint.

— Lee-Aurore ne dira rien. Il est bon, parfois, que les hommes soient entre eux pour s'amuser. (Elle remua l'index en direction de Cyril.) Je ne te demande qu'une chose, ne me réveille pas en rentrant. Surtout si tu es ivre !

Cyril saisit la balle au bond :

— Au contraire, je te réveillerai. Car je devrai être ivre pour oser te demander ta main. J'ai l'intention de faire publier les bans dès demain.

Elle mit ses poings sur ses hanches et riposta, prenant ses amis à témoin :

— Regardez bien cet homme ! Il y a vingt ans qu'il me déshonore ! Après m'avoir demandé plus de dix fois en mariage, il se décide enfin à publier les bans ! Je me demandais s'il s'y résoudrait jamais !

Cyril prit le parti d'en rire.

— J'en avais assez de vivre dans le péché !

— Je crois que j'ai un sérieux ticket avec la taxi-girl en rose, dit Dérian, l'œil allumé, un sourire en coin.

Labrousse ricana.

— Elle te fait marcher ! Pour ce qui est du ticket, elle guigne surtout ceux que tu as dans ta poche. Tu ne t'es pas regardé, tu ferais fuir une cohorte de guenons en chaleur !

C'était la plaisanterie traditionnelle. Parmi les qualités de Dérian, la principale n'était ni son charme ni sa beauté. Maigre, le teint mat, l'œil noir et perçant, le geste nerveux, il avait les cheveux plantés bas sur le front, une barbe qu'il devait raser au moins deux fois par jour et, par l'échancrure de sa chemise, une forêt de poils bleus propre à décourager ces poupées glabres et fardées dont il espérait faire la conquête.

A l'issue de leur dîner au *Kim Lon*, les quatre amis avaient prolongé leur soirée en allant boire le « dernier » verre au *Paradis*, qui, avec *l'Arc-en-Ciel*, était un des deux dancings à la mode de Cholon.

Une grande salle, plongée dans une pénombre rosée, où tout semblait étudié pour l'ambiance et le confort. Sur une estrade, tout au fond, un orchestre philippin jouait des mélodies à la mode, dans le plus pur style des comédies hollywoodiennes, languides et sirupeuses. De part et d'autre d'une vaste piste, éclairée au ras du sol, évoluaient des couples enlacés, les hommes, Européens, civils ou militaires, quelques Chinois de la nouvelle génération qui avaient troqué le sarrau bleu de leurs pères pour le trois-pièces veston-gilet-pantalon de shantung immaculé, les femmes, lianes hiératiques, étroitement moulées dans une robe sans manche, à col officier, mais dont le côté s'ouvrait sur une fente dévoilant haut leurs cuisses de soie.

La Potteraye, romantique, avait dépeint les taxi-girls comme « un trait de pinceau ». L'image était on ne peut plus juste. Elles semblaient à la fois présentes et hors du temps, se pliant au rythme de la danse, tango, slow ou rumba, tout en conservant cette apparence hautaine et condescendante de princesses inaccessibles.

De table en table, son carnet à la main, la *taïpan* – le capitaine des taxi-girls – se faufilait, proposant ses tickets qui, pour cent piastres, permettaient de tenir dans ses bras, le temps d'une danse, l'une de ces créatures de rêve.

Dérian en avait acheté toute une liasse. Depuis des semaines en effet, il convoitait l'une des plus belles taxi-girls du lot. Mais elle se dérobait à ses avances, n'ayant, jusqu'à présent, consenti qu'à abandonner le bout de ses doigts, l'espace d'un baiser, et à lui confier son prénom, Jacqueline.

– Jacqueline ? avait riposté Labrousse, incorrigible pourfendeur de rêve. Mon œil ! Je te parie cent piastres

qu'elle s'appelle Lam Thiac, et que son frère fait le cyclo-
pousse entre Da Kao et Gia Dinh!

Mais Dérian avait haussé les épaules, et, pour rester
dans le ton, il s'était cru obligé de répliquer :

– Jacqueline ou pas, je ne connais pas une fille capable
de résister au cri du billet de cinq cents!

Labrousse était partisan des méthodes expéditives.
C'était un homme pressé, il l'expliquait en montrant la
paume de sa main où sa ligne de vie, très courte, s'interrompait brusquement sur un pli perpendiculaire. « Si je
dois crever à trente-cinq ans, j'aurai aussi pleinement
vécu qu'un centenaire. Pas une minute à perdre! » Tout à
l'heure, il avait failli déclencher une émeute en posant,
d'un geste non équivoque, sa large main sur l'arrière-train
de sa danseuse. Un énorme scandale en avait résulté, les
videurs, deux colosses chinois, s'en étaient mêlé, et Cyril
avait eu le plus grand mal à les apaiser après avoir proposé un fort dédommagement à la plaignante.

Indifférent au tapage, Renaud de La Potteraye avait
entrepris de se saouler méthodiquement, lentement,
comme on se noie. Il dérivait, s'enfonçant petit à petit au
sein d'un univers qui n'appartenait qu'à lui, l'œil ouvert,
dardé vers l'infini. Il ouvrit la bouche et murmura :

– Vois-tu, Cyril, tu m'as donné les plus belles années
de ma vie. Je ne m'étais jamais senti aussi libre, aussi
esthétiquement comblé. Il n'existe pour moi aucun paysage qui vaille celui de ton Indochine. Un coucher de
soleil sur le Mékong, un orage sur le golfe du Siam, la
baie d'Along à l'aube bleue, le vert ardent des rizières un
jour de grisaille.

– Rien ne changera, Renaud. La C.A.D.E.O...

– Laisse la C.A.D.E.O.! Je frémis à l'idée de piloter
pour cette compagnie, je devrai n'avoir de regard que
pour les cadrans, et le foutu chrono! (Il laissa fuser un
léger rire et ajouta :) Je n'ai pas osé te l'avouer, mais il
m'est arrivé bien des fois de quitter la ligne droite pour
m'en aller faire l'école buissonnière, flâner au-dessus des
montagnes pour tenter d'apercevoir ces peuples dont tu
m'avais parlé, les Lantènes de la Nam Na, avec leurs
filles qui portent des robes à crinolines, les Kha-Lolo, ces

511

tribus d'hommes blonds aux yeux bleus. Ou bien pour essayer de surprendre, au nord des ruines d'Angkor Vat, un troupeau d'éléphants sauvages.

Cyril sourit.

– Je comprends maintenant pourquoi tu accumulais parfois des retards de plus d'une heure !

Renaud lampa une gorgée de whisky et, rêveur :

– Je n'ai pas envie de signer avec la C.A.D.E.O., ajouta-t-il. Et je n'ai pas envie non plus de quitter l'Indochine.

– Je suis exactement dans ton cas, observa Cyril, sa main posée sur son bras.

– Pas vraiment. Toi, tu as Bao Tan, un endroit où sont tes racines, un refuge, une raison de te battre. Et puis tu as Lee-Aurore.

– Tu sais très bien que tu es chez toi à Bao Tan.

Renaud serra si fort son verre qu'il se brisa entre ses doigts, et c'est presque avec colère qu'il s'exclama :

– Je ne veux plus aller à Bao Tan, Cyril. Je ne suis pas un surhomme.

Cyril faillit lui demander la raison d'un pareil refus, inattendu car, jusqu'à présent, Renaud n'avait manqué aucune occasion de l'y accompagner. Il se retint, à temps, l'évidence s'imposait d'elle-même. Catherine.

Le silence s'installa. Cyril se remémora les circonstances au cours desquelles Catherine et son ami avaient été mis en présence. Cette première visite à la plantation, et le coup d'œil qu'il avait surpris, porté sur la silhouette révélée par un contre-jour indiscret. Puis, au mois d'août dernier, ce voyage au Laos où ils étaient allés ensemble se recueillir à Paksavane sur la tombe de Bertrand, dans le petit cimetière de Thomrong où il reposait entre Ronan Kervizic et le père Germain, mort l'an passé. A leur retour vers l'avion, ils avaient été obligés de traverser, à gué, la rivière dont le pont saboté ne pouvait pas permettre à la fois le passage de leur voiture et de ses passagers. Catherine avait glissé sur un rocher, et se débattait dans un tourbillon, inexorablement emportée par le courant. Renaud s'était élancé, l'avait rattrapée et, la saisissant dans ses bras, il l'avait ramenée sur la berge, leurs vêtements collés à la peau.

Durant le trajet du retour, Renaud avait montré un visage de bois, une humeur de dogue. Au cours des autres séjours qu'ils avaient effectué à Bao Tan, Cyril s'en souvenait maintenant, son ami s'était toujours arrangé pour éviter les tête-à-tête avec Catherine.

Ses réflexions furent interrompues par l'arrivée en fanfare de Dérian, rayonnant de bonheur :

— Je vous quitte, les amis! dit-il tout joyeux. J'embarque ma conquête. Jacqueline a accepté de finir la nuit avec moi.

— Comment as-tu fait? demanda Labrousse, avec un peu d'aigreur.

— Honnêtement, je n'en sais rien. La proposition vient d'elle, alors que rien, jusqu'à présent, ne permettait de prévoir un pareil revirement.

— Passe une bonne nuit! répondit Cyril.

Un maître d'hôtel s'approcha et s'enquit de leurs besoins.

— Tout va bien, maugréa Renaud. Laissez-nous!

— Mon patron serait heureux de vous offrir les consommations. Vous êtes ici chez vous, vous n'avez qu'à choisir.

Labrousse saisit la balle au bond.

— Tope-là! répliqua-t-il. Je veux la taxi-girl qui m'a publiquement insulté tout à l'heure!

Sa provocation tomba à plat. Le maître d'hôtel encensa du menton et répondit, imperturbable :

— Si vous voulez m'accompagner, Mlle Wang sera infiniment honorée de se plier à vos désirs...

Labrousse s'était levé, ne croyant qu'à demi à sa chance. Cyril agrippa la manche du serveur :

— A qui sommes-nous redevables de telles attentions? demanda-t-il, intrigué.

— Je n'en sais rien, monsieur. J'obéis seulement aux ordres du patron.

— Puis-je le voir, pour le remercier?

— Je vais me renseigner, monsieur.

Cinq minutes plus tard, le maître d'hôtel était de retour. Il s'inclina devant Cyril :

— Si vous voulez bien me suivre.

Ils traversèrent la salle, franchirent une porte dérobée,

513

à gauche de la scène, gardée par deux gorilles, la main passée sous le veston. Un petit escalier étroit, un long couloir et, tout au bout, une porte de teck à la peinture qui s'écaillait à laquelle cogna le serveur, en prononçant quelques mots, avant de s'effacer. Cyril entra. Deux hommes lui faisaient face, un Chinois au visage tout rond, un sourire avenant accroché aux lèvres, et, debout à côté de lui, un grand escogriffe aux larges épaules, à la peau recuite par le soleil, qu'il ne reconnut pas au premier regard, qui s'avança vivement à sa rencontre, les deux mains tendues.

— Ho Chan Sang! s'exclama-t-il, sidéré. Vieux brigand! D'où sors-tu?

— C'est une longue histoire. Mais, si tu as un peu de temps, je vais te la raconter.

C'était une longue histoire en effet.

Trente mois durant, Ho Chan Sang, ses compagnons Binh Xuyen et leur chef, Bay Viên, s'étaient loyalement battus aux côtés de leurs frères d'armes, qu'ils soient communistes, Hoa Hao ou caodaïstes. Ils avaient porté des coups sévères aux soldats français du corps expéditionnaire et à leurs partisans. Au fil des mois pourtant, une évidence s'était peu à peu imposée à eux. Menés d'une main de fer par N'Guyen Binh, leur général borgne, les communistes entendaient assurer sans partage le commandement et la conduite des opérations militaires. Du même coup, les alliés d'hier voyaient leur rôle réduit à celui de comparses n'ayant plus droit à la parole, même si, en théorie, chacune des composantes de ce qui s'appelait désormais le Viêt-minh – la « Ligue pour l'Indépendance du Viêt-nam » – était responsable de son propre fief. Plus grave, il devenait évident que le but final poursuivi par N'Guyen Binh était une véritable révolution marxiste, calquée sur le modèle soviétique.

Il ne négligeait rien pour atteindre son objectif; on avait assisté ainsi à l'arrivée progressive de communistes formés à la dure école de l'exil en Chine, ou des universités de Moscou. Bardés d'intransigeance, maniant à la perfection le revolver ou le couteau, ils cherchaient à imposer leur catéchisme rouge d'une poigne de fer. Malheur à ceux qui ne partageaient pas leurs vues. N'Guyen Binh et ses sbires ne faisaient pas de quartier. Les premiers à avoir fait les frais de ces purges sanglantes avaient été les nationalistes sincères, qualifiés, pour l'occasion, de « contre-révolutionnaires », de « petits-bourgeois réactionnaires » ou, le pire de tout, de *Viêt gian,* traîtres à la Cause.

Au fil des mois, les caodaïstes avaient fini par se sentir menacés à leur tour et, hormis quelques bandes éparses, avaient rejoint les rangs des forces du gouvernement autonome de Cochinchine.

La crise, qui couvait depuis longtemps entre les communistes et les Hoa Hao, s'était brusquement envenimée au mois de mars 1948. Attiré dans un guet-apens par N'Guyen Binh en personne, Huynh Phu So, le « bonze fou », avait été massacré sauvagement et ses restes, dépecés, avaient été secrètement dispercés aux quatre coins du territoire de façon à empêcher ses fidèles de se rendre en pèlerinage sur sa tombe.

Pour sa part, Bay Viên et ses Binh Xuyen étaient demeurés loyaux à la parole qu'ils avaient personnellement donnée au général borgne, et cela en dépit des avertissements que leur avaient prodigués des compagnons lucides comme Huu Taï, son conseiller militaire, ou Ho Chan Sang, son chef d'état-major.

— Nous ne romprons pas les premiers le serment de fidélité, leur avait répliqué Bay Viên.

— Méfie-toi, avait rétorqué Sang. Un jour, tu recevras une convocation pour te rendre au P.C. de N'Guyen Binh. Tu n'en reviendras pas vivant.

Bay Viên avait haussé les épaules. Il était sûr de lui et confiant dans la solidité de ses troupes.

— N'Guyen Binh ne prendra pas ce risque, avait-il affirmé.

Il était optimiste. Il avait tort. Au milieu du mois de mai, quatre mois plus tôt, la convocation était arrivée à son poste de commandement du Rung Sat. La raison invoquée était la remise d'un message de félicitations que venait de lui adresser Hô Chi Minh en personne.

– C'est un piège, affirma Ho Chan Sang. N'y va pas!
Bay Viên lui avait jeté un regard noir.
– C'est ça! Pour qu'il s'imagine que j'ai peur!
– Alors, laisse-moi organiser ton escorte.
L'entrevue s'était d'abord déroulée de façon aimable et
courtoise. N'Guyen Binh avait lu le message où il était
écrit notamment : « Je vous fais confiance pour tout car
vous placez les intérêts de la Patrie au-dessus de tout. »

Mais, assez rapidement, les choses s'étaient gâtées
lorsque Bay Viên s'était enquis du sort de Huynh Phu So.
N'Guyen Binh s'était mis en colère, demandant avec
hargne si les Binh Xuyen avaient envie de subir le même
sort que leurs camarades Hoa Hao. Des armes étaient sorties des étuis. Mais Taï et Sang veillaient et, à leur tour,
avaient armé leurs pistolets-mitrailleurs.

A contrecœur, N'Guyen Binh avait dû laisser partir ses
invités sains et saufs. Il aurait du reste éprouvé les difficultés les plus grandes pour les retenir, il ignorait en effet
que les équipes spéciales de Ho Chan Sang avaient neu-
tralisé ses gardes.

La riposte n'avait pas tardé. Une semaine plus tard, par
traîtrise et par surprise, deux bataillons communistes
s'étaient infiltrés dans le labyrinthe des marais du Rung
Sat, avaient désarmé deux des bataillons Binh Xuyen et
contraint Bay Viên et son état-major à évacuer en catastrophe ce qui, de tout temps, avait été leur repaire
inviolé.

– Il ne nous restait plus qu'une solution, conclut Ho
Chan Sang, prendre contact avec les Français. Ce que
nous avons fait. (Il sourit :) Nous pouvions le faire sans
nous renier. La première chose que nous avons apprise a
été la signature, le 5 juin dernier en baie d'Along, des
accords entre Bollaërt, votre haut-commissaire et Sa
Majesté l'empereur Bao Daï, par lesquels la France
reconnaît, sans aucune réserve, l'indépendance totale du
Viêt-nam.

Il décroisa les jambes et poursuivit, le buste penché en
avant :

– Cela changeait tout. Les Binh Xuyen avaient une
chance de poursuivre le combat aux côtés des nationa-

listes sincères tout en réglant leur compte à N'Guyen Binh et aux communistes!

Il se tut, puis il évoqua les jours qui avaient suivi, les opérations militaires aux côtés des Français dans les marais du Rung Sat pour en chasser les *Chi Doï* du général borgne, les réceptions officielles qui leur avaient été faites au palais Norodom, pavoisé aux couleurs nationales, ce pavillon jaune barré des trois bandes rouges représentant les trois Ky.

— J'ai manqué de m'étouffer de rire, avoua Sang, lorsque nous avons été accueillis en grande pompe par le général Xuan, le président du Conseil, et par Tran Van Huu, le gouverneur de Cochinchine. Imagine deux éminents représentants de la vieille société mandarinale du Sud, Xuan, le polytechnicien, et Huu, l'ingénieur, recevant Bay Viên et Ho Chan Sang, sortis, le colt au poing, des marais du Rung Sat!

— Tu as effectué un sacré parcours, admit Cyril, sincère. Je suis très heureux de te savoir revenu. (Sa main désigna le décor qui l'entourait, l'éclairage feutré, les tapis au sol, le confortable fauteuil sur lequel il était assis.) Ne crains-tu pas de t'amollir dans les délices retrouvées de Cholon?

— Rassure-toi, je suis en service commandé!

Et, comme Cyril s'étonnait, il expliqua :

— Tran Van Huu nous a demandé de purger Saïgon des comités d'assassinats viêt-minh. Pour y parvenir, une seule solution : frapper au portefeuille. Bay Viên a décidé que plus aucun établissement de plaisir ou de jeux, plus une boutique, plus un coolie de rizerie ne verserait ce que N'Guyen Binh appelle « l'impôt patriotique ». Chacun de nous s'occupe d'un secteur particulier. Moi, comme tu le vois, c'est le *Paradis* de notre ami M. Huynh.

— Je comprends cette soudaine générosité! observa Cyril en se levant. (Il se ravisa.) Je suppose que Suzanne-Souên a été ravie de retrouver son mari?

— Pas autant que moi. (Il s'était levé à son tour et avait saisi entre les siennes les mains de son ami.) Ces trente mois passés hors de ma maison m'ont terriblement pesé. Je peux te le dire en confidence, mais j'ai, le plus souvent que je l'ai pu, refusé de participer aux opérations contre les Français. De la même façon, j'ai rapidement fait partie du groupe qui s'est rangé à l'idée d'un ralliement.

— Je te crois, Sang. Nous allons à nouveau pouvoir être amis.

Ho Chan Sang escorta Cyril jusque dans le couloir.

— Reviens quand tu veux, proposa-t-il. Tu es ici chez toi.

— Merci.

— Autre chose. As-tu appris ce qui est arrivé à Guillaume, le frère de Souên?

— Non. Ne me dis pas qu'il a encore commis quelque sottise?

— Il n'en commettra plus. La dernière lui a été fatale.

— Raconte?

— Tu sais peut-être qu'il servait d'intermédiaire à des trafiquants qui expédiaient leurs piastres en France pour les troquer, là-bas, contre des lingots d'or achetés au taux du change légal, avant de les ramener par ici pour les revendre avec un bénéfice avoisinant les cent pour cent.

— Mon père m'en avait parlé, en effet. Qu'est-il arrivé?

— Le correspondant parisien de Guillaume a pris le maquis avec une très grosse somme d'argent appartenant à un homme politique français en vue. L'ennui était que des Corses étaient également partie prenante dans cette affaire. Voici trois semaines, deux de leurs tueurs sont arrivés, exprès, de Marseille et se sont mis à la recherche de Guillaume. On m'a raconté qu'il avait erré, par toute la ville, deux jours durant, à la recherche d'une protection. En vain. Le deuxième soir, les tueurs l'ont retrouvé et l'ont embarqué dans leur traction-avant pour la promenade traditionnelle dont on ne revient pas. A ce qu'on m'a raconté, Guillaume s'est laissé faire sans résister. Les deux Corses l'ont emmené vers la plaine des Tombeaux. Là, ils l'ont fait descendre et Canova, le premier des tueurs, lui a tiré, à bout portant, un coup de pistolet. Mais l'arme s'est enrayée, aussi c'est Sartori, son compagnon, qui a dû se charger de la besogne. Une véritable boucherie, Sartori ne possédait qu'un canif! Guillaume a mis des heures à mourir, il s'est traîné dans la boue, pendant plus

518

d'un kilomètre, avant de s'écrouler devant la porte de la Fondation Ronan Kervizic. C'est là qu'on l'a retrouvé, au petit matin.

— Sachant cela, tu n'as rien pu faire ? s'indigna Cyril.

Sang haussa les épaules.

— Je n'étais pas au courant, je ne l'ai appris que deux jours plus tard. Et, de toute façon, c'était une affaire de Blancs. Chacun chez soi, chacun pour soi.

Cyril s'éloigna, pensif. Il n'était pas réellement triste, Guillaume était allé tout seul au-devant de son destin. Même tragique, sa mort était inscrite dans la voie qu'il avait choisie. Il se demanda ce qu'il aurait fait lui-même si le frère de Souën était venu lui demander son aide. Il dut admettre qu'il ne pouvait répondre à cette question. « Guillaume m'a si souvent raconté des fables que je ne l'aurais vraisemblablement pas cru. »

De retour à sa table, il s'aperçut que Renaud de La Potteraye était parti. Sous son verre, il avait laissé un mot, griffonné sur une feuille arrachée à un bloc publicitaire.

« J'ai vendu mon âme. L'argent de " Diane-Air " me brûle les doigts. Je suis allé le perdre au *Grand Monde*. »

Un jour, Renaud avait dit à Cyril : « Tu n'aimes pas perdre, donc tu n'es pas joueur. » Cyril en convenait volontiers. Il n'avait pourtant pas cette religion de l'argent qui poussait beaucoup de ses compatriotes à entasser ou à trafiquer. Toute sa vie avait été une constante recherche de l'action, du geste, se souciant peu de savoir si au bout, tout cela lui serait compté en piastres ou en dollars. Était-il riche ? Était-il pauvre ? Cela n'avait pas d'importance, il vivait. Lee-Aurore l'en plaisantait parfois, le comparant à une montre dont l'existence ne se justifie que si son ressort est tendu : « Tu te comportes comme si tu avais peur de mourir le jour où, même une seconde, tu cesserais de faire tic-tac ! » Elle n'avait pas complètement tort, il y avait, tout au fond de lui-même cette crainte de n'avoir pas accompli ce à quoi il était destiné, et qu'une puissance occulte et terrifiante lui demanderait des comptes : « Qu'as-tu fait de tes talents ? »

Il se secoua, l'heure n'était pas aux réflexions, encore moins aux questions. En quittant le *Paradis*, bien décidé à rentrer chez lui, il constata que son ami Renaud avait pris la voiture, sans se soucier de savoir comment ses camarades regagneraient la villa. « Après avoir perdu son argent, avait-il songé, Renaud est bien capable de jouer la traction ! » C'est alors qu'il avait donné, au cyclo-pousse nonchalant qui le conduisait, l'adresse du *Grand Monde*.

Autour de lui, dans cette interminable rue des Marins reliant Cholon à Saïgon, la même cacophonie, dans une débauche de néons éclaboussant les façades de toutes les couleurs possibles, du mauve au vert pomme en passant par les variétés multiples des rose bonbon, des bleu tendre. Tout cela clignotait, pétillait, ruisselait, scintillait, contribuant à donner aux visages entrevus des allures de masques de cauchemar, hagards et livides.

A cette heure de la nuit, Cholon était un gigantesque restaurant. Il n'y avait pas une boutique, pas un auvent, pas une entrée qui ne dégageât des odeurs acides de friture, viande, poissons ou crustacés sur lesquelles régnait, omniprésente, celle de l'oignon calciné.

Aux étals pendaient des lambeaux, des lamelles, des rondelles de viande rose, rouge ou blême, des chiens éventrés, des canards séchés ou des cochons laqués, vernis comme des statues barbares.

Le cyclo avançait péniblement. De sa nacelle, Cyril ne voyait autour de lui que des gens qui s'empiffraient, depuis la matrone enfournant dans sa bouche garnie de chicots d'énormes saucisses ruisselantes, jusqu'au simple coolie, assis au bord du trottoir, le bol au bord des lèvres, enfournant du bout de ses baguettes, à une prodigieuse vitesse, des bribes d'un magma blanchâtre, riz en sauce ou nouilles blafardes.

Vu de la rue des Marins, le *Grand Monde* était d'abord un grand mur jaune, haut comme un rempart, d'où s'échappaient, sous le halo lumineux qui le surmontait, une sourde et profonde rumeur. Devant l'entrée, deux petites portes étroites comme celles d'un confessionnal, stationnait une foule immense, qui se pressait, s'agitait, s'agglutinait, difficilement contenue par des barrières métalliques. Depuis la vague d'attentats qui avait déferlé sur la ville, chaque visiteur était consciencieusement fouillé, les hommes par des jeunes voyous à mégot, désinvoltes et rigolards, les femmes par de vieilles femelles crachant de longs jets rougeâtres de leurs chiques de bétel.

Cyril se laissa palper, et entra. Ce n'était pas la première fois qu'il pénétrait au *Grand Monde,* escale obligatoire pour qui voulait connaître le pittoresque, mais, à chaque fois, il éprouvait le même sentiment de stupeur.

L'établissement avait été créé deux ans plus tôt, en décembre 1946, au temps du proconsulat de l'amiral Thierry d'Argenlieu, et affermé, moyennant une redevance quotidienne de deux cent mille piastres, aux Chinois de Macao, inquiets à juste titre de l'arrivée prochaine dans leur fief de l'Armée rouge de Mao Tsé Toung. Ils en avaient fait le casino le plus important de tout le Sud-Est asiatique qui rivalisait, au moins au plan du chiffre d'affaires, avec Monte-Carlo ou Las Vegas. La comparaison s'arrêtait là.

Le *Grand Monde* était une sorte de foire à l'asiatique, une gigantesque usine à ramasser de l'argent, d'où qu'il vienne, de la piastre pliée en quatre dans un repli de mouchoir par un coolie famélique, jusqu'à la plaque de mille dollars, parfois davantage, lancée d'une main négligente par un compradore chinois.

Cyril flânait. Il avait aperçu, garée le long du trottoir d'en face, la traction-avant, mais il n'avait pas envie de rejoindre Renaud tout de suite, il fallait lui laisser le temps d'accomplir ce pour quoi il était venu : perdre l'argent de « Diane Air ». Passé l'entrée, il s'était trouvé happé par la cohue, à l'orée d'une vaste cour carrée, au sol de terre battue, parcourue de caniveaux charriant toutes sortes de débris, découpée d'allées rectilignes et de transversales délimitant des espaces sur lesquels étaient posés des kiosques rudimentaires en matériau léger, décorés de motifs agressifs où la piastre d'argent servait de motif principal. Là, sur des tables de bois, se pratiquaient les jeux des pauvres, *ba quan, taï xiu, tu sac,* ou *Mê Hué Ky,* cette version dite « américaine » du *ba quan.*

Le long du mur de droite s'alignaient des cinémas per-

manents qui ne proposaient que des westerns ou des films
d'aventure tournés à Hong Kong, des estrades foraines où
s'exhibaient lutteurs, jongleurs ou acrobates, des scènes
de théâtre populaire sur lesquelles bondissaient, gesticulaient et s'égosillaient les héros bariolés du folklore
asiatique, le Dragon, le Singe, le Roi, la Reine, le Sorcier,
dans un fracas assourdissant de cymbales et de gongs.

De place en place, des buvettes, des échoppes de mar-
chands de soupes ou de *cha-gio,* petits pâtés chauds fice-
lés dans des feuilles de bananier, proposaient leur marchandise à ceux qui éprouvaient le besoin de se refaire
une santé entre deux émotions.

Dans ce décor de Luna Park à l'asiatique, sordide à
souhait, toutes les conventions sociales étaient abolies.
Les visiteurs étaient venus pour jouer, les croupiers,
meneurs de jeux ou chefs de table étaient là pour les
appâter. Le *Grand Monde* était d'abord une gigantesque
usine à faire de l'argent.

A chaque fois qu'il y était venu, Cyril s'était demandé
par quelle aberration Thierry d'Argenlieu, ce moine-
soldat rigoriste et moralisateur, avait pu accepter et
même encourager une pareille entreprise, alors que dans
son entourage, nombreux étaient ceux, Français ou Viêtnamiens, qui en avaient dénoncé le caractère profondément immoral et choquant. En ce lieu, le pragmatisme
chinois confinait au cynisme, le but avoué, étalé, était
sans aucune espèce d'hypocrisie celui d'aspirer, de pom-
per, de racler, de ratisser, d'éponger, d'entasser des monceaux de piastres. Rien de plus. Et cela, avec une âpreté,
une dureté, une violence contenue qui donnait à la foule
une sorte de fièvre d'où suintait la folie.

Chaque baraque était prise d'assaut. Le décor intérieur
était réduit à l'essentiel, une simple table de bois à l'extrémité de laquelle, accroupi sur un escabeau, le chef de partie surveillait les croupiers, alignés de place en place,
armés de râteaux pour ramasser les enjeux.

Cyril connaissait les règles des diverses pratiques. Le
baquan, le plus simple d'entre elles, se jouait à l'aide d'un
bol retourné sur un tas de sapèques, ces piécettes de zinc
percées d'un trou carré. Après avoir retiré celles qui

n'avaient pas été retenues, le chef de table écartait quatre à quatre, à l'aide de baguettes agiles, les pièces jusqu'à ce qu'il n'en demeure, selon le cas, qu'une, deux, trois ou aucune. Avait gagné celui qui avait misé sur le bon chiffre.

Le *taï xiu* (le Grand et le Petit) se jouait avec trois dés, jetés sur la piste à l'aide d'un gobelet. Si le résultat était égal ou supérieur à dix, le Taï – le « Grand » – avait gagné. Dans le cas contraire, ceux qui avaient misé sur le Xiu – le « Petit » – se partageaient les mises. Les plus chanceux arrivaient à gagner dix-huit fois la mise, s'ils avaient parié sur le triple six.

Le *tu sac* était une sorte de poker, qui se pratiquait à l'aide d'un jeu de cartes chinoises, comportant quatre couleurs et cent douze figures.

Chaque résultat, chanté par une aboyeuse à la voix aigre, perchée en haut d'une estrade, était salué d'applaudissements, de cris, de grondements, de gestes de joie, de mouvements de désespoir ou d'accablement. Dix, vingt tables fonctionnaient en même temps, autour desquelles s'agglutinaient les joueurs, par milliers, braillant, s'injuriant, s'encourageant, se disputant, se congratulant, sans aucun souci des convenances ou des barrières sociales. Certains s'agenouillaient, suppliant les Génies de leur accorder ses faveurs, d'autres maudissaient la chance de les avoir abandonnés.

Cela créait une animation toujours au paroxysme, un mouvement perpétuel, un maelström, une furie générale ; ce qui, au premier regard, ressemblait à une kermesse, dégénérait bien vite en meeting, en émeute, en soulèvement que des nervis, bâton levé, avaient tôt fait de calmer à grands coups de trique, sans se soucier de savoir sur qui pleuvaient les horions.

Cyril avait instinctivement peur de la foule. Il la savait capable de tous les excès, de tous les débordements. Il avait encore en mémoire les émeutes de 1945, les tueries, les massacres dont elle était coutumière.

Il finit par découvrir Renaud de La Potteraye, dans l'une des baraques du fond. Extérieurement, les salles où se pratiquaient les jeux à l'occidentale, boule, roulette ou baccara – ou cette version chinoise de la roulette dans laquelle la cloche remplaçait le zéro – ne différaient en rien des autres. Même décor tape-à-l'œil, même apparence délabrée de baraque foraine. En réalité, sous le stuc se trouvaient des murs bétonnés, et les vitres des fenêtres étaient de verre blindé, à l'épreuve des balles et des éclats de grenades.

La foule y était moins dense, plus policée aussi, l'argent faisait la différence. On y trouvait de jeunes Chinois de la nouvelle génération, cheveux gominés, œillets à la boutonnière de leurs vestons de soie sauvage ou d'alpaga immaculés. On y rencontrait surtout des Européens, commerçants, planteurs, fonctionnaires même, auxquels se mêlaient des indicateurs chargés de renseigner la police sur les joueurs, leurs gains ou leurs pertes. Plus rares étaient les Viêtnamiens, le plus souvent de riches douairières au sourire las, au regard avide.

Renaud était assis au bout de la table, près du croupier et regardait d'un œil morne la petite boule qui n'en finissait pas de sauter d'une cavité à l'autre sans paraître vouloir se décider à s'immobiliser en face d'un numéro. Devant lui, un impressionnant tas de plaques multicolores indiquait qu'il n'était pas encore arrivé au bout de ses ressources. Il aperçut Cyril et, de la main, lui adressa un bref signe de reconnaissance, accompagné d'une grimace d'écœurement.

– Ma chance m'a trahi, expliqua-t-il d'une voix lasse. Je gagne!

– Combien?

– Soixante mille piastres et tu vas voir que cette saleté de boule va encore doubler ma mise!

Il ne se trompait pas. Le râteau du croupier poussa dans sa direction une nouvelle pile de plaques vertes. Il se leva.

– J'en ai assez. Rentrons!

Cyril approuva. L'un suivant l'autre, les deux amis se dirigèrent vers la sortie après avoir échangé les plaques contre des billets bleus. Renaud marchait devant. Il s'arrêta, s'effaça pour laisser entrer un couple de jeunes gens, l'homme, un grand garçon bronzé, au rude visage énergique, de toute évidence un militaire, la femme, une amazone fine et gracieuse, moulée dans un fourreau de faille bleu pâle.

Cyril se figea. La jeune femme était Françoise, sa belle-sœur. En le voyant, elle se troubla elle aussi, puis, se reprenant, elle fit front à cette situation qui aurait pu paraître embarrassante.

– Cyril! s'exclama-t-elle. Quelle surprise! Je ne savais pas que vous fréquentiez ces lieux de perdition!

– J'allais faire exactement la même réflexion, répliqua-t-il, s'efforçant à la décontraction.

Françoise enchaîna, montrant son compagnon :

– Peut-être avez-vous entendu parler du capitaine Hervé Puybazet? C'était un ami d'enfance de Bertrand.

Cyril fouilla dans sa mémoire et se rappela qu'en effet Hervé Puybazet avait participé à l'opération contre Paksavane au cours de laquelle son frère avait trouvé la mort. Les deux hommes se serrèrent la main, toute gêne envolée. Renaud s'inclina, s'excusa.

– Je ne vous avais pas reconnue, dit-il civilement, à Françoise.

– Françoise voulait savoir comment était fait *le Grand Monde*, expliqua Hervé.

– Sans intérêt, affirma Renaud, péremptoire. Et décevant. J'étais venu pour perdre, je suis riche de quelque cent dix mille piastres de plus! Tenez, venez plutôt avec nous, j'offre à boire!

Ils se retrouvèrent vingt minutes plus tard, confortablement installés dans de profonds fauteuils de cuir, au bar américain du *Majestic,* en bas de la rue Catinat, sous l'air frais des ventilateurs. Hervé Puybazet se pencha vers Cyril et, à mi-voix :

– Je voulais vous voir, commença-t-il, l'air embarrassé.

Cyril sourit :

– Le hasard a bien fait les choses. De quoi s'agit-il?

– Françoise m'a conseillé de prendre votre avis avant d'en parler à vos parents. (Il prit sa respiration avant de se jeter à l'eau.) Nous souhaitons nous marier...

Il s'interrompit à peine et reprit, sans laisser à Cyril le temps de réagir.

525

— Vous comprenez, Françoise est jeune, elle est veuve depuis plus de trois ans, elle a encore toute la vie devant elle.

— Ne cherchez pas à vous justifier, observa Cyril. Il n'y a rien que de très normal à, comme l'on dit, « refaire sa vie ». J'aime beaucoup Françoise, elle n'a pas eu de chance avec Bertrand. Ils se sont à peine connus. Il y a eu la guerre, puis le coup de force...

— J'étais un camarade de lycée de Bertrand. Je l'ai retrouvé après mon parachutage au Laos. C'était un peu mon grand frère.

— Je sais.

— Qu'en pensez-vous ?

— Je vous l'ai dit, Françoise a mérité de mener une existence de femme. (Il leva les mains.) Vous n'avez qu'un seul défaut à mon avis, vous êtes un militaire, et cette guerre d'Indochine est terriblement meurtrière. Ce serait dommage de la rendre veuve une seconde fois.

Hervé Puybazet sursauta et se retourna vivement vers Françoise, redoutant qu'elle n'ait entendu, mais elle était passionnée par une histoire que lui racontait Renaud, très en verve.

— Ne parlez pas de malheur ! protesta-t-il. Notez bien que cette éventualité m'a déjà fait hésiter, mais je me rassure en songeant que je n'ai plus que six mois de séjour à effectuer avant de rentrer en France, définitivement j'espère. Je vais préparer l'École d'état-major.

Cyril hocha la tête, toute sa bonne humeur retombée. Autant il avait trouvé légitime le remariage de Françoise, autant la perspective de la voir quitter l'Indochine, elle et surtout « petit Henri », lui laissait imaginer le chagrin qui serait celui de Catherine. La présence de son petit-fils lui avait permis de surmonter son chagrin, l'espoir de le voir grandir auprès d'elle et de reprendre l'héritage de Bao Tan lui redonnait, parfois, la force de poursuivre. Il le dit, simplement.

— J'y ai pensé, répondit Hervé. J'avoue que je ne vois guère de solution. Tout ce que je peux promettre, c'est que je considérerai Henri comme mon propre fils.

— Vous aurez du mal à apaiser Catherine. Mais je la

connais assez pour vous assurer qu'elle ne s'opposera pas à votre projet. Elle n'a jamais rien fait pour elle-même.

Renaud avait l'ouïe fine, peut-être aiguisée par le whisky. Il intervint :

– Catherine est une femme extraordinaire. Si je m'écoutais...

Cyril lui jeta un regard aigu. Il savait ce qui brûlait les lèvres de son ami, mais il estimait de son devoir de l'empêcher de l'exprimer. Autant par respect filial que pour lui éviter des remords ou des regrets. Il enchaîna aussitôt :

– Le mieux pour tout le monde serait d'aller à Bao Tan après-demain, c'est le dernier week-end avant Noël.

Il était tard. Se faufilant à travers les persiennes, la lune dessinait une échelle difforme dont les derniers barreaux arrivaient jusque sur le lit où Cyril, étendu près de Lee-Aurore, cherchait vainement le sommeil. Elle s'était réfugiée contre son flanc et, sous ses doigts, Cyril sentait la peau de sa femme parcourue de frissons dont l'intensité décroissait lentement, à mesure qu'elle s'éloignait vers l'autre rive du sommeil. Il tourna la tête et, du bout des lèvres, déposa un léger baiser sur sa tempe. Elle y fut sensible, et murmura, lointaine :

– Mon Cyril, tu es beau...

– Non, répondit-il avec un sourire qui se reflétait dans sa voix, j'ai des marques d'usure un peu partout.

Elle se serra plus fort, soupira et geignit, languissante :

– Un jour, tu m'avais promis de m'emmener sur une île blanche au milieu de la mer bleue. Nous ferions l'amour sur le sable...

– Je vais prendre de longues vacances, promit-il.

Lee-Aurore n'ajouta rien. Sa respiration était régulière. Cyril bougea sa main, qui descendit le long du bras, s'attarda sur la hanche où elle resta. Les gestes de l'amour avaient apaisé le désir violent qu'il avait eu d'elle, tout à l'heure, mais pas cette faim insatiable, cette envie de poser ses mains sur cette peau de soie et de satin. Ses paumes avaient la mémoire de chaque forme de son corps, le poli de l'épaule, la tendresse du sein, la souplesse du ventre, le galbe de la cuisse. A chaque fois, chaque région de Lee-Aurore était d'abord une forme avant de devenir l'épaisseur de la chair, avant de dégager cette onde puissante qui montait du plus profond d'elle-même et se communiquait à lui. Vingt ans d'amour n'avaient rien aboli.

Elle dormait maintenant. Cyril aurait voulu lui parler. Lui dire ces choses qui n'ont jamais leur place dans le quotidien, des mots sans suite ni raison, une sorte de poème rien que pour elle, et qu'elle aurait reçu en souriant, dans son sommeil, ces mots d'un homme couché dans le noir, allongé contre le flanc de sa femme.

Au-dessus, tout autour, la ville ronronnait. Saïgon avait cessé d'être comme dans ses souvenirs d'enfance, bruissante des rumeurs de la jungle qui l'enserrait encore. La civilisation du moteur avait chassé les animaux. Une série d'explosions, en chapelet, le ramena au réel. Saïgon, c'était aussi cela. La guerre; les grenades faisaient partie de l'ambiance. Une ambulance passa dans la rue, dans un lugubre hululement de sirène. Cyril songea qu'en cet instant, un homme seul courait quelque part dans la cité, la peur ou la haine au ventre, tandis que ses victimes, hachées par les éclats de fonte et d'acier, gémissaient, sans comprendre. L'avant-veille, il avait assisté, de près, à un attentat commis à la terrasse du *Bodéga*, dans le centre. Il avait été surpris de l'indifférence ou du fatalisme des spectateurs qui reprenaient leur vie, comme après une simple parenthèse. Les trois ou quatre blessés à peine emportés, un serveur avait jeté un seau d'eau, diluant le sang, le poussant de son faubert vers le caniveau. On avait changé une chaise ou deux...

A son réveil, une courte lettre de Catherine lui apprit l'accident cardiaque dont son père avait été victime, trois jours plus tôt. Elle n'avait pas fait mention de ce qui lui était arrivé personnellement et Cyril mit au compte de son anxiété son écriture hachée, aux jambages tremblés. Il s'inquiéta.

— Je vais partir pour Bao Tan, dit-il à Lee-Aurore. Viens me rejoindre samedi avec Françoise et Hervé. Demande à Renaud de vous accompagner.

— Resteras-tu là-bas?

Cyril fit la moue.

— Honnêtement, cela ne m'enchante guère. Peut-être y serai-je obligé, mais ce sera uniquement par devoir.

Lee-Aurore lui jeta un regard surpris. Il était rare que Cyril manifeste ainsi le fond de sa pensée. Généralement, il agissait, sans donner la moindre explication.

— Tu changes, observa-t-elle.

— Je vieillis, corrigea-t-il.

— Bao Tan est pourtant ton héritage! Ton père et Catherine s'y accrochent avec l'espoir de voir s'y perpétuer la dynastie des Mareuil.

— Tu as raison. Mais comment t'expliquer? Dès la naissance de Bertrand, j'ai renoncé à cet héritage, sans aigreur, sans réserve. Cela s'est fait presque malgré moi; par la suite, je me suis toujours considéré comme une sorte d'intermédiaire ou, pour poursuivre ton image de dynastie, comme un régent. Quand j'ai eu vingt ans, mon père était encore trop jeune pour passer la main, alors je suis parti vivre ma vie, sachant que le souhait de Bertrand était d'assurer la succession. C'est ce qu'il aurait fait s'il avait vécu.

— Mais il est mort. Qui reprendra le flambeau? Toi? « Petit Henri »?

— Françoise va se remarier, et « Petit Henri » partira avec elle pour la France. Pour ma part, je suis fatigué. Quelle que soit l'issue de ce qu'il faut bien appeler une guerre, je sais que rien ne sera plus comme avant. Un homme seul ne peut plus rien entreprendre, ni Bao Tan, ni « Diane Air ». Le temps de l'aventure et des aventuriers est fini. La politique, l'argent, les intérêts des « Grands » n'ont que faire des individus.

Elle noua ses bras autour de son cou, un élan de tendresse la poussait vers cet homme qu'elle devinait las, amer, désabusé.

— En somme, murmura-t-elle, ton père aura œuvré pour rien?

— Non. Il a vécu pour l'idée qu'il se faisait de son destin. Il a aussi contribué, à son échelle, à la prospérité de ce pays. C'est la raison pour laquelle, même s'ils le combattent au nom de leur idéologie, les Viêt-minh ont du respect pour lui. Je me rappelle qu'il disait un jour : « Si le caoutchouc appartient aux Mareuil, les hévéas appartiennent au Viêt-nam. » (Il soupira, répéta :) « Les hévéas appartiennent au Viêt-nam », et conclut : Vois-tu, si j'avais dix ans de moins, je ferais comme Matthieu, je m'engagerais chez les parachutistes. Eux, au moins, vont de l'avant, sans se soucier de savoir s'ils seront suivis, écoutés, imités. Ils témoignent.

3

— Messieurs, déclara le commandant Badeaux, d'une voix qu'il voulait ferme mais qui trahissait le plus grand désarroi, le colonel commandant la zone frontière a décidé que That Khé serait évacué ce soir, 10 octobre 1950, à partir de vingt-trois heures !

Matthieu Lam Than regarda sa montre. Déjà vingt heures ! Il se tourna vers son voisin, un jeune Béret rouge au visage creusé de fatigue, et lui murmura :

— Le patron est optimiste ! Jamais nous ne serons prêts à temps.

Autour de lui, les officiers se taisaient. Tous portaient, sur leurs épaules, le poids des épreuves subies depuis des jours et des jours, avec, en plus, ce sentiment dont ils ne pouvaient se défaire que quelque chose d'incompréhensible s'était produit, qu'ils n'avaient su ni prévoir, ni maîtriser. L'ambiance était lourde, il y planait comme un parfum de défaite, pimentée du parfum âcre de la panique. A un bout de la chaîne, un maillon avait sauté et, un à un, les autres lâchaient. Où s'arrêterait-on ?

Matthieu avait sauté, l'avant-veille, sur le terrain d'aviation de That Khé, à la frontière de la Chine, à la tête de sa section de parachutistes viêtnamiens. Pour lui, ce n'était qu'une mission comme il en avait déjà effectué des dizaines depuis qu'il avait rejoint les rangs des Bérets rouges deux ans plus tôt. Une simple démonstration de la force et de la capacité manœuvrière de sa troupe, la première à être entièrement composée d'autochtones, et qui avait à cœur de relever le défi permanent qui lui était lancé, et qu'un officier d'état-major avait résumé d'une formule :

– Jamais vous ne ferez des parachutistes avec des Jaunes !

C'était cette phrase, entendue par hasard au cours d'une prise d'armes, à Hoc Mon, qui avait décidé Matthieu à faire acte de volontariat. Il ne l'avait jamais regretté, bien au contraire, surtout depuis qu'il savait que son père, Denis Lam Than, revenu en Indochine dans les bagages de l'empereur Bao Daï dont il était l'un des conseillers privés, avait désapprouvé l'initiative de son fils, qualifiée par lui « d'inutile provocation ». Pour une Excellence, l'un des principaux dignitaires du régime de ce Viêt-nam rétabli dans sa souveraineté, avoir un fils chez ces « voyous » de parachutistes constituait plus qu'une bravade, une incongruité. De son côté, si Matthieu ne remettait pas en cause le respect filial traditionnellement dû à ses parents, il était sans illusions sur son père, dont la vie avait été une fuite perpétuelle devant les responsabilités quand elles menaçaient son confort et sa tranquillité.

Matthieu était à l'opposé. Il ne concevait pas de faire les choses à moitié. Seul un engagement total pouvait contrebalancer le fait qu'il se trouve au carrefour de deux races. Il l'avait montré sept années plus tôt en se rangeant sous la bannière des « Bérets blancs » de Trinh Minh Té. Il l'avait montré davantage encore en acceptant, le jour de son intégration aux troupes aéroportées, de perdre ses trois galons de « supplétif » pour le galon unique de sous-lieutenant.

Il ne regrettait rien. Bien au contraire. Pas même cette mission qui l'avait amené à That Khé ce 10 octobre 1950, alors que s'écroulait sur la frontière un dispositif que l'on avait affirmé indestructible.

Dix jours durant, placé en alerte d'intervention au pied des Dakota basés à Bach Maï dans la banlieue de Hanoï, il avait pu suivre, d'après les récits des rescapés, les péripéties de cette opération « Thérèse » destinée à assurer dans les meilleures conditions de sécurité l'évacuation de

531

la forteresse de Cao Bang, tout au bout de la tristement célèbre Route coloniale n° 4, jugée indéfendable face aux brigades communistes, armées, instruites, équipées en Chine communiste.

De jour en jour, les récits avaient évolué. A l'optimisme des premières heures avaient succédé le doute, puis le scepticisme. La vérité avait fini par éclater. C'était une catastrophe, la déroute sans phrases. En dépit de l'héroïsme des bataillons engagés dans cette affaire, légionnaires, parachutistes, tirailleurs ou tabors marocains, les unités avaient été attaquées sans répit, tronçonnées, réduites, et, pour certaines, anéanties. Depuis son arrivée à That Khé, Matthieu avait assisté au retour des rescapés, une poignée de « Bérets verts », à peine cinquante survivants de l'un des meilleurs bataillons d'Indochine, quelques groupes épars, nés de rencontres de hasard où se mêlaient légionnaires, tirailleurs ou partisans, un ou deux goums marocains à peu près cohérents. Puis plus rien.

Des récits hallucinés des hommes qu'il avait interrogés, Matthieu n'avait retenu qu'une chose. Le terrain, un cauchemar de pains de sucre de calcaire envahis d'une végétation tentaculaire, des Viêts partout, innombrables, jamais en repos, surgissant toujours dans les moments les plus inattendus, les pires. Malheur à qui se trouvait isolé, qui s'était endormi ou qui, plus simplement, n'avait plus de munitions. Il disparaissait sans laisser de traces.

Trois mille soldats avaient constitué l'opération « Thérèse ». Combien la brousse en avait-elle rendu? Moins de mille.

Et ces mille-là qui, ce soir, croyaient avoir conquis le droit de souffler un peu, de reprendre des forces, de redonner un semblant de cohésion à leurs unités épuisées, au bord de l'effondrement nerveux, apprenaient qu'ils allaient devoir, dans trois heures, remettre le sac au dos et repartir, talonnés par un ennemi qui, déjà, tenait les hauteurs au-dessus de la plaine et réglaient les tirs de leurs canons et de leurs gros mortiers chinois de 122 mm.

— Il ne sera procédé à aucune destruction, reprit le commandant Badeaux, dressé sur ses ergots comme pour dominer cette cohue d'officiers de toutes armes, empilés dans le petit bureau. Nous ne devons pas donner l'éveil à l'ennemi.

— On fout le camp sur la pointe des pieds, grogna le lieutenant au béret rouge qui se trouvait près de Matthieu. Comme si cela changeait quelque chose! Les Viêts savent déjà que nous allons partir, et sont probablement en train de dresser des obstacles sur la route. Où nous arrêterons-nous?

Matthieu ne répondit pas. Il attendait les ordres de détail fixant le rôle de chacune des unités, sachant d'avance que la place d'arrière-garde lui serait dévolue. Son unité « autochtone » étant vouée, par définition, au sacrifice.

— On te fait « le coup de l'invité », commenta le lieutenant, avec un petit sourire en coin.

— C'est normal, nous sommes les derniers arrivés. Donc des « troupes fraîches »! Et le commandant Badeaux a dû penser que notre disparition aurait moins d'importance, puisque nous sommes des « autochtones ».

— Et c'est tout l'effet que cela te fait?

— J'ai l'habitude et mes hommes aussi. De toute façon, nous n'avons pas le choix, nous devrons réussir ou mourir, nous savons bien que les communistes ne feront pas de quartier, nous sommes des transfuges. Et puis, aux raisons que vous avez de vous battre, vous, les Français, nous en avons une, essentielle, la Patrie.

Spontanément, le lieutenant tendit la main, que Matthieu serra.

— C'est la première fois, dit-il, sincère, que je prends conscience de cette réalité, le Viêt-nam est indépendant. Nous ne sommes donc plus des « colonialistes », mais des « alliés ». Bonne chance quand même!

— Rendez-vous à Hanoï, répondit Matthieu.

Ils marchaient depuis trente-six heures et l'aube, à nouveau, distillait une lumière incertaine à travers l'épaisse voûte du feuillage. Ces trente-six heures avaient mené les hommes au-delà du cauchemar, dans une région d'inconscience proche du somnambulisme. Ils marchaient parce qu'ils ne pouvaient plus faire autrement. Il n'y avait aucun endroit où ils pouvaient poser leur sac, s'accroupir à défaut de s'allonger. Ils avançaient à flanc de montagne, entre crête et thalweg, sachant les hauts surveillés par l'ennemi, les fonds, truffés de pièges ou d'embuscades. Ils étaient sourds et aveugles, sans radio, sans repères, pas même le soleil qui arrivait à peine à diffuser une pâle lumière uniforme.

Des vingt-cinq parachutistes qui avaient atterri à That Khé le 8 octobre dernier, exactement quatre jours plus tôt, ils n'étaient plus que dix-huit fantômes hagards, la main au ventre, la soif en bouche. Matthieu serrait les dents, n'ayant qu'une seule idée en tête, qui tournait, sans relâche, obsessionnelle : ramener ses gens, atteindre le dernier poste français qu'on leur avait affirmé tenir encore. Des syllabes qui résonnaient, rythmant sa marche et sa respiration, Na Cham, Na Cham...

La petite colonne stoppa. Matthieu releva le front et aperçut, quelques mètres en avant, son adjoint la main gauche en entonnoir autour de l'oreille, la droite pointée vers le ciel. Matthieu écouta et finit par capter le ronronnement régulier d'un moteur d'avion. De toute évidence, un petit Morane d'observation survolait cette région, cherchant sans doute à prendre contact avec les rescapés, perdus en forêt.

« Et je n'ai pas de radio », songea Matthieu, désappointé.

S'il le regretta, ce fut l'espace d'un bref instant. Brusquement, au-dessus de lui, sur la crête d'en face, le décor s'anima. Les Viêts, eux aussi, avaient entendu l'appareil et le suivaient du regard, certains qu'il indiquerait mieux qu'une longue approche l'endroit exact où se trouvait leur proie.

Le Morane apparut au-dessus de la vallée, tourna en rond, effectuant une figure en forme de trèfle, puis, sans hésitation, prit son cap et largua, à la verticale d'un carrefour de piste, bien visible dans le fond du ravin, un message lesté, empenné d'un ruban de couleur orange.

Matthieu inspecta le paysage à la jumelle et finit par

distinguer, à un petit kilomètre de sa position, quelques silhouettes furtives qui se déplaçaient dans la direction de l'endroit où le message avait atterri. Quelques minutes passèrent, et la fusillade s'alluma.

« Les paras sont accrochés », songea-t-il.

Il eut une pensée fraternelle envers eux. Ils avaient été secourus, mais ce secours avait scellé leur destin. Maintenant, l'ennemi savait.

Le Morane s'éloignait, en battant des ailes.

— Repère l'axe de son vol, fit dire Matthieu à Ta Van Tho, en glissant le message de bouche à oreille.

Il n'aurait pu dire pourquoi, mais il était persuadé que, comme les oiseaux migrateurs, l'avion lui indiquerait la bonne direction. Celle de Hanoï ou, plus vraisemblablement, celle de Langson.

— En route, ordonna-t-il.

Derrière eux, après un paroxysme, la fusillade s'éteignait peu à peu, comme un feu qui n'a plus assez de force pour se poursuivre encore. Les paras avaient-ils réussi à briser l'étau ennemi? Avaient-ils été contraints de cesser le combat? Autant de questions que Matthieu ne voulait pas se poser. Il n'avait pas trop de son énergie pour continuer à mener ses hommes vers leur destination finale.

Ils marchèrent encore plus de six heures, avant de déboucher hors du labyrinthe des calcaires et de découvrir, à leurs pieds, le damier irrégulier des rizières de montagne, qui épousaient les courbes de niveau comme les marches d'un escalier colossal. La rivière étalait ses paresseux méandres entre deux pitons, pointus comme des chapeaux de clown, dont le sommet était couronné d'un petit champignon de béton blême.

— Le col de Luong Vaï, affirma Ta Van Tho, l'index pointé.

— Les Viêts s'y trouvent-ils déjà?

— Je ne vois rien. Pas même un drapeau.

Matthieu refusa de céder au découragement. Luong Vaï était la porte qui commandait l'accès à la vallée de Na Cham. Si les Français s'y trouvaient encore, tout espoir était permis. Dans le cas contraire, ils devraient se rejeter dans la brousse, contourner l'obstacle et essayer de gagner le poste de Na Cham avant le lever du jour.

— Attendez, mon lieutenant! s'écria Tho. Je vois quelque chose!

Matthieu accéléra et vint se porter à la hauteur de son adjoint. A son tour, il examina le blockhaus. Il ne discerna d'abord aucune trace de vie, c'était un bloc sans faille, à l'exception de trois meurtrières, noires, inexpressives comme des yeux crevés.

Un petit panache de poussière apparut, écrêtant le toit du blockhaus, qui vibra.

— Un obus, commenta Ta Van Tho. Si les Viêts tirent, c'est que les Français tiennent toujours.

— Rien ne dit que ce sont les Viêts qui pilonnent le poste. Ce peuvent tout aussi bien être les canons de Na Cham...

— Je suis volontaire pour aller me renseigner, proposa le sergent Ngoc.

Sans attendre l'accord de son chef, il se défit de ses équipements, enleva veste et pantalon de treillis et, simplement vêtu d'un maillot de corps et d'un caleçon noir, les pieds nus, il se glissa dans la forêt et disparut aux regards avant de réapparaître, six cents mètres en avant, se faufilant de buisson en buisson, utilisant les angles morts pour échapper aux regards des guetteurs du blockhaus. Il acheva sa reconnaissance en rampant, demeura immobile un long moment. Puis il sembla crier quelque chose, mais l'écho de sa voix ne parvint pas jusqu'à la section. Alors, il se dressa, en agitant les mains. De la casemate, une silhouette émergea, le bras tendu prolongé du trait horizontal d'un fusil.

— Un Français, jubila Ta Van Tho. Nous avons gagné!

— Peut-être pas encore, regarde sur la gauche, en lisière de forêt!

Ta Van Tho laissa fuser une brève exclamation de dépit. Les Viêts étaient là, et se préparaient sans doute à leur couper la route.

Les paras avaient vu l'ennemi. Ils se concertèrent à voix basse et Gia, le plus ancien, que sa démarche déhanchée avait fait surnommer « *Con-vit* », le « canard », se fit leur porte-parole :

— Mon lieutenant, dit-il, nous sommes arrivés jusqu'ici.

Ce n'est pas pour nous laisser arrêter. Mes camarades sont d'accord. On les attaque et on leur marche sur le ventre. Ou on crève, mais l'arme à la main.

Matthieu fut saisi d'un immense sentiment de gratitude à l'égard de ses paras.

Il feignit de trouver normale une pareille requête.

– D'accord, dit-il. On y va. Dispositions de combat, formation en tirailleurs...

Groupe après groupe, les paras se dispersèrent, se glissant d'arbre en arbre, de buisson en buisson, utilisant toutes les aspérités rocheuses pour se maintenir hors de vue des rebelles qui ne les avaient pas encore détectés, même s'ils guettaient, au hasard, l'apparition de soldats émergeant de la brousse. Matthieu comptait bien mettre à profit cette incertitude de l'adversaire, escomptant bénéficier de la surprise que constituerait l'attaque soudaine qu'il se préparait à lancer.

– Ils sont à cent mètres sur la gauche, souffla le sergent Huynh San, qui progressait avec les voltigeurs de pointe.

– Préparez-vous. Armes chargées, parés à ouvrir le feu!

Les parachutistes arrivèrent à distance d'assaut. Un geste de Matthieu les lança en avant. Les rebelles avaient beau être sur leurs gardes, l'irruption d'une bande d'assaillants vociférants, crachant balles et rafales, jetant des grenades, causa dans leurs rangs une confusion certaine. Les premières lignes flottèrent, se replièrent prudemment en dépit des objurgations des gradés ou des politiques qui leur enjoignaient de faire front. Ils étaient une soixantaine, une compagnie presque au complet, mais la furie des hommes de Matthieu était telle qu'ils furent culbutés ou tués sur place. Les survivants s'enfuirent, en abandonnant un drapeau rouge dont le caporal Huy Lieu s'empara et qu'il balança au-dessus de sa tête, par bravade, appelant :

– Camarades, revenez! L'avenir du Viêt-nam, c'est nous!

C'était fini. Matthieu soupira et, du revers de sa manche, épongea son front en sueur. Il se tourna vers Ta Van Tho, son adjoint et voulut lui dire :

– Formidable, on a gagné!

Mais Ta Van Tho se borna à le regarder, les yeux exorbités, secouant la tête, agitant les mains devant lui, comme s'il cherchait à lui dire quelque chose, et, du reste, ses lèvres remuaient sans que le moindre son ne semble en sortir. Puis sa silhouette devint rouge, floue, indécise, et bascula vers le ciel. Matthieu eut le temps de penser : « Je suis en train de tomber dans un trou... » avant de plonger dans l'inconscience.

Il était allongé, ligoté sur un brancard de fortune, deux fusils croisés autour desquels était boutonnée une toile de tente. La lucidité revenait, en même temps qu'une étrange sensation de flotter. Il n'avait pas mal, ou si peu, une gêne respiratoire et, à la base du cou, l'irritation agaçante, semblable à celle qu'il avait éprouvée le jour de sa première communion, quand sa mère l'avait obligé à porter un col empesé. Rien d'autre. Il voulut bouger les mains, elles étaient étroitement serrées autour de son torse, prises dans son ceinturon. Il tenta d'appeler, aucun son ne put sortir de sa gorge. Dans l'espace restreint de son champ de vision, fermé par son béret de toile kaki posé sur son visage, il n'apercevait que le bas du dos du parachutiste attelé à l'avant du brancard.

Des bruits confus lui parvinrent. Près de lui, des hommes parlaient, en français et en viêtnamien, s'exprimant aussi mal dans l'une comme dans l'autre des deux langues. Matthieu eut envie de rire. Ce dialogue façon « petit nègre » l'amusait franchement.

– C'est moyen porter le lieutenant à l'infirmerie? demandait Ta Van Tho.

– *Jawohl*, répondait une voix gutturale. Mais dépêche-vous, *maolên*!

Avec d'infinies précautions, Matthieu fut déposé sur un lit de toile, et libéré de ses liens. Une main dégrafa sa veste, en écarta les pans et une voix lointaine constata, avec une nuance d'étonnement :

– Le gars qui vous a flingué vous a raté de peu!

Matthieu ouvrit les yeux, et, sans parler, interrogea du regard le médecin-lieutenant penché sur lui.

— Ne vous inquiétez pas, ajouta ce dernier, vous êtes solide. Vous avez cinq balles dans la paillasse! Un vrai tir groupé! Deux balles dans le poumon gauche, une dans la cuisse gauche, une dans la main droite et la dernière à la base du cou. C'est pour cela que vous ne pouvez pas parler. Nous allons vous évacuer tout de suite. Vous êtes arrivés à temps; nous allons décrocher à la nuit tombée. Des camions doivent nous ramener sur Langson.

Matthieu se laissa aller, détendu. Il était encore sous le choc de la révélation de ses blessures, incapable de se souvenir à quel moment il les avait reçues.

— Souffrez-vous? s'informa le médecin, en prenant la tension.

Matthieu secoua la tête.

— Rien senti, réussit-il à articuler.

— C'est exceptionnel, mais pas impossible, mon lieutenant. Parfois, l'excitation est si violente qu'elle relègue hors du conscient toutes les sensations physiques. Reposez-vous, vous me raconterez tout ça dans quelques jours, j'en parlerai à des collègues!

Il passa des jours et des nuits dans un état proche du coma, comme s'il voulait maintenir la souffrance hors du champ de sa conscience. Il ne bougeait pas, ne parlait pas, ne rêvait pas. Il était bien, réfugié en lui-même, flottant presque à côté de son corps, cette chose blessée bardée de tuyaux, de pansements, de plâtres, qu'il ne reconnaissait pas comme sien. Lui était intact, à la façon d'un propriétaire campant dans son jardin en attendant que sa maison abîmée par un sinistre ait été reconstruite. Il n'était pas pressé, le temps ne comptait plus.

Sylvie, sa mère, était venue s'installer à Hanoï, dans une suite de l'hôtel *Métropole*. Par dérogation du médecin-chef de l'hôpital Lanessan, elle avait obtenu l'autorisation de passer ses journées au chevet de son fils. Elle arrivait, ponctuelle, à dix heures du matin, et ne quittait la chambre d'isolement qu'à la nuit tombée. Elle avait emporté une tapisserie dont elle brodait chaque détail avec une attention soutenue, sans pour autant cesser d'observer un signe annonçant que Matthieu reprenait pied dans la réalité; elle n'avait jusque-là observé aucune réaction. Face à cette attitude, qui la déconcertait, elle avait d'abord renoncé à parler, se cantonnant dans un silence absolu mais, un peu plus tard, à quelques signes imperceptibles, elle avait compris qu'elle devait dévider un long et paisible monologue, comme si sa voix, feutrée, monocorde, avait un pouvoir lénifiant sur son fils. Elle l'appelait « sa gazette » et narrait, par le menu, toutes les petites anecdotes qui meublaient sa vie de tous les jours.

– La chute de Cao Bang, l'évacuation sans combats de Langson ont créé ici un climat de panique tel que l'état-major envisage sérieusement d'abandonner Hanoï. Les épouses des fonctionnaires, celles des militaires et leurs familles sont évacuées vers le Sud. Les commerçants plient boutique, et tu peux acheter un magasin pour une poignée de piastres! Le Viêt-minh pavoise, et Ho Chi Minh aurait annoncé à ses troupes qu'elles feraient leur entrée à Hanoï pour le Têt prochain, dans cinq semaines!

Elle décrivait l'ambiance, les querelles qui s'instauraient, le rejet des responsabilités, la disgrâce de Carpentier, le général en chef. Elle raconta aussi la conférence de presse donnée quelques jours plus tôt au palais Puginier, siège du gouverneur, par le haut commissaire de France, Léon Pignon.

– Il a affirmé : « Nous défendons Hanoï rue par rue, maison par maison. » Un facétieux a ajouté : « pignon par pignon » ce qui n'a, paraît-il, fait rire personne!

Un matin, Sylvie arriva, bouleversée.

– J'ai reçu une lettre de Catherine. Elle m'annonce une terrible nouvelle, la mort de Françoise, la veuve de ton oncle Bertrand. Tu sais sans doute qu'elle devait se marier avec Hervé Puybazet, et que son mariage avait été reporté, son fiancé ayant été rapatrié sanitaire voici un an à la suite d'une grave maladie pulmonaire.

Elle s'interrompit, la gorge nouée, avant de reprendre :

– Je vais te lire ce qu'a écrit Catherine :

« Ma pauvre chère Sylvie,

« Ce qui nous arrive est une tragédie. Françoise, notre Françoise, a été victime, avant-hier, de l'attentat le plus odieux qui se puisse concevoir. Depuis quelques jours, à Saïgon, une vague de terrorisme encore jamais vue a déferlé sur la ville. Bombes aveugles lancées dans les cafés, les cinémas, le Grand Marché, rafales tirées par des inconnus depuis des voitures lancées à toute vitesse dans les rues, assassinats de personnalités françaises et viêtnamiennes dans leurs maisons, sur les trottoirs, à l'entrée de leurs bureaux.

« Le pire fut, sans conteste, l'explosion, avant-hier, d'une centaine de bicyclettes piégées, abandonnées aux carrefours, objets d'apparence inoffensive, mais dont les tubulures avaient été bourrées de dynamite ou de T.N.T. C'est l'un de ces engins de mort qui a tué Françoise, au moment où, sortant de sa maison pour aller rendre visite à Lee-Aurore, elle se préparait à monter dans sa voiture. Le spectacle était horrible à voir, m'ont affirmé ses parents anéantis.

« Francis a été très affecté par cette mort, et n'a pas trouvé le courage d'assister aux obsèques. Je m'y suis rendue, en compagnie de Cyril et de Lee-Aurore. Je ne te raconterai pas le désespoir de Joseph Chevrier et de sa femme, pas plus que je ne parlerai du nôtre, qui est immense. Naturellement, j'ai ramené « petit Henri » à Bao Tan. Malgré ses cinq ans, il a compris qu'il était orphelin, et se raccroche à nous de toutes ses forces et de tout son désarroi.

« Cette guerre, et surtout la façon dont la mènent nos ennemis, est une abomination. Combien de temps encore devrons-nous la subir ? Avons-nous mérité cela ? Avons-nous tant travaillé, tant œuvré, tant souffert pour la prospérité de ce pays pour en arriver là ? Je t'avoue que je suis découragée. J'ai peur aussi. Pour nos enfants – et tu sais toi-même le prix que nous payons –, pour nos amis, et même pour l'avenir de ce pays.

« S'il t'entend, dis, je te prie, à Matthieu combien nos pensées vont vers lui, autre victime de cette violence et de cette haine dont je ne comprendrai jamais comment elle peut habiter des gens que nous avions connus autrefois accueillants et pacifiques. Que soit maudit celui, ou ceux qui ont semé cette terrifiante petite graine de folie et de mort... »

Sylvie ne put poursuivre sa lecture. Bouleversée, elle se

541

tut, laissant les larmes couler sur ses joues. Catherine avait raison. Quelle idée valait-elle autant de vies fauchées, d'espoirs détruits, de familles plongées dans le désespoir? Était-ce cela, vouloir le bonheur d'un peuple?

Les semaines passèrent. Quelques jours avant la Noël, Sylvie annonça à Matthieu, toujours inerte, l'arrivée en Indochine du nouveau commandant en chef, qui assumait également les fonctions de haut-commissaire de France, le général de Lattre de Tassigny.

– Toute la presse chante ses louanges, dit-elle. Ce général est non seulement un grand soldat, mais également un homme décidé à redresser la situation et, qui sait? à assurer la victoire.

« Ton père m'a écrit que la première démarche du nouveau représentant de la France avait été de se rendre à Dalat, rencontrer Bao Daï auquel il a promis de tout faire pour concrétiser, dans les faits, cette indépendance du Viêt-nam que ses prédécesseurs avaient proclamée tout en freinant la mise en œuvre. Bao Daï a été impressionné par le général.

« " C'est un gentilhomme, a-t-il dit. Entre gens de race, nous devons pouvoir nous comprendre. "

« Il a toutefois refusé d'assister, en compagnie du général, à la grandiose prise d'armes organisée ici, à Hanoï, le 19 décembre, jour anniversaire du coup de force viêtminh de 1946, défi lancé par de Lattre à ses ennemis. La raison de ce refus, Bao Daï l'a donnée en prétextant qu'il ne voulait pas apparaître comme l'otage des Français...

Elle se tut, imaginant parfaitement la scène. D'un côté, le général de Lattre, pressé de faire bouger les choses, de redonner à ses soldats abattus un moral de vainqueurs, insistant auprès de Bao Daï pour qu'il s'engage résolument dans le combat pour la liberté. De l'autre, un empereur léger, versatile, avide de plaisirs, ondoyant, cherchant à gagner du temps, ne se laissant jamais entraîner nulle part sans avoir, au préalable, minutieusement examiné toutes les conséquences.

– Une partie serrée est en train de se jouer, reprit-elle. Ton père se demande qui l'emportera, du dynamisme du premier ou de la prudence du second. Il souhaite que de

542

Lattre gagne, il est, selon lui, le seul homme capable de réussir là où les autres ont échoué, aussi bien vis-à-vis du gouvernement français que des instances internationales. Et il semble loyalement décidé à faire passer l'indépendance du Viêt-nam avant toute autre considération.

Le 22 décembre, Sylvie arriva, très agitée.

— Nouvelle lettre de ton père, raconta-t-elle. Il a déjeuné, à Saïgon, avec un grand écrivain britannique, Graham Greene, venu en Indochine pour faire un reportage et, peut-être, pour y trouver la matière de son prochain roman. Ton père en a brossé un portrait assez cocasse. Écoute :

« Greene est avant tout un puritain au visage d'ascète, aux gestes nonchalants. Mais cette impression s'efface dès qu'après avoir avalé quelques rasades de whisky — il en fait une consommation stupéfiante sans jamais perdre son flegme — il parle de son amour pour le Viêt-nam. On raconte même que sa passion aurait les traits d'une jeune beauté locale...

« Selon Graham Greene, qui paraît très renseigné sur les agissements des Services spéciaux américains, le responsable des attentats qui ont ensanglanté Saïgon le mois dernier ne serait pas le Viêt-minh, mais plutôt le dissident caodaïste Trinh Minh Té... »

Les mots de Sylvie se frayèrent un passage jusqu'au cerveau de Matthieu. Il frémit, sa main valide se crispa sur le drap et il ouvrit les yeux. D'une voix enrouée, il demanda :

— Répète ?

— Trinh Minh Té aurait organisé les attentats qui ont coûté la vie à Françoise, et rendu « Petit Henri » orphelin, répondit machinalement Sylvie avant de se rendre compte que, pour la première fois depuis longtemps, son fils réagissait enfin.

Elle se laissa glisser à terre, à genoux et approcha son visage de celui de Matthieu, qui lui adressa un sourire rassurant.

— Trinh Minh Té, articula-t-il. Ce ne peut être que lui. Tu sais, maman, je le connais bien, c'est un fou sanguinaire, qui n'a aucun respect pour la vie des gens. Déjà, en

543

septembre 1945, il avait personnellement conduit le massacre de la cité Heyraud. Ce serait faire œuvre de salu-
brité publique que de le tuer, à son tour...

Sylvie avait entouré Matthieu de ses bras, elle ne songeait qu'à une seule chose : son fils venait enfin de sortir
de son tunnel pour revenir à la lumière.

— Souffres-tu ? lui demanda-t-elle.

— Un peu, mais tout cela est très loin, maman. Il me
tarde de guérir tout à fait. Ma place est au combat. La
paix ne reviendra qu'à ce prix...

Un brouhaha, dans le couloir voisin, attira leur attention. Il était inhabituel et bousculait la quiétude ordinaire
de l'hôpital. Sylvie s'absenta quelques instants et
annonça, à son retour :

— Le général de Lattre est dans nos murs ! Il est venu
visiter les malades et les blessés, et va remettre des
cadeaux de Noël, des croix et des médailles...

Elle s'affaira quelques instants, retapa les oreillers, installa Matthieu du mieux possible, remit un peu d'ordre
dans la chambre afin d'accueillir le plus dignement possible le nouveau commandant en chef. Le cortège arrivait
dans le couloir. Il alla de chambre en chambre, et s'arrêta
quelques instants devant celle de Matthieu. Il y eut quelques instants de silence, l'écho de conversations tenues à
voix basse. Puis le piétinement reprit, s'éloigna, disparut.
Personne n'entra.

Jusqu'au dernier moment, Sylvie avait espéré, de toutes
ses forces, que le général se pencherait sur son fils, qu'il
lui dirait tout ce qu'un chef peut dire à l'un de ses valeu-
reux soldats, qu'il exprimerait sa fierté d'avoir sous ses
ordres de jeunes officiers comme lui, capables de tout risquer par enthousiasme, par foi, par idéal. Sa déception
fut immense, sa tristesse, incommensurable. Elle mordit
sa lèvre inférieure pour ne pas éclater en sanglots. Puis
une sorte de colère froide l'envahit.

« J'en aurai le cœur net, se promit-elle. Je saurai ce qui
s'est passé, et la raison pour laquelle Matthieu a été exclu
des récompenses... »

Pas une seconde, elle n'avait cru à du dédain de la part
du commandant en chef, mais elle soupçonnait plutôt

quelque vague subordonné jaloux ou malveillant d'avoir détourné de Lattre de pénétrer dans cette chambre.

Elle força la porte du médecin-chef, excipant de sa qualité d'épouse d'un des principaux conseillers de l'empereur.

— Est-ce parce que mon fils n'est pas un officier français à part entière qu'il n'a pas eu droit aux égards manifestés envers ses compagnons d'armes? Quelle faute a-t-il commise? Est-ce un crime d'avoir un nom viêtnamien?

Le médecin-chef n'ignorait pas la qualité de sa visiteuse, et, manifestement, il aurait préféré être ailleurs, voyant poindre à son horizon proche un certain nombre d'ennuis.

— Je n'y suis pour rien, plaida-t-il. La faute incombe au délégué de la garnison, il m'a expliqué que le général de Lattre ne tenait pas à rencontrer les vaincus de la R.C. 4., auxquels il reproche leur fuite sans gloire...

Sylvie était outrée. Elle releva la dernière phrase.

— Fuite sans gloire? attaqua-t-elle, indignée. Qu'est-ce à dire? Mon fils n'a pas été blessé dans le dos, que je sache! Et il s'est battu jusqu'au dernier jour, en ramenant ses hommes et ses armes! Vous direz, de ma part, à cet officier, dont je veux ignorer la fonction et le grade, qu'il a desservi son chef et commis une grave offense envers un parent de l'empereur!

Le médecin-chef pâlit, se troubla, promit de s'acquitter du message, mais Sylvie n'était pas apaisée pour autant. Elle méditait sa revanche. Une semaine plus tard, la veille du Nouvel An, en grand apparat, N'Guyen Huu Tri, le gouverneur du Tonkin, vint en personne épingler sur la poitrine de Matthieu, guilleret, la croix de chevalier de l'Ordre National du Viêt-nam, la Légion d'honneur locale.

« Le spectacle ne fut pas dépourvu d'intérêt, écrivit Sylvie à Catherine. N'Guyen Huu Tri possède au plus haut point le sens du décorum et n'a rien négligé pour faire de cette cérémonie un événement de portée internationale; il avait même convoqué deux ou trois journalistes parisiens de passage à Hanoï. La tête du malheureux colonel, responsable de l'impair commis l'autre

545

jour, faisait plaisir à voir. Il était vert, ne sachant où se mettre. J'ai refusé de le saluer... »

L'incident finit par arriver aux oreilles du général de Lattre. A l'occasion d'une visite, rendue à Bao Daï dans sa nouvelle résidence de Ban Me Thuot, il s'approcha de Denis Lam Than et lui glissa, en confidence :

— Grâce à votre fils, j'ai trouvé un motif pour me débarrasser du colonel Pattefolle. Pattefolle! Je vous demande un peu, ce n'est pas un nom de colonel!

— Le général de Lattre était de mauvaise foi, raconta Denis Lam Than, par la suite. D'abord, le colonel ne s'appelait pas « Pattefolle », mais Bacquefol. Ensuite, tout le monde sait que le Roi Jean n'a pas besoin de motif pour se débarrasser d'un importun. Cela témoigne simplement de son souci de garder la face tout en préservant celle de son interlocuteur! Finalement, il est encore plus oriental que nous!

Chapitre 12

1953-1954

1

Cyril amorça un dernier virage, au ras des collines boisées surplombant la ville de Ban Me Thuot, et amena son Beaver dans l'axe de la courte piste herbue, sommairement signalée par la manche à air qui se gonflait à la petite brise venue du nord. Souplement, il toucha le sol de ses roues, laissa filer l'appareil pendant encore une centaine de mètres, freina et, après un quart de tour à droite, devant les hangars, il coupa le contact et se tourna vers Ho Chan Sang qui avait occupé le siège du radio pendant le court voyage depuis Saïgon.

— Te voilà arrivé, lui dit-il. Pas trop dépaysé ?

Ho Chan Sang rit et, du bout des doigts, toucha l'une de ses épaulettes :

— Ce qui me dépayse le plus, répondit-il, ce sont ces quatre galons d'or. Te rends-tu compte ? Pour un ancien bagnard, quelle promotion ! Me voici chef de bataillon de l'Armée nationale ! Avec un peu de chance, je finirai général !

Il ouvrit la portière, se laissa glisser au sol, puis coiffa la casquette de toile kaki avant de se diriger vers la jeep qui l'attendait, à quelques mètres de là.

Cyril l'avait suivi. Il s'approcha du jeune lieutenant qui était en train de saluer Sang et, familièrement, lui lança :

— Alors, Matthieu, toujours content d'être soldat ?

L'intéressé fronça les sourcils et haussà les épaules.

547

– Mon cher oncle, si tu crois que c'est une sinécure d'appartenir à la garde personnelle de l'empereur, tu te trompes! Je n'ai pas choisi de rester dans l'armée pour faire le quatrième au bridge, pour servir de chef rabatteur pendant les chasses impériales ou pour être un partenaire de tennis pour les esseulées de la Cour. Combien de fois faudra-t-il que je te supplie d'intervenir auprès de mon père pour me faire revenir aux paras? J'ai appris qu'un nouveau bataillon était en cours de formation à Nha Trang et qu'il y avait encore quelques postes vacants. J'aimerais bien en occuper un.

– Matthieu, tu sais bien que les médecins ne t'ont pas encore jugé apte au saut! Sois patient, profite de ces vacances.

Ho Chan Sang intervint:

– Si le lieutenant le souhaite, je peux lui donner le commandement d'une compagnie d'assaut. Il n'a qu'à venir chez nous.

Matthieu le toisa.

– Mon commandant, répliqua-t-il, la voix doucereuse, je sais que votre femme est une amie d'enfance de ma mère...

– C'est aussi la mienne, le coupa Cyril.

– ... et, pour cette raison, poursuivit Matthieu, imperturbable, je vous remercie de cette offre. Mais je n'ai pas abandonné les caodaïstes pour aller chez les Binh Xuyen, même si Sa Majesté Bao Daï éprouve une grande estime pour votre patron, Bay Viên, qu'Elle a nommé avant-hier son « frère adoptif »...

– Cela nous coûte assez cher, grogna Sang, en frappant du plat de la main sur la lourde sacoche de cuir qu'il tenait attachée au poignet par une chaînette d'acier.

– Cela ne me regarde pas, dit Matthieu, reprenant son attitude d'officier en service commandé. Venez-vous, mon commandant? J'ai ordre de vous mener directement à la Résidence. (Puis, se tournant vers Cyril:) Veux-tu profiter de la jeep? Maman sera heureuse de te voir.

Cyril acquiesça et grimpa, s'installant sur le siège arrière où vint le rejoindre Matthieu. La jeep quitta le terrain d'aviation et se dirigea vers les faubourgs que Bao

Daï avait choisis pour y faire construire un superbe chalet de bois où il avait décidé d'établir ses quartiers. L'année précédente, sourd aux amicales pressions du général de Lattre, il avait refusé d'aller s'installer à Saïgon, et avait préféré déserter Dalat où trop d'intrigues de palais lui rendaient la vie impossible. Pour l'empereur, passionné de tourisme et de chasse, Ban Me Thuot constituait le séjour idéal, au cœur des réserves où il pouvait, selon son humeur, poursuivre le gaur, ou, à dos d'éléphant, traquer le tigre.

— Quel âge as-tu? demanda affectueusement Cyril. Vingt-six ans?

— Vingt-sept, mon oncle.

— Toujours célibataire?

Matthieu rougit imperceptiblement et répliqua, un peu trop sèchement :

— Les femmes ne m'intéressent pas. (Puis, se rendant probablement compte de ce que pouvait avoir d'ambiguë une telle affirmation, il corrigea :) D'abord, je n'ai pas le temps de songer au mariage, je suis un soldat, et ensuite, aucune des filles d'ici ne vaut qu'on perde son temps.

Ho Chan Sang se retourna et laissa fuser un rire ironique :

— Viens me voir à Saïgon, fils! Je te présenterai les plus jolies femelles de la ville, tu ne resteras pas longtemps puceau!

— Gardez vos putes pour les clients de vos bordels! renvoya Matthieu, d'un ton sec.

Ho Chan Sang ne se formalisa pas, au contraire, il rit encore plus fort et adressa à Cyril un clin d'œil un brin canaille.

— Il a du caractère, le petit! Et pourtant, beau comme il est, il ferait des ravages pour peu qu'il se donne la peine d'abandonner un instant ses principes de soldat.

Ni Matthieu, ni Cyril n'avaient envie d'entrer dans cette forme de jeu, même si c'était pour des raisons différentes. Cyril aimait bien Ho Chan Sang, auquel il avait toujours reconnu des qualités d'homme selon son cœur, loyal, fidèle en amitié, n'oubliant jamais un bienfait, s'efforçant au contraire de le rendre au centuple. Mais il était fondamentalement demeuré un homme de main, rustique et sans finesse, ne reconnaissant d'autre valeur que la force physique. Pour sa part, Matthieu n'arrivait pas à le considérer autrement que comme un parvenu de la nouvelle société baodaïste, un gangster, officialisé certes, mais un gangster tout de même. En dépit des quatre galons qu'il arborait sur ses pattes d'épaules, il restait malgré tout le nouveau patron du *Grand Monde* ce tripot mal famé dont l'empereur lui avait permis de s'emparer l'année précédente, et qui nourrissait la cassette secrète du Palais.

Il ne lui reconnaissait que deux qualités, son courage personnel avéré et un profond attachement à la cause nationale.

Il dut cependant s'avouer que Sang avait touché, en lui, un point sensible. Les femmes l'intimidaient au point que, même s'il en avait éprouvé l'envie, il se serait senti incapable de trouver l'audace de se déclarer. Cela tenait au fait que, des années durant, son principal souci avait été de combattre. Et, pour aller au bout de sa vérité, sa condition de « métis » lui pesait comme une disgrâce physique. Aussi trouvait-il plus confortable d'affecter vis-à-vis d'elles une froideur dictée, prétendait-il, par son devoir de soldat exclusivement dévoué à son métier, à sa patrie, à son empereur.

Une seconde pourtant, une pensée fugitive lui traversa l'esprit et il s'imagina, cédant à l'invitation de Ho Chan Sang et tenant dans ses bras une créature de rêve. Il la chassa, comme une diabolique tentation.

La jeep avait stoppé devant la villa de Sylvie. Cyril descendit et agita la main en direction de ses voisins. A Matthieu, il demanda :

— Te verrai-je à déjeuner ?

— Oui, mon oncle.

Et à Sang :

— Rendez-vous à quatre heures au terrain.

— Comment va Bao Tan ? s'informa Sylvie, qui s'était installée sur la terrasse auprès de son frère.

— Aussi bien que possible. Je suis allé rendre une visite aux parents la semaine passée. Papa se laisse vivre, il a choisi de se reposer entièrement sur Jean-Yves Hérouan, qui gère parfaitement bien la plantation. La région est devenue plus calme depuis que le capitaine Damassy en a chassé le *Chi Doï* « Lam Son », qui hantait les parages. Je me suis laissé dire qu'on allait rouvrir prochainement la route de Lang My au cap Saint-Jacques.

— Et Catherine?

— Elle pouponne. J'avais craint d'abord qu'elle adopte vis-à-vis de « Petit Henri » un comportement de grand'mère émerveillée et sénilement admirative, je me trompais. Elle élève le gamin avec autant de sérieux et de sévérité qu'elle a élevé Bertrand. Et Henri lui rend au centuple l'affection dont elle l'entoure, il ne la quitte pas, obéit, sans récriminer, à chacune de ses exigences et a même accepté, ce qui ne paraissait pas évident de prime abord, d'aller à l'école avec les enfants des ouvriers.

— Henri va devenir un petit *nha qué*!

— Exactement ce que nous étions quand nous étions enfants.

— Et toi? Comment vont tes affaires?

Cyril haussa les épaules. Il n'aimait guère parler de lui, encore moins évoquer ses soucis, ses ennuis. Quant à ses espoirs...

— Je ne sais pas où je vais, admit-il. Avec Lee-Aurore, c'est toujours le même ciel sans nuages, et Diane devient une ravissante fillette, dont il faudra bientôt que je surveille les fréquentations. Elle nous ramène, chaque jeudi, un « fiancé » nouveau! A douze ans! Cela promet.

— Bon sang ne saurait mentir, plaisanta Sylvie. Mais toi? Cela t'amuse toujours autant de faire l'avion-taxi?

— Le moyen de faire autrement? Lorsque j'ai cédé « Diane Air » à la C.A.D.E.O., voici déjà quatre ans, j'avais exigé qu'elle reprenne tous mes pilotes. Tu sais ce qui est arrivé. Labrousse s'est écrasé l'an passé au Nord Laos et Dérian a été licencié, atteint par la limite d'âge. Quant à Renaud de La Potteraye, il est rentré en France...

— N'était-il pas un peu amoureux de Catherine?

– Si, bien sûr. Mais il a agi en gentleman, il a préféré s'exiler. Les derniers temps, il tenait moins le whisky qu'aux temps de sa splendeur. Il m'a écrit voici deux ou trois mois pour me dire qu'il cultivait amoureusement une cirrhose en bonne voie d'épanouissement. Une forme de suicide. Dommage, je l'aimais bien.

– Tu ne changes pas, observa Sylvie, avec un sourire en coin.

– Que veux-tu dire?

– Que tu te débrouilles pour faire dévier la conversation quand il s'agit de toi.

– Parce que cela n'offre aucun intérêt. Mais, puisque tu veux tout savoir, apprends que je n'ai pas voulu attendre d'être viré de la C.A.D.E.O. comme Dérian et que j'ai démissionné l'an passé. Avec le peu d'argent qui me restait, j'ai acheté un Beaver. (Il sourit.) J'ai réussi à lui faire attribuer « D.I.A.N.E. » comme immatriculation – et je me loue à tous ceux qui ont besoin d'effectuer un voyage rapide hors de la capitale. Je peux me poser n'importe où, depuis les pistes internationales jusqu'aux coins de rizière aplanies par les paysans. J'ai convoyé des curés et des ministres, des gangsters et des planteurs; j'ai ramené des fraises fraîches de Dalat, des caisses de pastis à Vientiane...

Il baissa le ton :

– J'ai même rapatrié du plateau du Tranninh l'opium des Méos pour le compte des Services spéciaux.

– Tu as fait cela! Quelle horreur!

– La guerre est immorale, petite sœur. Avant nous, les Viêts raflaient l'opium pour leur compte personnel et l'écoulaient en Chine ou en Thaïlande afin de financer leur effort de guerre. Nous avons réussi à rallier les Méos à notre cause, mais comment assurer leur subsistance, sinon en achetant leur production d'opium? Nous la payons à son prix de régie, et le bénéfice est double, d'une part les Viêts n'ont plus accès à cette source de profits, d'autre part, les Méos combattent à nos côtés. Où est le mal?

– Peut-être eût-il mieux valu persuader tes Méos de se livrer à d'autres cultures?

— Lesquelles? Les bananes? Les betteraves? Ils nous auraient ri au nez. Ce ne sont pas des paysans, mais des guerriers.

— Tu me déçois, Cyril. Le métier que tu fais est indigne de ce que tu es, te voilà réduit à te mettre au service des Binh Xuyen, ces vauriens, ces hors-la-loi venus des bas-fonds de Cholon.

— Tu parles comme ton mari! Et pourtant Bao Daï lui-même ne dédaigne pas de s'aboucher avec eux. Matthieu m'a appris ce matin qu'il avait élevé Bay Viên au rang de « frère adoptif », une sorte de baron d'Empire! Pourquoi serais-je plus regardant que votre « Fils du Ciel »?

« A propos de « Fils du Ciel », sais-tu qui j'ai transporté jusqu'au cap Saint-Jacques le mois dernier? Sa Majesté l'empereur Thanh Thaï en personne. Bao Daï a mis fin à son exil et l'a autorisé à revenir en Indochine.

— Thanh Thaï! s'exclama Sylvie. Cela remonte si loin! Te rappelles-tu les histoires que nous racontait, il y a long-temps, Alban Saint-Réaux, qui l'avait bien connu? C'était un personnage fabuleux. Comment l'as-tu trouvé?

— Vieilli et résigné. Mais nous avons longuement parlé et il m'a demandé des nouvelles de son vieil ami quand je lui ai dit qu'Alban Saint-Réaux était mon beau-père. Je lui ai raconté les circonstances de sa mort, voici dix ans, abattu par la chasse japonaise au-dessus du golfe du Siam. Sais-tu ce qu'il m'a répondu? « Mon ami Labàn a eu bien de la chance. Il n'assistera pas à sa propre déchéance. La vieillesse, jeune homme, est la punition la plus terrible que puissent nous infliger les dieux. Elle n'apporte que des regrets, quelques remords et surtout l'envie de la mort... »

— Il a l'air effectivement bien résigné. Dire qu'on l'avait traité de fou!

Trois semaines plus tard, à l'issue d'une mission à Dalat, Cyril eut la surprise de trouver son ami Théo Scotto.

— Nous nous rencontrons toujours dans des circonstances exceptionnelles! Qu'y a-t-il, cette fois?

Au fil des années, il semblait que Théo Scotto se soit appliqué à disparaître, ou, plus exactement à devenir anonyme, couleur de muraille. C'était au point que Cyril se demanda s'il ne l'avait pas croisé quelque part, sans le reconnaître. Théo Scotto regarda autour de lui, cherchant à débusquer une oreille indiscrète, puis, rassuré, se pencha en avant et répondit, du bout des lèvres :

— Nous avons besoin de toi.

— « Nous » ? releva Cyril. Qui ça, nous ?

— Tu le sauras toujours assez tôt. Voilà ce dont il s'agit. Peux-tu être à Hanoï après-demain, en fin de journée ?

— A priori, je ne vois pas d'objection, si la météo est bonne. Ensuite ?

— Je crois me rappeler que tu avais reconnu à pied le trajet jusqu'à Diên Biên Phu ?

— Exact, et même au-delà, mais il y a près de vingt ans de cela ! Aujourd'hui, tu le sais bien, toute la vallée, de Hoa Binh jusqu'à Moc Chau, est aux mains des Viêts ! Me diras-tu enfin ce que tu attends de moi ?

Scotto secoua la tête, avec une nuance d'agacement.

— Je pars avec toi, je t'en dirai davantage en route. Tout ce que je suis autorisé à te révéler est qu'il s'agit d'une mission ultra-secrète que tu ne dois évoquer devant personne. Pas même à Lee-Aurore.

— Dangereuse ?

— En principe elle ne l'est pas. Elle pourrait le devenir si l'ennemi était au courant, mais c'est peu problable, quatre personnes seulement sont dans la confidence. De toutes les façons, tu seras très bien payé.

— Pourquoi m'avoir choisi ?

Scotto se permit un sourire.

— Ce n'est pas toi qui as été choisi, mais ton Beaver ! Et puis, tout de même, nous savons que tu es capable de te poser n'importe où. Est-ce que je me trompe ?

A son tour Cyril se fit mystérieux :

— Tu verras bien.

L'aube était grise, compacte et le crachin sec, cette plaie du Haut Tonkin, accrochait le sommet des montagnes, recouvrant la plaine de Diên Biên Phu comme un couvercle étanche, étouffant tous les bruits et donnant au paysage une apparence de désert. Cyril et Théo Scotto s'étaient posés, la veille au soir, dans le sillage d'un

Dakota militaire, chargé de les ravitailler en carburant. Placés en bout de piste, à la nuit tombée, les deux amis avaient soigneusement étalé de la peinture blanche sur toutes les marques permettant d'identifier l'appareil.

L'équipage des Dakota avait assuré les pleins, puis s'était installé dans le petit poste militaire, posé, comme un jouet d'enfant blanc et rouge sur une petite éminence de l'autre côté des méandres de la rivière, alors que Cyril et Théo Scotto s'étient contentés de camper sous l'aile du Beaver, roulés dans un sac molletonné.

— Le site est l'un des plus sains de toute l'Indochine, avait expliqué Théo. C'est le seul endroit où il n'y a pas de moustiques. Nous le devons à un médecin français qui y a expérimenté une méthode révolutionnaire. Quel progrès!

Un peu plus tard, par bribes, il avait consenti à apporter à son compagnon quelques éclaircissements sur la mission dont ils étaient chargés, examinant, à l'aide d'une lampe de poche, la carte de la région frontalière, bien au nord de la vallée du fleuve Rouge.

— Voici Pa Kha, avait dit Théo, posant son index au milieu d'une tache marron, indiquant un fouillis de montagnes. Au nord-est, voici la vallée de Chin Chu Pen.

— Elle ne serait pas un tout petit peu en Chine, ta vallée de Chin Chu Pen? ironisa Cyril.

— Si peu...

— J'ai tout compris, personne n'a voulu se mouiller dans ce coup tordu! Et grâce à toi, vous avez trouvé le pigeon idéal. Au fait, pour qui travailles-tu? Ce n'est tout de même pas la Sûreté qui a monté cette affaire?

— C'est la Sûreté qui, la première, a levé toute l'histoire, mais, maintenant, elle se situe à un niveau très élevé, le plus élevé même. Je ne suis pas autorisé à t'en dire davantage.

La mission, ainsi que l'expliqua Théo Scotto un peu plus tard, consistait à découvrir, dans les parages de la vallée de Chin Chu Pen, un terrain susceptible de permettre l'atterrissage du Beaver. Cela fait, Cyril devait se poser et embarquer à son bord deux mystérieux personnages, pour l'instant hébergés par un chef de tribu Man nommé Cho Quan Lo.

— Le monde est petit, observa Cyril, c'est la troisième fois que j'entends parler de lui. La première fois, quand j'étais tout enfant, par mon parrain, le général Gathellier, auquel Cho Quan Lo avait été confié par son père en garantie de sa fidélité *; ensuite par mon frère Bertrand, qui a séjourné deux ans dans la vallée des Hautes Orchidées. Que de souvenirs! Que devient ce vieux pirate?

— Il a tenu le maquis contre les Japonais en 1945 et n'a pas hésité à engager le combat contre eux. Il a reçu une rafale de fusil-mitrailleur qui lui a enlevé l'œil gauche. Désormais, il porte un bandeau noir et ses ennemis l'ont surnommé *Mat Dèn* – l'œil noir. Un irréductible qui s'est taillé un fief malgré la présence des Viêts.

— Est-ce lui que je dois récupérer?

— Non. Il ne veut abandonner ni ses terres, ni ses sujets. Voici deux mois, il a été attaqué par une division de l'Armée rouge qui a pénétré en Indochine. En riposte, il a lancé un raid contre l'état-major de cette division et capturé une dizaine d'officiers supérieurs, y compris le général commandant l'unité.

— Et si nous parvenons à le récupérer, nous apporterons la preuve que la Chine a violé volontairement nos frontières. Exact?

— Exact.

— J'imagine aussi qu'il pourra servir de monnaie d'échange en vue d'obtenir des concessions de la part de Pékin.

— Cela va beaucoup plus loin que tu ne l'imagines. En France, au plus haut niveau, on cherche à sortir de cette guerre, et l'on pense que Mao Tsé Toung pourrait exercer une pression importante sur le Tong Bô, l'organe suprême du commandement viêt-minh.

— On peut toujours espérer, répondit Cyril, rêveur, mais sceptique.

Ils décollèrent en milieu de matinée, alors que le ciel était apparu, d'une pureté de cristal, dans une déchirure du brouillard. La dernière formalité à laquelle avait dû se plier Cyril avait été d'abandonner tous ses papiers d'iden-

* Cf. *Sud Lointain*, tome I, « Le Courrier de Saïgon ».

tité, son permis de vol, et même de découdre les étiquettes de ses vêtements.

— A partir de maintenant, ordonna Théo, silence radio. Et si nous avons à dialoguer en présence de tiers, nous n'utiliserons que la langue viêtnamienne. O.K.?

Cyril émit un petit rire et répondit :

— *Biêt soï!* (J'ai compris).

Il grimpa, droit vers le nord. Sous ses ailes, la couche de brume était étale, comme un immense lac de lait. A l'horizon lointain ne s'apercevaient que les sommets pointus des massifs culminant au-dessus de deux mille mètres, le Pinh Ho, à l'ouest de Laï Chau, la capitale légendaire des rois Thaï, puis, au-delà, la dentelle noire du Fan Si Pan, dominant le fleuve Rouge du haut de ses trois mille cent quarante-trois mètres.

Après commençait l'aventure.

Déjà, le brouillard se dissipait, étirant paresseusement de longues écharpes qui s'attardaient encore aux crêtes acérées. Mais Cyril ne voulait prendre aucun risque, et surtout celui de se trouver à court d'essence. Il prévoyait que l'exploration des hautes vallées perdues grèverait au maximum son potentiel. Il demanda :

— Pourquoi n'a-t-on pas adopté la solution de l'hélicoptère? Il n'y aurait pas eu besoin de me faire entreprendre un pareil parcours! D'autant que ça va vous coûter un maximum!

— Cette solution a été envisagée, en effet, mais elle nécessitait l'implantation d'une telle infrastructure que nous y avons renoncé. Il avait fallu transporter jusqu'à Diên Biên Phu un hélicoptère en pièces détachées, puis le remonter, et disposer, de cent kilomètres en cent kilomètres, de dépôts d'essence, gardés par des parachutistes! Dans ce cas-là, tu imagines comment nous aurions pu conserver le secret.

Cyril n'écoutait plus. Il opéra un virage sur l'aile, se laissa glisser jusqu'au fond de la vallée, indiquant, du pouce :

— Le Song Chay! Nous ne sommes plus très loin.

Il volait maintenant au ras des crêtes, dont il épousait les contours, sautant de col en col, guettant le signal que devait lui envoyer, du sol, le chef de tribu. Mais il ne distinguait rien d'autre que le moutonnement des arbres que, tout à l'heure, Théo Scotto avait comparé à une purée d'épinards en ébullition. Il avait du mal à imaginer, sous l'épaisse couverture du feuillage, la vie intense qui régnait au sol, tous les animaux, les hommes, amis ou ennemis, qui se livraient à leurs activités, se cherchant, s'épiant, se battant, s'affrontant au détour d'une piste, à un gué, une source. La guerre de jungle était inexpiable, même si rien n'en transparaissait à un observateur aérien.

— A gauche! jeta brièvement Théo, en lui frappant de la main sur le bras.

Sans réfléchir, Cyril passa sur la tranche et aperçut, à son tour, à l'orée d'une clairière, un cul-de-sac au fond d'une petite cuvette, deux silhouettes vêtues de noir qui agitaient au-dessus de leur tête un drapeau tricolore. Il redressa, battit des ailes et dégagea vers le ciel avant d'entamer une large boucle qui lui permettrait d'apprécier, en rase-mottes, les possibilités d'atterrissage. Il grimaça :

— On peut poser, dit-il, mais, avec deux types en plus, nous aurons du mal à décoller sans risquer d'encadrer le décor.

— C'est à toi de juger. Si tu estimes que l'opération est impossible, je ne t'en voudrai pas. Nous étudierons un autre processus.

Un nouveau passage, au plus près, confirma sa première impression.

— Nous allons nous casser la gueule. Sûr.

— Rentrons.

Cyril remua la tête, de droite à gauche.

— Ce serait dommage de renoncer. Maintenant que nous y sommes, autant aller jusqu'au bout. Nous verrons bien si Dieu est avec nous. Cramponne-toi!

La décision lui avait été imposée sans qu'il y puisse rien. Une façon, pour lui, de relever le défi implicite contenu dans la dernière réponse de Théo. Si son ami lui avait dit : « Essaie quand même », peut-être aurait-il élevé des objections d'ordre technique? Mais maintenant, il avait envie de forcer le destin, de prouver au monde entier et à lui-même en premier lieu que, en dépit de sa cinquantaine proche, il demeurait le meilleur pilote de toute l'Indochine. Il plongea, réduisit les gaz et se laissa littéralement aspirer par le fond de la vallée, comme un caillou. Les roues touchèrent l'herbe rase d'un ancien ray, dégagé récemment de quelques souches calcinées, regroupées aux lisières, et supportèrent le choc. Le Beaver parcourut ainsi une centaine de mètres avant de s'immobiliser, l'hélice à quelques dizaines de mètres d'un rideau de grands arbres encoconnés d'orchidées en festons.

Cyril lança le moteur, actionna la dérive et effectua un demi-tour sur place, le nez vers la sortie. Puis il coupa les gaz, se dégrafa et quitta son siège, avant d'aller ouvrir la portière.

Il sauta à terre et, sans se préoccuper des deux hommes en noir qui fonçaient dans sa direction, il se campa face au sud et, lèvres plissées, s'efforça de prévoir toutes les manœuvres qu'il aurait à effectuer pour se sortir de ce véritable trou. Théo Scotto lui frappa sur l'épaule :

— Chapeau, Cyril! Tu es le meilleur! Tu m'as flanqué une sacrée frousse! J'ai bien cru que nous allions nous écraser! (Puis :) Je te laisse, je vais accueillir nos invités.

Il alla à la rencontre des Man qui, maintenant, surgissaient, par dizaines, de l'abri de la forêt. Ils agitaient leurs fusils au-dessus de leur tête et se massèrent autour de l'appareil, en échangeant à haute voix, dans leur langage fait de brèves syllabes rauques, des commentaires admiratifs ou incrédules. Ils n'avaient jamais vu d'aussi près un pareil oiseau tout blanc.

Théo Scotto bavardait maintenant avec Cho Quan Lo, une sorte de géant aux cheveux ramenés en chignon sur la nuque. Vêtu d'un justaucorps bleu marine, la poitrine barrée d'une cartouchière de toile, il portait à la ceinture un gros revolver Mauser dont le canon lui battait la cuisse. A son épaule pendait une carabine d'un modèle ancien, attachée par une ficelle tressée. Autour du cou, deux colliers d'argent tintinnabulaient, indiquant son rang élevé dans la hiérarchie. Barré d'un large bandeau noir qui dissimulait son œil gauche, le chef avait un visage à la fois farouche et empreint de majesté.

Il vint à Cyril et, dans un viêtnamien hésitant, il dit :

— Ton ami m'a appris que tu avais pour parrain mon ami Gathellier ! Je ne l'ai jamais oublié, c'était un homme courageux, et je suis toujours demeuré fidèle au serment que je lui avais fait.

Il exhiba le parabellum et ajouta :

— Ce pistolet n'a servi qu'à combattre les ennemis de la France !

Cyril se pencha et lut, sur la crosse de bois, les quelques encoches aux bords usés qui dessinaient les dix lettres formant le nom de « Gathellier », sourit et tendit la main :

— Heureux de te rencontrer, répondit-il, dans la même langue. Mon frère a été officier auprès de toi, voici douze ans.

— Lui aussi était un homme courageux. Qu'est-il devenu ?

— Il a trouvé la mort en 1945, au Laos, en se battant contre les Japonais.

— Je me suis également battu contre eux. Mais j'ai eu plus de chance que ton frère. Regarde ! Ils ne m'ont pris qu'un œil ! Moi, à chaque fois que j'ai pris un ennemi, je lui ai crevé les deux yeux.

Il éclata d'un rire énorme. Puis, sans transition :

— Ton ami m'apprend que tu ne peux embarquer que deux de mes prisonniers ?

— Oui, et encore j'aurai du mal à décoller d'ici.

— Tant pis pour les autres, je vais leur faire couper la tête, je ne peux pas nourrir des bouches inutiles, mon peuple a déjà bien du mal à trouver de quoi apaiser sa faim.

— Je comprends.

— Quand tu seras arrivé chez toi, explique bien à mon ami le capitaine Salan, que j'avais connu bien avant la guerre, ici même, que j'ai besoin de balles et de grenades. Je ne demande rien d'autre.

« On m'affirme que c'est lui qui, maintenant, est le commandant en chef. Il peut donc tout faire ? Il ne doit pas oublier que sur ce bord de frontière je suis la France !

— Je lui répéterai tout cela, promit Cyril.

Quatre partisans rigolards amenèrent deux Chinois, les

pieds entravés, les bras attachés haut dans le dos. Vêtus de toile verdâtre, ils portaient au col de leur vareuse de petits écussons rouges, simplement timbrés d'une étoile brodée de fils d'or. Le premier était tête nue, et arborait, sur l'œil gauche, un superbe hématome qui réunissait toutes les nuances de l'arc-en-ciel, du mauve au rouge en passant par le bleu et le jaune.

— Je te présente le général Wang Wha Seng, dit Cho Quan Lo. Prends-en bien soin, c'est un ami personnel du maréchal Lin Piao, le chef de l'Armée rouge! Par contre Li, son adjoint, n'a aucune valeur; à ta place, je le jetterais du haut des airs, cela lui ferait le plus grand bien. Il se prend pour un aigle, ce sera pour lui le moment d'apprendre à voler!

Le nommé Li comprenait le viêtnamien. Il se raidit dans ses liens, plissa les lèvres et examina attentivement Cyril, se demandant sans doute s'il était capable de suivre les conseils du vieux pirate.

— Nous embarquons, ordonna Cyril.

Il prit dans ses deux mains celles de Cho Quan Lo.

— J'irai voir ton capitaine Salan et je lui demanderai de me confier des armes, des munitions, des grenades et des mines que je te parachuterai moi-même. Ce sera un honneur que de t'aider.

Il fit demi-tour, regagna son poste de pilotage, et cria, à l'adresse de Théo Scotto :

— Place tes deux zèbres le plus près possible de l'avant, je ne tiens pas à être trop lourd de l'arrière!

Mentalement, il répéta les gestes qu'il devait accomplir pour arriver à prendre suffisamment d'altitude afin de franchir la crête qu'il trouvait, maintenant, dangereusement haute et proche. « J'aurai le minimum d'élan pour grimper en chandelle, et pas assez d'espace latéral pour évoluer en spirales. Il n'y a pourtant pas d'autre solution. »

Il concentra son attention sur la check-list, vérifiant les niveaux d'essence et d'huile, la pression, manœuvrant le palonnier, étudiant, à l'oreille, le rugissement du moteur. Tout lui parut en ordre.

— Accroche-toi! hurla-t-il. On s'en va! (Puis il ajouta :)

Si tu es bien avec saint Michel ou saint Georges, ces archanges volants, c'est le moment de les implorer!

Il bloqua les roues, fit ronfler le moteur, jusqu'à ce que le Beaver vibre de toutes ses membrures, comme un cheval piaffant d'impatience au moment de s'élancer pour la course de sa vie.

– Lâchez tout!

L'appareil bondit, roula, prit de la vitesse, tandis que le bout de la cuvette se rapprochait à vive allure. Cyril se devait de faire effort pour garder son sang-froid, ne pas se laisser impressionner. « Tu tireras le manche au dernier moment, s'ordonna-t-il. Au dernier moment, ni avant, ni après... »

Il tira.

C'était un parti fou. Ou bien le Beaver s'arrachait au sol, et trouvait suffisamment de ressource pour monter, presque à la verticale. Ou bien il se mettait en perte de vitesse et c'était l'écrasement sans phrases.

Le Beaver se cabra, le moteur rugit, un peu de ciel apparut à l'horizon, indiquant qu'il montait. Mais si lentement que peu à peu, la couronne des grands arbres commença de grignoter la perspective. Cramponné à ses commandes, Cyril faisait totalement corps avec son appareil. Muscles noués, mâchoires serrées, il portait littéralement son avion à bout de bras. Il ne songeait à rien d'autre qu'à passer, qu'à franchir l'obstacle, quoi qu'il en coûte. Il sentait, près de lui, l'enveloppant comme une gangue de tiédeur, l'angoisse de Théo Scotto, qui murmurait des mots indistincts exprimant sa certitude de l'écrasement probable.

Cyril n'avait qu'un quart de seconde de répit. D'un geste fou, il vira, à toucher la montagne, prenant le risque insensé de se placer en perte de vitesse. Mais le Beaver, en vibrant de toutes ses membrures, moteur hurlant au paroxysme, s'incrusta dans l'air, comme une mouche sur une paroi de verre. Cyril redressa, plongea en un piqué brutal, profitant de l'élan pour remonter et pour franchir, sans difficulté cette fois, l'ensellement séparant deux sommets abrupts, calcaires verticaux montrant leurs roches blanches comme les dents d'une gigantesque mâchoire.

562

Ils étaient passés.

Cyril tourna la tête :

– Comment se comportent nos Chinois ?

Théo bougea de son siège, se pencha vers l'arrière et émit un petit rire :

– Ils se répandent.

Cyril se concentra de nouveau sur son pilotage. La première crête franchie, il n'était pas sauvé pour autant. Devant lui, les dents de scie d'une barrière rocheuse se dressaient, laissant un espace étroit comme un corridor orienté vers le sud-est, voie unique, obligatoire. Il ne cessait de grimper, tous ses sens aux aguets, calculant, à l'estime, le temps qu'il lui restait pour pouvoir, comme un cavalier de concours hippique, sauter la dernière haie. Il songea qu'il leur faudrait une infime parcelle de chance. « Mais c'est faisable », songea-t-il. De toute façon, il n'avait pas d'autre choix.

D'un coup, un violent courant d'air balaya l'intérieur de la cabine, véhiculant aussi une forte odeur d'essence. Cyril eut à peine le temps de se demander ce qui arrivait, le poids d'un corps, pesant sur son épaule droite, l'obligea à tourner la tête. Et ce qu'il vit lui arracha une exclamation de refus. « Oh ! Non ! » Théo Scotto avait basculé de son siège et avait glissé contre lui. Mais le plus épouvantable était que toute la partie droite de son crâne avait explosé, maculant le haut du siège, la paroi et le plafond, de sang, de débris d'os et de matières cervicales.

« D.C.A. ! » songea-t-il, en même temps que, du regard, il cherchait, dans le paysage, l'endroit où se tenait la mitrailleuse diabolique qui avait réussi un pareil coup au but.

Par réflexe, il bascula sur la gauche, plongea pour augmenter sa vitesse puis, le moteur à plein régime, il grimpa en chandelle, à la fois pour échapper aux impacts et pour essayer de fuir, au plus vite, du piège à l'intérieur duquel il tournait sans relâche.

Une flamme jaillit, sous ses pieds, en même temps qu'une fumée âcre montait du moteur, s'échappant par la jointure du capot. Il suffoqua, mais il ne relâcha pas son effort.

« Tiens le coup! s'encouragea-t-il. Passée la montagne, tu chercheras un endroit plat pour te poser en catastrophe... »

Il ne ressentait ni angoisse, ni panique. C'était un peu comme s'il s'était dédoublé, un Cyril manœuvrant comme à l'exercice, l'autre, déjà détaché des choses terrestres, lui dictant sa conduite. Un regard sur l'altimètre lui arracha une grimace. L'avion ne montait plus.

Les flammes léchaient le plancher, s'insinuaient le long de ses jambes, mais c'était à peine s'il s'en rendait compte, son attention exclusivement dirigée sur le fouillis d'arbres et de rochers. Et puis, enfin, il la vit. Ou plutôt il les vit. Car ce n'étaient pas une, mais deux armes qui l'avaient pris pour cible. Deux mitrailleuses lourdes dont il distinguait parfaitement les servants, cinq ou six hommes en vert, que d'autres, peut-être une cinquantaine, semblaient encourager de la voix et du geste.

Il y eut une sourde explosion et le moteur cala. Net. Devant lui, l'hélice stoppa, verticale, ironique comme un point d'exclamation. Par réflexe, Cyril actionna le démarreur, sachant tout à la fois que c'était inutile et qu'en plus, il risquait de se désintégrer à la moindre étincelle. Rien ne se produisit. Le Beaver était au sommet de sa trajectoire. Il bascula sur le côté. A grands coups de palonnier, utilisant la vitesse de sa chute, il le remit en ligne. Dans l'axe du capot, il distinguait parfaitement les soldats qui se congratulaient, à grands gestes des bras, les serveurs crispés sur leurs armes qui crachaient leurs balles, brefs clignotements jaunes.

Il sut qu'il ne lui restait plus que quelques secondes à vivre. Et son cerveau s'emballa, arrêtant la course folle du temps. Un dernier cadeau de la Providence, l'ultime sursis. Il était désormais au-delà de la peur; sa décision s'était imposée à lui avec une force, une clarté telles qu'elles balayaient tout autre sentiment. C'était simple, il allait mourir et il acceptait son sort, non point avec terreur ou résignation mais, bien au contraire, avec la ferme résolution d'aller volontairement au-devant d'elle, de choisir la façon dont il la recevrait.

Les nerfs noués, les muscles raidis, indifférent à l'incendie ronflant autour de lui comme une forge attisé par le courant d'air qui tourbillonnait dans la cabine, il n'était plus qu'une immense volonté tendue vers un but extrême, s'écraser au milieu des soldats, les entraîner avec lui dans une apocalypse de fer et de flammes.

En même temps, aux images d'une étrange netteté lui montrant d'abord l'acharnement des tireurs, leurs hésitations, puis leur incertitude et enfin leur panique, se superposaient autant de clichés fixes, d'une précision photographique. Flashes, flashes, flashes. Ce n'était pas sa vie qui défilait, mais, des visages, des portraits, des paysages, tout ce que sa mémoire avait enregistré et qu'elle lui restituait, avec leurs couleurs, leur chaleur, leurs odeurs. Bao Tan et « l'Arche », avec le sourire de sa mère Madeleine, penchée sur lui; son père et Catherine, tendrement unis, marchant dans un halo de douce lumière rosée; Charlotte et le dernier regard qu'elle avait posé sur lui et qui devenait invite; Lee-Aurore et le flot de ses cheveux noirs, répandus sur la blancheur immaculée d'un oreiller.

Et puis, dans l'embrasement final, la bouche grande ouverte sur un cri de terreur du chef de la pièce de mitrailleuse qui avait enfin lâché sa détente et n'avait même plus le recours de la fuite.

Cyril avait gardé, jusqu'au bout, les yeux ouverts.

2

Lee-Aurore poussa un cri et se dressa dans son lit, la gorge sèche, le cœur battant la chamade, la tête encore bourdonnante du cauchemar dans lequel elle était en train de se débattre. Elle avait crié « non! » dans son sommeil et c'était le son de sa propre voix qui l'avait réveillée.

Les dernières images s'étaient incrustées dans sa mémoire, elles tourbillonnaient encore. Une grosse boule de feu, une explosion dantesque, et des flammes rouge et noir dans lesquelles disparaissait le visage de Cyril. Curieusement, son mari ne montrait ni peur, ni souffrance, il lui était apparu apaisé, presque heureux, et ses yeux ne reflétaient qu'un immense amour pour elle. Ses lèvres bougeaient, elles formaient un mot, un seul. D'abord, Lee-Aurore y avait lu « courage », mais l'évidence s'imposait, il avait dit : « vouloir ».

Fébrilement, elle saisit son petit carnet intime. Comme à son habitude, elle transcrivit le résumé de la vision qu'elle avait eue et nota le jour et l'heure : « Dimanche 7 avril 1952, neuf heures du matin. »

Elle se doucha, s'habilla, et descendit à la cuisine prendre son petit déjeuner avec Diane qui était déjà installée devant son bol de thé au lait, son œuf et ses biscottes, le nez maculé de confiture.

— Dis, maman? demanda-t-elle. Pourquoi ne m'amènerais-tu pas à la piscine de Thu Duc? Regarde, il fait beau.

Lee-Aurore réfléchit à peine et acquiesça.

— Tu as raison, nous allons nous changer les idées. Je vais dire à Thi Ba de nous préparer un panier repas, nous pique-niquerons là-bas. Que veux-tu?

— Pas de panier repas, s'il te plaît! Je préférerais manger des *cha-gios* et une soupe chinoise. Je trouve cela plus amusant. Avec un « cam-soda » à l'ananas.

— D'accord. Ensuite, s'il ne pleut pas, nous irons jusqu'à Bao Tan. Il paraît que la route est dégagée, nous ne risquons plus rien.

Lee-Aurore ne faisait là que répéter ce que les journaux et les informations recueillies auprès du cabinet civil avaient annoncé la semaine passée. Le Viêt-minh avait été définitivement chassée de la « zone-est » cochinchinoise, dans une opération spectaculaire de trois semaines, menée conjointement par les unités Binh Xuyen, venues de la rivière, et les troupes franco-viêtnamiennes, acheminées par la Route provinciale numéro 13, de Bien Hoa à Baria.

La veille, elle avait accompagné Bay Viên, en grand uniforme de général, ainsi que Ho Chan Sang, son chef d'état-major, jusque dans le bureau de Tran Van Huu, le gouverneur de Cochinchine. L'entretien avait été bref. Aux félicitations de Huu, Bay Viên avait répondu, superbe :

— Il y a une grande différence entre des types comme vous et des types comme moi. Chez nous, pour se faire respecter, il ne suffit pas de prononcer de belles phrases, bien à l'abri derrière un bureau, il faut, de temps en temps, mettre ses couilles sur la table!

Tran Van Huu avait accueilli cette sortie sans rien manifester d'autre qu'un bref battement de cils, mais Lee-Aurore, qui le connaissait bien, savait qu'entre les deux hommes venait de s'ouvrir une guerre sans merci. Elle savait aussi que Bay Viên la gagnerait. Non seulement il était l'ami et le bailleur de fonds de l'Empereur, mais il étendait maintenant son emprise sur l'ensemble de l'agglomération de Cholon, la presque totalité du cours de la Rivière de Saïgon, et une grande partie de la province de Tan An. Ce n'étaient plus les Viêt-minh qui percevaient les taxes sur le transport du riz, qui levaient l'impôt révolutionnaire, mais grâce à lui, c'était le gouvernement central.

Il avait organisé des comités d'aide aux paysans, ouvert des dispensaires, tissé à travers la région des réseaux d'informateurs qui le renseignaient sur les implantations rebelles, les refuges des chefs, les déplacements des unités.

En sortant de l'entrevue, Ho Chan Sang avait dit à Lee-Aurore :

— Nous avons l'intention de réactiver les chantiers navals de Bien Hoa, afin de construire de grosses jonques de haute mer pour approvisionner le Nord en riz. Pour cela, j'ai l'intention de racheter à Maurice Rousseron son usine de Ho Naï. Crois-tu qu'il acceptera de nous la vendre?

— Tout dépend du prix, évidemment.

— Si tu le vois, explique-lui que je ne cherche pas à le voler, tout au contraire, il a intérêt à traiter avec nous. Et puis, pour les parents de Cyril, notre voisinage ne pourrait être que bénéfique, nous assurerons la protection de Bao Tan.

— Je transmettrai, avait promis Lee-Aurore.

Diane était déjà prête. Lee-Aurore enfila une robe légère, coiffa ses cheveux en chignon, rafla sur la table du salon le roman qu'un de ses collègues du bureau lui avait offert la veille, écrit par Jean Hougron, un jeune romancier inconnu auquel la critique promettait un bel avenir littéraire. « Tu verras, lui avait affirmé le collègue, ce livre va te passionner. L'auteur a longtemps vécu en Indo-chine et tu pourras mettre des noms sur la plupart des personnages. Un véritable régal! »

Avant de s'endormir Lee-Aurore avait lu le premier chapitre et il lui tardait de connaître la suite des aventures de Lastin, cet ancien médecin devenu chauffeur routier.

— En route! lança-t-elle, presque joyeusement, à l'intention de Diane.

Elle sortit dans le jardin, ouvrit la grille et se trouva nez à nez avec un civil inconnu, descendu d'une traction-avant anonyme qui venait à sa rencontre, l'air préoccupé.

— Madame Mareuil? demanda-t-il.

— C'est moi.

— Puis-je vous entretenir quelques instants en privé? Je dois m'acquitter d'une pénible mission.

Un grand froid envahit Lee-Aurore et le souvenir du cauchemar de cette nuit lui revint en mémoire.

Mais elle se garda de poser la moindre question, elle cherchait simplement à gagner du temps. Une fois dans le salon, elle proposa à l'inconnu de prendre un siège, mais celui-ci, d'un bref mouvement de la tête, déclina l'invitation.

— Il s'agit de votre mari, commença-t-il, avant de se taire, comme pour prendre son souffle avant de poursuivre.

Lee-Aurore le regarda bien en face.

— Je vous écoute, monsieur...?

— Mon nom n'a pas d'importance. Je ne suis qu'un messager. Votre mari avait été engagé par mes chefs pour effectuer une mission d'une extrême importance, dont le résultat aurait pu avoir une énorme influence sur l'issue de cette guerre.

— Aurait pu? releva-t-elle. Vous voulez dire qu'elle a échoué?

— Ce n'est pas cela seulement, nous savions qu'il y avait fort peu de chances pour qu'elle puisse aboutir et, à vrai dire, nous avons beaucoup hésité à la mettre en œuvre en raison des risques encourus.

— Allez au fait, monsieur.

– Grâce à l'habileté et à la maîtrise de votre mari, la première partie de cette mission semble avoir parfaitement réussi. Malheureusement...

– Malheureusement?

– Il y a eu un impondérable. D'après les premiers renseignements que nous avons pu recueillir, il semblerait que l'appareil ait été touché par la D.C.A. ennemie.

– Où se trouve-t-il? Est-il prisonnier?

L'inconnu secoua la tête.

– Cela s'est passé hier, tôt dans la matinée. Sans nouvelles du Beaver, les autorités militaires ont envoyé plusieurs missions de reconnaissance aérienne. Elles ont fini par repérer l'endroit où le Beaver s'est écrasé, ou, plus exactement, a explosé en touchant le sol. D'après l'exploitation des photos aériennes, il apparaît que les débris de l'avion sont répandus dans un rayon de plus de trois cents mètres. A l'endroit de l'impact, nous avons relevé un énorme cratère de près de trente mètres de diamètre, ce qui permet de conclure que le Beaver a percuté le sol à sa vitesse maximale.

Lee-Aurore s'impatienta.

– Vous ne me parlez que de l'avion, monsieur. Mais pas de mon mari. Savez-vous s'il a réussi à s'éjecter, à sauter en parachute?

– Non, madame. Si c'était le cas, ou bien nous aurions observé la trace du parachute, ou, à défaut, par l'écoute de la radio viêt-minh qui donne beaucoup de publicité à ce type d'événement, nous en aurions été avertis. (Il avança la main, sa voix se fit plus douce, tandis qu'il précisait :) Tout porte à croire que votre mari a volontairement mené son avion là où il est tombé.

– Volontairement?

Lee-Aurore avait d'abord répété cet adverbe sans en comprendre le sens exact. Et puis, elle revit les images de son cauchemar, le visage de Cyril noyé de flammes, avec son regard apaisé, et ses lèvres formant le verbe « vouloir ». Elle baissa la tête et se tut.

– Puis-je ajouter encore un mot, madame? L'écoute des réseaux de transmission ennemis a fait état d'un nombre élevé de pertes, dues, selon elles, à l'explosion d'un engin piloté par un kamikaze. Tout concorde donc.

– Que voulez-vous que cela me fasse? répliqua-t-elle, d'une voix lasse, aux résonances métalliques.

Elle s'assit, les mains posées sur les genoux, le regard perdu au loin, se refusant à imaginer ce qu'allait être sa vie désormais. Elle se cramponnait dans cette attitude hiératique, bannissant toute expression, l'œil sec, la bouche aux lèvres serrées, mais elle avait froid, elle avait mal, une douleur qui se diffusait, lente, dans son corps, irradiant du creux du ventre, remontant à sa gorge, faisant blanchir l'extrémité de ses doigts. Elle trouva la force de murmurer :

– Partez, monsieur. Vite!

L'inconnu s'inclina, bouleversé, comprenant soudain qu'il n'était plus qu'un étranger, un intrus, pire peut-être, un ennemi. Il quitta le salon, à reculons, n'osant même pas demander si Lee-Aurore avait besoin de quelque chose. Qu'avait-il d'ailleurs à lui offrir d'autre que le malheur?

Diane avait attendu le départ du visiteur. Elle entra en trombe, déjà impatiente de s'en aller. Elle vit sa mère et se figea sur place, la bouche ouverte, les mains ramenées sur la poitrine.

– Maman! appela-t-elle, terrifiée.

Lee-Aurore se tourna vers sa fille et lui tendit les bras. Diane courut s'y réfugier. Elles restèrent ainsi, enlacées, un très long moment. Puis Lee-Aurore dit :

– Nous ne nous arrêterons pas à Thu Duc, ma chérie. Je suis obligée d'aller à Bao Tan, voir Catherine et Francis.

– C'est à cause de Cyril?

– Oui.

Diane hocha la tête, et ajouta :

– Nous sommes toutes seules, n'est-ce pas?

– Oui.

Le visage de Diane se convulsa et des larmes coulèrent sur ses joues, en un désespoir silencieux. Ce n'était pas un chagrin d'enfant, seulement l'expression d'une détresse infinie. A son tour, Lee-Aurore se laissa aller et elle prit conscience de cette solitude qui serait la leur désormais. Cyril ne rentrerait jamais, il ne lancerait plus son tradi-

570

tionnel « Salut les filles! » en entrant dans la maison, il
n'escaladerait plus quatre à quatre les degrés de l'escalier
de bois, il ne ferait plus résonner les murs en chantant à
tue-tête sous sa douche, autant de détails auxquels
jusque-là elle n'avait pas prêté attention, mais qui avaient
constitué, depuis toutes ces années, une partie de son existence.

Elle regretta tout ce qu'elle n'avait pas eu le temps de
lui dire, ces instants où, préoccupée d'elle-même, elle
l'avait relégué au rang subalterne de spectateur inactif.
Et elle, qui ne croyait pas en Dieu, se tourna vers lui, son
seul soutien.

« Pourquoi, interrogea-t-elle, m'avoir infligé cette
épreuve nouvelle? Vous m'avez pris mon père, vous
m'avez pris mon premier mari. Pourquoi vous acharner
ainsi contre moi? Qu'ai-je à expier que ma captivité chez
les Japonais n'a pas effacé? Faut-il, toujours, souffrir, toujours être confrontée au malheur? »

Elle songea aussi à Francis que cette nouvelle allait
probablement blesser à mort. « Comment vais-je leur
dire? »

C'était pourtant son devoir. Elle se leva, essuya ses
yeux, ceux de Diane et monta dans sa voiture. Deux
heures plus tard, elle arrivait à Bao Tan.

Devant le bungalow stationnaient trois camions militaires vides à l'exception des sentinelles chargées de veiller sur leur sécurité. Un peu en avant, une jeep était garée
à l'ombre du fromager et, sur le siège avant, le chauffeur
somnolait, une cigarette au coin des lèvres.

Lee-Aurore stoppa, surprise de ne voir personne venir à
sa rencontre. Diane à ses côtés, elle franchit l'allée de graviers et grimpa les marches du perron. La porte franchie,
elle tendit l'oreille, un brouhaha de voix confuses venaient
du bureau de Francis, vers lequel elle se dirigea. Elle se
demandait si, par un excès de zèle intempestif, quelqu'un
n'était pas déjà venu annoncer à Francis la disparition de
son fils.

Elle frappa. La porte s'ouvrit sur un visage inconnu,
celui d'un tout jeune sous-lieutenant en tenue de combat,
le chapeau de brousse rabattu dans le dos, maintenu
autour du cou par la jugulaire.

571

— Qu'y a-t-il? s'informa-t-elle.

— Rien, madame, répondit l'officier. Rien d'important en tout cas. Nous sommes simplement venus faire une visite de courtoisie à M. Mareuil avant de procéder à une opération de ratissage sur sa plantation.

— Pour quelle raison? Y a-t-il des rebelles par ici?

Le sous-lieutenant rougit un peu. Il avait l'air d'un collégien en rupture de classe, et aucunement d'un farouche guerrier.

— Nous n'en savons encore rien, madame, avoua-t-il en s'effaçant pour la laisser entrer.

Lee-Aurore connaissait déjà le grand capitaine martiniquais, qui examinait en compagnie de Francis un plan de Bao Tan, exécuté naguère par les Ponts et Chaussées. Il se redressa et alla s'incliner devant elle, expliquant avec un petit sourire narquois :

— Notre colonel pense que les Viêts nous croient assez attachés à nos traditions chrétiennes pour nous croiser les bras tous les dimanches. Aussi, avec une logique qui n'appartient qu'à lui, c'est précisément le dimanche qu'il nous lance sur la trace de l'ennemi! Comme vous le savez, je suis bête et discipliné.

Francis s'était approché. Il posa ses mains sur les épaules de sa bru et plaqua sur ses joues deux gros baisers sonores, puis il souleva Diane et la maintint ainsi, l'examinant avec ravissement.

— De plus en plus belle! constata-t-il. Nous allons bientôt devoir te marier! (Il montra du menton le jeune sous-lieutenant :) Que dirais-tu de ce grand garçon?

Diane fit la grimace.

— Trop vieux, décida-t-elle, d'un ton définitif.

— C'est gentil d'être venues nous voir toutes les deux, reprit-il. A vrai dire, je vous attendais plus ou moins. Cela fait trois semaines que ni Cyril, ni toi ne vous êtes manifestés. Comment va-t-il, notre Blériot national?

Lee-Aurore ébaucha une vague réponse.

— Où est Catherine? demanda-t-elle.

— Catherine ne va pas tarder à rentrer, elle est seulement allée jusqu'au dispensaire, en compagnie du médecin militaire et, naturellement, de « Petit Henri ». Veux-tu aller à sa rencontre, j'ai encore quelques détails à voir avec le capitaine Damassy.

Soulagée, Lee-Aurore accepta et sortit. Une fois dehors, Diane observa, surprise :

– Pourquoi ne lui as-tu rien dit à propos de Cyril?

– J'ai manqué de courage, je préfère en parler d'abord à Catherine.

Elles la retrouvèrent, à mi-parcours, bavardant avec le médecin, tandis que « Petit Henri » galopait, en donnant des coups de pied dans un gros ballon qu'il suivait à la trace.

En apercevant Lee-Aurore, Catherine se tut brusquement. Son intuition lui avait fait pressentir quelque grave nouvelle. Elle s'inquiéta aussitôt :

– Qu'y a-t-il, ma petite chérie?

Lee-Aurore avait tenu bon. Elle croyait encore qu'elle pourrait parler, prononcer les trois mots qui, à eux seuls, résumaient la situation. « Cyril est mort. » Ils ne purent franchir ses lèvres, c'était comme si, une fois qu'elle les aurait dits, l'irréparable serait accompli. Tant qu'elle était seule à savoir, un peu d'espoir subsistait encore.

Elle se jeta en avant, enfouit sa tête au creux de l'épaule de Catherine et libéra tout son chagrin, avec des sanglots qui remontaient du plus profond d'elle-même et qu'elle ne contrôlait plus.

– Comment est-ce arrivé?

Cette question, Catherine l'avait posée, sans qu'elle ait vraiment d'importance, une façon de dépasser la réalité, de progresser encore. Parler c'est agir, faire un pas de plus, dénouer le présent, reprendre le fil, se projeter dans l'avenir.

Par petits bouts de phrases hachées, Lee-Aurore répéta le récit que lui avait fait l'inconnu du matin.

– Pauvre Cyril! soupira Catherine. La vie aura été injuste envers lui. Je suis certaine que sa dernière pensée aura été pour toi. Que vas-tu devenir?

– Je vais essayer de survivre, mais pas ici, en Indochine. Je n'y avais jamais songé, mais je ne pourrai plus supporter ce pays. Il m'a fait trop de mal et pourtant j'y ai été tellement heureuse. Si seulement je pouvais changer de peau!

– Je te comprends, murmura Catherine.

Elles marchèrent un peu, côte à côte, en silence, chacune perdue dans ses sombres pensées. Catherine observa enfin :

– Comment va réagir Francis ? Depuis son attaque cardiaque d'il y a trois ans, je vis dans une perpétuelle angoisse. J'ai peur que ce coup ne lui soit fatal. Nous allons devoir être extrêmement prudentes. Laisse-moi lui apprendre...

Elle laissa sa phrase en suspens. Il lui était également impossible de prononcer le prénom de Cyril.

– Si vous le souhaitez, intervint le médecin, je resterai un peu avec vous. Au cas où...

– Merci.

Francis pâlit, et son visage se figea. Il ne chancela pas, il demeura debout, les traits un peu tirés, les mains crispées, les yeux secs, le regard perdu. Il dit simplement :

– Cyril, mon fils.

Puis il ouvrit les bras, qu'il passa sur les épaules des deux femmes, et les serra violemment contre lui.

– Lee-Aurore, reprit-il, je sais que tu as aimé mon fils et que tu as su le rendre heureux au-delà de tout ce que je pouvais espérer pour lui. Je suis désolé de ce dernier chagrin qu'il t'inflige, mais pense qu'il en éprouve sûrement du remords. Je le connais bien, c'est un garçon qui n'a jamais transigé avec son devoir. (Il se tut et constata :) C'est drôle, je n'arrive pas à parler de lui au passé.

Plus tard, après un long silence, il ajouta :

– Vous savez, je lui en ai un peu voulu de ne jamais accepter de rester ici, de m'aider et, le moment venu, de prendre ma succession. J'avais tort, il s'est volontairement effacé pour laisser la place à Bertrand. Il a eu une vie autrement plus riche. Mais il n'y aura plus personne pour faire vivre Bao Tan.

3

Il y avait maintenant six mois que Lee-Aurore était partie pour la France avec Diane. Elle s'était d'abord installée dans le Vaucluse, auprès de sa mère et de son beau-père, le colonel d'Estier de Penancourt, mais, très vite, elle avait préféré émigrer au cœur du Périgord, dans le manoir que Lucien Ganerac avait naguère légué à Sylvie et à Cyril.

Brûlée par les S.S. en retraite au cours de l'été de 1944, la maison avait été en partie reconstruite grâce aux indemnités de dommages de guerre pour l'obtention desquelles Sylvie avait bataillé trois années durant. Le toit était neuf, les murs consolidés, les planchers, les portes et les fenêtres étaient refaits. Mais le confort le plus élémentaire faisait cruellement défaut.

Lee-Aurore s'était donc attelée à la tâche ce qui, assurait-elle, constituait un excellent dérivatif. Elle prévoyait l'achèvement définitif de Revignac pour le milieu de l'été de 1954.

« J'espère, écrivait-elle à Catherine, que vous me ferez l'honneur de venir assister à la pendaison de crémaillère. Et si l'envie vous prenait de rester ici, j'en serais heureuse, la maison est bien trop grande pour deux. »

Jamais Catherine ne s'était sentie aussi seule. Aussi la proposition de Lee-Aurore ne pouvait que la tenter. Elle aborda le sujet, avec une grande prudence, auprès de Francis qui, englué d'habitudes, vivant désormais au ralenti, économisant ses forces, redoutait comme la peste toute perspective de changement. A la première allusion que fit sa femme d'un éventuel voyage en France, il répondit :

— Nous avons trop attendu, Catherine. Toi, tu as encore le temps, mais j'aurais trop peur de mourir loin de Bao Tan.

— Qui parle de mourir ?

— J'ai soixante-quatorze ans, je ne l'oublie pas. Et je sais que mes jours sont comptés. (Il changea de sujet, parlant de l'avenir sans lui :) J'aimerais que tu me promettes une chose. Si tu étais obligée de vendre, ne vends pas à la

575

S.E.E.F. Toute ma vie, je me suis opposé à cette société. Je n'ai apprécié ni leur voracité, ni leurs méthodes...

Catherine l'interrompit en souriant :

— Tu en veux toujours à Peter Verlande?

Francis hocha la tête.

— Ce godelureau qui voulait t'épouser? Je pense bien! En fait, je crois que le plus sage serait de confier Bao Tan à Jean-Yves Hérouan. Il travaille avec nous depuis huit ans déjà, je le crois sincèrement attaché à notre plantation. Il serait le directeur-gérant, et partagerait une partie des bénéfices avec nos ouvriers.

— En somme tu préférerais le système coopératif?

— Oui. J'y ai réfléchi. C'est la solution de l'avenir. Quelle que soit l'issue de la guerre, le Viêt-nam souverain ne pourra pas s'offrir le luxe de laisser à des étrangers la propriété des richesses de son sol. Les grosses sociétés auront les moyens de transiger, les petites n'auront qu'à s'incliner devant le fait accompli. Je préférerais prendre les devants. Ne serait-ce que pour assurer ton avenir et celui de « Petit Henri ».

Catherine approuva, mais elle abrégea la discussion, répondant, d'un ton qu'elle voulait léger :

— Tout cela est bien, mais nous ne sommes pas pressés. Tu es toujours là, et, je l'espère, pour de nombreuses années encore! — (Elle vint auprès de lui, entoura son mari de ses bras et, joue contre joue, elle ajouta :) La paix est peut-être pour bientôt, Francis chéri. Les journaux annoncent la tenue prochaine d'une conférence internationale sur l'Indochine qui pourrait s'ouvrir dans quelques semaines à Genève. Si elle aboutissait, la guerre serait finie. Ce jour-là, nous pourrons dire que nous avons réussi notre vie et rempli notre mission, conserver intact Bao Tan. Pour l'avenir de ce pays.

A quelques jours de là, Catherine reçut une lettre, postée en franchise militaire et dont l'enveloppe ne portait que la stricte mention d'un secteur postal. Elle crut d'abord qu'il s'agissait de Matthieu Lam Than, que Sylvie lui avait dit guerroyer avec son bataillon de parachutistes, dans le Centre Annam, au profit d'une grande opération baptisée « Atlante » dans la région d'An Khé et

576

dont on annonçait les succès à grand fracas. Sa stupeur fut grande de constater qu'elle était signée de Patrick O'Donovan.

Des bouffées de souvenirs lui revinrent en mémoire. De sa brève aventure avec le pilote australien, elle n'avait conservé qu'un sentiment de grande tendresse, sans regrets ni remords. Cela avait été un éblouissant rayon de soleil dans sa vie. Pendant quelques années après la guerre, Patrick O'Donovan leur avait, ponctuellement chaque 1er janvier, adressé ses vœux. Et puis, sans aucune raison, il avait cessé ses envois.

Fébrile, Catherine déplia la grande feuille de papier pelure bleu pâle, en haut de laquelle figurait la reproduction d'un écusson frappé d'un parachute ailé et d'une grenade soulignée de deux rubans vert et rouge.

« Chers amis, écrivait Patrick O'Donovan en anglais. J'avais envers vous et la France une immense dette de reconnaissance. Et puis, pourquoi ne pas l'avouer ? j'avais la nostalgie de ce pays, de ses habitants et singulièrement de Bao Tan et de ses hôtes.

« C'est pourquoi, après avoir longtemps hésité, j'ai fini par obéir à cette petite voix qui me disait que le meilleur moyen d'acquitter ma dette était de venir me battre pour contribuer, même modestement, à ramener la paix en Indochine. Je me suis donc engagé voici deux ans à la Légion étrangère. Deux fois, j'ai fait acte de volontariat pour l'Extrême-Orient, deux fois, ma demande a été refusée. Et puis, enfin, j'ai été entendu et exaucé, je dois le dire grâce à l'intervention du capitaine Puybazet, que vous avez je crois bien connu et que j'avais moi-même rencontré jadis à Paksavane. Il était chargé de mettre sur pied un renfort à destination d'un bataillon de parachutistes, aussi, ai-je dû, au préalable, accepter de me plier à quelques formalités, sauter d'un avion. Mais cela, je connaissais !

« Depuis Noël dernier, me voici donc de retour en Indochine. J'aurais bien aimé passer par Saïgon pour vous rendre une visite, même brève, mais nous avons directement débarqué à Haïphong ! Trois jours plus tard, nous étions à destination, un charmant petit village du Haut

577

Tonkin où il fait froid la nuit et chaud le jour. Là, paraît-il, nous attendons de pied ferme d'en découdre avec le corps de bataille de Giap. Autour de moi, les avis sont partagés. Il y a les optimistes, persuadés que nous allons tailler les Viêts en pièces, et les pessimistes qui n'apprécient guère d'être enfermés dans ce qu'ils appellent une " cuvette ". Pour ma part, je n'ai pas d'autre opinion que l'espoir d'en finir bien vite afin de réaliser, enfin, le vœu que j'ai fait, vous revoir tous les deux, et vous dire, de vive voix, combien je vous porte dans mon cœur.

« Votre ami pour la vie, Patrick O'Donovan. »

Deux post-scriptum avaient été rajoutés, en bas de page :

« J'ai oublié de vous préciser que la Légion m'a imposé un patronyme nouveau : Donavan, et que je suis caporal depuis le 1er janvier.

« Au fait, peut-être avez-vous entendu parler du petit village où je me trouve? Il a un drôle de nom, Diên Biên Phu. »

Catherine reposa la lettre et demeura ainsi, sans réactions, pendant quelques minutes. Comme tout le monde en effet, elle avait entendu parler de cette opération aéroportée qui, à la fin du mois de novembre dernier, avait permis la reconquête de ce coin perdu de la Haute Région tonkinoise. Mais, depuis, le secteur semblait calme et l'attention s'était plutôt portée en direction du Centre Annam où le général Navarre, le nouveau commandant en chef, avait jeté la plupart de ses forces afin de couper à l'ennemi les voies de communications entre le riche Sud et le pauvre Nord.

– C'est étrange, constata Francis lorsqu'il prit connaissance de la lettre de Patrick O'Donovan, Diên Biên Phu aura marqué ma vie. C'est de là que Cyril s'est envolé l'an passé pour la mission dont il n'est pas revenu. Curieusement, j'ai un mauvais pressentiment.

Catherine tenta de le rassurer.

– La guerre sera terminée avant que cet affrontement dont parle Patrick ne se produise. Ou bien alors, Giap aura éprouvé tellement de pertes qu'il ne songera qu'à traiter au plus vite. Au contraire de toi, moi j'ai confiance.

Francis croisa les doigts.

— Le ciel t'entende, dit-il.

Un matin du mois de mars, Hoche Cahuzac vint trouver Francis.

— Monsieur Mareuil, expliqua-t-il, embarrassé, je suis obligé de vous demander de me laisser partir. Mon fils aîné, Joffre, vient d'achever ses études. Depuis six mois, il cherche vainement à entrer dans la police, mais la Sûreté ne recrute plus personne depuis qu'elle est entièrement passée entre les mains des Binh Xuyen. Par contre, on lui offre d'entrer dans l'École des commissaires, mais en France. Ne croyez pas que je déserte, mais je dois penser à ma famille, à mes enfants.

« Et puis, ajouta-t-il, j'ai l'impression de voler mon salaire ; Bao Tan n'est plus menacé par personne, la proximité des hommes de votre voisin Ho Chan Sang qui a repris la scierie de Ho Naï assure la sécurité de tout le secteur.

— Je vous comprends, Hoche. Vous avez déjà beaucoup donné. Je vous regretterai, ne serait-ce qu'en souvenir de Cyril. Mais je n'ai pas le droit de vous retenir. Tout ce que que je peux pour vous est de vous souhaiter bonne chance, avec l'espoir que vous arriverez à vous réadapter à la vie en France. Peut-être, un jour, la paix revenue, nous y rencontrerons-nous ?

Depuis quelques semaines, Francis mettait au point les détails de la passation des pouvoirs à Jean-Yves Hérouan. La mise sur pied de la Société coopérative des hévéas de Bao-Tan l'occupait au point qu'il était devenu étranger aux rumeurs du monde extérieur. Il s'adonnait à sa tâche ultime avec l'ardeur qu'il avait toujours manifestée dans ses entreprises. Il n'avait aucun regret pour ce qu'il abandonnait volontairement. Son œuvre était accomplie. Il allait pouvoir s'en aller, lui aussi, satisfait de ne laisser derrière lui que des choses en ordre.

Déjà, Catherine commençait à échafauder des projets

d'avenir. « Dans un premier temps, écrivait-elle à Lee-Aurore, nous irons nous installer chez toi. Par la suite, nous achèterons une petite ferme dans les environs de Revignac. Nous l'appellerons " Bao Tan " par référence au passé...

« Sais-tu, ajouta-t-elle, que Sylvie et Denis Lam Than se préparent eux aussi à partir pour la France? Sa Majesté Bao Daï, alarmé par l'annonce officielle de l'ouverture de la Conférence de Genève, a décidé de quitter sa résidence de Ban Me Thuot pour sa villa de Thorenc, près de Cannes. Il va essayer d'empêcher les " Grands " de sceller le sort du Viêt-nam sans entendre son avis. Il serait, m'a affirmé Sylvie, extrêmement monté contre la France qu'il accuse de vouloir se débarrasser du problème viêtnamien même au prix d'une partition de l'Empire, ce à quoi il est farouchement opposé.

« Sylvie partie, Francis et moi allons nous retrouver bien seuls. Mais je me console en songeant que cette solitude ne sera que provisoire, puisque nous nous retrouverons tous en France. »

Sa lettre achevée, Catherine dut s'avouer qu'elle se mentait à elle-même. La perspective de retrouvailles ne pouvait en aucun cas être une consolation. Pour elle, pour Francis surtout, la France ne serait jamais qu'une terre d'exil.

Et l'évidence s'imposa. Les projets qu'elle s'obstinait à bâtir n'étaient qu'une sorte de jeu par lequel elle cherchait à s'étourdir, à se masquer la vérité. Au fond d'elle-même était ancrée la certitude qu'elle ne quitterait pas volontairement Bao Tan. C'était son royaume, son bien, sa chose, sa patrie. Francis avait beau organiser le transfert de propriété, elle savait que seules les responsabilités changeraient de main. Pour ce qui la concernait, elle continuerait.

Du jour au lendemain, son attitude changea. Elle se remit au travail avec un acharnement renouvelé. Le plus surpris ne fut pas Jean-Yves Hérouan, qui, au fil des années, avait pris la haute main sur l'organisation du travail, la récolte du latex, son conditionnement et son expédition sur Saïgon. Ce ne fut pas non plus Francis, qui

apprécia ce regain d'intérêt de sa femme pour la plantation qu'elle avait un peu négligée jusque-là. Mais bien
Tyranneau, l'alezan, le fils du vieux Brumaire, mort de
vieillesse deux ans plus tôt. Il avait perdu l'habitude des
grandes randonnées et bornait son activité à gambader au
milieu du manège que lui avait construit Rousseron avant
son départ pour la France.

Les coolies montrèrent beaucoup de satisfaction à
revoir « Ba Trinh » au milieu d'eux. Elle contrebalançait,
par sa gentillesse et sa bonne humeur, le sérieux et l'esprit
de méthode du directeur en titre. Même s'ils aimaient
bien Jean-Yves Hérouan, qu'ils avaient adopté d'emblée
comme le véritable patron, ils n'étaient pas fâchés de
revoir celle qui avait, seule, mené la barque dans les mois
difficiles de l'occupation japonaise et qui avait su faire
front sans faiblesse, face aux perturbateurs venus d'ailleurs.

Comme pour étayer un peu plus sa décision, l'annonce
du déclenchement de la bataille de Diên Biên Phu lui
fournit un argument décisif :

— Des garçons comme Patrick O'Donovan risquent leur
vie pour l'avenir et pour la liberté de l'Indochine, dit-elle
à Francis. Notre devoir à nous, les civils, n'est-il pas de
tenir ? Si nous partions, à quoi servirait leur sacrifice ?

Francis approuva.

— Une fois encore, tu as raison. Partir serait plus
qu'une folie, une lâcheté. Je suis heureux que tu sois toi-
même arrivée à cette conclusion, car je n'avais pas le courage de te l'imposer. Cela ne change rien à ma décision de
créer notre coopérative, mais je partage ton avis, notre
place est ici.

Ce soir-là, à l'issue d'une longue promenade qui les
avait conduits jusqu'à la chapelle de « l'Arche » et la
tombe de Madeleine, ils évoquèrent le passé, en regardant, tête contre tête, les albums de photos-souvenir de
Bao Tan. Les premiers clichés, pris au début du siècle,
avaient un peu jauni, les costumes étaient désuets, les attitudes prêtaient à sourire, mais tout était attendrissant.

— Que de visages disparus ! soupira Francis. Madeleine
et son père, Saint-Réaux et Camille Tannerre, Kervizic et

581

Phuoc. Tous les compagnons de ma première traversée. La mort n'a pas épargné la seconde génération, regarde : Théo Scotto et Cyril, Bertrand et Françoise. Être un survivant n'est pas une bénédiction du Ciel.

Au fil des semaines, Catherine observa que l'attitude des coolies se modifiait imperceptiblement.

— Même s'ils n'ont pas de postes de radio, dit Jean-Yves Hérouan, ils savent qu'une grande bataille décisive se livre en ce moment dans le nord du pays. La propagande viêt-minh laisse entendre que les Français vont être vaincus et qu'enfin, les communistes vont gagner la guerre. Alors, ils prennent des options sur l'avenir en donnant des gages aux Viêts. Hier, j'ai su qu'un collecteur de fonds avait passé deux heures au village. Ce matin, les ouvriers m'ont fait la gueule...

— Diên Biên Phu n'est pas perdu! protesta Catherine, outrée. Les communiqués faisaient état d'une résistance acharnée sur ces bastions qui ont un nom de femme, Éliane je crois bien. Il paraît même que nous avons repris à l'ennemi une position perdue le 30 mars !

— Les communiqués sont faits pour entretenir le moral de l'arrière, répondit Hérouan. Mais j'ai installé dans ma chambre une carte renseignée des lieux des combats. Je suis obligé de constater que le périmètre encore aux mains de nos troupes se rétrécit de jour en jour. Déjà, la garnison assiégée ne dispose plus que du tiers de la piste d'aviation !

— Les Américains ne vont-ils donc pas intervenir ?

Francis intervint :

— Les Américains n'ont pas levé le petit doigt pour nous aider en 1945. Ils agiront de même maintenant.

— Le contexte n'est plus le même ! En 1945, ils voulaient empêcher la France de revenir en Indochine rétablir le « système colonial ». Aujourd'hui, c'est du Viêtnam indépendant qu'il s'agit.

— J'étais à Saïgon avant-hier, dit Hérouan. Les Américains, qui se faisaient discrets depuis de nombreuses années, n'hésitent pas à se montrer de façon ostensible, et leur propagande est habile. Ils disent : les Français n'ont pas été capables de venir à bout de la subversion communiste qui menace votre patrie. Faites-nous confiance, nous en avons les moyens.

« La France a failli à sa mission, c'est une petite nation. La puissante Amérique est là pour vous aider...

– Et ça marche? demanda Catherine, sceptique.

– Je crains que oui...

Le cœur serré, ils suivirent, des jours durant, l'agonie du camp retranché. Le jour de la fin, le 7 mai, un grand silence suivit l'ultime communiqué. « Petit Henri » éclata en sanglots et Catherine elle-même eut du mal à refréner son chagrin. Francis était pétrifié. Jusqu'au bout, en dépit de toute logique, en dépit aussi de tout ce qu'avait pu lui dire Jean-Yves Hérouan, lucide et désabusé, il avait espéré l'impossible miracle.

Un monde s'effondrait. Un monde qui était le sien, qui l'avait vu grandir et prospérer, qui lui avait servi de certitude, de religion, de raison de vivre. L'évidence était là. L'histoire balayait, dans un chaos d'apocalypse, sa vérité, sa foi, son existence même. Devant lui, il n'y avait plus qu'un gouffre sans fond.

Il s'assit, ses jambes ne le portaient plus. Et, brusquement, tout bascula. Il vit distinctement Catherine s'approcher de lui. Elle disait :

– Je pense à tous ces pauvres garçons, livrés, sans défense, à la vindicte des Viêts. Je pense à Patrick O'Donovan, venu défendre notre Indochine. Que vont-ils devenir?

Sa voix semblait s'éloigner, comme si un écran cotonneux s'insinuait entre eux. Les dernières syllabes n'étaient plus qu'une succession de sons sans signification :

« E.. on.. i.. e.. i..? »

Il glissait, il plongeait, il était projeté dans une sorte de vide prodigieux, un tourbillon qui l'aspirait, qui le désarticulait, vertigineux, irrésistible. Un grand froid l'enveloppa. Il songea simplement :

« Je suis en train de mourir. »

Étrangement, il n'eut pas peur. Au contraire. Il n'avait plus envie de lutter, il se laissait emporter, à la façon d'un voyageur qu'un train enlève au loin d'une gare, abandonnant sur le quai les amis, les parents, la ville, le passé. Il partait retrouver les êtres chers qui l'avaient précédé. Son avenir l'attendait. Avec, en plus de tout cela, une curiosité attentive pour ce qu'il allait découvrir. Peut-être le néant? Peut-être, au contraire, un monde nouveau, différent, immatériel?

Il oubliait son corps, il n'était plus rien qu'un esprit ou, plus exactement, qu'un écran où défilait un kaléidoscope d'images. Sa vie.

Un bateau tout blanc, une mer bleue, des visages avidement tournés vers lui, amicaux ou graves. Il n'avait pas besoin de les nommer pour les reconnaître. Des plus récents aux plus anciens, ils étaient tous là, Cyril et Bertrand, apaisés et complices, Kervizic, Saint-Réaux et Camille Tannerre, amicaux et émouvants. Et Madeleine, tendrement ironique. Tous. Présents, venus à sa rencontre.

Il n'éprouvait rien, qu'une espèce de soulagement, analogue à celui qui envahit l'homme harassé par une dure journée de travail, à la perspective de se coucher et de s'endormir. «Le sommeil, comme la mort rendent égoïstes. Personne ne peut rien pour soi, on ne peut rien pour personne.» Sa dernière pensée fut un immense acte d'amour pour Catherine. «Pardonne-moi le chagrin que je te cause...»

Il ne savait pas qu'il était allongé sur le dallage du salon. Sa tête reposait sur les genoux de Catherine, qui avait appuyé sa joue contre la sienne, et qui lui avait pris la main. Il réussit à ouvrir les yeux et trouva pourtant la force de dire dans un souffle :

— Tu as été bonheur...

Pour l'escorter, depuis la petite chapelle de bois où le père Simon, l'aumônier militaire, un colosse barbu comme un sapeur, avait officié, jusqu'à la tombe, creusée auprès de celle de Madeleine, il semblait que toute la Cochinchine se soit retrouvée. C'était un étrange rassemblement disparate. Il y avait les Français, militaires des

584

postes voisins, groupés autour du capitaine Damassy et du colonel commandant le secteur, civils de la S.E.E.F., délégation de jeunes hommes sportifs et bronzés, il y avait aussi les Viêtnamiens, ouvriers de la plantation, supplétifs des sections de garde, soldats réguliers et, avec leurs gueules des mauvais jours, les Binh Xuyen de Ho Chan Sang, qui avaient fabriqué le lourd cercueil de bois de lim.

Seule, tenant « Petit Henri » par la main, Catherine apparut, dans ses vêtements de deuil, petite silhouette murée dans son chagrin, le visage ravagé, mais l'œil brillant.

Elle demeura debout près de la fosse jusqu'à ce que la bière ait disparu sous les poignées de terre que les assistants avaient jetées, au passage.

D'une voix forte marquant sa détermination elle dit seulement deux mots que tous entendirent :

— Je resterai.

CHAPITRE 13

1954-1955

1

Debout, négligemment appuyé de l'épaule au tronc rugueux d'un aréquier, Cao Van Minh regardait s'éloigner la longue file de bo doïs qui s'étirait le long de la diguette menant à la route où les attendait une rame de camions militaires. Ils avaient le barda sur le dos, le fusil à la bretelle et, le poing levé, braillaient des slogans célébrant la gloire du président Ho Chi Minh, la Victoire du Peuple, et l'unité du Viêt-nam. Cao Van Minh secoua la tête. « Enfin seul », songea-t-il, soulagé.

Depuis la conclusion des Accords de Genève et les conventions signées entre les militaires français et viêtminh, deux mois plus tôt, le 20 juillet 1954, les unités régulières communistes devaient regagner le territoire situé au nord du 17e parallèle, devenu frontière entre les deux Viêt-nams. Par mesure de réciprocité, les Français, leurs alliés de l'Armée nationale et ceux des civils – catholiques principalement – qui ne voulaient pas vivre sous la férule communiste étaient rapatriés vers le Sud. La grande migration commençait.

Pour sa part, Cao Van Minh n'avait aucune intention de quitter le Nam Bô, cette Cochinchine qui était plus sa patrie que le Tonkin froid, lugubre, austère.

– Les accords de Trung Ha ne concernent que les militaires, avait-il objecté à ses chefs. Moi, je suis un politique, donc un civil, je ne suis tenu à rien.

586

C'était, il se l'avouait bien volontiers, un argument spécieux. La vérité était plus simple.

Lorsque son chef, le général borgne N'Guyen Binh, le rival de Giap, avait été rappelé auprès du Tong Bô, l'organisme suprême de commandement du Viêt-minh présidé par Ho Chi Minh en personne, au mois de mai 1951, il y avait plus de trois ans maintenant, il avait été remplacé dans ses fonctions par des Tonkinois rigides et austères, animés d'une foi intransigeante dans le Parti, bien décidés à inculquer à leurs camarades du Sud les vertus prônées dans le Nord : ascétisme, pureté, obéissance absolue, obsession de l'orthodoxie marxiste.

– Nous ferons de vous des hommes nouveaux, avaient-ils expliqué.

A leur façon, ils reprenaient les paroles de saint Paul, parlant de dépouiller le vieil homme, pour en faire un homme différent.

Pour expliciter encore leur pensée, ils utilisaient la parabole du tailleur se servant d'un habit usé pour confectionner un habit neuf.

Dans les mois qui avaient suivi, l'ensemble des forces du Viêt-minh du Nam Bô avaient été soumises à une énorme et gigantesque séance d'autocritique. Depuis, du plus humble des *Du Kich* * au plus gradé des responsables, tous avaient dû confesser publiquement les fautes dont ils s'étaient rendus coupables contre la patrie, le parti, la doctrine, et avaient réclamé « spontanément » le châtiment le plus exemplaire.

Cao Van Minh, qui avait longtemps été le chef d'état-major de N'Guyen Binh, n'avait évidemment pas échappé à cette obligation. Pas plus qu'il n'était pas passé au travers de la purge qui avait suivi. Contre lui, accusé de « déviationnisme petit-bourgeois », le commissaire du Peuple avait réclamé la mort mais, machiavélique, le verdict l'avait exclu de toute responsabilité, condamné à rentrer dans le rang et à assumer le rôle obscur et dangereux de propagandiste armé.

Cao Van Minh n'en avait retiré aucune amertume,

_____
* Civil armé, soldat occasionnel.

c'était dans la nature des choses, dans la logique du système et il était lui-même un trop vieux militant pour se rebeller contre une décision uniquement dictée par le désir de lui infliger une sentence pire que la mort, l'humiliation.

Aujourd'hui, Cao Van Minh tenait sa revanche. Les Tonkinois regagnaient le Nord. Ironie du sort, c'était dans des camions de l'armée française qu'ils allaient accomplir leur voyage.

Désormais, débarrassé de la tutelle tonkinoise, Cao Van Minh avait les mains libres. Pendant ces années de disgrâce, il avait eu le temps d'analyser la situation, de méditer, de songer à ce que serait l'avenir, de mettre au point une tactique menant à la victoire. Il n'avait renoncé à rien. Il n'ignorait pas que, pour la plupart des combattants des deux camps et peut-être aussi pour la grande majorité de la population, les Accords de Genève constituaient un but atteint, un gage de paix retrouvée, la fin d'une époque de sanglantes incertitudes. Il n'avait pas de pareilles illusions. Pour lui, pour quelques-uns de ses vieux camarades qui, comme lui, avaient choisi de rester en Cochinchine, comme Lê Duan ou Lê Duc Tho, vieux militants formés à l'action secrète, la lutte continuait. Comme l'avait écrit Lénine, la paix était la continuation de la guerre par d'autres moyens.

Si le Nord était enfin passé du côté du camp démocratique, le Sud restait à conquérir. Un Sud qui se croyait revenu aux temps heureux de la Colonie! Déjà les gros bourgeois cochinchinois se réjouissaient. Les anciens propriétaires terriens qui, des années durant, n'avaient plus osé s'aventurer dans les campagnes de peur d'y être tués, revenaient en force, n'ayant rien compris, rien appris, avec leurs serviettes bourrées de documents officiels, d'attestations, de créances, forts de leur « bon droit », faisant fi de la réforme agraire, la bouche pleine d'exigences, de menaces; escortés d'hommes de loi, d'agents du fisc. La « Réaction » prenait sa revanche. Du coup, les paysans prêtaient une oreille attentive aux propos des révolutionnaires qui leur promettaient une redistribution des terres.

Finalement, la « pacification » menée presque à son terme par les Franco-Viêtnamiens depuis quelques années avait eu du bon. Si en effet, dans le Nord, les divisions régulières de l'Armée populaire de Giap avaient simplement pris la relève des forces du Corps expéditionnaire français et se comportaient vis-à-vis de la population comme une troupe d'occupation presque étrangère, dans le Sud, la fusion entre le Viêt-minh et le peuple était une réalité. Traqués, pourchassés, dispersés, les militants communistes n'avaient eu comme ressource que de se fondre dans le décor, de vivre dans les villages, les hameaux, de naviguer dans les sampans des transporteurs. Ils travaillaient au milieu des ouvriers des rizeries, dans les plantations de thé, de café, d'hévéa, coolies le jour, propagandistes la nuit.

Cao Van Minh et ses camarades estimaient que la fin justifiait, pour un temps, de mettre leur drapeau dans leur poche et de se présenter comme des nationalistes intransigeants, uniquement préoccupés du bien-être du petit peuple.

Leur tactique était simple, ils investissaient le pays, lentement, paisiblement, créant des « Sociétés de secours mutuel », des « Associations de reclassement des anciens soldats », des « Comités patriotiques ». Jamais ils ne parlaient de politique.

C'est ainsi que, pour sa part, Cao Van Minh avait été délégué pour organiser et structurer clandestinement les grandes plantations de l'Est cochinchinois. Il se fit engager comme « saigneur » à la S.E.E.F., l'une des grandes sociétés d'hévéaculture, voisine de Bao Tan où il était né et où il avait grandi.

Restant dans l'ombre, il fut cependant l'artisan, en novembre 1954, de la première grève jamais observée dans la plantation. Il n'y eut ni bruit, ni violence. Un matin, fort courtoisement, quelques délégués, soigneusement choisis parmi ceux des ouvriers les mieux appréciés de la Direction, vinrent présenter leurs doléances.

— Nos camarades souhaitent ne plus travailler avant le lever du soleil, expliquèrent-ils. Ils ne veulent plus être dirigés par M. Vanhuwe, qui s'est montré brutal et cruel.

Cao Van Minh s'était bien gardé d'apparaître, bien fondu dans la foule pacifique des ouvriers, même s'il avait personnellement désigné Jos Vanhuwe à ses compagnons. C'était en effet le seul des cadres de la S.E.E.F. dont la parfaite connaissance des ouvriers lui aurait permis de déceler le travail d'organisation souterraine auquel se livraient les quelques activistes clandestins.

Le soir même, Jos Vanhuwe fit ses bagages. Il avait été sacrifié sur l'autel de la concorde et de la rentabilité de la société.

Dans les jours qui suivirent, l'activité normale put reprendre. Mais il s'avéra que la véritable autorité avait échappé aux cadres européens. Une hiérarchie nouvelle s'était substituée à eux. Certes, en principe, les ordres qu'ils donnaient étaient scrupuleusement obéis, mais avant de passer à leur exécution, les ouvriers attendaient maintenant l'accord de leurs propres cadres.

Au fil des jours, d'autres avantages sociaux furent octroyés de façon « spontanée » par la Direction, l'installation d'une école de formation pour adultes, le respect du repos hebdomadaire, la création d'une mutuelle couvrant les accidents, d'une caisse de secours au profit des veuves ou des vieux. Lentement, Cao Van Minh devenait le véritable maître du jeu.

Si la Direction n'était pas réellement dupe de la transformation du climat, elle était bien obligée de constater que jamais la plantation n'avait été aussi bien tenue, elle fonctionnait sans accroc, avec, même, un surcroît d'efficacité.

— Pourquoi, dès lors, nous plaindre que la mariée est trop belle ? demandait-elle. La preuve est faite que nous pouvons parfaitement travailler en parfaite symbiose avec les Viêtnamiens.

Catherine était fatiguée. Cinq jours passés à Saïgon l'avaient véritablement exténuée. Rien ne ressemblait à ses souvenirs. La ville, qu'elle avait connue gaie, animée, bruyante et colorée, s'était, en quelques semaines, transformée en une véritable cour des Miracles, encombrée,

590

pouilleuse, morose et inquiétante. On y sentait une violence contenue, palpable à des signes multiples.

Les squares, les boulevards avaient été transformés en centres d'accueil pour les catholiques, rapatriés par bateaux entiers depuis le Tonkin ou le Nord Annam. Ces centres méritaient leur surnom de « bidonvilles »; un amoncellement de fûts d'essence de deux cents litres, posés à même le sol et sur lesquels avaient été posées de grandes plaques de tôle ondulée. Là-dessous s'entassaient des milliers d'hommes, de femmes et d'enfants faméliques, hagards, croupissant dans la misère la plus noire.

Ils envahissaient le centre-ville, investissaient les quais, le port et la rue des Marins n'était plus qu'un vaste caravansérail de pouillerie et de crasse. Comment pouvait-on laisser ainsi autant de pauvres gens?

Quelques jours plus tôt, ils avaient manifesté devant le palais Gia-Long, une bâtisse austère où s'était installé le nouveau chef du gouvernement, Ngô Dinh Diêm, arrivé dans les bagages des Américains. La police était intervenue, avec une brutalité sauvage, tirant au hasard dans la foule haillonneuse et pacifique. Il y avait eu des morts par dizaines, des blessés par centaines, et l'ordre était revenu. L'ordre, mais pas la paix. Saïgon n'était plus qu'un écheveau inextricable de complots, d'assassinats, d'enlèvements contre rançon, de disparitions inexplicables. Le pouvoir semblait absent et l'on murmurait un peu partout que l'Armée se préparait à exécuter un putsch militaire.

Les Binh Xuyen tenaient la rue. Ils étaient visibles aux carrefours, coiffés d'un béret vert pomme. Ils circulaient, à tombeau ouvert, le long des avenues, sirènes hurlantes, ouvrant le feu sans raison apparente, parfois seulement pour s'ouvrir un passage.

Des groupes armés circulaient, caodaïstes en kaki, Hoa Hao en noir, côtoyant des soldats de l'armée régulière qui les observaient d'un air circonspect.

De tout cela se dégageait une impression de chaos, de désordre, de danger aussi. Les Français, autrefois bien visibles, occupant les chaussées, les trottoirs, les terrasses des cafés, les vitrines des boutiques, étaient désormais rares et discrets. De larges banderoles, déployées en travers de la rue Catinat, rédigées en anglais et en *quoc ngu*, remerciaient ostensiblement les Américains de l'aide apportée aux réfugiés, sans tenir compte de cette évidence : seuls les Français avaient cherché à évacuer dans des conditions souvent dramatiques les populations fuyant le régime communiste du Tonkin. C'était dans l'ordre des choses. Chaque jour, la France « décrochait » un peu plus de l'Indochine. Les commerçants vendaient leurs magasins, les fonctionnaires pliaient bagage, et les ultimes attributs de souveraineté étaient dissous, notamment le très fameux et très omnipotent Office des Changes, le bastion avancé du Franc-roi, qui, des décennies durant, avait régné en maître sur les transferts de fonds. Sur décision unilatérale de Ngô Dinh Diêm, l'Union économique et monétaire liant le Viêt-nam à la France avait été purement et simplement abolie. Les regards ne se tournaient plus vers l'Occident, mais vers l'Orient, cette Amérique et ses dollars qui tombaient en une pluie verte sur le pays.

Catherine avait observé que, même si les billets courants n'avaient pas changé de nature, les coolies eux-mêmes ne disaient plus « yat » – ce qui était la contraction locale du terme « piastre » – mais « dol ».

Son séjour n'avait d'ailleurs pas eu pour objet de se rendre compte de l'atmosphère régnant dans la capitale, il lui avait été dicté par ce qu'elle avait estimé être son devoir de fidélité envers ceux qui avaient lutté jusqu'au bout, les armes à la main, pour témoigner de leur attachement à la liberté, et tout particulièrement Patrick O'Donovan et Hervé Puybazet, qui avaient sombré dans la tourmente de Diên Biên Phu.

Elle avait couru de bureau en bureau, consulté des listes, interrogé des rescapés, mais en vain. Elle était successivement passée par des phases d'espoir et de découragement. Elle avait parcouru les couloirs de l'hôpital Grall, dans le centre-ville, elle était allée à Cholon, à l'hôpital 415 où étaient regroupés les malades graves.

Elle avait finalement retrouvé deux des compagnons d'armes de Patrick O'Donovan, deux légionnaires qui appartenaient à la même compagnie que lui. Le premier, un Allemand nommé Ganzer, lui avait affirmé que le caporal Donovan – c'était le nom sous lequel il servait à la Légion – avait été capturé, légèrement blessé au bras, le 7 mai en fin d'après-midi.

– Il a été incorporé à un convoi de prisonniers, mais j'ignore lequel.

Le second, un Espagnol amputé d'un bras, nommé Gimber-Rus, se rappelait qu'il avait été laissé malade, dans un petit village proche de Nghia Lo.

– Nous avons abandonné beaucoup de camarades, expliqua l'Espagnol. Nous ne les avons jamais revus.

Catherine avait été frappée de la maigreur générale de tous les prisonniers, tout comme l'avait effrayée cette impression qu'ils donnaient de revenants de l'autre monde. Leurs yeux, souvent fixes, qui se perdaient vers l'infini, étaient encore pleins de la vision de la mort. Ils ne seraient jamais des vivants comme les autres.

Ce matin, elle avait fait la connaissance d'un grand capitaine aux bras immenses, au visage en lame de couteau, à la voix brève.

– Puybazet? avait-il répondu. Je l'ai bien connu, il commandait la compagnie voisine de la mienne. Il a été tué le 6 mai, dans la nuit, en menant le dernier assaut pour la reconquête d'Eliane 1. Nous n'avons pas pu ramener son corps.

Il ne lui restait plus qu'à rentrer à Bao Tan. Un peu plus triste, un peu plus seule.

Le retour n'avait pas été facile. Sa voiture avait dû d'abord se frayer un passage au milieu d'une manifestation de catholiques tonkinois venus proclamer leur fidélité au très catholique Ngô Dinh Diêm, menacé de toute part. Puis ç'avait été un défilé des forces caodaïstes de Trinh Minh Té, qui se ralliaient officiellement au nouveau régime, vomissant dans une même réprobation le Viêt-minh, les « traîtres » au Viêt-nam qui étaient autant les militaires, « valets » de la France, que les Binh Xuyen, les Hoa Hao ou les autres caodaïstes, soutiens du « fantoche » Bao Daï, et, pour faire bonne mesure, les « colonialistes » français.

Repérée, entourée, sa voiture avait été secouée, malmenée, couverte de crachats et d'immondices. Vert de peur, menacé d'être châtré, Trach, le chauffeur, avait verrouillé les portières et bloqué les vitres, réussissant malgré tout à s'extirper in extremis de cette souricière.

Les ennuis n'étaient pas terminés pour autant. A la sortie de Da Kao, une patrouille de Binh Xuyen avait taxé Catherine de mille piastres pour l'autoriser à continuer sa route. Cinq cents mètres plus loin, des soldats de l'armée régulière lui avaient extorqué une somme équivalente.

— Ne manque plus que le Viêt-minh, avait bredouillé Trach, anéanti.

Ses prévisions pessimistes s'étaient réalisées, à quelques kilomètres de Thu Duc. Une escouade d'hommes en noir avait stoppé la traction, et, fort courtoisement, le gradé, reconnaissable à la sacoche de toile accrochée à son épaule, s'était enquis de l'identité de la propriétaire, et de sa destination.

Catherine avait donné toutes les explications souhaitées. Elle avait déjà ouvert son sac à main, se préparant à poser la question traditionnelle :

— Combien ?

Mais le gradé lui avait seulement dit :

— Nous espérons que vous n'avez rien à vous reprocher contre les travailleurs. Sinon, vous aurez des comptes à rendre.

Puis il avait conclu :

— *Ho Chi Minh, muon nam!* (Mille ans de vie au président Ho Chi Minh!)

Le soir tombait quand, enfin, Catherine remonta la grande allée menant au bungalow. Elle poussa un soupir excédé en apercevant, regroupée devant le perron, une foule d'ouvriers, qui semblaient l'attendre.

« Qu'y a-t-il encore ? se demanda-t-elle, agacée. Ce n'est pas le moment ! Je n'ai qu'une envie, prendre une douche et aller me coucher. »

En entendant le bruit du moteur, Jean-Yves Hérouan sortit sur le seuil et se précipita à sa rencontre. Il ouvrit la portière et se pencha :

— Venez vite, souffla-t-il. Une délégation des ouvriers a sollicité une entrevue avec vous.

— Que veulent-ils?

— Seulement exposer leurs doléances.

— Cela ne peut pas attendre demain?

— Je crains que non. Il y a de la grève dans l'air.

— Et vous n'avez pas pu régler vous-même ce problème? Après tout, vous êtes le directeur de la Coopérative. Moi, je ne suis plus rien ici, qu'une invitée d'honneur!

— C'est à vous qu'ils veulent parler, madame.

Catherine haussa les épaules et descendit de voiture. Sur son passage, respectueux, les coolies retiraient leur chapeau, et s'inclinaient, les mains jointes sur la poitrine. Certains lui souriaient, d'autres la saluaient d'un « Chao, Ba Trinh ». C'était les plus anciens, ceux qui avaient grandi à Bao Tan et qui se considéraient comme faisant partie de la famille. Elle songea :

« Comment peuvent-ils, tout à la fois, montrer autant d'attachement envers moi et, en même temps, menacer de se mettre en grève? »

Elle gravit le perron, se dirigea d'un pas ferme vers le bureau de Francis. Une demi-douzaine d'hommes étaient là, passant d'un pied sur l'autre, manifestement impressionnés par le décor, ou bien gênés d'être surpris dans la maison du maître.

Il n'y avait que trois ouvriers dans le bureau. Elle reconnut les deux premiers, Can et Giao. Ils figuraient parmi les nouveaux venus, mais, jusqu'alors, ils ne s'étaient signalés ni par leur mauvaise volonté, ni par leurs exigences. Bien au contraire, c'étaient de véritables professionnels et, comme saigneurs, ils avaient fait preuve d'une grande maîtrise et d'un coup de main d'une parfaite sûreté, au point que Jean-Yves Hérouan les avait cités comme cadres potentiels.

Le troisième était un inconnu. C'est à lui qu'elle s'adressa d'abord :

— Qui êtes-vous? Et que venez-vous faire ici?

L'inconnu inclina la tête puis il la fixa, droit dans les yeux.

— Mes camarades ont souhaité que je les accompagne, répondit-il. Ils ne sont pas encore habitués à parler avec les Blancs.

– Parce que vous en avez l'habitude?

– Oui, madame. J'ajoute que je connais très bien Bao Tan. J'y suis né. Mon nom est Cao Van Minh. Cyril Mareuil fut mon compagnon de jeux au temps de notre enfance.

En entendant ce nom, Catherine avait blêmi. Des souvenirs l'assaillaient. Elle se rappela qu'en effet, à de nombreuses reprises, aussi bien Thuat, son père, que Francis et surtout Cyril avaient souvent mentionné l'existence de l'homme qui se tenait devant elle. Elle se rappela également les circonstances dans lesquelles elle avait été amenée à tuer son frère Cao Van Lam, six ans plus tôt, en ce tragique matin de 1948.

Mais elle se ressaisit et fit face :

– Que vous soyez né ici ne vous donne aucun titre à mener une discussion quelconque avec moi. Vous ne figurez pas, que je sache, au nombre des ouvriers de Bao Tan.

Minh se contrôla parfaitement, mieux, il se permit de sourire.

– Madame, répliqua-t-il avec une sorte d'ironique courtoisie, je suis tout à fait d'accord avec vous. Malheureusement, ce n'est pas moi qui ai choisi. Je n'agis que sur la pression de l'ensemble de vos ouvriers. Je suis là en conciliateur.

– En conciliateur? s'étonna Catherine. Existerait-il un litige entre les travailleurs et la direction de la Coopérative? Je ne m'en suis pas aperçue.

– Hélas, pour vous, rien n'est changé. Vous ignorez sans doute que notre pays est indépendant et que l'ère du colonialisme des Français est révolue. Désormais, le pouvoir, la puissance, la décision appartiennent aux Viêtnamiens.

– Ce sont des mots. Si les ouvriers sont honnêtes, ils ont dû vous dire que Bao Tan leur appartient. Avant sa mort, mon mari avait fait de cette plantation une Coopérative, que veulent-ils de plus?

– Ils veulent être les seuls maîtres de leur destin. Vous affirmez que Bao Tan est leur bien, mais rien n'a changé dans les faits. Il y a toujours un directeur français qui donne des ordres et, dans cette maison qui est à eux, votre présence qui leur rappelle trop un passé pénible qu'ils ne demandent qu'à oublier.

Catherine se refusait à admettre l'évidence. Cao Van Minh était posément en train de lui expliquer qu'il avait l'intention de la dépouiller complètement. Elle se rebiffa.

— Cette maison a été bâtie par mon mari. Je ne la quitterai pas.

— Comme il vous plaira, madame. Mais je crains désormais que votre sécurité ne puisse plus être garantie. Ni, évidemment, celle de votre petit-fils.

— Depuis plus de six ans, j'ai appris à vivre au milieu du danger. Je défendrai ma maison, au besoin les armes à la main !

Cao Van Minh comprit qu'il faisait fausse route. La menace brandie n'avait fait que raidir l'attitude de son interlocutrice. Il recula.

— Vos ouvriers ne veulent pas vous chasser, madame. Ils souhaitent simplement profiter d'un peu de l'espace dont vous n'avez pas l'utilisation.

— Pour quoi faire ?

— D'abord, installer une Maison du Peuple. Pouvoir se réunir pour décider du travail à effectuer. Agrandir le dispensaire, installer un hall d'information. Le temps n'est plus où les travailleurs pouvaient être maintenus dans l'ignorance de ce qui se passait en dehors de leur village. Le monde change, ils doivent en être avertis. Ils ont une grande soif de connaissances.

Catherine n'en croyait pas ses oreilles. Transformer le bungalow en « Maison du Peuple » ! Cette idée n'avait pu germer que dans un cerveau tortueux.

— Savez-vous, madame, reprit Minh, que des élections se dérouleront bientôt dans cette partie du Viêt-nam ? Les ouvriers doivent apprendre leurs droits et leurs devoirs de citoyens. C'est ce à quoi j'ai l'intention de consacrer mon énergie. Je mènerai ma mission à bien. Avec ou sans votre aide. Au besoin contre vous.

— Ce sera contre moi. Je refuse, de la façon la plus formelle, d'abandonner ma maison. Et je la défendrai.

Cao Van Minh s'inclina :

— Je sais de quoi vous êtes capable, madame. Vous

597

avez tué mon frère. Mais je n'agis pas, croyez-le, par ressentiment personnel, seulement dans l'intérêt de mes camarades. Je ne peux que vous conseiller de réfléchir, et de vous décider très vite. Si, dans deux jours, vous n'avez pas accepté notre proposition, ce sera la grève, dont vous serez la première à subir les conséquences. Vous voilà prévenue.

— Allez-vous-en! jeta-t-elle. Je n'ai pas envie d'entendre plus longtemps vos élucubrations! Si vous voulez ma maison, venez la prendre! J'ajoute que vous aurez intérêt à être armés. Car moi, je le serai.

Deux jours plus tard, quatre coolies ramenèrent Jean-Yves Hérouan sur une civière improvisée. Il avait trois balles dans le corps.

— J'ai été attaqué par deux inconnus, expliqua-t-il à Catherine, qui pansait ses plaies. Rien ne les empêchait de m'achever quand je suis tombé de mon cheval. Mais ils n'en ont rien fait. Ils m'ont simplement dit que ceci n'était qu'un avertissement.

— Je ne veux pas être responsable de votre mort, Jean-Yves. Vous allez partir pour Saïgon. Quand vous serez guéri, rentrez en France. Vous êtes jeune, vous avez un peu d'argent. Recommencez une autre vie.

Hérouan secoua la tête :

— Vous ne comprenez pas, madame. A travers moi, c'est vous qu'ils visent. Moi parti, ils vous tueront!

— Je n'ai pas peur de la mort. Je suis entourée d'ombres : Madeleine, Francis, Bertrand et tant d'autres! Que peut-il m'arriver de pire?

— Si vous ne pensez pas à vous, pensez au moins à « Petit Henri »! Il n'a plus ni père, ni mère. En ferez-vous définitivement un orphelin?

2

On se battait dans la ville. Depuis la veille, Ngô Dinh Diêm avait engagé l'épreuve de force contre les organisations qui contestaient son autorité. Brusquant les choses, après avoir fait voter la déchéance de Bao Daï et proclamé la République du Viêt-nam, il avait donné l'ordre aux unités de l'armée qui lui étaient fidèles, ou qu'il avait ralliées à lui en distribuant étoiles, galons ou prébendes, de nettoyer Saïgon de la présence des Binh Xuyen, qui lui avaient ouvertement déclaré la guerre.

Pour cela, il n'avait hésité devant aucun moyen, au risque de mettre le feu aux faubourgs populeux de Khanh Hoï, de massacrer.les civils, pris en otages entre les belligérants. Il avait fait tirer au canon contre le P.C. de Bay Viên, installé de l'autre côté du pont en Y. Il avait fait pilonner au mortier le lycée Petrus-Ky, transformé en redoute fortifiée. Un bataillon de Nung, ramené du Tonkin, était en train de donner l'assaut du *Grand Monde* dans lequel s'étaient retranchés plusieurs centaines d'irréductibles, commandés par Ho Chan Sang. Celui-ci avait appris le matin même que sa femme était retenue en otage par les parachutistes et que son fils Richard avait été abattu sans sommations, alors qu'il apportait la rançon qui lui avait été demandée pour libérer sa mère.

Tout se brisait.

Des carcasses de blindés, tirées au bazooka depuis l'ancien commissariat central, achevaient de se consumer.

Dans le palais Gia-Long, gardé comme une citadelle par la « Garde Républicaine », constituée l'avant-veille, Ngô Dinh Diêm attendait. Près de lui, une valise contenait quelques effets de première nécessité. En cas d'échec de son coup de force, il s'éclipserait, aussi discrètement que possible.

Parfois, le téléphone sonnait. Diêm décrochait et, selon les nouvelles qu'il recevait, son visage se défaisait ou, au contraire, s'éclairait brièvement d'un mince sourire.

La veille encore, il avait failli capituler, renoncer, s'en aller sous la pression des militaires. Son frère, Ngô Dinh Nhu et surtout la femme de celui-ci, Le Xuan, avaient su lui redonner un peu de tonus.

— L'armée bascule, avait assuré Nhu. J'ai pris sur moi de donner des étoiles supplémentaires à leurs généraux. Ce sont maintenant des alliés sûrs.

599

Madame Nhu affirma :

— J'ai mis le général Tran Van Don dans ma poche, il irait se jeter au feu sur un ordre de moi.

Elle ne précisa pas comment elle était arrivée à ce résultat. Elle ignorait que Tran Van Don montrait partout une photo d'elle dans une posture qui ne permettait aucun doute sur leurs relations.

Un aide de camp entra dans le bureau.

— Trinh Minh Té demande à vous voir, Excellence.

— Faites-le entrer.

L'ancien chef caodaïste se présenta. Il avait revêtu une superbe tenue de parade, tunique d'un beige rosé aux reflets satinés, baudrier de cuir, bottes fauves. Sur ses épaules brillaient les deux étoiles de général de brigade.

— Monsieur le Président, dit-il, je suis venu vous renouveler le serment d'allégeance que je vous ai fait voici deux mois.

— Je vous remercie, répondit Diêm, qui songea, à part lui, que ce ralliement lui avait coûté la bagatelle de plus de trois millions de dollars, heureusement payés par les Services spéciaux américains.

— M'accorderez-vous l'honneur de prendre à ma charge l'ultime assaut contre le P.C. de cette ordure de Bay Viên ? Mes hommes sont prêts, ils brûlent d'en découdre. La nuit passée, trente d'entre eux, capturés au pont des Chettys, ont été sauvagement égorgés et leurs corps jetés dans le canal de dérivation. Ils veulent les venger.

— Accordé, dit Diêm, qui, connaissant bien l'homme, s'enquit : Qu'allez-vous exiger en échange ?

Trinh Minh Té sut que son heure était venue. Il cambra le torse, releva le front :

— Je veux être nommé chef d'état-major de l'Armée nationale viêtnamienne, en remplacement de cette poule mouillée de Le Van Ty.

Diêm ébaucha son petit sourire un peu méprisant.

— Accordé, répondit-il. (Puis, tendant la main :) Général d'armée Trinh Minh Té, je suis heureux de vous serrer la main.

Épanoui, Té quitta le bureau, songeant qu'il ne lui restait que quelques minutes pour faire confectionner les épaulettes correspondant à ses nouvelles fonctions. Il traversa le hall, se dirigea vers le piquet de garde, installé derrière une mitrailleuse protégée par un amoncellement de sacs de sable. Il apostropha l'officier qui les commandait et se tenait un peu à l'écart, une main dans la poche, l'autre reposant le combiné d'un téléphone.

— Dites-moi, capitaine? On ne vous a pas appris à rendre les honneurs à un supérieur?

Le capitaine fit lentement demi-tour. Il dévisagea froidement le général et dit simplement :

— Je ne salue pas les assassins!

Trinh Minh Té ouvrit la bouche pour élever une protestation. Il la referma aussitôt. Il avait reconnu Matthieu Lam Than.

— Que deviens-tu, espèce de lâcheur? s'exclama-t-il, la main tendue.

— Tu vois, je suis ici. Je t'attendais.

Trinh Minh Té montra le téléphone.

— Ainsi, tu es au courant! Les nouvelles circulent vite! Te rends-tu compte, je suis le nouveau patron de l'Armée!

— Ça m'étonnerait, répliqua Matthieu, d'une voix calme.

— Je t'assure! Diêm vient tout juste de me nommer! Si tu le souhaites, je te prends comme chef de cabinet. Je te nommerai commandant, ou même lieutenant-colonel.

— Tu peux te mettre tes galons où je pense.

Tandis qu'il prononçait cette phrase, Matthieu avait dégainé son colt qu'il arma, d'un geste sec du poignet. Puis il l'éleva devant son visage, amenant le canon exactement dans l'axe de la tête de son vis-à-vis qui pâlit, se troubla.

— Qu'est-ce qu'il te prend? Tu es devenu fou?

— Non. J'ai reçu un ordre du Président. Je suis chargé de te liquider et j'avoue que nul ordre ne pouvait me faire plus de plaisir. Je vais enfin débarrasser le pays du plus immonde salaud qu'il a connu. Rappelle-toi la cité Heyraud.

— Que veux-tu? De l'argent? Je te donnerai tout ce que tu voudras, tu n'as qu'à dire un chiffre...

Il ne put achever sa phrase. La détonation couvrit sa

voix, la balle lui fit sauter le crâne. Matthieu rengaina posément son arme et appela quelques-uns de ses soldats :

— Ramassez le corps de ce salaud, ordonna-t-il. Flanquez-le dans un blindé et allez le balancer sur le pont en Y. Nous expliquerons que le vaillant général Trinh Minh Té est glorieusement tombé au combat à la tête de ses troupes !

3

Ancré le long du quai des Messageries, la *Marseillaise* dressait sa silhouette de forteresse indestructible d'une blancheur éblouissante sous un ciel matelassé de lourds nuages plombés, comme un défi à la ville en flammes. On se battait tout près et le grondement du canon ajoutait un effet de contraste encore plus saisissant avec le paquebot paisible qui ressemblait à quelque affiche publicitaire vantant les attraits d'une croisière de luxe. Et pourtant les passagers qui s'alignaient au pied des passerelles n'étaient pas des touristes en quête d'exotisme. Vêtus de treillis de combat ou de tenues de toile claire, coiffés de calots multicolores, de chapeaux de brousse, de bérets rouges ou de képis blancs, c'étaient des soldats français qui regagnaient leur patrie.

Amenés devant le paquebot en longues files de camions militaires, ils se regroupaient, le dos courbé sous le poids de leur paquetage, ou peut-être aussi sous l'accablement de leur amertume, de la tristesse de leur échec. Ils embarquaient comme on déserte, sans un regard en arrière, fuyant les lieux d'un combat qui n'était plus le leur, même s'il opposait dans un combat fratricide ceux qui avaient été leurs compagnons d'armes hier encore et qui se déchiraient aujourd'hui.

Ils feignaient l'indifférence, mais dans leurs oreilles résonnaient encore les cris de haine ou de dérision qui les avaient accompagnés durant la traversée furtive des faubourgs, à Da Kao, à Gia Dinh, à Go Vap où la populace massée sur le parcours les avait couverts d'injures et d'ordures.

Ils allaient quitter ce pays dont ils s'étaient fait une seconde patrie, sans être certains d'en découvrir une autre au bout de leur voyage.

Débouchant en trombe de l'angle du boulevard Charner où achevait de se consumer la carcasse d'un taxi « 4 CV » qui avait reçu de plein fouet une torpille de mortier, une jeep de l'Armée nationale viêtnamienne chargée de paras en treillis camouflé, toutes armes braquées, fit une entrée en bolide sur le quai, se frayant un passage au milieu des badauds, des cireurs, des curieux ou de quelques *Co* en larmes, à grands appels stridents de sirène. Elle précédait une Buick bleue qui vint se ranger devant l'appontement. Un officier para, portant sur la poitrine les quatre galons d'or de commandant, sauta en voltige de la jeep, s'approcha de la Buick dont il ouvrit la portière et aida à en descendre une Européenne aux cheveux grisonnants, vêtue d'un tailleur blanc, tenant par la main un garçonnet d'une dizaine d'années.

Le commandant salua, retira son casque et dit :

– J'avais peur de manquer notre rendez-vous, Ba Trinh. Cette nuit, mon bataillon a été chargé de nettoyer le lycée Petrus-Ky où s'accrochaient encore une poignée d'irréductibles. Des Binh Xuyen. Ce matin, tout est terminé, nous tenons la position.

– Tu n'as fait aucun prisonnier, n'est-ce pas?

Le commandant baissa la tête, sans répondre.

– Tu sais ce que je pense?

– Oui. Mais j'ai choisi mon camp. Il y a quatre jours, j'ai volontairement résilié mes fonctions à la Garde présidentielle pour rejoindre une unité combattante. Trinh Minh Té a payé ses crimes. Les Binh Xuyen ont payé les leurs.

– Que dirai-je à tes parents?

Un éclair de colère illumina brièvement le regard sombre du commandant. Il répliqua avec une sorte de rage :

– Mes parents se sont exilés à Cannes, auprès de Bao Daï. Ils se sont du même coup exclus de la communauté nationale. Ils n'auraient plus rien à faire ici. Ma patrie, pour toujours, c'est le Viêt-nam. Peu importe qui le gouverne, j'obéis. Je ne suis plus Matthieu Lam Than, mais le chef de bataillon Lam Than Hieu.

– J'espère que l'avenir te sera favorable, Matthieu. (Elle montra d'un large geste de la main l'horizon où s'accumulaient les lourdes fumées des incendies ravageant le faubourg de Khanh Hoï, à moins d'un kilomètre de là.) Quand je vois cela, j'ai le cœur serré. Vous avez choisi la violence et semé la haine. Puissiez-vous arriver à réconcilier le peuple avec vous. Tout cela m'ôte une partie de mes regrets. Je ne veux plus me souvenir que d'une chose, cette Indochine heureuse que des hommes de cœur comme tes deux grands-pères avaient souhaité bâtir. Le premier, celui dont tu portes le nom, avec son respect des traditions et sa fidélité envers son empereur; le second, dont le sang coule dans tes veines, avec son courage, sa sueur et sa foi dans la fraternité des hommes.

Matthieu prit entre ses mains celles de Catherine.

– Moi qui suis né au carrefour de deux races, mon destin est peut-être de donner une réalité au rêve de mes grands-pères? J'ai envie autant qu'eux de rendre à la patrie que j'ai choisie la paix, l'unité et la prospérité. Pour cela, ajouta-t-il en désignant ses paras, harnachés en guerre, il fallait que certaines choses fussent faites.

Il se tut brusquement. De la foule, maintenue à bonne distance par les armes des parachutistes, un homme s'était détaché. Vêtu comme un simple paysan d'un pyjama noir informe, la tête coiffée d'un chapeau de feutre aux bords tombants, il avançait sans hâte. Ses pieds, chaussés de sandales taillées dans de vieux pneus, étaient gris de poussière. Il semblait avoir beaucoup marché, apparaissait sec, parcheminé, d'une couleur de vieil ivoire.

Penché au-dessus du bastingage, un légionnaire cria :

– Ce type-là pue le Viêt à plein nez!

L'homme en noir affecta de ne pas avoir entendu. Les mains ouvertes en signe de bonne volonté, il se dirigeait vers la dame en blanc devant laquelle il retira son chapeau et s'inclina, buste plié, sans paraître attacher d'importance au commandant de parachutistes.

– Je suis venu vous souhaiter un bon retour dans votre (il insista sur le « votre ») patrie, madame.

— C'est le « Comité des Forces populaires » de Bao Tan qui vous a chargé de ce message, Cao Van Minh?

— Non. J'ai pris moi-même cette initiative. Je tenais à vous dire que nous n'avons plus aucune raison de nous haïr.

— Je ne vous ai jamais haï, ni vous, ni les vôtres. (Une bouffée de colère fit cependant briller l'éclat de ses yeux verts.) Selon vous, je devrais dire, j'ai joué et j'ai perdu? Mais je suis mauvaise joueuse, Minh. Cette défaite est celle de la France, ce n'est pas la mienne. Ma patrie, comme vous le prétendez, n'est pas de l'autre côté de la terre. Elle était ici, à Bao Tan, où reposaient les miens. Vous m'en avez chassée, désormais, où que j'aille, je serai toujours en exil.

Le commandant Lam Than n'avait pas ouvert la bouche. Il se décida à intervenir, sèchement.

— Pourquoi venir nous narguer? Je n'ai qu'un ordre à donner et mes paras t'abattent sur place.

— Je ne crains pas la mort, jeune coq! Tu as la chance d'être le fils de Sylvie Lam Than, je n'ai jamais oublié qu'elle fut la seule Européenne à oser me défendre au cours de mon procès. Tu parles de m'abattre? Moi, j'aurais pu le faire dix fois, quand tu opérais avec tes soldats dans mon secteur! Je t'ai même tenu deux fois au bout de mon fusil et je n'ai pas tiré!

— Va-t'en, répéta Matthieu.

Minh fouilla dans la poche de sa courte veste de paysan. Il en retira une petite bourse de toile grossièrement cousue.

— J'arrive de Bao Tan, dit-il. Cette nuit, j'ai ramassé un peu de terre sur la tombe de votre mari. Je l'ai mise là-dedans, à votre intention.

Catherine faillit refuser; finalement, elle accepta le présent.

— Voyez-vous, Minh, cette poignée de terre représente le butin de cinquante années de « colonialisme ». Je la garderai jusqu'à mon dernier jour.

Le chauffeur de la Buick arrivait, escorté d'un commissaire de bord.

— Vos bagages sont dans votre cabine, madame. Il est temps d'embarquer. Si vous voulez bien me suivre...

Elle hocha la tête, déposa un baiser sur la joue de Matthieu, qui avait pris « Petit Henri » dans ses bras. Après un instant d'hésitation, elle accepta la main que lui tendait Cao Van Minh.

— Puissiez-vous, tous les deux, ne jamais avoir à regretter de nous avoir chassés. Peut-être aussi finirez-vous par découvrir que vous aviez autant besoin de nous que nous avions besoin de vous.

Le soir tombait. Le soleil colorait en rouge ardent le sommet des collines noires du cap Saint-Jacques, piquetées de petites lumières blanches. La *Marseillaise* avait profité de la marée pour sortir de la Rivière de Saïgon. Elle avait jeté l'ancre, pour quelques heures, afin d'embarquer des soldats arrivés du Centre Annam à bord de quelques L.S.T. de la Marine.

Planté devant la grande baie qui occupait le fond de la cabine, « Petit Henri » regardait une dernière fois la côte qui s'engloutissait dans la nuit. Il esquissa, de la main, un petit geste d'adieu et se retourna vers sa grand-mère, assise au bord de sa couchette, le visage inexpressif, l'œil perdu dans le vague. Pour la première fois de sa vie, Catherine n'avait envie de rien.

— Est-il vrai, Ba Trinh, demanda Henri, que le petit sac de terre que Minh vous a remis tout à l'heure est tout ce que nous possédons ?

— C'est vrai, on nous a pris tout le reste.

Elle essuya une larme qui perlait à sa paupière et répéta :

— Tout le reste. Sauf, peut-être...

— Sauf ?

— Sauf nos souvenirs. Et tous ces êtres que nous avons aimés et qui nous font escorte, même si nous ne les voyons pas. Ils sont présents. Pour toujours.

Chapitre 14

Le colonel Lam Than Hieu fut tué, le 30 avril 1975, à la tête de sa brigade de rangers sud-viêtnamiens, en défendant le dernier bastion de la résistance de Saïgon, à l'orée de la plaine des Tombeaux. Lui et ses hommes avaient chèrement vendu leur peau, dix-huit chars communistes brûlaient devant leurs positions.

Denis Lam Than apprit la mort de son fils six semaines plus tard, au retour des journalistes qui avaient « couvert » les derniers combats et la chute de la capitale.

Il se suicida le soir même, dans sa petite villa de Tourrette-sur-Loup où il s'était retiré. Il avait soixante-quinze ans.

Sylvie découvrit son corps le lendemain matin, en allant lui apporter son petit déjeuner. Près de lui, elle trouva quelques lignes, écrites d'une main encore ferme :

« Mes frères viêtnamiens sont entrés dans une nuit où suinte l'horreur. Mais un homme d'Occident a dit que lorsqu'on est allé au bout de la nuit, on rencontre une autre aurore. Cela vaut aussi pour l'Orient. Nous sommes simplement en retard d'une nuit sur l'aurore qui montera au-dessus des rizières d'une Indochine radieuse. »

DU MÊME AUTEUR

AUX PRESSES DE LA CITÉ

L'HOMME DE PRAGUE, 1977 (collection Frères d'Armes).
LES SENTIERS DE LA GUERRE :
   Tome I : LES SENTIERS DE LA GUERRE, 1981.
   Tome II : FRÈRES D'ARMES, 1982.
   Tome III : LE FLAMBEAU (prix Claude-Farrère, 1984).
L'HÉRITAGE, 1985.
CONVOI 42 (La marche à la mort des prisonniers de Diên Biên Phu), 1986.
2ᵉ classe à DIÊN BIÊN PHU.
    OPÉRATION DAGUET, 1991 En collaboration avec Alain GANDY.

Dans la collection « Troupes de Choc »

LA LÉGION AU COMBAT, 1975.
BATAILLON BIGEARD, 1977.
LES CADETS DE LA FRANCE LIBRE, 1978.
LES 170 JOURS DE DIÊN BIÊN PHU (couronné par l'Académie française),
   1979.
LA 2ᵉ D.B., 1980.
LA GUERRE DES APPELÉS EN ALGÉRIE, 1981.
LA COLONIALE, DU RIF AU TCHAD, 1982.
BATAILLON DE CORÉE (Les Volontaires français, 1950-1953), 1983.
LA LÉGION AU COMBAT – II – 1984.
GENDARMES AU COMBAT (Indochine 1945-1956), 1985 (prix Moncey 1985).
11ᵉ CHOC, 1986.
LA BATAILLE DE DONG-KHÊ, 1987.
INDOCHINE 1951, L'ANNÉE DE LATTRE (Album « Troupes de Choc »), 1987.
PARAS BIGEARD (Album « Troupes de Choc »), 1988.
DIÊN BIÊN PHU (Album « Troupes de Choc »), 1989.
BIR HAKEIM, 1989.

CHEZ D'AUTRES ÉDITEURS

MOURIR AU LAOS (prix Raymond-Poincaré 1965), France-Empire, 1965.
   (épuisé)
LES PETITS SOLEILS, France-Empire, 1966. (épuisé)
PRENEZ-LES VIVANTS, Balland, 1973. (épuisé)
LES PARAS (Collection « Corps d'Élite »), Balland, 1971. (épuisé)
LA LÉGION (Collection « Corps d'Élite »), Balland, 1972. (épuisé)
L'AFRIKAKORPS (Collection « Corps d'Élite »), Balland, 1972. (épuisé)
VANDENBERGHE, LE PIRATE DU DELTA, Balland, 1973. (épuisé)
COMMANDOS DE CHOC, INDOCHINE (Les Héros Oubliés), Grasset, 1975.
COMMANDOS DE CHOC, ALGÉRIE (Le Dossier rouge), Grasset, 1977.
BIGEARD, Librairie Académique Perrin, 1988.

Erwan BERGOT a obtenu, en 1983, le Grand Prix de Littérature de la Ville de
   Bordeaux, pour l'ensemble de son œuvre.

IMPRIMÉ EN FRANCE PAR BRODARD ET TAUPIN
Usine de La Flèche (Sarthe).
LIBRAIRIE GÉNÉRALE FRANÇAISE - 6, rue Pierre-Sarrazin - 75006 Paris.

ISBN : 2 - 253 - 06061 - 5   ✛ 30/4357/7